FINANCIAL INSTRUMENTS

# 금융상품론

이하일

박영사

# 머·리·말

글로벌경제는 현재 많은 불확실성에 직면해 있다. 2019년부터 전세계를 강타한 Covid−19 바이러스 확산으로 국가간 인력의 이동이 제한되고 2022년 러시아의 우크라이나 침공으로 유가, 환율, 원자재 가격상승에 따른 글로벌 공급망 불확실성이 지속되면서 세계경제는 스태그플레이션 쇼크에 빠질 수 있다.

금융상품은 금융시장에서 금융기관 또는 자금수요자에 의해 창출된 금융기법의 결과로 만들어진 금융형식이다. 금융상품은 경제주체가 보유자산을 금융에 운용할 경우 금융상품을 구매하여 금융자산이라고도 한다. 그 법적 성격은 현재 또는 미래의 현금흐름에 대한 채권적 청구권을 나타내는 화폐증서이다.

금융상품은 일반상품과 다르게 소비자들이 그 외형을 통해 상품의 질과 내용을 알기가 어렵다는 특성을 갖는다. 본서는 금융상품의 전반적인 내용을 일관성 있게 구성하여 금융상품의 기본개념에 대한 확실한 이해를 바탕으로 현실세계에 대한 적응력을 높일 수 있도록 다음과 같이 총 15장으로 구성되었다.

제1장 금융상품에서는 금융시장의 정의와 기능, 금융시장의 분류, 금융상품의 정의, 금융상품의 기능과 특성, 금융상품의 분류, 금융상품의 규제에 대해 설명하였다. 제2장 은행상품에서는 예금의 정의와 법적 성격, 예금의 종류, 대출의 정의와 법적 성격, 대출과 신용공여, 대출의 종류에 대해 서술하였다.

제3장 신탁상품에서는 신탁의 정의와 구분, 신탁의 구조와 기능, 신탁의 유형과 종류, 신탁의 설정과 목적, 신탁재산의 정의와 범위, 신탁재산의 공시와 독립, 신탁사무의 처리, 신탁의 종료와 활용, 제4장 여신금융상품에서는 신용공여의 개요, 여신금융상품의 유형, 서민금융상품의 개요에 대해 살펴보았다.

제5장 지분증권에서는 자본시장의 개념, 주식의 발행시장과 유통시장, 제6장 채무증권에서는 채권시장의 개요, 채권의 발행시장과 유통시장, 제7장에서는 파생결합증권의 개념, 파생결합증권의 종류, 제8장에서는 집합투자증권의 개념, 집합투자기구의 설립, 집합투자증권의 특징과 사례에 대해 서술하였다.

제9장 자산유동화증권에서는 자산유동화증권의 개념, 자산유동화증권의 종류, 자산유동화증권의 현황, 제10장에서는 파생상품의 개념, 선물거래의 개념, 선물시장의 구성, 선물가격의 결정, 제11장에서는 옵션거래의 개념, 옵션의 만기가치와 손익구조, 옵션의 투자전략, 옵션의 가격결정에 대해 살펴보았다.

제12장에서는 금리스왑과 통화스왑의 개념, 제13장에서는 위험의 관리, 보험계약의 개념, 생명보험·손해보험·제3보험의 개념, 제14장에서는 공적연금, 사적연금, 주택연금과 농지연금의 개념, 제15장에서는 부동산투자회사, 부동산펀드, 부동산신탁, 부동산프로젝트금융, 부동산그림자금융에 대해 서술하였다.

본서는 상아탑에서 사회생활에 필수적인 금융상품에 대한 지식을 습득하기 위해 공부하는 대학생, 탄탄하고 안정적인 노후설계를 준비하는 직장인, 노후자금 관리를 위해 금융상품 활용방법을 습득하려는 일반인, 금융기관에 종사하는 전문인력 등 다양한 독자들이 금융상품의 입문서로 활용할 수 있을 것이다.

교재의 집필과정에서 여러 전공서적과 연구논문에서 많은 도움을 받았기에 그 분들께 깊은 감사를 드린다. 또한 본문의 내용상 오류는 전적으로 저자의 책임이며 독자 여러분들의 애정 어린 질책을 받아 차후에 개정판을 통해서 더 좋은 책이 될 수 있도록 본문의 내용을 수정하고 보완하겠다는 약속을 드린다.

본서가 완성되기까지 바쁘신 와중에도 본문의 내용에 지적과 조언을 해주신 서강대학교의 박영석 교수님께 감사드린다. 그리고 어려운 여건에서 흔쾌히 출판을 맡아주신 박영사 안종만 회장님과 안상준 대표님, 더 좋은 책이 될 수 있도록 최선을 다하신 김민조 선생님께 감사드리며 무궁한 발전을 기원한다.

교재를 집필하는 것은 많은 시간이 요구되어 가족들을 소홀하게 대하는 경향이 있다. 그럼에도 묵묵히 격려와 성원을 보내주고 너그러이 이해를 해준 가족에게 고마움을 전하며 부모님의 크신 은혜에 깊이 감사를 드린다. 독자 여러분들의 아낌없는 성원을 기대하며 금융상품론 이해에 지침이 되기를 염원한다.

2022년 9월
저자 이하일

# 차 · 례

Chapter 01

# 금융상품

금융상품은 금융시장에서 금융기관 또는 자금수요자에 의해 창출되는 금융기법의 결과로 만들어진 금융형식이다. 금융상품은 경제주체가 보유자산을 금융에 운용하는 경우 금융상품을 구매하는 것으로 금융자산이라고도 한다. 그 법적 성격은 현재 또는 미래의 현금흐름에 대한 채권적 청구권을 나타내는 화폐증서이다.

## 제1절 금융시장의 개요

### 1. 금융시장의 정의

금융은 경제주체간의 자금융통을 말하고, 금융시장은 자금융통이 이루어지는 시장을 말한다. 따라서 금융시장은 자금조달 및 자금운용과 관련하여 여유자금을 가지고 있는 경제주체인 공급자로부터 단기자금을 모아 장기자금을 필요로 하는 경제주체인 수요자에게 자금을 공급해 주는 역할을 수행한다.

금융시장은 자금의 공급자와 수요자간에 금융거래가 조직적으로 이루어지는 장소를 말한다. 여기서 장소는 재화시장처럼 구체적 공간은 물론 금융거래가 정보시스템에 의해 유기적으로 이루어지는 추상적 공간을 포함한다. 금융거래가 성립하려면 매개하는 수단이 필요한데 이를 금융상품이라고 한다.

자금공급자와 자금수요자를 연결하는 자금시장과 자본시장은 자금의 최적배분을 목표로 한다는 점에서 동일하다. 그러나 자금시장은 단기자금의 거래를 수반하고 자본시장은 장기자금의 거래를 담당한다는 점에서 차이가 있다. 금융시장의 역할을 국민경제의 순환과정과 함께 도시하면 [그림 1-1]과 같다.

**┃그림 1-1┃ 국민경제의 순환과 금융시장**

## 2. 금융시장의 기능

금융시장은 국민경제내 자금의 공급부문과 수요부문을 직·간접적으로 연결하여 원활한 생산활동을 지원하고 효율적인 자원배분을 통해 경제주체들의 후생증진에 기여한다. 일반적으로 국민경제 전체로 보면 가계는 소득이 지출보다 많아 공급자가 되고, 투자를 위해 많은 자금이 필요한 기업은 수요자가 된다.

### (1) 거래비용의 절감

여유자금을 가진 가계와 투자자금을 조달할 기업이 거래상대방을 찾는데 많은 시간과 비용이 소요된다. 공급자는 금융기관에 예금하고 수요자는 금융기관에서 차입하면 거래상대방을 찾는데 시간과 비용을 줄이게 된다. 따라서 금융기관이 공급자와 수요자의 중간에서 금융거래를 중개하면 거래비용을 낮출 수 있다.

### (2) 투자수단의 제공

금융시장은 가계에 여유자금을 운용할 수 있는 수단을 제공하고 이러한 여유자금을 생산주체인 기업으로 이전시킴으로써 국가경제의 생산활동을 지원한다. 또한 금융시장은 소비주체인 가계에 적절한 자산운용 및 차입기회를 제공하여 가계가 소비시기를 선택하는 것을 가능하게 함으로써 소비자의 효용을 증가시킨다.

### (3) 투자위험의 분산

금융기관은 다수의 자금공급자로부터 자금을 조달하여 여러 자산에 분산투자할 수 있기 때문에 투자자산의 가격변동에 따른 위험을 축소시킬 수 있다. 예컨대 투자자가 위험자산에 직접투자하면 가격변동위험을 전부 부담하는 반면에 여러 자산에 분산투자하는 집합투자상품에 가입하면 가격변동위험을 줄일 수 있다.

### (4) 유동성의 제고

수요자는 자금을 장기로 차입하기를 원하고 공급자는 단기로 대여하기를 원한다. 금융기관은 다수의 예금자로부터 단기자금을 모아 기업에 장기로 대출하면 공급자와 수요자를 모두 만족시킬 수 있다. 이러한 과정에서 금융기관은 유동성이 높은 단기자금을 유동성이 낮은 실물자본으로 변환시키는 역할을 수행한다.

### (5) 시장규율의 수행

금융시장은 시장참가자가 증권가격에 나타난 시장신호를 활용하여 차입자의 건전성에 대한 감시기능을 수행하는 시장규율 기능을 담당한다. 예컨대 어떤 기업의 인수합병 발표가 재무건전성을 악화시킬 것으로 평가되면 동 기업의 증권가격이 즉각 하락하여 인수합병을 통한 무리한 사업확장에 제동이 걸릴 수 있다.

### (6) 결제수단의 제공

일반적으로 실물거래에 수반되는 지급결제에 따른 비용이 낮을수록 재화와 서비스의 생산 및 교환이 활발하게 이루어진다. 금융기관은 저렴한 거래비용으로 신속하게 결제할 수 있는 화폐, 수표, 어음, 신용카드, 계좌이체 등 다양한 지급결제 수단을 제공함으로써 실물경제의 활동을 활성화시켜 경제성장에 기여한다.

## 3. 금융시장의 분류

금융시장은 자금조달방법에 따라 직접금융시장과 간접금융시장, 자금공급기간에 따라 단기금융시장과 자본시장, 금융상품의 신규발행 여부에 따라 발행시장과 유통시장, 거래규칙의 표준화 여부에 따라 장내시장과 장외시장, 금융거래당사자의 거주성 및 거래발생장소에 따라 국내금융시장과 국제금융시장으로 구분한다.

### (1) 자금의 조달방법

금융시장은 자금공급자로부터 자금수요자에게로 자금을 이전시켜 경제의 효율성을 높이는 역할을 수행하며 자금의 융통경로인 금융중개기관의 개입여부에 따라 직접금융시장과 간접금융시장으로 구분한다. 금융중개기관은 규모의 경제에 의해 거래비용을 최소화하여 거래를 성사시키는 역할을 수행한다.

### 1) 직접금융시장

직접금융시장은 금융중개기관을 경유하지 않고 자금수요자와 자금공급자가 직접증

5

권의 매매형태로 자금의 수급이 이루어지는 시장을 말한다. 여기서 직접증권 또는 본원적 증권은 자금의 수요자가 자금을 조달하기 위해 발행하는 증권으로 주식(stock)과 채권(bond)이 대표적인 직접금융거래의 수단이다.

자금공급자와 자금수요자가 거래의 상대방이 되는 직접금융시장은 단기금융시장, 자본시장, 외환시장, 파생상품시장 등이 있다. 자본시장에서 거래되는 대표적인 금융상품은 주식과 채권이다. 자본시장법에서 주식은 지분증권에 속하고 채권은 채무증권에 속한다. 파생상품시장에서는 파생상품이 거래된다.

## 2) 간접금융시장

간접금융시장은 은행, 보험, 투자신탁회사와 같은 금융중개기관이 개입하여 자금의 최종수요자와 최종공급자간에 간접증권의 매매형태로 자금의 수급이 이루어지는 시장을 말한다. 여기서 간접증권은 금융중개기관이 자금을 조달하기 위해 발행하는 증권을 말하며 예금증서와 수익증권이 대표적이다.

자금공급자와 자금수요자가 직접적인 거래의 상대방이 되지 않고 금융중개기관이 개입하는 간접금융시장에는 금융중개기관을 통해 예금상품 및 대출상품이 거래되는 예금대출시장, 펀드상품이 거래되는 집합투자증권시장, 신탁상품이 거래되는 신탁업시장, 보험상품이 거래되는 보험시장이 있다.

**┃표 1-1┃ 금융기관 수신**

(단위 : 조원)

| (연말) | 예금 은행 | 비은행 금융 기관 | 생명 보험 | 자산 운용 | 신탁 | 상호 금융 | 새마을 금고 | 상호저 축은행 | 신협 |
|---|---|---|---|---|---|---|---|---|---|
| 2008 | 1,050 | 1,102 | 250 | 346 | 98 | 170 | 56 | 60 | 26 |
| 2010 | 1,125 | 1,257 | 301 | 302 | 137 | 212 | 79 | 76 | 41 |
| 2012 | 1,221 | 1,473 | 418 | 304 | 210 | 242 | 92 | 42 | 48 |
| 2014 | 1,401 | 1,735 | 505 | 370 | 286 | 266 | 106 | 32 | 53 |
| 2016 | 1,593 | 2,100 | 593 | 474 | 366 | 301 | 122 | 45 | 65 |
| 2018 | 1,784 | 2,423 | 656 | 553 | 435 | 346 | 145 | 59 | 81 |

자료 : 한국은행 경제통계시스템

**┃표 1-2┃ 금융기관 여신**

(단위 : 조원)

| (연말) | 예금은행 | 비은행금융기관 | 생명보험 | 자산운용 | 신탁 | 상호금융 | 새마을금고 | 상호저축은행 | 신협 |
|---|---|---|---|---|---|---|---|---|---|
| 2008 | 917 | 423 | 63 | 27 | 25 | 131 | 34 | 54 | 20 |
| 2010 | 987 | 459 | 68 | 21 | 25 | 144 | 45 | 64 | 27 |
| 2012 | 1,099 | 519 | 81 | 40 | 48 | 161 | 56 | 32 | 32 |
| 2014 | 1,250 | 582 | 99 | 41 | 45 | 182 | 68 | 30 | 37 |
| 2016 | 1,424 | 724 | 119 | 49 | 44 | 225 | 90 | 43 | 52 |
| 2018 | 1,600 | 856 | 139 | 76 | 31 | 270 | 112 | 59 | 65 |

자료 : 한국은행 경제통계시스템

### (2) 자금의 조달기간

금융시장은 자금공급 및 조달의 장단기에 따라 만기 1년 이내의 단기금융상품이 거래되는 자금시장(money market)과 1년 이상의 장기금융상품이 거래되는 자본시장(capital market)으로 구분한다. 자본시장은 신규 발행한 증권이 매각되는 발행시장과 이미 발행된 증권이 매매되는 유통시장으로 구분한다.

**┃그림 1-2┃ 금융시장의 구조**

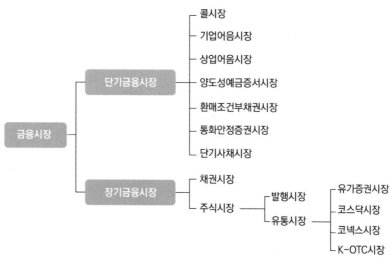

## 1) 단기금융시장

자금시장(money market)은 만기가 1년 이내의 금융상품이 거래되며 일시적인 자금수급의 불균형을 조정하는 시장이다. 여기에는 콜시장, 기업어음(CP)시장, 상업어음시장, 양도성예금증서(CD)시장, 환매조건부채권(RP)시장, 통화안정증권시장, 표지어음시장, 종합자산관리계정(CMA), 단기사채시장 등이 있다.

## 2) 장기금융시장

자본시장(capital market)은 만기가 1년 이상의 장기자금을 조달하는 시장으로 주식시장과 채권시장이 여기에 속한다. 증권에는 기업이 발행하는 주식과 회사채, 정부나 공공기관이 발행하는 국공채 등이 포함되며 자본시장에서 거래되는 증권은 단기금융시장에서 거래되는 상품에 비해 가격변동위험이 높다.

**▎표 1-3 ▎ 자금시장과 자본시장의 비교**

| 구분 | 자금시장 | 자본시장 |
|------|----------|----------|
| 특징 | 가격변동위험이 낮음 | 가격변동위험이 높음 |
| 목적 | 유동성의 확보 | 장기자금 조달 |

## (3) 자금의 거래장소

금융시장은 거래당사자의 거주지(거주자와 비거주자), 거래통화(자국통화와 외국통화) 그리고 거래장소(국내와 국외)에 따라 국내금융시장과 국제금융시장으로 구분할 수 있다. 국내금융은 거주자간 자국통화로 국내에서 발생하는 금융거래로 정의된다. 이러한 요건에 충족되지 않으면 국제금융으로 분류된다.

## 1) 국내금융시장

일반적으로 금융시장은 거래되는 금융상품의 성격에 따라 단기금융(자금)시장, 예금·대출시장, 여신전문금융시장, 외환시장, 주식시장, 채권시장, 집합투자증권(펀드)시장, 파생상품시장으로 구분된다. 외환시장과 파생상품시장은 자금의 대차거래가 발생하지 않지만, 자금이 운용되어 금융시장에 포함시킨다.

┃ 그림 1-3 ┃ 국내금융시장의 분류

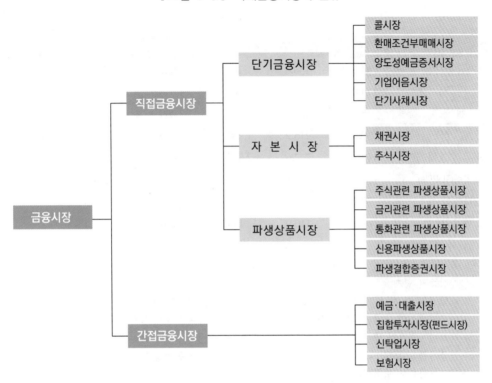

국내금융시장의 규모는 [표 1-4]에서 보는 바와 같이 1990년대 이후 비약적으로 확대되었다. 2021년 6월말 현재 단기금융시장과 자본시장을 합한 규모는 총 5,662조원으로 1990년말 158조원의 36배에 달하고 있다. 전체 경제규모(명목 GDP) 대비로는 1990년의 83%에서 2021년 6월말에는 285%로 높아졌으며, 금융기관 유동성(Lf) 및 금융기관 대출금에 대한 비율도 1990년의 80% 및 87%에서 2021년 6월말에는 각각 121% 및 148%로 상승하였다.[1]

자본시장에서 채권시장 규모는 2021년 6월말 2,339조원으로 1990년말의 67배, 주식시장 규모는 2,738조원으로 같은 기간 중 35배에 달하는 신장세를 기록하였다. 단기금융시장 규모도 2021년 6월말 현재 585조원으로 1990년말의 13배 수준으로 확대되었다. 국내금융시장이 빠른 속도로 성장한 것은 경제규모의 확대, 정부의 자본시장 육성 및 대외개방 정책, 외환위기 이후의 금융시장 하부구조 정비 및 시장참가자들의 금융거래 기법 개선 등에 힘입은 바가 크다.

---

1) 한국은행, 한국의 금융시장, 2021, 6-7쪽.

||표 1-4|| 국내금융시장의 규모[1]

(단위 : 조원, 배)

| 구분 | 1990(A) | 2000 | 2010 | 2020 | 2021.6(B) | B/A |
|---|---|---|---|---|---|---|
| 단기금융시장[2] | 44.3 | 138.8 | 264.8 | 522.9 | 585.1 | 13.2 |
| 자 본 시 장 | 114.0 | 638.8 | 2,401.1 | 4,546.0 | 5,077.1 | 44.5 |
| 채 권[3] | 35.0 | 423.6 | 1,161.2 | 2,209.9 | 2,338.7 | 66.8 |
| 주 식[4] | 79.0 | 215.2 | 1,239.9 | 2,366.1 | 2,738.4 | 34.7 |
| 전 체(C) | 158.3 | 777.6 | 2,665.9 | 5,098.9 | 5,662.3 | 35.8 |
| C/명목GDP(%)[5] | 82.7 | 124.5 | 201.6 | 263.8 | 284.5 | - |
| C/Lf(%)[6] | 79.9 | 82.4 | 124.7 | 113.9 | 120.5 | - |
| C/대출금(%)[7] | 86.9 | 110.9 | 145.9 | 140.6 | 148.2 | - |

주 : 1) 기말 잔액 기준
  2) 콜, 환매조건부매매, 양도성예금증서, 기업어음, 단기사채, 표지어음 및 1년물 이하 통화안정증권,
    재정증권 합계
  3) 예탁채권 기준(단 1년물 이하 통화안정증권 및 재정증권은 제외)
  4) 한국거래소의 유가증권시장 상장주식 및 코스닥시장 등록주식의 시가총액
  5) 2021년 6월말의 명목GDP는 직전 4개 분기 합계를 적용
  6) 금융기관 유동성(=M2+예금취급기관의 만기 2년 이상 유동성상품+증권금융 예수금 등+
    생명보험회사 보험계약 준비금 등)
  7) 자금순환표상 대출금(단, 한국은행의 대출금 제외)
자료 : 한국은행, 한국예탁결제원, 한국신용정보원, 금융투자협회, 연합인포맥스, 금융감독원, 코스콤,
    기획재정부

## 2) 국제금융시장

국제금융시장은 만기가 1년 이내의 금융자산이 거래되는 시장을 말하며 각국의 금융시장, 유로시장과 같은 역외시장 그리고 이들 금융시장간의 거래를 연계시키는 외환시장을 포괄하고 있다. 국제금융시장은 개인, 기업, 금융기관이 일시적인 여유자금을 운용하거나 부족한 자금을 조달하는데 활용되고 있다.[2]

국제금융시장은 유로통화시장과 미국, 영국, 독일, 일본 등 주요국의 단기금융시장으로 구분할 수 있다. 유로통화시장은 대고객거래와 은행간거래를 중개하는 도매금융시장으로 유로정기예금, 유로CD, 유로CP 등이 거래된다. 대고객거래는 대부분 다국적기

---

2) 이하일, 국제재무관리, 박영사, 2022, 174-176쪽.

업, 정부기관, 환거래은행 등이 단기자금을 거래한다.

국제금융시장은 기능별, 지역별로 구분할 수 있다. 기능별 구조는 국제금융시장에서 수행하는 역할로 구분하고 지역별 구조는 지리적 위치로 구분한다. 국제금융시장을 지역적 측면에서 살펴보면 지역별로 국제금융의 역할을 수행하는 역내금융시장과 특정국가의 규제나 통제를 받지 않는 역외금융시장으로 구분된다.

### ① 역내금융시장

역내금융시장은 내국인과 외국인간 또는 외국인 상호간의 금융거래가 금융기관 소재국의 통화로 이루어지는 경우를 말한다. 역내금융시장은 직접금융과 간접금융에 따라 외국증권시장과 국제여신시장으로 구분한다. 일반적으로 역내시장의 예금금리는 역외시장보다 낮고, 역내시장의 대출금리는 역외시장보다 높다.

국내은행들은 예금 및 대출금리 책정에 정부로부터 간섭을 받지만, 유로은행은 정부의 간섭을 받지 않는다. 역외시장에서 중개업무를 하는 은행은 역내은행과는 달리 예금에 대해 지급준비금을 적립할 필요가 없으므로 수익성 높은 대출을 할 수 있다. 이러한 이유로 역내시장과 역외시장은 금리의 차이가 발생한다.

### ② 역외금융시장

역외금융시장은 금융기관 소재국 이외의 통화로 이루어지는 경우로 유로금융시장이라 불린다. 역외금융센터는 비거주자로부터 자금을 조달하여 비거주자를 대상으로 운영하는 금융중개시장으로 조세 및 금융상 우대조치를 부여하여 정책적으로 창설된 금융센터를 말하며 싱가포르, 홍콩, 바레인, 바하마 등이 있다.

역외금융시장은 직접금융시장인 유로증권시장과 간접금융시장인 유로통화시장으로 구분한다. 예컨대 유로달러채시장은 우리나라 기업이 달러화표시 채권을 유럽에서 발행하고 국제인수단이 인수·매출하는 금융시장을 말한다. 유로커런시시장은 우리나라 기업이 유럽은행에서 달러화를 차입하는 금융시장을 말한다.

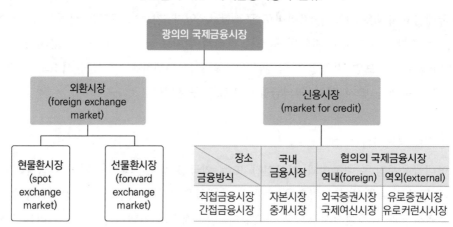

**┃그림 1-4┃ 국제금융시장의 분류**

제2절 금융상품의 개요

## 1. 금융상품의 정의

금융상품의 정의는 금융규제법의 적용범위를 정하는 출발점으로 핵심적인 개념이다. 금융상품은 금융시장에서 금융기관에 의해 창출되는 금융기법의 결과로 만들어진 금융형식을 말한다. 가계, 기업, 정부 등 경제주체가 자산을 금융에 운용하는 경우 금융상품을 구매하는 것이므로 금융상품을 금융자산이라고도 한다.

금융상품의 법적 성격은 현재 또는 미래의 현금흐름에 대한 채권적 청구권을 나타내는 화폐적 증서이다. 이러한 채권적 계약에서 채무자의 이행사항 등 부수적인 법률관계를 규정하는 것이 금융약관이다. 금융상품은 이자율, 만기 등 채권의 주된 사항을 정하고, 금융약관은 종된 사항을 정한다는 점에서 차이가 있다.

금융업의 인허가를 받거나 등록한 금융기관은 원칙적으로 정해진 범위에서 금융상품을 개발할 수 있다. 다만 금융당국은 금융거래 질서유지와 금융소비자를 보호하기 위해 약관을 심사한다. 약관의 위법성으로 문제가 있거나 변경이 필요한 경우 금융당국은 금융상품의 거래방식, 발행방법, 조건 등의 변경을 권고한다.

금융상품은 금융업을 수행하는 금융기관에 있어서 가장 중요한 수익의 원천에 해당한다. 금융기관은 소비자의 금융수요, 조달금리, 금융환경 등을 감안하여 금융상품을 개발하고 있다. 따라서 금융시장을 소구할 수 있는 양질의 금융상품을 어떻게 개발하느냐가 각 금융기관의 생존 및 성장의 관건이 된다고 볼 수 있다.

## 2. 금융상품의 기능

금융상품은 자금공급자가 금융거래의 수단으로 보유하는 점에서 금융상품은 저축투자의 기능을 수행한다. 그리고 투자성향, 자금여력에 따라 자금공급자가 선택하는 금융상품은 위험헤지의 기능을 수행한다. 또한 수표, 외국환, 직불카드 등의 금융상품은 지급결제기능, 국제간 거래기능, 이종화폐 거래기능을 수행한다.

## 3. 금융상품의 특성

금융산업의 발전과 더불어 새로운 금융상품이 등장하고 금융상품이 복잡·다양화되면서 금융거래에 필요한 지식은 급증하고 있다. 금융상품 정보의 종류와 양이 점점 많아지고 복잡해지고 있으나 이를 충분히 인지하지 못한 상태에서 금융거래가 이루어져 이로 인한 금융소비자의 피해가 지속적으로 발생하고 있다.

금융상품은 무형의 상품으로 소비자들이 그 외형을 통해 상품의 질과 내용을 알기가 어렵다. 그리고 가계부채로 인한 개인파산, 무계획한 금융투자나 대출증가, 금융피라미드나 금융사기 사건의 증가, 금융상품에 대한 충분한 설명이 이루어지지 않는 불완전판매, 정보비대칭 금융거래로 인한 불만이 나타나고 있다.

금융상품은 정보의 전문성, 차별성, 지속성으로 인해 금융소비자들은 필요한 정보를 얻기 어렵고 정보에 대한 이해나 활용에서 금융기관보다 열위에 있다. 더욱이 금융상품이 다양화되면서 금융소비자들이 알아야 할 정보를 충분히 알지 못한 상태에서 불완전판매가 이루어져 피해와 불만이 끊임없이 제기되고 있다.

금융상품은 일반상품과 달리 무형성, 불가분성, 이질성, 소멸성이라는 특성을 가지고 있어 금융서비스의 공급자와 수요자간에 정보의 비대칭성이 발생될 수 있다. 또한 금융상품은 매우 복잡하게 설계되어 있어 수요자가 정보를 갖고 있더라도 그 질적 수준을 이해하거나 평가할 수 없는 신용상품의 특성을 갖고 있다.

## 4. 금융상품의 분류

### (1) 금융상품의 분류방법

금융기관은 금융소비자들의 다양한 욕구를 충족시키기 위해 많은 종류의 금융상품을 개발하여 판매하고 있다. 금융상품은 금융자유화가 추진되면서 더욱 다양해지고 있다. 금융상품을 분류하는 방법은 여러 가지가 있는데, 가장 흔하게 사용하는 분류방법은 금융기관별로 취급하는 상품을 분류하는 방법이다.

또한 금리확정 여부에 따라 금리확정형 상품과 실적배당형 상품으로 구분할 수 있다. 그리고 과세방법에 따라 비과세, 분리과세, 세금면제 등의 방법으로 분류하기도 한다. 그 외에도 투자원금의 보장 여부, 투자기간의 장단기, 현금흐름의 특성, 이자지급의 방법, 보유목적 등 많은 방법으로 분류할 수 있다.

금융상품은 투자성이 있는 금융투자상품과 투자성이 없는 비금융투자상품으로 구분한다. 여기서 투자성은 금융상품에 투자한 원금의 손실가능성이 있는 경우를 말한다. 금융투자상품은 장래에 이익을 얻거나 손실을 회피할 목적의 투자성이 있는 모든 금융상품으로 투자성과가 투자자에게 직접 귀속된다.

그리고 금융투자상품은 예금 등 다른 금융상품에 비해서 높은 수익을 제공할 수 있지만 투자원본의 손실 또는 투자원본을 초과하는 손실이 발생할 수도 있다. 따라서 은행의 예금과 보험회사의 보험상품을 제외한 모든 금융상품은 원칙적으로 원본손실가능성이 있는 금융투자상품에 포함된다고 할 수 있다.

자본시장법에서 정의한 금융상품은 원본손실가능성 여부에 따라 원본손실가능성이 있는 금융투자상품과 원본손실가능성이 없는 비금융투자상품으로 구분한다. 그리고 금융투자상품은 원본초과손실가능성 여부에 따라 원본초과손실가능성이 없는 증권과 원본초과손실가능성이 있는 파생상품으로 구분한다.

### (2) 금융투자상품의 구분

증권은 증권에 표시되는 권리의 종류에 따라서 지분증권, 채무증권, 수익증권, 투자계약증권, 파생결합증권, 증권예탁증권으로 구분된다. 여기에 열거되지 않은 다른 유형은 인정되지 않는다. 지분증권, 채무증권, 수익증권, 증권예탁증권은 전통적 증권이고, 투자계약증권과 파생결합증권은 신종증권이다.

▍그림 1-5▍ 금융상품의 분류

▍표 1-5▍ 금융투자상품의 구분

| 금융투자상품 | | | | | | | |
|---|---|---|---|---|---|---|---|
| 증권 | | | | | | 파생상품 | |
| 지분증권 | 채무증권 | 수익증권 | 투자계약증권 | 파생결합증권 | 증권예탁증권 | 장내파생상품 | 장외파생상품 |

## 1) 지분증권

지분증권은 주권(주식), 신주인수권이 표시된 것, 법률에 의하여 직접 설립된 법인이 발행한 출자증권, 상법에 따른 합자회사·유한책임회사·유한회사·익명조합의 출자지분, 민법에 따른 조합의 출자지분, 기타 이와 유사한 것으로서 출자지분 또는 출자지분을 취득할 권리가 표시된 것을 말한다.

### ① 보통주

보통주는 이익배당이나 잔여재산분배에서 어떠한 제한이나 우선권이 주어지지 않는 주식이다. 보통주에 대한 배당금액은 주주총회 또는 이사회 결의로 결정되며, 회사에 이익이 있어도 반드시 배당해야 하는 것도 아니다. 그러나 회사에 이익이 있는 한 무제한의 배당가능성이 주어지는 개방적 지분이다.

**┃그림 1-6┃** 삼성전자 보통주

② 우선주

우선주는 회사가 종류주식을 발행하는 경우 다른 주식에 우선하여 이익배당 또는 잔여재산분배를 받을 수 있는 주식이다. 그 후 잔여가 있으면 보통주가 배당 또는 분배 받을 수 있다. 실무상 배당금에 관한 우선주가 주로 발행되며, 우선적 배당은 통상 액면 가에 대한 비율 또는 1주당 금액으로 표시된다.

③ 신주인수권증서

신주인수권증서는 주주의 신주인수권을 표창한 증권이다. 이사회가 주주가 갖는 신 주인수권을 양도할 수 있는 것을 정한 경우 그 이전에 공시방법을 갖추고 유통성을 강화 해 주기 위해 발행된다. 주주의 신주인수권에 대해서만 신주인수권을 발행할 수 있고, 제3자의 신주인수권에 대해서는 발행할 수 없다.

④ 신주인수권증권

신주인수권부사채는 결합형과 분리형이 있다. 결합형은 사채권과 신주인수권이 같 이 하나의 사채권에 표창된 것이고, 분리형은 사채권에는 사채권만을 표창하고 신주인수 권은 별도의 신주인수권증권에 표창하여 양자를 분리하여 신주인수권증권을 별도로 유 통시켜 양도할 수 있도록 하기 위해 발행된다.

### 2) 채무증권

채무증권은 국채, 지방채, 특수채, 회사채, 기업어음 등 지급청구권이 표시된 채권을 말한다. 채권은 발행자가 투자자에게 채권을 발행하여 자금을 조달하고 조달한 자금에 대해 일정기간 이자를 지급하는 유가증권을 말하며, 일종의 차용증서에 해당하나 유통시장을 통해 양도가 자유로워 유동성이 높다.

통화안정증권은 유동성 조절을 목적으로 발행되는데, 환매조건부 매매 및 통화안정계정 예치와 더불어 한국은행의 주요 공개시장 조작수단으로 활용되고 있다. 그리고 통화안정증권은 실제로 시중의 유동성의 과부족을 조절하는 용도보다는 외환시장에서 발생한 과잉 유동성을 흡수하는데 주로 사용된다.

┃그림 1-7┃ 한국은행 특수채

### 3) 수익증권

수익증권은 신탁재산의 운용에서 발생하는 수익을 분배받고 그 신탁재산을 상환받을 수 있는 수익자의 권리(수익권)이 표시된 증권을 말한다. 자본시장법상 수익증권은 신탁업자의 금전신탁계약에 의한 수익증권, 투자신탁의 수익증권, 그 밖에 이와 유사한 것으로서 신탁의 수익권이 표시된 것을 말한다.

▌그림 1-8▐  투자신탁 수익증권

4) 투자계약증권

투자계약증권은 투자수익을 기대하며 특정 투자자가 자신과 타인(다른 투자자를 포함)간의 공동사업에 금전 등을 투자하고 주로 타인이 수행한 공동사업의 결과에 따른 손익을 귀속받는 계약상의 권리가 표시된 것을 말한다. 이는 미국 증권법상 투자계약의 개념을 도입한 것으로 Howey Test를 원용한 것이다.

투자계약증권은 주식, 수익증권 등 전통적인 증권과 구 간접투자자산운용법상 간접투자증권뿐만 아니라 동법의 규율을 받지 않는 비정형 간접투자까지 포괄하나, 신종증권을 금융투자상품으로 포괄하기 위해 도입된 만큼 실무적으로는 특정 증권이 다른 증권에 해당하는지의 여부를 먼저 검토해야 할 것이다.

5) 파생결합증권

파생결합증권은 기초자산의 가격·이자율·지표·단위 또는 이를 기초로 하는 지수 등의 변동과 연계하여 미리 정하여진 방법에 따라 지급하거나 회수하는 금전 등이 결정되는 권리가 표시된 것을 말한다. 따라서 파생결합증권은 기초자산의 가격변화와 같은 외생적인 지표에 의해서 수익구조가 결정된다.

파생결합증권은 투자수익이 기초자산가격에 연동되어 결정되는 파생상품과 증권이 결합하여 기초자산가격에 큰 변동이 없으면 약속수익률을 보장받고, 미리 정한 구간에 들어가면 원금손실이 발생한다. 기초자산에는 주가지수, 금리, 환율은 물론 금, 원유, 구리, 철강, 곡물, 부동산 등의 실물자산도 가능하다.

### 6) 증권예탁증권

DR(Depositary Receipts)은 흔히 예탁증서 또는 예탁증권으로 불린다. 주식을 기초로 발행하는 것이 대부분이지만, 반드시 이에 한정되는 것은 아니다. 예컨대 채무증권, 지분증권 등 다른 종류의 증권을 기초로 하여 발행할 수 있다. 따라서 자본시장법은 이를 증권예탁증권이라는 새로운 종류로 규정하였다.

증권예탁증권은 증권을 예탁받은 자가 그 증권이 발행된 국가 이외의 국가에서 발행한 것으로 국내기업이 발행한 주식을 한국예탁결제원에 보관하고 해외예탁기관이 이를 기초로 증권예탁증권을 발행한다. 미국주식시장에서 거래되는 미달러표시 예탁증권을 ADR, 세계 금융시장에서 발행한 경우 GDR이라고 한다.

### (3) 금융투자상품과 소득

금융상품을 보유 · 처분하는 과정에서 발생하는 소득은 이자소득, 배당소득, 양도소득 등으로 구분한다. 은행에 일정기간 금전대여의 대가로 발생한 소득은 이자소득으로 분류한다. 금융투자상품의 경우 채권에 투자해서 발생한 소득은 이자소득으로, 주식에 투자해서 배당금을 수령한 경우 배당소득으로 분류한다.

그러나 금리변동으로 인한 채권가격의 상승이나 보유한 주식가격이 상승하여 이익을 얻게 된 경우 이를 자본이득(capital gain)으로 보고 양도소득으로 분류한다. 그리고 보험상품의 경우 보험사고의 발생으로 인해 지급받는 보험금 또는 보험보장기간 만료 이후 수령하는 만기환급금은 보험이익으로 분류한다.

## 5. 금융상품의 규제

금융상품은 금융기관에 의해 생산되고 경제주체에 의해 소비된다. 금융상품규제에 대한 논의는 "금융상품이 생산 · 소비되는 금융산업의 전반적인 특성은 정보의 비대칭성이 크고 금융상품이 신뢰재의 성격을 갖는다"는 것에서 출발한다. 신뢰재는 금융상품의 소비를 결정한 후 특정상황에서 상품의 효용이 결정됨을 뜻한다.

금융상품에 대한 사전적 규제의 항목들은 금융기관의 영업규제행위 중 금융상품을 구입하기 전의 정보수집단계와 관련된 공시·광고규제, 정보수집단계와 계약체결단계(약관) 사이의 중간단계인 판매과정에 나타나는 판매규제, 구입시점에서 금융기관과 소비자 간의 계약체결과 관련되는 약관규제로 구분하여 살펴볼 수 있다.

### (1) 금융상품의 공시규제

금융상품 정보는 거래약관, 이자율, 수수료 등과 같이 금융상품에 대한 내용으로 개별 금융업법에서 공시하는 것을 말한다. 한편 금융상품 공시제도는 금융상품 정보를 공개하여 금융소비자의 합리적인 선택을 돕고 공시내용대로 법률효과를 부여하여 금융소비자를 보호하는 제도로 개별공시와 비교공시로 구분할 수 있다.

개별공시는 개별 금융기관이 해당 금융상품에 대한 정보를 공시하는 반면에 비교공시는 해당 금융권역에 속한 전체 금융기관의 금융상품 정보를 일목요연하게 비교하여 공시한다. 금융상품 비교공시는 비대칭정보를 해소하여 금융소비자들의 상품선택권을 강화하고 금융기관간의 경쟁을 유도하기 위한 목적을 가지고 있다.

금융기관이 출시하는 금융상품이 다양화되면서 금융소비자들은 자신에 적합한 상품을 선택하기가 어려워지고 있다. 개별 금융상품은 공시를 통해 기본정보가 제공되나 금융소비자가 자신에 맞는 금융상품을 선택하려면 유사상품간의 비교가 필요하다. 따라서 비교공시는 금융소비자의 합리적인 상품선택을 위해 중요하다.

금융투자상품과 보험상품은 비교공시를 할 수 있는 법적 근거가 존재한다. 자본시장법에는 금융투자협회의 집합투자상품에 대한 비교공시를, 보험업법에는 보험협회의 보험상품에 대한 비교공시를 규정하고 있다. 그러나 은행법, 여신전문금융업법, 상호저축은행법, 신용협동조합법 등은 법적 근거가 마련되어 있지 않다.

### (2) 금융상품의 광고규제

금융상품은 정보비대칭이 심하여 금융소비자가 그 내용을 충분히 이해하고 계약을 체결한다고 보기 어렵다. 더구나 상품별로 내재된 특유의 복잡성은 상품에 대한 이해를 더욱 어렵게 한다. 따라서 금융상품의 판매단계에서 금융기관의 적정한 정보제공과 금융소비자에게 적합한 상품의 권유는 기본이고 필수라 할 것이다.

금융상품의 판매 이전에 제공되는 광고는 금융소비자의 금융상품 구매에 관한 의사결정에 상당한 영향을 미칠 수 있어 판매과정의 일환으로 보고 규제와 감독이 행해진다. 다만 판매단계 이전인지 또는 판매에 직접 영향을 미치는지에 차이가 있어 통상 규제와 감독차원에서 권유규제와 광고규제로 구분하여 규율하고 있다.

광고규제는 금융상품의 부당한 광고로 나타날 해당 업권 및 유사한 상품에 대한 부정적 이미지를 축소하는 긍정적 외부효과를 생성하는데 도움을 준다. 따라서 광고규제는 부적절한 광고에 의해 발생할 수 있는 부정적 외부성을 축소시킬 수 있기 때문에 금융기관도 광고규제를 능동적으로 수용하는 것이 유리할 수 있다.

각 금융협회(금융투자협회, 생명보험협회, 손해보험협회, 저축은행중앙회, 대부금융협회)는 개별 금융업법에 근거하여 광고물에 대한 자율규제를 실시하고 있다. 실무에서는 통상 금융기관이 1차로 세부내용을 심사하고 준법감시인 확인필을 거쳐 제작한 광고물을 각 금융협회에서 2차 심의하는 수순으로 심사하고 있다.

## (3) 금융상품의 판매규제

금융상품의 판매방식은 금융상품의 제조업자가 금융소비자에게 금융상품을 판매하는 직접판매, 금융기관과 금융소비자의 중간에서 계약을 중개하거나 금융기관의 위탁을 받아 대리 판매하는 대리·중개, 금융소비자의 의사결정에 도움이 될 수 있도록 금융상품의 구매나 평가에 관한 정보를 제공하는 자문으로 구분된다.

자문을 금융상품의 판매방식 중 하나로 인식하는 이유는 자문의 대상이 펀드 등 이미 제조된 금융상품일 때 투자자문업자의 조언을 근거로 고객이 투자한다면 이는 실질적으로 판매권유와 유사하기 때문이다. 그러나 자문료, 일임료를 수취할 뿐 제조업자로부터 판매수수료를 수취하지 않아 판매 창구의 판매와는 구별된다.

금융상품을 제조하는 금융기관은 자동으로 직접판매를 할 수 있고, 대리·중개는 금융상품별로 자격증이 존재한다. 은행, 상호저축은행, 여신전문기관 등이 취급하는 대출상품은 대출모집인이 금융상품 제조사로부터 독립된 대리·중개인에 해당하고, 금융투자회사가 제조사인 경우 투자권유대행인이 대리·중개인에 해당한다.

판매업무를 수행하는 금융업자를 살펴보면 직접판매는 은행, 투자매매업자, 투자중개업자, 보험회사, 상호저축은행, 여신전문금융회사 등이 할 수 있다. 대리·중개는 투자권유대행인, 보험설계사, 보험대리점, 보험중개인, 신용카드모집인, 대출모집인 등이 할 수 있다. 자문은 투자자문업자, 투자일임업자가 할 수 있다.

### (4) 금융상품의 약관규제

금융상품의 약관은 금융회사와 금융소비자가 체결한 계약을 말한다. 소비자 보호의 관점에서 약관을 검토할 때는 금융기관이 약관을 충실히 준수하는가에 관심을 갖지만, 금융소비자는 금융, 법률에 대한 전문지식이 부족하여 약관이 준수되었다 하더라도 금융소비자 보호가 이루어진다고 볼 수 없는 측면이 존재한다.

금융기관의 약관 준수 여부에서 한 단계 더 나아가 약관이 심사되는 단계에서 잠재적 독소조항, 모호한 해석이 가능한 부분이 존재하여 금융소비자에게 불리하게 작용할 수 있는지에 주목해야 한다. 물론 금융소비자가 이의를 제기할 수 있으나 이를 금융소비자 스스로 증명하기 위해서는 큰 비용이 소요될 수 있다.

금융상품의 약관에 대한 사후규제의 권한은 개별 금융업법에 의해 금융위원회에 부여되어 있지만 실제로 약관의 심사 및 이와 관련된 제재의 권한은 상당 부분 금융감독원으로 위탁되어 있어 실질적으로 금융상품 약관에 대한 규제는 금융감독원이 수행한다. 금융투자업의 경우 금융투자협회도 약관 심사에 참여한다.

금융상품마다 약관이 존재하지만 표준약관을 상품의 특성에 따라 수정하여 사용하기 때문에 약관의 심사비용은 금융상품의 개수와 비례하지 않는다. 은행업, 금융투자업, 보험업의 표준약관은 널리 사용되며 금융상품이 상대적으로 더 다양할 것으로 여겨지는 금융투자업의 경우 약 15개 정도의 표준약관이 존재한다.

| 보론 1-1 | 예금자보호제도 |
|---|---|

예금자보호제도는 금융회사가 파산 등으로 고객에게 금융자산을 지급하지 못할 경우 예금보험공사가 예금자보호법에 의해 예금의 일부나 전액을 대신 돌려주는 제도를 말한다. 현재 1인당 보호금액은 원금과 소정의 이자를 합하여 예금자 1인당 최고 5,000만원이다. 소정의 이자는 금융회사의 약정이자와 시중은행의 1년 만기 정기예금 평균금리를 감안, 예보가 결정하는 이자 중 적은 금액을 말한다.

예금한도 5,000만원을 초과하는 금액은 예금보호공사로부터 보험금을 수령할 수 없으나, 해당 금융기관에 대한 예금채권자의 지위로서 파산절차에 참여하여 다수의 채권자들과 채권금액에 비례하여 분배하고 그 전부 또는 일부를 돌려받을 수 있다. 그러나 예금보험공사가 지급한 보험금은 세전 기준으로 적용되기 때문에 소정의 이자에 대해 이자소득세와 주민세 등 관련 세금을 납부해야 한다.

예금자보호제도는 일부 금융기관의 경영이 부실화되더라도 고객의 금융자산을 안전하게 보호하여 뱅크런(bank run, 집단 예금인출)이나 금융시스템 전체 위기를 방지할 목적에서 도입되었다. 또한 일정금액으로 한정한 것은 금액에 관계없이 전액을 보호하게 될 경우에 예금자들이 금융기관의 안정성은 고려하지 않은 채 높은 이율만을 고려대상으로 삼을 수 있어 이를 방지하기 위한 목적도 있다.

┃그림 1-9┃ 예금보험의 운영구조

우리나라는 다른 국가와 달리 보험계약도 예금자보호제도에 의해 보호하고 있다. 따라서 예금 이외에 개인이 가입한 보험계약, 예금보호대상 금융상품으로 운용되는 확정기여형 퇴직연금(DC), 개인퇴직 계좌적립금(IRP), 은행금전신탁, CMA, 발행어음 등도 예금보호제도에 의해 금융자산을 보호받을 수 있다.

**┃ 표 1-6 ┃ 예금자보호대상 금융상품**

| 구분 | 예금자보호법 적용 대상 | 예금자보호법 미적용 대상 |
|---|---|---|
| 은　행 | 예금, 적금, 원금보전형신탁, DC형연금, 개인형 퇴직연금 등 | CD, RP, 금융투자상품, 실적배당형신탁, 은행발행채권, 주택청약종합저축 등 |
| 증 권 사 | 예탁금, 원금보전형신탁 등 | 금융투자상품(수익증권, MMF 등), 선물옵션예수금, 청약자예수금, RP, CMA, ELS, ELW, WRAP 등 |
| 종 금 사 | 발행어음, 표지어음, CMA 등 | 금융투자상품(수익증권, MMF 등), RP, CD, CP 등 |
| 저축은행 | 예금, 적금 등 | 저축은행 발행채권(후순위채권) |

보론 1-2　　　　　　　　　　　　　　　　전자증권제도

### 1. 전자증권제도의 정의

오늘날 우리 사회는 정보통신기술의 눈부신 발전에 따라 전자화·디지털화가 급속히 진행되고 있다. 그리고 이는 다시 금융시장에 커다란 변화와 혁신을 가져오고 있다. 이러한 금융시장의 변화 추세에 따라 최근 자본시장에서는 금융의 증권화현상에 이어 증권의 전자화 추세가 빠르게 진전되고 있는 실정이다.

전자증권제도는 주권·사채권 등을 실물로 발행하지 않고 전자등록기관에 권리를 전자적으로 등록하여 증권을 소지하지 않고 권리의 양도·담보설정·권리행사를 가능하게 하는 제도를 말한다. 전자증권제도는 1980년대부터 유럽국가들을 중심으로 자본시장을 선진화하기 위한 수단의 하나로 도입되기 시작하였다.

전자증권제도는 실물증권의 집중예탁 및 권리이전을 위해 도입된 증권예탁제도와 다르며 채권 등록제도, 주권불소지제도와 같이 실물증권을 발행하지 않는 것을 목적으로 도입된 불발행 제도와 다르다. 이처럼 증권의 발행부터 유통까지의 모든 과정을 전자적으로 처리한다는 점에서 기존의 제도와 구분된다.

### 2. 전자증권제도의 종류

전자증권의 종류에는 실물증권의 기재사항을 전자적인 방식으로 기재하여 발행하는 증권(전자 어음)과 법적장부에 증권보유자 및 보유수량 등 권리내용을 전자적인 방식(단기사채)으로 기재하여 권리를 표창하는 증권으로 구분된다. 자본시장에서 유통되는 자본증권은 통상 후자의 방식으로 발행되고 유통된다.

### 3. 전자증권제도의 효과

#### (1) 시장 투명성 제고

실물증권은 변칙거래를 통한 조세회피성 양도·상속·증여 등 음성적인 거래에 이용될 수 있다. 그러나 전자증권제도는 증권의 발행·양도 및 권리행사 등 모든 거래행위가 전자적으로 기록·관리된다. 따라서 실물증권을 이용한 음성적인 거래를 차단할 수 있어 건전하고 투명한 금융거래 환경을 제공할 수 있다.

#### (2) 사회적 비용 절감

전자증권제도에서는 실물증권 발행에 따른 제반 사회적 비용을 획기적으로 절감할 수 있다. 즉 발행회사의 실물증권 발행 및 관리, 중앙예탁결제기관의 증권실물 및 금고관리 등에 따른 비용이 제거될 수 있다. 그리고 증권을 발행하는데 걸리는 소요기간을 대폭 단축할 수 있으며, 주주확정 절차도 간소해진다.

투자자들은 실물증권을 보유하는 경우 발생할 수 있는 도난 · 분실 · 멸실과 위변조 등의 위험에서 벗어날 수 있다. 그리고 전자증권제도는 증권의 양도에 의한 권리 이전이 전자등록방식으로 이루어지므로 권리상실의 위험을 제거할 수 있다. 또한 증권의 발행기간이 단축되어 투자자금을 조기에 회수할 수 있다.

금융중개기관은 실물증권의 취급에 소요되는 인력, 시설 등의 관리비용을 절감할 수 있고, 내부 직원 횡령 등의 사고발생을 차단할 수 있다. 아울러 후선업무부문(back office)의 효율성을 증대시킬 수 있기 때문에 핵심업무인 투자은행업무, 자산관리업무 및 상품개발 등에 자원을 보다 집중시킬 수 있게 된다.

### (3) 기업의 자금조달 지원

기업들은 실물증권의 발행에 따른 발행비용 및 관리비용을 절감할 수 있다. 또한 기업들은 기업행위와 관련하여 주주확정 기간 등 실무 처리기간을 단축할 수 있어 사무처리의 효율성을 제고할 수 있다. 즉 전자증권제도는 자금조달을 위한 직 · 간접비용을 절감할 수 있도록 하여 기업의 경쟁력 제고에 기여한다.

최근에 주주들의 경영참여 요구가 늘어나면서 주주의 예상 반응을 고려할 필요가 있어 발행회사는 주주구성과 변동추이에 관심이 많다. 이와 관련하여 전자증권제도는 증권의 보유자를 기업이 적기에 파악할 수 있는 수단을 기업에 제공하여 기업들이 주주 중시경영을 수행할 수 있는 여건을 제공하여 준다.

## 제1절 금융시장의 개요

1. 금융시장의 정의
   금융상품을 거래하여 필요자금을 조달하고 여유자금을 운용하는 장소
2. 금융시장의 기능
   거래비용의 절감, 투자수단의 제공, 투자위험의 축소, 유동성의 제공, 시장규율의 수행,
   결제수단의 제공
3. 금융시장의 분류
(1) 자금의 조달방법 : 직접금융시장, 간접금융시장
(2) 자금의 조달기간 : 단기금융시장, 장기금융시장
(3) 자금의 거래장소 : 국내금융시장, 국제금융시장

## 제2절 금융상품의 개요

1. 금융상품의 정의
   금융시장에서 금융기관이나 자금수요자에 의해 창출되는 금융기법의 결과물
2. 금융상품의 기능
   금융거래수단, 위험헤지수단, 지급결제기능, 국제간 거래기능, 이종화폐거래
3. 금융상품의 특성
   일반상품과 다르게 무형성, 불가분성, 이질성, 소멸성, 신용상품
4. 금융상품의 분류
(1) 금융상품의 분류방법
   금리확정여부(금리확정형, 실적배당형), 과세방법(과세, 면세, 분리과세)
(2) 금융투자상품의 종류
   지분증권, 채무증권, 수익증권, 투자계약증권, 파생결합증권, 증권예탁증권
(3) 금융투자상품과 소득
   금융상품을 보유 · 처분과정에서 발생하는 이자소득, 배당소득, 양도소득
① 이자소득 : 예금 · 적금의 이자, 채권 · 증권의 이자와 할인액, 보험차익, 비영업대금이익,
   파생금융상품의 이자
② 배당소득 : 일반배당, 의제배당, 인정배당, 간주배당, 집합투자기구에서의 이익,
   파생금융상품의 배당
③ 양도소득 : 상장주식 중 대주주 양도분, 장외양도분, 비상장주식
5. 금융상품의 규제
(1) 금융상품 공시규제
   금융소비자의 합리적인 금융상품 선택을 돕고 공시내용대로 법률효과를 부여

(2) 금융상품 광고규제

    일방향 정보전달의 왜곡가능성, 불특정 다수인 금융소비자의 피행가능성 존재

(3) 금융상품 판매규제

    금융상품의 판매시 신의성실의무, 이행상충의무, 설명의무, 적합성원칙을 준수

(4) 금융상품 약관규제

    금융상품 약관에 대한 사후규제의 권한은 개별금융법에 의해 금융위원회 부여

1. 다음 중 금융시장의 본질적인 기능으로 가장 적절하지 않은 것은?
   ① 투자수익률의 제고
   ② 자원의 효율적 배분
   ③ 충분한 유동성 제공
   ④ 정보수집비용 절감

   | 해설 | 투자수익률 제고는 금융시장의 본질적인 기능보다는 부수적인 결과라고 할 수 있다.

2. 다음 중 직접금융과 간접금융에 대한 설명으로 옳지 않은 것은?
   ① 직접금융은 자금공여에 따른 위험을 자금의 최종공급자가 부담한다.
   ② 간접금융은 금융중개기관이 직접증권을 발행하여 자금을 조달한다.
   ③ 직접금융은 자금대여자가 차입자가 발행한 본원적 증권을 매입하여 자금융통이 이루어진다.
   ④ 간접금융은 금융중개기관이 다수의 저축자를 통해 자금을 조달하므로 자금공급이 안정적이다.
   ⑤ 금융중개기관은 장기차입을 원하는 수요자와 단기대출을 원하는 공급자를 모두 만족시킬 수 있다.

   | 해설 | 자금의 최종수요자가 발행한 주식, 회사채 등을 직접증권 또는 본원적 증권이라 하고, 금융중개기관이 발행한 예금증서, 보험증서 등을 간접증권 또는 2차적 증권이라 한다.

3. 다음 중 조직화된 장소에서 거래여부에 따라 구분한 금융시장으로 옳은 것은?
   ① 장내시장과 장외시장
   ② 단기금융시장과 장기금융시장
   ③ 발행시장과 유통시장
   ④ 직접금융시장과 간접금융시장

   | 해설 | 금융거래방식은 직접금융과 간접금융으로 구분하고, 직접금융은 발행시장과 유통시장으로 구분하며, 조직화된 장소에서 거래여부에 따라 장내시장과 장외시장으로 구분한다.

**4.** 다음 중 금융시장에 대한 설명으로 적절하지 않은 것은?

① 발행시장은 직접발행보다 인수기관이 증권의 발행사무를 대행하는 간접발행이 일반적이다.

② 단기금융시장(자금시장)과 장기금융시장(자본시장)은 통상 만기 1년을 기준으로 구분한다.

③ 파생상품시장은 기초자산에 따라 주식, 주가지수, 금리, 통화, 일반상품 등으로 구분할 수 있다.

④ 양도성예금증서(CD)의 발행기간은 최단만기가 90일 이상으로 제한되어 있다.

> | 해설 | CD는 최단만기가 30일 이상으로 제한되어 있고 최저발행금액에 대한 제한은 없다. 현재 한국수출입은행을 제외한 모든 은행이 CD를 발행할 수 있다.

**5.** 다음 중 간접금융시장에 해당하는 금융상품으로 열거된 것은?

① 예금, 대출, 보험, 신탁

② 예금, 대출, 스왑, ELW

③ 주식, 대출, 보험, 신탁

④ 채권, 대출, 예금, ETF

> | 해설 | 주식, 채권, 파생상품, ETF, ELW 등은 직접금융상품이다.

**6.** 다음 중 단기금융시장에서 거래되지 않는 상품은?

① 국민주택채권

② 기업어음(CP)

③ 환매조건부채권(RP)

④ 양도성예금증서(CD)

> | 해설 | 국민주택채권은 국민주택사업에 필요한 자금을 조달하기 위해 정부가 국회의 의결을 얻고 국토교통부장관의 요청으로 기획재정부장관이 발행한다. 국민주택채권은 1, 2종으로 나누어 발행한다. 1종 국민주택채권은 국가 또는 지방자치단체로부터 면허, 허가, 인가를 받거나 등기, 등록을 신청하는 사람이 의무적으로 매입해야 하는 5년 만기 채권이다.

**7.** 다음 중 금융상품에 대한 설명으로 적절하지 않은 것은?

① 금융상품은 거래당사자 한쪽에는 금융자산을, 다른 쪽에는 금융부채나 지분을 발생시킨다.

② 금융회사에게 대출성 상품은 금융자산을, 예금성/투자성/보장성 상품은 금융부채나 지분을 발생시킨다.

③ 원본손실 가능성에 따라 예금성/보장성 상품은 비금융투자상품으로, 투자성 상품은 금융투자상품으로 분류한다.

④ 금융투자상품은 다시 원본손실의 정도에 따라 증권과 파생상품으로 구분한다.

| 해설 | 증권과 파생상품을 구분하는 기준은 원본손실의 정도가 아니라 원본초과손실 가능성이다.


**8.** 다음 중 금융투자상품에 대한 설명으로 적절하지 않은 것은?

① 원본손실가능성이 있는 상품이다.

② 관리신탁의 수익권은 금융투자상품이다.

③ 원화표시 양도성예금증서는 비금융투자상품이다.

④ 원본대비 손실비율의 정도에 따라 증권과 파생상품으로 구분한다.

| 해설 | 자본시장법에서 관리신탁의 수익권은 금융투자상품에서 제외한다.


**9.** 다음 중 금융투자상품에 대한 설명으로 적절하지 않은 것은?

① 투자성(원본손실가능성)이 있어야 한다.

② 이익획득 및 손실회피의 목적이 있어야 한다.

③ 현재 또는 장래에 금전을 이전하기로 약정하여 갖게 되는 권리이다.

④ 투자한 원본금액이 회수금액을 초과할 가능성이 없어야 한다.

| 해설 | 금융투자상품은 투자한 원본금액이 회수금액을 초과할 위험(투자성)이 있어야 한다.


**10.** 다음 중 자본시장법에서 금융상품을 금융투자상품과 비금융투자상품으로 구분하는 기준으로 적합한 것은?

① 원본손실가능성                    ② 원본초과손실가능성

③ 정형화된 시장에서 거래여부          ④ 취급 금융기관

| 해설 | 원본손실가능성에 따라 금융투자상품과 비금융투자상품으로 구분하고, 금융투자상품은 원본초과손실가능성에 따라 증권과 파생상품으로 구분하며, 정형화된 시장거래 여부에 따라 장내파생상품과 장외파생상품으로 구분한다.

**11.** 다음 중 자본시장법의 금융투자상품에 해당하는 것은?

① 원화표시 양도성예금증서      ② 관리신탁 수익권

③ 주식매수선택권      ④ 수익증권

| 해설 | 원화표시 양도성예금증서, 관리신탁 수익권, 주식매수선택권은 비금융투자상품이다.


**12.** 다음 중 예금보호대상상품에 해당되는 것은?

① MMF(money market fund)      ② CD(certificate of deposit)

③ MMDA(money market deposit account)      ④ RP(repurchase agreement)

| 해설 | MMDA는 예금보호대상상품이고, 나머지는 예금비보호대상상품이다.


**13.** 다음 중 은행의 금융상품에 대한 설명으로 적절하지 않은 것은?

① 주가연계예금(ELD)는 예금보호대상이다.

② MMDA는 MMF와 CMA와 경쟁상품으로 실적배당상품이다.

③ 양도성예금증서는 만기 이전에 중도해지가 불가능하다.

④ 주택청약종합저축은 주택의 소유여부에 관계없이 1인1계좌만 가능하다.

| 해설 | MMDA는 예치금액에 따라 금리를 차등하는 확정금리상품이다.


**14.** 다음 중 원금비보장상품에 해당하는 것은?

① 정기예금      ② 금리연동형보험

③ 이율보증형보험      ④ 채권형펀드

| 해설 | 정기예금, 금리연동형보험, 이율보증형보험, 원리금보장 ELS는 모두 원금보장상품이다. 그러나 채권형펀드는 실적배당상품이다.


**15.** 비과세상품은 금융소득 종합과세에서도 제외된다. 다음 중 비과세상품이 아닌 것은?

① 비과세종합저축      ② 신용협동기구의 예탁금

③ 장기저축성보험      ④ 연금저축

| 해설 | 연금저축은 저율과세(5.5%)상품으로 비과세상품이 아니다.

**16.** 다음 중 소득세법상 이자소득의 범위에 해당하지 않은 것은?

① 국가 또는 지방자치단체가 발행한 채권의 이자와 할인액

② 국내에서 받는 예금 · 적금 · 부금 · 예탁금의 이자

③ 직장공제회 초과반환금

④ 국내 또는 국외에서 받는 집합투자기구에서의 이익

| 해설 | 국내 또는 국외에서 받는 집합투자기구에서의 이익은 배당소득에 해당한다.


**17.** 다음 중 소득세법상 이자소득금액에 해당하지 않은 것은?

① 10년 미만 저축성보험의 보험차익

② 비영업대금의 이익

③ 채권의 환매조건부 매매차익

④ 채권형 집합투자기구에서의 이익

| 해설 | 집합투자기구에서의 이익은 배당소득에 해당한다.


**18.** 다음 중 소득세법상 금융소득금액이 아닌 것은?

① 10년 미만 저축성보험의 보험차익

② 유상감자로 100만원 수령(구주식의 취득금액 500만원)

③ 채권의 매매차익

④ 채권형 집합투자기구에서의 이익

| 해설 | 채권매매차익은 과세대상이 아니다.


**19.** 다음 중 양도소득세 과세대상이 아닌 것은?

① 비상장주식                    ② 영업권

③ 상가건물                      ④ 등기된 부동산임차권

| 해설 | 사업용 고정자산과 함께 양도하는 영업권이 양도소득세 과세대상이다.

**20.** 홍길동은 양도소득세 과세대상이 되는 주식을 2022년 5월 5일에 양도하였다. 다음 중 홍길동의 양도소득세 예정신고 납부기한은 언제인가?

① 2022년 5월 31일          ② 2022년 6월 30일

③ 2022년 7월 31일          ④ 2022년 8월 31일

| 해설 | 양도소득세 과세대상이 되는 주식을 양도할 때 양도일이 속하는 분기의 말일부터 2월 이내에 양도소득세를 신고납부해야 한다. 따라서 2022년 2분기 말일인 6월 30일부터 2월 이내인 2022년 8월 31일까지 신고납부해야 한다.


**21.** 다음 중 환매조건부채권(RP)에 대한 설명으로 적절하지 않은 것은?

① 환매수기간의 제한은 없지만 일반적으로 15일 이상 1년이다.

② 예금자보호대상이 아니다.

③ 매도금액의 제한은 없다.

④ 채권을 일정기간 후에 일정가액으로 환매도할 것을 조건으로 매수한다.

| 해설 | 채권을 일정기간 후에 일정가액으로 환매수할 것을 조건으로 매도한다.


**22.** 다음 중 예금자보험제도에 대한 설명으로 가장 옳지 않은 것은?

① 예금보험 보호한도는 상품종류별로 적용된다.

② 5,000만원은 원금과 소정이자를 포함한 것이다.

③ 대출이 있는 경우 대출상환 후 남은 금액을 보호받을 수 있다.

④ 정부, 지방자치단체, 한국은행, 금융감독원, 예금보험공사, 부보금융기관의 예금은 보호대상에서 제외된다.

| 해설 | 예금보험 보호한도는 상품종류나 지점별이 아닌 금융기관별로 적용된다.


**23.** 다음 중 예금보험사고 사유에 해당하지 않은 것은?

① 예금이 지급정지된 경우        ② 승계된 계약이전의 경우

③ 금융기관이 합병되는 경우      ④ 금융기관이 해산, 파산한 경우

| 해설 | 계약이전은 부실금융기관의 자산이나 부채를 다른 금융기관으로 이전하는 것으로서 승계되지 아니한 계약이전이 보호대상이다.

**24.** 다음 중 예금보험가입 금융기관에 해당하지 않은 것은?

① 우체국

② 상호저축은행

③ 증권회사

④ 외국은행 국내지점

| 해설 | 우체국은 정부가 지급책임을 부담하므로 보호대상 금융기관이 아니다.

**25.** 다음 중 예금보호대상 금융상품으로 모두 묶은 것은?

① 증권CMA, RP, 보통예금

② 정기적금, 외환예금, MMF

③ ELS, 은행발행채권, MMDA

④ 저축예금, 개인보험, 주책청약예금

| 해설 | 증권CMA, RP, MMF, ELS, 은행발행채권은 예금보호대상 금융상품이 아니다.

Chapter

# 02

은행상품

대출시장은 은행, 저축은행, 상호금융 등과 같은 예금취급 금융기관을 통해 다수의 예금자로부터 자금이 조달되어 자금수요자에게 공급되는 시장이다. 신용카드회사와 같은 여신전문금융회사가 제공하는 현금서비스나 판매신용도 대출시장에 포함된다. 대출시장은 차주에 따라 기업대출시장과 가계대출시장으로 구분한다.

## 제1절 예금의 개요

### 1. 예금의 정의

예금은 예금자가 은행 기타 수신을 업무로 하는 금융기관에게 금전의 보관을 위탁하되 금융기관에게 금전의 소유권을 이전하기로 하고, 금융기관은 예금자에게 같은 통화와 금액의 금전을 반환할 것을 약정하는 계약이다. 예금자는 현금 이외에 즉시 추심가능한 수표·어음·증권으로도 입금할 수 있다.

예금은 고객이 은행 기타 금융기관에 금전의 사용을 허락하고 그 대가인 이자와 함께 원금의 반환을 조건으로 금전을 맡기는 소비임치계약에 의한 금융상품이다. 여기서 금전을 맡기는 고객은 금융기관에 예금반환청구권을 갖는 채권자가 되고, 은행 기타 금융기관은 반환채무를 부담하는 채무자가 된다.

은행은 불특정 다수의 고객과 정형화된 예금거래를 반복적으로 수행하므로 예금계약은 공정거래위원회가 마련한 표준약관에 따라 은행이 작성한 약관에 의한다. 따라서 약관의 내용이 약관규제법에 위반하거나 공서양속에 반하지 않는 한 예금자와 은행의 법률관계는 약관과 추가한 특약에 의해 규율된다.

### 2. 예금의 법적 성격

예금은 예금주가 은행에 물건의 보관을 목적으로 하는 임치계약이다. 수취인(채무자)인 은행은 임치인(채권자)인 예금주가 맡긴 금전을 사용하고 처분할 수 있으며 후일 예금주의 청구가 있을 경우에 이자를 가산한 금액을 반환하면 되는, 즉 수취인이 임치물을 소비할 수 있는 소비임치계약에 해당한다.

은행의 예금업무(수신업무)는 대출업무(여신업무)와 함께 중요한 업무에 해당하고, 예금은 은행의 재무상태표 부채항목 중 큰 비중을 차지하고 있다. 예금계약은 예금주와 금융회사의 합의 및 금전의 수령확인이 있어야 성립되며 예금으로 인정되는 시점은 입금수단 및 입금방법에 따라 차이가 존재한다.

현금으로 입금하는 경우 은행이 현금을 받아 확인한 때이다. 현금으로 계좌송금하거나 계좌이체시, 증권이 자기앞수표이고 사고신고가 없는 경우에는 예금원장에 입금의 기록을 한 때이다. 증권으로 계좌송금하거나 입금한 경우는 은행이 증권을 교환에 돌려

부도반환시한이 지나고 결제를 확인한 때이다.

## 3. 예금의 종류

### (1) 예치방법별 분류

예금거래기본약관은 예금을 입출금이 자유로운 예금, 거치식 예금, 적립식 예금으로 나누어 규정하고 있다. 기본약관에서 정한 분류는 종래의 요구불예금과 저축성예금에 각각 대응하는 경우가 대부분이지만 동일하지는 않다. 예컨대 저축예금은 입출금이 자유로운 예금이지만 저축성예금으로 분류하고 있다.

#### 1) 요구불예금

요구불예금은 고객이 입금과 출금을 자유롭게 할 수 있는 일상적인 자금거래 상품이고 금융거래의 기본이 되는 상품이다. 통장 예금이라고 부르며 이자가 없거나 매우 낮은 편이다. 자산증식보다는 일시적 자금보유 및 송금거래 등 결제목적으로 이용되며, 보통예금, 당좌예금, 가계당좌예금, 별단예금이 있다.

##### ① 보통예금

보통예금은 대표적인 요구불 예금으로 입금과 출금을 자유로이 할 수 있는 통장식 은행예금이다. 보통예금은 가입대상, 예치금액, 예치기간, 입출금 횟수에 제한이 없다. 당좌예금계정을 개설하지 않은 중소상공업자의 출납예금으로 많이 이용되며 금리는 대부분 무이자 또는 아주 낮은 금리를 적용한다.

##### ② 당좌예금

당좌예금은 은행과 당좌거래계약을 체결한 기업이 일반 상거래로 취득한 자금을 은행에 예치하고 예금잔액 또는 당좌대출 한도의 범위 내에서 거래은행을 지급인으로 하는 당좌수표 또는 거래은행을 지급장소로 하는 약속어음을 발행하여 수표나 어음의 소지인이 언제든지 인출할 수 있는 예금을 말한다.

### ③ 가계당좌예금

가계당좌예금은 개인가계수표의 활성화를 통해 현금사용을 줄이고 신용사회의 정착을 위해 도입되었다. 전 금융기관을 통해 1인 1계좌만 개설 가능하며, 가계수표의 무이자인 일반당좌예금과 달리 금리가 자유화되어 있다. 가입대상은 일반적으로 신용평가 결과 종합평점이 60점 이상인 개인에 부여된다.

### ④ 별단예금

별단예금은 은행의 업무 중에 발생한 미결제·미정리자금, 다른 예금계정으로 처리할 수 없는 자금 등 업무처리 편의를 위해 일시적으로 예수토록 하는 잡예금 과목이다. 별단예금은 일반예금과 달리 한 종류의 예금이 아니므로 거래약관도 없고 통장이나 증서를 발행하지 않으며 예금기간도 일정치 않다.

### 2) 저축성 예금

### 가. 입출금식 예금

### ① 저축예금

저축예금은 가계의 저축 증대를 위한 입출금이 자유로운 결제성 예금이다. 가입대상, 예치금액, 예치기간, 입출금 횟수 등에 아무런 제한 없이 자유롭게 거래할 수 있다. 이율은 은행이 자율 결정하고, 이자계산방법은 통상 결산기(매 3개월 또는 6개월)마다 평균 예금잔액에 이자를 계산한 후 원금에 가산한다.

### ② 수시입출금식 예금

MMDA(Money Market Deposit Account)는 시장실세금리에 의한 고금리와 자유로운 입출금 및 각종 이체, 결제기능이 결합된 상품으로 단기간 목돈을 운용할 때 유리한 예금상품이다. 자산운용회사의 MMF나 증권회사의 CMA와 같이 단기간 예치하면서 시장실세금리를 지급하는 상품에 대항하는 은행의 단기금융상품이다.

MMDA는 금액에 제한없이 수시로 입출금할 수 있으며 높은 이자를 지급한다는 점에서 저축예금과 차이는 없으나 예금금액에 따라 차등금리를 적용한다는 점이 다르다. 이율은 은행이 자율 결정(금액별, 기간별 차등금리), 이자계산방법은 매일의 잔액에 해당금리를 적용하여 이자를 계산한 후 매일 원금에 가산한다.

### ③ 기업자유예금

법인과 사업등록증을 소지한 개인의 자금을 은행에 예치하여 안전하게 자금결제를 수행할 수 있는 예금으로 보통예금과 유사하나 가입대상 및 이율체계에 차이가 있다. 이 자계산방법은 3개월마다 이자를 계산한 후 원금에 가산하되, 이자는 선입선출법에 따른 예치기간별 예금잔액에 대해 이율을 적용하여 산출한다.

### 나. 적립식 예금

목돈을 만드는 적립식예금은 약정기간을 정해서 계약액을 적립해가는 방식이며 중 도해약이 금지되어 있으나 예금주의 청구에 의해 중도해지가 가능하다. 만일 중도에 해 지하면 만기 정상이율의 1/2 이하의 중도해지이자율을 적용받는다. 적립식예금은 적립 방법에 따라 정액적립식과 자유적립식으로 구분한다.

### ① 정액적립식

매월 특정일에 약정한 월부금을 불입할 것을 약정하는데 해당 월 잔액부족으로 월 부금이 적립되지 않을 경우 다음 월에 적립되지 않은 당월의 적립금이 불입되어 만기시 예상한 적립목표액에 미달할 수 있어 매월 일정한 현금흐름이 가능한 경우에 유리하다. 정기적금, 가계우대정기적금, 상호부금이 해당한다.

정기적금은 일정기간 동안 일정한 금액을 납입할 것을 미리 약정하고 매월 납입 약 정일에 정해진 금액을 적립하는 가장 기본적인 적립식 예금이다. 계약기간은 6개월에서 60개월 이내 월 단위로 정하며, 자유적립식은 일 단위 상품도 있다. 정기적금에 적용되 는 이율은 가입 당시 영업점에서 고시한 약정이율이다.

### ② 자유적립식

매월 적립 월부금을 금액, 횟수, 일자에 제한없이 불입할 수 있는 상품으로 정기적 립식의 경우보다 납입의 자유로움이 있어 현금흐름의 변동이 예상될 경우에 가입하는 것이 유리하다. 정기적립식 상품의 이율은 자유적립식보다 높은 것이 일반적이다. 상호 부금, 근로자우대저축, 장기주택마련저축이 해당한다.

## 다. 거치식 예금

목돈을 굴리는 거치식예금은 일정 예치기간을 정하고 자금을 맡기는 상품으로 수시 입출금식 예금에 비해 이자율이 높고 만기 이전에 중도해약이 원칙적으로 금지된다. 만일 중도에 해약하면 만기 정상이율의 1/2 이하의 중도해지이자율을 적용받는다. 정기예금, 양도성예금증서, 표지어음, 예탁금이 해당한다.

### ① 일반정기예금

정기예금은 일정한 예치기간을 미리 정하여 일정금액을 예치하고 기간만료 전에는 원칙적으로 지급을 청구할 수 없는 기한부예금이다. 정기예금은 가입대상에 제한이 없고, 가입기간은 1개월 이상 5년 이내(상품별 상이)이며, 이율은 은행이 자율 결정하되 이자계산방법은 만기지급식과 월 이자지급식이 있다.

### ② 실세금리연동 정기예금

실세금리연동 정기예금은 가입 후 일정(회전)기간마다 시장실세금리를 적용하는 정기예금으로 금리상승기에 유리한 시장금리상품이다. 가입대상은 제한이 없고, 가입기간은 3년 이내(은행별로 상이)이며, 이율은 은행이 자율 결정한다. 이자계산방법은 만기지급식, 월이자지급식, 회전기간별 이자지급식이 있다.

## (2) 예금통화별 분류

예금은 거래되는 통화에 따라 원화예금과 외화예금으로, 외화예금은 외화당좌예금, 외화보통예금, 외화정기예금, 외화별단예금으로 분류한다. 금리는 국제금융시장 금리 등을 감안하여 결정하며 외국환은행은 수취한 외화예금에 금융통화위원회가 정하는 비율의 지급준비금을 한국은행에 예치해야 한다.

외화예금은 금융기관에 미달러화, 위안화, 유로화 등 외화로 예치되어 있는 예금을 말한다. 외화예금은 보통·정기예금, 부금, 예치금 등은 물론 은행뿐만 아니라 체신관서 등 비은행금융기관에 금전을 맡기는 일체의 계약이 포함되며, 원화예금과 달리 환율변동에 따라 원화표시 예금잔액이 변동된다.

외화예금은 계좌를 개설하는 주체에 따라 거주자의 해외예금과 거주자 및 비거주자의 국내예금으로 구분된다. 거주자의 해외예금은 1995년 2월 처음으로 허용되고 2001년

1월 대부분 자유화되었다. 현재 거주자의 해외예금은 지정거래 외국환은행의 장에게 신고하고 동 은행을 통해 신고하도록 되어 있다.

거주자 및 비거주자의 국내예금제도는 1964년 11월 도입된 이후 예금 수취대상통화, 예금개설자의 자격요건, 적용금리에 대한 제한이 점차 완화되었다. 수취대상 통화는 1973년 1월 미달러화에서 15개 지정통화로 확대되었고, 개설대상도 해운대리업자로 한정되었다가 1978년 12월 모든 거주자로 확대되었다.

외국환은행이 거주자나 비거주자를 위해 개설할 수 있는 예금계정 및 금전신탁계정의 종류에는 거주자계정 및 거주자외환신탁계정, 대외계정 및 비거주자외환신탁계정, 비거주자원화계정, 해외이주자계정, 투자전용비거주자원화계정, 투자전용대외계정, 투자전용외화계정, 원화증권전용외화계정 등이 있다.

## 제2절  대출의 개요

### 1. 대출의 정의

대출(loan)은 은행이 이자수취를 목적으로 자금을 필요로 하는 차입자에게 약정기간인 만기에 원리금 상환을 약정하고 채무자에게 필요한 자금을 대여하는 행위를 말한다. 일반적으로 이자는 매월 은행에 납부하도록 약정하며 이자체납의 경우에는 연체기간 동안 원금에 일정 가산율의 연체이자율이 적용된다.

대출은 금융업자가 대출계약에 따라 차입자에게 자금을 직접 공급하는 대표적인 여신상품이다. 그러나 전세자금대출, 주택매매자금대출과 같이 계약의 내용에 따라 대출금의 수령자를 제3자로 할 수 있다. 수령자가 제3자라고 하더라도 제3자가 담보물을 제공하지 않는 이상 계약의 당사자에 해당하지 않는다.

### 2. 대출의 법적 성격

대출은 금전이 은행에서 고객에게 이전하는 거래로서 이전에 해당하여 소비임치 또는 소비대차로 볼 수 있다. 그러나 금전의 이전이라는 거래형식은 물론 대출의 목적이 금전의 보관이라는 예금과 달리 금전의 이용과 반대급부로 이자수입 획득에 있어 전형적인 대출의 법적 성격은 소비대차라고 보아야 한다.

대출은행과 차입자의 대출 관련 권리의무는 대출계약의 내용에 따른다. 은행은 불특정 다수의 고객과 정형화된 대출거래를 반복적으로 수행하기 때문에 대출계약의 기본사항은 약관에 의하게 된다. 약관의 내용이 법률에 위반하지 않는 한 은행과 차입자의 법률관계는 약관과 추가한 특약에 의해 규율된다.

은행은 자금을 대출함으로써 차입자의 채무불이행으로 인한 원리금을 회수하지 못할 신용위험을 떠안게 된다. 따라서 대출은 신용위험을 떠안는 거래인 신용공여(=여신)의 일종에 해당한다. 이러한 성격 때문에 대출거래는 신용위험을 부담하는 모든 여신거래에 적용되는 여신거래기본약관을 사용하게 된다.

보험계약대출은 보험회사가 해지환급금을 한도로 자금을 지급하고, 지급한 자금에 대해 해약환급금에 적용되는 이율에 보험회사가 산정한 가산이율을 부과한다는 점에서 다른 금융업자의 대출행위와 실질적으로 같다. 따라서 약관대출도 법적 성격이 소비대차계약이 아니더라도 기능상 대출상품에 해당한다.

## 3. 대출과 신용공여

### (1) 여신의 정의

여신은 신용을 거래상대방에게 주는 것으로 법적으로는 거래상대방에게 금전채무를 부담시키는 행위를 말한다. 현재 우리나라에서 여신은 은행 등의 금융기관이 신용을 공여하는 일체의 금융거래를 포괄적으로 나타내기 위해 사용하는 개념으로 채권자의 자격을 금융기관으로 제한하여 개념을 축소하고 있다.

예컨대 신용대출, 부동산담보대출 등과 같이 금융소비자에게 직접 자금을 대출하는 행위, 직접 자금을 대여하지 않고 신용만을 제공하는 지급보증, 수입신용장(Letter of Credit)의 개설이나 수출환어음매입 등 외국환거래에 신용을 부여하는 성격의 거래는 모두 여신에 포함된다고 보는 것이 일반적이다.

그러나 채권자를 금융기관으로 한정하면 비금융기관과의 금융거래는 여신에 포함되지 않는다. 즉 채권자의 자격을 금융기관으로 제한할 것이 아니라 신용을 금융소비자에게 공여하는 것을 업으로 하는 자로 확장해야 한다. 이는 자본시장법에서 금융투자업자 및 금융상품판매업자를 정의하는 방식과 동일하다.

### (2) 법률상 용어

여신상품을 거래할 수 있는 자는 개별 법령에 따라 금융위원회 등의 인허가를 받거나 등록을 하도록 규정하고 있어 금융업자로 인허가받거나 등록하지 아니한 자의 여신행위는 제한되고 있다. 그리고 금융과 관련된 다수의 법률에서는 여신이라는 용어뿐만 아니라 다른 용어도 혼용하여 사용하고 있다.

대부업법은 대부라는 용어를 사용하고, 은행법, 보험업법, 여신전문금융업법은 신용공여라는 용어를 사용한다. 은행법은 신용공여에 대한 대출, 지급보증 및 자금지원적 성격을 갖는 유가증권의 매입, 금융거래상 신용위험이 따르는 보험회사의 거래로 금융위원회가 정하는 거래를 신용공여에 포함하고 있다.

여신전문금융업법은 여신이라는 용어를 사용하고 있으며, 신용카드업법에서 허용하는 업무를 수행하는 자를 여신전문금융업으로 포괄적으로 정의하고 있다. 하지만 거래방식의 형태에 따라 신용카드업, 시설대여업, 할부금융업으로, 법률에서 정하는 자에게만 융자를 하는 것을 신기술사업금융업으로 분류한다.

### (3) 대출과 여신

대출은 은행의 여신(=신용공여)의 한 종류이다. 은행 이외에도 보험회사, 여신전문금융회사, 상호저축은행, 새마을금고, 신용협동조합, 대부업자 등도 각 관련 법률이 정한 범위 내에서 여신·대출업무를 수행한다. 은행은 대출거래로 고객에게 자금을 제공하여 법적으로 고객에 대한 대출 원리금채권을 보유하지만, 고객이 대출원리금을 상환하지 못할 경우 채권을 회수하지 못할 책임을 진다.

은행이 고객의 주채무를 지급보증한 경우 은행은 고객이 주채무를 불이행한 경우 보증채무를 이행해야 하고 고객에 대해서는 구상채권을 보유하게 된다. 즉 은행은 지급보증의 고객이 구상채무를 불이행하여 지급보증인으로서 주채무를 대지급한 금액을 회수하지 못할 위험을 부담한다. 따라서 은행이 신용위험을 부담하는 행위는 대출, 지급보증, 사모사채의 매입 등 여러 형태로 이루어질 수 있다.

대출은 소비대차계약, 지급보증은 보증계약 및 구상계약, 사모사채의 매입은 사채계약으로 계약유형이 달라 법적인 규율도 차이가 존재한다. 그러나 신용위험의 부담이라는 측면에서는 이들 계약의 내용이 유사하다. 공정거래위원회가 마련한 표준약관인 여신거래기본약관은 여신에 관한 모든 거래에 적용하도록 하고 있다. 은행은 표준약관에 기초하여 작성한 약관을 사용하여 여신거래를 한다.

### (4) 신용공여

은행법상 신용공여는 대출, 지급보증, 지급보증에 따른 대지급금의 지급, 어음 및 채권의 매입, 거래상대방의 지급불능시 은행에 손해를 미칠 수 있는 거래, 은행이 직접적으로 전술한 거래를 한 것은 아니나 실질적으로 그에 해당하는 결과를 가져올 수 있는 거래로서 금융위원회가 정하여 고시하는 것으로 한다.

지급보증은 주채무자보다 높은 신용을 가진 은행이 채무를 부담하는 방법으로 주채무자에게 신용을 공여하는 것이다. 은행이 지급보증한 경우 은행은 주채무자의 채무불이행시 보증채무를 이행하고 주채무자에 대해 구상채권을 보유하지만 주채무자가 구상채무를 불이행시 대지급한 금액을 회수하지 못할 수 있다.

신용공여의 범위는 은행이 채무자의 지급능력 부족으로 변제기에 채무를 불이행하여 채권자가 채권을 회수하지 못할 위험을 떠안는 행위이다. 금융위원회는 은행에 손실을 미칠 가능성이 적은 거래, 금융시장에 미치는 거래의 상황에 비추어 신용공여의 범위에 포함시키지 않는 거래는 포함시키지 아니할 수 있다.

### 4. 대출의 종류

여신상품거래는 은행의 본질적인 업무에 해당한다. 은행은 여신상품거래를 위해 여신상품을 설계해야 하는데, 여신상품을 설계하려면 금리, 거치기간, 신용위험 등 여신상품에 대한 직접적인 사항은 물론 은행의 건전성 확보를 위한 자본의 적정성, 자산의 건전성, 유동성과 같은 간접적인 사항까지 고려해야 한다.

### (1) 담보유무에 따른 분류

대출은 담보의 유무에 따라 신용대출, 담보대출, 약관대출로 구분한다. 담보대출은 담보의 종류에 따라 인적담보대출, 물적담보대출로 구분하며, 물적담보대출은 담보의 종류에 따라 부동산담보대출, 예금담보대출, 증권대출 등으로 구분한다. 약관대출은 선급금형태의 대출로 신용대출이 아닌 제3의 대출이다.

### 1) 신용대출

신용대출은 특별한 담보없이 자금을 대출받고자 하는 금융소비자의 신용만으로 대출이 이루어지는 것을 말한다. 보통의 경우 금융업자는 금융소비자의 직업, 소득 및 재산상태, 인적사항, 신용점수, 해당 금융업자와의 거래실적 등 다양한 변수를 기반으로 금융소비자의 신용위험을 평가하여 대출을 실행한다.

금융소비자의 신용도는 관련 금융업자가 자체적으로 판단하여 평가하는 것이 원칙이나, 은행이 은행연합회를 중심으로 구축하여 운용하고 있는 개인신용평가제도(CSS : Credit Scoring System)가 금융소비자의 신용도 평가에 활용되고 있다. 그러나 신용평가제도는 금융업자에 의한 자율적인 신용평가제도이다.

은행은 여신의 건전성을 확보하기 위해 여신심사 및 승인업무에 관한 내부시스템을 운영하도록 규정하고 있는 은행업감독규정 제78조 여신운용원칙, 여신심사 등에 관한 내부시스템에 신용평가시스템에 의한 여신심사 및 승인을 포함하도록 규정하고 있는 은행감독업무시행세칙에 따라 사실상 강제되고 있다.

개인의 신용평가제도는 과거에는 은행연합회 중심의 정보공유시스템을 통해서 이루어졌으나 2005년 4월 신용정보법의 개정으로 신용불량자제도가 폐지되면서 현재는 은행연합회와 금융거래의 기초자료를 제공하는 개인신용조회회사(CB : Credit Bureau)를 중심으로 한 신용평가시스템을 통해서 이루어지고 있다.

### 2) 담보대출

#### ① 인적 담보대출

인적 담보는 금융소비자인 채무자의 채무불이행이 있을 경우에 제3자인 보증인이 주채무자가 이행하지 않은 채무를 대신 이행하겠다는 보증을 하는 것을 말한다. 인적담보대출은 금융업자와 금융소지자간에 대출계약서(여신거래약정서)와 별도로 보증계약서가 체결된다. 대표적인 인적담보에는 연대보증이 있다.

금융업자는 채무자에게 우선청구 불필요, 보증인에게 채무전부 청구, 기한연장·미래의 신규채무까지 보증책임을 부과할 수 있어 연대보증을 선호했다 그러나 새로운 연좌제라는 비판과 금융소비자 보호에 취약하다는 역기능이 제기되어 현재 연대보증제도는 폐지되어 신규대출시 인적담보는 활용되지 않는다.

② 물적 담보대출

물적 담보는 금융소비자 또는 제3자가 금전 등의 재산적 가치가 있는 것을 담보로 제공하는 것으로 대출의 실행과 동시에 저당권, 질권 등의 담보권이 설정된다. 담보물의 가치에 따라 대출한도와 금리가 달라진다. 일반적으로 담보물의 종류에 따라 예금담보, 부동산담보, 증권담보로 구분한다.

금융소비자인 채무자의 채무불이행이 있을 경우 금융업자는 설정한 담보권을 실행하여 채권의 만족을 얻게 된다. 예금담보의 경우에 예금과 대출채권을 상계하고, 부동산담보의 경우에는 경매 등의 부동산 매각절차를 진행하고, 증권담보의 경우에는 해당 증권의 매매를 통해 담보권이 실행된다.

3) 주택담보대출

주택담보대출은 주택마련이나 생활에 필요한 자금을 조달하기 위해 본인의 주택을 담보로 제공하고 근저당권을 설정하여 대출받는 부동산담보대출로서 대표적인 부동산금융의 한 종류이다. 여기에는 주택도시기금에서 지원하는 대출, 한국주택금융공사의 지원에 의한 대출, 은행자체자금에 의한 대출 등이 있다.

주택담보대출은 무주택자가 주택을 소유하는데 기여하여 주거불안정을 해소하고 주택거래를 활성화하며 주택경기부양을 통해 경기조절기능을 한다. 그러나 가계부채의 급속한 증가는 향후 금리상승 등 외부여건의 변화에 따라 부실화 우려가 존재하기 때문에 정부는 주택담보대출 규제위주의 정책을 추진한다.

주택담보대출은 주택을 담보로 하는 가계대출로 분양주택에 대한 중도금 및 잔금대출, 재건축·재개발주택에 대한 이주비대출, 추가분담금에 대한 중도금 및 잔금대출도 주택담보대출로 본다. 은행은 주택담보대출 취급시 경영건전성이 유지되도록 담보인정비율(LTV), 총부채상환비율(DTI)을 준수해야 한다.

4) 보험계약대출

약관대출은 보험계약자가 약관에 따라 보험의 보장은 유지하면서 보험회사가 보험계약을 체결한 금융소비자에게 원리금의 합계가 해약환급금을 초과하지 않는 범위에서 일정금액을 대출받을 수 있는 상품을 말한다. 과거 실거래에서는 약관대출이라고 불렸으나, 이후에 보험계약대출로 용어가 변경되었다.

보험회사별로 차이는 있으나 해약환급금 50~90% 범위에서 대출을 받을 수 있어 순수보장성보험 등 해약환급금이 없거나 환급금액이 적은 상품은 대출이 제한될 수 있다. 보험계약대출과 유사한 상품에는 은행의 예·적금담보대출, 우체국보험의 환급금대출, 새마을금고·신용협동조합의 공제계약대출이 있다.

보험계약대출 금리는 보험상품의 적용이율에 업무원가, 목표이익률 등을 감안한 가산금리를 더하여 결정된다. 보험상품은 적용이율의 특성에 따라 금리확정형 상품과 금리연동형 상품으로 구분한다. 금리연동형 상품은 시장실세금리인 국고채, 회사채, 정기예금 이율 등의 변경에 따라 적용이율이 변경된다.

금리확정형 상품은 보험 가입기간 동안 보험계약자에게 받은 보험료에 확정된 이율을 적용하므로 시장실세금리가 변경되더라도 적용이율이 변경되지 않는 상품을 말한다. 보험상품의 적용이율은 향후 환급금 등으로 보험계약자에게 귀속되므로 보험계약대출을 이용할 경우 이자부담은 가산금리 수준이다.

보험계약대출은 보험 가입기간 동안 해약환급금의 일정범위 내에서 수시 인출 및 상환이 가능하고, 중도상환수수료가 없어 대출원금을 상환해도 별도의 비용은 발생하지 않는다. 대출이자는 일할 계산하여 납부하되, 이자 미납시에는 연체이자율이 적용되지 않지만 미납된 이자가 대출원금에 가산된다.

대법원의 판례 변경 이전에는 보험회사와 금융소비자간 체결되는 소비대차계약으로 해약환급금은 담보대출에 해당했으나, 판례의 변경으로 담보가 아닌 새로운 대출상품 계약으로 보아야 한다. 보험계약대출은 금융소비자가 장래에 받을 해약환급금을 미리 수령한 것으로 일반적인 대출과 성격이 다르다.

이자는 보험회사가 책임준비금을 운용하여 얻을 수 있는 이익의 보상이나 해약환급금의 선급에 대한 반대급부이다. 따라서 이자율은 해약환급금 계산시 적용되는 이율에 보험회사가 정하는 이율이 가산된다. 이자의 미납시에 미납된 이자가 대출원금에 합산되어 대출원금이 증가하면 가산이자가 발생한다.

## (2) 거래유형에 따른 분류

일반적으로 대출은 구체적인 거래유형에 따라 증서대출, 당좌대출, 어음대출, 어음할인으로 분류한다. 은행 여신거래기본약관도 약관의 적용대상인 여신에 상기한 4가지 대출과 지급보증, 환거래, 기타 여신거래를 담고 있다.

### 1) 증서대출

증서대출은 은행이 고객으로부터 어음거래약정서·대출거래약정서와 같이 금전소비대차계약의 내용을 기재한 문서를 수령하고 수행하는 대출을 말한다. 한편 여신거래약정서·대출거래약정서는 약관에 해당하는 부동문자로 인쇄된 부분, 당사자가 합의하여 정하는 개별대출 거래조건, 기타 특약사항으로 구성된다.

거래조건에는 대출금액, 개시일, 만료일, 이자율, 수수료, 중도상환해약금, 상환방법, 이자지급시기가 있다. 증서대출은 자금대출시 차입자로부터 어음 대신 차용증서를 징구하는 대출로 특약사항이 많은 대출이나 한번 취급하면 상환시까지 재대출이 일어나지 않는 가계대출 또는 장기시설자금대출에 활용된다.

### 2) 당좌대출

당좌대출은 은행에 당좌예금계좌를 개설한 고객이 당좌예금잔액을 초과해 발행한 어음·수표에 미리 약정한 기간과 금액을 한도로 은행이 지급하여 자금을 제공하는 방식의 대출이다. 고객이 발행한 어음·수표를 당좌대출한도 내에서 은행에게 지급할 것을 위임하는 계약과 당좌예금잔액을 초과하는 금액의 어음·수표를 은행이 지급하면 그 초과액에 이자를 붙여 상환하는 소비대차계약이 혼합되었다.

### 3) 어음대출

어음대출은 은행이 고객으로부터 고객이 발행한 약속어음을 받고 자금을 제공하는 방식의 대출을 말한다. 은행과 고객 사이에서 금전소비대차계약이 체결되고 은행은 대출채권과 어음채권 양자 중 어느 쪽이라도 행사할 수 있다. 따라서 어음은 대출채권의 지급을 위해 또는 지급을 담보하기 위해 발행되는 것이다.

그러나 약정이자·연체이자·수수료 등을 어음에 기재할 수 없다는 점 때문에 별도의 소비대차계약에 그러한 사항을 규정해야 한다. 그리고 대출금의 회수시에도 어음에만 의존할 수 없고 별도의 소비대차계약에 의존할 필요가 있기 때문에 어음대출은 일반적으로 1개월, 3개월 등 단기간의 대출에 이용되고 있다.

### 4) 어음할인

어음할인은 재화와 용역거래에 수반하여 발행한 상업어음, 수출신용장에 근거하여 발행된 무역어음, 자금융통 목적으로 발행된 융통어음을 어음소지인의 신청에 의해 할인 방식으로 매입하여 발생하는 대출이다. 은행은 어음법에 따라 약속어음 발행인에 대한 어음청구권과 할인신청인에 대한 소구권을 갖게 된다.

약정에 따라 발행인·인수인 또는 할인신청인에게 기한의 이익상실 사유가 발생하면 할인신청인에게 그 할인매입한 어음을 환매할 것을 청구할 수 있는 청구권을 갖는다. 어음할인으로 자금을 제공한 은행은 어음법상 어음채권과 별도 약정에 따른 환매채권을 가질 뿐 소비대차에 따른 원리금반환채권을 갖는 것은 아니다. 따라서 어음할인은 증서대출, 당좌대출, 어음대출과 법적 성격이 다르다.

### (3) 기타기준에 따른 분류

대출은 차입자의 성격에 따라 기업자금대출, 가계자금대출, 공공자금대출로 구분하고, 기업자금대출은 자금의 용도에 따라 운전자금대출, 시설자금대출, 특별자금대출로 나눈다. 개인 고객은 주택관련대출을 특별히 취급하고, 대출자금의 원천에 따라 금융자금대출, 재정자금대출, 주택도시기금대출로 분류한다.

그리고 대출은 통화를 기준으로 원화대출, 외화대출, 외화표시원화대출로 분류할 수도 있다. 여기서 외화표시원화대출은 원화로 대출하되 대출일의 환율로 환산한 외화로 기표하고, 원리금 지급도 원화로 이루어지지만 그 금액은 기표 외화에 지급일의 환율로 적용하여 산정한 원화환산액으로 하는 대출을 말한다.

## 제1절 예금의 개요

1. 예금의 정의
   예금자가 은행에 금전의 소유권을 이전하고 은행은 예금자에게 동일한 통화와 금액의
   금전을 반환하기로 약정하는 계약
2. 예금의 법적 성격
   예금자를 임치인으로 하고 은행을 수취인으로 하는 금전의 소비임치계약
3. 예금의 종류
(1) 예치방법별 분류
① 요구불예금 : 보통예금, 당좌예금, 가계당좌예금, 별단예금
② 저축성예금
㉠ 입출금식예금 : 저축예금, 시장금리부 수시입출금식 예금(MMDA), 기업자유예금
㉡ 적립식예금 : 정기적금
㉢ 거치식예금 : 일반정기예금, 실세금리변동 정기예금
(2) 예금통화별 분류 : 원화예금, 외화예금


## 제2절 대출의 개요

1. 대출의 정의
   이자수취 목적으로 원리금반환을 약정하고 고객에게 자금을 대여하는 행위
2. 대출의 법적 성격
   민법상 소비임치 또는 소비대차계약, 신용공여(여신)의 일종
3. 대출과 신용공여
(1) 여신의 정의 : 거래상대방에게 금전채무를 부담시키는 행위
(2) 법률상 용어 : 은행법, 보험업법, 여신전문금융업법은 신용공여
(3) 대출과 여신 : 대출은 은행의 여신(신용공여)의 한 종류
4. 대출의 종류
(1) 담보유무에 따른 분류
① 신용대출 : 담보없이 금융소비자의 신용으로 대출
② 담보대출 : 인적 담보대출, 물적 담보대출
③ 약관대출 : 보험회사가 보험금 또는 해약환급금 초과하지 않는 대출
(2) 거래유형에 따른 분류
① 증서대출 : 금전소비대차의 내용을 기재한 문서를 받고 행하는 대출
② 당좌대출 : 은행에 당좌예금계좌를 개설한 고객이 당좌예금잔액을 초과해서 발행한
   어음·수표에 미리 약정한 기간과 금액을 한도로 자금을 제공

③ 어음대출 : 고객이 발행한 약속어음을 받고 자금을 제공하는 방식

④ 어음할인 : 어음소지인 신청에 의해 할인·매입하여 발생하는 대출

(3) 기타기준에 따른 분류

① 차주의 성격 : 기업자금대출, 가계자금대출, 공공자금대출, 기타자금대출

② 자금의 용도 : 운전자금대출, 시설자금대출, 특별자금대출

③ 자금의 원천 : 금융자금대출, 재정자금대출, 주택도시기금대출

④ 통화의 기준 : 원화대출, 외화대출, 외화표시원화대출

**1.** 다음 중 예금거래의 약관에 대한 설명으로 적절하지 않는 것은?

① 독점규제 및 공정거래에 관한 법률이 적용된다.

② 약관의 해석에는 작성자 유리원칙이 적용된다.

③ 예금거래약관은 당해 예금상품의 약관이 우선 적용된다.

④ 약관이 계약으로 편입되려면 중요한 내용을 고객에게 설명해야 한다.

| 해설 | 약관의 해석은 작성자에게 불리하게 하는 것이 원칙이다

**2.** 다음 중 예금의 일반적인 법적 성질에 해당하는 것은?

① 금전소비임치계약                   ② 금전소비대차계약

③ 기한부소비대차계약                 ④ 기한부낙성계약

| 해설 | 예금의 일반적인 법적 성질은 금전소비임치계약이다.

**3.** 다음 중 은행의 금융상품에 대한 설명으로 가장 옳지 않은 것은?

① 주가연계예금(ELD)는 예금자보호대상 금융상품이다.

② MMDA는 MMF 및 CMA와 경쟁상품으로 실적배당상품이다.

③ 양도성예금증서는 증서 만기 전에 중도해지가 불가능하다.

④ 주택청약종합저축은 주택소유여부에 관계없이 1인 1계좌만 가능하다.

| 해설 | MMDA는 예치금액에 따라 금리를 차등하는 확정금리상품이다.

**4.** 다음 중 예금성 금융상품에 대한 설명으로 가장 옳지 않은 것은?

① MMDA는 투자자금을 단기운용에 적합한 상품이다.

② 정기예금의 가입기간은 1개월 이상 5년 이내로 한다.

③ 주택청약종합저축은 주택소유여부에 관계없이 1인 1계좌만 가능하다.

④ 환매조건부채권은 시장금리가 변할 경우에 자본손실위험이 존재한다.

| 해설 | 환매조건부채권은 외형상으로 채권의 매매형식을 따르지만 실제로 채권을 담보로 한 초단기예금이다. 따라서 자본손실위험이 없다.

**5.** 다음 중 이자계산이 할인식인 상품으로만 구성된 것은?

① 회전식정기예금, 양도성예금증서　　② 환매조건부채권매도, MMF

③ 표지어음, 환매조건부채권매도　　④ 양도성예금증서, 표지어음

| 해설 | 정기예금과 환매조건부채권매도는 후취로 이자를 계산하고, 양도성예금증서와 표지어음은
선취(할인방식)로 이자를 계산한다.


**6.** 다음 중 정기예금에 대한 설명으로 적절하지 않은 것은?

① 통장식과 증서식으로 구분된다.

② 증서식 정기예금은 기명식과 무기명식으로 구분된다.

③ 예금주명을 밝히지 않는 무기명식 정기예금은 지급시 실명확인 생략할 수 있다.

④ 예입기간은 최단 1개월 이상으로 한다.

| 해설 | 무기명정기예금은 만기와 이자가 있는 자기앞수표와 동일하다. 따라서 신규시에도 실명확인
을 해야 하고, 지급시에도 반드시 실명확인을 해야 한다.


**7.** 다음 중 정기예금에 대한 설명으로 적절하지 않은 것은?

① 최소 예입기간은 3개월 이상이다.

② 최소 예입금액은 각 은행별로 제한을 두고 있다.

③ 표면금리가 동일하면 만기까지 단리로 지급하는 것이 고객에게 불리하다.

④ 기간에 따른 각각의 만기이율은 각 은행이 모두 다르다.

| 해설 | 최소 예입기간은 1개월 이상이다.


**8.** 다음 중 적립식 예금의 표면금리와 연수익률에 대한 설명으로 옳은 것은?

① 표면금리가 동일하면 계약기간이 길수록 고객의 입장에서는 불리하다.

② 표면금리가 동일하면 계약기간이 길수록 고객의 입장에서는 유리하다.

③ 계약기간이 길면 길수록 연수익률은 낮아졌다가 높아진다.

④ 계약기간이 짧으면 연수익률은 높아졌다가 낮아진다.

| 해설 | 적립식 예금의 연수익률은 이자를 만기에 일시로 수령하는 거치식 예금과 마찬가지로 매년
원금과 이자를 1년 단위로 재투자하는 것으로 가정하여 계산한 금리이다. 정기적금은 만기
까지 단리로 이자를 지급하여 표면금리가 동일하면 계약기간이 길수록 고객의 입장에서는
불리하다.

**9.** 다음 중 예금상품의 설명으로 적절하지 않은 것은?

① 당좌예금은 수표에 의한 대체가 허용되며 출입의 빈번도가 가장 크다.

② 보통예금은 일시적인 여유자금이나 영업용현금을 맡기는 예금이다.

③ 정기예금은 일정금액을 일정기간 예치하는 예금으로 만기제한이 있다.

④ 정기적금은 제시되는 이자율이 예금이자율보다 높지만 단리 적용상품이 많다.

| 해설 | 정기예금은 일정금액을 일정기간 예치하는 예금으로 만기제한은 없다.

**10.** 다음 중 이자의 계산에 대한 설명으로 적절하지 않은 것은?

① 정기예금의 월단위 이자계산은 원금에 연이율과 월수를 곱하고 12로 나눈다.

② 예금의 적수 계산단위는 원이다.

③ 산출한 이자금액의 원 미만은 반올림한다.

④ 일단위 이자계산은 원금에 연이율과 예입일수를 곱하고 365로 나눈다.

| 해설 | 산출한 이자금액의 원 미만은 반올림한다.

**11.** 다음 중 예금자보호제도에 의한 부보대상의 설명으로 옳지 않은 것은?

① 부보대상 예금은 보통예금, 연금신탁 등이다.

② 해당금융기관에 대출이 있는 경우 대출상계후 남은 금액 기준이다.

③ 보호대상은 개인과 법인 모두 해당한다.

④ 보호금액은 1인당 원금기준 최고 5천만원까지이다.

| 해설 | 보호금액은 원금과 소정의 이자를 포함하여 1인당 최고 5천만원까지이다. 여기에서 소정의 이자는 약정이자와 예금보험공사 결정이자 중 적은 금액을 말한다.

**12.** 다음 중 은행이 수행하는 당좌대출의 기초가 되는 당좌대출거래약정의 법적성질로 옳은 것은?

① 금전소비대차계약                    ② 위임계약

③ 준소비대차계약                      ④ 어음할인

⑤ 위임계약과 준소비대차계약의 혼합

| 해설 | 당좌대출거래약정의 법적 성질은 위임계약과 준소비대차계약의 혼합으로 해석되고 있다.

**13.** 다음 중 은행 여신거래의 일종인 어음할인의 법적성질로 옳은 것은?

① 어음의 매매계약        ② 위임계약

③ 금전소비대차계약        ④ 임대차계약

⑤ 준소비대차계약

| 해설 | 어음할인의 법적 성질은 어음의 매매계약이라는 것이 통설 · 판례이다.


**14.** 다음 중 은행 여신거래의 일종인 지급보증의 기초가 되는 지급보증거래약정의 법적성질로 옳은 것은?

① 보증계약        ② 임대차계약

③ 위임계약        ④ 준소비대차계약

⑤ 어음의 매매계약

| 해설 | 지급보증거래약정의 법적 성질은 위임계약이다.


**15.** 은행법과 은행법시행령에서 규정하고 있는 은행의 개별차주에 대한 원칙적인 신용공여한도로서 옳은 것은?

① 자기자본의 10/100        ② 자기자본의 20/100

③ 수권자본의 10/100        ④ 수권자본의 20/100

⑤ 수권자본의 25/100

| 해설 | 은행은 동일한 개인이나 법인에 대해 은행은 자기자본의 20/100을 초과하는 신용공여를 할 수 없다.


**16.** 은행법과 은행법시행령에서 규정하고 있는 은행의 동일차주에 대한 원칙적인 신용공여한도로서 옳은 것은?

① 자기자본의 10/100        ② 자기자본의 15/100

③ 자기자본의 25/100        ④ 수권자본의 10/100

⑤ 수권자본의 20/100

| 해설 | 은행은 동일한 개인법인 및 개인법인과 대통령령으로 정하는 신용위험을 공유자는 자(동일차주)에 대해 은행은 자기자본의 25/100를 초과하는 신용공여를 할 수 없다.

**17.** 다음 중 신용대출 이용시 주의사항으로 적절하지 않은 것은?

① 대출금의 이자납입이 연체되지 않도록 주의해야 한다.

② 본인의 주소나 연락처가 변경될 경우 금융기관에 알리지 않아도 된다.

③ 매월 납부한 대출이자는 통장 등을 통해 정상적으로 납부가 되었는지 확인하는 습관을 키워야 한다.

④ 마이너스 통장대출의 만기가 되어 대출금을 상환할 경우에 반드시 은행을 방문하여 마이너스 통장대출의 상환을 확인해야 한다.

| 해설 | 본인의 주소나 연락처가 변경될 경우 반드시 금융기관에 알려 변경해야 한다.


**18.** 다음 중 대출금리의 구성에 대한 설명으로 가장 옳지 않은 것은?

① 대출금리의 구조는 금리결정의 기준이 되는 지표인 기준금리와 가산금리의 체계로 구성되어 있다.

② 대출금리는 기준금리와 가산금리의 합이다.

③ 기준금리에는 대출취급에 사용되는 업무비용 및 취급원가와 차주별 신용위험과 자본비용인 신용원가 그리고 은행의 상품이익 등을 통상 2가지로 포함하고 있다.

④ 기준금리는 대표적으로 CD, 코픽스(COFIX), 금융채 등이 주로 사용된다.

| 해설 | 가산금리에 대한 설명이다.


**19.** 다음 중 주택담보대출 설계시 체크포인트에 해당하지 않은 것은?

① 대출가능한 금액을 확인한다.

② 나에게 알맞는 대출상품을 찾아야 한다.

③ 상환기간과 거치기간을 확인해야 한다.

④ 중도상환여부는 무시해도 좋다.

| 해설 | 주택담보대출시 중도상환여부를 체크해야 한다.

**20.** 다음 중 중도상환수수료의 고려사항에 대한 설명으로 옳지 않은 것은?

① 신규대출의 사용기간이 단기인 경우 대출상환방식과 중도상환수수료의 관계를 고려해야 한다.

② 고객이 대환대출을 상담하는 경우 기존대출의 경과기간을 고려하여 대환대출의 실익을 판단해야 한다.

③ 중도상환약정기간을 고려해야 한다. 대부분 담보대출의 중도상환 약정기간은 대출실행시점을 기준으로 3년이라는 기간을 갖고 있다.

④ 중도상환수수료는 기간에 상관없이 일정액이 부여된다.

| **해설** | 대출기간이 지날수록 중도상환수수료가 줄어든다.

# 신탁상품

현대의 금융거래에서 신탁은 매우 중요한 역할을 한다. 금융거래에서 신탁의 기본적인 기능에는 신탁재산의 독립성에 따라 위탁자와 수탁자의 도산에서 절연될 수 있게 하는 도산절연기능과 재산을 단일 또는 복층의 신탁수익권으로 변환시켜 보다 쉽게 금융거래의 수단이 될 수 있도록 하는 재산변환기능을 들 수 있다.

## 제1절  신탁의 개요

### 1. 신탁의 정의

신탁은 신탁을 설정하는 위탁자와 신탁을 인수하는 수탁자가 특별한 신임관계에 의해 위탁자가 특정의 재산권을 수탁자에게 이전하고, 수탁자는 수익자의 이익을 위해 그 재산권을 관리·처분하는 법률관계를 말한다. 즉 자신의 재산을 신뢰할 수 있는 제3자에게 맡기고 자신의 의지대로 관리·운영하는 제도를 말한다.

본래 자신의 재산은 소유자가 자신의 의지에 의해 관리하는 원칙이다. 그러나 법률적 지식이 부족하거나 자금 및 전문기술의 부족으로 자신의 재산을 효율적으로 관리할 수 없는 경우에 자신의 재산을 전문가에게 맡기면 신탁업자는 위탁자가 맡긴 재산을 관리, 처분, 개발을 활용하여 최대의 효과를 제고할 수 있다.

### 2. 신탁의 구분

#### (1) 위임과 신탁

위임은 위임인이 수임인에 대해 사무의 처리를 위탁하는 계약을 말한다. 사무처리의 내용이 재산의 관리 또는 처분인 경우, 단순한 사무처리가 아니라 대리권도 함께 수여하였다면 수임인은 대리권의 범위에서 유효하게 재산을 관리, 처분할 수 있으며, 수임인의 대리행위의 효과는 본인인 위임인에게 발생한다.

민법은 대리권의 소멸사유로 본인의 사망, 대리인의 사망, 성년후견의 개시, 파산을 들고 있다. 다만 특약에 의해 본인 사망시에도 대리권이 존속하는 것으로 정할 수 있다. 신탁의 경우 위탁자의 사망은 신탁의 효력에 영향을 미치지 않는다. 위탁자의 사망 후에도 신탁재산의 지속적인 관리, 처분이 가능하다.

#### (2) 간접대리와 신탁

간접대리는 행위자가 자기의 명의로써 타인의 계산으로 법률행위를 한다. 간접대리에서 행위자와 그 법률행위의 귀속주체는 간접대리인이다. 간접대리인이 취득한 권리가 본인에게 이전될 때까지 간접대리인에게 속하여 간접대리인의 채권자가 강제집행을 하거나 간접대리인이 파산하면 본인은 불이익을 받는다.

신탁은 수탁자가 신탁재산의 소유자이나 수탁자의 고유재산과 구분된다. 따라서 수탁자의 채권자는 신탁재산에 강제집행을 할 수 없고, 이에 반한 강제집행에 위탁자, 수익자, 수탁자는 이의를 신청할 수 있다. 수탁자의 파산시 신탁재산은 수탁자의 파산재단을 구성하지 않고, 수탁자의 상속재산에도 속하지 않는다.

### (3) 증여와 신탁

증여는 무상으로 재산을 이전하기로 합의한 때 성립한다. 수탁자가 대가없이 신탁재산을 이전받는 현상은 증여와 유사하게 보인다. 신탁이 설정되면 위탁자는 수익자의 지위를 겸하지 않는 한 신탁재산에 대해 더 이상 권리를 갖지 않는다. 이제 수탁자에 대한 신탁의 이행과 강제는 일차적으로 수익자의 몫이 된다.

증여에서 수증자는 부담과 같은 별도의 의무를 인수하지 않은 한 증여물의 사용, 수익, 처분에 있어서 자유롭다. 그러나 수탁자가 취득한 신탁재산은 수탁자의 고유재산이나 다른 신탁재산과 구분하여 관리되는 일종의 목적재산으로, 수탁자는 이에 대한 엄격한 의무를 부담한다는 점에서 단순한 증여와 대비된다.

### (4) 임치와 신탁

소비임치의 경우에는 수치인이 임치물의 소유권을 취득하지만, 임치 자체는 물건의 보관을 목적으로 하며, 수치인은 이후 임치물과 동종, 동질, 동량의 물건을 반환할 의무를 부담한다. 반면에 신탁의 경우에 위탁자는 신탁재산의 단순한 보관을 넘어서 다양한 사용, 관리, 처분 방안 등을 설계할 수 있다.

수탁자는 신탁상 정함에 따라 신탁재산을 관리, 처분하며 보수청구권의 유무와 상관없이 선량한 관리자의 주의의무와 충실의무 등을 부담한다. 임치계약이 유상인 경우 수치인이 선량한 관리자의 주의의무를 부담하지만, 무상인 경우에는 주의의무가 경감되어 자기 재산과 동일한 주의로 임치물을 보관하면 된다.

### (5) 조합과 신탁

조합은 2인 이상이 출자하여 공동사업의 경영을 약정한다. 조합이라는 단체는 법인격이 없어 소유권을 취득할 수는 없으며, 조합재산은 조합원의 합유가 된다. 신탁은 위탁자가 특정 목적을 위해 재산을 출현하며 신탁재산이 법인격을 취득하지 않고, 공동수탁자가 신탁재산을 합유하는 것은 조합과 유사하다.

### (6) 양도담보와 신탁

양도담보는 채권자와 채무자 또는 물상보증인간에 양도담보설정에 대한 합의와 목적물이 부동산이면 등기, 동산이면 인도가 필요하다. 채권자는 목적물의 소유권을 취득하고, 채무자의 채무이행이 있는 경우 이를 반환해야 하며, 채무불이행시에 그 권리를 확정적으로 취득하거나 우선적으로 변제받을 수 있다.

채무자가 담보물을 수탁자에게 이전하고 채권자를 수익자로 지정하면 채권자는 수익권의 형태로 피담보채권의 실현가능성을 확보한다. 채무자가 채무를 이행하면 신탁이 종료하나, 채무불이행시에는 수탁자가 신탁재산을 환가하여 그 대금에서 수익급부를 행하여 채권자는 자신의 채권의 만족을 얻을 수 있다.

### (7) 명의신탁과 신탁

명의신탁은 부동산의 등기명의를 실체적 거래관계가 없는 명의수탁자에게 매매 등의 형식으로 이전하여 둘 뿐 당사자간에는 명의신탁자가 부동산에 대한 소유권을 보유하면서 그것을 관리·수익한다. 따라서 명의신탁자는 등기 없어도 명의수탁자에 대해 소유권을 주장할 수 있고, 적법하게 처분할 수도 있다.

신탁법상의 신탁은 위탁자가 수탁자에게 재산권을 이전하거나 기타 처분을 하여 수탁자가 신탁 목적을 위해 그 재산권을 관리·처분한다. 예컨대 부동산신탁에서 수탁자 앞으로 소유권이전등기를 마치면 대내외적으로 소유권이 수탁자에게 이전되어, 위탁자의 채권자는 수탁자 명의 신탁재산에 압류할 수 없다.

## 3. 신탁의 구조

### (1) 위탁자

위탁자는 신탁행위의 당사자로서 단독행위나 계약에 의해 신탁을 설정하며 일정한 재산을 출연하고 신탁상 정한 바에 따라 관리, 처분 등을 통해 의도한 목적을 달성하고자 주도적인 역할을 한다. 하지만 모든 신탁이 위탁자의 의사표시에 의해 설정되는 것은 아니고, 신탁은 법률규정에 의해서도 발생한다.

신탁을 설정하기 위해서는 유효한 의사표시를 할 수 있어야 한다. 미성년자, 피성년 후견인, 피한정후견인과 같은 제한능력자의 행위는 취소될 수 있으며, 착오, 사기, 강박에 의한 흠 있는 의사표시도 취소될 수 있다. 그리고 수탁자에게 신탁재산을 이전하려면 당해 재산에 처분권능을 가지고 있어야 한다.

신탁이 설정된 이후에 위탁자는 신탁행위의 당사자이며 신탁법상 여러 권리들의 귀속주체로서 그 지위를 가진다. 위탁자가 신탁을 설정한 이후에 신탁관계에서 사라지는 전통적인 신탁법리에서와 달리, 이러한 위탁자의 지위를 제3자에게 이전할 수 있는지, 이전할 수 있다면 어떤 방식에 의할지가 문제된다.

### (2) 수탁자

수탁자는 위탁자와 신임관계에 의해 신탁을 인수하며, 신탁관계에서 중추적인 역할을 수행한다. 위탁자가 없는 법정신탁 또는 수익자가 없는 목적신탁은 있을 수 있지만, 수탁자의 지위가 배제된 신탁은 존재할 수 없다. 수탁자가 애초에 존재하지 않는 신탁은 신탁개념에 반하는 것으로서 인정되지 않는다.

수탁자는 신탁재산의 귀속주체이므로 법인격이 전제되어야 한다. 따라서 자연인이나 법인 모두 수탁자가 될 수 있지만, 법인격 없는 단체, 가령 민법상 조합이나 비법인사단 등은 수탁자가 될 수 없다. 법인격이 있는 수탁자라도 수탁능력이 결여된 미성년자, 금치산자, 한정치산자는 수탁자가 될 수 없다.

수탁자는 신탁사무의 처리, 의무위반에 따른 개별적인 효과와 관련하여 중요한 의미를 가진다. 모든 신탁은 수탁자가 신탁재산을 보존하고, 신탁재산을 자신의 그것과 동일하게 사용·수익하지 못하게 하며, 종국적으로 수익자에게 그 재산상의 이익을 귀속시키거나 신탁에서 정해진 목적을 달성하도록 한다.

### (3) 수익자

수익자는 신탁재산으로부터 이익을 향수하는 자로서, 수익자신탁의 구조에서 그 정점에 있다. 신탁법은 수익자를 직접 정의하기 보다는 신탁을 수탁자로 하여금 일정한 자의 이익 또는 특정의 목적을 위하여 신탁재산을 관리, 처분 등을 하도록 하는 법률관계로 정의하면서 간접적으로 그 의미를 정하고 있다.

위탁자는 수익자를 직접 정할 수 있지만, 신탁행위로 수익자를 지정할 권한을 갖는 자를 정하는 방식으로 신탁을 설정할 수 있다. 신탁의 효력요건으로 수익자의 확정가능성은 수익자를 확정할 수 있는 기준을 요구하는데, 수익자지정권자를 정함으로써 권한의 행사에 따라 수익자가 결정되는 것도 무방하다.

수익자는 수탁자에게 신탁재산에 속한 재산의 인도와 신탁재산에 의한 급부를 청구할 수 있다. 이를 수익채권이라고 한다. 수익자는 신탁재산에서 이익을 향수하므로 수익채권은 수익권의 주된 내용을 이룬다, 수익자가 갖는 권능들은 수익채권을 확보하고 경제적 가치를 유지하기 위한 중요한 수단이 된다.

### (4) 신탁관리인

위탁자는 신탁설정시 수익자가 특정되지 않은 경우, 수익자가 존재하지 않은 경우, 특정 수익자가 현존하는 경우에도 수익자의 보호 또는 신탁목적의 달성을 위해 신탁관리인을 지정할 수 있다. 또한 기존의 신탁관리인이 사임하거나 해임된 경우에 수익자의 보호를 위해 새로운 신탁관리인을 선임할 필요가 있다.

신탁관리인의 역할은 신탁의 감독이다. 수익자신탁에서 신탁관리인은 수익자와 동일한 지위를 갖는 것으로 간주된다. 신탁관리인은 수익자의 이익을 위해 자신의 명의로 수익자의 권리에 관한 재판상 또는 재판외 모든 행위를 할 수 있다. 그러나 수익자가 아니므로 보수 외에 신탁재산에서 이익은 향유할 수 없다.

### (5) 신탁재산관리인

수탁자의 임무가 종료시 신수탁자를 선임해야 하지만, 아직 선임되지 않았거나 선임할 수 없는 경우 신탁재산관리인을 선임하여 신탁사무를 하도록 해야 한다. 수탁자와 수익자의 이해가 상반되어 당해 수탁자로 하여금 신탁사무를 수행하도록 하는 것이 적절하지 않은 경우에도 신탁재산관리인을 선임할 수 있다.

수탁자는 정당한 사유가 있는 경우 법원의 허가를 받아 사임할 수 있고, 그 임무에 위반된 행위를 한 경우 위탁자나 수익자의 청구에 의해 법원이 해임할 수 있다. 법원이 이러한 사임허가결정이나 임무위반으로 인한 해임결정을 하는 경우 신탁재산관리인을 선임하여 신탁재산 및 수익자 보호를 도모해야 한다.

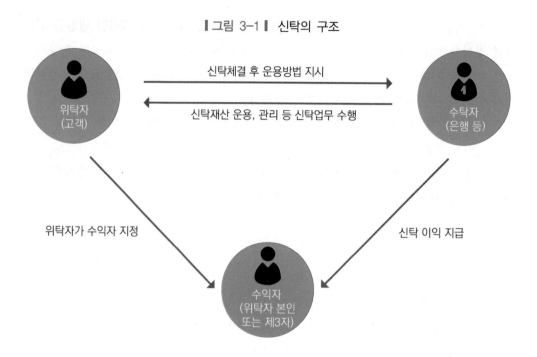

**┃그림 3-1┃ 신탁의 구조**

## 4. 신탁의 기능

신탁은 다양한 목적으로 활용될 수 있다. 예컨대 제3자에게 재산적 이익을 귀속시키고자 할 때 증여와 같이 단순히 재산권을 이전하는 방식을 취하지 않고 수탁자를 개입시켜 제3자에게 수익권의 형태로 그 재산상의 이익을 수여할 수 있다. 또한 공익적 목적을 위해 신탁을 이용할 수도 있다.

### (1) 전환기능

신탁은 형식적인 재산권의 귀속자 내지 관리자와 실질적인 이익향수자를 엄밀히 분리하고 이익향수자를 위해 재산의 안전지대를 만들어내는 특성이 있다. 이를 통해 재산권의 실질은 유지하면서도 각각의 목적에 상응하여 재산권을 다른 형태로 전환할 수 있는데, 이를 전환기능이라고 부른다.

### ① 권리자 전환기능

신탁의 구조상 신탁재산 자체는 수탁자에게 귀속되고 수탁자가 재산에 대한 권능을 행사하지만, 그 재산으로부터의 이익은 수익자에게 돌아간다. 동일한 재산에 대해 귀속과 수익이 분리되고, 재산으로부터의 이익을 수여하는 방법도 다양하게 설계할 수 있다는 점에서 신탁의 활용범위는 매우 넓다.

신탁은 권리자의 속성을 전환할 수도 있지만 권리자의 수를 전환할 수도 있다. 재산권의 귀속주체가 다수이거나 법인격 없는 단체의 경우 신탁을 통해 권리의 주체를 수탁자로 단일화할 수 있으며, 그 반대의 경우도 가능하다. 따라서 단순히 채권자와 채무자 양 당사자만 존재하는 경우와 대비된다.

## ② 재산권 전환기능

신탁에 의해 재산권은 신탁수익권이라는 특수한 권리로 전환되고, 수익권의 증권화를 통해 재산권의 유동성을 증대시킬 수 있다. 재산권의 성질변경은 회사라는 제도를 통해서도 가능하다. 부동산의 소유자가 현물출자를 하고 회사의 주식을 취득하면, 부동산의 소유권이 회사의 주식으로 전환된다.

신탁수익권은 양도인과 양수인간의 합의에 의해 유효하게 이전되고, 양도인이 수탁자에게 통지하거나 수탁자가 승낙한 경우에 수익자와 제3자에게 대항할 수 있으며, 통지나 승낙을 확정일자가 있는 증서로 해야 수탁자 이외의 제3자에게 대항할 수 있다. 그리고 신탁수익권의 선의취득도 가능하다.

## ③ 시간적 전환기능

재산권으로부터의 이익을 현재에 누릴 수 있지만 이를 미래시점으로 연기할 수도 있다. 예컨대 배우자와 자녀의 생활보장을 위해 위탁자가 생존 중에는 자신을 수익자로 하고 사망 후에는 그들을 수익자로 지정하거나, 유언신탁을 통해 후손들의 교육과 생활 등을 장기간에 걸쳐 지원할 수 있다.

신탁수익을 바로 배분하지 않고 수탁자로 하여금 전부 또는 일부를 적립했다가 이를 원본에 합산하거나 새로운 재산에 투자하도록 함으로써 신탁수익의 향수기간을 장래로 미루거나 연장할 수 있다. 시간적 전환기능은 신탁을 통해 재산적 이익을 향수하는 시점을 다각적으로 설계하는 것을 말한다.

### (2) 도산격리기능

신탁재산은 독립성에 의해 위탁자와 수탁자의 고유재산에서 분리된다. 따라서 수탁자의 명의로 귀속되더라도 수탁자에 대한 채권자는 신탁재산에 강제집행을 할 수 없다. 그리고 위탁자의 채권자도 신탁 전의 원인으로 발생한 권리가 아닌 한 위탁자의 재산이 아닌 신탁재산에 강제집행을 할 수 없다.

신탁의 도산격리기능은 재산보전이라는 점에서 폭넓게 활용된다. 예컨대 자본시장법 제74조 제1항은 투자자의 보호를 위해 투자매매업자나 투자중개업자로 하여금 금융투자상품의 매매 등과 관련하여 예탁받은 금전인 투자자예탁금을 고유재산과 구분하여 증권금융회사에 예치 또는 신탁하도록 한다.

### 5. 신탁의 유형

신탁은 그것을 통해 어떠한 목적을 달성하고자 하는지 그리고 어떻게 설계하는지에 따라 다양한 형태로 설정될 수 있다. 이러한 다양성 또는 유연성은 신탁이라는 제도를 간단히 정의하거나 파악하기 어렵게 만드는 원인이 되기도 한다. 그리고 신탁은 개별적인 기준에 따라서 여러 종류로 분류될 수 있다.

### (1) 자익신탁과 타익신탁

자익신탁은 위탁자와 수익자가 같은 경우를, 타익신탁은 위탁자와 수익자가 다른 경우를 말한다. 신탁은 자익신탁과 타익신탁만 존재하는 것은 아니다. 위탁자를 포함한 다수의 수익자가 존재하면 자익신탁과 타익신탁이 공존한다. 또한 수익권을 양도하여 자익신탁이 타익신탁으로 그 유형을 달리할 수 있다.

### (2) 생전신탁과 유언신탁

생전신탁은 위탁자가 생존한 동안 신탁계약을 체결하거나 신탁선언을 통해 설정한 신탁을 말한다. 생전신탁의 효력도 위탁자의 생존시에 발생하지만, 다른 법률행위와 마찬가지로 신탁행위에 조건이나 기한을 붙일 수 있다. 이에 따라 생전신탁은 위탁자가 사망한 때부터 신탁의 효력이 발생할 수도 있다.

유언신탁은 유언에 의해 설정되는데, 단독행위라는 점에서 신탁선언과 같고 신탁계약과 다르다. 유언신탁도 유언자의 의사표시는 생전에 이루어지지만, 신탁의 효력은 유언자의 사망에 의해 발생한다. 유언신탁은 법정방식에 의한 유언에 의해 설정되므로 유언의 효력이 없으면 신탁도 설정되지 않는다.

### (3) 확정신탁과 재량신탁

확정신탁은 신탁상 수익자와 그 수익권의 내용이 확정된 경우를 말한다. 수탁자는 신탁상 정해진 수익자에게 정해진 수익급부를 행할 의무를 부담하며, 신탁재산을 교부함에 있어 재량을 갖지 않는다. 그리고 이에 상응하여 수익자는 신탁재산에 대한 확정적인 권리를 갖지만 확정의 의미는 재량이 아니다.

재량신탁은 신탁상 수탁자가 누구에게 무엇을 지급할 것인지를 선택할 수 있는 재량을 갖는다. 수탁자에게 재량권을 수여하는 이유는 유연성 때문이다. 재량신탁은 위탁자가 신탁설정 당시에 예상하지 못한 사정을 반영할 수 있고, 수익자의 구체적인 사정을 반영하여 수익급부의 내용을 결정할 수 있다.

### (4) 능동신탁과 수동신탁

능동신탁은 수탁자가 신탁재산을 적극적으로 관리·운용·처분한다. 수동신탁은 수탁자가 신탁재산의 명의인일 뿐 신탁재산의 관리방법에 대한 재량을 갖고 있지 않고, 위탁자나 수익자의 지시에 따라 관리·처분 또는 수탁자가 신탁재산을 관리·처분해야 하는 권리와 의무를 부담하지 않은 신탁을 말한다.

### (5) 영리신탁과 비영리신탁

신탁은 수탁자가 신탁을 인수하는 것이 영업으로 하는 것인지 여부에 따라 영리신탁과 비영리신탁으로 구분한다. 영리신탁의 수탁자는 신탁업을 영위하는 신탁업자로서 자본시장법의 진입규제, 건전성규제, 영업행위규제 등을 받는다. 영리신탁은 신탁재산의 종류에 따라 금전신탁과 비금전신탁으로 구분된다.

신탁업을 수행하는 신탁업자는 인가받은 산탁재산 이외에는 수탁할 수 없으나, 부동산신탁 중 부동산개발사업을 목적으로 하는 신탁의 경우에는 자본시장법시행령이 정하는 사업비의 15% 이내에서 금전을 수탁할 수 있다. 그리고 토지신탁의 경우에는 부동산을 전업으로 하는 부동산신탁회사에만 허용되고 있다.

## 6. 신탁의 종류

신탁재산은 신탁행위의 대상인 재산권이다. 즉 신탁목적을 달성하기 위해 위탁자로부터 이전을 받아 수탁자가 신탁목적에 따라 관리 또는 기타 처분할 수 있는 재산권을 의미한다. 자본시장과 금융투자업에 관한 법률(자본시장법)에서 신탁회사가 수탁할 수 있는 신탁재산을 일정범위의 재산으로 한정하고 있다.

▌그림 3-2▌ 신탁의 종류

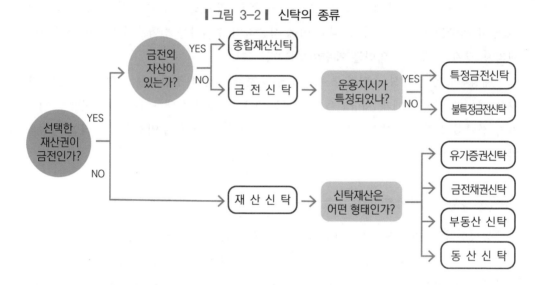

### (1) 종합재산신탁

종합재산신탁은 하나의 신탁계약에 의해 금전, 증권, 부동산, 무체재산권 등 여러 유형의 재산을 함께 수탁받아 통합관리하여 운용할 수 있다. 이것은 특정금전신탁과 유사하나, 수탁재산의 범위가 금전에만 국한되지 않고 증권, 부동산 등 모든 재산으로 확대된다는 점에서 투자일임업(Wrap Account)과 구별된다.

종합재산신탁의 수탁과 관련한 신탁의 종류, 손실의 보전 또는 이익의 보장, 신탁의 거래조건 등의 사항은 대통령령으로 정한다. 종합재산신탁으로 금전의 수탁비율이 40% 이하이면 소액신탁자금 운용의 효율성을 도모하기 위해 공동운용을 허용하지만, 신탁회사가 행하는 종합재산신탁은 집합투자로 보지 않는다.

종합재산신탁은 고객의 요구에 맞는 종합금융서비스를 제공할 수 있다. 기업은 금전채권, 증권 등의 보유자산을 하나의 신탁계약에 의해 유동화증권을 발행함으로 자금조달의 편리성과 효율성을 높이고 수수료 등 비용의 절감과 안전성의 확보도 가능하게 된다. 그리고 노후생활자금의 확보수단으로 활용될 수 있다.

**▎그림 3-3 ▎ 종합재산신탁의 대상**

동　산
금　전
부 동 산
유 가 증 권
금 전 채 권
무체재산권

종합재산신탁
(관리, 처분, 운용, 담보)

금　전
유가증권
실물자산
기타자산

### (2) 금전신탁

금전신탁은 신탁회사(수탁자)가 위탁자로부터 금전을 신탁재산으로 위탁받아 계약에 따라 금전을 대출, 채권 등에 운용하고 신탁기간이 종료하면 수익자에게 원금과 수익을 돌려주는 신탁을 말한다. 금전신탁은 경제적 기능상 은행예금과 유사하여 금융행정과 밀접한 관계가 있고 은행의 주요업무에 해당한다.

일반은행에서 취급하고 있는 금전신탁과 예금의 차이점을 살펴보면 운용방법에서 금전신탁은 신탁계약 및 법령 범위 내에서 규정된 것에 한하며, 예금은 원칙적으로 제한이 없다. 그리고 투자대상에 운용하여 창출한 이익분배에서 금전신탁의 경우에 실적배당을, 예금의 경우에 확정이율을 원칙으로 하고 있다.

금전신탁은 방법에 따라 여러 종류로 구분된다. 신탁의 종료시 신탁재산을 수익자에게 금전으로 돌려주는 금전신탁과 재산으로 돌려주는 비금전신탁이 있다. 또한 위탁자가 신탁재산의 운용방법이나 투자대상을 어느 정도 특정하느냐 특정하지 않느냐에 따라서 특정금전신탁과 불특정금전신탁으로 구분한다.

| 구분 | 특정금전신탁 | 수익증권 |
|---|---|---|
| 계약형태 | 신탁계약 | 투자신탁계약 |
| 관련법정 | 신탁업법 | 간접투자자산운용법 |
| 증권형태 | 신탁증서 | 수익증권 |
| 신임관계 | 위탁자와 수탁자 | 위탁자와 수익자 |
| 당 사 자 | 위탁자, 수탁자, 수익자 | 위탁자, 수탁자, 수익자 |
| 운용판매 | 신탁회사 | 운용 : 자산운용사<br>판매 : 증권회사,은행 |
| 수 수 료 | 신탁보수 | 운용보수＋판매보수＋수탁보수 |

∎표 3-1∎ 특정금전신탁과 수익증권의 비교

### (3) 증권신탁

증권신탁은 신탁회사가 위탁자(고객)로부터 증권을 신탁하여 수탁자로 하여금 관리 운용을 행하게 하는 신탁을 말한다. 자본시장법은 신탁할 수 있는 증권의 종류와 범위를 특별히 제한하지 않지만, 실무상으로는 국채·공채·사채, 주식 또는 수익증권에 한정되며 증권이면 기명식이든 무기명식이든 제한하지 않는다.

증권신탁에는 수탁하는 증권의 관리방법에 따라 관리목적의 관리증권신탁과 관리 외에 운용수익 획득 목적의 운용증권신탁이 있다. 전자는 수탁자가 주식배당금이나 공사채의 이권추심 등의 관리사무를 맡게 하며, 후자는 위탁된 증권을 대부·담보로 제공하고 차입한 자금을 운용하여 수익을 수익자에게 교부한다.

### (4) 부동산신탁

부동산신탁은 신탁회사가 위탁자(고객)로부터 수탁하는 신탁재산이 부동산인 신탁을 말한다. 여기서 부동산은 토지와 그 정착물, 지상권, 전세권, 토지의 임차권을 뜻한다. 따라서 토지와 건물이 대부분이다. 그러나 등기·등록할 수 있는 선박, 자동차, 항공기 등은 별도로 하고 부동산신탁에는 해당되지 않는다.

부동산신탁은 재산의 관리·이용·개발·처분을 직접 하지 않고 신탁회사에 재산을 이전시키고 신탁목적에 따라 수익자를 위해 재산을 관리·이용·개발·처분하게 한 뒤 그 결과를 되돌려 받는 법률관계를 말하며 운용방법에 따라서 부동산관리신탁, 부동산처분신탁, 부동산담보신탁, 부동산토지신탁으로 구분한다.

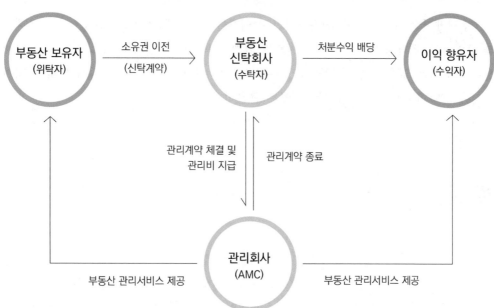

▍그림 3-4 ▍ 부동산신탁의 구조

### (5) 동산신탁

동산신탁은 신탁회사가 위탁자(고객)로부터 수탁하는 신탁재산이 동산인 신탁을 말한다. 자본시장법은 수탁할 수 있는 동산의 종류를 특별히 제한하지 않아 양도할 수 있는 동산이면 어떤 동산이라도 무방하다. 그러나 실무상으로 신탁업무의 종류 및 방법에서 동산신탁으로 수탁할 수 있는 동산을 제한하고 있다.

### 7. 신탁의 특징

### (1) 신탁재산의 통일성

신탁행위가 성립하는 단계에서 신탁재산은 신탁행위에 의해 결정된다. 즉 거래당사자간 계약에 의하나 신탁행위가 성립한 후 신탁재산의 범위는 물상대위의 원칙에 의해 결정된다. 신탁재산의 관리, 처분, 멸실, 훼손 등의 사유로 수탁자가 얻은 재산은 신탁재산에 속하여 신탁재산이 변형되어도 신탁재산이다.

## (2) 신탁재산의 독립성

신탁재산은 수탁자에게 귀속하지만 수익자를 위한 재산이므로 수탁자의 고유재산과 구별되고, 위탁자의 재산과도 구별되는 별개의 독립한 재산의 지위를 지닌다. 신탁재산이 법인격은 없지만 수탁자를 관리기관으로 하는 독립된 재산으로 성격을 갖게 되며 이것이 신탁회사들이 영업을 할 수 있는 근간이다.

## 제2절 신탁의 성립

### 1. 신탁의 설정

신탁은 여러 가지 원인에 의해 성립한다. 신탁을 성립시키고자 하는 당사자의 의사에 의한 경우가 대표적이다. 그리고 법률규정에 따라 신탁이 발생하기도 한다. 전자의 경우 신탁을 성립시키는 원인된 법률행위로 신탁법은 계약, 유언, 신탁선언을 들고 있다. 신탁행위는 신탁을 설정하는 법률행위를 말한다.

### (1) 신탁계약

위탁자는 수탁자와 계약을 통해 신탁을 설정할 수 있다. 위탁자가 수탁자와 신임관계에 의해 수탁자에게 특정의 재산을 이전하거나 그 밖의 처분을 하고 일정한 목적을 위해 그 재산을 관리, 처분하도록 합의한 때 신탁이 성립한다. 영미에서는 신탁이 계약과 구분되는 별개의 법현상으로 이해되어 왔다.

위탁자와 수탁자의 합의로 신탁은 설정되고 수탁자의 신탁인수나 재산의 인도 여부는 신탁의 성립에 영향을 미치지 않는다. 하지만 신탁재산이 없으면 신탁재산에 관한 수탁자의 의무가 발생하지 않기 때문에 신탁재산은 신탁의 성립요건은 아니지만 수탁자의 의무를 발생시키는 실질적인 전제로 본다.

### (2) 유언신탁

유언신탁은 위탁자는 수탁자와 계약 이외에 일방적인 의사표시, 즉 단독행위에 의해 유언과 신탁선언은 신탁을 설정할 수 있다. 유언은 재산관계, 신분관계의 법정사항에 사후의 효력발생을 목적으로 일정한 방식에 따라 하는 단독 의사표시이고, 이러한 유언에 따라서 설정되는 신탁이 유언신탁이다.

민법은 유언의 위조나 변조를 막고 유언자의 진의를 확보하기 위해 법정요식주의를 취한다. 유언은 자필증서, 녹음, 공정증서, 비밀증서, 구수증서의 방식 중 하나의 요건을 충족해야 한다. 유언자의 진의를 명확히 하고 그로 인한 법적 분쟁과 혼란을 예방하기 위해 유언의 방식을 엄격하게 규정한다.

### (3) 신탁선언

신탁선언은 위탁자의 일방적인 의사표시, 즉 단독행위에 의한다. 위탁자 1인이 단독 수탁자가 되는 경우는 물론 위탁자 또는 수탁자가 다수인 경우에도 신탁선언의 법적 성질은 달라지지 않는다. 신탁선언의 의사표시는 공정증서로 해야 하는 요식행위로 신탁의 목적, 신탁재산, 수익자 등을 특정해야 한다.

신탁선언에 의해 신탁을 설정하면 신탁계약과 다른 효과를 얻을 수 있다. 유동화의 측면에서 특수목적회사(SPC)를 설립하거나 다른 수탁자를 지정할 필요 없이 유동화자산의 보유자가 신탁선언에 의해 신탁을 설정하면 그 절차나 비용을 줄일 수 있다. 위탁자가 수탁자가 되어 정보의 유출을 피할 수 있다.

## 2. 신탁의 효력

위탁자가 신탁을 설정할 때 의사표시는 신탁의 효력을 인정할 수 있어야 한다. 위탁자는 신탁의 주된 내용을 표명하여 수탁자가 어떤 목적을 위해 어떻게 사무를 처리해야 할지를 알 수 있어야 한다. 의사표시의 요소에는 신탁설정의사의 확정가능성, 신탁재산의 확정가능성, 수익자의 확정가능성이 있다.

신탁설정의사의 확정가능성은 어느 행위가 일정한 재산에 대해 신탁을 설정하고자 하는 의사의 표시인지를 판단한다. 신탁재산의 확정가능성은 신탁의 중심이 되는 재산을 확정할 수 있는지, 그리고 수익자의 확정가능성은 수익자신탁에서 위탁자가 의도한 수익자를 확정할 수 있는지의 문제를 말한다.

### 3. 신탁의 목적

신탁의 목적은 위탁자가 신탁을 설정하여 이루고자 하는 것으로 법률관계의 척도가 된다. 수탁자는 신탁목적의 달성을 위해 모든 행위를 할 권한이 있지만, 신탁의 목적에 반해 법률행위를 하면 수익자가 이를 취소할 수 있다. 그리고 신탁의 목적을 달성했거나 달성할 수 없게 된 때 신탁은 종료한다.

신탁의 목적은 일반 법률행위의 목적처럼 성립요건이고 효력요건이다. 따라서 신탁이 유효하려면 신탁의 목적이 확정되고, 실현가능하고 적법해야 하며 사회적 타당성을 가져야 한다. 신탁의 목적이 확정되지 않고 실현이 불가능하거나 강행법규에 반하거나 선량한 풍속에 위반된 때 신탁은 무효이다.

### 4. 신탁의 목적제한

신탁의 목적은 위탁자가 신탁에 의해 달성하려는 목적으로 신탁관계의 설립·존속·소멸에 관한 요소가 된다. 탈법행위를 목적으로 하고 수탁자가 소송하는 것을 목적으로 하는 소송신탁은 금지한다. 다만 위탁자가 채권자를 해할 줄 알면서 자기재산에 신탁을 설정하는 채권자사해신탁은 취소할 수 있다.

## 제3절  신탁재산

### 1. 신탁재산의 정의

신탁에서 위탁자는 수탁자에게 특정 재산을 이전하거나 처분을 하고, 이 재산은 신탁관계의 중심이 된다. 그러나 신탁재산은 법인과 같은 법인격을 갖지 않고 수탁자가 소유하기 때문에, 위탁자나 수탁자가 소유하는 재산과 구분하고 신탁관계의 법률효과를 신탁재산에 귀속시키기 위한 법적 장치들이 필요하다.

신탁재산은 위탁자가 처분하는 하나 또는 다수의 재산을 포함하는데, 신탁법은 목적재산으로서의 신탁재산과 신탁재산에 속한 개별재산을 구분하지 않는다. 또한 개별 신탁재산의 종류에 대해서도 제한을 두고 있지 않다. 따라서 확정가능하고 양도가능한 재산이라면 그 내용에 제한없이 신탁재산이 될 수 있다.

## 2. 신탁재산의 범위

신탁재산은 법률관계의 효과가 집중되기 때문에 그 범위가 중요하다. 위탁자가 이전한 재산이 신탁재산을 이루고, 위탁자의 처분권능을 전제로 확정가능하고 양도가능한 재산이 그 대상이 된다. 신탁재산은 위탁자가 이전한 재산의 관리, 처분, 운용, 개발, 멸실, 훼손, 기타 사유로 수탁자가 얻은 재산을 포함한다.

신탁재산의 범위는 비록 법인격은 없지만, 위탁자나 수탁자의 고유재산과 구분되어 독립성을 가지는 신탁재산의 경계를 일컫는다. 원래의 신탁재산의 가치가 체화된 대위물 이외에 수탁자의 지위에서 증여를 받거나 취득하게 되는 권리, 수탁자의 의무위반으로 인한 손해배상채무도 모두 신탁재산에 포함된다.

신탁재산은 위탁자가 수탁자에게 이전한 재산이 토대가 되고, 수탁자가 이를 관리, 처분, 운용, 개발 그리고 신탁목적을 달성하는 과정에서 발생한 재산도 포함된다. 예컨대 신탁재산인 금전으로 매수한 부동산, 신탁재산의 매매대금, 신탁재산을 법률상 원인 없이 점유한 자에 대한 부당이득반환청구도 해당한다.

## 3. 신탁재산의 공시

신탁설정시에 위탁자는 재산의 종류에 상응하는 양도방식에 따라 이를 수탁자에게 이전하며 수탁자는 신탁사무의 처리과정에서 권리를 취득하는데, 신탁의 구속을 받는 이러한 신탁재산에 대해 신탁법은 신탁재산임을 공시하도록 하고, 이를 위한 수탁자의 의무 및 그 위반에 대해 엄격한 효과를 정하고 있다.

위탁자가 수탁자에게 이전한 신탁재산은 수탁자에게 귀속하지만, 수탁자의 고유재산과 분리된 별도의 독립한 목적재산을 이룬다. 그리고 신탁의 중요한 특징인 신탁재산의 독립성과 그에 기초한 특수한 효과로 인해 수탁자와 거래하는 당사자들에게 신탁재산과의 법률관계를 알려줄 필요가 있기 때문이다.

신탁재산의 공시에 대한 필요성은 신탁설정시에 위탁자로부터 재산권이 이전될 때는 물론 신탁재산의 관리·처분으로 수탁자가 재산권을 취득한 경우에도 발생한다. 수익자취소권의 행사에 따라 수탁자에게 회복된 신탁재산이나 신탁변경으로 인해 수탁자가 취득한 재산권도 신탁재산임을 공시해야 한다.

① 등기·등록할 수 있는 재산권

등기·등록할 수 있는 재산권은 신탁등기 또는 신탁등록을 해야 한다. 부동산, 건설기계, 선박, 자동차, 어업권, 광업권, 특허권, 실용신안권, 상표권 등과 등기·등록이 성립요건인 경우 수탁자는 등기·등록을 해야 그 권리를 취득하며, 이와 별도로 신탁등기 또는 신탁등록을 해야 제3자에게 대항력을 갖춘다.

② 등기·등록할 수 없는 재산권

등기·등록할 수 없는 재산권은 다른 재산과 분별하여 관리하는 방법으로 신탁재산임을 표시함으로써 그 재산이 신탁재산에 속한 것임을 제3자에게 대항할 수 있다. 각 신탁재산의 종류에 따라서 공시를 할 수 있는 방법은 다양할 것이므로, 제3자가 신탁재산임을 인식할 수 있는 방법이면 충분하다.

등기·등록할 수 있는 재산권이라도 등기부 또는 등록부가 없을 경우에는 등기·등록할 수 없는 재산권과 마찬가지로 분별관리함으로써 공시할 수 있다. 등기·등록할 수 없는 재산권에 관해 신탁재산임을 표시함에 있어서는 대통령령으로 정하는 장부에 신탁재산임을 표시하는 방법으로도 할 수 있다.

## 4. 신탁재산의 독립

신탁재산은 수탁자에게 귀속하지만, 신탁목적의 구속을 받는다. 따라서 수탁자는 신탁재산을 고유재산 및 다른 신탁재산과 분별하여 관리해야 하며, 신탁재산은 별개의 독립된 재산으로 취급된다. 신탁재산의 독립성은 신탁재산이 별도의 법인격을 갖지 않고 수탁자에게 귀속되어서 인정되는 특징이다.

위탁자는 신탁재산에서 발생한 이익을 수익자에게 귀속시키려 하지만, 위탁자와 수익자는 수탁자의 자력을 점검하거나 신탁사무의 처리를 모니터링하기 쉽지 않다. 따라서 신탁재산이라는 표지를 통해 수탁자가 소유하는 재산이 위탁자나 수탁자의 잠재적인 채권자의 책임재산이 될 수 없음을 나타낸다.

신탁재산은 수탁자가 사망한 때 수탁자의 상속재산에 속하지 않고, 수탁자가 이혼을 해도 재산분할의 대상이 되지 않는다. 신탁재산은 수탁자의 도산으로부터 격리되며, 신탁재산에 관해 일정 범위에서 상계가 금지된다. 또한 혼동이나 첨부와 같은 민법 일반규정에 대해서도 특수한 법리가 적용된다.

## 제4절 신탁사무의 처리

　수탁자가 소유하는 신탁재산을 중심으로 하여 그 재산적 이익은 수익자에게 귀속하고 수탁자는 이와 관련한 다양한 의무를 부담하는 법률관계가 신탁의 핵심이 된다. 따라서 신탁재산의 귀속주체로서 신탁목적을 달성하기 위한 신탁사무의 처리는 수탁자의 권한이고 수탁자의 의무의 성질을 가진다.

### 1. 수탁자의 의무

#### (1) 선관의무

　선관의무는 거래상 일반적으로 평균인에게 요구되는 정도의 주의의무를 말하며 수탁자는 통상 요구되는 정도의 주의를 기울여 신탁사무를 처리해야 한다. 선관의무의 개별적·구체적 내용은 신탁의 목적이나 정함 그 밖의 신탁과 관련한 사정에 따라 다를 수밖에 없고, 위반의 효과도 개별적으로 판단한다.

　예컨대 수탁자가 주의의무를 다하지 못하여 신탁재산이 멸실·훼손되면 원상회복의무 내지 손해배상의무가 발생한다. 제3자에 의해 신탁재산에 손해가 발생한 때 수탁자는 제3자에 대해 손해배상청구권을 행사하고, 신탁과 관련한 분쟁에 대해 적시에 소를 제기하거나 적절한 방어방법의 조치를 취해야 한다.

#### (2) 충실의무

　신탁은 위탁자와 수탁자의 신임관계에 기초하여 계약을 통해 설정된다. 그러나 신탁이 설정되면 수탁자는 수익자의 이익 또는 신탁목적만을 위해 신탁사무를 처리할 것을 요구하는데, 이러한 충실의무는 신탁관계의 본래적 성질에 기초한 것이다. 따라서 충실의무는 수탁자의 기본적인 의무라고 할 수 있다.

　신탁은 위탁자와 수탁자의 신임관계에서 출발하고 충실의무는 수익자를 위한 것이다. 수탁자와 수익자간에 계약관계가 없어도 수익자신탁에서 신탁의 최종적인 목적은 신탁재산상의 이익을 수익자에게 귀속시키는 것이다. 따라서 신탁사무를 처리하는 수탁자에게 수익자의 이익을 위한 충실의무가 요구된다.

### (3) 신탁사무 처리의무

수탁자는 신탁목적 및 신탁행위로 정한 바에 따라서 그리고 선관의무로써 신탁사무를 처리할 의무가 있다. 수탁자로 지정된 경우 수탁자의 의무가 발생하지 않지만, 수탁자의 지위를 인수하면 이러한 의무를 부담한다. 그러나 신탁상 정함에 따른 이행이 불가능하거나 위법한 경우 그 이행이 강제되지 않는다.

수탁자는 신탁상 달리 정한 바가 없는 한 자신이 직접 신탁사무를 처리하는 것이 원칙이다. 수탁자가 신탁사무를 처리할 의무가 있음에도 이를 해태한 경우에는 당연히 의무위반이 된다. 그리고 수탁자의 사무처리가 신탁목적이나 신탁상의 정함에 따르지 않은 경우에도 의무위반에 따른 책임이 문제된다.

### (4) 이익상반행위 금지

충실의무가 자기거래와 관련하여 수탁자가 자신의 이익을 수익자의 이익에 우선하려는 유혹을 차단하기 위해 적용되었듯이 주된 내용은 이익상반행위의 금지이다. 수탁자는 수익자의 이익을 위해 행동해야 하므로 수익자의 이익과 수탁자 자신 또는 제3자의 이익이 충돌하는 상황을 초래하는 행위는 금지된다.

이익상반행위의 금지는 이익충돌의 가능성이 객관적으로 존재할 것을 요건으로 하며, 실제로 신탁이나 수익자에게 불이익이 발생했는지를 묻지 않는다. 수탁자가 신의칙에 따랐거나 거래조건이 공정했거나 혹은 그 거래에서 실제로 이익을 얻은 바가 없더라도 이러한 사실은 의무위반에 영향을 미치지 않는다.

### (5) 공평의무

수익자가 여럿인 경우 수탁자는 신탁사무의 처리에 관한 사항 및 수익급부와 관련한 판단에서 각 수익자를 위해 공평하게 신탁사무를 처리해야 한다. 수탁자는 각 수익자에 대해 충실의무를 부담하며, 신탁상 달리 정한 바가 없는 한 그 의무에 차등이 존재할 수 없어 모든 수익자에 대해 공평의무를 부담한다.

공평의무와 관련한 문제는 원본수익자와 수입수익자가 존재할 경우에 발생한다. 수탁자가 수입수익자를 위해 단기적으로 신탁재산을 투자하고 배분하는데 집중하면 신탁원본이 감소하여 원본수익자에게 손해를 줄 수 있다. 반면 신탁원본의 보존 내지 증가만을 추구하면 수입수익자에게 돌아갈 수입이 감소한다.

### (6) 이익향수금지

수탁자는 다수 수익자 중 1인의 지위를 겸하지 않는 한 누구의 명의로도 신탁의 이익을 누리지 못한다. 수탁자의 이익향수금지는 이익상반행위금지와 함께 충실의무의 주된 내용을 이루는데 이익향유의 상황을 사전적·절대적으로 금지하여 수탁자의 충실의무를 강화하고 신탁위반행위를 억제하기 위한 것이다.

수탁자는 신탁재산 자체로부터 이익을 누릴 수 없고 수탁자의 지위에서 얻는 이익도 금지된다. 이때 수탁자의 적극재산이 증가하는 것은 물론 소극재산이 감소하는 것도 금지되는 이익에 포함되며, 그 이익이 수탁자 자신의 명의로 취득한 것인지 아니면 제3자 명의로 취득한 것인지는 문제가 되지 않는다.

## 2. 수탁자의 권리

### (1) 비용상환청구권

신탁은 법인격이 없어 신탁재산은 수탁자에게 귀속하며 신탁재산과 관련한 법률행위는 수탁자가 된다. 신탁재산에 대한 조세나 공과금은 수탁자에게 부과되고, 신탁사무의 처리와 관련한 계약에서는 당사자가 되며, 신탁재산인 공작물의 설치, 보존의 하자로 타인에게 손해가 발생하면 수탁자는 손해배상책임을 진다.

신탁사무의 처리과정에서 발생한 정당한 비용에 대해 신탁상 별도의 정함이 없는 한 수탁자는 먼저 신탁재산에서 이를 지출할 수 있다. 만약 수탁자가 고유재산에서 비용을 지출했다면, 이를 신탁재산으로부터 상환받을 수 있다. 그러나 상환청구가 가능한 비용은 의무위반에 해당하지 않은 정당한 비용이어야 한다.

수탁자가 신탁사무의 처리를 위해 과실 없이 채무를 부담하면 수탁자는 신탁재산에서 채무를 이행할 수 있고, 고유재산에서 이를 이행하거나 손해를 입은 경우 신탁재산으로부터 상환받을 수 있다. 신탁사무의 처리과정에서 수탁자가 부담하는 채무는 신탁재산에 속하므로 채무변제는 신탁재산에서 이루어져야 한다.

### (2) 보수청구권

수탁자는 신탁상 정함이 있는 경우에만 보수를 받을 수 있으며, 예외적으로 신탁을 영업으로 하는 수탁자는 그러한 정함이 없는 경우에도 보수를 받을 수 있다. 신탁사무처리과정에서 적법하게 발생한 비용에 대해 수탁자에게 상환청구권을 인정하는 것과 달리 원칙적으로 수탁자의 보수청구권은 인정되지 않는다.

그러나 엄격한 의무와 부담을 지는 수탁자에게 보수를 지급하지 않으면 수탁자의 지위를 인수하려는 자를 찾기 어려울 것이다. 오늘날 대부분 신탁업자가 수탁자가 되고, 그렇지 않은 경우에도 신탁행위로 보수에 관한 명시적인 정함을 두는 것이 일반적이므로 수탁자에게 보수가 지급되지 않는 경우가 예외적이다.

수탁자가 보수를 받는 경우 보수청구권의 상대방 및 그 내용은 신탁상의 정함에 따른다. 신탁계약을 체결하면 위탁자는 계약당사자로서 보수의 지급을 약정할 수 있고, 신탁재산에서 보수를 지급할 것을 정할 수도 있다. 신탁상 수익자가 보수를 지급하기로 정하면 수탁자는 수익자에게 보수의 지급을 청구할 수 있다.

수탁자가 보수청구권을 행사하기 위해서는 원상회복의무 등을 이행해야 한다. 수탁자로서의 의무위반에 따른 책임을 다하지 않는 수탁자가 자신의 권리부터 먼저 행사하는 것은 충실의무에 반한다. 또한 보수청구권의 행사에 있어서 원상회복의무 등의 이행을 전제로 하여 수탁자가 그 책임을 다하도록 강제할 수 있다.

## 제5절 신탁의 종료

신탁이나 신탁법에서 정한 종료원인이 발생한 경우 기존에 신탁재산을 중심으로 하는 법률관계는 종결되어야 한다. 수탁자는 현재의 사무를 중지하고 신탁채무를 변제한 후에 잔여재산을 권리자에게 이전하는 등의 절차를 밟게 된다. 엄밀한 의미에서 신탁의 종료는 일련의 청산을 위한 관계로 전환을 의미한다.

신탁목적의 달성여부는 신탁상의 정함이나 신탁재산, 신탁사무의 내용 그리고 수익자의 이해 등 제반 사정을 고려하여 판단할 수 있다. 신탁의 목적을 달성하였거나 달성할 수 없게 된 경우에 신탁은 종료한다. 신탁의 목적을 달성할 수 없게 된 경우는 신탁의 목적달성이 객관적으로 불가능한 경우를 말한다.

### 1. 당사자 합의에 의한 종료

신탁상 다른 정함이 없는 한 위탁자와 수탁자는 합의로 언제나 신탁을 종료할 수 있다. 신탁을 설정한 위탁자와 신탁의 이익을 향수하는 수익자가 합의한 이상 신탁을 존속시킬 이유가 없기 때문이다. 위탁자와 수익자는 신탁의 종료가 신탁의 중요한 목적과 일치하지 않아도 합의에 의해 신탁을 종료할 수 있다.

신탁의 설정은 위탁자의 의사에 의하나 신탁이 설정되면 수탁자와 수익자의 관계가 중심이며, 신탁이익의 최정점에 수익자가 있다. 위탁자가 신탁이익의 전부를 누리는 신탁은 위탁자 겸 수익자가 신탁의 존속을 원하지 않은 경우 신탁을 존속할 이유가 없기 때문에 수익자 또는 상속인은 언제든지 종료할 수 있다.

### 2. 법원의 명령에 의한 종료

위탁자가 집행의 면탈이나 부정한 목적으로 신탁선언에 의해 신탁을 설정하면 이해관계인은 법원에 신탁의 종료를 청구할 수 있다. 법원은 재판에서 수탁자의 의견을 들어야 하며, 이유를 붙인 결정으로 하고, 수탁자와 수익자에게 고지해야 한다. 청구를 인용하는 재판에 수탁자나 수익자는 즉시 항고할 수 있다.

신탁행위로 정한 바가 없는 때, 당연 종료사유가 발생하지 않은 때, 합의가 이루어지지 않았거나 할 수 없는 때에 위탁자, 수탁자, 수익자는 법원에 신탁의 종료를 신청할 수 있다. 신탁설정시 예견하지 못한 사정이 발생했는데 신탁을 존속시킨다면 수익자를 위한 신탁이 오히려 수익자의 불이익을 강제할 수 있다.

## 제6절 신탁의 활용

### 1. 재산승계를 위한 신탁

신탁을 통해 위탁자는 자신의 사망 후에 재산의 승계를 설계할 수 있다. 신탁은 유증이나 사인증여에서 불가능한 보다 다양한 재산승계를 가능하게 한다. 유언으로 신탁을 설정할 수 있지만, 유언에 갈음하는 생전신탁은 위탁자 생전에 재산의 관리, 운용 등을 위해서는 물론 재산승계를 위해서도 유용한 수단이 된다.

## (1) 유언대용신탁

유증은 유언이라는 단독행위에 의해 재산상의 이익을 수유자에게 무상으로 귀속시키는 것을 말한다. 유언은 요식행위로서 민법에서 정한 방식을 갖추어야 하며, 유언철회의 자유가 있다. 그런데 유언이 아닌 신탁계약을 통해 수익권의 내용과 귀속을 어떻게 설계하는가에 따라서 유증과 동일한 효과를 얻을 수 있다.

예컨대 위탁자가 생존 동안에는 자신이 수입수익권을 가지고, 사망시에는 제3자에게 원본수익권을 귀속시키는 것이다. 유언신탁과 구분되고 유증이나 사인증여와 유사한 기능을 수행하는 생전신탁으로 유언대용신탁이라고 하기 위해서는 신탁재산에서의 이익이 위탁자의 사망으로 제3자에게 귀속될 것이 요구된다.

▌그림 3-5▐ 유언대용신탁의 구조

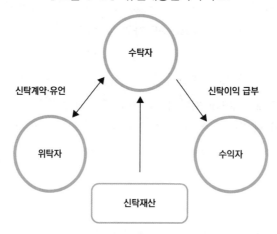

## (2) 수익자연속신탁

수익자는 다수일 수 있고, 동시에 존재하거나 순차적으로 존재할 수 있다. 더욱이 신탁설정시에 현존하지 않을 수 있으며 반드시 특정되어야 하는 것은 아니다. 따라서 재산승계수단으로 신탁계약을 체결하거나 유언신탁을 설정할 때 위탁자는 다수의 수익자들이 순차적으로 수익권을 취득하도록 설계할 수 있다.

신탁재산에 대한 수익권은 위탁자의 의사에 따라서 다각화되는데, 그중 하나가 수입수익권과 원본수익권의 구분이다. 수입수익자와 원본수익자가 존재할 경우에 각 수익권은 연속하게 된다. 이러한 연속적인 수익권은 동일한 신탁재산에 대한 수익권이 순차적으로 발생하며 이전 수익자의 사망에 의해서 연속된다.

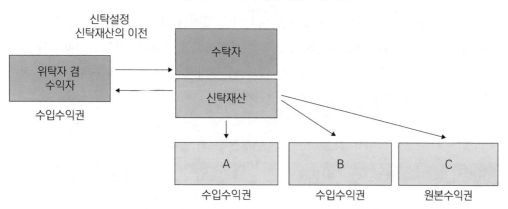

**┃그림 3-6┃ 수익자연속신탁의 구조**

## 2. 성년후견제도와 신탁

### (1) 성년후견제도의 정의

성년후견제도는 질병, 장애, 노령, 기타 사유로 인한 정신적 제약을 요건으로 한다. 따라서 질병, 장애, 노령, 기타 사유로 신체적 제약이 있는 경우 성년후견제도를 이용할 수 있는지가 문제된다. 신체적 제약만으로 성년후견제도를 이용할 수 있는지에 대해서는 이를 부정하는 견해와 긍정하는 견해가 대립한다.

#### ① 성년후견

성년후견인은 피성년후견인의 법정대리인이며 피성년후견인의 법률행위는 취소할 수 있다. 다만 가정법원은 취소할 수 없는 범위를 정할 수 있고, 일상생활에 필요하고 그 대가가 과도하지 않으면 취소가 제한된다. 따라서 피성년후견인의 법률행위가 원칙적으로 취소가능한 범위에서 그 행위능력은 제한된다.

#### ② 한정후견

피한정후견인은 의사능력이 있는 한 유효하게 법률행위를 할 수 있고, 한정후견인의 동의가 필요한 행위를 피한정후견인이 자신의 동의없이 한 경우 그 법률행위는 취소할 수 있다. 피한정후견인의 법률행위가 취소되는 경우 한정후견인에 의한 피한정후견인의 재산관리의 적절성 내지 효율성이 문제가 된다.

③ 특정후견

특정후견은 정신적 제약이 다소 미약하거나 통상적인 일상생활이 가능하나 특정 문제를 해결하기 위해 개별적, 일시적, 일회적인 보호조치를 필요로 한다. 특정후견의 심판에 있어서 법원은 본인의 의사에 반하지 않는 한 그리고 기간 또는 사무의 범위를 정해 피특정후견인의 후원에 필요한 처분을 명하게 된다.

┃표 3-2┃ 성년후견제도의 종류

| 종류 | 성년후견 | 한정후견 | 특정후견 | 임의후견(후견계약) |
|---|---|---|---|---|
| 개 시 사 유 | 정신적 제약으로 사무처리 능력의 지속적 결여 | 정신적 제약으로 사무처리 능력의 부족 | 정신적 제약으로 일시적 후원 또는 특정 사무에 관한 후원의 필요 | 정신적 제약으로 사무처리 능력의 부족 |
| 본인의 행위능력 | 원칙적 행위능력 제한자 | 원칙적 행위능력 제한자 | 행위능력자 | 행위능력자 |
| 후 견 인 의 권 한 | 원칙적 포괄적인 대리, 취소권 | 법원이 정한 범위 내에서 대리권, 동의권, 취소권 | 법원이 정한 범위 내에서 대리권 | 각 계약서에서 정한 바에 따름 |

(2) 성년후견제도의 보완

신탁은 위탁자가 신임관계에 의해 수탁자에게 특정 재산을 처분하고 신탁목적의 달성을 위해 필요한 행위를 하도록 하는 법률관계이다. 신탁재산은 수탁자에게 귀속하지만 수탁자의 고유재산과는 독립하며, 신탁재산으로부터의 이익은 수익자에게 귀속된다. 그 수익을 귀속시키는 방법도 다양하게 설계할 수 있다.

신탁의 구조는 재산권의 실질을 유지하면서도 각각의 목적에 상응하여 재산권을 다른 형태로 전환하는 것을 가능하게 한다. 이러한 신탁의 전환기능은 정신적 제약으로 요보호 상태에 있는 자의 재산보호를 위한 유용한 장치가 될 수 있고, 성년후견제도를 보완하거나 보다 효과적으로 운용할 수 있는 수단이 된다.

첫째, 요보호자가 재산을 적절히 관리할 수 없거나 그렇게 될 경우를 대비하여 또는 보다 전문적인 재산의 관리를 필요로 하는 경우, 재산을 신뢰할 만한 개인이나 법인에게 신탁계약을 체결하여 관리하도록 함으로써 요보호자의 재산관리능력이나 경제적 신용,

법인격을 수탁자의 그것으로 전환할 수 있게 된다.

둘째, 신탁을 설정하면 요보호자가 소유권의 형태로 향유하던 재산적 이익은 수익권의 형태로 전환된다. 요보호자가 수익권을 갖는 경우 재산의 소유나 관리에 따르는 부담을 덜면서 이익을 확보할 수 있다. 신탁법은 수익권의 보호를 위한 장치를 두고 수익자가 의사능력이나 행위능력을 상실한 때도 작동한다.

셋째, 배우자와 자녀의 생활보장을 위해 신탁계약을 체결하면서 위탁자가 생존 중에는 자신을 수익자로 하고, 성년후견의 개시와 같은 사유가 발생한 때에는 배우자를 수익자로, 그리고 위탁자가 사망한 때에는 배우자와 자녀를 수익자로 지정하거나 유언신탁을 설정하여 후손들의 교육과 생활을 지원할 수 있다.

## 3. 채권담보를 위한 신탁

신탁법상 수익권은 수익자의 지위에서 가지는 권리와 의무의 총체이며, 재산권의 하나로서 담보로 제공될 수 있다. 수익권은 성질상 또는 신탁상 제한이 없는 한 양도성을 가지며 질권의 목적이 된다. 채무자나 물상보증인은 자익신탁을 설정하고 수익권을 입질하거나 양도담보를 하여 신용을 얻을 수 있다.

채무를 담보하기 위해 채무자나 제3자가 채권자를 수익자로 하는 타익신탁을 설정하거나 자익신탁을 설정하면서 신탁재산에 채권자를 위한 담보물권을 설정한 경우에 채무자나 제3자 소유의 재산에 담보물권을 설정하거나 그가 가지는 수익권을 담보로 제공하는 경우와 비교되는 중요한 효과가 발생한다.

후자는 이들 재산이나 수익권은 담보설정자의 책임재산을 이룬다. 따라서 다른 채권자가 강제집행을 하면 원하지 않은 시점에서 채권의 변제를 받지 않을 수 없고, 담보제공자에 대해 회생절차가 개시되면 채권자의 담보권은 기간내에 회생담보권으로 신고되지 않으면 소멸하며 회생계획에 영향을 받는다.

전자의 신탁재산은 위탁자의 재산과 분리되고 그 소유자인 수탁자의 고유재산과도 독립하므로 위탁자나 수탁자에 대해 회생절차나 파산절차가 개시되는 경우에도 수익자의 지위 또는 신탁재산에 대한 담보권은 영향을 받지 않는다. 이는 신탁이 가지는 중요한 기능으로 제한물권을 취득하는 것과 대비된다.

### 4. 목적신탁의 활용가능성

신탁의 활용가능성은 그 설계자의 상상력만큼 폭넓다고 할 수 있고, 이는 목적신탁의 경우에도 다르지 않다. 즉 목적신탁의 활용방안은 이론과 실무의 과제이다. 일본에서도 목적신탁의 활용에 관한 검토가 진행 중인데, 법 개정과정에서는 공익신탁의 주변제도로서의 활용가치가 긍정적으로 평가되었다.

일본의 공익신탁은 그 범위가 제한적이어서 공익 또는 공익과 사익을 위한 목적신탁이 넓은 범위에서 이용가능하다고 보았다. 그러나 우리나라 공인신탁법은 공익신탁의 범위를 매우 넓게 정하고 있어서, 신탁법상의 목적신탁은 목적이 공익적인 한에서는 현실적으로 그 이용이 제한적일 것으로 예상된다.

## 제1절 신탁의 개요

1. 신탁의 정의
   위탁자는 특정한 재산권을 수탁자에게 이전하거나 기타의 처분을 하고 수탁자는
   수익자의 이익 또는 특정한 목적을 위해 그 재산권을 관리·처분하는 법률관계
2. 신탁의 구분
   위임과 신탁, 간접대리와 신탁, 증여와 신탁, 임치와 신탁, 조합과 신탁, 양도담보와
   신탁, 명의신탁과 신탁
3. 신탁의 구조 : 위탁자, 수탁자, 수익자, 신탁관리인, 신탁재산관리인
4. 신탁의 기능
(1) 전환기능 : 권리자 전환기능, 재산권 전환기능, 시간적 전환기능
(2) 도산격리기능 : 수탁자에 대한 채권자는 신탁재산에 강제집행을 할 수 없음
5. 신탁의 유형
(1) 자익신탁과 타익신탁
① 자익신탁 : 위탁자가 수익자의 지위를 겸하는 형태
② 타익신탁 : 위탁자가 아닌 제3자가 수익자가 되는 형태
(2) 생전신탁과 유언신탁
① 생전신탁 : 위탁자가 생존시 신탁계약을 체결, 신탁선언을 통해 설정한 신탁
② 유언신탁 : 유언에 의해 설정되며 신탁의 효력이 유언자의 사망에 의해 발생
(3) 확정신탁과 재량신탁
① 확정신탁 : 신탁상 수익자와 수익권의 내용이 확정된 경우
② 재량신탁 : 신탁상 수탁자가 누구에게 무엇을 지급할 것인지를 선택
(4) 능동신탁과 수동신탁
① 능동신탁 : 수탁자가 신탁재산의 관리·처분을 적극적으로 하는 신탁
② 수동신탁 : 수탁자가 신탁재산의 관리·처분을 소극적으로 하는 신탁
(5) 영리신탁과 비영리신탁
① 영리신탁 : 수탁자는 신탁을 인수하는 것을 영업으로 하는 신탁업자
② 비영리신탁
6. 신탁의 종류
   종합재산신탁, 금전신탁, 증권신탁, 부동산신탁, 동산신탁
7. 신탁의 특징
(1) 신탁재산의 통일성
   신탁행위 성립후의 신탁재산의 범위는 물상대위의 원칙에 의해 결정
(2) 신탁재산의 독립성
   신탁재산은 수익자를 위한 재산이므로 수탁자 개인의 고유재산과 구별

## 제2절 신탁의 성립

1. 신탁의 설정
(1) 신탁계약
    위탁자는 수탁자와 신임관계에 기하여 신탁계약을 통한 합의로 신탁을 설정
(2) 유언신탁
    위탁자는 계약 이외에 일방적인 의사표시인 단독행위에 의해서 신탁을 설정
(3) 신탁선언
    위탁자는 자신을 수탁자로 지정한 일방적인 의사표시에 의해서 신탁을 설정
2. 신탁의 효력
    신탁설정의사의 확정가능성, 신탁재산의 확정가능성, 수익자의 확정가능성
3. 신탁의 목적
    신탁이 유효하려면 신탁의 목적이 확정, 실현가능하고 적법, 사회적 타당성


## 제3절 신탁재산

1. 신탁재산의 정의 : 위탁자의 처분권능을 전제로 확정가능하고 양도가능한 재산
2. 신탁재산의 범위
    위탁자의 처분권능을 전제로 확정가능하고 양도가능한 재산
3. 신탁재산의 공시
① 등기 · 등록할 수 있는 재산권 : 신탁등기 또는 신탁등록
② 등기 · 등록할 수 없는 재산권 : 분별관리
4. 신탁재산의 독립
    수탁자는 신탁재산을 고유재산 및 다른 신탁재산과 분별하여 관리할 의무


## 제4절 신탁사무의 처리

1. 수탁자의 의무 : 선관의무, 충실의무, 신탁사무처리의무, 이익상반행위 금지, 공평의무,
   이익향수 금지, 정보제공 · 설명의무
2. 수탁자의 권리 : 비용상환청구권, 보수청구권

## 제5절 신탁의 종료

1. 당연 종료사유의 발생
   신탁의 목적달성이나 달성불능, 신탁이 합병된 경우, 유한책임신탁에서 신탁재산에
   파산선고가 있는 경우, 수탁자의 임무종료 후 신수탁자가 취임하지 않거나
   목적신탁에서 신탁관리인이 취임하지 않은 상태가 1년 이상 계속된 경우, 신탁행위로
   정한 종료사유가 발생한 경우
2. 당사자 합의에 의한 종료
   신탁을 설정한 위탁자와 신탁의 이익을 향수하는 수익자의 합의에 의한 종료
3. 법원의 명령에 의한 종료
   위탁자가 집행의 면탈이나 부정한 목적으로 신탁선언에 의해 신탁을 설정하면
   이해관계인은 법원에 신탁의 종료를 청구

## 제6절 신탁의 활용

1. 재산승계를 위한 신탁
(1) 유언대용신탁
   생존시 위탁자가 수입수익권을 갖고, 사망시 제3자에게 원본수익권을 귀속
(2) 수익자연속신탁
   신탁재산에 대한 수익권은 위탁자의 의사에 따라 다각화되는데, 수입수익자와
   원본수익자가 존재하면 동일한 신탁재산에 대한 수익권은 순차적으로 발생
2. 성년후견제도와 신탁
(1) 성년후견제도의 정의
   질병, 장애, 노령으로 인한 정신적 제약으로 재산이나 신상에 관한 사무의 처리능력이
   부족한 사람의 의사결정이나 사무처리를 돕는 법적 지원장치
(2) 성년후견제도의 보완
   신탁의 전환기능은 요보호자의 재산보호를 위한 유용한 장치, 성년후견제도를
   보완하거나 효과적으로 운용할 수 있는 수단
3. 채권담보를 위한 신탁
   신탁법상 수익자의 지위에서 갖는 수익권은 경제적 가치에 따라 담보로 제공
4. 목적신탁의 활용가능성
   신탁법상의 목적신탁은 공익을 목적으로 하는 공인신탁에서 이용이 제한적임

**1.** 다음 중 신탁의 관계인에 해당되지 않은 것은?

① 위탁자                 ② 수탁자

③ 수익자                 ④ 자산운용회사

| 해설 | 자산운용회사는 투자신탁에서 관계인에 속하며, 신탁은 아래와 같이 3면관계이다.
　　　① 위탁자 : 금전, 재산을 타인에게 맡겨 관리하게 하는 고객
　　　② 수탁자 : 고객이 맡긴 금전, 재산을 관리 · 운용 · 처분하는 신탁회사
　　　③ 수익자 : 위탁자가 맡긴 신탁재산에서 발생하는 수익을 받을 자로 지정된 자

**2.** 다음 중 신탁의 기본원칙에 해당되지 않은 것은?

① 분별관리의 원칙          ② 실적배당의 원칙

③ 균등배당의 원칙          ④ 선관의무의 원칙

| 해설 | 신탁의 기본원칙에는 분별관리의 원칙(고유재산과 신탁재산의 구분관리, 신탁재산간 구분관리), 실적배당의 원칙(신탁재산의 운용에서 발생하는 모든 손익은 신탁재산에 귀속), 평등비례배당의 원칙(실적배당시 신탁금과 기간에 의한 총좌수에 따라 평등하고 균등하게 배당), 선관의무의 원칙(선량한 관리자의 주의로 신탁재산을 관리 및 처분)이 있다.

**3.** 다음 중 신탁재산의 귀속주체로서 신탁관계에서 증추적인 역할을 수행하는 신탁의 관계인에 속하는 것은?

① 위탁자                 ② 수탁자

③ 수익자                 ④ 신탁관리인

| 해설 | 수탁자는 위탁자와 신임관계에 의해 신탁을 인수하는 자로서 신탁관계에서 중추적인 역할을 수행한다.

**4.** 다음 중 신탁상품에 대한 설명으로 가장 적절하지 않은 것은?

① 특정금전신탁은 위탁자의 지시에 따라 신탁재산의 운용방법이 지정된다.

② 특정금전신탁은 펀드와 같은 성격으로 4보아 현재 신규 수탁이 금지되었다.

③ 재산신탁은 금전 이외 재산인 금전채권, 유가증권, 부동산 등으로 신탁을 설정한다.

④ 종합재산신탁은 금전 및 금전 이외 재산을 하나의 계약으로 포괄하여 설정하는 신탁이다.

| 해설 | 수탁자에게 재산의 운용방법을 일임하는 불특정금전신탁이 펀드와 유사하므로 신규 수탁이 금지되었다.

**5.** 다음 중 특정금전신탁의 특징에 대한 설명으로 적절하지 않은 것은?

① 신탁기간에 제한이 없다.

② 신탁재산의 운용방법을 위탁자가 지정한다.

③ 위탁자 또는 위탁자의 계열회사가 발행한 유가증권에 운용은 불가하다.

④ 추가신탁은 불가능하다.

| 해설 | 추가신탁은 가능하다. 단, 신탁금 전액을 지급한 익영업일 이후에 추가신탁은 불가능하다.


**6.** 다음 중 특정금전신탁의 특징에 대한 설명으로 적절하지 않은 것은?

① 중도해지가 불가능하다.

② 분리과세 선택 가능한 운용자산에 투자시는 분리과세가 가능하다.

③ 수탁건별 각각 구분하여 단독운용한다.

④ 타익신탁이 가능하다.

| 해설 | 운용자산의 현금화가 가능한 경우에 한해 중도해지가 가능하다.


**7.** 다음 중 특정금전신탁의 내용에 대한 설명으로 적절하지 않은 것은?

① 위탁자와 수익자는 특별한 제한이 없고 타익신탁도 가능하다.

② 신탁재산 운용의 효율성을 고려하여 신탁금액은 조정가능하다.

③ 신탁기간은 신탁건별 계약으로 정한다.

④ 원본 및 이익보전 계약체결이 가능하다.

| 해설 | 특정금전신탁은 원본 및 이익보전 계탸체결이 불가능하다.


**8.** 다음 중 특정금전신탁의 특징에 대한 설명으로 적절하지 않은 것은?

① 타익신탁이 가능하다.

② 신탁재산의 운용방법을 위탁자가 지정하는 신탁이다.

③ 원본 및 이익보전을 계약할 수 없는 실적배당상품이다.

④ 신탁기간은 최대 10년이며 중도해지는 자유롭다.

| 해설 | 특정금전신탁은 위탁자별 단독운용 및 맞춤형 투자가능, 신탁기간에 제한없고, 특별판매(기간매치운용), 소득원천별 실질과세(매매익 비과세)의 특징이 있다. 즉 신탁기간에는 제한이 없고, 중도해지는 가능하다.

**9.** 다음 중 특정금전신탁의 내용에 대한 설명으로 적절하지 않은 것은?

① 신탁기간은 최대 10년이며, 중도해지는 불가능하다.

② 타익신탁이 불가능하다.

③ 원본 및 이익보전을 계약할 수 없는 실적배당상품이다.

④ 분리과세 선택가능한 운용자산에 투자시에도 분리과세는 불가능하다.

| 해설 | ① 신탁기간은 제한이 없으며, 중도해지는 가능하다.
　　　　 ② 타익신탁이 가능하다.
　　　　 ④ 분리과세 선택가능한 운용자산에 투자시에 분리과세가 가능하다.


**10.** 다음 중 신탁에 대한 설명으로 가장 적절하지 않은 것은?

① 재산신탁에는 부동산신탁, 동산신탁, 금전채권의 신탁, 증권신탁 등이 있다.

② 간접투자자산운용법상의 신탁은 투자신탁형과 투자회사형이 있다.

③ 원본이 보전되는 신탁은 개인연금신탁, 노후연금신탁, 퇴직신탁 등이 있다.

④ 신탁재산은 좌수로 표시하며 1좌는 1,000원으로 표시한다.

| 해설 | 1좌는 1원이다. 따라서 1,000원이면 1,000좌에 해당한다.

# 여신금융상품

## Chapter 04

여신전문금융회사는 수신기능은 없이 여신업무(어음할인 포함)을 취급하는 금융기관에 해당한다. 여신전문금융업은 신용카드업, 시설대여업, 할부금융업, 신기술사업금융업을 말한다. 겸영여신업자는 신용카드업, 시설대여업, 할부금융업, 신기술사업금융업을 영위하되, 이들 업무를 전업으로 하지 않는 회사를 말한다.

## 제1절　신용공여의 개요

### 1. 신용공여의 정의

여신전문금융업법상 신용공여는 대출, 지급보증, 자금지원적 성격의 유가증권의 매입, 그리고 금융거래상에서 신용위험이 수반되는 여신전문금융회사의 직접적·간접적 거래에 해당하는 대통령령으로 정하는 것을 말한다. 여기서 여신전문금융회사는 어음할인을 포함한 대출업무를 수행할 수 있다.

여신전문금융회사는 수신기능 없이 여신업무만을 취급하는 금융기관을 말하고, 여신전문금융업은 신용카드업, 시설대여업, 할부금융업, 신기술사업금융업을 말한다. 겸영여신업자는 신용카드업, 시설대여업, 할부금융업, 신기술사업금융업을 영위하되, 이들업무를 전업으로 하지 않는 회사를 말한다.

### 2. 신용공여의 범위

신용공여의 범위는 기업구매전용카드로 거래한 채권액, 신용카드 회원에 대한 자금의 융통액, 시설대여업자가 대여시설이용자에게 넘겨준 물건의 취득비용, 연불판매액, 할부금융이용액, 신기술사업자에 대한 투자액, 기업이 물품과 용역을 제공하여 취득한 매출채권의 매입액, 지급보증액 등을 말한다.

여신전문금융회사는 금융위원회의 인가나 허가를 받거나, 금융위원회에 등록한 금융기관에서 차입, 사채나 어음의 발행, 보유한 유가증권의 매출 및 대출채권의 양도, 그밖에 대통령령으로 정하는 방법으로만 자금을 조달할 수 있다. 여신전문금융회사는 주로차입금과 회사채를 발행하여 자금을 조달한다.

### 3. 여신금융상품의 범위

여신전문금융업법이 정한 여신금융상품의 범위는 신용카드회원에 대한 자금의 융통, 여신전문금융업, 대출업무, 직불카드의 발행 및 대금의 결제, 선불카드의 발행판매 및 대금의 결제에 관련된 신용카드업자의 부대업무, 부수업무 중 금융위원회가 정하여 고시하는 업무와 관련하여 취급하는 금융상품이다.

## 4. 여신금융회사의 대출

여신전문금융회사는 여신전문금융업에 대해 금융위원회의 허가를 받거나 등록을 하여 여신업무를 전업으로 하는 금융기관이다. 즉 수신기능 없이 여신업무에 해당하는 대출(어음할인 포함)만을 취급한다. 여신전문금융회사의 대출은 그 종류를 제한하고 있지 않기 때문에 신용대출 및 담보대출이 모두 가능하다.

### (1) 대출업무의 수행기준

여신전문금융회사는 대출(어음할인 포함)업무를 할 수 있는데, 대출업무 그밖에 이와 유사한 업무로서 대통령령으로 정하는 업무에 따라 발생하는 채권액은 총자산의 30%를 초과할 수 없다. 여기서 채권액을 산정할 경우에 포함되는 채권의 범위, 산정방식 등에 대해서는 대통령령으로 정한다.

신용카드업, 신용카드업자의 부대업무와 관련하여 발생한 채권액은 매 분기말 기준 평균잔액으로 총자산에서 제외한다. 여신전문금융회사는 채권액의 증가없이 총자산이 감소하여 총자산 대비 채권액의 비율이 30%를 초과하는 경우에는 그때부터 1년 이내에 30%에 적합하도록 해야 한다.

채권액을 산정할 때 기업에 대출하여 발생한 채권, 채무자의 채권을 재조정하여 대출하여 발생한 채권, 주택저당채권, 신용카드회원에 자금융통으로 발생한 채권, 자동차 구입자금 대출로 발생한 채권, 대출신청일에 신용점수가 일정점수 이하인 개인신용대출로 발생한 채권의 20%는 제외한다.

### (2) 대출업무의 운용원칙

여신전문금융회사는 자금을 제공하는 대출(어음할인 포함)업무를 수행함에 있어서 채무자의 자금차입 목적, 소요자금 규모 등에 대한 종합적인 심사 및 분석을 통한 적정한 대출의 취급과 대출을 실행한 이후에 용도 이외 유용방지 등을 통해서 대출의 건전성이 확보될 수 있도록 노력해야 한다.

### (3) 주택담보대출의 위험관리

여신전문금융회사는 주택담보대출 및 주택할부금융 취급시 경영의 건전성이 유지되도록 담보인정비율, 총부채상환비율, 기타 주택담보대출 등 취급 및 만기연장에 대한 제한을 준수해야 한다. 또한 여신전문금융회사는 부동산 프로젝트 파이낸싱 대출 취급시 취급잔액이 여신성 자산의 30%를 초과할 수 없다.

### (4) 개인신용대출

개인신용대출은 담보나 보증인 없이 본인의 신용만으로 받는 대출이다. 여신전문금융회사는 신용대출대상의 직업, 소득, 해당 금융기관과의 거래실적, 인적사항, 재산상태, 자동이체 항목수 등을 개인신용평가제도(CSS : Credit Scoring System)에 따라 종합적으로 분석한 후 대출여부와 대출한도를 결정한다.

여신전문금융회사 표준 여신거래기본약관의 부속약관으로 개인신용대출 표준약관이 있다. 채무자의 대출금, 이자, 수수료, 대출기간, 상환방법은 여신전문금융회사와 채무자간의 약정에 따라 정한다. 이자, 분할상환금, 분할상환원리금을 그 기일에 지급하지 않으면 지연배상금율에 의한 지연배상금을 지급한다.

## 제2절  여신금융상품의 유형

여신전문금융업법에 따르면 여신금융상품은 대출, 지급보증, 증권매입, 신용카드, 금융리스(시설대여), 연불판매, 할부금융, 통신과금서비스 등으로 구분할 수 있다. 여기서는 신용카드상품, 금융리스상품, 연불판매상품, 할부금융상품, 신기술사업금융, 통신과금서비스로 범위를 제한하여 살펴보기로 한다.

### 1. 신용카드상품

신용카드업자는 신용카드회원을 모집할 때 자금의 융통을 권유할 경우에는 대출금리, 연체료율, 취급수수료 등의 거래조건을 감추거나 왜곡하지 아니하고 소비자가 충분히 이해할 수 있도록 설명해야 한다. 금융위원회는 신용질서를 유지하고 금융소비자를 보호하기 위해 자금융통의 최고한도를 정할 수 있다.

## (1) 신용카드의 정의

신용카드는 카드회원의 가입신청에 따라 카드회사가 카드를 발행하고, 카드회원은 그 발급받는 카드를 이용하여 현금을 지급함이 없이 계속적·반복적으로 가맹점에서 상품을 구매하거나 서비스를 제공받을 수 있음은 물론 카드회사 또는 제3자로부터 신용을 제공받을 수 있음을 증명하는 자격증권을 말한다.

신용카드는 실제 대금이 결제되는 시점을 기준으로 선불카드, 직불카드, 후불카드로 분류되며, 신용카드는 대부분 후불카드에 속한다. 여신전문금융업법상 신용카드는 "이를 제시함으로 반복하여 신용카드가맹점에서 다음 각 목을 제외한 사항을 결제할 수 있는 증표로서 신용카드업자가 발행한 것"을 말한다.

그러나 금전채무의 상환, 자본시장법에 따른 대통령령으로 정하는 금융상품, 게임산업진흥법에 따른 사행성게임물의 이용 대가 및 이용에 따른 금전의 지급, 사해행위 등 건전한 국민생활을 저해하고 선량한 풍속을 해치는 행위의 이용 대가 및 이용에 따른 금전의 지급 등은 신용카드로 결제할 수 없다.

신용카드는 여신전문금융업법에 의해 허가받은 신용카드업자가 가맹점에서 물품을 구매한 금융소비자를 대신하여 대금을 지급하고, 사전에 약정한 날짜에 대신 지급한 금액을 청구하여 대금결제수단으로 일정금액을 먼저 지급하는 선불카드나 결제 즉시 대금이 계좌이체방식을 통해 즉시 지급되는 직불카드와 다르다.

이러한 신용카드의 거래구조는 신용카드업자, 카드회원인 금융소비자, 가맹점의 3당사자구조를 가지고 있다. 신용카드업자가 금융소지자에게 제공하는 단기카드대출(현금서비스) 또는 장기카드대출(카드론)은 신용카드업자와 금융소지자간 양당사자구조인데, 이는 신용카드의 사용이 아닌 앞서 살펴본 대출에 해당한다.

┃표 4-1┃ 신용카드·직불카드·선불카드의 특징

| 구분 | 신용카드 | 직불카드 | 선불카드 |
|---|---|---|---|
| 성  격 | 여신상품 | 수신상품 | 수신상품 |
| 발 급 대 상 | 자격기준 해당자 | 예금계좌 소지자 | 제한없음 |
| 주 요 시 장 | 중고액 거래업종 | 소액 다거래업종 | 소액 다거래업종 |
| 가맹점 이용 | 가맹점 공동이용 | 가맹점 공동이용 | 가맹점 공동이용 |
| 연  회  비 | 있음 | 없음 | 없음 |
| 이 용 한 도 | 신용도에 따라 차등 | 예금잔액 범위내 | 최고한도 50만원 |

## (2) 신용카드의 분류

### 1) 회원의 구분

신용카드는 우선 본인회원카드와 가족회원카드로 분류할 수 있다. 가족회원카드는 본인회원의 가족이 발급받는 카드로서 본인회원이 대금의 지급 및 기타 카드이용에 관한 책임을 부담할 것을 승낙한 경우를 말한다. 그러나 가맹점 입장에서 볼 때 본인회원카드와 가족회원회원카드간 특별한 차이는 존재하지 않는다.

그리고 개인카드와 법인카드와 분류할 수 있다. 법인카드는 무기명 법인카드(법인공용카드)와 기명 법인카드(법인개별카드)로 구분한다. 기명식 법인카드 중에 개인카드의 성질을 갖는 것으로 개인형 법인카드라는 것이 있다. 이는 사용금액에 해당 법인과 법인카드에 기명된 자가 연대채무를 부담하는 경우를 말한다.

### 2) 발행회사의 국적

국내발행카드는 신용카드업 허가를 받은 회사가 발행하는데 외국에서 사용이 가능한 카드와 국내전용카드로 분류한다. 국내신용카드회사는 해외 네트워크사와의 제휴에 따라 가맹점을 통해 신용카드를 발행하고 있다. 해외 네크워크사와 제휴하지 않고 발행된 신용카드는 국내전용카드이며 해외사용이 불가능하다.

외국발행카드도 인정된다. 여신전문금융업법에 따라 신용카드업 허가를 받은 회사가 발행한 신용카드는 물론 외국에서 신용카드업을 영위하는 자가 발행한 신용카드에도 적용된다. 국내 금융관련법령상 다른 국가의 금융상품에 국내법을 적용하는 것은 특이한 사례로 국제간 거래가 신용카드의 성질을 반영한 것이다.

### 3) 대금지급의 시기

리볼빙방식은 회원이 월간 이용금액 중 사전에 약정한 최소금액 이상을 일시불로 갚고 나머지는 매월 할부방식으로 원리금을 상환하되 이연되는 금액에는 이자가 붙는다. 미국은 가계소득의 불안정, 리볼빙방식에 대한 정부의 지원, 긴급한 자금수요에 대한 대비 등의 이유로 리볼빙 결제방식이 활성화되어 있다.

할부구매방식은 구매금액을 구매시점에 결정한 개월 수로 나누어 균등하게 일시불로 상환하며 이연되는 금액에는 이자가 붙는다. 일시불방식은 사용대금 전액을 다음 달특정일에 일시불로 상환하는 방식을 말한다. 통상 회원은 이자를 지급하지 않는다. 미국에서는 이러한 방식의 카드를 charge card라고 부른다.

### (3) 신용카드대출상품

#### 1) 단기카드대출

단기카드대출은 카드회사가 미리 부여한 한도 이내에서 별도 구비서류 없이 이용할 수 있는 현금서비스이다. 대출기간은 1~2개월, 신용공여한도는 신용카드 한도내, 이용방법은 ATM, 전화, 인터넷, 모바일 등으로 수수료율은 5% 중반부터 20%까지 분포하며 일반대출보다 편리한 반면 수수료율이 더 높다.

#### 2) 할부판매

신용카드 회원은 할부판매를 지정받은 국내가맹점에서 카드회사가 정한 할부가능금액에 할부구매를 할 수 있고, 할부기간은 카드회사가 정한 기간에서 회원이 지정한 기간으로 한다. 단, 구매상품이나 제공받은 서비스의 대금을 2월 이상 기간에 3회 이상 납부하는 할부계약에 철회권과 항변권을 행사할 수 있다.

#### 3) 장기카드대출

장기카드대출은 신용카드회원 본인의 신용상태와 카드이용 실적에 따라 카드회사에서 대출해주는 장기금융상품으로 회원이 카드회원 가입시 카드론 이용을 동의한 경우에 한하여 이용할 수 있다. 다만, 장기카드대출에 동의하지 않은 회원이 장기카드대출을 이용하고자 하는 경우 동의를 한 후 이용할 수 있다.

#### 4) 일부결제금액이월약정

리볼빙서비스는 신용카드회원이 카드로 물품의 대금을 결제하거나 현금서비스를 받은 경우 신용카드대금 중 카드회사와 회원이 미리 약정한 최소(약정)결제비율 이상을 결제하면 나머지 잔여대금에 대한 상환이 자동으로 연장되고 잔여이용 한도 내에서는 신용카드를 계속해서 이용할 수 있는 결제방식을 말한다.

### 5) 채무면제유예상품

채무면제·유예상품은 신용카드회사가 신용카드회원으로부터 매월 카드대금결제 대비 일정률의 수수료를 수령하고 카드회원에게 사망, 질병, 실업, 자연재해 등 특정사고가 발생했을 경우 회원의 카드채무를 면제하거나 결제를 유예해주는 상품을 말하며 현재 국내에서는 전업 신용카드회사에게만 판매가 허용된다.

## 2. 시설대여상품

### (1) 리스의 정의

시설대여는 대통령령으로 정하는 특정물건을 새로 취득하거나 대여받아 거래상대방에게 일정기간 이상 사용하게 하고, 그 사용기간 동안 일정한 대가를 정기적으로 나누어 지급받으며, 사용기간이 종료한 후의 물건의 처분은 당사자간의 약정으로 결정하는 방식의 금융을 말한다. 통상 시설대여를 리스(lease)라고 한다.

리스는 임차인이 임대인으로부터 일정기간 자산의 사용권을 얻고, 그 대가로 임차료를 지급하기로 한 계약을 말한다. 여기서 임차인(lessee)은 약정된 임차료를 지급하고 자산을 빌려 사용하는 사람을 말하고, 임대인(lessor)은 자산의 소유권을 가지고 있으면서 약정된 임대료를 받고 자산을 빌려주는 리스회사를 말한다.

리스를 임차인의 입장에서 살펴보면 일종의 자금조달원이라고 할 수 있다. 임차인이 리스를 이용하게 되면 임대인으로부터 해당 자산의 구입자금을 조달받고 그에 대한 원리금을 임차료의 형식으로 분할상환하는 것과 같기 때문이다. 따라서 리스는 임차인에게 자산의 구입과 관련된 자금을 전액 조달하는 효과가 있다.

그리고 자산을 직접 구입하는 것보다 적은 초기자금으로 자산을 확보할 수 있어 기업의 유동성을 확보하는데 유용하고, 기술혁신에 따른 진부화 위험을 회피할 수 있다. 운용리스를 이용하면 재무상태표에 부채로 계상되지 않아 부외금융효과가 존재한다. 따라서 운용리스를 이용하면 자본조달능력을 증가시킬 수 있다.

리스산업이 발달함에 따라 리스의 목적물도 다변화하여 산업기계, 운수기기, 의료기기, 교육기기, 통신기기, 기타 용도로 활용되고 있으며, 이 중 자동차리스, 일반산업기계리스, 의료기기리스가 우위를 차지하고 있다. 리스계약의 객체는 동산은 물론 건물이나 독립적인 건물의 일부분 또는 다른 부동산 재화일 수 있다.

따라서 리스회사가 토지나 건물과 같은 부동산을 리스이용자에게 일정기간 동안 사용할 수 있는 권리를 이전하고, 리스이용자는 그 대가로 리스료를 지급하는 부동산리스거래가 가능하게 되었다. 그런데 우리나라의 리스시장은 자동차 등 일부 품목에 편중되어 있으며 부동산리스거래는 전무에 가까운 실정에 있다.

여신전문금융업법의 개정으로 여신전문금융회사가 부동산리스를 취급할 수 있는 범위를 확대하였음에도 불구하고 부동산리스시장의 상황은 개선될 기미가 보이지 않는다. 해외의 경우 부동산리스거래가 매우 빈번하게 활용된다. 특히 유럽에서는 자동차리스보다 설비리스나 부동산리스가 활발하게 이루어지고 있다.

┃그림 4-1┃ 리스금융의 기본구조

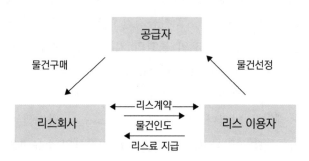

(2) 리스의 형태

리스는 기본적으로 이용자가 리스업자에게 일정기간 특정물건의 사용·수익권을 이전받고, 이에 대해 리스료를 지급하는 계약으로 그 법적 성격은 물적금융의 실질을 갖는 비전형(무형)계약이다. 리스는 리스대상자산의 소유권에 따른 위험과 편익이 누구에게 귀속되느냐를 기준으로 운용리스와 금융리스로 구분된다.

① 운용리스(operating lease)

운용리스는 리스이용자가 기계나 설비 등의 리스물건을 이용하기 위해 리스회사로부터 리스물건의 유지, 관리, 수리 등의 서비스를 제공받는 형태이다. 이때 리스회사는 리스물건의 유지·관리에 대한 책임을 부담한다. 운용리스는 리스회사로부터 운용된다는 특성을 제외하고 민법상의 임대차계약과 크게 다르지 않다.

② 금융리스(financial lease)

금융리스는 리스회사가 리스이용자가 필요로 하는 기계나 설비 등의 리스물건을 공급자로부터 구입하여 이를 일정기간 리스이용자에게 대여하는 계약을 말한다. 이때 리스회사는 리스이용자가 리스물건을 취득하기 위해 금융을 대부하는 형태이며, 리스물건의 유지·관리 기타 위험에 대한 책임은 리스이용자가 부담한다.

‖표 4-2‖ 운용리스와 금융리스

| 구 분 | 운용리스 | 금융리스 |
|---|---|---|
| 리스기간 | 단기 | 장기 |
| 대상자산 | 진부화의 위험이 큰 자산 | 내용연수가 길고 고가인 자산 |
| 중도해약 | 가능 | 불가능 |
| 관리책임 | 임대인이 유지·보수 | 임차인이 유지·보수 |
| 리 스 료 | 상대적으로 고가 | 상대적으로 저가 |
| 기    타 | 임대인이 감가상각<br>염가구매선택권 없음 | 임차인이 감가상각<br>염가구매선택권 있음 |

③ 특수리스

리스는 운용리스와 금융리스 외에도 리스이용자, 목적물, 계약구조에 따라 다양하게 구분할 수 있다. 리스이용자에 따라 사업자리스와 소비자리스로 구분한다. 전자는 기업이 거래주체가 되는 리스이고, 후자는 소비자를 상대로 이루어지는 거래이다. 리스목적물과 관련하여 동산리스와 부동산리스로 구분한다.

그리고 계약구조에 따라 리스회사가 리스물건 사용 중 발생하는 유지관리책임을 부담하는 유지관리리스, 복수의 리스회사가 동일한 리스물건을 공동소유하여 리스하는 공동리스(syndicated lease), 리스회사가 리스물건을 구입하는 대신 제3자로부터 임차하여 실수요자에게 리스하는 전대리스(sublease)가 있다.

임대인이 임차인과 리스계약을 담보로 리스대상자산 구입자금의 일부를 차입하는 레버리지 리스(leverage lease), 기업이 소유한 자산을 리스회사에 매각하고 그 자산을 다시 임차하여 사용하는 판매 후 재리스(sale & lease back)는 임차인이 자산의 매각대금에 해당하는 자금을 일시에 조달하는 효과가 있다.

리스는 금융리스가 중심이 되고 있으며, 최근에 상법상 전형적인 상행위의 지위를 획득하였다. 상법은 금융리스이용자가 리스물건을 제3자로부터 취득하거나 대여받아 금융리스이용자에게 이용하게 하는 것을 영업으로 하는 자를 금융리스업자로 규정한다. 여신전문금융업법에서는 리스를 "시설대여"로 표현한다.

### (3) 리스의 경제성 평가

리스의 평가는 리스대상자산을 리스할 경우의 가치와 직접 구입할 경우의 가치를 비교하여, 즉 리스와 구매의 투자시점, 영업기간, 종료시점의 현금흐름을 측정하고, 이를 적절한 할인율로 할인해서 순현재가치(NPV)를 구한 다음 NPN법에 따라 평가하여 리스와 구입 중 어느 것이 유리한지를 평가하는 것을 말한다.

리스의 경제성 평가는 리스와 차입구매를 비교하는 것이므로, 리스에 대한 기회비용은 차입금에 대한 자본비용이다. 따라서 리스의 평가에 적용해야 할 할인율은 세후 타인자본비용이다. 이때 리스와 비교할 수 있는 구입대안은 기업의 차입능력이나 재무위험에 미치는 영향이 리스와 동일한 대안이어야 한다.

### 3. 팩터링

팩터링(factoring)은 금융기관들이 상품을 수출한 기업으로부터 상업어음과 외상매출채권을 매입하고 이를 바탕으로 자금을 빌려주는 단기금융기법을 말한다. 팩터링은 기업들이 상거래의 대가로 현금대신 받은 매출채권을 신속히 현금화하여 기업의 경영활동을 돕자는 취지로 1920년대 미국에서 처음 도입되었다.

팩터링회사는 기업이 상품을 수출하고 수령한 매출채권을 매입한 후 채권을 관리하며 회수한다. 매입한 매출채권이 부도가 발생시 위험은 팩터링회사가 부담한다. 따라서 상품을 수출한 기업은 외상판매를 하고도 현금판매와 동일한 효과를 얻을 수 있고 채권관리 및 회수에 필요한 인력과 비용을 덜 수 있는 이점이 있다.

미국에서는 팩터링의 역사가 오래되었고 상거래에서 필수불가결한 존재로 되어 있다. 팩터링회사(신용판매회사)는 신용상태가 좋은 물품구입자 대신에 물품대금을 매출자에게 지급하는 업무, 외상매출채권의 매입, 채권인수업, 선대업체의 신용조사 및 보증업무, 매출기업의 회계관리, 상품개발의 유도와 재고금융도 해준다.

팩터링은 수출업자가 환어음을 은행에 매입 또는 추심하여 결제하는 대신 팩터에게 매출채권을 매각하고 팩터가 매출채권을 수입업자로부터 직접 회수하는 방법으로 외화표시 수출대금이 입금되기 전에 자국통화표시로 금융지원을 받아 수출대금을 이용할 수 있고 환위험을 회피할 수 있다. 그러나 팩터링을 이용하면 비용이 수반되어 팩터링비용과 예상환차손을 비교하여 팩터링여부를 결정해야 한다.

국제팩터링은 신용장 없이 무역거래를 할 경우 팩터링회사가 신용조사, 신용위험인수, 금융제공, 대금회수 등의 서비스를 제공하는 것을 말한다. 우리나라에서는 중소기업이 10만달러 이하의 소규모거래를 할 때 이용되고 있다. 국제팩터링방식에서 거래당사자는 수출업자, 수출팩터, 수입업자 그리고 수입팩터로 구성된다.

수출팩터는 수출업자와 약정에 따라 수출채권의 매입한도를 결정하며, 수입팩터는 수출팩터의 요청에 따라 수입업자의 신용상태를 조사해 수출팩터에게 신용승락 여부를 통보한다. 수출업자가 신용승락을 받게 되면 수입업자와 계약에 따라 물품을 선적할 수 있다. 팩터링방식의 수출입절차는 [그림 4-2]와 같이 제시한다.

▎그림 4-2 ▎ 팩터링방식에 의한 수출입절차

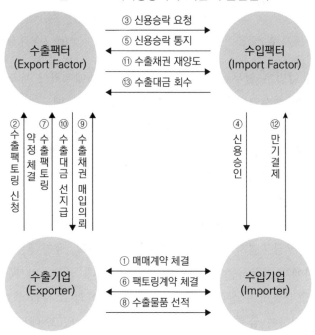

## 4. 할부금융상품

할부금융은 소비자가 일시불로 구입하기 어려운 고가의 내구재나 주택 등을 구입할 때 할부금융회사가 소비자에게 구입자금의 전부 또는 일부를 대여하고, 소비자는 할부금융회사에 일정한 수수료를 내고 원리금의 분할상환이 가능한 금융상품을 말한다. 이는 소비자에게 자금을 대여한다는 점에서 소비자신용으로 분류된다. 할부금융의 거래당사자는 소비자, 공급자(판매자), 할부금융회사이다.

┃그림 4-3┃ 자동차 할부금융과 자동차 대출(오토론)

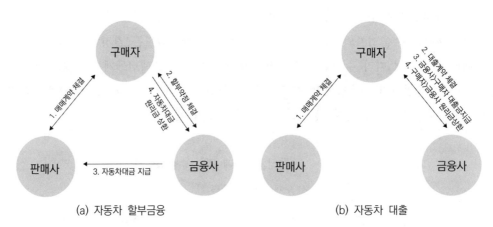

(a) 자동차 할부금융                    (b) 자동차 대출

여신전문금융업법은 할부금융을 재화와 용역의 매매계약에 매도인과 매수인과 각각 약정을 체결하여 매수인에게 재화와 용역의 구매자금을 매도인에게 지급하고 매수인으로부터 그 원리금을 상환받는 방식의 금융으로 정의한다. 또한 할부거래법은 소비자가 신용제공자에게 재화 등의 대금을 2개월 이상의 기간에 3회 이상 나누어 지급하고, 재화 등의 대금을 완납하기 전에 사업자로부터 재화 등의 공급을 받기로 하는 계약으로 정의하면서 간접할부계약이라는 용어를 사용하고 있다.

여신전문금융업법 및 할부거래법의 규정에서 할부금융은 금융소비자가 구매한 재화 등의 대금을 할부금융업자가 금융소비자에게 융자하고, 융자금은 금융소비자가 아닌 재화 등의 매도인에게 지급하는 거래구조를 가지고 있다. 금융소비자는 융자받은 금액을 할부금융업자에게 분할하여 상환한다. 할부금융은 재화의 소유권이 매도인에게서 금융소비자로 직접 이전하여 금융리스 및 연불판매와 차이가 있고, 매도인을 가맹점으로 제한하지 않고 대금이 분할상환된다는 점이 다르다.

## 제3절 서민금융상품의 개요

### 1. 서민금융상품의 정의

서민금융은 서민들에게 제공되는 금융서비스라고 간단히 개념적으로 정의할 수 있다. 즉 서민들의 자금접근성과 가용성을 넓힐 수 있는 금융수단들을 제공하고 이를 통해 자활이 가능하도록 하여 소득창출을 통해 원리금 상환가능성을 높이고 미래에는 서민의 범주에서 벗어나게 하는 종합적인 금융서비스를 말한다.

대부업에서 규정하고 있는 서민금융상품의 개념은 서민 등 금융소외계층을 지원하기 위해 금융위원회가 정하여 고시하는 상품을 말한다. 여기서 금융위원회가 정하여 고시하는 상품은 새희망홀씨, 미소금융, 햇살론, 바꿔드림론, 디딤돌대출, 보금자리론, 새희망힐링론, 징검다리론의 용어가 포함된 상품을 말한다.

### 2. 서민금융상품의 유형

서민금융의 구조는 서민금융기관의 공급량에 따라 결정되며, 서민금융의 공급은 크게 상업적 서민금융과 정책서민금융으로 구분한다. 상업적 서민금융기관은 서민금융을 취급하기만 하고 전담하지 않는 구조이며, 정책서민금융기관은 정부와 정부 산하의 각종 공공기관을 통해 다양한 용도로 대출 및 보증을 제공한다.

#### (1) 미소금융

미소금융은 2008년에 가장 먼저 도입되어 휴면예금 및 보험금, 대기업 및 시중은행의 기부금을 재원으로 하여 운영되기 때문에 사회적 성격의 서민금융상품으로 대상자에 대한 기준이 더 엄격하다. 미소금융은 저소득 및 빈곤층에게 소득창출, 자산형성, 안정적 소비, 대출, 저축, 보험, 송금 등으로 이루어진다.

미소금융의 지원대상은 자활의지가 있으나 신용도가 낮아 제도권 금융기관의 이용이 어려운 영세자영업자(저소득·저신용계층), 차상위계층에 해당하면 신청할 수 있다. 미소금융은 대출용도에 따라 창업임차자금, 운영자금, 시설개선자금, 임대주택보증금대출, 취업성공대출, 대학생·청년 햇살론 등으로 구분된다.

### (2) 햇살론

햇살론은 신용등급 또는 소득수준이 낮아 담보력이 미약한 서민계층에게 정책적 보증을 제공하여 이들의 생활안정을 도모하도록 지원하는 대표적인 서민금융상품이다. 또한 햇살론은 서민금융기관의 도덕적 해이를 방지하고, 여신심사능력을 강화하기 위해 대출금액의 90%만 보증하는 등 부분보증을 제공하고 있다.

햇살론은 서민금융상품 중 유일하게 재정이 투입되는 보증부 상품으로 대출자가 채무불이행시 신용보증재단에서 대출재원을 사업자 95%, 근로자 90%까지 대신 갚아 준다. 보증료율은 보증금액의 1% 이내에 보증기간을 곱하여 대출자가 지급하며, 대출상품으로는 사업운영자금, 창업자금, 생계자금, 학자금 등이 있다.

### (3) 새희망홀씨

새희망홀씨는 신용등급 또는 소득수준이 낮아 은행권에서 대출을 받기 어려운 서민계층을 지원하기 위해 은행권이 별도로 완화된 여신취급기준을 마련하여 출시한 서민우대대출상품을 말한다. 새희망홀씨는 2010년 10월까지 은행권에서 시행되었던 서민정책금융상품 희망홀씨 대출을 발전적으로 개편한 상품이다.

새희망홀씨는 2010년 11월 국내은행이 기존의 희망홀씨를 대체하여 출시한 상품으로 은행이 자체적인 재원을 활용하고 상품내용과 금리도 자율적으로 결정한다. 대출상품은 생계자금과 사업운영자금이 있고, 대출한도는 2천만원이며 금리는 은행 자체 신용평가결과, 대출위험도, 자금조달원가를 고려하여 결정한다.

### (4) 바꿔드림론

바꿔드림론은 신용도가 낮고 소득이 적은 서민이 대부업체나 캐피탈사 등에서 대출받은 고금리 대출을 국민행복기금의 100% 보증을 통해 전국 시중은행에서 저금리 대출로 바꾸어 주는 제도이다. 지원대상은 6등급 이하의 저신용자, 연소득 4천만원 이하의 급여소득자, 연소득 4천5백만원 이하의 자영업자이다.

바꿔드림론의 대출한도는 최대 3,000만원, 대출금리는 연 6.5~10.5%인데 중소기업에 1년 이상 근무한 청년층은 0.2% 인하해준다. 대출기간은 급여소득자는 5년, 영세 자영업자는 6년, 상환방법은 원리금 균등분할상환이다. 취급처는 전국 서민금융통합지원센터, 국민행복기금, 15개 시중은행에서 취급하고 있다.

**┃표 4-3┃ 신용카드 이용실적**

| 연도 | 국민<br>총소득[1]<br>(A)<br>(원계열,<br>명목) | 국민처분가<br>능소득[1]<br>(B)<br>(원계열,<br>명목) | 민간최종<br>소비[1]지출<br>(C)<br>(원계열,<br>명목) | 신용카드 이용금액 | | | | | | 체크<br>카드<br>이용<br>금액 |
|---|---|---|---|---|---|---|---|---|---|---|
| | | | | 신용판매(D) | | | 카드대출 | | | |
| | | | | 일시불 | 할부 | | | 현금<br>서비스 | 카드론 | |
| 1990 | 197,414.7 | 174,018.9 | 98,049.5 | 5,323.1 | 3,006.8 | 2,316.3 | 7,281.5 | 7,281.5 | | |
| 1991 | 238.470.3 | 211,042.8 | 118,654.6 | 6,594.1 | 4,133.1 | 2,461.0 | 6,773.0 | 6,773.0 | | |
| 1992 | 272,708.5 | 239,086.3 | 137,302.4 | 7,981.6 | 5,135.8 | 2,845.8 | 7,696.2 | 7,696.2 | | |
| 1993 | 309,371.3 | 270,145.7 | 156,413.6 | 12,264.6 | 6,942.7 | 5,321.9 | 14,569.8 | 14,569.8 | | |
| 1994 | 364,789.3 | 319,437.8 | 187,036.7 | 18,875.0 | 10,958.6 | 7,916.4 | 22,053.4 | 22,053.4 | | |
| 1995 | 427,012.2 | 366,889.5 | 219,889.6 | 25,151.7 | 15,049.2 | 10,102.5 | 26,430.0 | 26,430.0 | | |
| 1996 | 479,122.5 | 408,069.9 | 252,658.2 | 32,624.3 | 20,346.0 | 12,278.3 | 30,408.5 | 30,408.5 | | |
| 1997 | 527,077.3 | 446,064.3 | 279,563.6 | 38,180.0 | 24,320.7 | 13,859.3 | 33,935.3 | 33,953.3 | | |
| 1998 | 517,262.1 | 427,089.0 | 261,382.1 | 30,830.8 | 20,669.5 | 10,161.36 | 32,725.9 | 32,725.9 | | |
| 1999 | 570,154.8 | 471,720.4 | 299,760.1 | 23,539.3 | 16,830.0 | 6,709.3 | 26,468.1 | 26,468.1 | | |
| 2000 | 647,274.2 | 535,218.3 | 355,141.4 | 48,765.2 | 33,694.9 | 15,070.2 | 100,064.4 | 88,984.4 | 11,080.0 | |
| 2001 | 702,236.4 | 578,750.7 | 391,691.7 | 155,052.3 | 110,824.0 | 44,228.3 | 291,039.1 | 254,132.7 | 36,906.3 | |
| 2002 | 781,828.8 | 649,205.9 | 440,206.7 | 259,461.7 | 183,296.5 | 76,165.2 | 426,115.8 | 371,736.6 | 54,379.2 | |
| 2003 | 834,443.2 | 689,409.2 | 452,736.5 | 214,084.2 | 170,297.9 | 43,786.3 | 244,946.3 | 211,083.6 | 33,862.7 | |
| 2004 | 906,864.7 | 750,340.6 | 468,700.5 | 229,814.2 | 187,946.3 | 41,867.9 | 138,120.5 | 127,604.7 | 10,515.8 | 7,593.7 |
| 2005 | 950,685.4 | 784,904.9 | 500,910.9 | 253,388.7 | 209,325.8 | 44,062.9 | 109,915.3 | 103,058.7 | 6,856.5 | 214,305.6 |
| 2006 | 1,002,664.7 | 827,011.2 | 533,277.7 | 282,924.0 | 233,896.8 | 49,027.1 | 102,959.4 | 91,569.5 | 11,389.9 | 12,595.1 |
| 2007 | 1,086,897.3 | 901,343.3 | 571,809.5 | 315,905.1 | 258,334.6 | 57,570.5 | 101,407.7 | 85,782.2 | 15,625.5 | 18,840.0 |
| 2008 | 1,154,509.7 | 946,644.4 | 606,355.8 | 360,566.6 | 291,536.3 | 69,030.3 | 107,043.1 | 88,758.8 | 18,284.3 | 27,872.2 |
| 2009 | 1,203,479.8 | 976,066.0 | 622,808.6 | 376,363.0 | 304,690.9 | 71,672.2 | 98,281.6 | 81,451.7 | 16,829.9 | 36,916.5 |
| 2010 | 1,324,586.9 | 1,080,250.2 | 687,061.3 | 412,106.1 | 329,769.1 | 82,337.1 | 105,263.0 | 81,319.7 | 23,943.3 | 51,480.4 |
| 2011 | 1,397,534.8 | 1,135,618.1 | 711,118.8 | 441,813.1 | 353,992.5 | 87,820.6 | 104,281.7 | 80,169.9 | 24,111.8 | 66,917.4 |
| 2012 | 1,455,170.3 | 1,177,260.3 | 738,312.1 | 478,024.0 | 382,743.1 | 95,280.9 | 99,679.3 | 74,995.3 | 24,684.0 | 82,277.8 |
| 2013 | 1,510,384.9 | 1,224,415.2 | 758,005.0 | 488,722.5 | 400,839.2 | 87,883.3 | 96,748.6 | 68,306.3 | 28,442.2 | 92,659.9 |
| 2014 | 1,570,493.3 | 1,271,899.3 | 780,462.7 | 500,518.0 | 408,307.2 | 92,210.8 | 93,588.5 | 63,326.0 | 30,262.4 | 112,684.0 |
| 2015 | 1,633,206.6 | 1,349,292.2 | 804,812.4 | 534,931.5 | 435,612.7 | 99,318.8 | 94,599.0 | 59,503.0 | 35,096.0 | 130,985.6 |
| 2016 | 1,747,143.5 | 1,419,199.9 | 834,804.8 | 596,032.2 | 489,442.9 | 106,589.2 | 97,965.0 | 59,328.9 | 68,636.1 | 149,944.5 |
| 2017 | 1,843,180.9 | 1,497,065.8 | 872,791.4 | 627,341.8 | 512,081.2 | 115,260.6 | 98,379.6 | 59,266.2 | 39,113.4 | 160,757.4 |
| 2018 | 1,905,837.5 | 1,539,485.3 | 911,576.1 | 664,013.2 | 539,284.6 | 124,728.6 | 103,849.0 | 60,768.3 | 43,080.7 | 168,602.8 |
| 2019 | 1,941,107.9 | 1,553,455.0 | 935,933.8 | 700,952.0 | 572,183.9 | 128,768.1 | 105,244.5 | 59,123.9 | 46,120.6 | 173,696.1 |
| 2020 | 1,948,020.7 | 1,546,364.6 | 897,4493.2 | 705,246.4 | 572,943.2 | 132,303.3 | 107,098.9 | 54,083.6 | 53,015.2 | 172,024.7 |
| 2021 | 2,082,576.5 | — | 952,529.9 | 779,034.6 | 634,315.1 | 144,719.5 | 107,208.1 | 55,138.3 | 52,069.8 | 181,565.6 |

주 : 1) 한국은행 국민계정 기준년(2010→2015) 개편에 따라 시계열자료가 수정됨(2000년 이후 : 19.06.04
이전 19.12.19)
자료 : 한국은행, 금융감독원(금융통계정보시스템)

**∥표 4-4∥ 신용카드 및 가맹점 수**

| 연도 | 추계인구<br>(만 명) | 경제활동인구[1]<br>(만 명) | 신용카드 수<br>(만 매) | 체크카드 수[2]<br>(만 매) | 경제활동인구 1인당<br>신용카드 소지 수(매) | 가맹점 수[3]<br>(만 점) |
|---|---|---|---|---|---|---|
| 1990 | 4,287 | 1,854 | 1,038 | | 0.6 | |
| 1991 | 4,330 | 1,911 | 1,210 | | 0.6 | |
| 1992 | 4,375 | 1,950 | 1,471 | | 0.8 | |
| 1993 | 4,420 | 1,981 | 1,940 | | 1.0 | |
| 1994 | 4,464 | 2,035 | 2,531 | | 1.2 | |
| 1995 | 4,509 | 2,085 | 3,328 | | 1.6 | |
| 1996 | 4,553 | 2,129 | 4,111 | | 1.9 | |
| 1997 | 4,595 | 2,178 | 4,571 | | 2.1 | |
| 1998 | 4,629 | 2,143 | 4,202 | | 2.0 | |
| 1999 | 4,662 | 2,167 | 3,899 | | 1.8 | |
| 2000 | 4,701 | 2,215 | 5,788 | | 2.6 | |
| 2001 | 4,736 | 2,251 | 8,933 | | 4.0 | |
| 2002 | 4,762 | 2,298 | 10,481 | | 4.6 | 148 |
| 2003 | 4,786 | 2,304 | 9,511 | | 4.1 | 155 |
| 2004 | 4,804 | 2,354 | 8,346 | | 3.5 | 150 |
| 2005 | 4,814 | 2,372 | 8,291 | | 3.5 | 153 |
| 2006 | 4,837 | 2,402 | 9,115 | | 3.8 | 161 |
| 2007 | 4,868 | 2,435 | 8,957 | 4,041 | 3.7 | 175 |
| 2008 | 4,905 | 2,455 | 9,625 | 5,557 | 3.9 | 185 |
| 2009 | 4,931 | 2,458 | 10,699 | 6,654 | 4.4 | 187 |
| 2010 | 4,955 | 2,496 | 11,659 | 7,674 | 4.7 | 208 |
| 2011 | 4,994 | 2,539 | 12,214 | 8,957 | 4.8 | 219 |
| 2012 | 5,020 | 2,578 | 11,623 | 9,914 | 4.5 | 221 |
| 2013 | 5,043 | 2,611 | 10,203 | 9,752 | 3.9 | 226 |
| 2014 | 5,075 | 2,684 | 9,232 | 10,077 | 3.44 | 234 |
| 2015 | 5,101 | 2,715 | 9,314 | 10,527 | 3.4 | 242 |
| 2016 | 5,122 | 2,742 | 9,564 | 10,848 | 3.5 | 250 |
| 2017 | 5,136 | 2,775 | 9,946 | 11,035 | 3.6 | 257 |
| 2018 | 5,159 | 2,790 | 10,506 | 11,143 | 3.8 | 269 |
| 2019 | 5,177 | 2,819 | 11,098 | 11,070 | 3.9 | 281 |
| 2020 | 5,184 | 2,801 | 11,373 | 11,002 | 4.1 | 290 |
| 2021 | 5,174 | 2,831 | 11,769 | 10,609 | 4.2 | 299 |

주 : 1) 만15세 이상의 생산가능 연령인구 중에서 구직활동이 가능한 취업자 및 실업자
　　 2) 체크카드 수는 2007년부터 제공
　　 3) 가맹점으로부터의 매출전표 매입건수 1건 이상(연간) 발생기준(2002년부터)
자료 : 통계청, 금융감독원, 여신금융협회, 한국은행

**┃표 4-5┃ 업종별 리스실적(실행기준)**

(단위 : 백만원)

| 구분 | 2011 | 2013 | 2015 | 2017 | 2019 | 2021 |
|---|---|---|---|---|---|---|
| 농 수 산 업 | 14,710 | 22,916 | 39,016 | 30,261 | 60,976 | 123,073 |
| 광 업 | 10,463 | 24,912 | 12,149 | 30,628 | 27,883 | 31,034 |
| 제 조 업 | 3,331,410 | 3,548,921 | 3,787,033 | 3,239,627 | 1,982,057 | 2,103,846 |
| 음 식 료 품 | 94,024 | 99,460 | 129,574 | 88,609 | 100,084 | 95,065 |
| 섬유·의복·피혁 | 59,394 | 58,148 | 60,251 | 37,369 | 52,965 | 71,264 |
| 제재·목재·지류·인쇄 | 165,117 | 173,061 | 138,563 | 99,906 | 88,139 | 85,987 |
| 화학·석유·석탄·고무 | 105,647 | 100,225 | 114,312 | 70,919 | 89,221 | 104,923 |
| 비금속 광물제품 | 42,033 | 57,438 | 52,541 | 26,772 | 32,378 | 40,526 |
| 제1차금속 | 134,595 | 103,514 | 164,193 | 73,170 | 55,357 | 52,221 |
| 조립금속·기계장비 | 845,899 | 841,606 | 785,917 | 708,467 | 471,195 | 551,889 |
| 통신·방송·음향기기 | 324,846 | 384,683 | 256,184 | 169,148 | 154,607 | 144,895 |
| 기타 | 1,559,855 | 1,730,786 | 2,085,498 | 1,965,267 | 938,111 | 957,076 |
| 건 설 업 | 364,243 | 320,900 | 389,287 | 331,801 | 510,112 | 583,926 |
| 도 소 매 업 | 1,010,995 | 1,132,390 | 1,813,350 | 1,540,248 | 2,381,009 | 2,573,785 |
| 숙박및관광업 | 63,926 | 78,350 | 175,916 | 198,003 | 369,417 | 406,299 |
| 운수및창고업 | 335,545 | 284,865 | 299,588 | 149,671 | 211,279 | 274,713 |
| 통 신 업 | 93,094 | 93,348 | 76,075 | 125,180 | 116,040 | 136,807 |
| 금융·보험 및 용역업 | 354,758 | 338,630 | 462,941 | 277,288 | 251,933 | 299,343 |
| 의 료 업 | 842,607 | 939,146 | 995,648 | 917,249 | 1,091,193 | 1,521,866 |
| 환 경 산 업 (공 해 방 지) | 12,078 | 14,115 | 21,841 | 14,010 | 13,176 | 25,429 |
| 사회 및 개인서비스업 | 1,157,606 | 1,194,546 | 1,356,878 | 1,377,748 | 2,062,568 | 2,624,372 |
| 기 타 | 3,010,374 | 2,813,626 | 3,978,468 | 4,576,358 | 4,711,968 | 7,043,111 |
| 합 계 | 10,601,809 | 10,806,665 | 13,408,187 | 12,808,072 | 13,789,611 | 17,477,604 |

주 : 리스실적은 당해연도 초부터 당분기까지의 누계액
자료 : 금융감독원(여신금융회사 제출 업무보고서)

┃표 4-6┃ 물건별 리스실적(실행기준)

(단위 : 백만원)

| 구분 | 2011 | 2013 | 2015 | 2017 | 2019 | 2021 |
|---|---|---|---|---|---|---|
| 산 업 기 계 기 구 | 2,294,450 | 2,177,058 | 1,960,326 | 1,664,050 | 1,206,452 | 1,092,694 |
| 일반산업기계 | 1,152,551 | 765,754 | 780,638 | 683,156 | 525,504 | 574,345 |
| 동력이용기계 | 44,455 | 9,481 | 13,462 | 12,497 | 21,155 | 22,448 |
| 공 작 기 계 | 1,097,444 | 1,401,823 | 1,166,226 | 968,397 | 659,793 | 495,901 |
| 운수·운반기기 | 6,524,710 | 6,729,732 | 9,559,814 | 9,446,322 | 10,445,323 | 13,901,103 |
| 건 설 기 계 | 142,575 | 129,165 | 151,453 | 171,579 | 88,389 | 51,688 |
| 자 동 차 | 6,180,385 | 6,417,094 | 9,330,641 | 9,255,753 | 10,352,618 | 13,848,351 |
| 선        박 | 197,718 | 176,323 | 77,720 | 18,540 | 4,316 | 297 |
| 항  공  기 | 4,032 | 7,150 | 0 | 450 | 0 | 767 |
| 철 도 차 량 | — | — | 0 | 0 | 0 | 0 |
| 의 료 기 기 | 890,279 | 976,853 | 1,060,881 | 925,312 | 1,099,084 | 1,144,431 |
| 공해방지용기기 | 1,085 | 731 | 394 | 256 | 0 | 0 |
| 교육·과학기술 용기기 | 525,279 | 373,939 | 454,090 | 401,988 | 664,282 | 633,523 |
| 사무기기주[2] | 49,470 | 52,997 | 41,310 | 26,785 | 36,014 | 29,035 |
| 컴  퓨  터 | 414,727 | 269,915 | 198,116 | 130,675 | 175,035 | 104,768 |
| 기        타 | 61,082 | 51,027 | 274,308 | 244,528 | 453,233 | 499,720 |
| 통 신 기 기 | 122,102 | 124,901 | 157,715 | 64,762 | 5,539 | 59,526 |
| 유통산업용기기 | 36,780 | 34,301 | 1,797 | 1,011 | 205 | 6,368 |
| 기        타 | 207,124 | 389,150 | 213,170 | 304,367 | 368,725 | 628,856 |
| 합        계 | 10,601,809 | 10,806,665 | 13,408,187 | 12,808,072 | 13,789,611 | 17,477,604 |

주 : 1) 리스실적은 당해연도 초부터 당분기까지의 누계액
　　 2) 2002년부터 사무기기 분류기준 변경
자료 : 금융감독원(여신금융회사 제출 업무보고서)

Ⅰ표 4-7Ⅰ 할부금융 취급잔액

(단위 : 십억원)

| 연도 | 내구재 | | | | 주택 | 기계류 | 기타 | 합계 |
|------|--------|--------|--------------|----------|--------|--------|--------|-----------|
| | 자동차 | 가전제품 | 기타 내구재 | | | | | |
| 2003 | 5,715.1 | 46.6 | 422.6 | 6,184.3 | 119.3 | 444.3 | 67.0 | 6,814.9 |
| 2004 | 5,085.3 | 50.4 | 409.3 | 5,545.0 | 72.1 | 528.0 | 108.2 | 6,253.3 |
| 2005 | 5,926.6 | 39.3 | 176.8 | 6,142.6 | 55.3 | 872.7 | 9.9 | 7,080.5 |
| 2006 | 6,394.8 | 30.2 | 218.3 | 6,643.3 | 362.3 | 713.0 | 2.2 | 7,720.7 |
| 2007 | 8,168.0 | 20.1 | 197.3 | 8,385.4 | 677.2 | 812.1 | 5.0 | 9,879.8 |
| 2008 | 9,461.5 | 11.1 | 190.4 | 9,662.9 | 812.6 | 867.2 | 31.2 | 11,373.9 |
| 2009 | 7,597.3 | 19.7 | 123.0 | 7,740.0 | 935.9 | 630.0 | 28.0 | 9,333.8 |
| 2010 | 9,283.4 | 10.9 | 128.1 | 9,422.3 | 982.9 | 847.6 | 51.4 | 11,304.3 |
| 2011 | 13,710.5 | 10.3 | 146.0 | 13,866.8 | 1,361.8 | 936.7 | 82.2 | 16,247.4 |
| 2012 | 15,372.8 | 25.7 | 168.3 | 15,566.8 | 1,256.2 | 924.3 | 111.7 | 17,859.0 |
| 2013 | 15,246.0 | 23.6 | 235.1 | 15,504.7 | 1,176.2 | 775.0 | 98.4 | 17,554.3 |
| 2014 | 16,153.4 | 18.5 | 323.0 | 16,494.9 | 1,000.0 | 679.5 | 172.1 | 18,346.5 |
| 2015 | 19,848.4 | 32.3 | 394.6 | 20,275.3 | 511.6 | 596.5 | 213.5 | 21,596.8 |
| 2016 | 23,284.4 | 25.6 | 564.3 | 23,874.2 | 375.1 | 506.1 | 379.3 | 25,134.7 |
| 2017 | 27,026.7 | 16.5 | 532.0 | 27,575.2 | 564.6 | 439.9 | 588.3 | 29,168.0 |
| 2018 | 30,467.3 | 17.1 | 520.8 | 31,005.1 | 547.5 | 453.9 | 701.8 | 32,708.4 |
| 2019 | 34,050.9 | 17.2 | 515.7 | 34,583.7 | 421.1 | 452.9 | 663.3 | 36,121.0 |
| 2020 | 36,948.6 | 17.0 | 465.4 | 37,431.0 | 300.4 | 425.2 | 417.9 | 38,574.5 |
| 2021 | 37,759.6 | 13.3 | 393.9 | 38.166.8 | 93.3 | 486.6 | 475.4 | 39,222.1 |

## ▮표 4-8▮ 할부금융 취급실적

(단위 : 십억원)

| 연도 | 내구재 | | | | 주택 | 기계류 | 기타 | 합계 |
|------|--------|--------|------------|--------|------|--------|------|------|
| | 자동차 | 가전제품 | 기타 내구재 | | | | | |
| 2003 | 10,055.0 | 151.7 | 397.2 | 10,603.9 | 41.0 | 439.2 | 74.5 | 11.158.6 |
| 2004 | 8,178.0 | 114.2 | 331.0 | 8,623.2 | 11.2 | 442.7 | 103.3 | 9.180.4 |
| 2005 | 8,870.0 | 82.2 | 237.9 | 9,190.1 | 12.9 | 589.8 | 16.6 | 9,809.4 |
| 2006 | 8,152.9 | 60.0 | 286.0 | 8,498.9 | 341.6 | 682.9 | 1.3 | 9,524.6 |
| 2007 | 8,667.0 | 37.5 | 208.0 | 8,912.5 | 495.2 | 809.7 | 4.4 | 10,221.8 |
| 2008 | 10,365.3 | 21.9 | 227.8 | 10,615.0 | 359.8 | 623.5 | 18.6 | 11,616.9 |
| 2009 | 6,156.4 | 9.6 | 81.3 | 6,247.2 | 320.7 | 389.3 | 25.7 | 6,983.0 |
| 2010 | 9,201.8 | 18.0 | 102.8 | 9,322.6 | 378.0 | 690.3 | 62.3 | 10,453.2 |
| 2011 | 9,215.4 | 19.3 | 156.9 | 9,391.6 | 917.6 | 619.0 | 89.6 | 11,017.8 |
| 2012 | 8,919.3 | 97.1 | 152.8 | 9,169.2 | 419.6 | 629.5 | 132.5 | 10,350.8 |
| 2013 | 10,343.1 | 134.6 | 239.8 | 10,717.6 | 464.3 | 507.2 | 121.2 | 11,810.2 |
| 2014 | 11,831.9 | 39.1 | 285.0 | 12,156.0 | 278.1 | 483.5 | 192.9 | 13,110.5 |
| 2015 | 13,619.7 | 51.2 | 421.2 | 14,092.1 | 70.4 | 450.2 | 251.7 | 14,864.4 |
| 2016 | 15,886.2 | 41.0 | 433.7 | 16,360.9 | 100.5 | 422.5 | 420.8 | 17,304.6 |
| 2017 | 18,536.1 | 25.0 | 468.2 | 19,029.3 | 308.6 | 282.3 | 482.4 | 20,102.6 |
| 2018 | 19,576.8 | 24.8 | 344.1 | 19,945.7 | 284.4 | 313.6 | 539.4 | 21,083.0 |
| 2019 | 21,095.1 | 24.8 | 339.7 | 21,459.6 | 186.6 | 253.0 | 426.5 | 22,325.7 |
| 2020 | 22,089.1 | 25.8 | 313.5 | 22,428.4 | 96.1 | 235.1 | 432.9 | 23,192.5 |
| 2021 | 20,854.0 | 23.5 | 245.6 | 21,123.0 | — | 307.9 | 352.1 | 21,783.0 |

주 : 할부금융 취급시적은 당해연도 초부터 당분기까지 누계액
자료 : 금융감독원(여신금융회사 제출 업무보고서)

**┃표 4-9┃ 여신전문금융회사의 신기술사업금융 현황**

(단위 : 억원, 말잔)

| 연도 | 신기술금융취급회사수[1] | 투자조합수(결성회사수) | 투자건수 | 회사분 | | | | 조합분 | | | | 합계 |
|---|---|---|---|---|---|---|---|---|---|---|---|---|
| | | | | 투자주식[2] | 투자사채 | 조건부투자 | 대출금 | 투자주식[2] | 투자사채 | 조건부투자 | 대출금 | |
| 1993 | 4 | 9(4) | 216 | 755 | 272 | 68 | 5,214 | 179 | 79 | – | – | 6,567 |
| 1994 | 4 | 9(4) | 226 | 829 | 447 | 167 | 14,240 | 203 | 66 | – | – | 15,952 |
| 1995 | 4 | 9(4) | 219 | 1,057 | 462 | 174 | 23,276 | 199 | 41 | – | – | 25,210 |
| 1996 | 4 | 8(4) | 219 | 1,731 | 701 | 263 | 33,921 | 172 | 27 | – | – | 36,815 |
| 1997 | 4 | 4(3) | 309 | 3,665 | 1,584 | 284 | 40,992 | 189 | 11 | – | – | 46,725 |
| 1998 | 5 | 6(4) | 221 | 3,253 | 1,046 | 191 | 27,788 | 173 | 13 | 15 | 21 | 32,501 |
| 1999 | 13 | 21(4) | 615 | 4,297 | 919 | 273 | 17,527 | 835 | 95 | 8 | – | 23,954 |
| 2000 | 18 | 33(7) | 1,257 | 7,428 | 538 | 209 | 12,271 | 3,236 | 140 | 8 | – | 23,830 |
| 2001 | 19 | 59(8) | 1,526 | 7,083 | 407 | 206 | 7,239 | 4,841 | 211 | 63 | – | 20,050 |
| 2002 | 21 | 72(9) | 1,791 | 6,181 | 430 | 162 | 7,245 | 6,596 | 779 | 174 | – | 21,567 |
| 2003 | 17 | 73(9) | 1,619 | 4,766 | 321 | 148 | 3,842 | 5,579 | 875 | 359 | – | 15,890 |
| 2004 | 15 | 83(7) | 1,575 | 3,399 | 229 | 151 | 1,791 | 6,236 | 892 | 183 | – | 12,881 |
| 2005 | 14 | 72(9) | 1,358 | 2,934 | 537 | 140 | 1,921 | 4,644 | 701 | 132 | – | 11,009 |
| 2006 | 17 | 72(9) | 1,492 | 2,488 | 182 | 220 | 1,497 | 4,577 | 742 | 211 | – | 9,918 |
| 2007 | 19 | 70(10) | 1,875 | 2,552 | 396 | 82 | 1,748 | 4,909 | 864 | 285 | 3 | 10,838 |
| 2008 | 22 | 68(12) | 1,129 | 2,113 | 728 | 47 | 1,825 | 4,820 | 793 | 223 | 83 | 10,812 |
| 2009 | 20 | 81(11) | 1,121 | 2,400 | 557 | 184 | 1,784 | 4,853 | 821 | 134 | 257 | 10,990 |
| 2010 | 20 | 92(13) | 1,102 | 2,556 | 855 | 281 | 1,914 | 5,616 | 1,181 | 136 | 220 | 12,759 |
| 2011 | 17 | 73(11) | 885 | 2,616 | 1,601 | 96 | 475 | 5,963 | 1,082 | 73 | 653 | 12,559 |
| 2012 | 16 | 66(10) | 933 | 3,079 | 2,329 | 232 | 753 | 7,288 | 1,705 | 58 | 400 | 15,844 |
| 2013 | 19 | 81(12) | 1,146 | 3,177 | 3,500 | 68 | 742 | 8,679 | 2,470 | 237 | 455 | 19,719 |
| 2014 | 22 | 82(13) | 1,083 | 3,254 | 2,512 | 48 | 758 | 11,103 | 3,670 | 191 | 434 | 22,686 |
| 2015 | 32 | 115(15) | 2,507 | 3,475 | 1,293 | 35 | 241 | 12,499 | 4,377 | 176 | 646 | 24,008 |
| 2016[3] | 47 | 183(23) | 2,108 | 3,648 | 1,309 | 21 | 143 | 16,556 | 5,934 | 164 | 376 | 29,820 |
| 2017[4] | 50 | 303(36) | 2,480 | 3,623 | 1,402 | 18 | 428 | 20,887 | 6,461 | 15 | 0 | 35,412 |
| 2018 | 65 | 435(41) | 2,770 | 4,743 | 1,154 | 9 | 621 | 30,143 | 11,359 | 175 | 0 | 50,511 |
| 2019 | 77 | 628(49) | 3,427 | 6,059 | 1,757 | 1 | 662 | 41,237 | 14,732 | 123 | 2 | 67,205 |
| 2020 | 79 | 813(61) | 3,654 | 7,110 | 1,766 | 0 | 538 | 52,773 | 16,343 | 71 | 452 | 81,702 |
| 2021 | 90 | 1156(72) | 5,329 | 9,774 | 2,193 | 0 | 430 | 80,786 | 17,767 | 80 | 0 | 117,917 |

주 : 1) 2002년부터 취급잔액이 있는 회사 기준
   2) 투자주식의 경우 2012년부터 취득원가 기준
   3) 2016년부터 여전업권전체(경영신기술금융업자 제외)에 대한 통계로 확대
   4) 2017년 이후 신기술투자조합, 기타조합으로 분류됨에 따라 자료상
     '조합분＝신기술투자조합분＋기타조합분'
자료 : 금융감독원(여신금융회사 제출 업무보고서)

## 제1절 신용공여의 개요

1. 신용공여의 정의
   대출, 지급보증 또는 자금지원적 성격의 유가증권의 매입

2. 신용공여의 범위
   기업구매전용카드, 신용카드회원에 자금융통, 시설대여업자의 시설대여비용,
   연불판매액, 할부금융이용액, 신기술사업자에 대한 투자액, 어음할인액 등

3. 여신금융상품의 범위
   신용카드회원에 자금융통, 여신전문금융업, 대출(어음할인 포함)업무, 직불카드와
   선불카드의 발행 및 대금결제

4. 여신금융회사의 대출

(1) 대출업무의 수행기준
    대출업무를 수행함에 따라 발생하는 채권액은 총자산의 30%를 초과할 수 없음

(2) 대출업무의 운용원칙
    차주의 차입목적, 소요자금 규모에 대한 종합심사 및 분석을 통한 적정대출의 취급과
    대출 실행 이후 용도 이외 유용방지를 통해 대출의 건전성 확보

(3) 주택담보대출의 위험관리
    부동산프로젝트파이낸싱 대출시 채권액이 여신성 자산 30%를 초과할 수 없음

(4) 개인신용대출
    담보설정, 보증인 없이 차주의 신용만으로 받는 대출

## 제2절 여신금융상품의 유형

1. 신용카드상품

(1) 신용카드의 정의
    고객이 상품이나 서비스를 받고 그 대금지불을 일정기간 후 고객 예금계좌에서
    자동적으로 갚게 하는 신용거래에서의 지불수단

(2) 신용카드의 분류

① 회원의 구분 : 본인회원카드와 가족회원카드, 개인카드와 법인카드

② 발행회사의 국적 : 국내발행카드와 외국발행카드

③ 대금지급의 시기 : 리볼빙방식, 할부구매방식, 일시불방식

④ 특수한 신용카드 : 유통계겸영카드, 신용체크카드, 기업구매전용카드

(3) 신용카드대출상품

① 단기카드대출(현금서비스)
    신용카드회원은 카드회사가 부여한 현금서비스 한도 내에서 단기카드대출

② 할부판매

신용카드회원은 국내가맹점에서 카드회사가 정한 할부금액에 할부구매

③ 장기카드대출(카드론)

신용카드회사가 회원의 신용도와 카드이용실적에 따라 대출해주는 상품

④ 일부결제금액이월약정(리볼빙)

신용카드회원이 카드이용대금 중 일정금액 이상 결제시 잔여대금은 이월

⑤ 채무면제유예상품

신용카드회사가 수수료를 받고 회원의 사고발생시 채무면제나 결제유예

2. 시설대여상품

(1) 리스의 정의

리스이용자가 리스업자에게 특정물건의 사용수익권을 이전받고 리스료를 지급

(2) 리스의 성격 : 물적 금융의 실질을 갖는 비전형(무명)계약

(3) 리스의 유형 : 금융리스, 운용리스, 레버리지리스, 판매 후 재리스

3. 팩터링

금융기관이 기업의 매출채권을 매입하고 이를 바탕으로 자금을 빌려주는 제도

4. 할부금융상품

소비자가 일시불로 구입하기 어려운 내구재나 주택을 구입할 경우 금융회사가
물품대금을 대여하고 소비자는 금융회사에 물품대금을 일정기간 분할하여 상환

## 제3절 서민금융상품의 개요

1. 서민금융상품의 정의

소득수준이 적고 신용점수가 낮은 서민들에게 제공되는 각종 금융서비스

2. 서민금융상품의 유형

미소금융, 햇살론, 새희망홀씨, 바꿔드림론, 보금자리론, 징검다리론, 디딤돌대출,
새희망힐링론,

**1.** 다음 중 여신전문금융회사에 대한 설명으로 적절하지 않은 것은?

① 여신전문금융회사는 수신기능 없이 여신업무만 취급하는 금융기관이다.

② 자금조달은 주로 채권발행이나 금융기관 차입금에 의해 이루어진다.

③ 여신전문금융회사에 리스회사, 신용카드회사, 할부금융, 벤처캐피탈이 있다.

④ 신용카드업을 영위하고자 하는 경우 금융위원회에 등록해야 한다.

| 해설 | 신용카드업을 영위하고자 하는 경우 금융위원회에 허가를 받아야 한다.

**2.** 금융소비자의 기본적 권리가 실현되도록 하기 위해 금융소비자 보호에 관한 법률에서 규정하는 금융회사의 책무로 볼 수 없는 것은?

① 국가의 금융소비자 권익 증진 시책에 적극적으로 협력

② 금융상품으로 금융소비자의 재산에 위해가 발생하지 않도록 필요한 조치를 강구

③ 금융상품을 제공하는 경우 공정한 금융소비생활 환경을 조성

④ 금융소비자의 건전하고 자주적인 조직활동의 지원과 육성

⑤ 금융소비자에게 금융상품에 대한 정보를 성실하고 정확하게 제공

| 해설 | 금융소비자의 건전하고 자주적인 조직활동의 지원과 육성에 관한 책무는 금융회사의 책무가 아니라 국가의 책무이다.

**3.** 금융회사는 금융소비자의 성향, 재무상태, 금융상품의 이해수준, 연령, 금융상품의 구매목적, 구매경험 등에 대한 충분한 정보를 파악하여 해당 금융소비자에게 적합하지 아니한 금융상품의 계약체결을 권유하지 않아야 한다는 원칙은?

① 적합성의 원칙           ② 신의성실의 원칙

③ 적정성의 원칙           ④ 합리성의 원칙

⑤ 권리남용금지의 원칙

| 해설 | 적합성의 원칙에 대한 설명이다.

**4.** 금융소비자 보호에 관한 법률에서 규정하는 대출성 상품에 대한 적합성의 원칙을 설명하는 내용으로 옳지 않은 것은?

① 금융소비자의 상환능력을 초과하는 과잉대출을 방지하기 위한 것이다.

② 대출성 상품 모두에 대해 적합성의 원칙을 적용하고 있다.

③ 일반금융소비자는 물론이고 전문금융소비자에 대해서도 적용된다.

④ 여신전문금융업법에 따른 신용카드, 시설대여, 연불판매, 할부금융도 대출성 상품에 속한다.

⑤ 상시근로자가 5인 미만인 법인, 조합 및 그 밖의 단체는 일반금융소비자에 해당한다.

| 해설 | 적합성의 원칙은 일반금융소비자에 대해서만 적용되고 전문금융소비자에 대해서는 적용되지 않는다.

**5.** 금융소비자 보호에 관한 법률에서 규정하는 금융소비자의 기본적 권리로 볼 수 없는 것은?

① 금융상품 판매업자의 위법한 영업행위로 인한 재산상 손해로부터 보호받을 권리

② 자신의 권익을 증진하기 위해 필요한 지식과 정보를 습득하도록 노력하는 권리

③ 금융상품을 선택하고 소비하는 과정에서 필요한 지식 및 정보를 제공받을 권리

④ 금융소비생활에 영향을 주는 국가 및 지방자치단체의 정책에 대해 의견을 반영시킬 권리

⑤ 합리적인 금융소비생활을 위해 필요한 교육을 받을 권리

| 해설 | 자신의 권익을 증진하기 위해 필요한 지식과 정보를 습득하도록 노력하는 것은 금융소비자의 권리가 아니라 책무이다.

**6.** 금융소비자 보호에 관한 법률에서 규정하는 금융소비자에게 위법계약해지권이 발생하는 사유로 볼 수 없는 것은?

① 적합성의 원칙 위반  ② 부당권유행위 금지의무 위반

③ 적정성의 원칙 위반  ④ 계약서류 제공의무 위반

⑤ 불공정영업행위 금지의무 위반

| 해설 | 계약서류 제공의무 위반은 금융소비자의 위법계약해지권이 발생하는 사유가 아니다.

**7.** 다음 중 금전채무의 변제를 위한 유효한 지급수단으로 볼 수 있는 것은?

① 당좌수표
② 자기앞수표
③ 당좌어음
④ 예금증서
⑤ 주식

| 해설 | 당좌수표, 당좌어음, 예금증서, 주식은 지급의 확실성이 보장되어 있지 않아 유효한 변제로 볼 수 없다.


**8.** 다음 중 미성년자와의 여신거래에 대한 설명으로 옳지 않은 것은?

① 미성년자의 여신거래는 법정대리인이 대리하여 수행할 수 있다.
② 미성년자도 법정대리인의 동의가 있으면 직접 여신거래를 할 수 있다.
③ 여신거래에 관한 법정대리인의 동의는 미성년자 또는 은행에게 줄 수 있다.
④ 미성년자가 법정대리인의 동의없이 한 여신거래는 법정대리인이 취소할 수 있고 미성년자는 취소할 수 없다.
⑤ 미성년자의 여신거래에 대한 법정대리인의 동의 있음의 입증책임은 은행이 부담한다는 것이 대법원판례이다.

| 해설 | 미성년자가 법정대리인의 동의없이 한 여신거래는 법정대리인은 물론 미성년자도 취소할 수 있다.


**9.** 다음 중 대출금리를 선택할 경우에 주의사항이 아닌 것은?

① 금리전망
② 대출상환방식
③ 대출기간
④ 대출기관

| 해설 | 대출기관은 대출금리 선택시 주의사항이 아니며 그 밖에 고객의 재무상황, 기준금리 선택, 금리인하요구권 등이 있다.


**10.** 대출계약체결 2일 후에 대출실행이 이루어진 경우 금융소비자가 금융소비자 보호에 관한 법률에 따라 대출계약철회권을 행사할 수 있는 기간으로 옳은 것은?

① 대출계약일로부터 7일
② 대출실행일로부터 7일
③ 대출계약일로부터 14일
④ 대출실행일로부터 14일
⑤ 대출계약일로부터 15일

| 해설 | 금융소비자 보호에 관한 법률은 대출성상품에 일반소비자는 대출계약서류를 제공받은 경우에는 그 제공받은 날로부터, 대출계약서류를 제공받지 않은 경우에는 계약체결일로부터 14일 이내에 대출계약철회권을 행사할 수 있는 것으로 규정하고 있다.

**11.** 다음 중 대출금의 중도상환에 따른 수수료의 법적 성질로 적절한 것은?
① 약정이자　　　　　　　② 위임사무의 처리비용
③ 부당이득　　　　　　　④ 대출금상환에 따른 비용
⑤ 채무불이행에 따른 손해배상금

| 해설 | 대출금의 중도상환에 따른 수수료의 법적성질은 채무불이행에 따른 손해배상금이다.

**12.** 다음 중 금융권별 대출의 특징에 설명으로 가장 적절하지 않은 것은?
① 은행대출의 장점은 금리가 가장 낮다는데 있다.
② 캐피탈은 수신기능 없이 대출과 할부금융을 제공하는 여신전문 금융기관이다.
③ 보험사는 주택담보대출을 중심으로 대출을 확대하며 보험계약 고객 여부에 관계없이 대출을 취급하고 있다.
④ 저축은행의 카드론과 현금서비스는 대출의 편리성으로 고금리에도 불구하고 개인들이 많이 사용하고 있다.

| 해설 | 카드회사에 대한 설명이다.

**13.** 다음 중 대출에 대한 설명으로 가장 적절하지 않은 것은?
① 젊은 층을 중심으로 주택에 대한 개념이 거주에서 소유로 변화하고 있다.
② 지속적인 전세수요의 증가로 전세난을 들 수 있다. 전세문제의 가장 큰 원인의 하나는 주택수급 불균형이다.
③ 일반 신용대출은 일정한 소득이 있는 직장인, 개인사업자가 생활자금을 목적으로 자신의 신용을 이용하는 받는 대출을 말한다.
④ 목적성 신용대출은 여행, 결혼, 자동차구입 등의 목적을 위해 대출을 받는 경우로 금융기관은 대출목적이 확실한 경우에는 일반신용대출보다 더 높은 대출한도를 제공하는 경우도 있다.

| 해설 | 젊은 층을 중심으로 주택에 대한 개념이 소유에서 거주로 변화하고 있다.

**14.** 다음 중 대출의 장점을 설명한 내용으로 적절하지 않은 것은?
① 신용을 이용하여 미래의 구매력을 증가시킬 수 있다.
② 신용은 인플레이션에 대비할 수 있도록 도와주는 역할을 할 수 있다.
③ 대출은 가계재무관리에 융통성을 제공할 수 있다.
④ 올바른 신용사용은 신용도를 높이는 효과를 가져온다.

| 해설 | 신용을 이용하여 현재의 구매력을 증가시킬 수 있고 미래의 구매력에 영향을 준다.

**15.** 다음 중 대출의 단점을 설명한 내용으로 적절하지 않은 것은?

① 신용을 사용하면 이자나 수수료라는 비용을 수반한다.

② 신용을 사용하면 과소비나 충동구매의 가능성을 높인다.

③ 무분별한 신용사용은 개인과 가계의 재정을 파산에 이르게 할 수 있다.

④ 신용을 사용하여 현재 구매력을 넘어서는 상품을 구입할 수 없다.

| 해설 | 신용의 사용으로 현재 자신의 구매력을 넘어서는 상품을 구입할 수 있는데, 이는 과소비로 이어질 수 있고 미래의 구매력을 감소시킬 수 있다.


**16.** 다음 중 이자에 관한 설명으로 적절하지 않은 것은?

① 이자는 금전 기타의 대체물의 사용대가로서 원본액과 사용기간에 비례하여 지급되는 금전 기타의 대체물이다.

② 대출금 연체이자의 법적 성질은 전형적인 이자에 해당한다.

③ 이자채무는 이자약정 또는 법률의 규정으로부터 발생하는 채무이다.

④ 이자 있는 소비대차는 차주가 목적물의 인도를 받은 때로부터 이자를 계산해야 한다.

| 해설 | 대출금 연체이자는 이자와 동일시되는 경우가 많지만, 법률상 성질은 손해배상이지 이자가 아님에 주의해야 한다.


**17.** 다음 중 채무자의 기한의 이익을 상실할 사유에 해당하지 않은 것은?

① 채무자의 무자력                    ② 채무자의 파산

③ 담보의 상실                         ④ 담보제공의무의 불이행

| 해설 | 채무자가 파산하거나 담보를 손상, 감소, 멸실하고 담보제공의 의무를 불이행한 때


**18.** 다음 중 운용리스에 대한 설명으로만 모두 묶인 것은?

가. 여신전문금융업법상 물적금융에 해당된다.
나. 기업에 자금을 빌려주는 대신에 기계설비 등을 빌려주는 것이다.
다. 물건의 수선, 유지, 보수, 관리비용을 임대인인 리스회사가 부담한다.
라. 원리금 상환액 중 이자상환분만 비용으로 인정된다.
마. 감가상각은 임차인이 부담한다.

① 가, 다                              ② 나, 다, 라, 마

③ 가, 다, 마                          ④ 다

| 해설 | 나, 라, 마는 금융리스에 대한 설명이다.

**19.** 다음 중 운용리스에 대한 특징으로만 모두 묶인 것은?

> 가. 기업에 자금을 빌려주는 대신에 기계설비 등을 빌려주는 것이다.
> 나. 물건의 수선, 유지, 보수, 관리비용을 임대인인 리스회사가 부담한다.
> 다. 리스 이용금액 중 원리금상환액 전액이 비용으로 인정된다.
> 라. 현재 우리나라에서 사용하는 리스의 대부분을 차지한다.

① 가, 나, 다                    ② 가, 다, 라

③ 나, 다, 라                    ④ 가, 나, 다

| 해설 | 금융리스는 기업에 자금을 빌려주는 대신에 기계설비 등을 빌려주는 것이다.


**20.** 다음 중 전자외상매출채권담보대출에 대한 설명으로 옳지 않은 것은?

① 전자외상매출채권은 기업간 물품구매거래에서 발생한 대금채권을 구매기업이 만기를 정한 전자식채권으로 변경하여 금융결제원에 등록하면 효력이 발생한다.

② 은행의 보증유무에 따라 보증 또는 무보증 전자외상매출채권으로 구분된다.

③ 전자외상매출채권의 결제는 구매기업과 판매기업의 거래은행간에 이루어지며, 자금결제는 한국은행에 개설된 당좌예금계정을 통한 은행간 차액결제방식이다.

④ 전자외상매출채권 담보대출의 경우에 판매기업이 전자외상매출채권을 보관은행인 대출은행에 양도하는 방식으로 한다.

⑤ 전자외상매출채권 담보대출의 경우에 하는 전자외상매출채권의 양도는 지시채권의 양도방식으로 한다.

| 해설 | 전자외상매출채권 담보대출의 경우에 하는 전자외상매출채권의 양도는 지명채권의 양도방식으로 한다.

Chapter

# 05

# 지분증권

자본시장은 주식회사와 공공단체 등이 발행한 증권이 처음으로 투자자들에게 매각되는 발행시장과 이미 발행된 증권이 투자자들 상호간에 매매되는 유통시장으로 이루어져 있다. 따라서 발행시장은 발행된 증권이 유통시장에서 활발하게 매매될 수 있어야 하고, 유통시장은 발행시장의 존재를 전제로 하여 성립한다.

**제1절** **자본시장의 개요**

### 1. 자본시장의 정의

자본시장은 자금수요자인 기업과 자금공급자인 가계를 직접 연결시켜 기업에는 증권의 발행을 통해 양질의 장기산업자금을 조달할 수 있도록 하고 개인에게 금융자산에 대한 투자기회를 제공해 주는 동시에 사회적으로 재산 및 소득의 재분배에 기여하는 자본주의 경제체제를 상징하는 대표적인 시장조직을 말한다.

금융시장을 구성하는 하나의 시장인 자본시장은 주로 기업이 장기자금을 조달하는 장기금융시장이다. 우리나라의 자본시장에는 주식이 거래되는 주식시장과 국채, 지방채, 금융채, 회사채 등이 거래되는 채권시장과 선물, 옵션, 스왑이 거래되는 파생상품시장이 있다. 일반적으로 자본시장을 증권시장으로 부른다.

자본시장은 정부, 지방자치단체, 공공기관, 기업 등이 장기자금을 조달하는 시장으로 넓은 의미에서는 은행의 시설자금대출 등 장기대출시장을 포함하기도 하지만 통상적으로는 국채, 회사채, 주식 등이 거래되는 증권시장을 의미한다. 여기서는 자본시장의 범위를 주식시장과 채권시장으로 제한하여 살펴본다.

### 2. 자본시장의 기능

자본시장은 투자자의 여유자금이 좋은 기업으로 선순환되어 유입되면 원활한 경제발전을 이룰 수 있지만 건전하지 못한 기업으로 자금이 빠져나가게 되면 국가경제도 무너지게 된다. 세계 금융시장은 자본주의 경제의 꽃이라고 불리는 자본시장이 발전하면서 금융시장의 중심이 직접금융시장으로 옮겨가고 있다.

첫째, 가계 등의 여유자금을 기업 등에 장기투자재원으로 공급함으로써 국민경제의 자금잉여부문과 자금부족부문의 자금수급 불균형을 조절한다. 따라서 개인과 기관의 투자자금은 투자자들에게는 개인적인 부를 축적하기 위한 수단이 되는 반면에 이렇게 모아진 자금은 국가경제의 기반을 유지하는 원천이 된다.

둘째, 미래의 수익성이 높고 성장성이 기대되는 기업으로 자본이 집중되도록 하여 이들 기업이 다른 기업보다 낮은 비용으로 필요한 자금을 조달하고 생산시설을 확충할 수 있게 한다. 따라서 국민경제는 이들 기업을 중심으로 생산효율이 극대화되고 산업구조의 고도화가 촉진되면서 경제전체의 부도 증가한다.

　셋째, 증권은 유용한 투자수단이며 자본시장 발달과 함께 증권의 종류가 고도화되면서 투자자는 다양한 포트폴리오를 구성할 수 있다. 최근 경제주체들의 금리민감도가 높아지고 위험선호도가 높은 투자자를 중심으로 주식과 채권에 대한 수요가 확대되며 전체 금융상품 중 장기금융상품의 비중이 커지고 있다.

　넷째, 자본시장은 중앙은행의 통화정책이 실물경제에 영향을 미치는 매개기능을 수행한다. 중앙은행이 기준금리를 변경하면 여러 경로를 통해 자본시장의 장기수익률에 영향을 미치고 기업의 자본비용을 변경시켜 기업의 투자결정에 영향을 미치고 증권의 자산가치의 변동으로 가계소비에도 영향을 미치게 된다.

## 제2절　주식시장의 개요

### 1. 주식의 정의

　주식은 주식회사의 사원인 주주가 회사에 대해 가지고 있는 지분을 말하며 자본의 구성분자로서의 금액의 의미와 주주의 회사에 대한 권리의무의 단위로서의 주주의 법적 지위(주주권)의 의미가 존재한다. 일반적으로 주주권을 표창하는 유가증권도 주식이라 하지만, 상법에서는 주식을 주권이라고 부른다.

　주권은 주식회사의 지분권을 표시하는 증권을 말하며, 주주의 지위를 주식이라 부른다. 주식은 우선적 지위가 인정되나 의결권이 제한되는 우선주와 표준적 성격의 보통주로 구분된다. 실무에서 발행·유통되고 있는 대부분의 주식은 보통주이다. 회사는 보통주를 발행하지 않고 우선주를 발행할 수는 없다.

### (1) 자본의 구성분자

　주식회사의 자본은 발행주식의 액면총액을 말하며 주식으로 나누어야 하고 주식의 금액은 균일해야 한다. 따라서 주식은 자본을 균일하게 나눈 단위로서의 금액을 표시한다. 주식과 자본의 관련은 밀접하여 주식은 사원의 출자를 측정하는 단위로서 작용하는 것이므로 자본의 구성분자로서의 금액을 의미한다.

주식 액면가액의 법정 최저한은 100원 이상으로 균일해야 하고 주식인수인이 공동으로 주식을 인수한 경우에는 연대하여 납입할 책임이 있다. 주식공유자는 회사에 대해 주주의 권리를 행사할 1인을 정해야 하며, 주주의 권리를 행사할 자가 없는 때에는 공유자에 대한 통지나 최고는 1인에게 하면 된다.

주식의 최저단위는 1주이므로 이를 다시 세분화할 수 없다. 1주 미만의 주식을 단주라고 하며 단주가 발생하면 회사가 단주를 모아 처분해야 한다. 주식과 주주의 권리를 분리하여 주주권만을 양도할 수 없다. 다만 주주의 권리 중 구체화된 신주인수권이나 이익배당청구권은 주식과 분리하여 양도할 수 있다.

### (2) 주주의 권리의무

주식은 회사에 대한 사원의 지위 또는 자격을 말한다. 이를 주주권이라고 하는데 주주권은 주식과 분리하여 양도 · 입질 · 담보 · 압류 등의 목적으로 할 수 없다. 따라서 주식을 양도하면 주주권도 함께 양도하게 된다. 주식은 권리뿐만 아니라 출자의무도 포함되는데 이는 주식의 인수가액을 한도로 하는 유한책임이다.

주주권에는 주주 자신의 이익만을 위한 권리인 자익권(自益權)과 회사 및 다른 주주의 이익을 확보하기 위해 행사하는 공익권(共益權)이 있다. 따라서 자익권은 주주의 투자이익과 출자자본의 회수를 위한 권리로 구분할 수 있고, 공익권은 경영참여를 위한 권리인 의결권과 경영감독을 위한 권리로 구분할 수 있다.

### 2. 상법상 주식의 분류

### (1) 보통주(common stock)

### 1) 보통주의 정의

보통주는 주식회사가 출자의 증거로 주주에게 발행한 주식을 말한다. 보통주를 소유한 주주는 그 기업의 실질적 주인으로서 상법과 해당기업의 정관이 규정한 권리와 의무의 주체가 된다. 보통주의 주주는 기업의 소유주로 경영참가권과 이익분배권을 가지고 있는 반면에 그 기업의 위험(유한책임)을 부담해야 한다.

그러나 기업경영에 직접 참가할 임원을 선출하는 의결권을 가짐으로써 기업경영에 간접적으로 참여한다. 오늘날 대기업에는 주주의 수가 매우 많으며 지리적으로 분산되어 있어 주주의 권리는 명목에 불과한 경우가 많다. 실제로 소액주주들은 이러한 권리의 행사보다는 배당과 자본이득에 관심을 가지고 있는 실정이다.

보통주는 주권에 액면가액이 표시되어 있느냐에 따라 액면주식과 무액면주식으로 구분된다. 또한 주권에 주식소유자의 이름이 명시되어 있느냐에 따라 기명주식과 무기명주식으로 구분된다. 우리나라에서는 액면가액 100원 이상의 액면주식을 발행하도록 하고 있고 기명주식의 발행을 원칙으로 하고 있다. 무기명주식은 정관에 규정한 경우에 발행할 수 있으나 주권을 회사에 공탁하도록 하고 있다.

보통주는 상환부담이 없는 영구자본으로 안정적인 장기자금을 조달하는 수단이다. 보통주에 대한 배당은 당기순이익이 발생하면 지급할 수 있지만 반드시 지급해야 한다는 의무규정은 없다. 보통주를 발행하여 조달한 자본은 자기자본에 속하여 기업의 재무구조를 개선시키고 기업의 대외신용도와 차입능력을 증가시킨다.

그러나 이자비용은 세법상 손금으로 인정되어 법인세 절감효과를 얻을 수 있는 반면에 보통주의 배당금은 법인세 절감효과가 없다. 따라서 보통주의 자기자본비용은 부채의 타인자본비용보다 높게 나타난다. 보통주는 다수의 투자자를 대상으로 주주를 모집하기 때문에 그 발행비용은 부채의 발행비용보다 높게 나타난다.

### 2) 보통주의 종류

#### ① 액면주와 무액면주

액면주는 주권에 액면가액이 표시되어 있고, 무액면주는 액면가액이 표시되어 있지 않다. 우리나라는 1주당 액면가액을 100원 이상으로 규정하여 액면주만을 허용하고 있다. 주식의 발행금액은 자본에 계상되며 액면을 초과하는 금액으로 발행한 경우 액면초과액은 주식발행초과금으로 자본준비금에 적립된다.

#### ② 기명주와 무기명주

기명주는 주권과 주주명부에 주주의 이름이 기재되고, 무기명주는 주주의 이름이 기재되어 있지 않다. 기명주는 주주의 현황을 쉽게 파악할 수 있어 편리한 반면에, 거래 시마다 명의를 변경해야 하는 불편이 있다. 우리나라는 양도인의 기명날인 없이 주식양도를 가능하게 하여 무기명주의 발행을 인정하고 있다.

### 3) 보통주의 장점

보통주에 대한 배당은 당기순이익이 발생할 경우에 지급할 수 있지만 반드시 지급해야 한다는 의무규정은 없다. 보통주는 상환부담이 없는 영구자본으로 안정적인 장기자금을 조달하는 수단이다. 보통주를 발행하여 조달한 자본은 자기자본에 속하므로 기업의 재무구조를 개선시키며 대외신용도와 차입능력을 증가시킨다.

### 4) 보통주의 단점

보통주의 배당금은 법인세 절감효과가 없기 때문에 보통주의 자본비용은 부채의 자본비용보다 높게 나타난다. 그리고 보통주는 다수의 투자자를 대상으로 주주를 모집하기 때문에 그 발행비용은 부채의 발행비용보다 높게 나타난다. 또한 보통주를 발행하면 기업의 소유권과 경영권의 통제에 영향을 미칠 수 있게 된다.

## (2) 우선주(preferred stock)

### 1) 우선주의 정의

우선주는 이익배당이나 잔여재산분배시 그 청구권리가 보통주에 우선하는 주식을 말하며, 보통주를 소유한 주주는 그 기업의 실질적 주인으로 상법과 해당기업의 정관이 규정한 권리와 의무의 주체가 된다. 우선주에 의해 조달된 자본은 법률적으로 자기자본을 형성하지만 실질적으로 타인자본(부채)과 성격이 유사하다.

우선주를 발행할 때 예정배당률을 사전에 결정하는데 경영성과가 좋더라도 약속된 배당률 이상은 지급하지 않기 때문이다. 그러나 우선주는 자기자본을 형성하고 약속된 배당률을 지급하지 않아도 법적인 책임을 부담하지 않지만 이익배당과 잔여재산분배에 대한 청구권이 사채보다 후순위라는 점에서 사채와 차이가 있다.

우선주는 약정된 배당을 지급하지 못하면 미지급배당금을 차기에 누적시켜 지급하는 누적적 우선주와 당기의 미지급배당금을 차기에 누적시켜 지급하지 않는 비누적적 우선주로 구분된다. 우선주는 보통주의 배당금이 지급된 이후에 잔여배당가능이익이 있을 경우 보통주와 함께 잔여이익의 배당에 참가할 수 있는 참가적 우선주와 배당가능이익이 있더라도 참가할 수 없는 비참가적 우선주로 구분된다.

우선주는 회사채에 대한 이자와 달리 배당을 지급하지 않아도 되므로 고정적인 재무비용을 발생시키지 않는다. 또한 우선주는 의결권이 주어지지 않는 무의결권주로 주주들이 경영지배권의 침해를 받지 않는다. 보통주와 마찬가지로 우선주를 발행하여 조달한 자본은 자기자본에 속하며 기업의 재무구조를 개선시킨다.

　　회사채에 대한 지급이자는 세법상 손금으로 인정되어 법인세 절감효과가 있는 반면에 우선주의 배당은 법인세 절감효과가 없고, 잔여재산 및 이익분배의 청구권에서 사채보다 순위가 늦어 기업은 보상차원에서 사채이자보다 우선주의 배당을 높게 하기 때문에 우선주의 자본비용은 사채의 자본비용보다 높게 나타난다.

### 2) 우선주의 종류

#### ① 누적적 우선주와 비누적적 우선주

　　우선주의 배당은 원칙적으로 예정배당률로 지급해야 하지만 경영성과의 악화로 배당을 지급하지 못할 수도 있다. 누적적 우선주는 당기에 지급하지 못한 배당을 차기에 누적하여 지급하는 우선주를 말하고, 비누적적 우선주는 당기에 지급하지 못한 배당은 당기에 완료되고 차기로 누적되지 않은 우선주를 말한다.

#### ② 참가적 우선주와 비참가적 우선주

　　우선주는 예정배당액을 지급하고 예정배당액 이외 초과배당에 참가하지 못하는 비참가적 우선주가 일반적이다. 그러나 경영성과가 양호하여 일정부분의 우선배당을 받고 잔여이익이 있어 보통주주에 일정부분 이상의 배당을 지급하면 그 초과배당에 보통주와 함께 참여할 수 있는 우선주를 참가적 우선주라고 한다.

### 3) 우선주의 장점

　　우선주는 회사채나 차입금에 대한 이자와 달리 배당을 지급하지 않아도 되므로 고정적인 재무비용을 발생시키지 않고, 일반적으로 의결권이 주어지지 않는 무의결권주이므로 경영지배권의 침해를 받지 않는다. 우선주를 발행하여 조달한 자본은 자기자본에 속하고 만기가 없는 영구증권으로 기업의 재무구조를 개선시킨다.

### 4) 우선주의 단점

　　우선주의 배당금은 법인세 절감효과가 없으므로 우선주의 자본비용은 부채의 자본비용보다 높게 나타난다. 우선주는 잔여재산 및 이익분배에 대한 청구권에서 사채보다 순위가 늦어 기업은 보상차원에서 사채이자에 비해 우선주의 배당을 높게 한다. 따라서 우선주의 자본비용은 사채의 자본비용보다 높다고 할 수 있다.

### (3) 상환주

주식을 발행하여 조달된 자본은 회사의 자기자본을 구성하고 회사가 존재할 때까지 영구적으로 운명을 하는 것이 보통이다. 그런데 상환주는 주식의 발행시점부터 회사의 이익으로 소각할 것이 예정된 주식으로 종류주식에 한해 발행할 수 있고 상환가액, 상환기간, 상환방법 등은 정관에 기재해야 한다.

상환주는 이익이 없으면 상환이 불가능한 점이 사채와 다르다. 회사는 상환주를 발행하여 이를 상환하면 장래의 배당압력을 경감할 수 있으며 투자자는 일정기간 우선적 배당을 받고 일정기간 후에 액면금액 또는 액면금액 이상으로 상환을 받을 수 있기 때문에 비교적 안전한 투자대상이라고 할 수 있다.

### (4) 전환주

전환주는 회사가 수종의 주식을 발행하는 경우에 다른 종류의 주식으로 전환할 수 있는 권리인 전환권이 부여된 주식을 말한다. 그러나 전환주는 일정한 기한이 도래하면 다른 종류의 주식으로 전환되는 기한부우선주나 조건의 성취로 다른 종류의 주식으로 전환되는 조건부우선주와는 그 내용이 다르다.

회사가 전환주를 발행하면 자금조달이 원활하고 출자자는 자신의 선택권에 의해 전환조건에 따라 다른 종류의 주식으로 전환을 청구할 수 있다. 그러나 전환청구기간 내에 전환청구서에 주권을 첨부하여 회사에 제출해야 하며 회사는 전환으로 인해 발행할 주식에 대한 수권주식수를 보유하고 있어야 한다.

## 3. 특성상 주식의 분류

증권시장에서 거래되는 주식들을 투자의 대상으로 보면 여러 가지 형태로 분류할 수 있는데, 배당소득과 자본이득 가능성에 따른 분류나 재무안정성 및 경제환경의 변화에 따른 적응도에 따라 다양하게 분류할 수 있다. 다음과 같은 주식의 분류는 증권시장에서 어느 정도 인정이 되고 있는 방법에 해당한다.

## (1) 성장주

성장주(growth stock)는 기업의 영업실적이나 수익의 증가율이 시장평균보다 높을 것이라고 예상되는 주식을 말한다. 성장주는 수익의 대부분을 사내유보하여 높은 성장률을 유지하고 기업의 가치를 증대시키는데 주력한다. 따라서 배당소득보다 자본이득에 중점을 두는 시기에 적합한 투자대상에 해당한다.

일반적으로 성장주는 주가수익비율(PER)보다 주당순이익(EPS)과 주당매출액(SPS)의 증가에 주목해야 한다. 성장주는 전형적으로 주가수익비율이 높은데, 이는 주식투자자들이 기업의 향후 성장가능성에 대해 높은 가치를 부여하기 때문이다. 성장주의 대표적인 섹터에는 기술주, 헬스케어, 임의소비재가 있다.

## (2) 가치주

가치주(value stock)는 향후 성장률이 낮을 것으로 기대되거나 해당기업의 악재로 주가가 지나치게 하락하여 내재가치보다 현재의 주가수준이 상당히 낮게 형성되어 있는 주식을 말한다. 가치주에는 기업의 수익가치가 주식가격에 충분히 반영되지 않은 저PER주와 주식의 장부가치에 비해 저평가된 저PBR주가 있다.

가치주의 투자위험은 크게 두 가지로 구분할 수 있다. 첫 번째 위험은 회사의 가치를 잘못 산정하여 주식을 비싸게 사거나 너무 싸게 매각하는 위험이다. 두 번째 위험은

**┃표 5-1┃ 성장주와 가치주의 비교**

| 구분 | 성장주 | 가치주 |
|---|---|---|
| PER | 높음 | 낮음 |
| PBR | 높음 | 낮음 |
| 이익증가율 | 높음 | 낮음 |
| 배 당 률 | 낮음 | 높음 |
| 매출증가율 | 높음 | 낮음 |
| 투자포커스 | 잠재가치 | 본질가치 |
| 가 격 산 정 | 미래가치 | 현재가치 |
| 수 익 원 천 | 자본이득 | 배당금액 |
| 가 격 수 준 | 고평가 | 저평가 |

주식이 기업의 내재가치 이하에서 거래되는 가치함정(value trap)에 갇힐 위험이다. 가치주가 많은 섹터는 산업재, 금융, 유틸리티 섹터이다.

### (3) 경기순환주

경기순환주는 경기변동에 따라 영업실적이나 수익의 변화가 심해 경기가 호황이면 높은 성장률을 나타내나 경기가 불황이면 실적이 급속히 악화되는 기업의 주식이 해당된다. 경기에 따라 수요의 변화가 심한 건설, 철강, 화학, 유통, 자동차, 조선, 반도체산업에 해당되는 주식이 경기민감주에 해당한다.

### (4) 경기방어주

경기방어주는 경기변화에 덜 민감한 주식으로 경기침체기에도 안정적인 주가흐름을 나타낸다. 반면에 경기가 호전되면 다른 주식에 비해 상대적으로 낮은 상승률을 나타낼 가능성이 높다. 일반적으로 불황에도 꾸준한 수요가 있는 음식료, 제약업, 가스나 전력업종에 해당되는 주식이 경기방어주에 해당한다.

### (5) 대형주, 중형주, 소형주

대형주, 중형주, 소형주를 구분하는 뚜렷한 기준은 없지만 2003년부터 우리나라의 한국거래소에서는 상장법인의 시가총액에 따라 다음과 같이 구분하고 있다. 시가총액을 기준으로 대형주는 시가총액 1~100위까지, 중형주는 시가총액 101~300위까지, 소형주는 시가총액 301위 이하 나머지 종목으로 구성된다.

과거에는 자본금을 기준으로 분류했으나 시장상황 및 주가지수와의 괴리가 발생하고 대부분의 선진국들이 시가총액으로 분류하여 2003년부터 시가총액방식으로 주가지수

┃표 5-2┃ 대형주와 소형주의 비교

| 구분 | 대형주 | 소형주 |
|---|---|---|
| 기 대 수 익 률 | 낮음 | 높음 |
| 수 익 변 동 성 | 낮음 | 높음 |
| 비정상적 고수익 가능성 | 낮음 | 높음 |
| 유 동 성 | 높음 | 낮음 |

를 발표하고 있다. 대형주는 유통주식수가 많고 주식분포가 고르며 기관투자가들이 많이 갖고 있어 주가변동폭이 중소형주에 비해 비교적 작다.

## (6) 우량주

우량주(blue chip)는 주식시장에서 실적이 좋고 재무구조가 건실하여 동종업계에서 유력한 지위를 갖는 주식으로 경기변동에 강하고 고수익 및 고배당을 유지하여 신용도와 지명도가 높다. 블루칩은 트럼프의 포커에서 쓰이는 세 종류(흰색, 빨간색, 청색)의 칩 가운데 비싼 것이 청색 칩이라는 데서 유래되었다.

## (7) 주식예탁증서

해외증권시장에서 자본조달수단에는 주권을 국내에서 발행한 후 이를 표창하는 주식예탁증서를 해외에서 발행하여 상장시키는 방법과 해외에서 발행한 주권을 해외증권시장에 직접 상장시키는 방법이 있다. 우리나라는 삼성물산이 1990년 룩셈부르크 증권거래소에 미국달러표시 주식예탁증서를 최초로 상장시켰다.

주식예탁증서는 국내주식을 외국에서 거래하면 주식의 수송·법률·제도 등 여러 가지 문제로 원활한 유통이 어렵다는 문제를 해결하고자 외국 예탁기관이 해외현지에서 증권을 발행 유통하게 하여 원주와 상호 전환이 가능하도록 한 예탁증서를 말한다. 예탁증서를 발행하려면 보관기관과 예탁기관이 있어야 한다.

주식발행자는 예탁은행과 예탁계약을 맺고 주주의 권리를 증서보유자에게 부여하는데 예탁증서에는 예탁은행과 증서보유자의 권리와 의무가 명시되어 증서보유자가 예탁증서 권면과 원주식을 교환한다. 주식발행자는 주주명부에 예탁은행을 단일주주로 기재하고 예탁은행은 증서보유자에게 배당지급 등의 의무를 진다.

## 제3절 주식의 발행시장

주식의 발행은 주식회사가 기업을 공개하거나 자본금을 증액할 때 이루어진다. 자본금 증액을 위한 주식발행에는 금전의 출자를 받아 자본금을 증가시키는 유상증자 이외에 무상증자, 주식배당, 전환사채의 주식전환 등이 포함된다. 발행시장은 새로운 주식이 최초로 출시된다는 점에서 제1차 시장이라고도 한다.

## 1. 발행시장의 정의

주식시장은 주식회사의 지분을 표시하는 유가증권인 주식이 거래되는 시장이다. 주식은 상환의무가 없고 경영실적에 따라 배당하면 되기 때문에 발행자 입장에서는 매우 안정적인 자금조달수단이 되며 자기자본으로서 기업의 재무구조를 개선시키는 효과가 있다. 또한 투자자 입장에서는 유용한 자금운용수단이 된다.

발행시장은 증권의 발행자가 증권을 발행하고 투자자가 이를 매수하여 자본의 수요자인 발행자에 의해 신규로 발행된 증권이 일반투자자, 기관투자자, 외국인투자자에게 매각됨으로써 자본이 투자자로부터 발행자에게 이전되는 추상적 시장으로 최초로 증권이 발행되어 1차 시장(primary market)이라고도 한다.

이러한 발행시장의 기능은 경제적인 관점에서 볼 때 기업이나 공공단체의 소요자금이 증권화되는 과정이며, 투자자들이 갖고 있는 단기자금이 기업이나 공공단체가 필요로 하는 장기자본으로 전환되는 직접금융(directing financing)의 과정이다. 발행시장은 원칙적으로 증권발행자의 자본조달시장에 해당한다.

그러나 광의로 보면 주식이 무상교부되거나 국공채가 일시적 급부금을 대신하여 발행되는 증권교부시장 그리고 전환증권의 전환권이 행사될 경우와 주식분할 또는 주식합병으로 인해 증권이 상호교환될 때 형성되는 증권교환시장도 발행시장에 포함된다. 따라서 발행시장은 증권을 모집하고 매출하는 시장이다.

## 2. 발행시장의 구조

발행시장은 자금수요자인 발행자, 자금공급자인 투자자, 발행기관으로 구성된다. [그림 5-1]에 제시된 것처럼 주식의 발행이 발행기관을 경유하지 않고 발행자와 투자자간에 직접 이루어지는 경우도 있지만, 대부분은 발행자와 투자자간에 인수인의 역할을 하는 발행기관이 개입하는 간접발행으로 이루어진다.

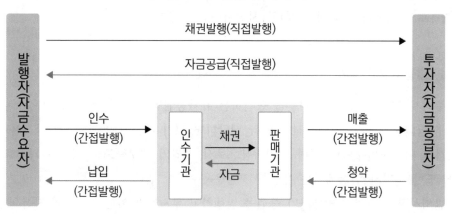

┃그림 5-1┃ 발행시장의 구조

증권의 발행주체는 경영활동에 필요한 부족자금을 조달하기 위해 주식과 채권을 공급하는 주체에 해당된다. 따라서 주식이나 회사채를 발행하는 주식회사, 국채를 발행하는 국가, 지방채를 발행하는 지방자치단체, 특수채를 발행하는 특수법인 그리고 금융채를 발행하는 특수은행 등은 모두 증권의 발행주체가 된다.

발행기관은 발행자와 투자자의 중간에서 발행자를 위해 인수단을 구성하고 발행업무와 발행위험을 대행하는 기관을 말한다. 인수단은 발행증권을 발행자로부터 인수하는 기능을 담당하는 기관으로 은행, 증권회사 등이 이에 속한다. 인수단은 발행증권을 대량으로 인수하여 이를 청약기관에 도매하는 기능을 수행한다.

청약기관은 인수단으로부터 취득한 증권을 일반투자자에게 직접 판매하는 기관을 말한다. 그러나 인수단과는 달리 매출하지 못한 잔여증권이 있을 경우에도 이를 인수할 의무가 없어 인수위험을 부담하지 않고 불특정투자자를 모집하여 청약업무만을 대행하는 기관으로 투자매매업자·투자중개업자가 그 기능을 담당한다.

일반투자자는 개인의 자격으로 자산을 증식하거나 또는 기업을 지배할 목적으로 주식이나 채권에 투자하는 자연인을 말한다. 기관투자가는 은행, 증권회사, 보험회사, 연금기금 등과 같이 법인을 구성하는 투자기관으로 증권투자에 대한 전문적인 지식을 갖추고 투자규모도 방대하여 증권시장에 미치는 영향은 지대하다.

### 3. 주식의 발행형태

주식의 발행은 기업공개, 유상증자, 무상증자 등 기업의 재무활동에 기인한 주식발행 이외에도 회사의 당기순이익을 현금이 아닌 주식으로 배당하기 위한 신주발행, 전환사채 또는 신주인수권부사채의 권리행사에 따른 신주발행, 기업합병 또는 주식분할에 의한 신주발행 등 다양한 형태로 이루어지고 있다.

### (1) 기업공개

기업공개(IPO : Initial Public Offering)는 주식회사가 신규 발행주식을 다수의 투자자로부터 모집하거나 이미 발행되어 대주주 등이 소유하고 있는 주식을 매출하여 주식을 분산시키는 것을 말한다. 기업공개를 추진하는 기업은 먼저 금융위원회에 등록하고 증권선물위원회가 지정하는 감사인에게 최근 사업연도 재무제표에 대한 회계감사를 받아야 하며 대표주관회사를 선정하여 수권주식수, 1주의 액면가액 등과 관련한 정관 개정, 우리사주조합 결성 등의 절차를 진행한다.

이후 금융위원회에 증권신고서 제출, 수요예측 및 공모가격 결정, 청약·배정·주식대금 납입, 자본금 변경등기, 금융위원회에 증권발행실적보고서 제출 등의 절차를 거쳐 한국거래소에 상장신청 후 승인을 받으면 기업공개의 절차가 마무리된다. 여기서 수요예측은 공모가격을 결정하기 위해 공모주 청약을 받기 전에 기관투자자 등으로부터 사전에 희망매수가격과 수량을 조사하는 것을 말하며, 공모가격은 수요예측 결과를 감안하여 대표주관회사와 발행사가 협의하여 정한다.

### (2) 유상증자

유상증자는 경영규모 확장, 재무구조 개선을 위해 증자를 하는 것으로 주주들이 출자를 하면 신주를 발행함으로써 기업의 총자산이 증가하면서 동시에 자본금이 증가하여 실질적인 유상증자라고 한다. 신주인수권의 배정방법은 주주배정방식, 주주우선공모방식, 제3자배정방식, 일반공모방식으로 구분할 수 있다.

주주배정방식은 주주와 우리사주조합에 신주를 배정하고 실권주가 발생하면 이사회 결의에 따라 처리방법을 결정한다. 주주우선공모방식은 인수단이 기존주주와 우리사주조합에 우선 배정하고 실권주가 발생할 경우 일반투자자를 대상으로 청약을 받은 다음 청약이 미달될 경우 잔여주식은 인수단이 인수한다.

제3자배정방식은 주주의 신주인수권을 배제하고 관계회사나 채권은행 등 특정의 제3자에게 신주인수권을 부여하는 방식이다. 일반공모방식은 기존 주주의 신주인수권을 완전히 배제하고 총액인수한 유상증자분 주식을 일반투자자를 대상으로 청약을 받은 다음 청약이 미달될 경우 잔여주식은 인수단이 인수한다.

주주배정방식의 유상증자는 이사회 신주발행 결의, 금융위원회에 증권신고서 제출, 신주발행 및 배정기준일 공고, 신주인수권자에 신주배정 통지, 신주청약 접수, 실권주 처리, 주금납입 및 신주발행 등기, 신주 상장신청 순으로 이루어진다. 신주 발행가액은 기준주가에 기업이 정하는 할인율을 적용하여 산정한다.

### (3) 무상증자

무상증자는 잉여금을 자본금으로 적립하고 자본금의 증가액만큼 신주를 발행하여 기존주주들에게 무상으로 교부하는 것을 말한다. 따라서 자본계정의 변동만 있을 뿐 실질적인 자본조달이 이루어지는 것이 아니므로 발행주식수만 증가하고 기업의 자산가치와 자기자본은 변동이 없어 주주의 부도 변하지 않는다.

### (4) 주식배당

주식배당(stock dividend)은 이익배당을 현금으로 지급하지 않고 이익잉여금을 자본금으로 전입하고 전입한 자본금을 바탕으로 새로운 주식을 발행하여 지분비율에 따라 기존주주에게 무상으로 나누어 주는 것을 말한다. 따라서 주식배당은 형식적인 배당에 불과하며 현금배당과 달리 아무런 가치가 없다.

주식배당은 이익배당총액의 1/2을 초과하지 못하는데, 이는 주식배당의 악용을 방지하기 위한 규정으로 주가가 액면가액을 하회하는 경우 주주가 현금배당보다 손해를 보는 경우가 발생할 수 있기 때문이다. 상장회사는 주식의 시가가 액면가액에 미달하지 않으면 이익배당총액을 주식으로 배당할 수 있다.

### 4. 주식의 발행방법

주식의 발행은 자금의 수요자인 발행자가 주식을 소화시키는 모집방법에 따라서 공모발행과 사모발행, 발행위험의 부담과 발행사무의 절차를 정하는 방식에 따라서 직접발행과 간접발행으로 구분한다. 여기서 발행위험은 발행된 주식이 투자자에게 완전히 매각되지 않고 잔여주식이 존재할 가능성을 말한다.

### (1) 공모발행과 사모발행

공모발행은 주식의 발행자가 투자자에 제한을 두지 않고 발행가격과 발행시점 등을 균일한 조건으로 하여 주식을 공개적으로 모집·매출하는 방법을 말한다. 공모발행은 발행주식에 대한 매점매석을 방지하고 투자자들을 분산시킨다는 점에서 바람직한 반면에 발행위험도 크고 사무절차도 복잡하다.

공모발행에서 모집(募集)은 50인 이상의 투자자에게 새로 발행되는 주식의 취득을 위한 청약을 권유하는 행위를 말한다. 반면에 매출(賣出)은 50인 이상의 투자자에게 이미 발행된 주식의 매도 또는 매수의 청약을 권유하는 행위를 말한다. 그러나 전문투자자나 특정연고자는 50인 산정에서 제외한다.

사모발행은 주식의 발행자가 특정한 개인이나 은행, 보험회사, 증권회사 등 기관투자자를 대상으로 주식을 발행하며 비공개모집발행이나 직접모집발행이라고 한다. 사모발행은 발행자의 경비를 절감시키고 단기간에 모집할 수 있는 장점이 있으나 공모발행에 비해 주식발행의 소화능력에 한계가 있다.

### (2) 직접발행과 간접발행

직접발행은 주식의 발행자가 자기명의로 발행위험과 발행사무를 직접 담당하면서 투자자에게 주식을 발행하는 것으로 직접모집 또는 자기모집이라고 한다. 은행, 증권회사와 같은 금융기관은 모집능력이 충분하거나 발행규모가 상대적으로 적어 발행위험과 발행사무가 간단한 경우에 이용이 가능하다.

직접발행은 주식발행의 비전문기관인 발행자가 직접 대규모의 복잡한 주식발행의 사무를 담당하기가 매우 어렵고 발행위험도 높아 현실성이 희박한 주식발행의 방법이다. 그리고 응모총액이 발행총액에 미달될 때 이사회의 결의에 의해 잔량을 처리하며 인수능력이 없으면 발행 자체가 성립하지 않는다.

간접발행은 주식의 발행자가 모집·매출을 직접 담당하는 것이 아니라 주식발행의 전문기관인 은행, 증권회사 등의 발행기관을 중개자로 개입시켜 주식발행의 구체적인 업무를 담당하도록 하는 간접적인 주식발행의 방법을 말한다. 그리고 발행기관의 인수비용이나 매출비용은 주식의 발행자가 부담한다.

간접발행은 주식발행시 금융사정에 정통한 증권관계기관을 중개자로 활용하여 주식발행업무를 원활하게 처리하고 중개자의 신용을 이용하여 주식을 확실하게 발행할 수 있다는 장점이 있다. 간접발행은 발행위험의 소재 및 발행위험의 부담정도에 따라 위탁모집, 잔액인수, 총액인수의 방법으로 분류된다.

### ① 위탁모집

위탁모집은 주식발행의 업무를 발행기관에 위탁시키고 발행위험은 발행자가 부담하는 방법으로 모집주선이라고도 한다. 즉 주식발행에 대한 전문지식을 갖고 있는 발행기관이 발행사무를 시장상황에 맞추어 신속히 처리하고, 매출하지 못한 주식이 있으면 발행자에게 반환시켜 발행위험을 발행자가 부담한다.

### ② 잔액인수

잔액인수는 발행기관이 발행자로부터 위탁받은 주식의 발행사무를 담당하고 모집기간에 소화시키지 못한 주식의 잔량이 있으면 그 잔량을 발행기관이 인수하는 방법으로 청부모집이라고도 한다. 발행자의 입장에서 잔액인수는 잔액인수계약이 성립하는 시점부터 사실상 모집이 달성된 것이나 다름이 없다.

### ③ 총액인수

총액인수는 발행기관이 주식발행의 모든 위험을 부담하고 발행주식의 전부를 자기의 명의로 인수하여 주식의 발행사무를 담당하는 방법으로 매입인수라고도 한다. 한편 총액인수는 인수에 필요한 많은 자금을 인수기관이 부담해야 하고 발행위험도 높기 때문에 인수기관은 인수단을 조직하는 것이 일반적이다.

## 제4절  주식의 유통시장

### 1. 유통시장의 정의

유통시장은 이미 발행된 주식이 투자자 상호간에 매매되는 구체적 시장으로 2차 시장(secondary market)이라고 한다. 유통시장에서 거래가 활발하면 발행시장에서 수요가 촉진되고, 발행시장에서 많은 주식이 발행되면 유통시장에서 투자자의 투자기회가 확대되어 유통시장과 발행시장은 상호보완관계에 있다.

## 2. 유통시장의 기능

유통시장은 발행된 주식의 시장성과 유통성을 높여 투자자의 투자를 촉진시켜 발행시장에서 장기자본조달을 원활하게 해 주고, 유통시장에 의한 주식의 시장성과 유통성은 적정가격으로 유가증권을 처분하여 현금화할 수 있기 때문에 유가증권에 대한 담보력을 높여주고 유가증권을 담보로 한 차입이 용이하다.

유통시장은 금융투자회사의 중개에 의해 성립되는 시장으로 다수의 매도자와 다수의 매수자에 의해 거래가 이루어지는 자유경쟁시장이므로 여기에서 형성되는 주식이나 채권의 가격은 공정한 시장가격이라 할 수 있다. 또한 유통시장에서 형성된 가격은 발행시장에서 유가증권의 가격을 결정하는 기능을 한다.

유통시장이 이러한 기능을 수행하기 위해서는 우선 거래대상이 되는 증권의 발행물량이 많아야 한다. 또한 발행된 증권이 다수의 투자자에게 분산소유되어야 하며, 증권의 매매와 유통에 아무런 제약이 없어야 하는 등의 요건을 구비해야 한다. 흔히 유통시장이라고 하면 한국거래소를 의미하는 경우가 많다.

그리고 유통시장은 한국거래소와 장외시장으로 구분된다. 한국거래소는 지정된 일정한 건물을 점하고 있으며, 증권의 계속적이고 조직적인 매매거래를 수행하는 시장이다. 한국거래소에서 매매되는 증권은 반드시 상장증권이어야 하며, 경쟁매매를 원칙으로 일정한 매매거래제도에 따라 증권거래가 이루어진다.

유통시장과 관계되는 기관에는 증권의 매매거래가 집중되는 시장으로 구체적 거래장소인 한국거래소, 증권매매를 직접 담당하는 거래원(증권회사), 증권의 대체결제를 담당하는 대체결제회사, 증권의 유통금융을 담당하는 증권금융회사, 증권의 거래원(증권회사)들의 모임으로 자율규제조직인 증권업협회가 있다.

## 3. 유통시장의 구조

유통시장은 이미 발행된 주식이 투자자들 상호간에 거래되는 시장으로 장내시장과 장외시장으로 구분된다. 장내시장은 한국거래소가 개설하는 시장으로 유가증권시장, 코스닥시장, 코넥스시장으로 분리되어 운영되며, K–OTC시장은 한국금융투자협회가 발행요건을 충족한 비상장주식을 거래하는 장외시장이다.

**┃표 5-3┃ 유통시장의 구조**

| 구분 | | 내용 |
|---|---|---|
| 장내시장 | 유가증권시장 | 지분증권, 채무증권, 수익증권, 파생결합증권, 증권예탁증권 등의 매매를 위해 개설하는 시장 |
| | 코스닥시장 | 유가증권시장에 상장되지 않은 주권 및 채권의 매매를 위해 개설하는 시장 |
| | 코넥스시장 | 유가증권시장과 코스닥시장에 상장되지 않은 벤처기업과 중소기업의 자금조달을 위해 개설하는 시장 |
| 장외시장 | | 장내시장에 상장되지 않은 주권의 매매거래를 위해 금융투자협회가 운영하는 시장 |

### (1) 장내시장

장내시장은 일정 장소에서 일정 시간에 계속적으로 상장주식 및 장내파생상품의 주문이 집중되어 일정한 매매제도에 따라 조직적으로 매매거래가 이루어져 공정한 가격형성, 거래질서의 안정, 유통의 원활화를 위해 한국거래소가 개설하는 시장을 말한다. 장내시장에는 유가증권시장, 코스닥시장, 코넥스시장이 있다.

#### 1) 유가증권시장

##### ① 상장요건

유가증권시장에 주식을 상장하고자 하는 기업은 기업규모(보통주 100만주, 자기자본 300억원 이상), 주식분산(주주 500명, 보통주 25% 이상 소유), 경영성과, 안정성 및 건전성 등과 관련된 심사요건을 충족해야 한다. 유가증권시장 상장기업은 영업활동을 수행하는 과정에서도 일정요건을 계속 충족해야 한다.

상장법인은 투자자의 투자판단에 필요한 기업정보를 신속히 공시해야 하며 공시된 정보는 전자공시시스템을 통해 실시간으로 접근할 수 있다. 한국거래소는 상장증권이 상장폐지 사유에 해당하면 상장을 폐지할 수 있으나 상장이 폐지되기 전에는 일정기간 관리종목으로 지정하여 상장폐지를 유예할 수 있다.

② 시장운영

㉠ 매매거래의 절차

주식매매를 하려면 회원에 매매거래계좌를 개설한 후 주문을 제출하면 회원은 주문을 거래소에 제출한다. 거래소는 매매체결의 원칙에 따라 매매거래를 체결하고, 그 결과를 즉시 해당 회원에게 통보한다. 회원은 거래소가 통보한 체결결과를 다시 투자자에게 통보한다. 결제는 매매거래일로부터 2거래일에 이루어진다.

㉡ 매매거래의 시간

매매거래일은 월요일부터 금요일까지이며 휴장일은 관공서의 규정에 의한 공휴일, 근로자의 날, 토요일, 12월 31일(공휴일 또는 토요일인 경우에는 직전의 매매거래일), 경제사정의 급변이 예상되거나 거래소가 시장관리상 필요하다고 인정하는 날이다. 휴장일에는 매매거래는 물론 청산결제도 이루어지지 않는다.

매매거래시간은 정규시장은 오전 9시부터 오후 15시 30분까지, 시간외시장의 경우 장개시 전 시간외시장 오전 8시부터 9시까지, 장종료 후 시간외시장은 오후 15시 40분부터 18시까지이다. 매매거래단위는 주식가격에 따라 1원(1,000원 미만 종목)~1,000원(50만원 이상 종목)이고 수량단위는 1주가 원칙이다.

㉢ 가격제한폭

유가증권시장, 코스닥시장, 코넥스시장에서는 주식, 주식예탁증서(DR), ETF, ETN, 수익증권의 공정한 가격형성을 도모하고 급격한 시세변동에 따른 투자자의 피해방지 등 공정한 거래질서 확립을 위해 하루 동안 주식가격이 변동할 수 있는 폭을 기준가격 대비 상하 30%(코넥스시장 15%)로 제한하고 있다.

㉣ 가격안정화장치

서킷브레이커스(CB)제도는 주가지수가 전일대비 일정비율 이상 급락하여 1분간 지속되면 단계적으로 매매를 중단시키는 것을 말한다. 변동성 완화장치(VI)는 개별종목에 대한 가격안정화 장치로서 주문실수, 수급불균형 등에 의한 주가 급변시 단기간의 냉각기간(2분간 단일가 매매)을 부여하는 제도를 말한다.

③ 시장동향

코스피는 2006년 후반 적립식펀드 등 중장기 투자자금이 유입되며 2007년 7월 25일 2,000을 돌파한 이후 글로벌 금융위기로 2008년 10월 24일 938.8까지 급락했으나 빠른 경기회복과 외국인 투자자금 유입으로 다시 상승하여 2011년 5월에는 2,200선을 상회하였다. 그 이후 상당기간 1,800~2,100 범위에서 등락하다 국내외 경기호조, 기업실적 개선으로 2018년 초 2,600에 근접하였다.[1]

이후 미·중 무역분쟁의 영향으로 약세를 이어가다 2020년 초 코로나19의 확산에 따른 경기침체 우려로 3월 19일 1457.6까지 급락하였다. 그러나 각국의 적극적 완화정책 실시, 경기회복 및 기업실적 호조가 이어지면서 급반등하여 2021년 7월 6일 역대 최고치 (3,305.2)를 기록했다가 8월 중순에 글로벌 반도체 업황 둔화 및 글로벌 인플레이션 우려로 하락하여 9월말 3,068.8을 기록하였다.

**┃그림 5-2┃ 코스피지수 추이**

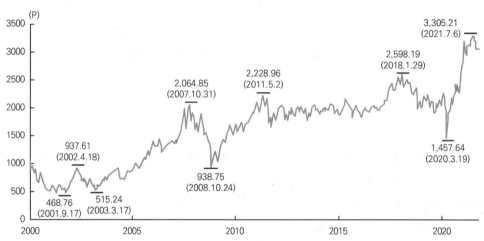

자료 : 한국거래소

유가증권시장 상장주식 시가총액은 2000년대 꾸준히 증가하다 2008년말 글로벌 금융위기의 영향으로 일시적으로 감소했으나 이후 빠르게 회복한 후 2010~2019년에 완만한 증가세를 나타냈었다. 2020년 이후에는 주가가 빠르게 상승하면서 시가총액이 크게 증가하여 2021년 6월말 기준 2,308조원을 기록하였다.

---

1) 한국은행, 한국의 금융시장, 2021, 272-275쪽.

명목 GDP대비 상장주식 시가총액 비율은 2020년말 기준 133%로 미국, 대만보다는 낮지만 독일, 중국보다는 높은 수준이다. 상장기업수는 2000년대 중반부터 증가세를 보이다가 2012년 이후 증시 활력이 저하되면서 감소하였으나, 2018년 이후 다시 증가세로 전환되어 2021년 6월말 기준 808개사를 나타내었다.

▌그림 5-3▌ 유가증권시장 시가총액 및 상장기업수[1]

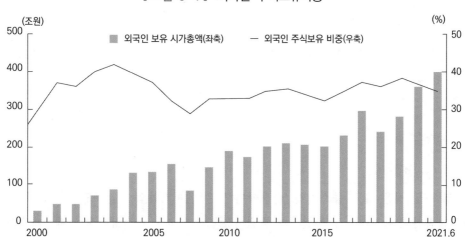

주 : 1) 기말 기준, 2021년은 6월말 기준
자료 : 한국거래소

▌그림 5-4▌ 외국인 주식보유비중[1]

주 : 1) 유가증권시장 및 기말 기준, 2021년은 6월말 기준
자료 : 한국거래소

　　외국인투자자의 유가증권시장 상장주식 보유비중은 국내주식시장 개방 추세와 함께 증가하여 2004년말 42.0%에 도달하였으나 이후 하락하여 글로벌 금융위기가 있었던 2008년말에 28.7%까지 낮아졌다. 이후에는 30% 중반에서 등락하고 있으며 2021년 6월말 기준 외국인 상장주식 보유비중은 34.6%이다.

　　개인투자자의 유가증권시장 주식투자는 2000~2019년 연간 20조원 범위에서 순매수 또는 순매도했으나 2020년 코로나19 영향으로 주가가 크게 하락했다. 빠르게 회복되면서 대규모 순매수를 기록하였다. 개인은 2020년 47조원을 순매수하였고 2021년 상반기에 55조원을 순매수하였다. 개인투자자의 거래비중은 2001년 73.2% 이후 하락세를 지속했으나 2020년 이후 반등하여 60%를 상회하고 있다.

┃그림 5-5┃ 개인 주식 순매수 및 거래비중[1]

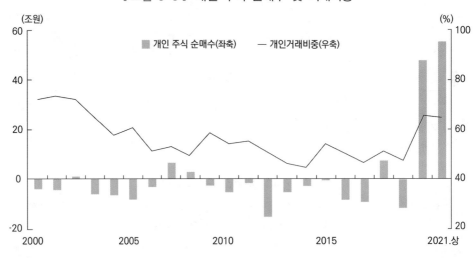

주 : 1) 연중 기준, 2021년은 상반기 기준
자료 : 한국거래소

## 2) 코스닥시장

### ① 상장요건

　　코스닥시장은 유망 중소기업, 성장성이 높은 벤처기업의 자본조달기회를 제공하기 위해 설립된 한국거래소가 운영하는 증권시장으로 미국의 나스닥시장을 벤치마킹한 시장이다. 처음에는 증권업협회가 개설하여 운영해 왔으나 2005년부터 한국거래소가 통합하여 운영하고 있는 체계적이고 조직적인 시장이다.

코스닥시장은 소규모이나 성장잠재력이 높은 벤처기업이나 유망 중소기업의 자금조달이 가능하고, 유가증권시장과 별도로 운영되는 독립된 시장이다. 또한 우량기업의 발굴에 금융투자업자의 역할과 책임이 중시되고, 높은 가격변동성으로 고위험·고수익 현상으로 투자자의 자기책임원칙이 중요한 시장이다.

② 매매제도

코스닥시장의 거래시간과 매매체결방식은 유가증권시장과 같다. 매매수량단위는 1주, 호가단위는 주가에 따라 1원(1,000원 미만 종목)~100원(5만원 이상 종목)이다. 개별종목의 가격제한폭은 기준가격의 상하 30%이며 매매거래중단제도, 변동성완화장치, 프로그램매매호가 일시효력정지제도가 운영되고 있다.

③ 시장동향

코스닥지수는 글로벌 금융위기로 2008년 10월 27일 261.2 최저치를 기록했다가 회복한 후 2009~2015년 500 수준에서 등락하였다. 2016년 코스피시장과 함께 완만히 상승했으나 2018년 미·중 무역분쟁 심화 등으로 약세 전환하고 2020년 초 코로나19 확산으로 대폭 하락하였으나 국내외 적극적인 완화정책 실시 등으로 투자심리가 회복되면서 급상승하여 2021년 9월말 1,003.3을 기록하였다.[2]

▎그림 5-6 ▎ 코스닥지수 추이

자료 : 한국거래소

---

2) 한국은행, 한국의 금융시장, 2021, 277-278쪽.

코스닥시장 시가총액은 2005년 이후 증가세를 보이면서 2007년말 100조원에 이르렀으나 2008년말에는 46조원으로 감소하였다. 2009년 빠르게 회복된 뒤에는 완만한 증가세를 지속하였으며 2020년 이후 주가가 큰 폭 상승하면서 시가총액도 크게 늘어나 2021년 6월말에는 431조원을 기록하였다. 한편 상장기업수는 2007년에 1,000개를 넘어섰으며 2021년 6월말 기준 1,506개사에 이르고 있다.

┃그림 5-7┃ 코스닥시장 시가총액 및 상장기업수[1]

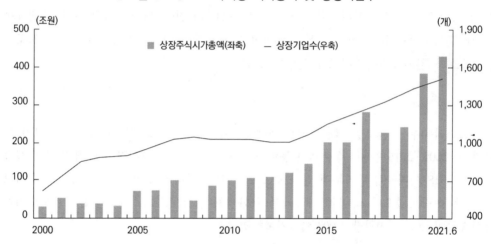

주 : 1) 기말 기준, 2021년은 6월말 기준
자료 : 한국거래소

## 3) 코넥스시장

### ① 상장요건

코넥스(KONEX : Korea New Exchange)시장은 자본시장을 통한 초기 중소기업 지원을 강화하여 창조경제 생태계 기반을 조성하기 위해 2013년 7월 1일에 개설한 중소기업전용 주식시장으로 성장가능성은 있지만 기존의 유가증권시장이나 코스닥시장에 상장하기에는 규모가 작은 창업 초반기 중소기업의 주식을 거래한다.

현재 중소기업의 자금조달 현황을 살펴보면 대부분 은행대출에 편중되어 있고, 주식발행을 통한 자금조달은 매우 낮은 수준이다. 또한 코스닥시장은 투자자 보호를 위한 상장요건 강화로 성숙단계의 시장으로 변모하여 초기 중소기업은 진입이 어렵게 되면서 초기 중소기업 특성을 반영한 코넥스시장을 개설하게 되었다.

② 매매제도

코넥스시장의 거래시간, 매매단위, 호가단위는 코스닥시장과 동일하다. 매매계약 체결방식은 개별경쟁매매를 원칙으로 시간외거래시 경매매를 허용한다. 코넥스시장은 시장참여자를 위험투자능력을 갖춘 투자자로 제한하기 위해 기본예탁금제도를 도입하였고 거래가 활발하지 않아 유동성공급자(LP)제도를 운영하고 있다.

③ 시장동향

코넥스시장의 시가총액은 2013년 7월말 0.5조원에 불과했으나 2018년 정부의 벤처기업 활성화정책에 대한 기대감으로 8월 7조원을 상회한 이후 2021년 6월말 6.8조원을 나타냈다. 상장기업수는 개설 당시 21개에서 2021년 6월말 기준 137개로 증가했고, 2021년 상반기 일평균 거래대금은 86억원 수준이다.[3]

┃그림 5-8┃ 코넥스시장 시가총액 및 상장기업수[1]

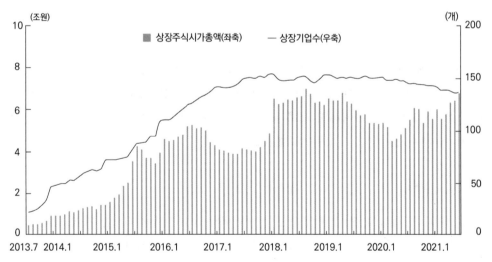

주 : 1) 기말 기준
자료 : 한국거래소

(2) 장외시장

장외시장은 거래소시장 또는 다자간매매체결회사 이외의 시장을 말한다. 자본시장

────────────────

3) 한국은행, 한국의 금융시장, 2021, 280쪽.

법은 장외거래를 거래소시장 및 다자간매매체결회사회사 외에서 증권이나 장외파생상품을 매매하는 경우로 규정하는데, 이러한 장외거래가 이루어지는 시장이 장외시장이다. 장외시장에서 매매하는 경우 상대거래를 원칙으로 한다.

장외시장은 증권이나 장외파생상품을 매매할 경우 단일의 매도자와 매수자간에 거래원칙을 상대거래로 하여 경쟁매매를 원칙으로 하는 장내시장과 구분하고 있다. 이미 자본시장법은 금융투자협회를 통한 매매거래의 경우와 채권중개전문회사를 통한 매매거래에 대해서는 상대거래 원칙의 예외를 인정하고 있다.

### ① 등록요건

K-OTC시장은 유가증권시장과 코스닥시장에 상장되지 않은 비상장주식 매매를 위해 기존의 장외시장인 프리보드가 2014년 8월 K-OTC로 확대·개편되면서 금융투자협회가 K-OTC에서 거래할 수 있는 기업을 지정하는 임의지정제도가 도입되어 자본시장법에 따라 개설·운영하는 장외주식시장을 뜻한다.

### ② 매매제도

매매거래시간은 09:00~15:30이며 동시호가와 시간외시장은 없다. 호가수량단위는 1주이고 호가단위는 주식가격에 따라 1원(1,000원 미만 종목)~1,000원(50만원 이상 종목)이다. 가격제한폭은 기준가격대비 상하 30% 이내로 제한된다. 매매체결은 상대매매방식이며, 매매주문시 100% 위탁증거금이 필요하다.

### ③ 시장동향

K-OTC시장 등록·지정 기업수는 2014년 8월 출범 이후 100개를 계속 상회하고 있다. 일평균 거래대금은 출범 이후 2017년 상반기까지 다소 부진하였으나 이후 활발한 모습을 나타내고 있다. 2021년 6월말 기준 등록 및 지정 기업수는 138개이며 2021년 상반기 기준 일평균 거래대금은 65억원 수준이다.[4]

---

4) 한국은행, 한국의 금융시장, 2021, 282쪽.

**▮그림 5-9▮ K-OTC시장 등록지정기업수 및 일평균 거래대금**

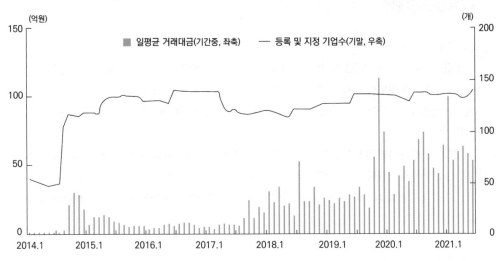

자료 : 금융투자협회

| 보론 5-1 | 주권상장 |
|---|---|

### 1. 주권상장의 정의

상장(listing)은 한국거래소가 정한 일정요건을 충족한 기업이 발행한 주권이 증권시장에서 자유롭게 거래될 수 있도록 자격을 부여한 것으로 당해 주권의 가치를 보증받는 것은 아니다. 따라서 주권을 상장하려는 기업은 수익성, 규모, 재무건전성, 유통가능성 측면에서 일정요건을 충족해야 상장할 수 있다.

상장은 주권 발행법인의 자유로운 의사에 따른 신청에 의해 이루어지고, 상장신청법인은 발행한 주권 전부를 상장해야 한다. 다만, 유통성이 없어 상장의 실익이 없는 주권은 상장하지 않을 수 있다. 그러나 증권을 상장하는 회사는 상장 후에 일정한 요건에 미달하거나 계약을 위반하면 상장을 폐지하게 된다.

### 2. 주권상장의 종류

#### (1) 상장형태에 따른 분류

① 신규상장 : 상장되어 있지 아니한 기업이 발행한 주권을 한국거래소의 증권시장에 최초로 상장하는 것으로 공모상장이 일반적이다.

② 신주상장 : 상장기업이 증자, 합병, 전환사채, 신주인수권부사채를 소유한 자의 권리행사로 새로 발행한 주권을 상장하는 것을 말한다.

③ 변경상장 : 이미 상장된 주권의 기재내용(상호, 종류, 액면금액 등)을 변경한 경우 새로운 주권으로 교체하여 발행한 주권을 상장하는 것을 말한다.

④ 재상장 : 상장기업이 분할 또는 분할합병에 의해 설립된 기업, 상장기업간의 합병에 의해 설립된 기업, 상장이 폐지된 후 5년이 경과되지 않은 기업이 발행한 주권을 상장하는 것을 말한다.

#### (2) 공모방법에 따른 분류

① 공모상장 : 상장요건 중 분산요건을 충족하기 위해 일정비율 이상의 주식수를 모집 또는 매출을 통해 공모한 후 상장하는 형태를 말한다.

② 직상장 : 코스닥 상장기업이 주식분산요건을 충족하여 공모를 하지 않고 주권을 코스닥시장에서 유가증권시장으로 이전하는 형태를 말한다.

### 3. 주권상장의 효과
#### (1) 자금조달기회 확대
주권상장법인은 증권시장을 통해 경영활동에 필요한 거액의 자금을 일시에 대량적으로 조달할 수 있다. 특히 기업의 재무상태가 양호하면 시가발행을 통한 유상증자와 전환사채, 신주인수권부 사채 등의 주식관련 사채발행을 통해 장기적·안정적이고 유리한 조건의 대규모 자본조달이 가능하다.

#### (2) 기업홍보효과 제고
주권상장법인은 국내외 투자자를 비롯한 많은 사람들의 관심의 대상이며, 기업의 재무상태나 경영성과가 매스컴을 통해 전달되어 기업의 인지도를 제고하는 홍보효과를 얻을 수 있다. 또한 상품의 지명도와 회사를 연계하여 홍보효과를 증대시키고 해외진출과 합작투자를 모색할 때 큰 도움이 될 수 있다.

#### (3) 경영합리화의 도모
주권상장법인은 기업의 중요한 재무상태와 경영성과를 공시해야 하므로 경쟁회사의 재무상태와 경영실적과 비교하지 않을 수 없을 뿐만 아니라, 객관적인 주식가치를 통해서 객관적으로 평가받기 때문에 자연히 경영합리화를 도모하여 재무구조의 개선, 매출의 증대, 조직의 합리화를 위해 노력하게 된다.

#### (4) 소유와 경영의 분리
주권상장법인은 한국거래소가 정한 주식분산요건을 충족시켜야 하는 등 주식소유와 관련하여 제도적 감시를 많이 받을 뿐만 아니라, 주권상장을 계기로 주식거래가 활성화되어 투하자본의 회수가 가능하기 때문에 지분분산이 원활히 이루어져 소유와 경영의 분리가 가속화하는 효과를 기대할 수 있다.

#### (5) 구조조정추진 용이
기업분할로 신설되는 법인은 일반기업에 비해 완화된 상장요건을 적용받고 상장법인의 지위를 유지할 수 있다. 그리고 주권상장법인이 기존상장법인을 자회사로 하는 지주회사를 설립하는 경우에 신설된 지주회사는 별도로 마련된 지주회사의 상장요건을 적용받아 신속하게 상장을 추진할 수 있다.

| 보론 5-2 | | 주식시세표 |

주식시세표는 한국거래소 상장기업과 코스닥 등록기업의 모든 거래현황이 담겨 있기 때문에 종목별 시가와 종가, 최고가격과 최저가격, 거래량, 전일 종가대비 등락이 얼마인지를 한눈에 파악할 수 있다. 따라서 주식시장의 거래현황을 보여주는 현황판이자 내일의 투자를 위한 작전지도라고 할 수 있다.

주식시세표에서 종목명은 주식을 발행한 기업의 명칭을 말하며, 각 종목에는 고유한 6자리의 코드번호가 부여된다. 신주와 우선주 및 전환사채가 발행되는 경우에는 종목명 뒤에 각각 신, 우, 전환을 추가하여 종목을 구분한다. 보통주의 끝자리코드번호는 0으로 끝나고, 우선주의 코드번호는 5로 끝난다.

삼성전자의 코드번호 옆에 알파벳은 주식의 액면가를 구분하는 기호이다. A는 액면가 100원, B는 액면가 200원, C는 액면가 500원, D는 액면가 1,000원, 무표시는 액면가 5,000원을 뜻한다. 우리나라 주식의 액면가는 상법상 1주당 100원 이상으로 되어 있으며 액면주 전부가 균일해야 한다고 규정하고 있다.

당일 거래에서 최초로 성립된 주가를 시가(始價), 마지막으로 성립된 가격을 종가(終價), 당일 체결된 가격 중에서 가장 높은 가격을 고가(高價), 가장 낮은 가격을 저가(低價)라고 한다. 주가의 등락은 전일의 종가를 기준으로 표시되는데, 상승(△), 하락(▽), 상한가(↑) 그리고 하한가(↓)로 표시한다.

거래량은 주식매매량을 나타내며 주식시장이 강한 상태에 있는지 약한 상태에 있는지를 보여주는 중요한 지표이다. 시장이 장기 침체상황에 있을 때 거래량이 증가하면 시장은 상승경향으로 움직임을 보인다고 판단할 수 있고, 거래량 증가는 주가상승보다 먼저 나타나므로 증시를 전망하는 중요한 지표이다.

▌표 5-4▐  주식시세표(2022년 6월 20일)

| 종목명<br>(코드번호) | 종가 | 등락 | 시가 | 고가 | 저가 | 거래량 |
|---|---|---|---|---|---|---|
| 삼성전자<br>(005930 A) | 60,000 | ▽200 | 60,700 | 61,300 | 59,600 | 14,591,924 |
| 현대차우<br>(005385) | 73,600 | ▽400 | 74,700 | 75,300 | 73,500 | 33,962 |
| SK텔레콤<br>(017670 C) | 222,000 | ▽3,000 | 225,000 | 225,500 | 222,000 | 195,361 |
| POSCO<br>(005490) | 215,500 | ▽1,000 | 217,000 | 218,500 | 214,000 | 203,605 |

## 제1장 자본시장의 개념

1. 자본시장의 정의
   장기자금을 조달하는 금융시장으로 주식시장, 채권시장, 파생상품시장이 있음
2. 자본시장의 기능
   자금수급 불균형 조절, 자금의 효율적 배분, 투자수단 제공, 통화정책 수행

## 제2절 주식시장의 개요

1. 주식의 정의 : 자본의 구성분자, 주주의 권리의무
2. 상법상 주식의 종류 : 보통주, 우선주, 상환주, 전환주
3. 특성상 주식의 분류 : 성장주, 가치주, 경기순환주, 경기방어주, 대형주·중형주·소형주,
   우량주, 주식예탁증서

## 제3절 주식의 발행시장

1. 발행시장의 정의 : 증권이 발행되어 매출되는 추상적 시장, 1차 시장
2. 발행시장의 구조 : 주식발행자, 주식발행기관, 주식투자자
3. 주식의 발행형태 : 기업공개, 유상증자, 무상증자, 주식배당
4. 주식의 발행방법 : 공모발행과 사모발행, 직접발행과 간접발행

## 제4절 주식의 유통시장

1. 유통시장의 정의 : 기발행된 증권이 매매되는 구체적 시장, 2차 시장
2. 유통시장의 기능 : 유동성 부여, 공정한 가격형성, 위험분산투자효과
3. 유통시장의 구조
(1) 장내시장 : 유가증권시장, 코스닥시장, 코넥스시장
(2) 장외시장 : 비상장주식의 매매를 위해 금융투자협회가 운영하는 시장

**1.** 다음 중 주식에 대한 설명으로 적절하지 않은 것은?
① 주식은 주식회사의 자본을 구성하는 출자단위이다.
② 주식회사는 무액면주식을 발행할 수 없다.
③ 수종의 주식을 발행한 경우 정관에 각종 주식의 내용과 수를 정해야 한다.
④ 전환주식의 전환은 그 청구를 한 때가 속하는 영업연도말에 효력이 발생한다.
┃해설┃ 전환주식의 전환은 전환을 청구한 때에 효력이 발생한다.

**2.** 다음 중 주식에 대한 설명으로 적절하지 않은 것은?
① 주식은 사원의 지위를 의미한다.
② 주식의 공유는 가능하지만 분할소유는 인정하지 않는다.
③ 무기명주식과 무액면주식은 정관의 규정에 의해 발행할 수 없다.
④ 기명주식을 소유한 주주가 권리를 행사함에는 주권을 제시할 필요가 없다.
⑤ 액면주식의 권면액은 100원 이상 균일해야 한다.
┃해설┃ 정관에 규정이 있으면 무액면주식을 발행할 수 있으나, 상법은 무액면주식의 발행을 인정하
지 않는다.

**3.** 다음 중 주식에 대한 설명으로 적절하지 않은 것은?
① 주식은 자본의 구성단위로서의 의미와 주주권으로서의 의미가 있다.
② 주식 1주의 액면가액은 100원 이상 균일해야 한다.
③ 발행주식의 시가총액은 회사의 자본금이 된다.
④ 시가발행시 액면초과금의 총액은 주식발행초과금으로 자본잉여금이 된다.
┃해설┃ 발행주식의 액면총액이 자본금이 된다.

**4.** 다음 중 주식에 대한 설명으로 적절하지 않은 것은?
① 혼합주는 이익배당에서 보통주에 우선하지만 잔여재산분배에서 열등한 지위에
있는 주식을 말한다.
② 상법은 보통주에 상환권을 주는 것을 금지하고 있다.
③ 주주의 권리는 주주평등의 원칙에 의한다.
④ 주권상장법인은 무의결권 주식을 총발행주식수 1/4을 초과하여 발행할 수 없다.
┃해설┃ 주권상장법인은 무의결권 주식을 총발행주식수 1/2까지 발행할 수 있다.

**5.** 다음 중 의결권 없는 주식에 대한 설명으로 옳지 않은 것은?

① 의결권 없는 주식은 보통주로는 발행할 수 없다.

② 의결권 없는 주식의 총수는 총발행주식수의 1/4을 초과하지 못한다.

③ 상장회사는 총발행주식수의 1/2까지 의결권 없는 주식을 발행할 수 있다.

④ 의결권 없는 주식의 주주는 창립총회에서 의결권행사를 하지 못한다.

| 해설 | 의결권 없는 주식은 종류주주총회나 창립총회에서는 의결권을 행사할 수 있다.


**6.** 다음 중 주식의 특성상 분류에 대한 설명으로 옳게 연결된 것은?

> ㉠ 주식의 내재가치보다 현재의 주가수준이 상당히 낮게 형성되어 있는 주식
> ㉡ 기업의 수익구조가 지속적으로 향상되어 이익의 증가가 큰 회사의 주식
> ㉢ 경기변화에 관계없이 경기침체에도 안정적인 주가흐름을 나타내는 주식
> ㉣ 경기가 변동할 때마다 주가가 큰 폭으로 오르내리는 기업의 주식

① ㉠ 성장주, ㉡ 가치주, ㉢ 경기민감주, ㉣ 경기방어주

② ㉠ 성장주, ㉡ 가치주, ㉢ 경기방어주, ㉣ 경기민감주

③ ㉠ 가치주, ㉡ 혼합주, ㉢ 경기방어주, ㉣ 경기민감주

④ ㉠ 가치주, ㉡ 성장주, ㉢ 경기방어주, ㉣ 경기민감주

| 해설 | ㉠ 가치주, ㉡ 성장주, ㉢ 경기방어주, ㉣ 경기민감주에 대한 설명이다.


**7.** 다음 중 증권의 발행시장에 대한 설명으로 옳지 않은 것은?

① 증권이 발행인으로부터 최초의 투자자에게로 이전되는 구체적인 시장이다.

② 신규 증권시장이나 1차적 시장이라고도 한다.

③ 발행인은 증권을 발행하여 정기산업자금을 조달할 수 있다.

④ 금융정책 및 경기조절의 기능을 수행하기도 한다.

| 해설 | 증권이 발행인으로부터 최초의 투자자에게로 이전되는 추상적인 시장이다.

**8.** **다음 중 발행시장의 기능에 대한 설명으로 옳지 않은 것은?**

① 경제의 양적 질적 고도화
② 금융정책 및 경기조절 기능
③ 투자수단의 제공으로 소득분배의 촉진
④ 공정하고 적정한 증권가격의 형성

| 해설 | 발행시장의 기능에는 자금조달의 원활화, 경제의 양적 · 질적 고도화, 경기조절의 역할, 투자수단의 제공 등을 들 수 있다.


**9.** **다음 중 증권의 발행에 대한 설명으로 가장 옳지 않은 것은?**

① 대부분의 증권발행은 발행방법과 절차가 투명한 공모에 의해 이루어진다.
② 자본시장법에서는 공모를 모집과 매출로 정의하고 있다.
③ 모집과 매출은 과거 6개월을 통산하여 특정인에게 한 청약의 권유를 말한다.
④ 통상적으로 공모는 간접발행의 형태를 취한다.

| 해설 | 모집과 매출은 과거 6개월을 통산하여 불특정다수에게 한 청약의 권유를 말한다.


**10.** **다음 중 모집과 매출에 대한 설명으로 적절하지 않은 것은?**

① 모집은 공모대상인 증권이 신규로 발행되는 경우를 말한다.
② 매출은 공모대상인 증권이 이미 발행된 경우를 말한다.
③ 증권발행인은 매출을 하는 주체이다.
④ 모집과 매출의 해당여부를 따지는 실익은 증권신고서 등 발행공시의무를 부과할 것인지 결정에 필요하다.

| 해설 | 모집의 주체는 발행인이고, 매출의 주체는 증권의 보유자가 된다.


**11.** **다음 중 발행시장의 형태에 대한 설명으로 적절하지 않은 것은?**

① 사모는 발행주체가 특정의 수요자를 대상으로 증권을 발행하여 자금을 조달하는 방법이다.
② 간접발행 중 모집주선은 발행주체가 인수위험을 부담하고 발행 및 모집사무는 제3자인 발행기관에게 위탁하여 발행하는 방법이다.
③ 잔액인수는 간접발행 중 인수단이 발행총액을 인수하고 이에 대한 위험을 부담한다.
④ 공모는 간접발행의 형태가, 사모는 직접발행의 형태가 대부분이다.

| 해설 | 총액인수는 간접발행 중 인수단이 발행총액을 인수하고 이에 대한 위험을 부담한다.

**12.** 다음 중 불리한 가격변동에 따른 손해 등 모든 위험에 발행인으로부터 인수단으로 이전되는 증권의 발행형태는?

① 모집주선　　　　　　　　　　② 잔액인수
③ 직접발행　　　　　　　　　　④ 총액인수

| 해설 | 총액인수는 인수단이 공모증권 발행총액의 전액을 자기의 책임과 계산하에 인수하고 이에 따른 발행위험과 발행 및 모집사무 모두를 담당한다.


**13.** 다음 중 유가증권시장의 매매제도에 대한 설명으로 옳지 않은 것은?

① 대용증권은 위탁증거금으로 납부하는 현금에 갈음하여 대신 납부할 수 있는 증권을 말한다.
② 유가증권시장의 일일 가격제한폭은 상하 30%이다.
③ 금융투자업자는 공익과 투자자 보호 또는 거래질서의 안정을 위해 필요하면 주문수탁을 거부할 수 있다.
④ 주권, DR, ETF, ETN 등에는 가격제한폭이 적용되지 않는다.

| 해설 | 가격제한폭이 적용되지 않은 것은 정리매매종목, 신주인수권부증서(증권), ELW 등이며, 주권, DR, ETF, ETN 등에는 가격제한폭이 적용된다.


**14.** 다음 중 코스닥시장의 특징에 해당하지 않은 것은?

① 성장기업 중심의 시장이다.
② 금융투자회사의 역할과 책임이 중시되는 시장이다.
③ 유가증권시장의 전단계적이며 보완적 시장이다.
④ 장기적인 안전자금을 조달할 수 있다.

| 해설 | 코스닥시장은 유가증권시장과 독립된 경쟁시장이다.


**15.** 다음 중 코스닥시장의 매매제도에 대한 설명으로 옳지 않은 것은?

① 서킷브레이커 발동 후 장 재개시 단일가 경쟁매매를 선택하고 있다.
② 주문의 종류는 지정가호가와 조건부지정가호가만 가능하다.
③ 장 개시 전 대량매매의 거래시간은 08:00~09:00까지이다.
④ 매매거래의 결제는 T+2일이다.

| 해설 | 시장가주문과 최유리주문도 가능하다.

**16.** 다음 중 유가증권시장과 코스닥시장에 대한 설명으로 옳지 않은 것은?

① 코스닥시장에서 거래가능한 증권에는 주권은 포함되나 채권은 포함되지 않는다.

② 상장법인 모든 증권에 대한 연부과금을 매년 1월 납부해야 한다.

③ 상장예비심사청구서를 하는 법인은 반드시 상장주선인을 올해 상장예비심사청구서를 제출해야 한다.

④ 상장주선인이 될 수 있는 자는 금융투자업자로 거래소의 회원에 한한다.

┃ 해설 ┃ 국채, 지방채, 통안채, 존속기간 1년 미만 채무증권, 증권회원이 발행한 증권은 면제된다.

**17.** 다음 중 유가증권시장의 공시제도에 대한 설명으로 옳지 않은 것은?

① 불성실공시의 유형에는 공시불이행, 공시변경, 공시번복 등이 있다.

② 주권상장법인은 공시책임자를 1인 이상 지정해야 한다.

③ 주권상장법인은 공시의무사항 이외의 사항도 공시할 수 있다.

④ 자율공시사항의 변경이나 번복은 불성실공시의 사유에 해당하지 않는다.

┃ 해설 ┃ 자율공시사항을 위반하는 경우에도 불성실공시사유에 해당한다.

**18.** 다음 중 공모주식의 발행가격결정에 대한 설명으로 옳지 않은 것은?

① 발행가격은 원칙적으로 수요예측의 결과를 감안하여 결정한다.

② 대표주관회사는 자신 또는 인수단에 참여한 증권회사의 고객만을 대상으로 공모주식을 배정할 수 있다.

③ 최종공모가격은 발행회사가 결정한다.

④ 공모예정금액이 20억원 미만이면 인수회와 발행회사간에 정한 단일가격으로 공모가격을 결정할 수 있다.

┃ 해설 ┃ 대표주관회사를 포함한 인수회사와 발행회사가 협의하여 자율적으로 결정한다.

**19.** 다음 중 유상증자에 대한 설명으로 적절하지 않은 것은?

① 일반공모방식은 기존주주의 신주인수권을 완전히 배제하고 인수단의 연명으로 일반투자자에게 청약받는 방식을 말한다.

② 주주배정방식은 가장 일반적인 방법으로 신주인수권을 기존주주에게 부여하는 방식을 말한다.

③ 제3자배정방식은 회사의 정관, 이사회의 결의로 제3자에게 신주인수권을 부여하는 방식을 말한다.

④ 직접공모는 인수기관을 통하지 않고 발행회사가 자기책임과 계산하에 신주를 공모하는 방식을 말한다.

| 해설 | 제3자(연고자)배정방식은 회사의 정관, 주총의 특별결의, 특별법에 의거 제3자에게 신주인수권을 부여한다.


**20.** 다음 중 기업공시제도에 대한 설명으로 적절하지 않은 것은?

① 투자자에게 투자판단에 필요한 정보를 제공하기 위함이다.

② 기업정보를 공개하는 것은 당해 기업의 자율적인 의사에 달려있다.

③ 내부자거래 등 불공정거래를 예방하기 위함이다.

④ 증권시장의 공정한 거래질서를 유지하기 위함이다.

| 해설 | 공개기업은 투자자로부터 필요한 자금을 조달하므로 기업정보를 공개할 의무를 부담한다.

정답
1. ④  2. ③  3. ③  4. ④  5. ④  6. ④  7. ①  8. ④  9. ③  10. ③
11. ③  12. ④  13. ④  14. ③  15. ②  16. ②  17. ④  18. ③  19. ③  20. ②

C·h·a·p·t·e·r **06**

---

# 채무증권

채권은 미래의 현금흐름(원리금)이 정해져 있는 확정소득부 증권이기 때문에 채권의 가치를 결정하는 가장 중요한 요소는 시장이자율 또는 채권수익률이다. 채권의 가치는 채권투자로부터 얻게 될 액면이자와 원금을 적절한 할인율인 시장이자율 또는 채권수익률로 할인한 현재가치로 시장이자율에 따라 달라진다.

## 제1절 채권시장의 개요

### 1. 채권의 정의

채권은 국가, 지방자치단체, 특수법인, 금융기관, 주식회사 등 발행자가 투자자로부터 일시에 대량의 자금을 일시에 조달하고, 반대급부로 만기까지 약정이자를 지급하고 만기에는 원금을 상환하기로 약속한 채무증서를 말하며, 미래의 현금흐름이 확정되어 있다는 의미에서 고정수익증권이라고도 한다.

채권은 발행자의 입장에서 보면 경영활동에 필요한 자금조달의 수단이 되지만, 채권을 매입하는 투자자의 입장에서 보면 이자를 목적으로 하는 투자대상이 된다. 채권발행을 일상적인 금전의 대차관계에 비유하면 발행자는 채무자가 되고, 채권을 보유하는 투자자는 채권자, 채권은 차용증서에 해당한다.

그러나 채권의 발행은 일상적인 금전대차와는 달리 다수의 투자자들이 동일한 조건으로 채권에 투자하며 자금의 수요자인 발행자는 일시에 거액의 장기자금을 조달할 수 있다. 그리고 채권은 유가증권이기 때문에 채권을 매도하게 되면 채권자로서의 입장을 다른 사람에게 이전할 수 있다는 특징이 있다.

### 2. 채권의 발행조건

채권은 발행조건에 따라서 채권의 가치가 달라지기 때문에 발행조건을 결정하는 것이 무엇보다 중요하다. 채권을 발행할 경우 발행자와 인수자는 채권을 발행하는 시점의 시장이자율 수준을 감안하여 결정해야 한다. 따라서 채권의 중요한 발행조건에는 액면가액, 표면이자율, 상환까지의 기간이 있다.

### (1) 액면가액

액면가액(face value)은 채권의 만기일에 지급하기로 채권의 권면에 표시되어 있는 원금을 말하며 지급이자를 계산하거나 채권의 조건을 결정하는 기본이 된다. 따라서 액면가액의 합계가 그 종목의 발행금액이 되며, 역으로 말하면 각 종목의 발행금액을 적은 단위로 분할한 것이 1매의 채권이 된다.

### (2) 발행이율

발행이율은 채권발행자가 만기까지 지급하기로 약속한 이자율로 액면가액에 대해 1년에 지급하는 이자의 비율을 말한다. 채권 1매마다 권면에 1회 이자지급을 위한 이표(coupon)가 부착되어 이표와 교환하여 이자를 수령하기 때문에 발행이율을 표면이자율(coupon rate) 또는 액면이자율이라고도 한다.

### (3) 만기일

만기일은 채권발행자가 이자와 원금을 마지막으로 지급하기로 한 날을 말한다. 일반적으로 채권의 상환가액은 액면가액이며 채권발행일로부터 원금상환일까지 기간을 원금상환기간이라고 하고, 이미 발행되어 유통시장에서 거래되고 있는 채권매입일로부터 원금상환일까지 기간을 잔존기간이라고 한다.

## 3. 채권의 본질

### (1) 확정이자부증권

채권은 발행자가 채권을 발행할 때 지급해야 할 약정이자와 만기에 상환금액이 사전에 확정되어 있어 투자원금에 대한 수익은 발행시점에 결정된다. 따라서 채권수익률은 채권을 발행할 때 결정되어 발행자의 원리금 지급능력이 중요하며, 채권의 유동성은 발행자의 원리금 지급능력의 안정도와 비례한다.

### (2) 기한부증권

채권은 영구증권인 주식과는 달리 이자지급과 원금의 상환기간이 사전에 정해져 있어 일정시점이 경과하면 이자를 지급하고 만기가 도래하면 원금을 상환해야 하는 기한부 증권이다. 원금은 상환하지 않고 이자만 영구적으로 지급하는 영구채는 발행자의 상환의무가 없어 국제회계기준에서 자본으로 인정한다.

### (3) 이자지급증권

채권은 발행자의 경영성과에 관계없이 만기까지 약정이자와 만기에는 원금을 상환해야 한다. 채권발행자가 채권보유자에게 지급하는 이자비용은 발행자가 부담하는 금융비용이지만, 채권자가 수령하는 이자수익은 안정적인 수입원이 된다. 채권은 이자지급방법에 따라 이표채, 무이표채, 복리채로 분류한다.

### (4) 장기증권

채권은 발행자가 여유자금을 가진 투자자를 대상으로 경영활동에 필요한 장기의 안정자금을 조달하기 위해 발행하는 유가증권에 해당하여 기업어음(CP), 양도성예금증서(CD)에 비해 장기의 상환기간을 가지고 있다. 따라서 채권투자자의 환금성을 보장하기 위해 채권의 유통시장이 반드시 존재해야 한다.

### (5) 상환증권

채권은 영구증권인 위험자산 주식과 달리 채권발행자가 만기까지 약정이자를 지급하고 만기가 도래하면 반드시 원금을 상환해야 하는 증권에 해당한다. 따라서 채권의 발행자인 국가, 지방자치단체, 공공기관, 특수법인, 금융기관, 주식회사는 합리적인 재무관리 및 공채관리가 필수적이라고 할 수 있다.

## 4. 채권의 특성

어떤 투자대상을 선택하는 경우에 중요한 요소는 얼마나 이익을 올릴 수 있는가(수익성), 원금과 이자를 확실하게 받을 수 있는가(안전성), 돈이 필요할 때 제 값을 받고 바로 팔 수 있는가(환금성)라는 점을 충분히 검토해야 한다. 이러한 세 가지 요소를 고려할 경우에 채권은 우수한 특성을 가지고 있다.

### (1) 수익성

채권투자자는 이자소득과 자본이득의 두 가지 소득원천을 갖고 있어 계획적인 자금운용의 수단으로 뛰어난 특성을 갖고 있다. 이자소득은 원금에 대한 약정이자를 말하고, 자본이득(capital gain)은 금리하락에 따른 채권가격의 상승으로 인한 소득이다. 그러나 금리가 상승하면 자본손실이 발생할 수 있다.

## (2) 안정성

채권은 정부, 지방자치단체, 공공기관, 특수법인, 금융기관, 상법상의 주식회사만 발행할 수 있고 발행자격이 있어도 국회의 동의를 받아야 하기 때문에 채무불이행위험이 상대적으로 낮다. 그러나 회사채 신용등급이 BB 이하인 기업도 채권을 발행할 수 있는데, 이러한 채권을 정크본드(junk bond)라고 부른다.

## (3) 유동성

채권은 상환일이 되면 원금이 회수되지만 만일 도중에 현금이 필요한 경우에는 유통시장을 통해 채권을 매도하면 언제든지 현금을 회수할 수 있다. 채권의 환급은 채권의 매도를 의미하며 채권발행자에게 아무런 불이익을 미치지 않고 채권의 이자도 변경되지 않아 투자자는 안심하고 채권에 투자할 수 있다.

## 5. 채권의 종류

채권은 각 종목별로 채권의 발행조건, 채권의 발행형식, 권리 등이 상이하여 절대적인 분류기준이 있는 것은 아니다. 일반적으로 채권은 발행주체, 이자지급의 방법, 이자확정의 여부, 지급보증의 여부, 담보제공의 여부, 상환기간의 장단, 내재옵션의 여부 그리고 채권투자자의 모집방법 등을 기준으로 분류한다.

### (1) 발행주체에 따른 분류

① 국채

국채는 국가가 공공목적을 달성하기 위해 중앙정부가 발행하고 원리금의 지급을 보증하는 채권을 말한다. 국채의 효시는 1949년에 발행된 건국채권으로 정부수립 후 계속된 재정적자를 보전하기 위해 발행되었다. 1993년 이전에는 금융기관에 할당하여 배정했으나 1994년부터는 경쟁입찰방식으로 전환되었다.

국채에는 국고채권, 재정증권, 외국환평형기금채권, 국민주택채권, 공공용지보상채권 등이 있으며 현재는 국고채권이 국채의 대부분을 차지한다. 정부가 국채시장의 선진화를 위해 국고채 전문딜러제도와 국고채 통합발행제도의 도입, 국채전문유통시장과 국채선물시장의 개설로 국채시장은 많이 활성화되었다.

② 지방채

지방채는 지방자치단체가 지방재정법의 규정에 의해 특수사업에 필요한 자금을 조달하기 위해 발행하는 채권을 말한다. 지방채에는 도로공채, 상수도공채, 지역개발채권, 서울특별시의 도시철도채권, 부산광역시의 부산교통채권 등이 있다. 지방채는 액면가로 발행되며 지방채 발행은 중앙정부에 의해 엄격히 규제된다.

지방채는 발행방법에 따라 증권발행채와 증서차입채, 채권을 인수하는 자금원에 따라 정부자금채, 지방공공자금채, 민간자금채로 구분한다. 사업성격에 따라 지방일반회계의 재원을 조달하는 일반회계채, 공기업특별회계의 공기업채 등으로 분류할 수 있다. 대표적인 지방채로는 도시철도채권과 지역개발채권 등이 있다.

③ 특수채

특수채는 상법 이외의 한국토지개발공사, 한국도로공사, 한국전력공사, 한국전기통신공사, 한국가스공사 등 특별법에 의해 공공사업을 추진하는 특별법인이 발행하는 채권을 말하며 정부가 보증한다. 특수채에는 토지개발채권, 고속도로건설채권, 한국전력공사채권, 한국전기통신공사채권, 한국가스공사채권 등이 있다.

④ 금융채

금융채는 특별법에 의해 설립된 한국은행, 한국산업은행, 한국수출입은행, 기업은행과 같은 특수금융기관에서 일반인에게 발행하는 채권을 말한다. 금융채에는 통화안정증권, 산업금융채권, 중소기업금융채권, 주택금융채권 등이 있으며 회사채에 비해 신뢰할만하고 국공채보다 수익률이 높으며 만기가 다양하다.

통화안정증권은 한국은행이 통화량을 조절하기 위해 금융기관과 일반인을 대상으로 발행하는 단기증권을 말한다. 산업금융채권은 산업은행이 1954년부터 기간산업에 대한 자금지원을 목적으로 발행하는 채권을 말한다. 중소기업금융채권은 기업은행이 발행하는 채권으로 원리금의 상환을 정부가 보증한다.

⑤ 회사채

회사채는 주식회사가 일반투자자로부터 비교적 장기간에 필요한 대량의 자금을 일시에 조달하고 그 반대급부로 만기까지 약정이자를 지급하고 만기에 원금상환을 약속하고 발행하는 채무증서를 말하며 사채(社債)라고도 한다. 현재 발행되는 회사채는 무기명사채, 3년 미만의 만기, 이자는 3개월마다 지급된다.

상법상 주식회사가 채권을 발행하여 조달한 자금은 재무상태표의 대변에 비유동부채로 계상된다. 주식회사가 회사채를 발행하는 경우에 주주의 소유권과 경영권에 영향을 미치지 않으면서 장기자금을 안정적으로 조달할 수 있으며, 채권의 지급이자는 세법상 손금으로 인정되어 법인세 절감효과를 얻을 수 있다.

그러나 채권의 과도한 발행은 지급불능위험을 증가시켜 기업을 재무적 곤경에 빠뜨릴 수 있고, 기업이 채권을 발행할 경우 사채권자와 사채약정을 체결해야 하는데, 이는 기업의 경영활동을 제약하는 요인이 된다. 사채약정의 내용에는 사채권자를 보호하기 위해 배당지급의 제한, 감채기금의 규정 등이 포함된다.

**▌표 6-1▌ 발행주체에 따른 분류**

| 구 분 | 종류 |
|---|---|
| 국 채 | 국고채권, 외국환평형기금채권, 국민주택채권, 공공용지보상채권 등 |
| 지방채 | 지하철공채, 지역개발공채, 도로공채, 상수도공채, 도시철도채권 등 |
| 특수채 | 토지개발채권, 한국전력채권, 한국가스공사채권, 고속도로건설채권 등 |
| 금융채 | 통화안정증권, 산업금융채권, 주택금융채권, 중소기업채권 등 |
| 회사채 | 보증사채, 담보부사채, 전환사채(CB), 신주인수권부사채(BW) 등 |

### (2) 이자지급에 따른 분류

채권은 이자지급방법에 따라 이표채, 무이표채, 복리채로 구분한다. 이표채는 약정된 이자를 만기까지 지급하고 만기에 원금을 상환하는 채권이고, 무이표채는 만기까지 이자를 지급하지 않는 대신에 할인하여 발행된다. 복리채는 이자가 복리로 재투자되어 만기에 원금과 이자를 동시에 지급하는 채권을 말한다.

### (3) 이자확정에 따른 분류

채권은 이자의 확정여부에 따라서 고정금리채와 변동금리채로 구분한다. 고정금리채는 채권발행일에 약정한 표면이자율이 만기까지 계속해서 유지되어 고정된 이자를 지급하고 만기에 원금을 상환하는 채권을 말하고, 변동금리채는 표면이자율이 기준금리에 연동되어 일정기간마다 재조정되는 채권을 말한다.

### ① 고정금리채

고정금리채(fixed rate bond)는 채권의 발행시점에 표면이자율이 미리 확정되어 만기일까지 약정이자가 지급되는 채권을 말하며 이표채, 무이표채, 복리채 등이 여기에 속한다. 일반적으로 국내고정금리채는 6개월마다 표면이자를 지급하는 반면 유로고정금리채는 보통 1년에 1회 표면이자를 지불한다.

고정금리채는 채권의 발행 당시 표면이자율이 확정되어 만기까지 장기간 약정이자가 지급되므로 투자자들이 발행자의 신인도에 민감하게 반응한다. 따라서 신인도에 따른 금리격차가 상대적으로 커지게 되고, 신인도가 높은 다국적기업이나 국제금융기관들이 대표적인 고정금리채의 발행자에 해당한다.

### ② 변동금리채

변동금리채(FRN : floating rate note)는 일정기간마다 기준금리에 연계된 이자율로 액면이자를 지급하는 채권으로 매기 초에 이자가 확정되고 매기 말에 이자가 지급된다. 기준금리(reference rate)는 LIBOR, 우대금리(prime rate) 등이 이용되며 여기에 일정 스프레드를 가산하여 표면이자율이 결정된다.

채권은 발행자의 신인도나 인지도에 따라 금리수준이 달라지게 된다. 그런데 변동금리채의 경우에는 신인도에 따라 적용되는 금리격차가 상대적으로 작은 편이다. 따라서 차입자들은 주로 신인도가 낮은 다국적기업 또는 개발도상국 금융기관들로서 은행차관단이 대표적인 변동금리채의 발행자에 해당한다.

### (4) 지급보증에 따른 분류

채권은 원리금에 대한 제3자의 지급보증여부에 따라 보증채와 무보증채로 구분한다. 보증채는 보증주체에 따라 정부보증채와 일반보증채로 구분된다. 일반보증채는 신용보증기금, 보증보험회사, 은행 등이 지급을 보증하는 채권을 말하는 반면에 무보증채는 발행자의 신용도에 의해서 발행되는 채권을 말한다.

### (5) 담보제공에 따른 분류

채권은 발행자의 담보제공여부에 따라 담보부채와 무담보부채로 구분한다. 담보부채는 원리금 지급불능시 발행자의 재산에 대한 법적 청구권을 지니는 채권이고, 무담보부채는 발행자의 신용을 바탕으로 발행하는 채권이다. 후순위채는 발행자의 자산에 대한 청구권을 가지나 다른 무담보사채보다 우선권이 없다.

### ① 담보부사채

무담보사채의 경우 사채권자는 다른 회사에 대한 채권자와 평등한 지위를 갖고 있다. 사채의 모집·상환을 원활히 하기 위해 물적 담보가 붙은 담보부사채가 이용된다. 담보부사채와 보증사채는 담보가 있다는 점에서 같지만, 담보부사채에는 물적 담보가, 보증사채에는 인적 담보가 있다는 점에서 차이가 있다.

실제 담보부사채가 발행된 건수는 많지 않다. 발행회사가 담보를 붙인 사채를 발행해야 투자자들이 투자할만한 신용도를 갖는 경우 담보부사채보다는 금융기관의 보증을 붙인 보증사채가 더 활발하게 이용되었다. 2008년 자산유동화법 제정 이후 유동화증권의 발행은 담보부사채의 기능을 대신할 수 있게 되었다.

### ② 커버드본드

커버드본드(Covered Bond)는 은행 및 일정한 적격 금융기관이 이중상환채권법에 따라 발행하는 채권으로 발행기관에 대한 상환청구권과 함께 발행기관이 담보로 제공한 기초자산집합에 대해 제3자에 우선하여 변제받을 권리를 갖는다. 이중상환청구는 발행인과 담보자산 양쪽에 상환청구를 할 수 있다는 의미이다.

이중상환채권법은 2008년 글로벌 금융위기를 계기로 금융기관이 금융위기에도 안정적인 장기자금조달을 확보하고 가계부채에서 상당한 비중을 차지하는 주택담보대출의 장기화를 통하여 가계부채 구조개선을 지원하기 위해 제정되었다. 한국주택공사가 발행하는 주택저당채권담보부채권도 커버드본드에 해당한다.

‖표 6-2‖ 커버드본드 · 담보부사채 · 유동화증권의 비교

| 구분 | 커버드본드 | 담보부사채 | 유동화증권 |
|---|---|---|---|
| 근거법률 | 이중상환청구권부 채권 발행에 관한 법률 | 담보부사채신탁법 | 자산유동화법 |
| 발행주체 | 은행 기타 일정한 적격 금융회사 등 | 주식회사 | 적격 기업 (금융회사포함) |
| 담보자산 | 주택담보대출채권, 공공부문대출채권, 선박 · 항공기 담보대출채권 국채 · 지방채 · 공채 등 | 동산, 채권, 주식, 부동산 등 | 채권, 부동산, 기타 재산권 |
| 발행구조 | 자산보유자가 직접 발행(담보자산 구분관리, 담보자산 감시인 선임) | 자산보유자가 직접 발행(담보자산에 담보권 설정) | 자산보유자가 SPV에게 자산 양도·신탁하고 SPV가 증권 발행 |
| 담보자산의 회계처리 | 자산보유자가 계속 보유(on-balance) | 자산보유자가 계속 보유(on-balance) | 양도자산의 위험과 보상의 이전 여부에 따라 자산보유자의 부외처리(off-balance) 여부 결정 |
| 자산보유자 도산시 담보자산의 취급 | 파산재단·회생절차 대상 재산에 속하지 않음 | 파산절차에서 별제권, 회생절차에서 회생담보권 | 유동화자산: 자산보유자의 파산·회생절차와 관계없음(진정양도) |
| 자산보유자의 다른 자산에 대한 채권자의 권리 | 있음 | 있음 | 없음 |

### (6) 모집방법에 따른 분류

공모채는 발행인이 자본시장법에서 정한 모집방법에 따라 불특정 다수의 투자자에게 발행조건과 발행시기를 알린 후 공재적으로 모집절차를 진행하는 채권이다. 사모채는 채권의 발행인이 공모의 형식을 취하지 않고 은행, 보험사 등 특정 투자자와 개별적으로 접촉하여 발행증권을 매각하는 형태의 채권이다.

### (7) 상환기간에 따른 분류

채권의 만기는 발행자가 채무증권의 조건을 준수하겠다고 약정한 기간으로 항상 확정되어 있지는 않다. 이는 채권의 약정서에 채권만기의 변경을 허용하는 조항이 포함될

수 있기 때문이다. 이러한 조항은 내포된 옵션 또는 감채기금일 수 있다. 채권은 만기에 따라서 단기채, 중기채, 장기채로 분류할 수 있다.

**┃표 6-3┃ 채권만기에 따른 분류**

| 구 분 | 국내의 경우 | 미국의 경우 |
|---|---|---|
| 단기채 | 1년 미만<br>(통화안정증권, 단기사채, 양곡증권) | 1년 이하<br>(T-bill) |
| 중기채 | 1년~10년<br>(국민주택채권 1종, 지역개발공채, 회사채) | 1년~10년<br>(T-notes) |
| 장기채 | 10년 이상<br>(국민주택채권 2종, 도시철도공채, 국고채) | 10년 이상<br>(T-bonds) |

### (8) 권리부여에 따른 분류

메자닌(Mezzanine)은 건물 1층과 2층 사이 라운지 공간을 뜻하는 이탈리아어로 채권과 주식의 중간단계에 있는 전환사채와 신주인수권부사채에 투자하는 것을 말한다. 강세장에 주식으로 전환해 자본이득을 취하고, 하락장에는 채권이므로 원금보장에 사채 행사가격 조정(리픽싱)에 따른 이득을 챙길 수 있다.

#### ① 전환사채

전환사채(CB : convertible bond)는 채권투자자의 의사에 따라 전환기간에 일정한 조건으로 발행회사 주식으로 전환할 수 있는 권리인 전환권이 부여된 채권을 말한다. 따라서 전환사채는 다른 조건은 동일하고 전환권만 없는 일반사채에 주식으로 전환할 수 있는 전환권이 첨가된 혼성증권으로 볼 수 있다.

전환권이 행사되기 이전에는 이자가 지급되는 채권으로 존재하고 전환권이 행사되면 주식으로 전환된다. 따라서 채권투자자는 전환권을 행사하지 않으면 확정이자 및 만기에 원금을 상환받아 안전하고 전환권을 행사하면 보통주로 전환하여 매도하면 시세차익을 남길 수 있어서 높은 수익률을 달성할 수 있다.

#### ② 신주인수권부사채

신주인수권부사채(BW : bond with warrant)는 채권투자자에게 미래의 일정기간에 약정된 가격으로 약정된 신주를 인수할 수 있는 권리인 신주인수권이 부여된 채권을 말한다. 따라서 신주인수권부사채는 다른 조건은 동일하고 신주인수권만 없는 일반사채에 신주인수권이 결합된 혼성증권으로 볼 수 있다.

신주인수권부사채는 신주인수권이라는 프리미엄이 있어 일반사채보다 낮은 이자율로 발행되고 사채권자가 신주인수권을 행사하면 사채는 그대로 존속하면서 추가자금이 유입되어 총자산이 증가한다. 또한 신주인수권이 행사되더라도 사채는 소멸하지 않고 잔존하기 때문에 확정이자와 원금을 확보할 수 있다.

### ③ 교환사채

교환사채(EB : exchangeable bond)는 채권투자자에게 일정기간이 경과하면 일정한 가격으로 채권을 발행한 기업이 보유하고 있는 주식으로 교환을 청구할 수 있는 권리인 교환권이 부여된 채권을 말한다. 따라서 다른 조건은 동일하고 교환권만 없는 일반사채에 교환권이 결합된 혼성증권으로 볼 수 있다.

교환사채와 전환사채는 사채의 안정성과 주식의 투기성을 함께 가지고 있으며 교환권이나 전환권을 행사하면 사채는 소멸한다. 그러나 전환사채는 채권소유자의 전환권 청구로 기채회사가 신주를 발행하는 반면 교환사채는 발행회사가 소유하고 있는 상장유가증권과 교환한다는 점에서 권리의 내용이 다르다.

### ④ 수의상환사채

수의상환사채(callable bond)는 채권발행자가 정해진 기간 이내에 약정된 가격(수의상환가격)으로 사채를 상환할 수 있는 권리인 수의상환권(call provision)이 첨가된 사채를 말한다. 수의상환사채의 발행자는 금리가 하락하여 채권가격이 상승하면 수의상환권을 행사하여 수의상환가격에 채권을 매입한다.

수의상환권은 채권발행자에게 유리한 반면에 채권투자자에게 불리하게 작용하여 수의상환사채의 가치는 일반사채의 가치보다 콜옵션의 가치만큼 낮은 수준에서 형성된다. 따라서 수의상환사채의 가치는 일반사채의 가치에서 콜옵션가격결정모형으로 산출한 수의상환권의 가치를 차감하여 계산할 수 있다.

**┃그림 6-1┃ 수의상환사채의 가치와 콜옵션**

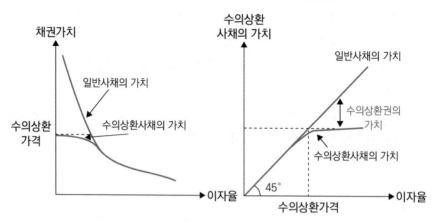

⑤ 상환청구사채

상환청구사채(puttable bond)는 수의상환사채와 반대로 채권투자자가 정해진 기간 이내에 약정된 가격(상환청구가격)으로 보유하고 있는 상환청구사채의 상환을 요구할 수 있는 권리인 상환청구권이 첨가된 사채를 말한다. 따라서 상환청구사채는 일반사채와 상환청구권이 결합된 혼성증권으로 간주할 수 있다.

상환청구사채를 보유한 투자자는 금리가 상승하여 채권가격이 하락하면 상환청구권을 행사하여 회수한 자금을 높은 이자율로 재투자할 수 있고, 발행자의 신용도가 급락하면 원리금을 조기에 회수할 수 있다. 상환청구권은 일반사채를 기초자산으로 하고 상환청구가격을 행사가격으로 하는 풋옵션으로 볼 수 있다.

**┃그림 6-2┃ 상환청구사채의 가치와 풋옵션**

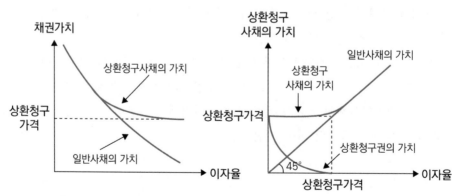

## 6. 주식과 채권의 비교

주식회사가 장기자금을 조달하기 위해 발행하는 증권에는 채권(채무증권)과 주식(지분증권)이 있다. 주주는 주주총회의 의사결정에 참여할 수 있는 반면에 채권투자자는 주주총회에 참여할 수 없다. 주식과 채권은 간접금융이 아닌 직접적인 자금조달수단이라는 점에서 서로 같지만 근본적인 성격은 전혀 다르다.

첫째, 자본조달방법에서 주식은 자기자본의 조달인 반면에 채권은 타인자본의 조달이다. 따라서 주식에 의한 자본조달은 재무상태표의 자본항목에 표시되지만 채권에 의한 자본조달은 부채항목에 표시된다. 증권소유자의 입장에서 주식은 주주로서의 권리를 나타내는 반면에 채권은 채권자로서의 권리를 나타낸다.

둘째, 증권소유로부터 발생하는 권리의 측면에서 주주는 회사의 경영성과에 따라 배당금을 받지만, 채권의 소유자는 회사의 경영성과에 관계없이 확정된 원금과 이자를 수령한다. 주식은 발행회사와 존속을 같이 하는 영구증권이지만 채권은 원리금의 상환기간을 시장상황에 따라 조정할 수 있는 기한부증권이다.

▮표 6-4▮ 주식과 채권의 비교

| 구 분 | 주식(stock) | 채권(bond) |
|---|---|---|
| 자금조달 | 자기자본(직접금융) | 타인자본(직접금융) |
| 증권성격 | 출자증권 | 대부증권 |
| 투 자 자 | 주주(경영참여 가능) | 채권자(경영참여 불가) |
| 반대급부 | 배당소득 | 이자소득 |
| 상환여부 | 상환없음(예외 : 상환주) | 만기상환(예외 : 영구채) |
| 존속기간 | 영구증권 | 기한부증권 |

## 제2절  채권의 가치평가

### 1. 채권의 가치평가

채권의 가치는 채권투자자가 채권을 보유한 경우에 얻게 될 미래의 현금흐름(이자와 원금)을 적절한 할인율(시장이자율 또는 채권수익률)로 할인한 현재가치를 말한다. 채권은 발행조건이 매우 다양하여 간단하게 분류하기는 쉽지 않지만 표면이자율과 만기의 유무에 따라 이표채, 무이표채, 영구채로 구분된다.

### (1) 이표채

이표채(coupon bond)는 만기와 표면이자율이 정해져 있어 만기일까지 매년 말에 정해진 약정이자(=액면가액×표면이자율)를 지급하고, 만기일에는 원금(액면가액)을 상환하는 채권을 말한다. 따라서 매년 말에 적용될 시장이자율이 일정하다고 가정할 경우에 이표채의 가치는 다음과 같이 평가할 수 있다.

$$P_0 = \frac{I}{(1+r)^1} + \frac{I}{(1+r)^2} + \cdots + \frac{I+F}{(1+r)^n} = \sum_{t=1}^{n} \frac{I}{(1+r)^t} + \frac{F}{(1+r)^n} \qquad (6.1)$$

식(6.1)에서 할인율 r은 투자자들이 해당 채권에 대하여 요구하는 수익률을 나타내며, 이를 시장이자율이라고 한다. 이표채는 식(6.1)에서처럼 확정된 약정이자를 지급하기 때문에 확정이자채권이라고 하며 표면이자율과 시장이자율의 관계에 따라서 다음과 같이 할증발행, 액면발행, 할인발행으로 구분된다.

┃표 6-5┃ 이표채의 종류

| 구 분 | 표면이자율과 시장이자율의 관계 | 액면가액과 시장가격의 관계 |
|---|---|---|
| 할증발행 | 표면이자율 > 시장이자율 | 액면가액 < 시장가격 |
| 액면발행 | 표면이자율 = 시장이자율 | 액면가액 = 시장가격 |
| 할인발행 | 표면이자율 < 시장이자율 | 액면가액 > 시장가격 |

→ 예제 6-1    이표채의 가치

한국기업은 액면가액이 10,000원이고, 표면이자율이 연10%이며, 이자를 매년 말에 지급하는 3년 만기 채권을 발행하고자 한다. 시장이자율이 8%, 10%, 12%일 경우에 한국기업이 발행한 이표채의 가치를 계산하시오.

**풀이**

1. 시장이자율이 8%인 경우

$$P_0 = \frac{1,000}{(1+0.08)^1} + \frac{1,000}{(1+0.08)^2} + \frac{11,000}{(1+0.08)^3} \rightarrow \therefore P = 10,515$$

2. 시장이자율이 10%인 경우

$$P_0 = \frac{1,000}{(1+0.10)^1} + \frac{1,000}{(1+0.10)^2} + \frac{11,000}{(1+0.10)^3} \rightarrow \therefore P = 10,000$$

3. 시장이자율이 12%인 경우

$$P_0 = \frac{1,000}{(1+0.12)^1} + \frac{1,000}{(1+0.12)^2} + \frac{11,000}{(1+0.12)^3} \rightarrow \therefore P = 9,520$$

## (2) 무이표채

무이표채(zero coupon bond)는 표면이자율이 0%인 채권, 즉 채권의 만기일까지 이자지급은 없고 만기일에 원금(액면가액)만 상환하는 채권으로 항상 할인발행되기 때문에 순수할인채(pure discount bond)라고도 한다. 따라서 만기가 n이고 액면가액이 F인 무이표채의 가치는 다음과 같이 평가할 수 있다.

$$P_0 = \frac{F}{(1+r)^n} \tag{6.2}$$

## (3) 영구채(perpetual bond)

영구채(consol)는 만기가 무한대인 채권, 즉 원금을 상환하지 않고 매년 말에 약정이자만 영구적으로 지급할 수 있다. 주식과 채권의 중간 성격을 띠고 있어 신종자본증권(hybrid bond)으로도 불린다. 따라서 매년 말에 I만큼씩의 약정이자를 영구히 지급하는 영구채의 가치는 다음과 같이 평가할 수 있다.

$$P_0 = \frac{I}{(1+r)^1} + \frac{I}{(1+r)^2} + \cdots + \frac{I}{(1+r)^\infty} = \frac{I}{r} \tag{6.3}$$

## 2. 채권가격의 특성

일반적으로 채권가격은 시장이자율, 만기, 표면이자율에 의해 결정된다. 이러한 요인을 기초로 Malkiel(1962)은 채권수익률과 채권가격간에는 다음과 같은 관계가 성립한다는 채권가격정리(bond price theorem)를 제시하였다. 채권가격은 시장이자율과 반비례의 관계에 있어 원점에 대해 볼록한 곡선으로 나타난다.

### (1) 채권가격과 시장이자율

채권가격은 시장이자율과 반비례 관계에 있어서 시장이자율이 하락하면 채권가격은 상승하고 시장이자율이 상승하면 채권가격은 하락한다. 따라서 시장이자율이 하락할 것으로 예상되면 채권투자(매입)을 늘리고 이자율이 상승할 것으로 예상되면 공매의 방법을 사용하는 것이 유리하다.

시장이자율의 변동폭이 동일할 경우 이자율의 하락으로 인한 채권가격의 상승폭은 이자율의 상승으로 인한 채권가격의 하락폭보다 크게 나타난다. 따라서 이자율이 하락하면 채권가격이 상승하여 채권투자성과가 크게 나타나므로 더욱 많은 채권을 매입하는 것이 유리하다고 할 수 있다.

┃그림 6-3┃ 시장이자율과 채권가격의 관계

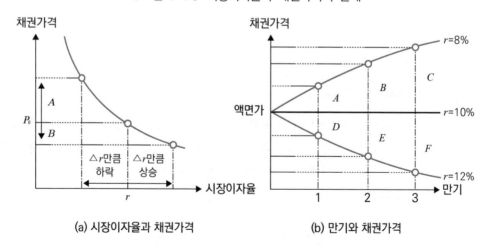

(a) 시장이자율과 채권가격　　　(b) 만기와 채권가격

### (2) 채권가격과 만기

다른 조건이 동일하면 채권의 만기가 길수록 일정한 이자율변동에 따른 채권가격의

변동폭이 크게 나타난다. 따라서 이자율이 하락할 것으로 예상되면 장기채에 대한 투자를 증가시켜 시세차익을 극대화시키고, 이자율이 상승할 것으로 예상되면 보유하고 있는 채권을 다른 채권으로 교체하는 매매전략이 유리하다.

이자율의 변동에 따른 채권가격의 변동폭은 만기가 길수록 증가하나 만기 한 단위 증가에 따른 채권가격의 변동폭은 감소한다. 따라서 시세차익을 높이려면 만기가 긴 장기채를 많이 보유하지 않는 것이 유리하다고 할 수 있다. 또한 잔존만기가 감소할수록 만기 한 단위 감소에 따른 채권가격의 상승폭은 커진다.

### (3) 채권가격과 표면이자율

다른 조건이 동일하면 일정한 이자율변동에 대해서 표면이자율이 낮을수록 채권가격의 변동폭이 크게 나타난다. 따라서 채권에 투자하여 높은 매매차익을 얻기 위해서는 표면이자율이 낮은 채권이 유리하다. 요컨대 일정한 이자율변동에 대해 표면이자율이 0%인 순수할인채의 가격변동폭이 가장 크게 나타난다.

### 3. 채권수익률의 정의

채권수익률은 채권에 투자해서 얻을 수 있는 투자수익률로 채권발행자의 원리금 상환능력 및 시장상황에 따라 다양하게 형성된다. 채권수익률은 채권에 투자한 금액과 채권을 만기일까지 보유할 경우 얻게 될 원리금의 현재가치를 일치시키는 할인율을 말한다. 즉 식(6.4)를 만족시켜 주는 r이 채권수익률이다.

$$P_0 = \sum_{t=1}^{n} \frac{I}{(1+r)^t} + \frac{F}{(1+r)^n} \tag{6.4}$$

채권의 액면가액이 10,000원, 표면이자율이 10%, 만기가 2년인 채권의 시장가격이 9,662원일 경우에 만기수익률은 다음과 같이 구할 수 있다.

$$9,662 = \frac{1,000}{(1+r)^1} + \frac{11,000}{(1+r)^2} \rightarrow \therefore r = 12\%$$

채권수익률은 채권의 투자금액과 투자한 채권의 미래현금흐름의 현재가치 사이에서 산출되는 것으로 사용하는 관점에 따라 시장에서 여러 가지 수익률 개념으로 호칭되어 투자수익률, 시장수익률, 유통수익률, 내부수익률(IRR : internal rate of return), 만기수익률(YTM : yield to maturity)이라고도 한다.

채권수익률은 동전의 앞뒷면처럼 수익률과 할인율 두 가지 개념으로 모두 사용된다. 수익률은 현재의 투자금액에 대해 미래에 발생하는 수익의 비율을 말하고, 할인율은 미래가치를 현재가치로 환산하는데 사용되나, 현재가치와 미래가치가 서로 불가분의 관계를 갖고 있어 보통 이자율로 통칭되어 사용된다.

만기수익률은 투자자가 채권을 현재의 시장가격으로 매입해서 만기일까지 보유하고, 약속된 이자와 원금을 약정대로 지급받으며, 매기 수령하는 이자를 만기일까지 만기수익률로 재투자한다고 가정할 경우 얻을 수 있는 연평균투자수익률을 말한다. 따라서 채권투자에 따른 내부수익률(IRR)과 동일한 개념이다.

따라서 채권을 현재시점에서 9,662원에 매입하여 약속대로 1년 후에 이자 1,000원과 2년 후에 이자와 원금 11,000원을 지급받고, 1년 후에 수령하는 이자 1,000원을 2년 후까지 12%의 수익률로 재투자한다고 가정할 경우에 채권에 투자하는 2년 동안 연평균 12%의 수익률을 달성할 수 있다는 의미이다.[1]

### 4. 듀레이션의 정의

듀레이션(D : duration)은 McCaulay가 금리변화에 따른 채권가격의 민감도를 측정하기 위해 고안했으며 채권투자에서 발생하는 현금흐름을 회수하는데 걸리는 평균기간을 말하며, 각 기간별 현금흐름의 현재가치가 전체 현금흐름의 현재가치에서 차지하는 비율을 가중치로 하여 현금흐름이 발생하는 기간을 곱해 산출한다.

$$D = \sum_{t=1}^{n} t \times \frac{\dfrac{C_t}{(1+r)^t}}{\displaystyle\sum_{t=1}^{n} \dfrac{C_t}{(1+r)^t}} = \sum_{t=1}^{n} t \times \frac{\dfrac{C_t}{(1+r)^t}}{P_0} \tag{6.5}$$

---

1) 만기수익률이 갖는 의미는 다음과 같이 확인할 수 있다.
   $1,000(1+0.12)+11,000 = 9,662(1+r)^2 \rightarrow \therefore r = 12\%$

**예제 6-2**　듀레이션의 계산

연세기업은 액면가액이 10,000원이고 표면이자율이 연 12% 이자후급이며 만기 3년의 채권을 발행하였다. 시장이자율을 10%로 가정하여 연세기업이 발행한 채권의 시장가격과 듀레이션을 계산하시오.

**풀이**

1. 채권의 시장가격

$$P_0 = \frac{1,200}{(1+0.10)^1} + \frac{1,200}{(1+0.10)^2} + \frac{11,200}{(1+0.10)^3} = 10,497$$

2. 채권의 듀레이션

| 기간 | C | PVIF(10%) | C의 현재가치 | 가중치 | 가중치×기간 |
|------|------|-----------|-------------|--------|-------------|
| 1 | 1,200 | 0.9091 | 1,090.92 | 0.1039 | 0.1039 |
| 2 | 1,200 | 0.8265 | 991.80 | 0.0945 | 0.1890 |
| 3 | 11,200 | 0.7513 | 8,414.56 | 0.8016 | 2.4049 |
| 합계 | | | P=10,497.28 | | D=2.6977 |

$$D = [1 \times \frac{1,200}{(1.1)^1} + 2 \times \frac{1,200}{(1.1)^2} + 3 \times \frac{11,200}{(1.1)^3}] \frac{1}{10,497.28} = 2.6977년$$

　　이표채에 투자하면 전체현금의 일부가 이자를 통해 만기 전에 회수되어 이표채의 듀레이션은 만기보다 짧다. 무이표채에 투자하면 현금흐름이 만기에만 발생하여 무이표채의 듀레이션은 만기와 같다. 만기가 무한대인 영구채의 듀레이션은 시장이자율이 변동하지 않는다면 시간의 경과에 관계없이 일정한 값을 갖는다.

　　시장이자율이 변화하면 채권가격이 변화하게 되는데, 일정한 이자율 변화에 대해 채권가격이 어느 정도 변화할 것인가는 채권가격의 이자율탄력성을 이용하여 측정할 수 있다. 시장이자율의 변화에 따른 채권가격의 변화정도를 측정하는 채권가격의 이자율탄력성($\varepsilon$)은 다음과 같이 듀레이션을 이용하여 구할 수 있다.

$$\varepsilon = \frac{dP_0/P_0}{dr/r} = -(\frac{r}{1+r})D \tag{6.6}$$

식(6.6)에서 채권가격의 이자율탄력성은 음수(−)로 나타나는데, 이는 채권가격의 변화가 시장이자율의 변화와 반비례관계에 있음을 의미한다. 또한 듀레이션이 길수록 채권가격의 이자율탄력성이 크게 나타나는데, 이는 듀레이션이 긴 채권이 일정한 시장이자율의 변화에 따른 채권가격의 변화율이 큰 채권임을 의미한다.

다른 조건이 동일하면 만기가 길수록, 표면이자율과 만기수익률이 낮을수록 채권가격의 변동위험이 크게 나타난다. 따라서 금리하락이 예상되면 만기가 길고 표면이자율이 낮은 채권을 매입하여 자본이득을 극대화하고, 금리상승이 예상되면 만기가 짧고 표면이자율이 높은 채권을 매입하면 자본손실을 극소화할 수 있다.

이자율의 변화가 작을 경우에는 듀레이션에 의해 측정되는 접선상의 채권가격과 실제 채권가격이 거의 동일하여 듀레이션이 채권가격의 변화를 측정하는 유용한 수단이 될 수 있다. 그러나 이자율의 변화가 클 경우에는 듀레이션에 의해 예측된 채권가격과 실제 채권가격간의 오차가 발생하여 볼록성을 추가로 고려해야 한다.

볼록성(convexity)은 시장이자율과 채권가격간의 관계를 나타내는 채권가격선의 볼록한 정도를 말한다. 수학적으로는 이자율의 변화에 따른 채권가격선의 기울기의 변화율을 나타내며 채권가격을 이자율로 2차 미분한 값에 해당한다. 따라서 볼록성을 고려하면 듀레이션에 의해 예측된 채권가격의 오차문제를 해결할 수 있다.

▮그림 6-4▮ 듀레이션과 채권가격의 변화

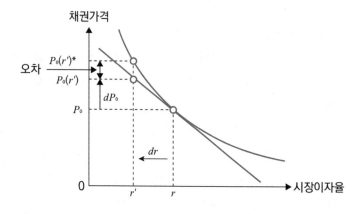

---

**• 예제 6-3**   듀레이션을 이용한 채권가격의 변화

한국기업은 액면가액이 10,000원이고 표면이자율 연 10% 이자후급이며 만기 3년의 채권을 발행하고자 한다. 시장이자율을 8%로 가정하여 다음 물음에 답하시오.

1. 한국기업이 발행하는 채권의 시장가격을 계산하시오.

2. 한국기업이 발행하는 채권의 듀레이션을 계산하시오.

3. 시장이자율이 8%에서 10%로 상승할 경우 채권의 가격은 얼마나 변화하는가?

4. 한국기업이 발행하는 채권의 새로운 가격을 계산하시오.

5. 시장이자율이 10%일 때 실제 채권가격을 계산하고 4의 결과와 비교하시오.

**풀이**

1. 한국기업이 발행하는 채권의 시장가격은 다음과 같이 구할 수 있다.

$$P_0 = \frac{1,000}{(1+0.08)^1} + \frac{1,000}{(1+0.08)^2} + \frac{11,000}{(1+0.08)^3} = 10,515.42원$$

2. 한국기업이 발행하는 채권의 듀레이션은 다음과 같이 구할 수 있다.

$$D = [1 \times \frac{1,000}{(1.08)^1} + 2 \times \frac{1,000}{(1.08)^2} + 3 \times \frac{11,000}{(1.08)^3}] \frac{1}{10,515.42} = 2.74년$$

3. $dP_0 = -\frac{D}{1+r} \times dr \times P_0 = -\frac{2.74}{1.08} \times (0.02) \times (10,515.42) = -533.56원$

4. 3으로부터 한국기업 채권의 새로운 가격은 다음과 같이 구할 수 있다.

$$P_0 = 10,515.42 - 533.56 = 9,981.86원$$

5. 시장이자율이 10%일 때 실제 채권가격은 다음과 같이 구할 수 있다.

$$P_0 = \frac{1,000}{(1+0.1)^1} + \frac{1,000}{(1+0.10)^2} + \frac{11,000}{(1+0.10)^3} = 10,000$$

4의 결과와 비교하면 듀레이션으로 측정된 채권가격이 실제 채권가격보다 적다. 이는 채권가격과 채권수익률의 관계가 선형이 아닌 원점에 볼록한 형태를 가지고 있기 때문이다.

## 5. 채권수익률의 위험구조

채권은 지급이자와 원금상환이 계약에 의해 정해진 확정소득증권이지만 발행자의

경영위험과 재무위험으로 원리금을 지급할 수 없는 경우도 있고 수의상환가능성과 같이 불확실성을 내포할 수 있다. 채권수익률의 위험구조는 채권발행자나 발행조건이 달라짐에 따라서 나타나는 채권수익률의 체계적 차이를 말한다.

### (1) 체계적 위험

#### ① 이자율변동위험

이자율변동위험은 채권에 투자하는 기간 동안 시장이자율이 변동하여 투자종료시점의 투자수익이 채권매입시점에 예상했던 것과 일치하지 않을 가능성을 말한다. 채권투자에 따른 수익은 투자기간에 수령하는 액면이자에 대한 재투자수익과 투자종료시점에 채권을 처분하여 수령하는 채권가격의 합으로 구성된다.

이자율변동위험은 재투자수익위험과 가격위험으로 구분된다. 재투자수익위험은 이자율이 변동하면 투자기간에 수령하는 이자를 재투자해서 얻게 될 수익이 예상했던 것과 달라질 수 있는 가능성을 말하고, 가격위험은 투자종료시점에 채권을 처분해서 받게 될 가격이 기대했던 것과 달라질 수 있는 가능성을 말한다.

이자율변동은 재투자수익위험과 가격위험에 상반된 영향을 미친다. 이자율이 상승하면 이자의 재투자로부터 얻는 재투자수익은 증가하지만 채권을 처분해서 받는 가격은 예상보다 하락한다. 이자율이 하락하면 이자의 재투자로부터 얻는 재투자수익은 감소하지만 채권을 처분해서 받는 가격은 예상보다 상승한다.

┃그림 6-5┃ 채권투자시 가격위험과 재투자수익위험

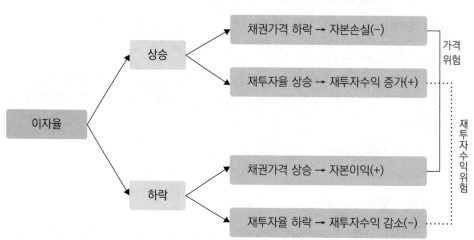

② 인플레이션위험

인플레이션위험(inflation risk)은 물가상승으로 인해 채권의 실질수익률이 하락하는 위험을 말한다. 채권수익률은 실질이자율과 기대인플레이션율의 합으로 결정된다. 미래에 예상되는 인플레이션율이 높을수록 실질수익률이 하락할 가능성이 증가하기 때문에 채권의 명목수익률은 상승하고 채권가격은 하락한다.

## (2) 비체계적 위험

### ① 채무불이행위험

채무불이행위험(default risk)은 채권발행자가 원리금을 약정대로 지급하지 못할 가능성으로 지급불능위험이라고도 한다. 채무불이행위험이 높을수록 약속수익률이 실현되지 않을 가능성이 높아 채권투자자들은 불확실성에 따른 위험프리미엄을 요구하게 되어 채권의 명목수익률은 상승하고 채권가격은 하락한다.

채무불이행위험은 신용평가기관의 채권평정으로 측정된다. 채권평정은 채권등급을 평가하는 전문기관이 채권발행자의 신용도와 채무불이행의 가능성을 평가하여 그 정도에 따라 채권의 등급을 결정하는 것으로 질적 평정(quality rating)이라고도 한다. 따라서 신용등급이 낮은 채권일수록 채무불이행위험이 크다.

### ② 수의상환위험

수의상환위험은 채권발행자가 만기 전 약정가격에 채권을 매입할 수 있는 수의상환권을 가질 때 발생한다. 수의상환권이 있는 채권은 수의상환권이 없는 채권보다 약속수익률을 달성하지 못할 수 있어 투자자들은 불확실성에 따른 위험프리미엄을 요구하여 채권의 명목수익률은 상승하고 채권가격은 하락한다.

### ③ 유동성위험

유동성위험(liquidity risk)은 시장성이 부족하여 채권을 적절한 가격으로 단시일에 매각할 수 없는 위험으로 환금성위험이라고도 한다. 투자자들은 보유한 채권을 채권시장에서 적정한 가격으로 매각할 수 없으면 유동성 부족에 대한 위험프리미엄을 요구하여 채권의 명목수익률은 상승하고 채권가격은 하락한다.

제3절 채권의 발행시장

## 1. 발행시장의 정의

채권의 발행시장은 정부나 기업 등 발행자가 채권을 발행하여 투자자에게 이를 제공하고 자금을 공급받은 제1차 시장(primary market)으로 투자자의 여유자금을 정부나 기업 등이 필요로 하는 재정정책의 재원 및 산업자금으로 전환하며 발행주체를 기준으로 국공채, 특수채, 회사채시장으로 크게 나눌 수 있다.

채권은 직접 발행되는 경우도 있지만 유가증권의 인수업무를 고유업무로 영위하는 금융투자회사를 통해 공모로 발행된다. 채권의 발행은 발행요건이 관련 법률에 의해 엄격히 제한되어 국채는 국회의 사전의결을 얻어야 하고, 회사채는 금융위원회가 증권신고서를 수리하여 효력이 발생한 다음에 발행할 수 있다.

┃표 6-6┃ 주요 채권의 발행기관 및 발행한도

| 구분 | 발행기관 | 발행근거법 | 발행한도 |
|---|---|---|---|
| 국 고 채 권 | 정부 | 국채법 | 국회동의 한도 이내 |
| 국 민 주 택 채 권 | 정부 | 주택도시기금법 | 국회동의 한도 이내 |
| 재 정 증 권 | 정부 | 국고금관리법 | 국회동의 한도 이내 |
| 통 화 안 전 증 권 | 한국은행 | 한국은행 통화안정증권법 | 금융통화위원회가 정하는 한도 이내 |
| 은 행 채 | 은행 | 은행법 | 자기자본의 5배 이내 |
| 회 사 채 | 주식회사 | 상법 | 없음[1] |
| 산 업 금 융 채 권 | 한국산업은행 | 한국산업은행법 | 자본금 및 적립금 30배 이내 |
| 한 국 전 력 채 권 | 한국전력공사 | 한국전력공사법 | 자본금 및 적립금 2배 이내 |
| 예 금 보 험 기 금 채 권 상 환 기 금 채 권 | 예금보험공사 | 예금자보호법 | 국회동의[2] 한도 이내 |
| 부실채권정리기금채권 | 한국자산관리공사 | 한국자산관리공사법[3] | 국회동의[2] 한도 이내 |

주 : 1) 2012년 4월부터 발행한도가 폐지되었음
  2) 통상적으로 정부보증에 의해 발행되며 이 경우 국회동의가 필요함
  3) 정식명칭은 「한국자산관리공사의 설립 등에 관한 법률」임

### (1) 국채

국채는 국고채권, 재정증권, 국민주택채권(1종), 보상채권 등 자금용도에 따라 4가지 종류로 나누어지며 종목에 따라서 발행방식과 이자지급방식이 서로 다르다. 국채의 종류 및 발행 관련법률, 발행목적, 발행조건(발행방법, 표면금리, 이자지급방식, 발행만기)는 [표 6-7]에 제시되어 있다.[2]

‖ 표 6-7 ‖ 국채의 종류 및 발행조건

| 구분 | 관련법률 | 발행목적 | 발행조건 | | | |
|---|---|---|---|---|---|---|
| | | | 발행방법 | 표면금리 | 금리지급 | 만기 |
| 국고채권 | 국채법 | 회계·기금에의 자금 예탁 | 경쟁입찰 | 입찰시 결정 | 이표채 (매6개월) | 2~50년 |
| 국고채권 (물가연동) | 국채법 | 회계·기금에의 자금 예탁 | 경쟁입찰 | 입찰시 결정 | 이표채 (매6개월) | 10년 |
| 재정증권 | 국고금관리법 | 재정부족자금 일시 보전 | 경쟁입찰 | 낙찰 할인율 | 할인 | 1년 이내[1] |
| 국민주택채권 (1종)[2] | 주택도시기금법 | 국민주택건설 재원 조달 | 첨가소화 | 1.00%[3] | 연단위 복리후급 | 5년 |
| 보상채권 | 공익사업을 위한토지등의취득및보상에관한법률 | 용지보상비 | 교부발행 | 실세금리[4] | 연단위 복리후급 | 5년 이내[5] |

주 : 1) 실제로는 통상 3개월 이내로 발행
   2) 국민주택채권 제2종은 2013년 5월 폐지, 제3종은 2006년 2월 폐지
   3) 2021년 8월 기준
   4) 시중은행 3년 만기 정기예금 금리
   5) 실제로는 3년 만기로 발행

국채는 국채법에 따라 기획재정부장관이 중앙정부의 각 부처로부터 발행요청을 받아 발행계획안을 작성한 후 국회 심의 및 의결을 거쳐 발행된다. 국채발행규모는 국회

---

2) 한국은행, 한국의 금융시장, 2021, 172-179쪽.

동의를 받은 한도 내에서 정부가 결정하며 공개시장의 발행을 원칙으로 한다. 현재 국민주택채권을 제외한 국채의 발행사무는 한국은행이 대행한다.

　　국고채의 경우 통상 낙찰금액 납입일 1영업일 전에 국고채전문딜러를 대상으로 BOK-Wire+를 통해 경쟁입찰로 발행된다. 다만 재정증권의 경우에는 국고채전문딜러, 통화안정증권 경쟁입찰 대상기관, 국고금운용기관 등을 대상으로 발행되고 있다. 국고채 입찰은 수요자의 예측성을 제고하기 위해 정례 실시된다.

　　2년 만기 국고채는 매월 둘째 화요일, 3년 만기 국고채는 매월 둘째 월요일, 5년 만기 국고채는 매월 넷째 월요일, 10년 만기 국고채는 매월 셋째 월요일, 30년 만기 국고채는 매월 첫째 월요일, 50년 만기 국고채는 격월(짝수월) 둘째 금요일, 물가연동국고채는 격월(짝수월) 셋째 금요일이 정기 입찰일이다.

　　선매출의 경우에는 오전 9:40~11:00까지, 본매출의 경우에는 10:40~11:00까지 20분간 진행된다. 국고채의 교부와 낙찰금액 납입은 입찰일 다음 영업일에 주로 이루어지며 낙찰금액이 납입되면 한국은행이 한국예탁결제원에 일괄등록을 통보하고 채권을 계좌대체함으로써 국고채의 발행절차가 종료된다.

┃ 표 6-8 ┃ 국채의 발행절차

| ① 국채발행계획안 작성 및 조정 | 각 부처는 예산요구서에 국채발행계획을 포함하여 기획재정부장관에 제출 기획재정부는 해당부처와 협의하여 국채발행계획안 작성 |
|---|---|
| ② 국채발행동의안 국무회의 심의 | 기획재정부는 국채발행동의안을 국무회의에 상정하여 심의 |
| ③ 국회 제출 | 국무회의 심의후 대통령 재가를 얻어 동의안을 국회에 제출 |
| ④ 국회 심의·통보 | 국회는 상임위 심의를 거쳐 본회의에서 심의·의결 후 정부에 통보 |
| ⑤ 국채발행계획 수립 | 정부는 국채발행일정 등 계획을 수립 |
| ⑥ 국채발행 | 국채발행계획에 따라 국채발행 대행기관을 통해 발행 |
| ⑦ 발행대금 세입조치 | 판매 또는 인수된 국채의 발행대금은 한국은행의 정부예금계정에 입금 |

┃그림 6-6┃ 국고채 발행메커니즘

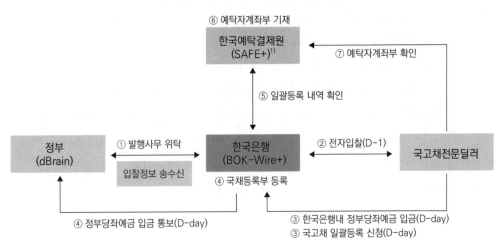

주 : 1) 증권대체 등을 처리하는 한국예탁결제원의 통합업무시스템
자료 : 기획재정부 「2020 국채」

## (2) 회사채

발행회사는 증권회사를 선정하여 발행사무를 위임하며 인수기관은 발행 회사채를
총액인수한 후 당일 매수자(기관투자자)에게 매출한다. 증권회사는 금융투자협회
K-Bond 시스템 및 FAX 접수를 통해 수요예측을 진행하고 수요예측 결과에 따라 발행
사채의 수량, 가격, 매수자를 발행기업과 협의하여 최종 결정한다.[3]

매수자는 지정된 청약일에 증권회사에 청약서를 제출하고 수탁은행에 청약내용을

┃그림 6-7┃ 회사채 발행메커니즘

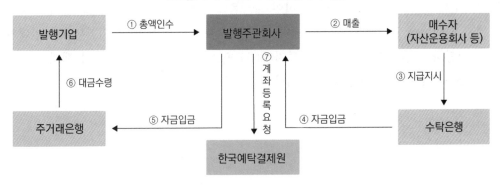

---

3) 한국은행, 한국의 금융시장, 2021, 182-183쪽.

통보하여 발행주관회사에 대금지급을 지시하며, 발행주관회사는 청약당일에 발행자금을 발행기업의 주거래은행에 입금한다. 한편 회사채의 인수도는 증권회사가 회사채를 매수자 명의로 한국예탁결제원에 개설된 계좌에 등록하면 종료된다.

원금상환 및 이자지급은 발행기업과 예탁결제원, 원리금지급 대행은행 및 채권교환 대행은행, 원리금상환 대행 증권회사를 통해 이루어진다. 예탁결제원은 원리금 지급 10일 전 원리금지급 대행은행에 지급기일 도래를 알리고 지급일 전일에 만기 회사채나 이표를 채권교환 대행은행을 통해 교환 청구한다. 지급일 전일 발행기업이 원리금지급 대행은행에 입금한 원리금은 채권교환 대행은행을 통해 원리금상환 대행 증권회사로 입금되고, 회사채 보유자는 증권회사에서 원리금을 회수한다.

**┃그림 6-8┃ 회사채 상환메커니즘**

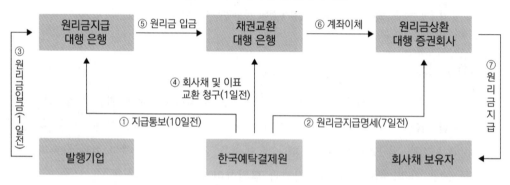

## 2. 발행시장의 구조

채권의 발행시장은 채권을 발행하여 자금을 조달하는 발행자(자금수요자), 발행자와 투자자 사이에서 채권발행에 따른 제반 업무를 수행하고 이에 따른 위험부담과 판매기능을 담당하는 전문 발행중개기관, 투자자(자금공급자)로 구성된다. 따라서 채권의 발행시장 구조는 [그림 6-9]와 같이 제시할 수 있다.

┃ 그림 6-9 ┃ 발행시장의 구조

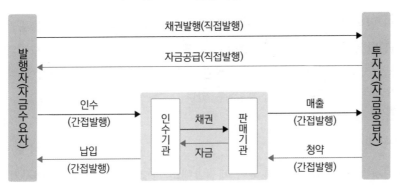

(1) 발행자

채권발행자는 채권을 발행하여 자금을 조달하는 주체로서 정부, 지방자치단체, 특별법에 의해 설립된 법인, 금융기관, 주식회사가 있다. 채권발행자는 투자자가 채권투자전략을 수립하는데 미치는 영향 때문에 중요한 의미를 갖는다. 이는 채권의 발행조건과 투자위험이 발행자에 따라 달라질 수 있기 때문이다.

┃ 표 6-9 ┃ 채권의 종류별 발행규모

(단위 : 조원)

| 구분 | 2005 | 2010 | 2015 | 2017 | 2019 | 2020 | 2021.상 |
|---|---|---|---|---|---|---|---|
| 국      채[1] | 87.0 | 86.7 | 164.0 | 123.1 | 165.8 | 238.4 | 145.2 |
| (국 고 채)[2] | 62.6 | 77.7 | 109.3 | 100.8 | 101.7 | 174.5 | 109.4 |
| 지  방  채[3] | 2.2 | 4.2 | 6.0 | 3.5 | 4.5 | 7.8 | 3.2 |
| 특  수  채[4] | 22.1 | 66.2 | 35.7 | 33.1 | 37.1 | 45.4 | 18.5 |
| 통화안정증권 | 165.1 | 248.2 | 191.5 | 163.7 | 118.2 | 144.1 | 68.2 |
| 금  융  채[5] | 84.4 | 109.7 | 142.5 | 171.1 | 191.5 | 235.3 | 119.6 |
| 회  사  채 | 39.0 | 56.9 | 53.6 | 47.3 | 60.3 | 62.9 | 38.2 |
| (A   B   S) | 16.8 | 11.1 | 19.5 | 15.0 | 15.0 | 20.9 | 7.4 |
| 합      계 | 399.8 | 571.9 | 593.3 | 541.8 | 577.4 | 733.9 | 392.9 |

주 : 1) 국고채, 재정증권, 국민주택채권(1종, 2종, 3종) 등
    2) 양곡기금채권(2000년 1월 이후) 및 외국환 평형기금채권(2003년 11월 이후) 포함
    3) 도시철도채권, 지역개발채권 등
    4) 공사채, 예금보험기금채권, 한국전력채권 등
    5) 산업금융채권, 중소기업금융채권, 은행채, 여신전문금융기관 회사채 등
자료 : 한국은행, 금융감독원, 한국예탁결제원

### (2) 발행기관

채권의 발행기관은 자금의 수요자인 채권발행자와 자금의 공급자인 채권투자자 사이에서 채권발행에 따른 제반 업무를 수행하고 이에 따른 위험부담 및 채권의 판매기능을 담당하는 전문 중개기관을 말한다. 채권의 발행기관은 수행하는 역할에 따라서 주관회사, 인수기관, 청약기관으로 구분할 수 있다.

### ① 주관회사

주관회사는 인수기관을 대표하여 채권발행의 타당성, 소화가능, 발행시기, 발행조건 등을 결정하며 채권발행에 대한 모든 업무를 총괄하는 기관이다. 채권발행의 규모가 크면 간사단을 구성하여 공동으로 주관업무를 수행하는데, 주관회사를 대표하는 회사를 대표주관회사, 기타 주관회사를 공동주관회사라고 한다.

### ② 인수기관

인수기관은 대표주관회사가 지정한 기관으로 주관회사와 협의하여 발행된 채권을 직접 매입하여 인수하는 기관을 말한다. 인수기관은 인수한 채권을 직접 보유할 수도 있고 일반투자자나 청약기관에 매도하는 판매자의 역할을 수행한다. 현재 주관회사의 자격을 지닌 금융기관에는 금융투자회사와 산업은행이 있다.

### ③ 청약기관

청약기관은 신규로 발행된 채권을 매입하고자 하는 불특정 다수의 투자자에 대한 청약업무만를 대행해주는 기관으로 인수기관과 달리 이들에게 할당된 채권을 매각함으로써 판매액에 대한 일정한 수수료를 수령한다. 일반적으로 청약업무는 인수업무를 허가받은 금융투자회사의 본점과 지점을 통해 이루어지고 있다.

### (3) 투자자

채권투자자는 채권발행시장에서 모집·매출되는 채권의 청약에 응하여 채권발행자가 발행하는 채권을 취득하는 자를 말하며, 전문적인 지식과 대규모의 자금을 운용하며 법인형태를 취하는 기관투자가와 개인자격으로 자산운용을 목적으로 채권에 투자하는 개인투자자가 있다. 우리나라는 기관투자가의 비중이 높다.

### 3. 채권의 발행방법

채권의 발행방법은 앞에서 서술한 주식의 발행방법을 준용한다. 채권의 발행방법은 채권투자자를 모집하는 대상범위에 따라 공모발행과 사모발행으로 구분된다. 채권의 공모발행은 발행기관의 채권발행업무 대행 여부 및 미발행채권에 대한 위험부담 귀속여부에 따라 직접발행과 간접발행으로 나누어진다.

### (1) 공모발행

공모발행은 불특정다수 50인 이상의 투자자를 대상으로 채권을 발행하는 방법을 말한다. 직접발행은 채권발행에 따른 위험을 발행자 또는 발행기업이 부담하는 반면에, 간접발행은 인수기관이 발행자로부터 발행채권의 전부 또는 일부를 인수하여 발행위험을 부담하고 사무를 직접 담당하는 경우를 말한다.

┃그림 6-10┃ 공모에 의한 채권의 발행방식

### ① 직접발행

채권의 직접발행은 채권의 발행주체가 자기 명의로 채권발행에 따른 제반위험을 부담하고 발행업무를 모두 담당하여 발행하는 방법을 말하며, 직접모집 또는 자기모집이라고도 한다. 직접발행은 채권의 발행조건을 발행하기 전에 미리 결정하고 발행하는지의 여부에 따라 매출발행과 입찰발행으로 구분된다.

### ㉠ 매출발행

매출발행은 채권발행액을 미리 확정하지 않고 일정기간 동안 투자자에게 채권을 판매하여 매도한 금액을 발행총액으로 하는 방법을 말한다. 우리나라 상법에서는 "주식회사는 사채전액의 납입이 완료된 후가 아니면 사채를 발행하지 못한다"라고 규정하여 매출발행에 의한 사채모집을 허용하지 않고 있다.

### ㉡ 입찰발행

경쟁입찰은 채권발행조건을 미리 정하지 않고 가격이나 수익률을 다수의 응찰자에게 입찰시켜 그 결과를 기준으로 발행조건을 정한다. 발행금리의 결정방식에 따라 복수금리결정방식, 단일금리결정방식, 차등가격낙찰방식으로 구분된다. 비경쟁입찰은 발행자가 발행조건을 결정한 후 응찰자가 입찰하는 방식이다.

### ② 간접발행

채권의 간접발행은 채권발행자가 모집, 매출을 직접 담당하는 것이 아니라 채권발행의 전문기관을 중개자로 개입시켜 중개기관이 불특정다수의 투자자들에게 채권을 발행하는 방법을 말한다. 채권의 간접발행은 발행총액 미달에 대한 역할부담의 정도에 따라 위탁모집, 잔액인수, 총액인수로 구분된다.

### ㉠ 위탁모집

위탁모집은 채권의 발행에 관한 제반업무를 인수기관에 위임하여 발행하는 방법으로 인수기관은 발행회사의 대리인 자격으로 또는 인수기관 자신의 명의로 채권을 발행하는 방법을 말한다. 이때 채권의 모집 또는 매출이 채권발행총액에 미달함으로써 발생하는 위험은 채권의 발행회사가 부담하게 된다.

### ㉡ 잔액인수

잔액인수는 채권을 발행하려는 기업은 채권발행업무 일체를 주관사와 인수기관에 위탁하고 주관사 회사는 발행회사의 명의로 채권을 모집 또는 매출하는 방법을 말한다. 이때 채권의 모집 또는 매출이 채권발행총액에 미달할 경우에는 인수기관이 그 잔액을 책임지고 인수한다는 계약에 의한 발행방법이다.

ⓒ 총액인수

총액인수는 채권발행업무의 일체를 인수기관이 처리하며 채권발행총액을 인수기관이 인수하여 인수기관의 책임하에 채권을 모집 또는 매출하는 방법을 말한다. 총액인수는 모집 또는 매출시 가격차에 의한 손익이 인수기관에 귀속되어 위험부담이 크다. 현재 무보증사채의 발행은 대부분 총액인수를 이용한다.

### (2) 사모발행

사모발행은 채권의 발행기관이 직접 특정투자자와 사적인 교섭을 통하여 채권을 매각하는 방법을 말한다. 사모발행은 공모로 발행해도 인수기관을 찾을 수 없거나 단기운영자금 조달을 위해 소규모로 발행할 경우에 이용되며, 감독기관에 증권신고서 등을 제출하지 않아 신속하게 발행할 수 있다는 장점이 있다.

그러나 사모발행에 따른 발행금리는 금융투자협회에서 고시하는 최종호가수익률에 해당 회사의 신용등급에 따라 매수회사와 협의한 일정한 스프레드를 감안하여 결정되어 높은 금리로 발행된다. 우리나라에서 사모사채는 자금대출의 성격을 갖기 때문에 은행이나 보험회사를 상대로 발행하는 경우가 일반적이다.

### 제4절 채권의 유통시장

채권의 유통시장은 장내시장과 장외시장으로 구분된다. 장내시장에는 한국거래소 내에 국채전문유통시장, 환매조건부채권매매시장, 일반채권시장이 개설되어 있다. 장외시장은 거래소 이외의 곳에서 비조직적으로 거래되는 시장을 칭한다. 과거 대부분의 채권거래는 장외시장에서 단순중개를 통해 체결되었다.

### 1. 장내 채권시장

### (1) 국채전문유통시장

국채전문유통시장은 1998년 재정경제부가 국채제도개선 및 채권시장 활성화방안에서 국채시장의 활성화를 위한 지표채권 육성 및 채권시장 하부구조 개선에 대해 언급하면서 본격적인 논의를 시작하여 1999년 3월 국채딜러간 경쟁매매를 위한 완전 전산화된 시스템 형식으로 개설되어 시장효율성도 향상되고 있다.

국채전문유통시장은 투명한 시장운영을 위해 시장상황이 정확히 반영되는 지표금리를 육성하여 합리적인 투자판단지표를 제공하고 다른 채권의 적정가격형성에 기여하며, 실제 거래정보를 기반으로 국채수익률이 실시간으로 제공되어 은행·기업 등 자금조달 및 채권투자시 지표금리로 국채금리의 활용도가 증대된다.

국채전문유통시장에 참여하는 국채딜러는 시장을 통하여 적시에 국채포지션을 조정함으로써 대고객거래에 대한 대응력을 높일 수 있고 딜링을 통해 합리적인 포트폴리오를 구축하고 효율적인 위험관리가 가능해진다. 따라서 국고채 인수부담이 경감되고 적극적인 입찰수요를 모집하여 원활한 시장소화가 가능해진다.

**┃그림 6-11┃ 국채전문유통시장의 거래메커니즘**

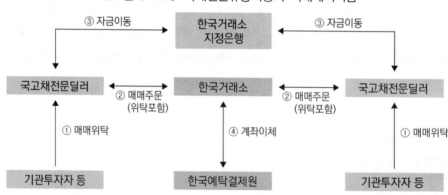

자료 : 한국은행, 한국의 금융시장, 2021, 188쪽.

국채전문유통시장의 주요 시장참가자에는 거래소의 채무증권전문회원 인가를 취득한 은행과 금융투자회사(국채딜러)가 있다. 딜러회사는 별도의 전산투자 없이 한국거래소가 개발한 매매프로그램을 거래담당자의 PC에 설치하고 인터넷을 통하여 한국거래소의 국채매매시스템(KTS)에 직접 접속하여 거래를 수행한다.

## (2) 환매조건부채권매매시장

Repo거래(Repurchase Agreement Transaction)는 자본시장에서 현재시점(매매일)에 거래대상이 되는 유가증권을 매도(매수)함과 동시에 사전에 약정한 특정시점(환매일)에 동 증권을 환매수(환매도)하기로 하는 두개의 매매계약이 동시에 이루어지는 유가증권의 매도·매수계약, 즉 환매조건부채권매매 거래를 말한다.

RP는 딜러가 자금을 조달하기 위해 채권을 되살 것을 조건으로 매도하는 것을 말하고, reverse RP는 딜러가 자금을 공여하기 위해 일정기간 후 채권을 되팔 것을 조건으로 매입하는 것을 말한다. 채권, 주식, CP, CD, MBS 등과 같은 다양한 증권이 레포거래의 대상이 될 수 있으나 통상적으로 채권이 주류를 이룬다.

**┃그림 6-12┃ 환매채(Repo)거래의 구조**

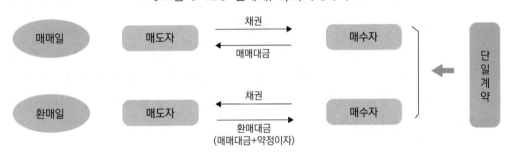

### (3) 일반채권시장

일반채권시장은 국채전문유통시장, Repo시장, 소액채권시장과 구별하기 위해 국채, 지방채, 특수채, 회사채 등 거래소에 상장된 채권이 거래되는 시장으로 회사채와 주권관련사채권(전환사채, 신주인수권부사채, 교환사채 등)의 거래가 많다. 전환사채의 매매는 공정한 가격형성을 위해 거래소시장을 통해야 한다.

일반채권시장의 참여에는 제한이 없으며, 거래소 회원이 아닌 투자자(개인, 법인, 기관투자가, 외국인 등)는 회원인 금융투자회사를 통해 간접적으로 시장에 참여할 수 있다. 금융투자회사에 위탁자계좌가 있는 경우에는 이를 통해 매매가 가능하며, 위탁자계좌가 없는 경우에는 신규로 개설하여 주문하면 된다.

주문을 받은 금융투자회사는 매매체결을 위해 이를 한국거래소시장에 전달한다. 거래소는 각 금융투자회사로부터 주문받은 내용을 매매원칙에 따라 매매체결을 하며 체결된 결과는 금융투자회사를 통해 일반투자자에게 통보한다. 호가접수시간은 8시부터 15시 30분까지, 정규매매시간은 9시부터 15시 30분까지이다.

### (4) 소액채권시장

소액채권시장은 제1종 국민주택채권, 서울도시철도채권, 지역개발채권, 지방도시철도채권 등과 같이 정부 및 지방자치단체가 공공정책 추진재원을 조달하기 위해 발행하는 첨가소화채권이 장외시장에서 중간상을 통해서 헐값에 매각되는 폐단을 해소하고 채권매입자의 환금성을 보장하기 위해 1995년 개설되었다.

국민들은 부동산 등기, 자동차 등록 등 각종 인허가에 필수적으로 첨가소화채권을 매입해야 하므로 이들 채권의 거래는 국민경제와 밀접한 관련이 있다. 소액채권시장에는 소액채권의무매입자, 소액채권매출대행기관, 소액채권매도대행회원, 소액채권조성회원 등 다른 시장에는 존재하지 않는 시장참여자가 있다.

소액채권의 매매거래는 거래소의 공신력을 활용하여 채권의무매입자의 편의를 제고하고 경제적 부담을 절감하기 위해 장내시장을 통해야 한다. 호가접수시간은 8시부터 15시 30분까지이고, 정규 매매거래시간은 9시부터 15시 30분까지이다. 15시 10분부터 30분까지 20분간은 전일에 결정된 시장가격으로 거래된다.

### (5) 소매채권시장

일반적으로 채권시장은 기관투자가 및 거액 자산가들이 주로 투자하는 시장으로 인식되어 일반투자자는 활발하게 채권에 투자하지 못하였다. 채권투자는 주로 증권사의 영업창구를 방문하여 직접 상담하고 그 증권사가 보유한 채권에만 투자하여 절차가 번거롭고 귀찮아 일반투자자의 채권투자 활성화가 어려웠다.

한국거래소는 일반투자자도 주식처럼 손쉽게 적절한 가격에 언제든지 채권에 투자할 수 있도록 2007년 8월부터 소매채권시장을 개설하여 운영하고 있다. 일반투자자는 1개 증권회사에서 개설한 계좌를 통해 여러 증권사를 직접 방문하지 않고도 증권사들이 보유한 다양한 채권을 비교하여 거래할 수 있게 되었다.

소매채권시장은 소매채권전문딜러라는 시장조성자제도를 운영하고, 일반투자자가 원하는 채권가격을 쉽게 발견할 수 있도록 시장조성자들이 여러 채권의 가격을 지속적으로 제공한다. 소매채권시장은 한국거래소 채권전자거래시스템을 이용하고 있어 투자자는 증권사의 홈트레이딩시스템을 통해 거래할 수 있다.

## 2. 장외 채권시장

장외시장은 금융투자회사 창구를 중심으로 협의매매방식의 거래가 이루어지며, 딜러시장, 브로커시장, 직접탐색시장 등을 총칭한다. 장내시장은 투자자 보호와 투명성 강화를 실현하는 제도화된 시장이고, 장외시장은 자생적으로 생성된 시장을 사후적으로 제도화하여 관리하는 시장으로 거래관행의 영향력이 크다.

장외시장은 거래의 특성상 매매시간 제한은 없으나 보통 08:30~16:30에 거래가 일어나며 거래단위는 관행상 100억원이다. 거래가 체결되면 매수기관은 자기 거래은행에게 매도기관 앞으로 대금지급을 지시하고 매도기관은 증권회사를 통해 한국예탁결제원에 계좌이체를 요청한다. 결제는 거래 익일에 이루어진다.[4]

**┃그림 6-13┃ 채권의 장외유통 메커니즘[1]**

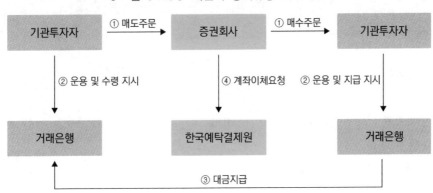

주 : 1) 기관투자자간 채권거래를 전제로 함

딜러(dealer)는 자신이 직접 고객의 거래상대방이 되어 위험을 부담하면서 자기계정으로 채권거래를 하는 금융기관을 말한다. 딜러를 통해 거래가 이루어지는 딜러시장에서는 딜러가 제시한 호가에 따라서 즉각 채권을 매매할 수 있는 장점이 있으며, 딜러의 이익은 매도호가와 매수호가간의 스프레드로 실현된다.

브로커시장은 투자자들이 거래상대방을 찾기 위하여 대리인(broker)에게 매매를 위임하여 간접적으로 참가하는 시장형태를 말한다. 브로커는 딜러와 달리 자기계정의 포지션을 갖지 않고 채권거래의 중개만을 담당하는데, 자기의 고객을 위해 거래상대방을 찾아가서 거래가격을 협상하고 그 대가로 수수료를 받는다.

---

4) 한국은행, 한국의 금융시장, 2021, 186쪽.

장외시장은 1976년 장외거래를 금지했던 증권거래법이 개정되어 국채의 장외거래가 허용되면서 시작되었고, 1980년대 경제발전과 함께 채권의 발행종목 및 시장참여자가 증가하면서 유통시장의 한 축으로 성정했다. 1984년 정부가 모든 채권의 장외거래를 허용하고 장외시장을 제도화하면서 발전기반이 구축되었다.

채권은 발행주체가 동일해도 발행조건에 따라 다른 종목이 되어 종목수는 많으나 종목당 작은 금액은 장외시장에서 거래되고 개인투자자보다는 자산운용사, 은행, 연기금, 보험회사 등 기관투자자간의 대량매매 방식으로 거래되며 거래상대방을 찾기 어려워 금융투자회사를 통한 협의매매 방식으로 거래에 참여한다.

장외시장에서는 금융투자회사 상호간, 금융투자회사와 고객간, 고객 상호간에 상장/

**❙표 6-10❙ 채권 장외시장 및 장외시장의 비교**

| 구분 | 장외시장 | | 장내시장 | |
|---|---|---|---|---|
| | 증권회사 단순중개 | IDB 중개[1] | 일반채권시장 | 국채전문유통시장 |
| 거래참가기관 | 제한없음 | 기관투자자,<br>자산운용회사,<br>뮤추얼펀드 등 | 한국거래소<br>정회원[2] | 국고채전문딜러,<br>국채일반딜러 |
| 거래중개기관 | 증권회사 | IDB | 한국거래소 | 한국거래소 |
| 주요 거래종목 | 모든 채권 | 좌동 | 국민주택채권,<br>주식관련사채 | 국고채권,<br>통안증권,<br>예금보험기금채권 |
| 매 매 방 식 | 상대매매 | 상대매매[3] | 경쟁매매<br>(자동매매시스템) | 좌동 |
| 매 매 시 간 | 제한 없으나 통상<br>08:30~16:30 | 좌동 | 09:00~15:30 | 좌동 |
| 결 제 시 점 | T+1−30 | 좌동 | T | T+1 |
| 최소 매매단위 | 제한 없으나 통상<br>100억원 | 좌동 | 일반채권 1,000원<br>단기사채 1억원 | 10억원 |

주 : 1) 2003년 2월「증권거래법 시행령」개정으로 IDB(Inter−Dealer Broker)의 중개대상기관이 기관투자자로 확대됨에 따라 사실상 증권회사와 동일하게 채권을 중개하고 있음
2) 일반투자자의 경우 증권회사를 통한 위탁매매 거래가 가능
3) 당초 브로커의 개입 없이 전산스크린에 의한 완전자동매매시스템을 이용한 거래형태를 지향하였으나 현재는 증권회사와 동일하게 단순중개하는 형태로 운용

자료 : 한국은행, 한국의 금융시장, 2021, 185쪽.

비상장 구분없이 모든 채권을 거래대상으로 한다. 장외시장은 장내시장에서 표준화하여
거래하기 곤란한 채권에 유동성을 부여하여 다양한 채권의 유통 원활화에 기여하며 매
매시간은 8시 30분부터 16시 30분까지 거래가 이루어진다.

| 보론 6-1 | 채권평정 |
|---|---|

채권수익률의 위험구조에서 가장 중요한 것은 채권의 발행자가 원리금을 약정대로 지급하지 못할 수 있는 채무불이행위험이다. 그런데 채무불이행위험은 투자자 스스로 판단할 수도 있지만, 대부분은 전문적인 채권평가기관에서 여러 자료들을 분석하여 일반에게 공개하는 채권평정에 의존하는 것이 일반적이다.

채권평정(bond rating)은 신용평가기관이 채권발행자의 신용도와 채무불이행의 가능성을 평가하여 그 정도에 따라 채권의 등급을 결정하는 것을 말하며 질적 평정이라고도 한다. 우리나라는 한국신용평가회사와 한국신용정보 등이 채권평정을 하고 있으나 미국의 경우는 채권평정이 실무적으로 보편화되어 있다.

미국의 무디스와 S&P의 채권평정이 널리 사용된다. 채권의 신용위험의 정도에 따라 무디스사는 Aaa에서 C까지 9개의 등급, S&P사는 AAA에서 E까지 11개의 등급을 부여한다. 이들은 투자자보호조항, 담보물, 이자보상비율, 자본화비율, 유동비율 그리고 기타 재무자료 등을 분석하여 투자자에게 공개하고 있다.

채권의 질적평정은 채권평가시 할인율에 영향을 미치며 채권가격은 할인율에 의해 결정되기 때문에 채권평정은 채권의 가격결정에 직접적인 영향을 미친다. 채권평정이 높은 고급채권일수록 채권수익률이 낮고 스프레드도 낮은 반면에 채권평정이 낮은 저급채권일수록 높은 채권수익률과 높은 스프레드를 갖는다.

그러나 채권의 질적평정과 할인율과의 관계는 항상 일정한 것은 아니며 정부의 재정금융정책, 자금의 수요공급 그리고 경기변동 등에 따라 변할 수 있다. 흔히 경기회복기에는 스프레드가 적고 경기후퇴기에는 스프레드가 커진다. 그 이유는 경기변동에 따라 투자자들의 위험에 대한 태도가 달라지기 때문이다.

따라서 낙관적인 분위기가 지배적인 경기회복기에는 일정한 위험에 대해서 보다 적은 위험프리미엄을 요구하게 되고, 경기후퇴기에는 보다 큰 위험프리미엄을 요구하는 것이 일반적이기 때문이다. 채무불이행위험과 잔존기간과의 관계는 등급이 낮은 채권과 등급이 높은 채권의 경우로 구분하여 살펴볼 수 있다.

채권의 잔존기간에 동일한 위험률을 가진 채권이 있다고 가정하면 그 위험률은 만기에 가까워질수록 감소한다. 실제로 항상 동일한 위험률 또는 재무상황을 유지하고 있는 발행자는 없겠으나, 신용등급이 높은 채권의 발행자라면 투자자는 잔존기간이 짧아짐에 따라 위험은 감소한다고 생각해도 좋을 것이다.

우리나라 신용평가기관들은 S&P사와 유사한 신용등급을 사용하고 있고 회사채 신용등급은 원리금의 상환능력에 따라 AAA~D까지 10개의 등급으로 분류된다. AAA~BBB까지는 투자적격등급, BB~D까지는 투자부적격등급에 해당한다. 그리고 AA부터 B등급까지는 +와 −를 추가하여 등급을 세분화하고 있다.

**▮표 6-11▮ 한국신용평가회사의 신용등급과 의미**

| 등급 | 구분 | 정의 |
|---|---|---|
| 투자등급 | AAA | 원리금 지급능력이 최상급임 |
| | AA | 원리금 지급능력이 매우 우수하지만 AAA채권보다는 다소 열위임 |
| | A | 원리금 지급능력은 우수하지만 상위등급보다 경제여건 및 환경악화에 따른 영향을 받기 쉬운 면이 있음 |
| | BBB | 원리금 지급능력이 양호하지만 상위등급에 비해서 경제여건 및 환경악화에 따라 장래 원리금의 지급능력이 저하될 가능성을 내포하고 있음 |
| 투기등급 | BB | 원리금 지급능력이 당장은 문제가 되지 않으나 장래 안전에 대해서는 단언할 수 없는 투기적인 요소를 내포하고 있음 |
| | B | 원리금 지급능력이 결핍되어 투기적이며 불황 시에 이자지급이 확실하지 않음 |
| | CCC | 원리금 지급에 관하여 현재에도 불안요소가 있으며 채무불이행의 위험이 커 매우 투기적임 |
| | CC | 상위등급에 비하여 불안요소가 더욱 큼 |
| | C | 채무불이행의 위험성이 높고 원리금 상환능력이 없음 |
| | D | 상환불능상태임 |

주 : 한국신용평가회사의 무보증 선순위 회사채(금융채 포함) 신용등급 기준이며 위의 등급 중 AA등급에서 B등급까지는 등급 내 상대적 우열에 따라 +, -기호를 부가함.

　　　　　　　　　　　　　　　　面역전략

　　채권투자와 관련된 시장이자율의 변화위험은 가격변동위험과 재투자수익위험으로 구분되는데, 시장이자율이 변화하면 이들은 서로 반대방향으로 움직인다. 즉 시장이자율이 상승하면 채권가격은 하락하나 재투자수익은 증가하고, 시장이자율이 하락하면 채권가격은 상승하나 재투자수익은 감소한다.

　　따라서 두 효과를 적절히 상쇄시키면 체계적 위험인 금리위험을 제거할 수 있어 시장이자율이 급변하는 투자환경 속에서도 투자자산을 방어할 수 있다는 매혹적인 결론에 이르게 된다. 이처럼 이자율변화의 상쇄효과에 착안하여 이자율변동이라는 시장위험을 회피하려는 채권투자전략이 면역전략이다.

　　요컨대 면역전략은 채권포트폴리오의 듀레이션과 채권투자기간을 일치시키게 되면 목표로 하는 채권투자종료시점에 채권포트폴리오의 실현수익률이 투자기간 동안에 시장이자율의 변화에 관계없이 약속수익률을 상회하게 될 것을 보장하는 전략을 의미하며 듀레이션의 개념을 기초로 하고 있다.

　　즉 채권의 투자기간을 듀레이션과 일치시키면 이자율변화위험을 회피할 수 있는 면역상태가 가능하여 미래현금흐름의 편차를 적게 하면서 약속수익률을 달성할 수 있다. 예컨대 채권투자자가 2.7년 후에 자금이 필요한데 이자율변화위험을 제거하고 싶으면 듀레이션이 2.7년인 채권에 투자하면 된다.

　　따라서 채권면역전략은 시장이자율이 변화하면 채권가격위험과 재투자수익위험이 서로 반대방향으로 움직인다는 상쇄효과에 착안하여 이자율변화위험을 제거하려는 채권투자전략으로 이용이 확산되고 있다. 그러나 면역전략의 일반적인 적용에 다음과 같은 현실적인 문제점들이 없는 것은 아니다.

　　채권에 대한 투자규모가 상당액 이상이어야 하므로 일반투자자는 이용하기 어렵고 여러 채권에 대한 듀레이션을 계산하려면 컴퓨터시스템의 이용이 전제되어야 하며 완벽하게 이자율변동위험을 제거시키려면 이자율이 변화할 때마다 모든 채권의 듀레이션이 조금씩 변하므로 채권포트폴리오를 재면역시켜야 한다.

　　또한 투자자들이 실제로 원하는 목표투자기간과 동일한 듀레이션을 갖는 채권을 찾는다는 것은 쉬운 일이 아니다. 그러나 듀레이션은 가법성을 갖기 때문에 여러 가지 채권을 결합시켜 원하는 듀레이션의 채권포트폴리오를 구성할 수 있다. 채권면역전략은 목표시기면역전략과 순자산가치면역전략으로 구분된다.

　　목표시기면역전략은 투자자의 목표투자기간과 동일한 듀레이션을 갖는 채권에 투자하면 이자율변화에 따른 채권가격의 변화와 액면이자의 재투자수익의 변화가 서로 상쇄되어 이자율변화위험을 완전히 제거시키는 면역전략을 말하며 미래현금흐름의 편차를 적게 하면서 약속수익률을 얻을 수 있게 된다.

그러나 채권투자자가 원하는 목표투자기간과 동일한 듀레이션을 갖는 채권을 찾는다는 것은 쉬운 일이 아니며 시간이 경과하고 시장이자율이 변화할 때마다 채권의 듀레이션이 조금씩 변하여 채권포트폴리오를 재면역시켜야 하고 채권포트폴리오를 재구성함에 따라 거래비용이 증가한다는 문제점이 있다.

---

**• 예제 6-4**  목표시기면역전략

국제기업은 액면가액 10,000원이고 표면이자율 연 12% 이자후급이며 시장이자율 은 8%, 만기 3년의 채권을 발행하였다. 시장이자율이 10%로 상승할 경우 채권의 시장가격은 10,497원이고 듀레이션은 2.6977년이다. 다음 물음에 답하시오.

1. 시장이자율이 8%로 불변인 경우 2.7년 후 투자자의 부를 계산하시오.

2. 시장이자율이 10%로 상승한 경우 2.7년 후 투자자의 부를 계산하시오.

**풀이**

1. 시장이자율이 8%로 유지될 경우 2.7년 후에 투자자의 부는 13,578원이 된다.

① 이자소득의 재투자수입은 이자수입이 있을 때마다 남은 기간 재투자수익률 8%에 재투자한다.

$$1,200(1.08)^{1.7} + 1,200(1.08)^{0.7} = 1,368 + 1,264 = 2,634원$$

② 2.7년 시점에서 채권의 매각대금은 시장이자율 8%로 할인하여 구한다.

$$11,200/(1.08)^{3-2.7} = 10,944원$$

∴ 2.7년 후의 부 = ①+② = 2,634+10,944 = 13,578원

2. 시장이자율이 10%로 상승할 경우 2.7년 후에 투자자의 부도 13,578원이 된다.

① 이자소득의 재투자수입은 이자수입이 있을 때마다 남은 기간 재투자수익률 10%에 재투자한다.

$$1,200(1.10)^{1.7} + 1,200(1.10)^{0.7} = 1,411 + 1,283 = 2,694원$$

② 2.7년 시점에서 채권의 매각대금은 시장이자율 10%로 할인하여 구한다.

$$11,200/(1.10)^{3-2.7} = 10,884원$$

∴ 2.7년 후의 부 = ①+② = 2,694+10,884 = 13,578원

시장이자율이 8%에서 10%로 상승하면 자본손실이 60원 발생하지만, 이자수입의 재투자수익은 60원 증가하는 소득효과가 발생하여 서로 상쇄됨으로써 시장이자율이 8%로 유지되었을 경우 부와 동일하게 되어 이자율변동위험을 제거시키는 채권면역이 가능하게 된다.

## 제1절 채권시장의 개요

1. 채권의 정의 : 채무자가 원리금 상환을 약속하고 발행하는 채무증서

2. 채권의 발행조건 : 액면가액, 표면이자율, 만기일

3. 채권의 본질 : 확정이자부증권, 기한부증권, 이자지급증권, 장기증권, 상환증권

4. 채권의 특성 : 수익성, 안정성, 유동성

5. 채권의 종류

① 발행주체 : 국채, 지방채, 특수채, 금융채, 회사채

② 이자지급 : 이표채, 무이표채, 복리채, 단리채

③ 이자변동 : 고정금리채, 변동금리채(FRN)

④ 지급보증 : 보증채(정부보증채 · 일반보증채), 무보증채

⑤ 담보제공 : 담보부사채, 무담보부채

⑥ 모집방법 : 공모채, 사모채

⑦ 상환기간 : 단기채, 중기채, 장기채

⑧ 권리부여 : 전환사채, 신주인수권부사채, 교환사채, 수의상환사채, 상환청구사채

6. 주식과 채권의 비교

| 구 분 | 주식(stock) | 채권(bond) |
|---|---|---|
| 자금조달 | 자기자본(직접금융) | 타인자본(직접금융) |
| 증권성격 | 출자증권 | 대부증권 |
| 투 자 자 | 주주(경영참여 가능) | 채권자(경영참여 불가) |
| 반대급부 | 배당소득 | 이자소득 |
| 상환여부 | 상환없음(예외 : 상환주) | 만기상환(예외 : 영구채) |
| 존속기간 | 영구증권 | 기한부증권 |

## 제2절 채권의 가치평가

1. 채권의 가치평가 : 채권투자로부터 얻게 될 이자(I)와 원금(F)의 현재가치

① 이표채 : $P_0 = \sum_{t=1}^{n} \dfrac{I}{(1+r)^t} + \dfrac{F}{(1+r)^n}$

② 무이표채 : $P_0 = \dfrac{F}{(1+r)^n}$

③ 영구채 : $P_0 = \dfrac{I}{r}$

2. 채권가격의 특성

① 이자율이 하락하면 채권가격은 상승하고 이자율이 상승하면 채권가격은 하락

② 이자율의 변동폭이 동일하면 이자율 하락에 따른 채권가격의 상승폭은 이자율 상승에 따른 채권가격의 하락폭보다 크게 나타남

③ 만기가 길어질수록 일정한 이자율 변동에 대한 채권가격의 변동폭이 커짐

④ 만기가 길어질수록 만기의 한 단위 증가에 따른 채권가격의 변동폭은 감소

⑤ 표면이자율이 낮을수록 이자율 변동에 따른 채권가격의 변동률은 커짐

3. 채권수익률의 정의
   매입한 채권을 상환시까지 보유할 때의 채권투자에 따른 내부수익률

4. 듀레이션의 정의
   채권투자에 따른 현금흐름을 회수하는데 걸리는 평균회수기간

5. 채권수익률의 위험구조

① 체계적 위험 : 이자율변동위험, 인플레이션위험

② 비체계적 위험 : 채무불이행위험, 수의상환위험, 유동성위험

## 제3절 채권의 발행시장

1. 발행시장의 정의
   발행자가 채권을 발행하여 투자자에게 제공하고 자금을 공급받는 시장

2. 발행시장의 구조 : 발행자, 발행기관(주관회사 · 인수기관 · 청약기관), 투자자

3. 채권의 발행방법

① 공모발행 : 직접발행(매출발행 · 입찰발행), 간접발행(위탁모집 · 잔액인수 · 총액인수)

② 사모발행 : 채권발행자가 특정투자자와 사적 교섭을 통해 채권을 매각

## 제4절 채권의 유통시장

1. 장내 채권시장
   국채전문유통시장, 환매조건부채권매매시장, 소액채권시장, 일반채권시장

2. 장외 채권시장
   채권의 매매가 정규 거래소 이외의 곳에서 비조직적으로 거래되는 시장

**1.** 다음 중 채권의 특성으로 적절하지 않은 것은?
① 채권은 누구나 발행할 수 있다.
② 채권은 장기로 안정적인 자금을 조달할 수 있는 장기증권이다.
③ 채권발행자는 수익의 발생여부와 관계없이 이자를 지급해야 한다.
④ 발행시 이자와 만기 상환금액이 사전에 정해진 확정이자부증권이다.

| 해설 | 채권은 정부, 지방자치단체, 특수법인, 주식회사가 발행할 수 있어 발행주체의 자격 및 발행 요건이 법으로 정해져 있다.

**2.** 다음 중 채권투자의 특성으로 적절하지 않은 것은?
① 채권은 유통시장을 통해 쉽게 현금화할 수 있다.
② 재투자수익은 금리하락에 따른 채권가격의 상승으로 인한 소득이다.
③ 이자소득에 대해서는 과세하지만 자본이득에 대해서는 과세하지 않는다.
④ 신용도가 낮은 기업이 발행하는 채권을 정크본드(junk bond)라고 한다.

| 해설 | 채권투자자는 표면이자수익, 자본이득, 재투자수익을 얻을 수 있다. 재투자수익은 투자기간 동안 수령한 표면이자를 만기까지 재투자하여 얻은 수익을 말한다.

**3.** 다음 중 채권에 대한 설명으로 적절하지 않은 것은?
① 만기수익률을 계산하려면 반드시 채권의 현재가격을 알아야 한다.
② 채권의 시장가격은 만기일에 근접할수록 액면가액에 접근한다.
③ 무이표채는 이표채와 달리 재투자수익위험은 없고 가격위험만 있다.
④ 시장이자율이 일정하면 할증채는 만기일에 근접할수록 채권가격은 상승한다.
⑤ 시장이자율이 불변이면 액면채의 가격은 시간의 흐름에 관계없이 일정하다.

| 해설 | 시장이자율이 현재수준으로 유지되면 할증채는 만기일에 접근할수록 채권가격은 하락한다.

**4.** 다음 중 채권과 주식의 차이점에 대한 설명으로 적절한 것은?
① 채권은 자기자본으로 계상하고, 주식은 타인자본으로 계상한다.
② 회사가 해산시 채권자는 주주에 우선하여 잔여재산을 분배받을 권리가 있다.
③ 채권투자자는 이익배당청구권이 있고, 주식투자자는 원리금상환청구권이 있다.
④ 채권은 직접적인 자금조달수단이고, 주식은 간접적인 자금조달수단이다.

| 해설 | ① 채권은 타인자본으로 계상하고, 주식은 자기자본으로 계상한다.
③ 채권투자자는 원리금상환청구권이 있고, 주식투자자는 이익배당청구권이 있다.
④ 채권은 직접적인 자금조달수단이고, 주식도 직접적인 자금조달수단이다.

**5.** 다음 중 시장이자율과 채권가격에 관한 설명으로 적절하지 않은 것은?

① 시장이자율이 상승하면 채권가격은 하락한다.

② 장기채일수록 동일한 이자율변동에 대한 채권가격변동폭은 커진다.

③ 장기채일수록 동일한 이자율변동에 대한 채권가격변동폭은 체감적으로 증가한다.

④ 시장이자율 상승시 채권가격의 하락보다 동일한 시장이자율 하락시 채권가격의 상승이 더 크다.

⑤ 액면이자율이 높을수록 동일한 이자율 변동에 대한 채권가격 변동률이 더 크다.

| 해설 | 다른 조건이 동일하면 액면이자율이 낮을수록 동일한 이자율 변동에 대한 채권가격 변동률이 더 크다.

**6.** 앞으로 시장이자율이 하락할 것으로 예상한 투자자가 1년 동안 수익률을 극대화하기 위해 취할 수 있는 채권투자전략 중 가장 유리한 것은?

① 상대적으로 액면이자율이 낮은 만기 1년 이상의 장기채를 매도한다.

② 상대적으로 액면이자율이 높은 만기 1년 미만의 단기채를 매입한다.

③ 상대적으로 액면이자율이 낮은 만기 1년 미만의 단기채를 매입한다.

④ 상대적으로 액면이자율이 높은 만기 1년 이상의 장기채를 매입한다.

⑤ 상대적으로 액면이자율이 낮은 만기 1년 이상의 장기채를 매입한다.

| 해설 | 시장이자율이 하락하면 채권가격은 상승하므로 시장이자율의 변화에 대한 채권가격의 변화가 큰 채권을 매입하는 것이 유리하다. 따라서 만기가 길고 표면이자율이 낮은 채권을 매입해야 자본이득을 극대화할 수 있다.

**7.** 액면가액 10,000원, 만기 3년, 표면이자율 연 16%(이자는 매 분기말 지급)로 발행된 회사채가 있다. 만기일까지 잔존기간이 5개월 남은 현시점에서 회사채의 만기수익률이 연 12%이면 채권의 이론가격은? (가장 근사치를 고를 것)

① 9,890원          ② 10,000원

③ 10,112원          ④ 10,297원

⑤ 10,390원

| 해설 | 마지막 원리금을 지급하는 시점은 만기일인 5개월 후이고, 그 직전 이자를 지급하는 시점은 만기일로부터 3개월 전이다. 회사채에 투자할 경우 미래 현금흐름은 2개월 후 이자 400원과 5개월 후 원리금 10,400원을 이용하여 채권의 이론가격을 계산하면 10,297원이다.

$$P_0 = \frac{400}{1+0.12\times2/12} + \frac{10,400}{1+0.12\times5/12} = 10,297원$$

**8.** 다음 중 채권의 만기수익률에 대한 설명으로 적절하지 않은 것은?

① 채권을 만기까지 보유하고 중도에 지급된 이자를 만기수익률로 재투자한다고 가정하여 만기수익률을 계산한다.

② 투자자가 채권을 현재가격에 매입하여 만기까지 보유하는 경우에 얻게 되는 내부수익률이다.

③ 순수할인채의 만기수익률은 현물이자율이 되는 반면에 이표채의 만기수익률은 현물이자율과 다를 수 있다.

④ 만기수익률 10%인 이표채를 만기까지 보유하면 연 10%의 수익률을 달성한다.

⑤ 만기수익률 8%인 무이표채를 만기까지 보유하면 연 8%의 수익률을 달성한다.

| 해설 | 이표채는 중도에 지급되는 이자를 만기수익률로 재투자할 수 없으면 사후적인 채권의 수익률은 만기수익률이 되지 않는다.


**9.** 다음 중 투자자들의 요구수익률이 어떤 요인에 의해 달라졌을 경우에 어느 채권가격의 변화가 가장 크다고 생각하는가?

① 쿠폰이자율이 높은 경우          ② 쿠폰이자율이 낮은 경우
③ 만기수익률이 높은 경우          ④ 액면가액이 높은 경우

| 해설 | 채권의 만기가 길수록, 표면이자율이 낮을수록, 만기수익률이 낮을수록 듀레이션이 길다. 따라서 시장이자율의 변동에 따른 채권가격의 변동이 커지려면 듀레이션이 긴 채권에 투자해야 하므로 만기가 길고 표면이자율이 낮은 채권에 투자해야 한다.


**10.** 다음 중 채권의 듀레이션에 대한 설명으로 옳지 않은 것은?

① 채권을 소유함으로써 실현될 총수입의 현재가치에 대한 각 시점에 살현될 수입의 현재가치 비율을 그 수입 실현시기까지의 기간에 따라 가중평균한 값을 말한다.

② 각 시점의 미래현금흐름에 기간을 가중평균한 값을 현재가치화한 금액의 합계와 채권의 발행가액과의 비율을 말한다.

③ 시장이자율의 변동에 대한 채권가격의 탄력성을 나타낸다.

④ 채권의 표면이자율이 낮을수록 듀레이션은 커진다.

⑤ 장기채권의 듀레이션은 단기채권의 듀레이션보다 작다.

| 해설 | 만기가 길수록, 표면이자율이 낮을수록, 만기수익률이 낮을수록, 이자지급회수가 적을수록 듀레이션이 길다. 따라서 듀레이션과 만기와는 비례관계에 있다.

**11.** 다음 중 채권에 관한 설명으로 가장 적절하지 않은 것은?

① 다른 모든 조건이 동일할 때 만기수익률이 높은 채권일수록 금리의 변화에 덜 민감하게 반응한다.

② 무이표채의 매컬리 듀레이션은 채권의 잔존만기와 같다.

③ 영구채의 매컬리 듀레이션은 $(1+y)/y$이다. (단, $y$는 양수의 만기수익률이다.)

④ 다른 모든 조건이 동일할 때 잔존만기가 길수록 할인채권과 액면가채권의 매컬리 듀레이션은 증가한다.

⑤ 다른 모든 조건이 동일할 때 수의상환조항(call provision)이 있는 채권의 경우 조항이 없는 일반채권에 비해 매컬리 듀레이션이 작다.

| 해설 | ① 만기수익률이 높을수록 듀레이션이 감소하기 때문에 금리변화에 대한 채권가격 민감도가 작아진다.

④ 할인채권의 매컬리 듀레이션은 잔존만기가 길수록 증가하다 잔존만기가 일정수준을 초과하면 감소한다.

⑤ 수의상환조항이 있는 채권은 만기일 이전에 수의상환이 이루어질 수 있기 때문에 수의상환조항이 없는 일반채권에 비해 매컬리 듀레이션이 작다.


**12.** 채권 A의 표면이자율은 연 8%, 채권 B의 표면이자율은 연 15%, 채권 C는 순수할인채이다. 이들 채권은 모두 액면가액이 10만원, 잔존만기 3년, 이자지급시기가 같고 현재시점에서 만기수익률도 12%로 동일할 경우 다음의 설명 중 옳지 않은 것은?

① 채권 A의 듀레이션은 3년보다 작다.

② 채권 C의 듀레이션은 3년이다.

③ 현재시점에서 채권 B의 가격이 가장 높다.

④ 시장이자율이 상승하면 채권 B의 가격하락률이 가장 높다.

⑤ 3년간 연 12%의 수익률을 실현하려면 채권 C를 매입해야 한다.

| 해설 | ① 이표채(A, B)의 듀레이션은 만기(3년)보다 짧다.

② 순수할인채(C)의 듀레이션은 만기와 동일하다.

③ 다른 조건이 동일하면 표면이자율이 높을수록 채권의 가격은 높다.

④ 표면이자율이 낮을수록 듀레이션이 커지는데 $D_B < D_A < D_C = 3$년이므로 채권 C의 가격변동률이 가장 크다.

⑤ 순수할인채를 만기까지 보유하면 재투자위험과 가격위험이 없기 때문에 채무불이행위험이 없는 한 만기수익률 12%를 달성하려면 채권C를 매입해야 한다.

### 13. 다음 중 옵션의 특성이 없는 일반사채에 대한 설명으로 옳은 것은?

① 만기일에 접근할수록 할증채와 할인채 모두 할증폭과 할인폭이 작아지며, 가격 변화율도 작아진다.

② 만기일에 접근할수록 액면채는 이자수익률이 커지며 자본이득률이 작아진다.

③ 시장분할가설은 만기에 따라 분할된 하위시장 자체 내에서 기대이자율과 유동 성프리미엄에 의해 이자율이 결정된다는 가설이다.

④ 순수할인채나 이표채는 영구채에 비해 이자율변동위험에 더 크게 노출된다.

⑤ 순수할인채는 재투자위험이 없으며 현재수익률이 0이다.

> | 해설 | ① 만기가 감소하면 듀레이션은 감소하나 이자율이 하락하면 듀레이션은 증가할 수도 있다. 따라서 만기에 가까워질수록 할증폭과 할인폭은 작아지지만 가벽변화율은 커진다.
> ② 액면채는 이자수익률과 자본이득률이 만기와 무관하며 일정하다.
> ③ 시장분할가설은 만기에 따라 분할된 하위시장 자체내의 수요와 공급에 의해 이자율이 결정된다는 가설을 말한다. 유동성프리미엄가설은 선도이자율은 미래 기대현물이자율과 유동성프리미엄에 의해 결정된다는 가설을 말한다.
> ④ 영구채의 $D = \frac{1+r}{r}$ 이므로 할인채/이표채의 D보다 클 수도 작을 수도 있다.
> ⑤ 현재수익률(current yield)은 C/B이므로 C=0인 할인채의 현재수익률은 0이다. 할인채는 C=0이므로 시장이자율의 변동에 따른 재투자위험은 없으며 가격변동위험만 존재한다.

### 14. 다음 중 채권의 듀레이션에 관한 설명으로 적절하지 않은 것은? 단, 이표채의 잔존만기는 1년을 초과한다고 가정한다.

① 영구채의 듀레이션은 (1+만기수익률)/만기수익률이다.

② 다른 조건이 동일할 때 액면이자율이 낮은 이표채의 듀레이션이 더 길다.

③ 모든 채권은 발행 이후 시간이 경과되면 그 채권의 듀레이션은 짧아진다.

④ 다른 조건이 동일할 때 만기수익률이 상승하면 이표채의 듀레이션은 짧아진다.

⑤ 이표채의 듀레이션은 만기보다 짧다.

> | 해설 | 영구채는 시장이자율이 변하지 않으면 시간이 경과해도 듀레이션이 변하지 않는다. 또한 이표채 중에 만기가 긴 할인채는 만기가 증가하면 듀레이션이 짧아지는 경우도 있다. 따라서 할인채 중에는 시간이 경과함에 따라 듀레이션이 길어지는 채권이 있을 수 있다.

**15.** 다음 중 채권의 듀레이션에 대한 특징으로 잘못된 것은?

① 순수할인채의 듀레이션은 만기와 같으며, 이표채의 듀레이션은 만기보다 크다.

② 다른 조건이 동일하다면 표면이자율이 낮을수록 듀레이션은 커진다.

③ 다른 조건이 동일하다면 만기가 길어질수록 듀레이션은 커진다.

④ 다른 조건이 동일하다면 만기수익률이 높을수록 듀레이션은 작아진다.

⑤ 듀레이션은 가법성을 갖는다.

| 해설 | 순수할인채의 듀레이션은 만기와 동일하여 정비례한다. 영구채의 듀레이션은 D=(1+r)/r이므로 만기와 무관하고, 이표채의 듀레이션은 만기에 비례하나 만기보다 작다.


**16.** 이표이자를 1년마다 한 번씩 지급하는 채권의 만기수익률은 연 10%이며 듀레이션을 구한 결과 4.5년으로 나타났다. 이 채권의 만기수익률이 0.1% 상승할 경우 채권가격의 변화율은 근사치로 얼마이겠는가? 단, 채권가격의 비례적인 변화율과 만기수익률 변화간의 관계식을 이용해야 한다.

① $-0.4286\%$
② $-0.4091\%$

③ $-0.2953\%$
④ $-0.2143\%$

⑤ $-0.2045\%$

| 해설 | $\dfrac{dP_0}{P_0} = -\dfrac{D}{1+r} \times dr = -\dfrac{4.5}{1.1} \times (0.1\%) = -0.4091$


**17.** 현재 시장이자율이 6%이고 듀레이션이 3년인 채권에 1,000만원을 투자하였다. 만일 시장이자율의 변화에 의해 566원의 채권가격상승이 있었다면 시장이자율은 얼마로 변화한 것인가?

① 3%    ② 4%    ③ 6%    ④ 8%    ⑤ 9%

| 해설 | $D' = \dfrac{D}{1+r} = \dfrac{3}{1.06} = 2.83$

$P_0 = -dr \times D'$ 에서 $\dfrac{566}{10,000} = -dr \times 2.83$ 에서 $dr = -0.02$

**18.** 다음 중 채권수익률의 위험구조에 대한 설명으로 옳지 않은 것은?

① 채무불이행 위험이 높을수록 채권자들이 요구하는 수익률은 높아진다.

② 기대인플레이션이 높을수록 채권가격은 낮아진다.

③ 수의상환채권의 수익률은 수의상환권이 없는 일반채권의 수익률보다 낮다.

④ 유동성위험이 높을수록 채권가격은 낮아진다.

⑤ 채무불이행위험은 채권발행자가 약정대로 원리금을 상환하지 못할 가능성이다.

| 해설 | 수의상환권이 있는 채권은 없는 채권에 비해 약속된 수익률이 실현되지 않을 가능성이 높다. 따라서 투자자들은 불확실성에 따른 위험프리미엄을 요구하여 명목수익률은 상승하고 채권가격은 하락한다.

**19.** 자산의 시장가치가 1,000억원이고 듀레이션이 4년이며, 부채의 시장가치가 700억원이고 듀레이션이 5년인 가상은행이 있다고 하자. 이 은행은 어떤 금리위험에 노출되어 있으며, 이를 줄이기 위해 어떤 조치를 취할 수 있는가? 단, 아래 각 항의 조치는 나머지 변수들에는 영향을 미치지 않는다고 가정한다.

① 금리상승위험을 줄이기 위해 부채의 시장가치를 줄인다.

② 금리하락위험을 줄이기 위해 부채의 듀레이션을 늘린다.

③ 금리상승위험을 줄이기 위해 자산의 시장가치를 줄인다.

④ 금리하락위험을 줄이기 위해 자산의 듀레이션을 늘린다.

⑤ 금리하락위험을 줄이기 위해 자산과 부채의 듀레이션을 일치시킨다.

| 해설 | 자산의 시장가치(A) = 1,000억원, 자산의 듀레이션($D_A$) = 4년
부채의 시장가치(L)= 700억원, 부채의 듀레이션($D_L$) = 5년
현재 $D_A \times A$(=4년×1,000억원))$D_L \times L$(=5년×700억원)이므로 시장이자율이 하락하면 자본이득이 발생하고 시장이자율이 상승하면 자본손실이 발생한다. 따라서 자산의 듀레이션을 감소시키거나 부채의 듀레이션을 증가시켜야 금리상승위험을 제거할 수 있다.

**20.** 다음 중 채권가치평가와 채권포트폴리오관리에 대한 설명으로 가장 적절하지 않은 것은?

① 다른 조건은 동일하고 만기만 서로 다른 채권 A(1년), B(3년), C(5년)가 있다. 시장이자율이 상승할 때 채권 A와 채권 B의 가격하락폭의 차이는 채권 B와 채권 C의 가격하락폭의 차이보다 작다.

② 다른 조건이 일정할 경우 시장이자율이 하락하면 채권의 듀레이션은 길어진다.

③ 시장이자율이 하락할 때 채권가격이 상승하는 정도는 시장이자율이 같은 크기만큼 상승할 때 채권가격이 하락하는 정도보다 더 크다.

④ 채권포트폴리오의 이자율위험을 면역화하기 위해서는 시간이 경과함에 따라 채권포트폴리오를 지속적으로 재조정해야 한다.

⑤ 채권포트폴리오의 이자율위험을 면역화하기 위해서는 시장이자율이 변동할 때마다 채권포트폴리오를 지속적으로 재조정해야 한다.

| 해설 | ① 장기채일수록 이자율변동에 따른 채권가격의 변화폭이 크지만 그 변화폭은 체감적으로 증가한다. 따라서 채권 A와 채권 B의 가격하락폭의 차이는 채권 B와 채권 C의 가격하락폭의 차이보다 크다.

④, ⑤ 시간이 경과하거나 시장이자율이 변화하면 듀레이션이 변화하므로 채권포트폴리오의 이자율위험을 면역화하려면 채권포트폴리오를 지속적으로 재조정해야 한다.

# 파생결합증권

## Chapter 07

파생결합증권

파생결합증권은 주식이나 주가지수와 같은 기초자산의 가격변동에 따라 수익이 결정되며, 기초자산의 가치에 큰 변동이 없으면 약속수익률을 보장받고 약정한 구간에 진입하면 원금손실이 발생한다. 기초자산은 주식, 주가지수는 물론 금리, 환율, 유가, 에너지, 광산물, 농산물, 신용위험 등도 가능하다.

**제1절** 파생결합증권의 개요

### 1. 파생결합증권의 정의

파생결합증권은 기초자산의 가격, 이자율, 지표, 단위 또는 이를 기초로 하는 지수 등의 가격변동과 연계하여 사전에 정해진 방법에 따라 지급하거나 회수하는 금전이 결정되는 권리가 표시된 것을 말한다. 따라서 파생결합증권은 기초자산의 가격변화와 같은 외생지표에 의해 수익이 결정된다.

파생결합증권은 기초자산의 종류와 위험정도에 따라서 주가연계증권, 금리연계증권, 통화연계증권, 신용연계증권, 실물연계증권 등으로 구분한다. 현재 우리나라에서 거래되는 대표적인 파생결합증권에는 주가연계증권(ELS), 파생결합증권(DLS), 주식워런트증권(ELW), 상장지수증권(ETN) 등이 있다.

파생결합증권은 파생상품을 증권화한 금융투자상품으로 그 형식은 증권에 해당하지만 본질적인 성격은 파생상품과 동일하다. 법적 형식은 증권이므로 다른 증권처럼 투자자의 손실이 납입금, 즉 투자자금의 한도로 제한되나, 이 점을 제외하면 다른 모든 특징은 파생상품의 본질과 궤를 같이 한다.

자본시장법상 채무증권은 국채, 지방채, 특수채, 회사채, 기업어음 그 밖에 이와 유사한 것으로 지급청구권이 표시된 것을 말한다. 자본시장법상 채무증권과 파생결합증권은 [표 7-1]과 같이 구분할 수 있는데, 중요한 차이점은 파생상품적 요소에 의한 증권가치 평가문제가 있는가로 볼 수 있다.

**┃표 7-1┃ 채무증권과 파생결합증권의 비교**

| 구분 | 채무증권 | 파생결합증권 |
|------|----------|--------------|
| 발행목적 | 기업의 자금조달 | 투자자의 투자목적 |
| 증권성격 | 소비대차 | 파생상품 |
| 상품구조 | 원칙적 만기상환<br>원본 이상의 상환의무 | 자유로운 중도상환<br>상환시점에서 원본 손실 가능 |
| 유통구조 | 유통시장에서 시가로 매매 | 공정가액으로 매매 또는 상환 |
| 발행위험 | 위험회피거래 불필요 | 위험회피거래 필요함 |

## 2. 파생결합증권의 기초자산

파생결합증권의 기초자산은 파생상품의 기초자산과 동일하다. 여기서 기초자산은 금융투자상품, 통화(외국의 통화를 포함), 일반상품, 신용위험 그리고 자연적·환경적·경제적 현상 등에 속하는 위험으로 합리적이고 적정한 방법에 의해 가격·이자율·지표·단위의 산출이나 평가가 가능한 것을 말한다.

파생금융상품은 금융투자상품의 수익이 주가, 환율 등 외생적 지표에 연계되는 금융상품이므로 연계대상이 되는 기초자산을 금융상품, 통화, 일반상품, 신용위험 이외에 자연적·환경적·경제적 현상 등으로 확대하여 자연재해, 날씨, 탄소배출권 등 환경적 현상, 물가상승률 등 경제적 현상도 될 수 있다.

## 3. 파생결합증권의 특징

파생결합증권은 기초자산의 가격에 따라 본질가치가 변동되는 파생상품의 성격이 내재된 증권이라는 점에서 통상의 증권과 다른 위험요소, 발행 및 수익구조 그리고 발행인 및 투자자의 위험관리 측면에서 다른 특징이 있다.

### (1) 위험요소의 특징

파생결합증권의 위험요소는 증권의 가치가 주식처럼 변동하지만 주식이나 채권과는 달리 복잡한 손익구조를 가지고 있고, 발행인의 재무상태나 신용상태의 변화에 따른 위험을 갖는다. 요컨대 발행인인 금융투자업자가 재무상태의 악화로 지급불능상태에 직면하면 투자원금을 회수하지 못할 위험이 있다.

이러한 점에서 예금자보호가 되는 은행의 예금상품과 차이가 있다. 현재 주식워런트증권과 상장지수증권을 제외하고 한국거래소에 상장되어 있지 않고, 장외거래도 활발하게 이루어지지 않아 투자자가 만기 이전에 현금화하는 것이 어렵다. 금융투자업자가 증권신고서에 밝힌 방법으로만 현금화가 가능하다.

### (2) 수익구조의 특징

발행 및 수익구조의 특징과 관련하여 파생결합증권의 발행과 수익구조는 이자나 원금 등이 기초자산의 가격변동에 연동되며, 투자수익은 평가일로 정해진 특정시점 또는 특정기간을 기준으로 결정된다. 즉 평가시점 또는 평기기간 전후에 발생한 기초자산의 가격변동은 투자수익에서 아무런 의미가 없게 된다.

투자수익은 발행조건에서 이미 결정되어 있다. 파생결합증권은 투자자에게 이익을 확정하거나 담보하지는 않고 원금을 전액 상실할 수도 있다. 예컨대 기초자산이 주식인 경우 원금이 보장되지 않는 조건의 경우 주가변동에 따라 투자원금까지 상실할 수 있고 신용으로 매수한 경우 손실은 무한대로 커진다.

### (3) 위험관리의 특징

파생결합증권의 발행인인 금융투자업자는 파생결합증권의 발행으로 조달된 자금을 주식, 채권, 파생상품 등에 운용한 후 약정에 따라 원리금을 지급하므로 발행인은 자금운용에 따른 위험관리와 기술이 필요하다. 따라서 파생결합증권은 일정한 물적·인적 기반이 있는 금융투자업자에게만 허용되고 있다.

파생결합증권은 상환금액이 기초자산의 가격변동률에 기초하여 산출되기 때문에 객관적으로 기초자산을 평가하는 방법이 필요하다. 주식워런트증권 등 일부 상품은 유동성이 높지 않아 투자자의 환금성을 보호하기 위해 호가를 의무적으로 제시하는 유동성공급자(LP : liquidity provider)의 존재가 필요하다.

### 4. 파생결합증권의 기능

현재 파생결합증권은 장외파생상품에 준하는 발행규제와 행위규제의 적용을 받는데 파생상품을 직접 매매할 수 없는 투자자나 발행자는 파생요인이 내장된 구조의 파생결합증권을 활용하여 규제를 우회할 수 있다. 고객 맞춤형 상품을 개발하기 위해 특정 포지션 또는 기대를 자본화하는데 활용될 수 있다.

### (1) 긍정적 기능

투자자의 입장에서 파생결합증권의 결합을 통해 특정 자산가치에 대한 투자자의 기대를 파생적 형태로 내재되도록 함으로써 이익을 얻을 수 있게 한다. 또한 파생결합증권은 다른 방법으로는 얻기 어려운 유동성과 거래가능성을 제공해주고, 신용을 제고하여 파생상품시장 참여가 용이하도록 활용될 수 있다.

　파생결합증권에서 가장 중요한 요소는 신용등급이 매우 우수한 발행회사에 관련된 성과지급의무를 전이시키는 것이 용이하기 때문에 투자자는 파생거래에서 발행회사의 신용을 효과적으로 이용할 수 있다. 따라서 신용문제로 파생거래를 활용할 수 없는 투자자도 파생결합증권을 통해 파생거래를 할 수 있다.

　투자자는 직접 파생상품시장에 참가하는 것보다 훨씬 적은 금액으로 투자할 수 있다. 파생결합증권시장은 파생상품의 도매가격을 형성하여 소액투자자가 직접 파생상품시장에 참여할 때의 가격보다 저렴한 가격으로 파생상품거래가 가능하다. 파생상품에 비해 회계세무상의 편의, 평가가 쉽고 유동성이 좋다.

### (2) 부정적 기능

　파생결합증권은 파생상품의 속성이 내재된 구조화상품으로 전통적인 증권에 비해 정보의 비대칭이 매우 높다. 따라서 투자자가 투자할 경우 불완전판매 가능성이 높아 다른 금융상품과 비교하거나 이론가격을 계산하기 쉽지 않다. 일부 발행회사는 이러한 점을 이용하여 증권의 구조를 복잡하게 만들기도 한다.

　파생결합증권의 기초자산이 주식인 경우 증권의 구조가 복잡하며, 투자자가 파생결합증권의 수수료체계를 정확히 알기 어려우므로 판매자가 높은 수수료를 얻기 위해 투자자의 위험선호성향에 관계없이 위험하거나 선호에 맞지 않은 상품을 권유할 수 있다. 즉 판매자와 투자자간에 이해상충의 가능성이 있다.

## 제2절　파생결합증권의 종류

　파생결합증권은 ELS, ELW, DLS, DLF 등으로 분류한다. ELS(Equity Linked Securities)와 DLS(Derivative Linked Securities)는 파생결합증권, ELB(Equity Linked Bond)와 DLB(Derivative Linked Bond)는 파생결합사채가 자본시장법상 정확한 명칭이지만, 편의상 모두 파생결합증권으로 통칭하여 사용한다.

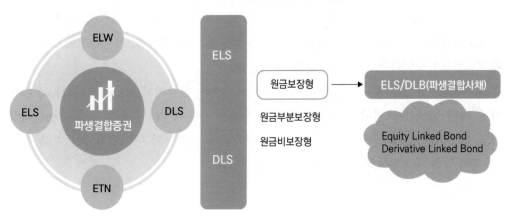

**┃그림 7-1┃ 파생결합증권의 분류**

## 1. 주가연계증권(ELS)

### (1) 주가연계증권의 정의

주가연계증권은 주식가격 또는 주가지수를 기초자산으로 하여 기초자산의 가격 등의 변동과 연계하여 사전에 정한 방법으로 투자수익이 결정되는 증권을 말한다. ELS는 증권회사가 장외파생상품을 취급할 수 있는 2003년 2월 증권거래법 시행령 개정에 따라 유가증권으로 개정되면서 처음으로 등장하였다.

주가연계증권(ELS : Equity Linked Securities)은 개별주식이나 주가지수의 움직임에 연계하여 사전에 정해진 조건에 따라서 조기 및 만기 상환수익률이 결정되는 증권을 말한다. 파생상품의 성격을 가져 법적으로 파생결합증권에 해당하며, 장외파생상품 겸영인가를 취득한 증권회사만이 발행할 수 있다.

주가연계증권을 발행한 증권회사는 발행대금의 대부분을 채권, 예금 등 안전자산에 투자하는 한편 나머지를 주식, 주식관련 파생상품 등에 투자하여 약정수익 재원을 확보하기 위한 초과수익을 추구하게 된다. 증권회사는 펀드 등과 달리 주가연계증권 발행자금의 운용대상 및 운용방식에 법적 제약이 없다.

주가연계증권은 만기, 수익구조 등을 다양하게 설계할 수 있는 반면 한국거래소에 상장되지 않음에 따라 유동성이 낮고 발행증권사의 신용리스크에 노출되는 단점이 존재한다. 기초자산이 일정수준 이상이면 자동으로 조기상환되는 조건이 부여되고 환매수수료를 부담하는 조건으로 환매를 요구할 수도 있다.

주가연계증권은 주식, 파생상품의 비중이 낮은 원금보장형 상품과 투자비중이 높아 기대수익률은 높으나 원금손실 가능성이 있는 원금비보장형 상품으로 구분한다. 그리고 투자수익률이 연동되는 기초자산에 따라 지수형상품, 주식형상품, 혼합형상품으로 구분할 수 있으며 지수형상품이 대부분을 차지한다.

주가연계증권의 발행방식은 공모보다 사모비중과 원금비보장형 상품이 많고, 투자자는 개인 및 일반법인이 과반수 이상을 차지하는 가운데 자산운용회사, 퇴직연금신탁 등도 투자하고 있다. 수익률은 정기예금을 상회하며 위험부담은 제한적임에 따라 중위험, 중수익의 대체투자상품으로 각광을 받고 있다.

## (2) 주가연계증권의 분류

개별주식 및 주가지수에 연동되어 수익이 발생하는 금융투자상품에는 주가연동예금(ELD)과 주가연계펀드(ELF)가 존재한다. ELS는 발행주체에 따라 ELS, ELD, ELF로 구분하고, 원금보장여부에 따라 원금보장형과 원금비보장형으로 구분하며, 거래대상 및 발행형태에 따라 공모 ELS와 사모 ELS로 분류한다.

### 1) 발행주체에 따른 분류

ELS(Equity Linked Securities)는 장외파생상품 겸영업무 인가를 획득한 증권회사가 발행하는 사채와 같은 법적 성질을 갖는 증권의 일종이다. 따라서 ELS를 발행한 증권회사는 ELS를 발행한 후 운용과정에서의 이익 또는 손실여부에 관계없이 정해진 조건이 충족되면 정해진 수익을 투자자에게 지급해야 한다.

ELF(Equity Linked Fund)는 운용회사가 모집하여 발행하는 수익증권으로 그 수익이 ELS와 마찬가지로 기초자산인 개별주식 또는 주가지수와 연동된다. 또한 ELF는 원금보장형 및 원금비보장형 상품이 모두 가능하나 운용실적에 따라 연동되는 펀드이므로 원금보장은 불가능하여 원금보존추구의 형태로 발행한다.

주가연계신탁(ELT : Equity Linked Trust)은 주가연계증권(ELS)이나 주가연계예금(ELD)와 비슷한 구조로 증권회사에서 발행한 ELS를 편입해 만든 특정금전신탁 상품이며 원금을 보장하지 않는다. 은행은 증권회사에서 발행한 ELS를 직접 판매할 수 없어 신탁을 통해 ELS를 편입한 후 이를 수익증권으로 판매한다.

ELD(Equity Linked Deposit)는 은행이 상품을 설계하고 판매하는 주가연계상품이다.

수익이 개별주식의 가격 또는 주가지수에 연동한다는 점은 다른 주가연계상품과 동일하나 상품 자체가 예금이므로 원금보장형 상품만 가능하다. 수익에 대해 다른 상품은 배당소득세를 부과하나 ELD는 이자소득세를 부과한다.

ELS는 주식이나 주가지수의 가격변동에 연계하여 사전에 약정된 조건에 따라 손익이 결정된다는 점에서 ELF, ELT, ELD 등과 유사하지만 투자자의 손익이 발행기관의 발행대금 운용성과와 무관하게 사전에 약정된 방식에 따라 결정되며, 투자 원리금이 예금보호대상이 아니라는 점에서 다른 상품들과는 구별된다.

**┃표 7-2┃ 주가연계상품의 비교**

| 구 분 | ELS | ELF | ELT | ELD |
|---|---|---|---|---|
| 발행기관 | 투자매매업자 | 집합투자업자 | 신탁업자 | 은행 |
| 근거법률 | 자본시장법 | 자본시장법 | 자본시장법 | 은행법 |
| 법적형태 | 파생결합증권 | 증권집합투자기구 | 특정금전신탁 | 예금 |
| 예금보호 | 없음 | 없음 | 없음 | 있음 |
| 손익구조 | 약정수익률 | 실적배당 | 실적배당 | 약정수익률 |

## 2) 원금보장에 따른 분류

원금보장형 상품은 기초자산의 가격 움직임에 관계없이 투자자는 만기에 원금을 보장받을 수 있다. 상품설계에 따라 원금 이상 또는 원금의 일정부분을 보장하는 상품도 발행할 수 있다. 여기서 원금보장의 의미는 시장위험에 한정되어 발행사가 파산, 지급불능의 경우에는 원금손실이 발생할 수 있다.

원금비보장형 상품은 원금보장형 상품에 비해 고수익을 추구할 수 있고, 다양한 상품설계가 가능하다. 저금리 기조가 계속되면서 ELS는 중위험 중수익구조의 대표적인 상품으로 자리매김했다. 일반적으로 원금비보장형 상품과 보장형 상품의 발행비율은 7:3 정도로 원금비보장형 상품이 많이 발행되었다.

## 3) 발행형태에 따른 분류

공모ELS는 발행증권사가 증권신고서, 투자설명서, 간이투자설명서 등을 금감원 공시사이트에 공시하고 미리 정한 모집기간에 불특정 다수에게 청약을 받아 발행한다. 공모ELS는 불특정다수의 일반투자자 및 일부 기관을 대상으로 발행하며, 사모ELS에 비해 공시관련 및 판매절차에서 까다로운 규제를 받는다.

사모ELS는 발행증권사와 투자자가 일대일 계약형식으로 발행하며 기관투자가, 자산운용사, 일반법인, 거액자산가 등을 대상으로 하여 비공개적으로 모집하는 형태이다. 사모ELS는 일대일 계약형식으로 발행되어 공모ELS에 비해 규제에서 비교적 자유로운 편이고, 발행금액이 공모ELS에 비해 큰 편에 속한다.

### 4) 기초자산에 따른 분류

ELS는 개별주식의 가격이나 주가지수를 기초자산으로 한다. 한 개의 또는 두 개 이상의 개별주식의 가격을 기초자산으로 할 수 있고, 하나 또는 둘 이상의 주가지수를 기초자산으로 할 수도 있다. 개별주식의 가격과 주가지수를 조합한 혼합형 ELS도 발행될 수 있으나 지수형이 70% 이상을 차지하고 있다.

### (3) 주가연계증권의 손익구조

국내에 도입된 주가연계증권의 손익구조는 투자자들의 수요에 따라 Knock-out형, Bull Spread형, Digital형, Reverse Convertible형 등으로 구분된다. 최근에 가장 많이 발행되고 있는 주가연계증권은 Reverse Convertible 형태의 Step-down ELS이다. 주가연계증권의 손익구조를 살펴보면 다음과 같다.

### 1) Knock-out ELS

녹아웃형은 2003년 초 주가연계증권(ELS) 도입 초기부터 지금까지 꾸준히 발행되고 있는 상품이다. 기초자산의 가격변동에 따라 일정수준까지는 기초자산의 수익률에 비례하여 수익을 지급하지만, 일정수준(barrier)을 초과하면 옵션의 가치는 소멸하고 만기에 리베이트만큼의 수익을 지급하는 상품이다.

녹아웃형은 투자기간 중 사전에 정해진 주가수준에 도달하면 확정된 수익으로 조기상환되며, 그 이외에는 만기일의 주가수준에 따라 수익이 결정되는 구조이다. 투자기간에 기초자산이 한 번이라도 사전에 일정주가 초과 상승하는 경우 만기의 주가지수에 관계없이 최종수익률은 리베이트수익률로 확정된다.

녹아웃형은 원금보장의 정도를 조정하여 원금이상보장, 원금보장, 원금부분보장 등

원금보장수준을 달리하여 설계할 수도 있다. 그리고 녹아웃옵션의 이익참여율과 리베이트를 서로 조정하거나 녹아웃 풋옵션을 추가하여 양방향 구조로 설계하는 등 다양한 수익구조의 형태로 주가연계증권을 발행할 수도 있다.

┃그림 7-2┃ Knock-out ELS

● 상품개요

| 기 초 자 산 · KOSPI200 |
| 만        기 · 1년 |
| 행 사 가 격 · 100% |
| 원금보장수준 · 100% 원금보장 |
| knock-out · 130%   리 베 이 트 · 4% |

● 상품특징

▶ 만기 1년, 최고 연 18% 수익가능
▶ 이익참여율 60%
▶ 지수가 아무리 하락해도 원금 100%는 보장
▶ Knock-out시 리베이트 연 4%

● 수익률 그래프

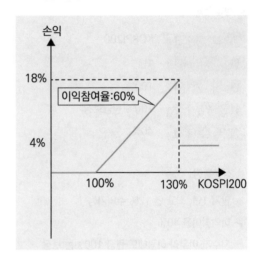

┃표 7-3┃ 예상손익구조

| 구분 | 만기상환금액 |
|---|---|
| ① 만기평가가격<최초기준가격 | 원금 |
| ② 만기평가가격>최초기준가격이면서 만기까지 한 번이라도 최초기준가격의 130%를 초과하여 상승한 적이 없는 경우 | 원금× $[1+\dfrac{(만기평가가격-최초기준가격)}{최초기준가격}\times 이익참여율]$ |
| ③ 만기까지 한 번이라도 최초기준가격의 130%를 초과하여 상승한 적이 있는 경우 | 원금×104% |

### 2) Call Spread ELS

콜 스프레드형은 다른 조건은 동일하고 행사가격이 다른 콜옵션 두 개를 조합한 콜 스프레드전략을 ELS에 접목시킨 상품이다. 콜 스프레드형은 녹아웃형과 비슷한 형태이지만 손익구조가 만기까지 기초자산의 움직임과는 무관하고 오직 만기시점의 기초자산의 가격에만 연동된다는 점에서 차이가 있다.

행사가격이 낮은 콜옵션을 매수하고, 행사가격이 높은 콜옵션을 매도함으로써 기초자산이 일정수준까지 상승할 경우에는 그 수익을 함께 향유하고, 그 이상의 수준에서는 고정된 수익을 취한다. 따라서 만기일의 주가수준에 비례하여 손익을 계산하되 최대수익 및 손실이 일정한 수준으로 제한된다.

┃그림 7-3┃ Call Spread ELS

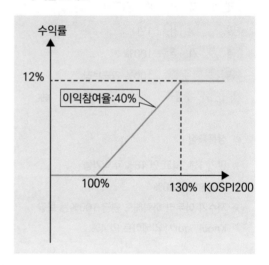

● 상품개요

| 기 초 자 산 | · KOSPI200 |
| 만　　　기 | · 1년 |
| 행 사 가 격 | · 100% |
| 원금보장수준 | · 100% 원금보장 |
| 이 익 참 여 율 | · 40% |

● 상품특징

▶ 만기 1년, 최고 연 12% 수익가능

▶ 이익참여율 40%

▶ 지수가 아무리 하락해도 원금 100%는 보장

┃표 7-4┃ 예상손익구조

| 구분 | 만기상환금액 |
|---|---|
| ① 만기평가가격＜행사가격1<br>(행사가격1＝최초기준가격) | 원금 |
| ② 행사가격1＜만기평가가격＜행사가격2<br>(행사가격2＝최초기준가격×130%) | 원금× $[1+\dfrac{(만기평가가격-최초기준가격)}{최초기준가격}×이익참여율]$ |
| ③ 만기평가가격＞행사가격2 | 원금×112% |

## 3) Digital ELS

디지털형은 단순한 구조 중 하나이다. 만기까지 기초자산의 움직임과 무관하게 만기시점의 기초자산가격이 행사가격보다 높고 낮음에 따라 수익의 지급여부가 결정된다. 즉 만기일의 주가수준이 일정수준을 상회하는지 여부(상승률과는 무관)에 따라 사전에 정한 두 가지 수익 중 한 가지를 지급하는 구조를 말한다.

디지털옵션을 여러 개 조합하면 다양한 수익구조를 설계할 수 있다. 특히 다른 조건은 동일하나 수익만 약간 차이가 나는 디지털콜과 디지털풋을 결합하면 기초자산의 가격변동과 무관하게 확정수익이 보장되고 추가적으로 $\alpha$ 의 수익을 얻을 수 있는 상품이 가능하다. 현재 퇴직연금 편입형 상품으로 많이 발행된다.

**┃그림 7-4┃ Digital ELS**

● 상품개요

| 기 초 자 산 | · KOSPI200 |
| 만　　　기 | · 1년 |
| 행 사 가 격 | · 100% |
| 원금보장수준 | · 100% 원금보장 |
| 수　　　익 | · 5% |

● 상품특징

▶ 만기 1년, 연 5% 수익가능

▶ All or Nothing 구조

▶ 지수가 아무리 하락해도 원금 100%는 보장

● 수익률 그래프

**┃표 7-5┃ 예상손익구조**

| 구분 | 만기상환금액 |
| --- | --- |
| ① 만기평가가격 > 행사가격<br>　(단, 행사가격 = 최초기준가격) | 원금 × 105% |
| ② 만기평가가격 < 행사가격 | 원금 |

### 4) Reverse Convertible ELS

초기에는 원금보장형 상품이 주류를 이루었으나 증권사들은 투자자들의 위험선호도를 반영하여 2003년 4월경 원금비보장 상품을 출시하였다. 리버스 컨버터블형은 만기의 기초자산가격이 일정수준까지 하락하지 않으면 일정수준의 수익을 보장하고, 일정수준 이하이면 원금손실이 발생하는 구조를 말한다.

RC형이라고도 불리는 리버스 컨버터블형은 투자자의 입장에서 풋옵션을 매도한 것과 비슷한 형태의 손익구조를 나타낸다. 따라서 원금보장형 상품에 비해 높은 수익을 제공하고, 만기에 기초자산의 가격이 일정수준까지 하락해도 수익을 얻을 수 있어 투자자에게 어필했으나 현재는 거의 발행되지 않고 있다.

**┃그림 7-5┃** Reverse Convertible ELS

● **상품개요**

| 기 초 자 산 | · KOSPI200 |
| 만 　 기 | · 1년 |
| 행 사 가 격 | · 85% |
| 전 환 가 격 | · 만기평가가격/전환가격 |
| 수 　 익 | · 만기에 전환가격 이상이면 9% 수익 |

● **상품특징**

▶ 만기 1년, 최고 연 9% 수익가능

▶ 만기평가가격이 저난가격보다 크면 연 9% 수익

▶ 만기평가가격이 전환가격보다 작으면
　만기수취금액이 점진적으로 감소

● **수익률 그래프**

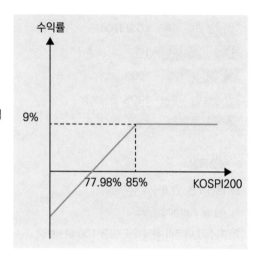

**┃표 7-6┃** 예상손익구조

| 구분 | 만기상환금액 |
|---|---|
| ① 만기평가가격 > 전환가격<br>　(전환가격 = 최초기준가격×85%) | 원금×109% |
| ② 만기평가가격 < 전환가격 | 원금×109%×승수<br>(승수 = 만기평가가격/전환가격) |

### (4) 주가연계증권의 발행현황

ELS는 2003년 3월 처음 발행되어 투자자는 중위험·중수익 금융상품으로 발행기관은 신규 수익원으로 인식하면서 발행 및 거래규모가 빠르게 성장했으며 2014년 저금리 기조가 지속되면서 시장의 성장속도는 가팔라졌다. 2016년 HSCEI지수 급락으로 ELS의 손실발생 우려가 커지면서 발행 및 조기상환이 감소하며 일시적으로 위축되었으나 주요 기초자산지수가 상승하며 시장은 빠르게 회복되었다.[1]

---

1) 한국은행, 한국의 금융시장, 2021, 410-412쪽.

그러나 2020년 코로나19 확산에 따른 주요국 주가지수 급락으로 손실우려가 부각되고 증권회사의 헤지운용 손실 증가로 발행이 크게 감소했고 주가상승 국면에서 중위험·중수익의 파생결합증권에 비해 투자메리트가 높은 고수익·고위험 금융상품(주식 등)에 대한 개인투자자의 선호가 증대되면서 발행규모가 감소하였다. 2021년 6월말 현재 국내 ELS시장 규모(발행잔액 기준)는 28.6조원으로 위축되었다.

▌표 7-7▐ 국내 ELS 발행현황[1]

(단위 : 조원)

| 구분 | 2014 | 2015 | 2016 | 2017 | 2018 | 2019 | 2020 | 2021.상 |
|------|------|------|------|------|------|------|------|---------|
| 발행실적 | 51.6 | 61.3 | 34.5 | 65.1 | 68.1 | 76.7 | 42.1 | 28.9 |
| 발행잔액 | 37.9 | 48.6 | 52.4 | 38.8 | 54.5 | 48.3 | 37.1 | 28.6 |

주 : 1) 기말 기준
자료 : 한국예탁결제원

우리나라에서 발행되는 주가연계증권(ELS)는 주가지수를 기초자산으로 하는 지수형 상품이 대부분을 차지하고 있다. 지수형 상품의 기초자산은 한국거래소 유가증권시장의 KOSPI200을 비롯하여 HSCEI, EUROSTOXX50 등 해외지수가 사용되고 있으며 여러 개의 주가지수를 함께 사용하는 경우도 증가하고 있다.

▌그림 7-6▐ ELS의 기초자산별 발행현황

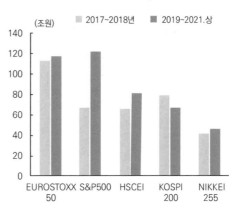

주 : 1) 혼합형은 지수와 개별 주식이 혼합된 상품
　　2) ELB 포함, 복수 지수 상품인 경우 중복 합산
자료 : 한국예탁결제원

## 2. 파생결합증권(DLS)

### (1) 파생결합증권의 정의

파생결합증권(DLS : Derivative Linked Securities)은 주식, 주가지수를 제외한 금리, 환율, 일반상품가격, 신용위험지표의 변동과 연계된 파생결합증권으로 기초자산의 차이를 제외하고 ELS와 동일한 특성과 구조를 가지고 있다. DLS는 기초자산이 다양하여 분산투자효과는 높은 반면에 상품구조가 복잡한 편이다.

### (2) 파생결합증권의 유형

기초자산의 종류에 따라 금리연계증권(Interest Rate Linked Notes), 통화연계증권(Currency Linked Notes), 신용연계증권(Credit Linked Notes), 상품연계증권(Commodity Linked Notes), 인플레이션연계증권(Inflation Linked Notes)이 있으며, 기초자산이 주식과 원자재인 하이브리드형 상품도 발행되고 있다.

### (3) 파생결합증권의 손익구조

파생결합증권의 손익구조는 ELS와 마찬가지로 Knock-Out형, Bull Spread형, Digital형, Reverse Convertible형, Cliquet형, Step-Down형(조기상환형), 월지급식형 등 다양한 구조로 발행될 수 있다. 현재 대부분의 주가연계증권(ELS)과 파생결합증권(DLS)은 Step-Down형(조기상환형) 구조로 발행되고 있다.[2]

조기상환형은 기초자산이 특정 수준 이하로 하락하지 않으면 약정된 수익을 지급하고 시간이 경과하면서 조기상환조건이 점차 완화되는 형태이다. 조기상환일은 기초자산 가격이 조건을 충족하면 수익이 확정되어 자동으로 조기상환이 이루어지나 조건을 충족하지 못하면 상환되지 않고 다음 조기상환일로 이월된다.

---

[2] 한국은행, 한국의 금융시장, 2021, 413쪽.

**┃ 표 7-8 ┃** 스텝다운형 DLS의 손익구조 예시

| Knock-in 여부[1] | 기초자산[1] 가격 조건(최초 기준가격 대비) | 수익률 |
|---|---|---|
| 발행일 이후 기초자산의 가격이 최초 기준가격의 55% 이상을 유지 | ① 1차 조기상환일(6개월) : 85% 이상<br>② 2차 조기상환일(12개월) : 80% 이상<br>③ 3차 조기상환일(18개월) : 75% 이상<br>④ 4차 조기상환일(24개월) : 70% 이상<br>⑤ 5차 조기상환일(30개월) : 65% 이상<br>⑥ 만기일(36개월) : 55% 이상 | 연 10% |
| 발행일 이후 기초자산의 가격이 최초 기준가격의 55%를 하회(Knock-in 발생) | ⑦ 만기일(36개월 후) : 60% 이상 | 연 10% |
| | ⑧ 만기일(36개월 후) : 60% 미만 | 기초자산가격의 최종 하락률 |

주 : 1) 각 시점에서 최저 성과를 보인 기초자산(Worst Performer)을 기준으로 평가

**┃ 그림 7-7 ┃** 스텝다운형 DLS의 손익구조 예시

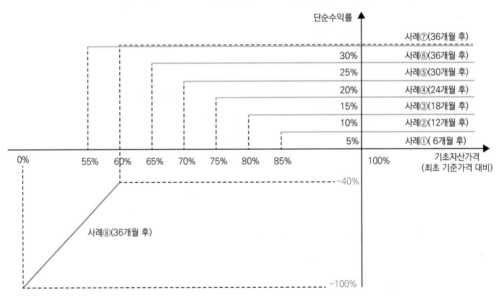

DLS의 손익구조는 ELS와 유사하다. CLN(Credit Linked Notes)형 DLS는 디지털 유형의 손익구조를 따르며 신용사건 관찰기간 중 준거기업, 준거채무, 준거기업의 지정채무에 파산, 지급불이행, 채무재조정 등 신용사건이 발생하지 않으면 약정 수익률로 상환되나 신용사건이 발생한 경우에는 투자금 전액이 손실된다.

## ┃그림 7-8┃ CLN형 DLS의 손익구조 예시

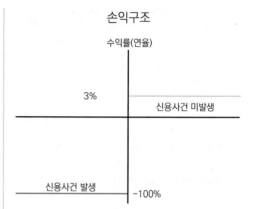

| 조건[1] | 상환일자 | 수익률[2] |
|---|---|---|
| 신용사건<br>발 생 | 신용사건 발생일<br>+ α | −100% |
| 신용사건<br>미 발 생 | 증권 만기일 | 3% × (N/365) |

주 : 1) 신용사건 : 준거기업, 준거채무, 준거기업
　　　지정채무의 파산, 지급불이행 또는
　　　채무재조정
　　2) N : 신용사건 관찰기간

### (4) 파생결합증권의 발행현황

　　DLS의 시장규모는 2021년 6월말 8.0조원으로 ELS보다 작고, 신용연계상품의 발행비중이 크다. 2019년 이후 금리 및 유가연계상품의 손실이 대규모로 발생하며 신용연계상품의 비중이 확대되고 있다. DLB(파생결합사채)는 투자매매업자가 발행하는 채무증권으로 원금이 보장되면서 DLS와 유사한 손익구조를 갖는다.[3]

## ┃표 7-9┃ 증권회사의 DLS 발행현황

(단위 : 조원)

| 구분 | 2014 | 2015 | 2016 | 2017 | 2018 | 2019 | 2020 | 2021.상 |
|---|---|---|---|---|---|---|---|---|
| 발행실적 | 10.6 | 11.9 | 15.7 | 18.4 | 16.6 | 17.6 | 7.9 | 3.2 |
| 발행잔액[1] | 15.7 | 17.1 | 17.2 | 16.5 | 16.3 | 16.1 | 9.8 | 8.0 |

주 : 1) 기말 기준
자료 : 한국예탁결제원

---

3) 한국은행, 한국의 금융시장, 2021, 414−415쪽.

■ 그림 7-9 ■ DLS의 발행형태 및 기초자산별 발행현황

(a) 발행 형태별 비중[1]

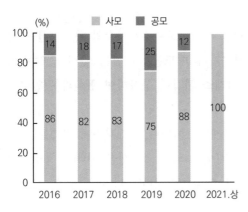

(b) 기초자산별 발행 비중[1]

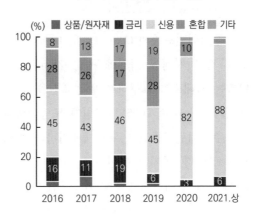

주 : 1) 발행액 기준
자료 : 한국예탁결제원

2019년 하반기 유가 및 해외금리연계 DLS에서 손실이 발생하여 DLS 시장이 위축되었다. 연계금리가 일정수준을 하회하면 원금손실이 급증하는 상품인 해외금리연계 DLS가 2019년 하반기 글로벌 금리의 큰 폭 하락으로 원금손실이 발생하였다. 2020년 상반기에는 원유 선물가격이 마이너스로 하락하며 유가연계 DLS도 상당한 손실이 발생함에 따라 원유 및 금리 연계 DLS 발행규모가 크게 감소하였다.

■ 그림 7-10 ■ DLS 손실발생

(a) DLS 기초자산 추이

(b) 원유 및 해외금리 연계 DLS 발행추이

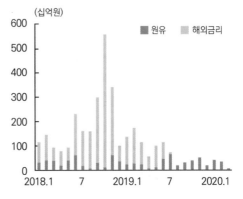

자료: Bloomberg

자료 : 한국예탁결제원

## 3. 주식워런트증권(ELW)

### (1) 주식워런트증권의 정의

주식워런트증권(ELW : Equity Linked Warrant)은 주식 또는 주가지수의 기초자산을 사전에 정한 시점에 사전에 정한 가격격에 매입하거나 매도할 수 있는 증권을 말한다. ELW는 거래소가 요구하는 일정요건을 갖추면 거래소 시장에 상장하여 주식과 동일하게 매매가 가능하며 2005년 12월에 도입되었다.

주식워런트증권은 투자매매업자가 발행하며 개별주식이나 주가지수에 연계된 워런트를 말한다. 여기서 워런트는 개별주식 및 주가지수 등의 기초자산을 미래의 특정시점(만기일)에 현재시점에 약정한 가격(행사가격)으로 매입(콜옵션)하거나 매도(풋옵션)할 수 있는 권리를 증권화한 파생결합증권을 말한다.

주식워런트증권은 상품특성이 주식옵션과 유사하나 법적구조, 시장구조, 발행주체, 발행조건에 차이가 있다. 증권사가 ELW에 대해 공모를 거쳐 거래소에 상장하면 주식처럼 거래가 이뤄지며, 만기에 최종보유자가 권리를 행사한다. 발행사는 다양한 상품을 설계할 수 있고 결제이행에 따른 위험을 부담한다.

▮표 7-10▮ 주식과 ELW의 비교

| 구분 | 주식 | ELW |
|---|---|---|
| 법 적 형 태 | 증권(지분증권) | 증권(파생결합증권) |
| 가 격 단 위 | 1주(소수점거래 가능) | 증권(소수점거래 불능) |
| 호 가 주 문 | 시장가/지정가호가 등 | 지정가호가만 허용 |
| 가격제한폭 | 상한가 및 하한가 적용 | 상한가 및 하한가 불허 |
| 신 용 거 래 | 가능(대용가능) | 불가(현금거래) |
| 권 리 행 사 | 해당사항 없음 | 만기에 자동권리행사 |
| 최종거래일 | 최종거래일 없음 | 최종거래일 있음 |
| 만 기 여 부 | 만기 없음 | 만기 있음 |

### (2) 주식워런트증권의 유형

1) 권리종류에 따른 분류

콜 ELW는 만기에 기초자산을 행사가격에 발행자로부터 인수하거나 그 차액(만기평

244

가가격-행사가격)을 수령할 수 있는 권리가 부여된 ELW를 말하며, 풋 ELW는 만기에 기초자산을 행사가격에 발행자에게로 인도하거나 그 차액(행사가격-만기결제가격)을 수령할 수 있는 권리가 부여된 ELW를 말한다.

■ 그림 7-11 ■ 콜ELW와 풋ELW의 손익구조

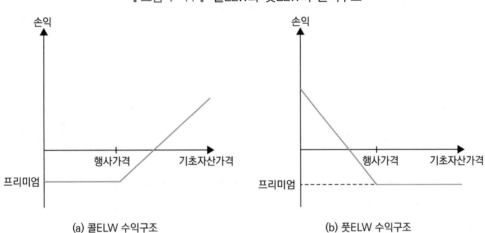

(a) 콜ELW 수익구조                    (b) 풋ELW 수익구조

2) 기초자산에 따른 분류

ELW는 개별주식이나 주가지수를 기초자산으로 하여 발행할 수 있다. 그러나 상품의 안정성을 확보하고 가격조작 방지 등의 투자자 보호를 위해 ELW의 기초자산으로 사용할 수 있는 개별주식 및 주가지수는 거래소 규정 및 세칙에서 정한 바에 따라 한국거래소가 분기별로 선정하여 발표하고 있다.

■ 표 7-11 ■ ELW의 기초자산

| 구분 | 개별주식 | 주가지수 |
|---|---|---|
| 국내 | · KOSPI 200 구성종목 중 시가총액, 거래대금을 감안하여 분기별로 선정한 종목<br>· KOSTAR 구성종목 중 시가총액 5개 종목 또는 복수 종목의 바스켓 | · KOSPI 200지수<br>· KOSTAR지수 |
| 해외 | | · 일본 니케이225지수<br>· 홍콩 항셍지수 |

## 3) 기본구조에 따른 분류

디지털옵션은 수익이 기초자산의 가격상승이나 하락에 비례하지 않고 일정수준에 도달하면 미리 정해진 고정수익을 지급하는 옵션을 말한다. 반면에 배리어옵션은 기초자산의 가격이 사전에 정해진 배리어(barrier)에 도달하면 옵션의 효력이 없어지거나 (knock-out) 새로 생성되는(knock-in) 형태를 갖는다.

### (3) 주식워런트증권의 발행현황

국내 ELW시장은 기관투자자의 개별 수요에 맞춘 주문형 상품으로 사모로만 발행되어 거래가 활발히 이루어지지 못하였다. 그러나 2005년 12월 한국거래소가 ELW의 유통시장을 개설함에 따라 공모 발행 및 상장 거래 중심의 시장으로 빠르게 재편되었고, 이후 일반투자자의 시장참가가 크게 늘어나면서 2010년 중 전체 거래규모가 411조원에 달하는 시장으로 급성장하였다. 한편 이처럼 단기간에 시장이 급성장하는 과정에서 과도한 투기성, 투자자 손실 확대, 유동성공급자(LP) 및 스캘퍼 등 전문투자자의 불공정 거래 가능성 등에 대한 우려가 꾸준히 제기되었다.[4]

금융감독당국은 2010년 11월, 2011년 5월 및 11월 세 차례에 걸쳐 투자자 교육 의무화, 기본예탁금 제도 도입, 지수 ELW의 발행조건 표준화, LP의 임의적 호가제출 제한 등 ELW시장의 건전화 방안을 마련하여 시행하였다. 또한 2014년 6월에는 파생상품시장 발

**┃표 7-12┃ ELW 발행 및 거래규모**

(단위 : 억원, 개)

| 구분 | 2010 | 2013 | 2016 | 2017 | 2018 | 2019 | 2020 | 2021.상 |
|---|---|---|---|---|---|---|---|---|
| 발행금액 | 1,460 | 705 | 733 | 894 | 982 | 1,291 | 1,326 | 662 |
| 발행종목수 | 21,284 | 12,923 | 5,937 | 6,679 | 6,847 | 8,070 | 8,201 | 4,878 |
| 연중 거래금액[1] | 4,109,883 | 288,708 | 206,621 | 215,665 | 291,120 | 278,100 | 380,010 | 204,811 |
| 상장종목수 (기말)[1] | 4,367 | 4,115 | 2,573 | 1,930 | 2,534 | 2,931 | 3,350 | 3,792 |

주 : 1) 한국거래소의 주식워런트증권시장 거래 기준
자료 : 한국예탁결제원, 한국거래소

4) 한국은행, 한국의 금융시장, 2021, 408-409쪽.

전방안의 일환으로 주식 ELW 발행조건의 표준화 계획을 발표하였다. 이러한 조치 등에 힘입어 ELW시장의 과열분위기가 점차 안정화되는 가운데 전체 거래규모는 2016년 중 21조원 수준까지 크게 위축되었다. 이후에는 미·중 무역분쟁, 코로나19 등에 따른 변동성 및 기대수익 확대 등으로 개인투자자들의 금융투자상품에 대한 관심이 증대되면서 거래규모가 점차 확대되는 추세이다.

ELW는 대부분 공모로 발행되어 한국거래소 유가증권시장에 상장되어 거래된다. 기초자산에서 지수형 상품이 주식형 상품보다 발행규모는 작지만 거래는 활발하게 이루어진다. 2010년 9월 조기종료 ELW가 거래소에 도입되었으나 현재까지 발행 및 유통되는 상품의 대부분은 만기에만 행사가능한 유럽형 상품이다

┃그림 7-12┃ 기초자산별 ELW 발행 및 유통 비중

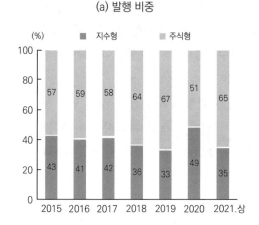

(a) 발행 비중

자료 : 한국예탁결제원

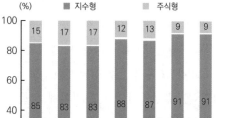

(b) 유통 비중

자료 : 한국거래소

## 4. 파생결합펀드(DLF)

파생결합펀드(DLF : Derivative Linked Fund)는 주가 및 주가지수는 물론 이자율·통화·실물자산 등을 기초자산으로 하는 파생결합증권을 편입한 펀드로서 기초자산이 일정기간에 정해진 구간을 벗어나지 않으면 약정수익률을 지급하고, 정해진 구간을 벗어나게 되면 원금 손실을 보게 되는 특징을 가지고 있다.

## 5. 상장지수채권(ETN)

### (1) 상장지수채권의 정의

상장지수채권(ETN : Exchange Traded Note)은 상장지수펀드(ETF)와 마찬가지로 거래소에 상장되어 쉽게 매매할 수 있는 채권을 말한다. 증권회사가 자사의 신용에 기반하여 발행하며 수익률이 기초지수의 변동에 연동하여 수익 지급을 약속하는 것으로, ELS에 비해 구조가 단순하고 만기 이전 반대매매가 가능하다.

상장지수채권은 ETF와 수익구조 등 경제적 실질 측면에서 매우 유사한 상품으로 ETF 중에서도 합성 ETF가 가장 비슷한 상품이다. 합성 ETF 구조에서 발행사인 자산운용사만 제외하면 나머지 구조는 사실상 ETN의 구조라고 할 수 있다. 투자자 입장에서도 ETN은 ETF와 유사한 원금비보장형 간접투자상품에 해당한다.

상장지수채권은 손익이 기초지수 변동에 연동되도록 구조화된 상품이다. ELW는 옵션형 상품이고 ELS는 기초자산의 가치변화에 따라 손익이 사전에 약정된 확정수익상품이라면, ETN은 발행당시 정해진 기초지수의 누적수익률이 투자수익률이 되는 지수 연동형 상품이라는 점에서 다른 파생결합증권과 구별된다.

ETF가 보유자산을 신탁재산으로 보관하여 신용위험에 노출되지 않고 만기가 없으나 ETN은 발행기관의 신용위험에 노출되고 만기가 있다. ETF는 기초지수의 추적과정에서 부분복제로 인한 추적오차가 발생할 수 있지만, ETN은 발행기관이 기초지수와 연계한 약정수익의 지급을 보장하여 추적오차에서 자유롭다.

┃표 7-13┃ ETN과 ETF의 비교

| 구분 | ETN | ETF |
|---|---|---|
| 법 적 성 격 | 파생결합증권 | 집합투자증권 |
| 발 행 주 체 | 파생결합증권 발행 인가를 받은 적격[1] 투자매매업자(증권사) | 집합투자업자(자산운용사) |
| 신 용 위 험 | 있음 | 없음(신탁재산으로 보관) |
| 손 익 구 조 | 발행기관이 기초지수에 연계해 사전에 정한 수익을 제공 | 운용성과에 따른 실적배당 |
| 추 적 오 차 | 없음 | 발생 가능 |
| 만       기 | 1년~20년 | 없음 |
| LP 제도 유무 | 있음 | 있음 |

주 : 1) 자기자본 1조원 이상, 신용등급 AA-이상, NCR 200% 이상, 최근 2년간 감사의견 적정

### (2) 상장지수채권의 특징

첫째, ETN은 발행절차가 간소하고 운용방식에 제약이 적어 다양한 기초자산에 투자할 수 있는 상품을 신속히 공급할 수 있다. 따라서 투자절차가 복잡하여 일반투자자들이 접근하기 어려웠던 투자대상과 투자전략에 활용할 수 있다. 또한 국내 주식형 ETN은 증권거래세가 면제되고 매매차익에 과세하지 않는다.

둘째, ETN은 기초자산인 주가지수 움직임을 반영하도록 설계된 상품으로 기초지수의 특성이 상품에 대부분 반영된다. ETN은 발행회사가 투자기간 동안 기초자산의 수익을 지급할 것을 약속하기 때문에 추적오차가 없으나 발행인의 신용위험이 존재한다. ETN은 투자원칙 중 중요한 분산투자의 문제를 쉽게 해준다.

셋째, ETN은 한국거래소에 상장되어 거래되므로 주식시장이 거래되는 동안에는 지표가치를 중심으로 주식시장의 수급상황에 따라 형성되는 시장가격으로 투자자가 원하는 실시간에 매매할 수 있다. ETN은 채권의 형식으로 발행되며, 만기가 존재한다. 한국거래소는 ETN의 만기를 1년 이상 20년 이하로 규정한다.

### (3) 상장지수채권의 구조

#### 1) 상장지수채권의 발행시장

ETN은 신용등급과 재무안정성이 우수한 증권회사가 발행한다. 발행된 ETN은 발행한 증권회사가 직접 또는 발행된 ETN을 인수한 제3의 유동성공급자가 거래소시장을 통해 매수 또는 매도하여 거래가 시작된다. 신규상장 후 시장수요에 따라 추가발행이 가능하고 일정규모 이상의 중도상환도 가능하다.

┃그림 7-13┃ ETN의 발행시장과 유통시장

ETN은 발행하기 전에 한국거래소의 상장예비심사를 받도록 되어 있어 주식과 동일하며, 최근 1년 이내에 ETN의 발행실적이 있으면 일괄신고서를 통해 ETN을 발행할 수 있도록 ETN의 발행절차가 간소화되어 있다. 따라서 일괄신고서를 통해 신속하게 투자자의 수요에 적합한 ETN 상품을 공급할 수 있다.

## 2) 상장지수채권의 유통시장

ETN의 유통시장은 ETN을 상장시킨 후 투자자간에 매매가 이루어지는 시장을 말한다. 상장된 ETN은 거래소의 유통시장에서 투자자들에 의해 매매된다. 유통시장은 모든 투자자가 참여할 수 있고, 주식시장에 적용되는 모든 매매방식이 ETN에도 허용된다. 다만, ETN은 시장조성을 위해 유동성공급자를 두어야 한다.

## 3) 상장지수채권의 시장참가자

### ① 발행회사

ETN시장에서 중추적인 역할을 수행하는 발행회사는 투자수요에 알맞는 ETN의 기획하고 발행하는 업무, 자산운용, 마케팅활동, 만기 또는 중도상환시 지수수익률을 투자자에게 지급하는 업무를 수행한다. 그리고 중요한 사항이 발생하면 신고·공시하여 투자자에게 고지하는 업무 등 일체를 담당한다.

### ② 유동성공급자

유동성공급자는 발행된 ETN을 최초로 투자자에게 매출하고 상장 이후 지속적으로 유동성공급호가를 제출한다. 매도호가와 매수호가의 차기가 커지면 매도와 매수 양방향으로 호가스프레드의 비율을 낮추는 호가를 일정수량 제출한다. 또한 ETN시장가격이 지표가치에서 벗어나는 가격괴리가 발생하지 않도록 한다.

### ③ 지수산출기관

ETN은 지수수익률을 지급하는 상품이므로 ETN투자는 주가지수 움직임이 중요하다. 발행회사는 지수산출기관과 지수사용에 관한 계약을 체결하고 ETN을 상장한다. ETN의 상장기간에 지수를 산출하고 관리할 수 있는 전문성과 독립성을 갖춘 지수산출기관은 객관적인 자료와 기준을 마련하여 지수를 산출해야 한다.

④ 사무관리회사

사무관리회사는 ETN의 사무처리를 위해 발행회사로부터 일부 업무를 위탁받아 수행한다. 현재 한국예탁결제원이 매일 장종료 후 ETN의 지표가치를 계산하고 거래소와 코스콤을 통해 공시하는데, 이는 다음 날 실시간 지표가치의 기준이 된다. 매일 세금부과의 기준이 되는 과표기준가격의 계산업무도 수행하고 있다.

**┃그림 7-14┃ 상장지수채권시장의 구조**

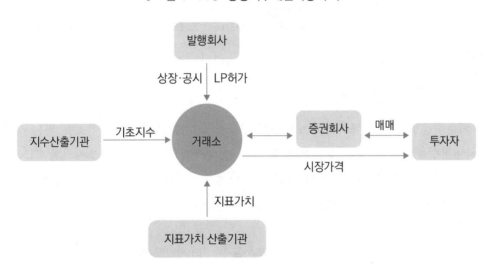

(4) 상장지수채권의 발행현황

국내 ETN시장은 2013년 11월 정부가 자본시장의 중위험·중수익 투자상품의 확충을 통한 금융업 경쟁력 강화방안으로 도입한 이후 2014년 11월에 개설되었다. 개장 당시 총 10개 종목, 시가총액 4,668억원에 불과했으나 손실제한 ETN, 레버리지 ETN 등이 상장되며 상품구성이 다양해지고 투자자들의 인지도가 높아짐에 따라 2018년 206개 종목, 시가총액 7조원을 상회하는 규모의 시장으로 성장하였다.[5]

이후 유사한 투자상품인 ETF로 투자자들의 관심이 쏠리며 발행규모가 빠르게 감소하면서 시장규모는 정체된 모습이다. 한편 2020년 코로나19로 변동성이 확대됨에 따라 레버리지·인버스 ETN에 대한 관심이 높아지면서 연중 거래금액이 21조원으로 대폭 증

---

5) 한국은행, 한국의 금융시장, 2021, 420-421쪽.

가하였다. 특히 2020년 4월 원유선물가격 급락으로 원유선물 연계 레버리지 ETN에 투기
적 수요가 급격한 쏠림현상을 보이며 과열양상을 나타냈다.

┃표 7-14┃ ETN의 시장규모

| 구분 | 2014 | 2015 | 2016 | 2017 | 2018 | 2019 | 2020 | 2021.상 |
|---|---|---|---|---|---|---|---|---|
| 발 행 금 액 | 4,700 | 19,900 | 79,300 | 100,260 | 30,640 | 17,550 | 6,400 | 5,500 |
| 일평균거래 금     액 | 67 | 3,989 | 69,153 | 52,895 | 93,689 | 52,625 | 210,212 | 42,363 |
| 시 가 총 액 (기     말) | 4,668 | 19,330 | 34,464 | 51,994 | 72,181 | 75,956 | 76,426 | 73,655 |
| 상장종목수 (기     말) | 10 | 78 | 132 | 184 | 206 | 194 | 190 | 177 |

자료 : 한국예탁결제원, 한국거래소

기초시장별 ETN 발행비중을 보면 2021년 6월말 현재 해외지수를 기초로 하는 상품
이 국내지수를 기초로 하는 상품보다 더 많이 발행되고 있다. 또한 기초자산별 ETN 발
행비중을 살펴보면 주식과 원자재 관련 지수가 많이 활용되고 있는 가운데 주식파생상
품, 혼합자산, 통화 관련 지수도 일부 사용되고 있다.

┃그림 7-15┃ ETN의 기초시장 및 기초자산별 발행현황[1]

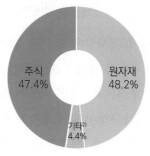

(a) 기초시장별 비중

해외
67.5%

국내
32.5%

(b) 기초자산별 비중

주식
47.4%

원자재
48.2%

기타[2]
4.4%

주 : 1) 2021년 6월말 시가총액 기준
    2) 주식파생, 혼합자산, 통화, 채권 등
자료 : 한국예탁결제원

## 6. 상장지수펀드(ETF)

### (1) 상장지수펀드의 정의

상장지수펀드(ETF : Exchange Traded Fund)는 KOSPI 200과 같은 특정 지수의 수익률을 그대로 쫓아가도록 설계한 지수연동형 인덱스펀드를 거래소에 상장시켜 투자자들이 주식처럼 편리하게 거래할 수 있도록 만든 상품을 말한다. 요컨대 ETF는 인덱스 펀드와 뮤추얼 펀드의 특성을 결합한 상품에 해당한다.

2002년에 도입된 ETF는 투자자들이 개별주식을 고르는데 수고하지 않아도 되는 펀드투자의 장점과 언제든지 시장에서 원하는 가격에 매매가능한 주식투자의 장점을 가지고 있으며 최근에는 시장지수를 추종하는 ETF 이외에도 배당주나 거치주 등 다양한 스타일을 추종하는 ETF들이 상장되어 인기를 얻고 있다.

### (2) 상장지수펀드의 특징

첫째, 일반 펀드는 대부분 판매사를 통해 가입(설정) 또는 해지(환매)가 이루어지는 반면 ETF는 한국거래소에 상장되어 거래된다. 즉 주식시장이 개장되어 있는 동안 언제든지 거래소에서 거래되는 시장가격에 매매할 수 있어 주식과 동일하게 환금성이 보장되고 적은 금액으로 주식시장 전체에 투자할 수 있다.

둘째, ETF는 주가지수의 움직임에 따라 가격이 결정되는 금융상품으로 주가지수가 변동하면 그 비율만큼 가격이 상승하거나 하락한다. 즉 주가지수가 해당 ETF의 가격과 일치하며 일반 펀드보다 운용이 투명하다. ETF는 이해하기가 쉬운 주식투자상품으로 집합투자기구와 달리 증권계좌를 통해서 거래할 수 있다.

셋째, KOSPI 200 ETF는 KOSPI 200을 구성하는 지수로 구성된 주식바스켓을 세분화한 증서이다. 투자자가 특정 주식을 보유하면 큰 손실을 입을 수 있지만 ETF는 주식시장 전체 또는 특정산업의 업황에 따라 수익률이 결정되고 개별기업 투자에 수반되는 투자위험과 가격변동성이 작아 안정추구형 투자상품이다.

### (3) 상장지수펀드의 구조

#### 1) 상장지수펀드의 발행시장

ETF의 발행시장은 ETF의 설정과 환매를 담당한다. ETF는 대량의 단위로 설정 또는 환매되어 법인투자자만 참여할 수 있다. ETF 설정을 원하면 지정참가회사로 지정된 투자매매 및 중개업자를 경유하여 ETF 설정에 필요한 주식바스켓을 납입하고 ETF를 인수한다. 집합투자업자는 ETF 설정 요청을 받아 발행한다.

**┃그림 7-16┃ ETF시장의 구조**

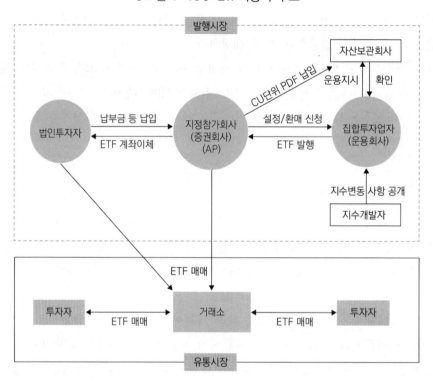

## 2) 상장지수펀드의 유통시장

ETF의 유통시장은 ETF를 상장시킨 후 투자자간에 매매가 이루어지는 시장이다. 상장된 ETF는 유통시장에서 모든 투자자들이 거래할 수 있고 일반 주식거래에서 이루어지는 모든 매매방식이 허용된다. 다만, ETF는 시장조성을 위해 지정참가회사 중에서 반드시 유동성공급자(LP)을 반드시 두어야 한다.

### 3) 상장지수펀드의 시장참가자

#### ① 법인투자자

법인투자자는 지정참가회사에 ETF의 설정과 환매를 신청하여 참여하고 유통시장의 매매거래에도 참여한다. 이러한 법인투자자는 ETF의 순자산가치인 NAV와 유통시장에서 형성된 ETF 시장가격의 차이인 괴리율이 크게 벌어지면, 차익거래를 지속적으로 수행하여 두 가격의 격차를 줄이는 역할을 수행한다.

#### ② 개인투자자

일반적으로 개인투자자는 ETF의 설정과 환매의 신청이 허용하지 않기 때문에 발행시장에는 참여할 수 없고 유통시장의 거래에만 참여할 수 있다.

#### ③ 지정참가회사

지정참가회사는 발행시장에서 집합투자업자와 법인투자자간에 ETF 설정과 환매의 신청업무를 통해 ETF가 유통시장에서 원활하게 거래되도록 하고, 그 가격이 좌당 순자산가치에 일치하도록 노력해야 한다. 지정참가회사 중 최소 1사는 집합투자업자와 유동성공급계약을 체결하여 유동성공급자의 역할을 수행해야 한다.

#### ④ 지수산출기관

지수산출기관은 ETF의 추적대상지수를 산출하여 제공해야 한다. ETF가 추종하는 지수에는 KOSPI 200, KRX 100과 같이 해당 거래소에서 산출하여 발표하는 시장대표지수가 있고, 삼성그룹주, 성장주/가치주 등 해당 ETF의 목적과 특성에 알맞도록 특정지수 전문산출기관에서 산출하여 사용하는 특수한 지수가 있다.

#### ⑤ 집합투자업자

ETF시장에서 가장 중요한 역할을 담당하는 집합투자업자는 ETF를 기획하고 판매하는 과정에서부터 ETF를 운용하는데, ETF의 자산구성내역의 결정 및 공지, ETF 편입종목 재구성 등 포트폴리오 운용, ETF 증권의 발행 및 소각, 설정단위의 결정, 추적오차율 관리, 배당금 및 분배금 지급규모 결정의 업무를 수행한다.

⑥ 신탁업자

일반적으로 수탁자인 신탁업자는 시중은행이 되는데, 투자신탁의 재산인 현금, 주식 등을 보관하고 관리하는 업무를 수행하는 자산보관회사를 말한다.

⑦ 사무관리회사

사무관리회사는 ETF의 사무처리를 위해 집합투자업자의 업무를 위탁받아 수행하는데, 현재는 한국예탁결제원에서 사무처리업무를 수행하고 있다.

⑧ 유동성공급자

유동성공급자는 한국거래소에서 ETF거래가 원활하게 이루어지도록 지속적으로 매수·매도호가를 제시하며 거래에 참가하여 가격을 형성하고 그 가격이 순자산가치에 수렴하도록 한다. 유동성공급자는 증권의 투자매매업 인가를 받은 지정참가회사로서 집합투자업자와 유동성 공급계약을 체결한 결제회원이어야 한다.

### (4) 상장지수펀드의 시장현황

상장지수펀드는 1993년에 미국에서 최초로 도입된 이후 전 세계 투자자들로부터 뜨거운 관심을 받으며 폭발적인 성장세를 보이고 있는 금융상품이다. 우리나라에서도 2002년에 한국거래소에 상장된 이후 현재까지 순자산총액 기준 약 119배의 증가세를 보이는 등 매우 성공적인 금융상품으로 자리매김하고 있다.

미국의 상장지수펀드는 2018년말 순자산총액 기준으로 전 세계 ETF시장의 70%를 차지하여 세계 ETF시장의 선두주자로서의 압도적인 지위를 구축하고 있다. 한국의 ETF시장도 일평균 거래대금 기준으로 세계 5위의 시장으로 성장하여 역동적인 시장임을 증명하고 있으며 핵심상품은 레버리지 및 인버스 ETF이다.

KOSPI200과 KOSDAQ150 지수 관련 레버리지 및 인버스 ETF의 순자산총액은 2018년말 기준 전체 레버리지 및 인버스 상품의 85%를 차지한다. 전체 ETF시장에서도 이들 지수와 관련된 레버리지 및 인버스 ETF의 순자산총액은 2018년말 기준 전체 ETF시장의 약 14%이나 연간 일평균거래대금은 약 56%에 달한다.

## 7. 주가연계사채(ELB)

주가연계사채(ELB : Equity Linked Bond)는 주식이나 주가지수를 기초자산으로 하는 파생결합증권으로 원금이 보장되는 채무증권을 말한다. ELB는 ELS의 최대취약점인 원금손실위험을 제거한 상품으로 수익률이 주가지수나 특정 종목의 주가에 연동되어 결정되는데, 발행회사가 투자원금을 보장하는 투자수단이다.

주가연계사채(ELB)는 만기까지 보유하면 원금 이상을 받을 수 있도록 설계되어 있어 원금손실을 볼 수 있는 주가연계증권(ELS)에 비해 안정적인 상품이다. 그러나 ELB 발행 증권회사의 신용도에 문제가 발생하게 되면 원금을 돌려받지 못할 수 있기 때문에 반드시 원금보장형 상품이 아니라는 점을 유의해야 한다.

주가연계사채(ELB)는 주식시장이 일정한 박스권을 형성하는 기간에는 투자자에게 유리하나, 주가지수가 큰 폭으로 상승하면 직접 주식투자에 비해 불리하다. ELB의 수익구조는 최소보장수익률이 중요하다. 참여율, 최대수익률, 주가상승률 한도가 낮더라도 최소보장수익률이 높은 상품의 살현수익률이 높게 나타난다.

## 8. 상장지수상품(ETP)

상장지수상품(ETP : Exchange-Traded Product)은 기초지수의 가격변화에 수익률이 연동되도록 설계되고 한국거래소에 상장되어 투자자들이 자유롭게 거래할 수 있는 금융상품을 말하며, 파생결합증권 형태로 발행되는 ETN (Exchange-Traded Note)과 펀드 형태로 발행되는 ETF(Exchange-Traded Fund)가 있다.[6]

ETP는 주식거래계좌를 통해 거래할 수 있고 증권거래세(0.3%) 면제로 거래비용이 낮고 소액으로 분산투자가 가능하다는 장점을 갖고 있다. 또한 수익률이 지수의 일정배율에 연동되는 레버리지형 상품, 지수변동의 반대방향으로 수익률이 정해지는 인버스형 상품, 추종 대상이 해외주식·채권·상품 등으로 확대된 상품 등 새로운 구조의 상품들이 가세하며 투자자들의 다양한 욕구를 충족시키고 있다.

ETP 시장은 순자산규모가 2021년 6월말 약 67.6조원(ETN 7.4조원, ETF 60.3조원)으로 2011~2020년 KOSPI 시가총액 연평균 성장률(5.1%)을 상회하는 연평균 23.2%의 성장세를 나타냈다. 상장종목수는 2011년~2020년 연평균 20.0% 증가하여 2021년 6월말 662개

---

6) 한국은행, 한국의 금융시장, 2021, 422-423쪽.

(ETN 177개, ETF 485개)이고, 일평균 거래금액은 2021년 상반기에 3.4조원으로 KOSPI 전체 거래금액의 18.6%를 차지하고 있다.

이와 같이 ETP 시장의 급속한 성장은 다음과 같은 요인들이 주로 작용하였다. 첫째, 코로나19의 영향으로 국내외 금융시장 변동성이 확대되면서 파생형(레버리지, 인버스) 상품 수요가 증가하였고, 최근 글로벌 증시 등 기초지수의 상승세가 지속되어 자금 유입이 촉진되었다. 해외주식 투자수요의 증가에 힘입어 국내 상장 ETP를 해외주식에 대한 간접투자로 활용하는 대안적 수요가 증가하였다.

둘째, 일반공모펀드가 그동안 상당기간에 걸쳐 부진한 모습을 나타내면서 일반공모펀드 시장의 자금이 액티브 ETF를 중심으로 ETP 시장으로 이동하였다. 그리고 연금자산을 일반투자자가 직접 운용하려는 움직임(DC형, IRP 및 연금저축펀드로 이전)이 늘어나면서 ETP 시장으로 연금자산이 대폭으로 유입되었다.

셋째, ESG, 메타버스 등 향후 유망산업에 대한 관심이 고조되어 다양한 테마형 상장지수상품이 연달아 출시되어 투자상품의 다양성이 확대되었다. 국내 ETP 시장은 일반공모펀드, 연금시장에 자금유입이 지속되는 가운데 다양한 전략·테마형 상품 등으로 투자자의 수요에 부응하면서 성장세가 지속될 것으로 기대된다.

▎그림 7-17 ▎ ETP 시장규모 현황

(a) ETP순자산규모 및 상품수　　　　　　　　(b) ETP순자산규모 증감률 및 KOSPI대비 비중

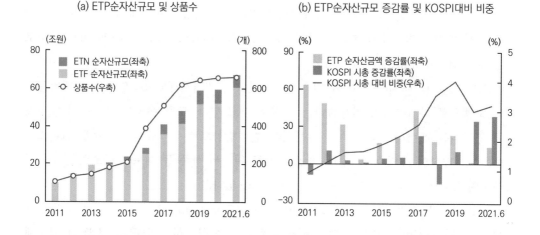

보론 7-1 파생결합증권 발행기관의 헤지거래

파생결합증권의 발행기관은 기초자산의 가격변동에 따라 손실이 발생할 수 있어 이를 회피하기 헤지거래를 수행하게 된다. 파생결합증권의 헤지방법은 현물의 포트폴리오와 함께 옵션의 포지션을 지속적으로 변화시켜 현물 포트폴리오의 손익과 옵션포지션의 손익이 서로 상쇄되도록 하는 델타헤지가 주로 사용되고 있다.[7]

파생결합증권의 공정가치는 액면가액에 평가손익이 반영된 것으로 발행기관이 투자자에게 지급해야 하는 부채의 평가액을 말한다. 평가손익은 기초자산의 가격수준 및 변동성, 기초자산간의 상관관계, 금리 등에 따라 지속적으로 변화하므로 발행기관은 이러한 요인에 의해 부채의 규모가 변화하는 위험을 차단해야 한다.

파생결합증권의 발행기관은 증권발행대금의 운용을 통해 파생결합증권의 가치변동에 따른 위험을 제거하는데, 헤지거래는 그 행위주체에 따라 발행위험을 발행기관 스스로 회피하는 자체 헤지(internal hedge)와 발행기관이 제3자와의 장외파생상품계약을 통해 위험을 전가하는 백투백(Back-to-Back) 헤지로 구분한다.

자체 헤지는 발행기관이 예금, 주식, 채권, 장내외파생상품의 매매를 통해 투자자의 수익구조를 복제하여 파생결합증권의 가치변화 위험을 상쇄한다. 발행기관 입장에서 자체 헤지는 파생결합증권의 판매수수료는 물론 헤지운용 수익까지 추가로 기대할 수 있다. 다만, 기초자산의 가격 및 변동성이 급변하는 상황에서 완전헤지가 이루어지지 못하면 손익 변동이 크게 확대될 수 있다는 단점이 존재한다.

┃그림 7-18┃ 자체 헤지구조

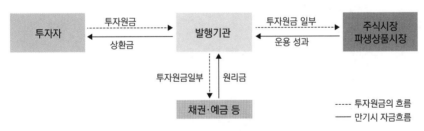

자체 헤지는 변동성 등 증권가치에 영향을 미칠 수 있는 변수들의 추정치를 이용하여 발행가격을 산정하거나 헤지포지션을 구축한 후 기초자산의 가격변화에 따라 헤지운용자산의 규모와 구성을 연속적으로 조정한다. 그러나 추정한 변수들의 값이 실제 실현된 값과 일치하기 어렵고, 유동성 등 시장여건에 따라 헤지포트폴리오의 조정이 원활히 이루어지지 못하면 헤지과정상 약간의 손익 변동성은 불가피한 측면이 있다. 이러한 손익변동성은 기초자산의 가격 및 연관 시장의 여건이 예

상과 다르게 급변하면 확대된다. 또한 기초자산의 가격급락으로 발행증권의 상당수가 조기상환되지 않으면 헤지운용기간의 연장으로 거래비용이 증가할 수 있다

　　백투백 헤지는 발행기관이 자사 발행 파생결합증권과 동일한 손익구조의 증권을 국내외 금융기관에서 매입(fully funded swap)하거나 이들 금융기관과 동일한 손익구조의 파생상품거래를 체결(unfunded swap)하는 방식으로 이루어진다. 백투백 헤지는 파생결합증권의 가치변화에 따른 위험이 완전히 제거될 수 있으나 거래상대방의 파산 등에 따른 채무불이행 위험(신용위험)에 노출된다는 단점이 있다.

▌ 그림 7-19 ▌ 백투백 헤지구조

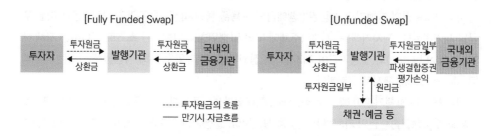

---

7) 한국은행, 한국의 금융시장, 2021, 417-418쪽.

## 제1절 파생결합증권의 개요

1. 파생결합증권의 정의
   파생상품을 증권화한 금융상품으로 기초자산의 가치변동에 따라 수익이 결정
2. 파생결합증권의 기초자산
   주식, 주가지수, 금리, 환율, 유가, 에너지, 광산물, 농산물, 신용위험 등
3. 파생결합증권의 특징 : 위험요소의 특징, 수익구조의 특징, 위험관리의 특징
4. 파생결합증권의 기능
(1) 긍정적 기능
   신용을 제고하여 파생상품 참여가 쉽고 파생상품보다 적은 금액으로 투자
(2) 부정적 기능
   비대칭정보에 따른 불완전판매 가능성이 높고 파생결합증권의 구조가 복잡

## 제2절 파생결합증권의 분류

1. 주가연계증권(ELS)
(1) ELS의 정의
   주식, 주가지수의 움직임에 연계되어 조기 및 상환수익률이 결정되는 증권
(2) ELS의 분류
① 발행주체에 따른 분류 : ELD, ELS, ELF
② 원금보장에 따른 분류 : 원금보장형 ELS, 원금비보장형 ELS
③ 발행형태에 따른 분류 : 공모 ELS, 사모 ELS
(3) ELS의 손익구조
   Knock-out ELS, Call Spread ELS, Digital ELS, Reverse Convertible ELS
(4) ELS의 발행현황
   2021년 6월말 국내 ELS시장 규모(발행잔액 기준)는 28.6조원으로 위축
2. 파생결합증권(DLS)
(1) DLS의 정의
   금리, 환율, 일반상품가격, 신용위험지표의 변동과 연계된 파생결합증권
(2) DLS의 유형
   금리연계증권, 통화연계증권, 신용연계증권, 상품연계증권 등
(3) DLS의 손익구조 : ELS와 유사
   Knock-out DLS, Call Spread DLS, Digital DLS, Reverse Convertible DLS
(4) DLS의 발행현황
   DLS의 시장규모는 ELS에 비해 작고, 신용연계상품(CLN)의 발행비중 높음

3. 주식워런트증권(ELW)

(1) ELW의 정의

　　주식 및 주가지수를 행사가격에 매입 또는 매도가능한 권리가 부여된 증권

(2) ELW의 분류

① 권리종류에 따른 분류 : 콜ELW, 풋ELW

② 기초자산에 따른 분류 : 개별주식이나 주가지수를 기초자산으로 하여 발행

③ 기본구조에 따른 분류 : 디지털옵션, 배리어옵션

4. 파생결합펀드(DLF)

　　주가, 주가지수, 금리·통화 등을 기초자산으로 한 파생결합증권을 편입한 펀드

5. 상장지수채권(ETN)

(1) ETN의 정의

　　한국거래소에 상장되어 매매되며 기초지수의 변동에 연계하여 수익을 지급

(2) ETN의 특징

　　상품접근성 용이, 증권거래세 면제, 지수연동형 상품, 분산투자의 상품, 환금성보장
　　상품, 신용위험의 상품

(3) ETN의 구조 : 발행시장, 유통시장, 시장참가자

(4) ETN의 시장현황

　　ETN시장은 2013년 11월 자본시장의 중위험·중수익 투자상품의 확충을 통한 금융업
　　경쟁력 강화방안으로 도입한 이후 2014년 11월에 개설

6. 상장지수펀드(ETF)

(1) ETF의 정의

　　특정지수를 쫓아가도록 설계한 지수연동형 인덱스펀드를 거래소에 상장해 매매

(2) ETF의 특징

　　지수연동형 상품, 주식투자의 일종, 환금성 최대보장, 분산투자의 효과, 기회비용이
　　작음, 안정추구형 상품

(3) ETF의 구조 : 발행시장, 유통시장, 시장참가자

(4) ETF의 발행현황

　　한국의 ETF시장은 일평균 거래대금 기준으로 세계 5위의 역동적인 시장

7. 주가연계사채(ELB)

　　기초자산이 주식, 주가지수인 파생결합증권으로 원금이 보장되는 채무증권

8. 상장지수상품(ETP)

　　기초지수의 가격변화에 수익률이 연동되도록 설계되고 한국거래소에 상장

**1.** **다음 중 파생결합증권에 대한 설명으로 적절하지 않은 것은?**
① 다른 금융투자상품을 기초자산으로 하는 파생결합증권을 발행할 수 있다.
② 탄소배출권과 같은 환경적 위험도 기초자산으로 발행할 수 있다.
③ ELW, ELS/DLS, ELB/DLB 등이 대표적인 파생결합증권이다.
④ 기초자산의 변동과 연계하여 미리 정해진 방법에 따라 지급금액 또는 회수금액이 결정되는 권리가 표시된 증권이다.

| 해설 | ELB/DLB는 원금이 보장되는 구조이며, 법적으로 파생결합증권이 아닌 파생결합사채에 해당한다.

**2.** **다음 중 파생결합증권에 대한 설명으로 적절하지 않은 것은?**
① 다른 금융투자상품을 기초자산으로 하는 파생결합증권을 발행할 수 있다.
② 파생결합증권의 기초자산은 투자자 보호를 위해 한정적으로 열거하고 있다.
③ 탄소배출권과 같은 환경적 위험도 기초자산에 편입할 수 있다.
④ 파생결합증권은 외생적 지표에 의해 수익이 결정되는 상품이다.

| 해설 | 파생결합증권의 기초자산은 포괄적으로 정의하고 있다.

**3.** **다음 중 주가연계증권(ELS)에 대한 설명으로 적절한 것은?**
① 투자금액 중 5천만원까지 예금자보호대상이다.
② 일반기업이 자금조달 목적으로 주로 발행한다.
③ 투자자의 위험선호도에 따른 맞춤형 설계가 가능하다.
④ 일반기업은 자사주를 기초로 한 원금보전구조의 ELS만 공모로 발행할 수 있다.

| 해설 | ① ELS는 예금자보호대상이 아니다. ② 금융투자회사가 투자자의 위험선호도에 따른 맞춤형 설계를 위해 발행한다. ④ 금융투자회사가 다양한 형태의 구조로 발행할 수 있다.

**4.** **다음 중 주가연계증권(ELS)에 대한 설명으로 옳지 않은 것은?**
① ELS가 펀드에 직접 편입될 수 있다.
② ELS의 구조는 정형화되어 있지 않다.
③ 백투백거래는 거래상대방위험이 아주 높다.
④ ELS시장의 헤지거래가 주식시장에 영향을 미치는 액더독 가능성은 거의 없다.

| 해설 | 발행기관의 헤지거래가 현물시장에 영향을 미치는 사례가 증가하고 있다.

**5.** 다음 중 주가연계증권(ELS)의 수익구조에서 만기까지 주가지수 상승률이 한번이라도 미리 정해놓은 수준에 도달하면 최종수익률이 결정되는 유형은?

① Knock-out형　　　　　　　　② Bull Spread형

③ Digital형　　　　　　　　　　④ Reverse Convertible형

| 해설 | Knock-out형은 투자기간에 단 한번이라도 사전에 정한 가격수준에 도달하면 주가지수에 상관없이 최종수익률이 확정된다.

**6.** 다음 중 풋옵션을 매도하여 프리미엄 수익을 획득할 수 있으나 원금손실의 가능성이 존재하는 주가연계증권(ELS)은?

① Bull Spread형　　　　　　　② Digital형

③ Reverse Convertible형　　　④ Knock-out형

| 해설 | Reverse Convertible형

**7.** 다음 중 주가상승국면에 대응하기 위해 중간평가시점에 기초자산인 주식의 가격상승 폭에 따라 추가이익을 나타내는 주가연계증권(ELS)의 구조는?

① 점프유형 구조　　　　　　　② 스텝다운 구조

③ 스프레드 조기상환 구조　　　④ 리버스 컨버터블 구조

| 해설 | 점프유형 구조라고 한다.

**8.** 다음 중 주가연계증권(ELS)에 대한 설명으로 적절하지 않은 것은?

① 원금비보장형에서 낙인을 터치하면 원금손실가능성이 발생한다.

② 원금보장형에서 낙아웃을 터치하면 상승수익률 지급조건이 사라진다.

③ 참여율이 50%이면 기초자산이 10% 상승할 때 최종 지급되는 수익률은 5%이다.

④ 원금보장형에서 사전에 정한 낙아웃배리어를 초과하여 상승한 경우에 지급되는 고정수익률을 더미(dummy)수익이라고 한다.

| 해설 | 리베이트(rebate)에 대한 설명이다. 더미수익은 ELS가 조기상환되지 않고 만기까지 보유했을 때 투자기간에 낙인을 터치한 적이 없으면 만기에 지급하는 보너스수익을 말한다.

**9.** 다음 중 ELS, ELD, ELF에 대한 설명으로 적절하지 않은 것은?

① ELD는 은행에서 발행하는 금융상품으로 예금자보호법의 대상에 속하지 않는다.

② ELF는 투신사에서 운용하는 수익증권으로 원금은 보장되지 않는다.

③ ELS는 증권사에서 발행하는 증권이다.

④ ELD는 은행에서 발행하며 원금이 보장되는 상품이다.

| 해설 | ELD는 정기예금으로 예금자 보호대상이다.


**10.** 다음 중 ELS, ELD, ELF에 대한 설명으로 적절하지 않은 것은?

① ELD는 은행에서 발행하며 원금이 보장되는 구조이다.

② ELS는 증권사에서 발행하는 증권으로 실적배당이다.

③ ELD는 은행에서 발행하는 정기예금으로 예금자보호법의 대상에 속한다.

④ ELF는 투신사에서 운용하는 수익증권으로 원금은 보장되지 않는다.

| 해설 | ELS는 확정수익이 지급하고, ELF는 실적배당상품이다.


**11.** 다음 중 주가연계상품에 대한 설명으로 적절하지 않은 것은?

① 주가지수연계증권(ELS)은 수익이 사전에 제시되는 점이 펀드상품과 다르다.

② 주가가 큰 폭으로 상승라면 ELD의 수익률은 약정된 최고이율을 초과할 수 있다.

③ ELF는 중도환매가 가능하나 일정기간 이내 환매시 환매수수료를 부담해야 한다.

④ 주가연계예금(ELD)은 원금보장이 된다.

| 해설 | 주가연계예금(ELD)의 수익률은 사전에 제시된 최고이율을 초과할 수 없다.


**12.** 다음 중 ELF, ELD, ELS에 대한 비교로서 적절하지 않은 것은?

| | 구분 | ELS | ELD | ELF |
|---|---|---|---|---|
| ① | 운용회사 | 투자매매업자 | 은행 | 집합투자업자 |
| ② | 상품성격 | 유가증권 | 예금 | 펀드 |
| ③ | 만기수익 | 실적배당 | 확정수익 | 확정수익 |
| ④ | 상품종류 | 다양 | 원금보장형 상품 | 다양 |

| 해설 | 운용성과에 따른 실적배당은 ELF이며, ELD와 ELS는 사전에 제시한 확정수익을 지급받는다.

**13.** 다음 중 조기상환형 스텝다운 ELS 녹인형에 대한 설명으로 옳지 않은 것은?

① 녹인형 ELS가 만기일 이전에 최초로 원금손실조건이 발생하는 경우 해당 사실을 투자자에게 통지해야 한다.

② 녹인형 ELS가 원금손실조건이 발생하면 손실이 확정되므로 이를 중도상환하여 재투자하는 것이 유리하다.

③ 녹인형 ELS는 일반적으로 같은 수익구조의 노녹인(No Knock-In) ElS보다 제시수익률이 더 높다.

④ 녹인형 ELS가 원금손실조건이 발생하지 않으면 해당 ELS는 조기 또는 만기에 수익이 상환된다.

| 해설 | 녹인형 ELS가 원금손실조건이 발생한다고 해서 손실이 확정되는 것은 아니며, 다시 기초자산이 재상승하여 조기상환 및 만기상환이 되는 경우도 있다.


**14.** 조기상환형 스텝다운 ELS의 투자권유시 판매프로세스로 옳지 않은 것은?

① 조기상환형 ELS 투자경험이 있으면 투자자의 성향파악단계를 생략할 수 있다.

② 공모 ELS의 투자권유시에는 투자설명서 및 간이투자설명서를 제공해야 한다.

③ 고객이 자신의 투자성향보다 위험도가 높은 조기상환형 스텝다운 ELS를 투자하는 것은 원천적으로 불가능하다.

④ 조기상환형 ELS의 명칭, 종류, 위험등급, 기초자산의 내용, 조기상환 및 만기상환조건, 최대손실액 및 제반 위험사항 등을 구체적으로 설명해야 한다.

| 해설 | 투자성향보다 더 위험도가 높은 ELS를 투자하려는 고객은 부적합 안내절차를 통해 투자자확인서 등의 서명을 거친 후에 가능하므로 절대 불가능한 것은 아니다.


**15.** 다음 중 금리, 환율, 원자재 등의 변동과 연계하여 사전에 정해진 수익조건에 따라 상환금액을 지급하는 증권은?

① ELS(주가연계증권)  ② DLS(파생결합증권)

③ ELW(주식워런트증권)  ④ ETN(상장지수채권)

| 해설 | DLS는 주식(주가지수) 이외의 금리, 환율 등의 변동과 연계된 파생결합증권이다.

**16.** 다음 중 주식워런트증권(ELW)에 대한 설명으로 올바른 것은?
① ELW는 장내파생상품으로 분류된다.
② 일반투자자도 ELW를 발행할 수 있다.
③ ELW는 만기일에 거래소가 결제이행을 보증한다.
④ 현금결제방식의 ELW는 자동적으로 권리가 행사된다.

| 해설 | ① ELW는 파생결합증권이다. ② 증권회사가 발행하고, 일반투자자는 ELW 매수만 가능하다. ③ ELW는 발행자가 결제이행을 보증한다.

**17.** 다음 중 주식워런트증권(ELW)에 대한 설명으로 적절하지 않은 것은?
① 기초자산에 대한 직접투자보다 레버리지효과가 크다.
② ELW의 보유자는 의결권과 배당청구권을 행사할 수 없다.
③ 손실과 이익이 무한대로 확대될 수 있어 높은 투자위험을 지닌 상품이다.
④ 기초자산을 사전에 약정한 시기에 행사가격으로 사거나 팔 수 있는 권리를 가진 증권을 말한다.

| 해설 | ELW는 손실은 제한되므로 한정된 투자위험을 지닌 상품이다.

**18.** 다음 중 주식워런트증권(ELW)에 대한 설명으로 적절한 것은?
① ELW의 만기시점에 거래소가 결제이행을 한다.
② 현금결제방식의 ELW는 자동적으로 권리가 행사된다.
③ ELW는 장내파생상품으로 분류된다.
④ 일반투자자도 ELW를 발행할 수 있다.

| 해설 | ① 계약이행 보증은 발행자의 신용으로 하고 ③ 파생결합증권으로 분류되며 ④ 통상의 일반투자자는 ELW를 발행할 수 없다.

**19.** 공모발행 파생결합증권의 만기 이전에 최초로 원금손실조건이 발생하는 경우에 금융투자회사가 일반투자자에게 통지해야 하는 내용으로 적절하지 않은 것은?
① 조기상환조건 또는 조기상환시 예상수익률
② 중도상환 청구방법, 중도상환 청구기간, 중도상환 수수료
③ 원금손실조건이 발생했다는 사실
④ 원금손실률, 원금손실확정액

| 해설 | 손실이 발생한 것이지 손실금액이 확정된 것은 아니다.

**20.** 다음 중 상장지수채권(ETN)의 특징으로 적절하지 않은 것은?

① 발행자의 신용위험이 있다.

② ETN은 신상품에 대한 접근성이 뛰어나다.

③ ETN은 기초지수와 추적오차가 매우 크다.

④ ETN은 공모펀드에 비해 발행이 신속하고 유연하다.

| 해설 | ETN은 추적오차가 없는 것은 아니지만 발행사가 제시한 가격을 보장한다는 측면에서 공모펀드에 비해 추적오차에서 자유로운 장점이 있다.

# 집합투자증권

집합투자증권

전문가가 투자자들의 자금을 모아 투자자를 대신하여 다양한 투자상품을 운용하는 집합투자기구는 저금리시대의 정착으로 예금이자율이 물가상승률을 따라가지 못한 상황에서 직접투자하는 것을 주저하는 투자자들의 니즈를 충족시키는 투자수단으로 부각되어 노후대비 자산형성의 수단으로 관심을 기울여야 한다.

## 제1절   집합투자증권의 개요

### 1. 집합투자의 정의

자본시장법에서 집합투자는 2인 이상의 불특정 다수의 투자자로부터 모은 금전 등을 집합하여 투자자로부터 일상적인 운용지시를 받지 아니하면서 재산적 가치가 있는 투자대상 자산을 취득, 처분 그 밖의 방법으로 운용하고 운용결과를 다시 투자자에게 배분하여 귀속시키는 것을 말한다.

그러나 부동산투자회사법, 선박투자회사법, 산업발전법, 여신전문금융업법 등과 같은 특별법에 따라 사모 방법으로 금전 등을 모아 운용배분하는 것으로 투자자 수가 49인 이하, 자산유동화법상의 자산유동화계획에 따라 금전 등을 모아 운용배분하는 경우에는 집합투자의 정의에서 배제된다.

### 2. 간접투자상품의 정의

투자자들이 주식, 채권, 파생상품 등에 투자하는 방법에는 직접투자와 간접투자가 있다. 직접투자는 투자자들이 자신의 분석과 투자결정에 의해 투자대상자산에 자금을 투입하여 투자가 이루어지고, 간접투자는 투자자들이 전문가들이 운용하는 상품에 가입하여 간접적으로 투자하는 것을 말한다.

간접투자상품은 불특정 다수의 투자자로부터 자금을 모아 펀드를 형성하여 이를 다양한 증권이나 자산에 분산투자하여 최종적으로 달성한 손익을 투자자에게 투자비율에 따라 배분하는 실적배당상품이다. 따라서 투자자산의 운용결과에 따라 높은 수익을 얻을 수도 있고 원금손실이 발생할 수도 있다.

### 3. 집합투자증권의 정의

우리나라에서는 펀드라는 명칭을 2004년에 시행된 간접투자자산운용법에서 간접투자기구라는 용어로 사용했다가 투자자보호조항을 강화하고 규제를 완화하는 자본시장법을 제정하여 2009년에 시행하면서 집합투자기구로 변경하여 사용하고 있다. 자본시장법에서 펀드를 집합투자증권으로 정의하고 있다.

집합투자증권은 집합투자기구에 대한 출자지분이 표시된 자본시장법상 증권으로 금융투자상품에 속한다. 금융투자상품은 이익을 얻거나 손실을 회피할 목적으로 현재 또는 장래의 특정시점에 금전 또는 재산적 가치가 있는 것을 지급하기로 약정함으로써 취득하는 권리로서 투자성이 있는 것으로 정의한다.

집합투자증권은 투자로 회수하는 금액이 납입한 금액보다 작아 손실을 볼 가능성이 처음부터 내재되어 있다. 이러한 손실가능성은 은행에서 거래되는 원금보장이 예정된 예금상품과 본질적으로 다르다. 다만 파생상품과 비교해 볼 때 집합투자상품은 원본을 초과하여 손실을 볼 가능성이 존재하지 않는다.

## 4. 집합투자증권의 분류

집합투자기구가 출자의 대가로 발행하는 집합투자증권의 유형에서 회사형은 지분증권, 신탁형은 수익증권, 조합형은 지분증권으로 구분되며 모두 증권의 범주에 포함된다. 자본시장법은 신탁업자가 발행하는 수익증권과 투자신탁의 수익권을 표창하는 증권을 모두 통칭하여 수익증권으로 규정하고 있다.

그러나 신탁법상의 일반신탁은 도관체 과세를 하는 반면에 투자신탁은 실체과세를 하고 있어 구분하여 이해할 필요가 있다. 집합투자증권의 기준가격은 집합투자재산의 일별 시가평가를 통해 산정되고 통상 일별로 공고된다. 투자자의 집합투자증권에 대한 투자금액의 정산은 기준가격으로 이루어진다.

## 5. 집합투자증권의 발행

### (1) 투자신탁의 수익증권

투자신탁의 수익권은 신탁계약에서 정하는 바에 따라 투자신탁재산의 운용에서 발생하는 이익의 분배를 받고 신탁원본의 상환을 받는 권리를 말한다. 수익증권은 투자신탁의 수익권을 표창하는 유가증권이다. 수익자는 신탁원본의 상환 및 이익분배 등에 관해 수익증권의 좌수에 따라 균등한 권리를 갖는다.

투자신탁을 설정한 집합투자업자가 수익증권을 발행할 경우에는 집합투자업자 및 신탁업자의 상호(제1호), 수익자의 성명 또는 명칭(제2호), 신탁계약을 체결할 당시의 신탁원본의 가액 및 수익증권의 총좌수(제3호), 수익증권의 발행일(제4호)이 전자증권법에 따라 전자등록 또는 기록되도록 해야 한다.

### (2) 투자회사의 주식

투자회사는 회사 성립일 또는 신주의 납입일에 전자증권법에 따른 전자등록의 방법으로 주식을 발행하고, 투자회사가 성립 후에 신주를 발행할 경우 신주의 수, 발행가액 및 납입기일은 이사회가 결정한다. 다만, 정관에서 달리 정하는 경우에는 그에 따른다. 투자회사의 주식은 무액면 기명식으로 한다.

그러나 주주의 청구가 존재할 경우에 그 주주의 주식을 매수할 수 있는 개방형투자회사가 성립 후에 신주를 발행하는 경우 이사회는 신주의 발행기간(제1호), 발행기간 이내에 발행하는 신주수의 상한(제2호), 발행기간 동안 매일의 발행가액 및 주금납입기일을 정하는 방법(제3호)을 결정할 수 있다.

### (3) 투자합자회사의 지분증권

투자합자회사의 유한책임사원은 출자금액의 반환 및 이익의 분배 등에 관해 지분증권의 수에 따라 균등한 권리를 갖는다. 투자합자회사가 성립한 후 신규 지분증권을 발행할 경우 지분증권의 수, 발행가액 및 납입기일은 업무집행사원이 결정해야 하고, 투자합자회사의 지분증권은 무액면 기명식으로 한다.

투자합자회사의 지분증권에는 투자합자회사의 상호(제1호), 투자합자회사의 성립연월일(제2호), 지분증권의 발행일, 사원의 성명(법인의 경우 상호), 그 밖에 투자합자회사의 보호에 필요한 사항으로서 대통령령으로 정하는 사항(제5호)을 기재하고, 업무집행사원이 기명날인 또는 서명을 반드시 해야 한다.

## 6. 집합투자증권의 판매

투자신탁이나 투자회사 등은 집합투자기구의 집합투자증권을 판매할 경우 투자매매업자와 판매계약을 체결하거나 투자중개업자와 위탁판매계약을 체결해야 한다. 그러나 투자매매업자 또는 투자중개업자로서 집합투자기구의 집합투자증권을 판매할 경우에는 판매계약 또는 위탁판매계약을 체결하지 아니한다.

투자매매업자 또는 투자중개업자가 집합투자증권을 판매하는 경우 투자자가 집합투자증권의 취득을 위해 금전을 납입한 후 최초로 산정되는 기준가격으로 판매해야 한다. 여기서 기준가격은 투자신탁이나 투자익명조합의 집합투자업자 또는 투자회사가 집합투자재산의 평가결과에 따라 산정한 가격을 말한다.

투자매매업자 또는 투자중개업자는 집합투자증권의 환매를 연기한 경우나 집합투자기구에 대한 회계감사인의 감사의견이 적정의견이 아니라는 통지를 받은 경우 해당 집합투자증권을 판매해서는 아니 된다. 다만, 환매연기나 감사의견의 부적정 사유가 해소되었다는 통지를 받은 경우에는 다시 판매할 수 있다.

판매수수료는 집합투자증권의 판매대가로 투자자로부터 받는 금전이며 납입금액 또는 환매금액의 100분의 3 이하로서 대통령령으로 정하는 한도를 초과해서는 안 된다. 판매보수는 집합투자증권을 판매한 투자매매업자나 투자중개업자가 투자자에게 제공하는 용역의 대가로 집합투자기구에서 받는 금전을 말한다.

판매보수는 집합투자재산의 연평균가액의 1천분의 15 이하로서 대통령령으로 정하는 한도를 초과해서는 안 된다. 투자매매업자나 투자중개업자는 집합투자증권의 판매와 관련해 판매수수료 및 판매보수를 받는 경우 집합투자기구의 운용실적(성과보수)에 연동하여 판매수수료 또는 판매보수를 받아서는 안 된다.

## 7. 집합투자증권의 환매

환매금지형 집합투자기구의 투자자를 제외한 집합투자기구의 투자자는 언제든지 집합투자증권의 환매를 그 집합투자증권을 판매한 투자매매업자나 투자중개업자에게 청구할 수 있다. 투자자의 환매요청을 받은 투자매매업자나 투자중개업자는 지체없이 집합투자업자나 신탁업자에게 환매요구를 해야 한다.

집합투자업자나 신탁업자는 환매청구일로부터 15일 이내 집합투자규약에서 정한 환매일에 환매청구일 이후에 산출된 기준가격을 적용하여 환매수수료를 차감한 후 금전 또는 집합투자재산으로 환매대금을 지급해야 한다. 집합투자증권의 환매는 실질적으로 펀드가 투자자에게 투자금액을 상환하는 것과 같다.

투자신탁의 집합투자업자 또는 투자회사 등은 집합투자증권을 환매하는 경우 환매청구일 후에 산정되는 기준가격으로 해야 한다. 환매청구일 후에 산정되는 기준가격은 환매청구일부터 기산하여 제2영업일 이후에 공고되는 기준가격으로서 해당 집합투자기구의 집합투자규약에서 정한 기준가격으로 한다.

환매수수료는 대통령령으로 정하는 방법에 따라 집합투자증권의 환매를 청구한 해당 투자자가 부담하며, 투자자가 부담한 환매수수료는 집합투자재산에 귀속된다. 이에 따라 환매수수료는 집합투자규약에서 정하는 기간 이내에 환매할 경우에 부과하며 환매금액 또는 이익금 등을 기준으로 부과할 수 있다.

제2절 집합투자기구의 설립

자본시장법상 집합투자기구의 법적 형태는 그 성격에 따라 신탁형(투자신탁), 회사형(투자회사, 투자유한회사, 투자합자회사, 투자유한책임회사), 조합형(투자합자조합, 투자익명조합)으로 구분할 수 있다. 국내 집합투자기구는 대부분 계약형(신탁형)에 해당되고, 해외 집합투자기구는 회사형에 해당된다.

### 1. 투자신탁

투자신탁의 당사자는 자산에 대한 운용지시를 내리는 위탁자(집합투자업자), 집합투자재산을 보관·관리하고 운용지시를 이행하며 집합투자업자의 운용행위지시를 감시하는 수탁자(신탁업자) 그리고 집합투자업자가 발행한 집합투자증권인 수익증권을 판매회사에서 취득하여 보유한 수익자(투자자)로 구성된다.

#### (1) 집합투자업자

집합투자업자는 신탁계약의 체결 및 해지, 신탁재산의 투자결정 및 운용지시, 펀드 편입자산의 평가, 수익증권 판매 및 환매 등에 적용되는 기준가격의 산정, 수익증권의 발행(판매) 및 소각(환매), 펀드회계 등의 업무를 수행한다. 수익증권의 판매는 집합투자업자가 직접 하거나 금융기관에 판매를 위탁한다.

#### (2) 신탁업자

신탁업자인 수탁회사는 투자신탁재산을 보관·관리하고, 집합투자업자의 투자신탁재산 운용지시에 따른 자산의 취득 및 처분의 이행, 수익증권의 환매대금, 이익금을 지급한다. 자산운용회사는 수탁회사의 운용지시를 통해 자산의 취득과 처분을 결정할 수 있다. 일반적으로 수탁회사는 은행이 역할을 수행한다.

### (3) 판매회사

판매회사는 투자자가 실제로 집합투자기구에 투자할 수 있는 은행, 증권회사, 보험회사 등의 창구를 말한다. 판매회사는 자산운용회사와 위탁판매계약을 체결하여 자산운용회사의 집합투자증권을 투자자에게 판매하고 펀드에 투자한 투자자가 환매청구를 하면 자산운용회사에 전달하는 역할을 수행한다.

### (4) 투자자

투자자는 투자신탁의 수익증권을 취득하여 집합투자업자와 신탁업자가 체결한 신탁계약에서 수익자로 당해 투자신탁관계의 당사자가 된다. 수익자는 자신이 취득한 수익증권의 지분에 따라 투자원본의 상환 및 이익분배를 받는다. 공모펀드의 수익자는 투자원본, 상환, 이익분배에 관해 균등한 권리를 갖는다.

▌그림 8-1▐ 투자신탁의 구조

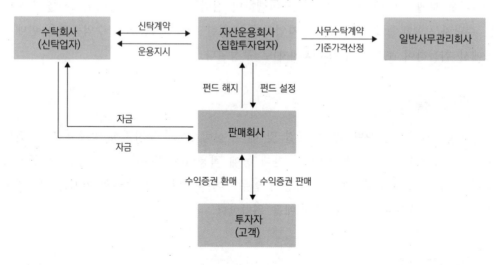

## 2. 투자회사

투자회사는 집합투자업자 등이 발기인이 되어 주식회사(투자회사)를 설립한 후 투자회사의 주식을 투자자에게 판매하여 조성된 자금(자본금)을 주식 등에 운용하고 그 결과를 투자자에게 귀속시키는 행위이다. 투자회사는 주식회사제도를 집합적·간접적 투자에 맞게 변형한 제도라고 할 수 있다.

투자회사는 서류상 회사(Paper Company)의 성격을 가지게 되어 투자업무 이외의 모든 업무를 외부의 전문가에게 위탁해야 한다. 따라서 자산운용은 집합투자업자에, 자산보관은 신탁업자에, 주식의 판매 및 환매는 투자매매업자·투자중개업자에, 기타 업무는 일반사무관리회사에 위탁해야 한다.

### (1) 자산운용회사

자산운용회사는 간접투자의 운용주체로서 투자신탁의 위탁자나 투자회사의 법인이사가 되어 간접투자재산을 운용하는 회사를 말한다. 따라서 투자회사의 위탁을 받아 투자대상 자산을 운용(주식, 채권 등 유가증권에 투자)하는 업무를 수행하는 회사로 자본금 100억원 이상의 자격요건을 갖추어야 한다.

### (2) 투자회사

현재 투자회사는 상법상의 주식회사로 그 집합투자기구는 실제 사람이 근무하지 아니하는 무인회사(Paper Company)로 운영되어 직원을 고용하거나 상근임원을 둘 수 없다. 따라서 투자회사는 유가증권에 투자하는 것 이외의 업무는 할 수 없고 영업소를 둘 수 없다. 투자신탁의 펀드 자체를 의미한다.

### (3) 자산보관회사

투자신탁의 계약형펀드는 수탁기관, 투자회사의 회사형펀드는 자산보관회사라는 용어를 사용하는데, 실제로 같은 역할을 수행한다. 자산보관회사는 투자회사의 위탁을 받아 투자회사의 자산(펀드)을 안전하게 보관하고 관리하는 회사를 말하며 자산운용회사의 펀드운용 등에 대한 감사를 주된 업무로 한다.

277

### (4) 판매회사

판매회사는 투자자가 집합투자기구에 투자할 수 있는 은행, 증권회사, 보험회사 등의 창구로서 자산운용회사와 위탁판매계약을 체결하여 자산운용회사의 펀드를 투자자에게 판매하고 환매하는 역할을 수행한다. 판매회사는 투자자보호를 위해 판매와 관련된 주요 법령 및 판매행위준칙을 준수할 의무가 있다.

### (5) 사무관리회사

일반사무관리회사는 자산운용회사와 계약을 통해 투자대상자산의 운용 이외 운영에 관한 사항을 주된 업무로 한다. 투자회사는 이사회 및 주주총회를 보조하고 그 업무를 대행하는 사무관리회사가 반드시 필요한 반면에 투자신탁은 펀드의 기준가격 산정을 위탁하지 않으면 사무관리회사가 필요하지 않는다.

┃그림 8-2┃ 투자회사의 구조

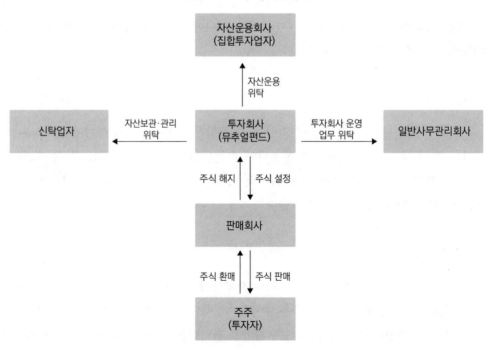

▮표 8-1▮ 투자신탁과 투자회사의 비교

| 구분 | 투자신탁 | 투자회사 |
|---|---|---|
| 설 립 형 태 | 신탁계약 | 회사형태 |
| 발 행 증 권 | 수익증권 | 주 식 |
| 자 산 소 유 자 | 신탁업자 | 투자기구 |
| 법률행위주체 | 신탁업자 | 투자기구 |
| 투 자 자 지 위 | 수 익 자 | 주 주 |
| 수 익 금 지 급 | 분 배 금 | 배 당 금 |

## 제3절   집합투자기구의 분류

### 1. 자산의 운용대상에 따른 분류

자본시장법은 운용대상에 따라 집합투자기구를 증권, 부동산, 특별자산, 혼합자산, 단기금융의 5가지로 구분한다. 집합투자업자가 집합투자기구의 재산으로 운용할 수 있는 자산은 재산가치가 있는 모든 재산을 대상으로 하고 그 편입비율에 제한만 있다. 다만, 단기금융의 경우 증권에만 투자할 수 있다.

#### (1) 증권집합투자기구

증권집합투자기구는 집합투자재산의 50%를 초과하여 주식, 채권, 수익증권 등의 증권 및 증권을 기초자산으로 하는 파생상품에 투자하고 부동산 및 특별자산집합투자기구에 해당하지 않는 것을 말한다. 증권집합투자기구에는 주식형, 채권형, 주식혼합형, 채권혼합형, 재간접형, 장외파생상품형 등이 있다.

#### (2) 부동산집합투자기구

부동산집합투자기구는 집합투자재산의 50%를 초과하여 부동산 또는 부동산에서 파생된 자산(부동산을 기초로 하는 파생상품, 부동산 개발과 관련된 법인에 대한 대출, 부동산의 개

발, 관리, 개량, 임대 및 운영, 부동산 관련 권리의 취득, 부동산과 관련된 증권)에 투자하는 집합
투자기구를 말한다.

### (3) 특별자산집합투자기구

특별자산집합투자기구는 집합투자재산의 50%를 초과하여 특별자산(증권 및 부동산을
제외)에 투자하는 집합투자기구를 말한다. 예컨대 유전, 광산, 선박, 대출채권, 지식재산
권, 예술품은 증권 또는 부동산에 포함되지 않은 자산에 해당하여 동 자산에 투자하면
특별자산 집합투자기구로 분류한다.

### (4) 혼합자산집합투자기구

혼합자산집합투자기구는 집합투자재산을 운용할 때 증권·부동산·특별자산집합투
자기구 관련 규정의 제한을 받지 않는 집합투자기구를 말한다. 예컨대 투자대상이 사전
에 확정되지 아니하고 가치가 있는 모든 자산에 투자할 수 있는 집합투자기구는 혼합자
산 집합투자기구로 분류할 수 있다.

### (5) 단기금융집합투자기구

단기금융집합투자기구(MMF)는 집합투자재산을 운용할 때 원화로 표시된 자산으로
서 잔존만기가 6개월 이내인 양도성예금증서, 잔존만기가 5년 이내인 국채, 잔존만기가
1년 이내인 지방채·특수채·회사채·기업어음 등 대통령령으로 정하는 단기금융상품에
투자하는 집합투자기구를 말한다.

**┃표 8-2┃ 집합투자기구의 분류**

| 종류 | | 주요내용 |
|---|---|---|
| 증권집합투자기구 | 주식형 | 규약상 주식에 집합투자재산의 60% 이상 투자하는 펀드<br>- 대체로 90% 이상 주식에 투자하는 경향을 나타냄 |
| | 채권형 | 규약상 채권에 집합투자재산의 60% 이상 투자하는 펀드<br>- 주식 또는 주식관련 파생상품에 투자불가 |

| | 주식<br>혼합형 | 주식형, 채권형 어디에도 속하지 아니하면서 규약상 허용되는 주식 최대 편입비율이 50% 이상인 펀드 |
|---|---|---|
| 혼합 | 채권<br>혼합형 | 주식형, 채권형 어디에도 속하지 아니하면서 규약상 허용되는 주식 최대 편입비율이 50% 미만인 펀드 |
| 부동산집합투자기구 | | 집합투자재산의 50% 이상을 부동산(관련 파생상품/대출/증권 포함)에 투자하는 집합투자기구 |
| 특별자산집합투자기구 | | 집합투자재산의 50% 이상을 특별자산(증권과 부동산을 제외한 투자대상 자산)에 투자하는 집합투자기구 |
| 혼합자산집합투자기구 | | 집합투자재산을 운용함에 있어서 증권, 부동산, 특별자산 관련 규정의 제한을 받지 않는 집합투자기구 |
| 단기금융집합투자기구 | | 집합투자재산을 단기금융상품에 투자하는 펀드(단기채권, CP, CD) |

## 2. 일반적 형태의 집합투자기구

펀드는 모집방식에 따라 공모펀드와 사모펀드, 펀드규모의 증대여부에 따라 추가형펀드와 단위형펀드, 환매여부에 따라 개방형펀드와 폐쇄형펀드, 투자지역에 따라 국내펀드와 해외펀드로 구분한다. 자본시장법에서는 특수한 형태로 폐쇄형펀드, 종류형펀드, 전환형펀드, 모자형펀드, 상장지수펀드로 구분한다.

### (1) 투자성향에 따른 분류

펀드는 투자자들의 자금을 모아 투자하는 집합투자방식으로 운영되어 투자자들의 특성을 잘 반영하지 못한다. 따라서 투자자 본인의 위험성향, 투자목적, 투자기간에 적합하지 않은 펀드에 투자할 경우 높은 위험이 존재할 수 있어 금융감독기관은 투자대상 자산을 기준으로 투자위험등급을 산정하고 있다.

┃표 8-3┃ 투자성향에 따른 위험등급과 내용

| 구분 | 위험등급 | 내용 |
|---|---|---|
| 1등급<br>공격투자형<br>투자자 | 초고위험 | 주식에 펀드자산의 50% 이상 투자하는 주식형펀드<br>선물 및 옵션 등 파생상품에 투자하는 파생상품펀드<br>주식인덱스펀드, 중소형주식형펀드, 해외주식형펀드 |
| 2등급<br>적극투자형<br>투자자 | 고위험 | 주식에 펀드자산의 50% 이상 투자하는 주식혼합형펀드<br>주식형 및 채권형펀드에 투자하는 재간접펀드<br>투기등급채권에 투자하는 하이일드채권형펀드 |

| 3등급<br>위험중립형<br>투자자 | 중위험 | 주식에 펀드자산의 50% 미만을 투자, 주식관련파생상품에 펀드자산의 30% 이하를 투자하는 채권혼합형펀드<br>투자등급의 일반회사채에 투자하는 채권형펀드 |
|---|---|---|
| 4등급<br>안정추구형<br>투자자 | 저위험 | 신용등급이 우량한 국공채에 투자하는 채권형펀드<br>투자원금이 보장되는 구조화된 파생상품에 투자하는 펀드 |
| 5등급<br>안정형<br>투자자 | 초저위험 | 단기금융상품에 투자하는 펀드(MMF)<br>단기국공채, 통안채에 투자하는 펀드 |

### (2) 모집방식에 따른 분류

펀드는 모집방식에 따라 공모펀드와 사모펀드로 분류한다. 공모펀드는 불특정 다수를 대상으로 투자자의 자격이나 투자금액에 제한이 없고 투자자를 모집하는 방법에 제한이 없다. 반면에 사모펀드는 기관투자가와 일정금액 이상을 투자하는 적격투자자 또는 49인 이하의 소수투자자로부터 자금을 모집한다.

### (3) 규모증대에 따른 분류

펀드는 규모의 증대가능여부에 따라 추가형펀드와 단위형펀드로 구분한다. 추가형펀드는 이미 설정된 펀드에 추가로 설정이 가능하여 펀드의 규모가 증대될 수 있는 공모펀드를 말한다. 그러나 단위형펀드는 이미 설정된 펀드에 추가로 설정을 할 수가 없어서 펀드의 규모가 제한을 받는 사모펀드를 말한다.

### (4) 투자방식에 따른 분류

펀드는 투자방식에 따라 거치식 펀드와 적립식 펀드로 구분한다. 목돈을 굴리는 거치식 펀드는 목돈을 한꺼번에 납입하는 펀드이고, 목돈을 만드는 적립식 펀드는 일정기간마다 일정금액을 납입하는 펀드로서 반드시 매달 투자하지 않아도 되고 금액의 제한도 없으며 납입기간도 투자자가 임의로 정할 수 있다.

### (5) 투자지역에 따른 분류

펀드는 투자지역에 따라 국내의 법률에 따라 국내에서 설정되어 국내자산에 투자하는 국내펀드와 국내에서 설정되어 해외자산에 투자하는 해외펀드로 구분한다. 그리고 해외펀드는 국내에서 설정되고 국내에서 판매되는 역내펀드와 외국의 법률에 따라 외국에서 설정되어 국내에서 판매되는 역외펀드로 구분한다.

국내펀드는 환매신청 후 환매대금을 수령할 때까지 3~4일, 해외펀드는 7~10일 소요된다. 해외펀드는 투자국가와 투자대상에 따라 환매기간에 차이가 있어 투자설명서를 꼼꼼히 확인해야 한다. 국내펀드는 환매신청 다음 날 환매금액이 확정되지만, 해외펀드는 환매신청 후 대부분 4영업일 후에 환매금액이 결정된다.

### 3. 특수한 형태의 집합투자기구

#### (1) 개방형펀드와 폐쇄형펀드

집합투자기구는 투자자에 의한 집합투자증권의 환매가 가능한지 여부에 따라서 개방형(open-end)펀드와 폐쇄형(closed-end)펀드로 구분된다.

① 개방형펀드

개방형펀드는 투자자가 환매를 청구할 수 있고 투자대상자산의 공정한 평가가 매일 가능한 자산에 투자를 한다. 개방형은 환매수요 충당과 펀드규모 확대를 위해 계속적으로 집합투자증권을 발행한다. 개방형펀드에서 환매는 펀드의 순자산가치에 의존하여 펀드재산의 평가 및 가격결정이 중요한 의미를 갖는다.

② 폐쇄형펀드

폐쇄형펀드는 판매한 집합투자증권의 환매가 허용되지 않아 환매금지형펀드라고 한다. 환매부담이 없어 펀드의 투자목적에 따라 펀드자산의 전부를 투자할 수 있고 유동성 없는 자산에도 투자할 수 있는 반면 투자자금 회수를 위해 최초로 발행한 날부터 90일 이내 그 집합투자증권을 증권시장에 상장해야 한다.

#### (2) 종류형펀드

종류형펀드는 운용되는 하나의 펀드 내에서 가입경로, 판매대상, 판매수수료나 보수의 구조, 환매방법 등에 따라 클래스를 차별화하여 기준가격이나 판매수수료를 각각 달리 산출하여 여러 종류의 집합투자증권의 형태로 발행하는 펀드를 말하며, 통상 멀티클래스펀드(Multi-Class Fund)라고 한다.

종류형펀드는 펀드가입기간에 따라 집합투자증권의 종류를 나누고 있는 펀드를 장기간 가입하면 판매보수의 부담을 줄일 수 있다. 그리고 보수 및 수수료 수준이 다른 소규모펀드를 한 펀드내에서 통합하여 운용할 수 있어 펀드의 대형화를 통해 운영의 효율화를 제고시킬 수 있다는 장점이 있다.

보통 A-Class라고 하는 선취형은 펀드를 매수할 때 자산의 일부를 수수료로 수취하는 형태를 말하고, C-Class라고 하는 후취형은 수수료를 가입기간에 따라 일할 계산하여 수취하는 형태를 말한다. 보통 장기간 투자할 경우에는 선취형이 유리하고, 투자기간이 짧을 경우에는 후취형이 유리하다.

┃그림 8-3┃ 종류형펀드의 예시

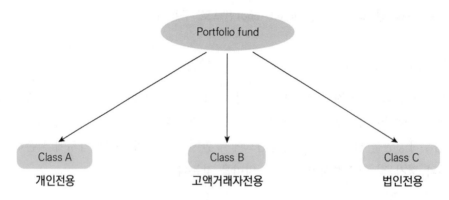

┃표 8-4┃ 종류형펀드 수수료 적용 사례

| 구분 | 종류A(Class A) | 종류C(Class C) | 종류C2(Class C2) |
|---|---|---|---|
| 가 입 자 격 | 제한없음 | | 100억 이상 투자자 |
| 선취수수료 | 1% | - | - |
| 운 용 보 수 | 연 0.7% | | |
| 판 매 보 수 | 연 0.7% | 연 1.0% | 연 0.78% |

### (3) 전환형펀드

전환형펀드는 투자자에게 현재 보유한 펀드를 다른 펀드로 전환할 수 있는 권리를 부여한 펀드를 말하며 한 우산 아래서 다양한 펀드를 고를 수 있다는 의미에서 엄브렐러

펀드(Umbrella Fund)라고도 한다. 전환형펀드는 펀드를 교체매매할 때 발생하는 수수료를 감면해주어 펀드의 교체매매를 쉽게 도와준다.

시장상황에 따라 대응하려는 투자자는 국내 주식형펀드와 채권형펀드 또는 해외주식형펀드와 채권형펀드로 시장전망에 따라 펀드를 전환하면서 수수료 부담없이 포트폴리오 조정(rebalancing)을 진행할 수 있다. 최근에는 자산배분전략을 펀드에서 수행하는 경우가 많아 전환형 펀드의 출시가 줄어들고 있다.

┃그림 8-4┃ 전환형펀드의 예시

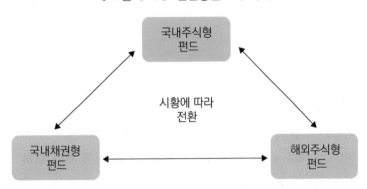

### (4) 모자형펀드

모자형펀드는 동일한 집합투자업자의 투자기구를 모(母)와 자(子)의 구조로 나눈 후 운용되는 투자기구는 모 집합투자기구로 하고, 투자자에게 매각되는 펀드는 자 집합투자기구로 설정하는 펀드로 통상 Master－Feeder Fund라고도 한다. 즉 자펀드를 통해 투자자의 자금을 모아 모펀드에 투자하는 방식이다.

모자형펀드는 다음과 같은 요건을 모두 충족해야 한다. ① 자펀드는 모펀드 집합투자증권의 다른 집합투자증권을 취득하는 것은 허용되지 아니할 것, ② 자펀드 이외의 자가 모펀드의 집합투자증권을 취득하는 것이 허용되지 아니할 것, ③ 자펀드와 모펀드의 집합재산을 운용하는 집합투자업자가 동일할 것.

**┃그림 8-5┃ 모자형펀드의 구조**

### (5) 재간접형펀드

재간접형펀드는 집합투자재산을 주로 다른 펀드에 투자하는 펀드를 의미한다. 자본시장법에서는 펀드가 다른 펀드(집합투자증권)에 투자하는 것에 대해 여러 가지의 규제를 하고 있다. 모자형펀드와 재간접형펀드는 모두 다른 펀드에 투자한다는 점에서 동일하지만 다음과 같은 점에서 차이를 나타낸다.

모자형은 모펀드와 자펀드의 운용사가 동일하지만, 재간접형은 운용사가 다른 것이 일반적이다. 모자형은 자펀드 재산의 전부를 모펀드에 투자해야 하지만, 재간접형은 펀드 외의 자산에도 투자할 수 있다. 모자형은 모펀드와 자펀드 모두 국내펀드이지만, 재간접형의 투자대상에는 외국펀드도 포함된다.

### (6) 상장지수펀드

일반적으로 개방형펀드는 투자자가 언제든지 환매청구를 통해 투자자금을 회수할 수 있으므로 증권시장에 상장이 필요하지 않다. 그러나 상장지수펀드(ETF : Exchange Traded Funds)는 개방형펀드이나 그 집합투자증권이 증권시장에 상장되어 투자자는 보유한 증권을 매도하여 투자자금을 회수할 수 있다.

상장지수펀드는 일반주식과 같이 증권시장에서 거래되지만 회사의 주식이 아니라 특정 주가지수의 움직임에 연동하여 운용되는 인덱스펀드로 한국거래소에 상장되어 실시간으로 매매된다. 상장지수펀드는 추가형펀드이고, 상장형펀드이며 일반 투자기구와 달리 증권 실물로 투자기구의 설정 및 해지할 수 있다.

상장지수펀드는 환매가 허용되고 설정일 후 30일 이내 상장된다. 기존의 펀드는 고객의 환매신청이 있으면 보유중인 주식을 시장에 매도하여 환매요구에 필요한 자금을 확보해야 하므로 환매에 따른 시장충격을 해소하고 안정적인 수익을 원하는 투자자의 요구를 동시에 충족시키기 위한 방법으로 도입되었다.

상장지수펀드는 이미 발행된 ETF 증권이 증권시장을 통해 매매되는 유통시장(Secondary Market)과 ETF가 설정·해지되는 발행시장(Primary Market)이 동시에 존재한다. 발행시장에서는 지정참가회사(AP)를 통해 ETF의 설정과 해지가 발생하고 유통시장에서는 일반투자자와 지정참가회사가 ETF를 매매한다.

**┃그림 8-6┃ 상장지수펀드의 투자과정**

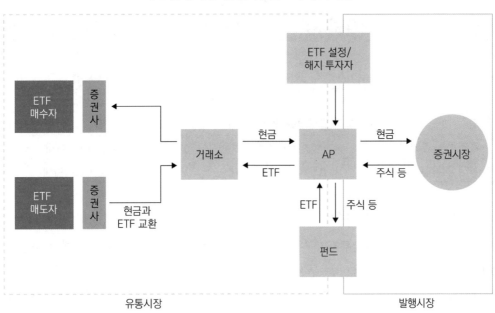

### 4. 사모집합투자기구

일반적으로 사모는 공모에 대응하는 개념으로 불특정 다수가 아닌 49명 이하의 특정인을 대상으로 증권의 취득을 권유하는 행위를 말한다. 사모집합투자기구는 투자권유 대상자의 수, 공시, 집합투자기구의 운용과 판매 등의 측면에서 공모집합투자기구에 적용되는 규정을 거의 적용받지 않는다.

### (1) 전문투자형 사모집합투자기구

전문투자형 사모집합투자기구는 적격투자자만을 대상으로 발행하며 헤지펀드를 도입하기 위한 법적 근거가 된다. 헤지펀드는 공시규제와 같은 규제를 받지 않고, 소수의 개인자산가나 기관투자자로부터 사모방식으로 투자금을 받거나 차입하여 공매도나 파생상품 등 고위험자산에 투자하고 고수익을 추구한다.

적격투자자에는 국가 및 외국정부, 국내외 금융기관, 예금보험공사, 한국자산관리공사, 한국주택금융공사, 한국투자공사, 한국금융투자협회, 한국예탁결제원, 한국거래소, 금융감독원, 신용보증기금, 기술신용보증기금, 공제사업을 경영하는 법인, 지방자치단체, 금융위원회가 정하는 국제기구 등이 있다.

┃표 8-5┃ 헤지펀드와 뮤츄얼펀드

| 구분 | 헤지펀드 | 뮤추얼펀드 |
|---|---|---|
| 공 모 여 부 | 공모금지 | 공모허용 |
| 투 자 금 액 | 3억원 이상 | 규제없음 |
| 성 과 보 수 | 허용 | 금지 |
| 금 전 차 입 | 펀드재산 400% 이내 | 금지 |
| 특정종목 투자한도 | 제한없음 | 펀드재산 10% 이내 |
| 파생상품 투자범위 | 펀드재산 400% 이내 | 펀드재산 400% 이내 |

### (2) 경영참여형 사모집합투자기구

경영참여형 사모집합투자기구는 경영권 참여, 사업구조나 지배구조의 개선 등을 위해 지분증권에 투자·운용하는 투자합자회사로 지분증권을 사모로만 발행한다. 즉 기업인수펀드로 불특정 다수가 아닌 소수의 특정 투자자를 대상으로 지분증권에 투자하는 펀드라는 의미에서 PEF(private equity fund)라고 부른다.

자본시장법은 경영참여형 사모집합투자기구의 법적 형태를 투자합자회사로 제한하고 있다. 사원은 1인 이상의 무한책임사원과 1인 이상의 유한책임사원으로 구성하되, 총사원은 49인 이하여야 한다. 무한책임사원만이 업무집행사원이 될 수 있다. 유한책임사원은 업무집행권에 관심이 없는 재무적 투자자이다.

## 제4절　집합투자증권의 특징

　펀드투자는 실적배당상품으로 투자원금이 보장되지 않으며, 투자할 펀드는 투자자가 결정하며, 그에 대한 책임은 투자자 자신에게 있다. 따라서 펀드에 투자하기 전 해당 펀드의 특징과 내용을 반드시 이해하고 확인해야 한다. 펀드투자시 장기투자자는 선취수수료 펀드에 가입하는 것이 유리하다.

### 1. 집합투자증권의 장점

#### (1) 투자대상의 다양화

　펀드투자시 다양한 자산에 투자하여 높은 수익을 기대할 수 있다. 예컨대 채권형펀드에 투자하면 제한적인 위험을 부담하면서 은행예금보다 약간 높은 수익을 기대할 수 있고, 주식형펀드에 투자하면 여러 주식에 분산투자할 수 있어 위험은 낮추면서 주식시장 수익률보다 높은 수익을 얻을 수 있다.

#### (2) 전문가가 자산운용

　펀드는 장기투자가 원칙이다. 투자자가 여유자금을 믿고 맡기면 전문가인 자산운용회사는 투자자가 원하는 적정성과를 달성하기 위해 최선을 다한다. 일시적인 시장변동으로 손실이 발생하더라도 인내하고 기다리며 장기간 투자하면 목표한 수익률을 달성할 가능성이 높은 상품이 집합투자기구이다.

#### (3) 분산투자효과 기대

　펀드는 불특정 다수 투자자의 자금을 모아 전체로써 운용하므로 분산투자를 통한 위험분산효과를 추구할 수 있고 투자자는 소액으로 분산투자가 가능하다. 증권에 직접투자할 경우 개별종목에 대한 주가부담을 느낄 수 있지만, 소액으로도 자신의 유형과 유사한 종목에 투자하는 펀드에 가입할 수 있다.

## (4) 자금관리에 효율적

주식이나 채권에 투자하려면 목돈이 필요하지만 펀드는 자금을 모아 운용하기 때문에 적은 돈으로 가입하여 다양한 투자대상에 분산투자할 수 있고 일시적인 목돈을 적립하는 형태로 투자가 용이하다. 또한 폐쇄형펀드를 제외하고 만기가 없으며 출금이 자유로워 다른 투자수단으로 대체가 쉬운 편이다.

## (5) 투자자의 보호장치

자본시장법에서 집합투자업자는 자산운용보고서를 작성하여 집합투자재산을 보관·관리하는 신탁업자의 확인을 받아 3개월마다 1회 이상 집합투자증권을 판매한 투자매매업자 또는 투자중개업자를 통해 기준일부터 2개월 이내에 집합투자기구의 투자자들에게 직접 또는 전자우편의 방법으로 교부해야 한다.

## 2. 집합투자증권의 단점

### (1) 투자자 본인의 책임

펀드는 전문적인 투자관리자에 의한 운용결과가 투자자에게 귀속되는 실적배당상품으로 투자원금을 보장하지 않고 예금자보호대상에서도 제외된다. 자본시장법은 실적배당원칙을 구현하기 위해 집합투자업자와 투자매매·중개업자가 투자자의 펀드투자에 따른 손실을 보전하거나 이익을 보장·보전하는 행위를 금지한다.

### (2) 수수료와 보수 부담

투자자는 전문가를 고용하여 자산을 운용하거나 재산을 안전하게 보관하려면 운용보수, 수탁보수 등 일정한 수수료를 지불해야 한다. 또한 집합투자증권을 판매하는 행위에 대한 대가로 투자매매업자 또는 투자중개업자에게 판매수수료를 지급해야 한다. 그리고 회전율이 높은 펀드의 경우 상당한 거래비용을 수반한다.

### (3) 복잡한 상품구조

부동산, 실물자산, 파생상품 등 다양한 형태의 펀드는 복잡한 구조로 인해 사전에 정확한 이해없이 투자할 경우 지나친 위험에 노출될 가능성이 존재한다. 또한 대량 환매로 비정상적인 운용위험 및 부실자산이 발생할 수 있으며, 공동위험이 특정 투자자에게만 집중되고 전가되는 문제가 발생할 수 있다.

### (4) 펀드의 성과차이

펀드매니저의 능력에 따라 투자성과 차이가 날 수 있어 펀드 선택이 중요하다. 예컨대 저평가된 종목을 찾는 가치주 펀드, 미래의 성장가능성에 투자하는 성장주 펀드, 유망산업에 집중투자하는 섹터펀드, 연말에 배당소득을 원하는 배당주 펀드 등 펀드매니저의 운영철학이 있는 펀드를 선택하는 것이 좋다.

### 3. 집합투자증권의 실제

첫째, 펀드는 수익률을 보장하는 상품이 아니므로 투자성과에 따라 손실이 발생할 수 있으며 어떤 경우에는 원금의 전액 손실이 발생할 수도 있다. 따라서 펀드투자는 투자자 자신의 투자성향과 재무상태를 감안하여 스스로 결정하고 그 결과에 대한 모든 책임은 투자자 본인이 부담하는 것이 원칙이다.

둘째, 펀드도 분산해서 투자하는 것이 좋다. 펀드는 원칙적으로 분산투자를 하고있지만 특정 산업이나 테마에 한정된 펀드도 많이 있고, 특정 지역에 집중된 해외펀드의 경우 국가리스크가 발생할 수 있기 때문이다. 따라서 펀드도 섹터, 테마, 지역, 운용회사 등을 분산해서 투자하는 것이 바람직하다.

셋째, 펀드에 따라 판매수수료와 보수체계가 다양하고 환매조건이 다르기 때문에 펀드에 가입할 때 부담하는 선취수수료 또는 돈을 출금할 때 납부하는 후취수수료, 판매보수와 운용보수, 펀드를 환매할 때 납부하는 환매수수료 등 계약조건을 면밀히 검토한 후에 자신에게 유리한 펀드를 선택해야 한다.

넷째, 펀드의 과거 수익률을 참조하되 맹신해서는 안 된다. 펀드를 선택할 때 최근에 수익률이 높은 펀드를 선택하는 경우가 많다. 그런데 과거의 투자성과가 앞으로 계속해서 이어진다는 보장이 없고 많은 실증분석의 결과도 과거 수익률과 미래 수익률은 별다른 상관관계가 없는 것으로 나타나고 있다.

다섯째, 펀드투자에도 하이리스크 하이리턴의 원칙이 적용되어 기대수익률이 높은 고수익펀드에 투자하면 손실가능성이 높아진다. 따라서 펀드에 가입한 후 지속적인 관리가 필요하다. 대부분의 펀드는 정기적으로 운용성과와 포트폴리오를 공개하는데, 펀드투자자는 이것을 꼼꼼히 확인할 필요가 있다.

---

**집합투자증권의 사례**

미국 캘리포니아주 남동부에 데스밸리(Death Valley)라는 곳이 있다. 1849년 캘리포니아로 이주하던 개척자들이 발견했으나 1870년 금광과 붕사광상을 발견할 때까지는 찾아오는 사람이 거의 없었다. 여름의 기온은 58.3 ℃까지 올라간 적이 있으며, 여행자와 동물이 가끔 쓰러져 데스밸리(죽음의 계곡)라는 이름이 붙었다.

투자자는 왜 안전하다고 믿었던 직립식 투자에서 손실을 보게 될까? 그리고 손실을 보고 있다면 적립을 중단하는 것이 좋을까 아니면 계속 적립을 하는 것이 좋을까? 여기서는 과거 우리나라 주식시장이 경험했던 네 차례 죽음의 계곡에서 적립식투자의 사례를 분석하여 올바른 적립식투자의 방법에 대해 살펴보고자 한다.

### 1. 첫 번째 죽음의 계곡

1970년대 두 차례 오일쇼크 이후 각국 정부는 불황을 타개하고자 저금리정책을 사용하고, OPEC 국가들의 단합이 무너지고 경쟁체제가 수립되면서 유가가 하락하기 시작했다. 플라자합의 이후 엔화가 천정부지로 치솟으면서 국내제품의 가격경쟁력이 향상되면서 종합주가지수는 1989년 처음으로 1,000포인트를 돌파하였다.

1990년대 서울올림픽과 3저 호황에 쌓였던 버블이 걷히고 국제원유가격은 30달러를 넘고 민주화와 근로자의 임금이 상승하면서 기업의 채산성에 부정적인 영향을 미쳤다. 종합주가지수는 1992년 8월 459포인트에 이르며 계곡의 심장부를 지나게 되었고 1994년 10월 다시 1,000포인트를 넘어서며 첫 번째 계곡이 완성되었다.

첫 번째 계곡에서 적립식 투자자들은 1992년 8월말 종합주가지수가 506.07에 이르렀을 때 −28.9%라는 손실을 보기도 했다. 하지만 주가가 반등하면서 1994년 10월에는 51.2%라는 놀라운 이익을 얻을 수 있었다. 이는 동일한 기간 동안 적금에 가입했을 경우 누적수익률 23.8%와 비교하면 상당히 우수한 실적을 나타냈다.

하지만 적립식 투자수익은 아무런 고통 없이 얻어지지 않는다. 투자자들은 전체총 67개월의 투자기간 중에서 49개월 동안 손실을 보았으며, 이익을 보는 구간이 마지막 18개월인 것에서 볼 수 있듯이 적립식 투자의 달콤한 과실은 누구에게나 주어지는 것이 아니라 죽음의 계곡을 건너 온 투자자에게만 주어지는 것이다.

▮그림 8-7▮ 첫 번째 계곡(1989년 4월~1994년 10월)

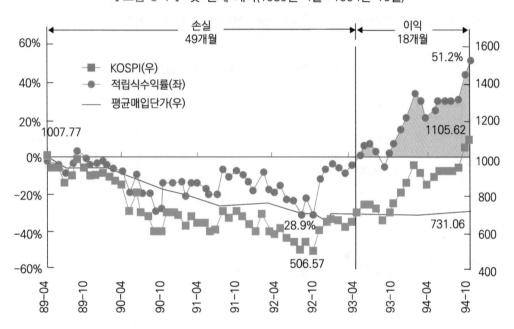

## 2. 두 번째 죽음의 계곡

1996년 6월 900포인트를 상회한 종합주가지수는 1997년 IMF 외환위기를 거치면서 급락하더니 1998년 6월 16일 277.37포인트까지 하락했다. 1997년 아시아 금융위기는 우리 경제에 큰 충격을 안겨주었다. 정부는 IMF에 긴급 자금지원을 요청했으며 금융시장은 요동치면서 주가는 폭락했고 환율은 달러당 2,000원을 돌파했다.

그러나 끝나지 않는 위기는 없다는 말과 같이 경기와 주가가 살아나기 시작했다. 급격한 환율상승은 무역수지의 개선에 도움을 주었고, 뼈를 깎는 구조조정으로 기업들은 빠른 시간 안에 회복할 수 있게 되었다. 또한 1999년 Y2K로 촉발된 IT열풍은 우리나라 주식시장이 1,000포인트를 또다시 돌파하는 계기를 마련하였다.

두 번째 계곡에서 적립식 투자자들은 IMF 외환위기의 과정에서 1998년 7월 한때 최대 −45.9%라는 손실을 보기도 했지만, IT 열풍으로 주가가 상승한 1999년 7월에 77.3%라는 놀라운 성과를 보였다. 이는 1996년 당시 정기적금에 동일한 기간 적립한 적립했을 때 누적수익률 14.8%와 비교하면 5배에 가까운 실적을 나타냈다.

그러나 이러한 투자성과가 모든 투자자에게 돌아간 것은 아니다. 투자자들은 총 38개월 중에서 31개월 동안 손실을 보았고, 이익을 보는 구간이 마지막 7개월인 것에서 볼 수 있듯이 적립식 투자의 성과는 주가하락에도 불구하고 꾸준히 적립을 계속하여 평균 매입단가를 낮춘 투자자들만이 가질 수 있는 인내의 과실이었다.

**┃그림 8-8┃ 두 번째 계곡(1996년 6월~1999년 7월)**

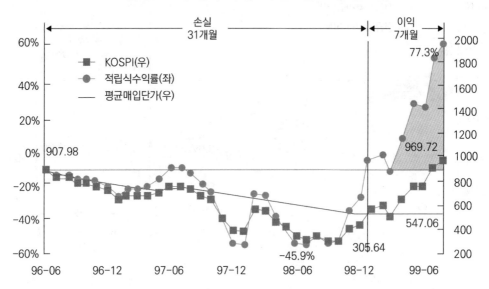

### 3. 세 번째 죽음의 계곡

IT 열풍으로 1,000포인트를 넘어선 종합주가지수는 2000년 1월 이후 버블 붕괴와 미국 증시의 급락, 대우채 사태, 9.11테러 등의 영향으로 2001년 9월 400포인트까지 추락했다. 그러나 2000년 이후 미국은 경기침체를 타개하기 위해 기준금리를 2.0%까지 낮추었고 천문학적인 감세안을 통해 경기회복을 유도하였다.

우리나라 역시 IT거품이 꺼진 후 정부 주도의 경기부양책이 발표되었다. 2001년 9.11사태 이후 콜금리는 4.0%까지 낮아졌으며 건설경기의 촉진, 확대재정의 조기집행이 이루어지면서 내수소비 성장이 경기회복을 주도하였다. 이러한 정부의 강력한 내수진작 정책의 효과로 종합주가지수는 2002년 4월 900선을 회복하였다.

세 번째 계곡에서 적립식 투자자들은 한때 −20.9%의 손실을 기록하였다. 그러나 꾸준하게 적립을 지속적으로 했던 펀드투자자들은 44.6%의 놀라운 투자성과를 거둘 수 있었다. 이는 2000년 4월 당시의 정기적금에 동일한 기간 동안 가입한 사람의 누적수익률 8.5%와 비교하여 보면 5배가 넘는 뛰어난 수익률을 나타냈다.

그러나 이러한 투자성과가 모든 투자자에게 돌아간 것은 아니다. 투자자들은 총 24개월 중에서 19개월 동안 손실을 보았고, 이익을 보는 구간이 마지막 5개월인 것에서 볼 수 있듯이 적립식 투자의 성과는 주가하락에도 불구하고 꾸준히 적립을 계속하여 평균 매입단가를 낮춘 투자자만이 가질 수 있는 인내의 과실이었다.

**┃그림 8-9┃ 세 번째 계곡(2000년 4월~2002년 3월)**

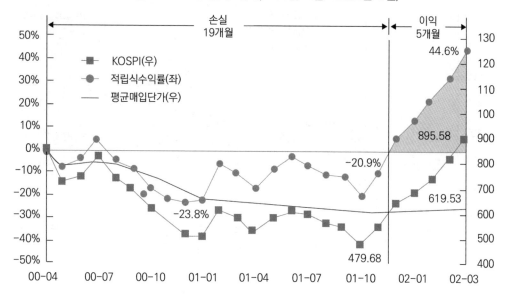

### 4. 네 번째 죽음의 계곡(2002.04~2007.11)

9.11테러 이후 정부의 금리인하, 건설경기 부양, 신용카드 사용 장려정책으로 2002년 3월 900포인트를 상회한 종합주가지수는 신용카드 남발에 따른 부작용이 불거지고 SK글로벌의 분식회계 사건으로 2003년 3월 500포인트 초반까지 내려앉는데 영향을 주기도 했다. 하지만 증시는 강한 상승세로 전환되었다.

　국내증시는 2003년 하반기 저금리시대의 도래하여 저축에서 투자로 자금이 이동하고 적립식 투자문화가 확산되면서 주가상승에 힘을 실어주었다. 따라서 종합주가지수는 2005년 3월 네 번째 1,000포인트를 돌파하였고, 2007년 11월 1일 2,085포인트에 도달할 때까지 4년 8개월간 무려 1573포인트가 상승하였다.

　그러나 이러한 투자성과가 모든 투자자에게 돌아간 것은 아니다. 적립식 투자자들은 총 67개월 중에서 한때 −21%가 넘는 손실을 기록했지만, 짧은 계곡을 잘 건넌 투자자는 119.9%라는 엄청난 성과를 거둘 수 있었다. 짧은 계곡 너머에 있는 높은 봉우리를 보지 못한 투자자들에게는 많은 아쉬움이 골짜기이다.

┃그림 8-10┃ 네 번째 계곡(2002년 4월~2007년 11월)

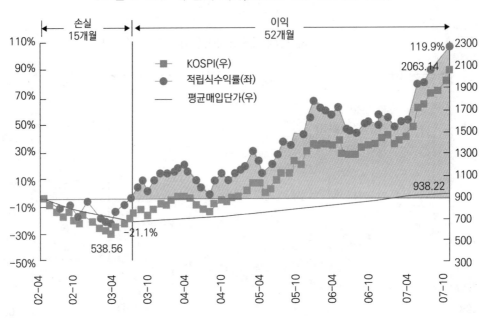

## 제1절 집합투자증권의 개요

1. 집합투자의 정의
   불특정 다수 투자자로부터 금전을 모아 투자자의 운용지시를 받지 않고 자산을 취득, 처분의 방법으로 운용결과를 투자자에게 배분하여 귀속

2. 간접투자상품의 정의
   불특정 다수 투자자로부터 금전을 모아 다양한 증권에 분산투자하여 달성한 운용결과를 투자자에게 투자비율에 따라 배분하는 실적배당상품

3. 집합투자증권의 정의
   집합투자기구에 대한 출자지분(투자신탁의 경우에는 수익권)이 표시된 것

4. 집합투자증권의 분류
   회사형 집합투자기구는 지분증권, 신탁형 집합투자기구는 수익증권, 조합형 집합투자기구는 지분증권

5. 집합투자증권의 발행
   투자회사는 주식, 투자신탁은 수익증권, 투자합자회사는 지분증권 발행

6. 집합투자증권의 판매
   투자매매업자와 판매계약 또는 투자중개업자와 위탁판매계약을 체결

7. 집합투자증권의 환매
   폐쇄형펀드를 제외한 펀드투자자는 언제든지 환매를 청구할 수 있음

## 제2절 집합투자기구의 설립

1. 투자신탁 : 집합투자업자와 신탁업자가 신탁계약을 체결하여 펀드를 만들어 투자자에게 증권을 매도하고 그 자산을 투자대상자산에 투자운용

2. 투자회사 : 집합투자업자가 투자회사를 설립한 후 주식을 투자자에게 판매하여 조성된 자금을 주식에 운용하고 그 결과를 투자자에게 귀속시킴

## 제3절 집합투자기구의 분류

1. 자산의 운용대상에 따른 분류
   증권집합투자기구, 부동산집합투자기구, 특별자산집합투자기구, 혼합자산집합투자기구, 단기금융집합투자기구

2. 일반적 형태의 집합투자기구

(1) 투자성향에 따른 분류 : 1등급(공격투자형 투자자) ~ 5등급(안정형 투자자)

(2) 모집방식에 따른 분류 : 공모펀드 VS 사모펀드

(3) 규모증대에 따른 분류 : 추가형펀드 VS 단위형펀드

(4) 투자방식에 따른 분류 : 거치식펀드 VS 적립식펀드

(5) 투자지역에 따른 분류 : 국내펀드 VS 해외펀드

3. 특수한 형태의 집합투자기구

(1) 폐쇄형펀드 : 집합투자증권의 환매청구에 투자자금 회수가 불가능한 펀드

(2) 종류형펀드 : 하나의 펀드에서 클래스를 차별화하여 여러 종류로 발행한 펀드

(3) 전환형펀드 : 투자자가 현재 보유한 펀드를 다른 펀드로 전환할 수 있는 펀드

(4) 모자형펀드 : 동일한 집합투자기구를 모(母)와 자(子)로 나누어 운용되는 펀드

(5) 재간접형펀드 : 펀드재산을 다른 펀드에 투자하는 펀드

(6) 상장지수펀드 : 특정 주가지수의 움직임에 연동하여 운용되는 인덱스펀드

4. 사모집합투자기구

(1) 전문투자형 사모집합투자기구 : 소수의 투자자로부터 자금을 모아 투자대상과 지역에
    관계없이 여러 투자전략을 사용해 수익을 추구하는 상품

(2) 경영참여형 사모집합투자기구 : 경영권 참여, 사업구조나 지배구조의 개선을 위해
    지분증권에 투자운용하는 투자합자회사인 사모집합투자기구

## 제4절 집합투자증권의 특징

1. 집합투자증권의 장점
   투자대상의 다양화, 전문가 자산운용, 분산투자의 효과, 자금관리에 효율적

2. 집합투자증권의 단점
   투자자 본인의 책임, 수수료와 보수 부담, 복잡한 상품구조, 펀드의 성과차이

## 제5절 집합투자증권의 사례

적립식 펀드의 높은 수익률은 죽음의 계곡을 완주한 투자자에게 주어진 과실

**1.** **다음 중 직접투자와 간접투자에 대한 적절한 설명으로 묶인 것은?**

> 가. 간접투자상품은 직접투자에 비해 다양한 자산에 투자할 수 있고 대규모로
>     거래되는 특성상 비용이 저렴하다는 장점이 있다.
> 나. 일반적으로 간접투자상품을 집합투자기구(펀드)라고 한다.
> 다. 집합투자기구는 간접투자자산운용업법에 규제를 일원화하고 있다.

① 가, 나                         ② 가, 다
③ 나, 다                         ④ 가, 나, 다

| 해설 | 집합투자기구는 2009년부터 자본시장법에 의해 규제를 일원화하고 있다.

**2.** **다음 중 집합투자기구의 개념으로 적절하지 않은 것은?**

① 투자신탁은 위탁자가 신탁업자에게 신탁한 재산을 신탁업자가 집합투자업자의
   지시에 따라 운용하는 신탁형태이다.
② 투자회사는 주식회사의 형태로 납입한 자본금을 이용하여 자금을 운용하고 그
   성과를 주주에게 배분하는 형태이다.
③ 집합투자재산은 운용회사의 다른 자산과 엄격히 분리해야 판매회사에 별도로
   보관된다.
④ 투자신탁의 집합투자증권은 수익권, 투자회사의 집합투자증권은 지분증권이다.

| 해설 | 집합투자재산은 펀드자산의 분리원칙에 따라 수탁은행에 별도로 보관된다.

**3.** **다음 중 자본시장법상 집합투자기구의 법적인 분류로 적절하지 않은 것은?**

① 투자회사                       ② 투자신탁
③ 투자합자회사                   ④ 투자합명회사

| 해설 | 자본시장법상 집합투자기구의 법적 분류는 계약형(투자신탁), 회사형(투자회사, 합자회사, 유
       한회사), 조합형, PEF 등으로 구분된다.

**4.** 다음 중 자본시장법상 금융투자상품에 대한 설명으로 적절하지 않은 것은?

① 금융상품은 원금손실가능성 여부에 따라 금융투자상품과 비금융투자상품으로 분류한다.

② 금융투자상품은 증권과 파생상품으로 분류한다.

③ 증권은 원본을 초과하여 손실가능성이 있는 상품을 말한다.

④ 파생상품은 장내파생상품과 장외파생상품으로 분류한다.

| 해설 | 파생상품은 원본을 초과하여 손실가능성이 있는 상품을 말한다.

**5.** 다음 중 펀드의 환매에 대한 설명으로 적절하지 않은 것으로 묶인 것은?

> 가. 환매청구는 원칙적으로 집합투자업자에게 한다.
> 나. 환매대금의 지급은 원칙적으로 환매청구일로부터 15일 이내 해야 한다.
> 다. 펀드의 환매가격은 과거가격으로 환매하는 것을 원칙으로 한다.
> 라. 개인용 단기금융펀드(MMF)는 당일환매가 가능하다.

① 가, 나, 다 　　　　　　　② 가, 다
③ 가, 라 　　　　　　　　　④ 나, 다

| 해설 | 가. 환매청구는 원칙적으로 판매업자에게 한다.
　　　　 다. 펀드의 환매가격은 미래가격으로 환매하는 것을 원칙으로 한다.

**6.** 다음 중 펀드의 비용에 대한 설명으로 적절하지 않은 것은?

① 판매수수료는 펀드를 판매하는 행위에 대한 대가로 투자자가 직접 부담한다.

② 판매보수는 지속적으로 징구하는 비용으로 집합투자기구가 부담한다.

③ 판매수수료는 기준가격에 영향을 미친다.

④ 판매보수는 기존 순자산총액의 평균잔액에 일정률의 보수를 부과한다.

| 해설 | 판매보수는 지속적으로 집합투자기구에서 비용으로 처리하여 기준가격에 영향을 미친다. 그러나 판매수수료는 투자자가 일시적으로 부담하는 비용으로 기준가격에 영향을 미치지 않는다.

**7.** 다음 중 펀드에 대한 설명으로 적절하지 않은 것은?

① 환매수수료는 판매회사의 손익으로 귀속된다.

② 환매대금의 지급은 원칙적으로 금전에 의한 지급이어야 한다.

③ 펀드의 환매연기가 있는 경우 6주 이내에 총회에서 환매대금 지급방법에 대한 결의가 있어야 한다.

④ 환매수수료는 일종의 벌칙성 부과금이므로 펀드자산에 유보하게 된다.

| 해설 | 환매수수료는 펀드별로 정해지며 일종의 위약금으로 징수하여 펀드에 재편입된다.


**8.** 다음 중 펀드의 환매에 대한 설명으로 적절하지 않은 것은?

① MMF는 제한적으로 당일 환매도 가능하다.

② 환매가격은 환매청구일 이전 최근 기준가격으로 정한다.

③ 환매청구일로부터 25일 이내에 환매대금을 지급해야 한다.

④ 환매수수료는 환매를 청구한 투자자가 부담하며 이는 펀드에 귀속시킨다.

| 해설 | 환매가격은 환매청구일 이후에 계산된 기준가격(미래가격)으로 해야 한다.


**9.** 다음 중 집합투자기구의 이해관계자 중 신탁업자의 역할이 아닌 것은?

① 투자신탁재산의 평가　　　　　② 투자신탁재산의 운용 및 운용감시

③ 투자신탁재산의 운용 및 운용지시　④ 투자신탁재산의 보관 및 관리

| 해설 | 투자신탁재산의 평가는 집합투자업자의 역할에 해당한다.


**10.** 다음 중 자본시장법상 집합투자기구의 관계회사 중 집합투자재산을 보관 및 관리를 담당하는 회사는?

① 신탁업자　　　　　　　　② 집합투자기구평가회사

③ 일반사무관리회사　　　　④ 채권평가회사

| 해설 | 집합투자재산을 보관 및 관리를 담당하는 회사는 신탁업자이다.

**11.** 다음 중 투자회사와 투자신탁의 비교 설명으로 적절한 것은?

> 가. 투자회사 투자자는 주주가 되며, 계약형 수익증권 투자자는 수익자가 된다.
> 나. 투자회사는 상법상 주식회사로 설립되며 계약형 투자신탁은 위탁자, 수익자, 수탁자 간의 계약에 의해 이루어진다.
> 다. 투자회사는 주주총회, 계약형 투자신탁은 수익자총회가 최고의사결정기구이다.
> 라. 투자회사는 실체가 없는 서류상의 회사이다.

① 가, 나, 다
② 가, 다, 라
③ 나, 다, 라
④ 가, 나, 다, 라

| 해설 | 보기의 지문은 모두 맞는 설명에 해당한다.


**12.** 다음 중 자본시장법상 투자대상에 따른 법적 분류로 거리가 먼 것은?

① 증권집합투자기구
② 파생상품집합투자기구
③ 특별자산집합투자기구
④ 부동산집합투자기구

| 해설 | 자본시장법상 투자대상에 따라 증권집합투자기구, 부동산집합투자기구, 특별자산집합투자기구, 단기금융집합투자기구, 혼합자산집합투자기구의 5가지로 분류한다.


**13.** 다음 중 자본시장법상 파생상품집합투자기구의 투자대상이 아닌 것은?

① 부동산집합투자기구
② 특별자산집합투자기구
③ 단기금융집합투자기구
④ 혼합자산집합투자기구

| 해설 | 단기금융집합투자기구(MMF)는 파생상품집합투자기구의 투자대상이 아니다.

**14.** 다음 중 집합투자기구에 대한 설명으로 적절하지 않은 것은?

① 증권집합투자기구는 부동산에 투자할 수 있다.

② 증권집합투자기구는 집합투자재산의 50% 이상을 초과하여 증권에 투자하는 펀드를 말한다.

③ 단기금융집합투자기구는 파생상품에 투자할 수 있다.

④ 부동산집합투자기구는 파생상품에 투자할 수 있다.

| 해설 |

| 구분 | 증권펀드 | 부동산펀드 | 특별자산펀드 | MMF | 혼합자산펀드 |
|---|---|---|---|---|---|
| 증권 | O | O | O | O | O |
| 파생상품 | O | O | O | X | O |
| 부동산 | O | O | O | X | O |
| 특별자산 | O | O | O | X | O |

**15.** 다음 중 어떠한 자산에나 투자비율의 제한없이 투자가능한 집합투자기구는?

① 증권집합투자기구   ② 부동산집합투자기구

③ 특별자산집합투자기구   ④ 혼합자산집합투자기구

| 해설 | 혼합자산집합투자기구는 투자대상에 대한 투자비율에 제한이 없다.

**16.** 다음 중 환매금지형 집합투자기구에 대한 설명으로 적절하지 않은 것은?

① 존속기간이 정해진 경우에만 설정·설립이 가능하다.

② 투자자는 거래소에서 환매금지형 펀드를 매매할 수 있다.

③ 기존투자자의 이익을 해할 우려가 없다고 인정될 경우에 한해 집합투자증권을 추가로 발행할 수 있다.

④ 환금성보장을 위한 별도의 방법을 지정하지 아니한 경우 집합투자증권을 최초로 발행한 날로부터 60일 이내에 상장해야 한다.

| 해설 | 환매금지형 집합투자기구는 신탁계약 또는 정관에 투자자의 환금성 보장을 위한 별도의 방법을 지정하지 아니한 경우 집합투자업자, 투자회사는 집합투자증권을 최초로 발행한 날로부터 90일 이내에 상장해야 한다.

**17.** 다음에서 설명하는 특수한 형태의 집합투자기구에 해당하는 것은?

> 같은 집합투자기구에서 판매보수의 차이로 인해 기준가격이 다르거나 판매수수료가 다른 여러 종류의 집합투자증권을 발행하는 집합투자기구

① 전환형 집합투자기구　　　　　② 상장지수 집합투자기구
③ 종류형 집합투자기구　　　　　④ 모자형 집합투자기구

| 해설 | 지문은 종류형 집합투자기구에 대한 설명이다.


**18.** 다음 중 집합투자기구의 위험으로 적절하지 않은 것은?
① 시장위험은 회피할 수 없는 고유한 위험으로 체계적 위험이라고 한다.
② 자산운용사를 선택할 때는 성과뿐만 아니라 재무건전성과 신용등급도 고려한다.
③ 인덱스펀드는 펀드매니저가 교체될 경우 펀드의 운용스타일이 달라지는 경우가 많다.
④ 액티브펀드는 매니저가 종목과 비중을 결정할 수 있어 벤치마크와 상이한 포트폴리오를 구성하여 추적오차가 커질 수도 있다.

| 해설 | 인덱스펀드는 펀드매니저에 따른 운용스타일의 차이가 거의 없지만, 액티브펀드는 펀드매니저가 교체될 경우 펀드의 운용스타일이 달라지는 경우가 많다.


**19.** 투자자가 시장상황에 따라 다른 펀드로 자유롭게 전환할 수 있는 펀드로서 하나의 약관 아래 여러 개의 하위펀드가 있는 투자신탁상품으로 시장상황의 변화에 따라 환매하지 않고 대응할 수 있는 적절한 투자신탁상품에 해당하는 것은?
① 뮤추얼펀드　　　　　　　　　② 하이일드펀드
③ 후순위채펀드　　　　　　　　④ 엄브렐러펀드

| 해설 | 지문은 엄브렐러펀드에 대한 설명이다.

**20.** 다음 중 집합투자기구에 대한 설명으로 적절하지 않은 것은?

① 모자형 집합투자기구에서 자펀드는 모펀드에만 투자할 수 있다.

② 모자형 집합투자기구에서 모펀드와 자펀드의 집합투자업자는 동일해야 한다.

③ 종류형 집합투자기구는 판매보수나 운용보수를 집합투자증권별로 차등화할 수 없다.

④ 환매금지형 펀드는 설정된 지 90일 이내에 증권시장에 상장해야 한다.

| 해설 | 종류형 집합투자기구는 판매보수, 운용보수, 환매수수료를 집합투자증권별로 차등화할 수 있다.

**21.** 다음 중 전환형 집합투자기구에 대한 설명으로 적절하지 않은 것은?

① 투자자에게 현재 보유한 펀드를 다른 펀드로 전환할 수 있는 권리를 부여한다.

② 한 우산 아래 다양한 펀드를 고를 수 있다는 뜻에서 엄브렐러 펀드라고도 한다.

③ 일반적으로 펀드를 교체매매할 때 환매수수료나 선취수수료를 부과한다.

④ 시장상황에 따라 펀드를 전환하면서 포트폴리오 조정을 진행할 수 있다.

| 해설 | 전환형 집합투자기구는 펀드를 교체매매할 때 환매수수료나 선취수수료를 감면해줌으로써 펀드의 교체매매를 용이하도록 도와준다.

**22.** 다음 중 모자형 집합투자기구에 대한 설명으로 적절하지 않은 것은?

① 자펀드는 서로 다른 운용사의 펀드를 다양하게 편입할 수 있다.

② 투자자는 자펀드를 매수하고 자펀드는 다시 모펀드를 매수한다.

③ 자펀드는 규제상 편입할 수 있는 모펀드가 사전에 결정되어 있다.

④ 다수의 자펀드 대신 하나의 모펀드를 운용하여 운영의 효율성을 제고한다.

| 해설 | 모자형 집합투자기구는 동일한 투자전략을 갖는 펀드들의 자산을 하나로 모아 모펀드로 통합하여 운영하는 펀드로 자펀드는 규제상 편입할 수 있는 모펀드가 사전에 결정되어 있으며 동일한 운용사의 펀드만을 편입할 수 있다.

**23.** 다음 중 상장지수형 집합투자기구(ETF)의 특징으로 적절하지 않은 것은?

① 상장형 　　　　　　　　　② 액티브형

③ 추가형 　　　　　　　　　④ 개방형

| 해설 | ETF는 특정 지수에 연동하여 움직이는 인덱스펀드로 패시브형이며 거래소에서 매매가 가능한 개방형이고 추가형 구조를 갖고 있다.

**24.** 다음 중 전문투자형 사모펀드의 특징으로 적절하지 않은 것은?

① 투자광고를 허용한다.

② 운용사도 운용상품의 직접 판매가 가능하다.

③ 판매시 적합성 원칙, 적정성 원칙의 적용을 면제한다.

④ 모든 투자자가 투자금액의 제한없이 투자할 수 있다.

| 해설 | 전문투자자는 금액의 제한없이 모두 투자할 수 있으나, 개인투자자는 1억원 이상으로 투자 금액의 제한이 있어 소액투자자는 투자할 수 없다.


**25.** 다음 중 재간접형펀드에 대한 설명으로 적절하지 않은 것은?

① 펀드를 편입하는 펀드를 의미한다.

② 비용이 이중으로 발생하는 단점이 있다.

③ 모자형펀드와 동일한 개념으로 미리 규정되어 있는 펀드만 편입할 수 있다.

④ 하위 펀드의 수나 비중의 제한이 없어 1개 펀드에 100% 투자하는 경우도 있다.

| 해설 | 모자형펀드는 자펀가 규정된 모펀드만을 편입하는 반면에, 재간접펀드는 시장상황, 투자전 략에 따라 한 개 또는 여러 펀드를 편입하는 전략을 통해 수익을 추구한다.


**26.** 다음 중 가치주 펀드의 특징으로 적절하지 않은 것은?

① 변동성이 상대적으로 낮다.

② 평균 PER이나 평균 PBR이 높은 편이다.

③ 대체로 시가총액이 큰 대형주를 편입한다.

④ 저평가된 주식을 매입하여 적정가치에 도달하면 차익을 실현한다.

| 해설 | 평균 PER이나 평균 PBR이 가치주는 낮고 성장주는 높은 편이다.


**27.** 다음 중 특정 주가지수를 추적하는 펀드로 거래소에 상장되어 마치 주식처럼 매매되는 상품에 해당하는 것은?

① ETF                 ② ELS

③ ELW                ④ ELD

| 해설 | ETF(상장지수펀드)는 거래소에 상장된 펀드로 주식처럼 거래되므로 기존 펀드의 환매가격 결정의 한계점을 보완한 펀드이다.

**28.** 다음 중 펀드에 대한 설명으로 적절하지 않은 것은?

① 대체투자상품은 주식, 채권과 같은 전통형 투자상품과 달리 주식과 채권의 중간 정도의 수익률과 위험을 갖는 상품을 말한다.

② 자산배분형 펀드는 여러 가지 자산집단에 대해 투자비중을 유연하게 변동시킬 수 있는 펀드를 말한다.

③ 부동산펀드는 자금을 모아 부동산이나 개발사업 등에 투자하거나 대출하여 수익률을 배당하는 실적배당상품으로 거액의 투자자만 가입이 가능하다.

④ 재간접펀드는 펀드자산을 다른 펀드가 발행한 집합투자증권을 운용자산의 50% 이상 투자하는 펀드를 말한다.

| 해설 | 부동산펀드는 소액투자자도 가입할 수 있어 소액으로 부동산에 투자하는 효과를 갖는다.


**29.** 다음 중 상장지수펀드(ETF)의 특징으로 적절하지 않은 것은?

① 주식시장 인덱스를 추종하여 주식과 같이 유가증권시장에 상장되어 거래된다.

② 일반 인덱스펀드에 비해 운용사의 운용능력에 따라 상대적으로 수익률 변동성이 크다.

③ 액티브펀드보다 낮은 비용이 발생하나, 거래에 따른 거래세 및 수수료는 지불해야 한다.

④ 운용자는 환매 등에 신경쓰지 않고 인덱스와의 추적오차를 줄이기 위해 최선을 다할 수 있다.

| 해설 | ETF는 철저한 소극적 투자전략으로 지수와의 수익률 괴리가 낮게 나타난다.


**30.** 다음 중 인덱스펀드와 상장지수펀드에 대한 설명으로 적절하지 않은 것은?

① 인덱스펀드는 순자산가치에 의해 수익률이 하루 한 번 결정된다.

② 상장지수펀드는 주식처럼 거래소에 상장되어 거래된다.

③ 인덱스펀드는 벤치마크지수가 있으나 상장지수펀드는 벤치마크지수가 없다.

④ 상장지수펀드는 액티브펀드에 비해 낮은 비용이 발생하며 인덱스펀드도 액티브펀드보다는 낮은 비용이지만 대부분 상장지수펀드보다 높은 보수를 책정한다.

| 해설 | ETF는 벤치마크지수가 존재하여 추적오차를 줄이려고 소극적 투자전략을 수행한다.


**정답**

| | | | | | | | | | |
|---|---|---|---|---|---|---|---|---|---|
| 1. ① | 2. ③ | 3. ④ | 4. ③ | 5. ② | 6. ③ | 7. ① | 8. ② | 9. ① | 10. ① |
| 11. ④ | 12. ② | 13. ③ | 14. ③ | 15. ② | 16. ④ | 17. ③ | 18. ③ | 19. ④ | 20. ③ |
| 21. ③ | 22. ① | 23. ② | 24. ④ | 25. ③ | 26. ② | 27. ① | 28. ③ | 29. ② | 30. ③ |

# 자산유동화증권

기업의 매출채권이나 은행의 대출채권을 근거로 자산유동화증권을 발행·판매하면 조기에 현금으로 회수할 수 있어 기업이나 은행의 현금흐름이 개선된다. 특히 여러 채권을 통합하여 각 단위로 나누어 자산유동화증권을 발행·판매하며, 유동화전문회사가 기업이나 은행이 보유한 자산을 사들이고 이를 담보로 발행한다.

## 제1절  자산유동화증권의 개요

### 1. 자산유동화의 정의

　자산을 유동화 또는 증권화한다는 것은 현금흐름을 창출하는 자산을 기존 유가증권 형태의 자산유동화증권(ABS) 또는 기업어음(CP)을 발행하여 쉽게 유통될 수 있는 형태로 전환하는 것이다. 따라서 자산유동화는 비유동자산을 유동성이 있는 증권으로 전환하여 이를 매각함으로써 현금화하는 모든 행위를 말한다.

　금융기관이 자금을 조달하여 이를 대출하면 대출금만큼 현금이 줄어드는 대신에 대출채권이 증가하는데, 대출채권을 매각·회수할 때까지 비유동자산이 되어 금융기관은 대출금만큼 유동성을 상실한다. 이와 같이 유동성이 떨어지는 대출채권 등을 증권화하여 자금을 조달하는 금융기법을 자산의 유동화라고 부른다.

　자산유동화의 방법은 자산을 매각하여 현금화하는 것이다. 그러나 투자자를 찾기 쉽지 않고, 투자자를 찾아도 자산의 위험성 등을 이유로 자산의 시장가격 내지 대출채권의 원본보다 낮은 가격으로 매수하길 원하며, 대출채권을 회수·관리해야 하는 투자자를 찾기가 쉽지 않아서 자산을 매각하는 것은 한계가 있다.

　이러한 이유로 대부분의 국가에서는 부동산, 대출채권, 매출채권, 유가증권 등 특정 자산의 현금수입을 기반으로 유동화증권(ABS) 또는 기업어음(CP)을 발행하는 구조화된 금융기법인 자산유동화제도를 도입하게 되었다. 따라서 자산유동화는 보유자산을 기초로 한 유가증권, 즉 유동화증권을 발행하는 방식을 말한다.

　현재 우리나라에서 시행되고 있는 자산유동화법과 한국주택금융공사법은 유동화증권을 발행하는 방식을, 어음의 발행에 있어서는 상법 및 어음법상의 기업어음(CP)를 발행하는 것을 전제로 한다. 자산유동화에 있어 일반채권 등을 기초자산으로 하여 증권을 발행하는 경우를 ABS, CP를 발행하는 것을 ABCP라고 한다.

### 2. 자산유동화의 연혁

　전통적인 증권화거래는 매출채권의 보유자가 그 채권을 제3자인 특수목적회사에 양도하면, 양수인은 양도대금을 마련하기 위해 사채발행 등에 의해 투자자금을 조달받은 후 향후 매출채권이 변제되면 그 변제금으로 투자자들에게 투자원금을 상환한다. 즉 전통적인 증권화제도는 팩토링과 같은 금융에서 출발한다.

증권화는 특수목적회사(SPC)를 통해 매출채권의 유동화가 이루어지는 반면에 팩터링은 대주의 성격을 갖는 팩터링회사가 매출채권을 직접 매입하는 차이가 있다. 따라서 증권화의 경우에는 특수목적회사를 통해 다수의 투자자를 모집할 수 있는 반면 팩터링의 경우에는 팩터링회사로부터 금융을 제공받게 된다.

팩터링에서 출발한 증권화는 1970년대 미국에서 현대화된 모습을 나타내었다. 미국 정부투자기관인 연방주택금융저당회사와 연방저당권협회가 대출기관으로부터 주택저당대출채권을 매입하고 이들 주택저당대출채권들의 자산집합을 기초자산으로 하여 유동화증권을 발행한 것이 현대적 의미의 증권화제도가 된다.

1977년 미국의 은행들은 주택저당대출채권을 대상으로 증권화를 수행하였으며, 1985년 주택저당대출채권 이외의 채권도 증권화가 개시되었다. 이렇게 본격화된 증권화제도는 주택저당대출채권 이외에 리스채권, 자동차할부채권, 신용카드채권과 같은 소비자의 매출채권을 바탕으로 비약적인 발전을 하게 되었다.

### 3. 자산유동화의 효용

자산보유자가 은행에서 직접 차입을 하는 경우에 비해 자산유동화증권의 발행은 투자자들이 일일이 법적 감시와 점검을 수행하기가 어렵다. 따라서 자산유동화에 따른 발행절차가 훨씬 복잡함에도 불구하고 널리 활용되고 있는 것은 자산유동화에 참가하는 주체별로 다음과 같은 이용 동기가 존재하기 때문이다.

#### (1) 자본비용의 절감

자금을 조달하는 자산보유자는 유동화증권의 신용등급을 자산보유자 자신의 신용등급보다 높일 수 있기 때문에 자금조달비용을 낮출 수 있다. 또한 자산유동화를 통해 보유자산의 포트폴리오를 다양화하거나 위험을 채무자의 계층별, 지역별로 분산시킬 수도 있어 보유자산(portfolio)의 구성을 개선할 수 있다.

유동화전문회사는 자산을 담보로 유가증권을 발행하기 때문에 증권의 신용도는 대상자산의 원리금 회수가능성만 중요하고 자산보유자의 신용위험은 문제가 되지 않는다. 따라서 유동화증권은 적절한 구조를 갖추면 자산보유자의 신용등급보다 훨씬 좋은 등급을 받을 수 있어 조달금리가 크게 낮아질 수 있다.

## (2) 재무구조의 개선

자산유동화는 자산보유자가 자산을 양도하는 방식으로 자금을 조달하기 때문에 자산보유자는 이를 재무상태표에 부채로 계상하지 않아도 된다. 특히 금융기관은 자산 매각분을 재무상태표의 자산에서 공제할 수 있어 총자산수익률, 자기자본비율을 제고하여 재무구조를 개선하는 효과를 누릴 수 있다.

## (3) 상환청구권 배제

자산유동화증권의 원리금 상환은 특수목적법인인 유동화전문회사(SPC)의 양도된 자산에서 발생하는 현금흐름을 1차 재원으로 한다. 따라서 유동화증권에서 발생하는 현금흐름이 유동화증권의 원리금 상환액에 미치지 못하더라도 자산보유자는 원칙적으로 투자자로부터 원리금 상환청구를 받지 않는다.

## (4) 투자자층의 확대

투자자는 신용도가 높고 상대적으로 수익률도 좋은 다양한 상품에 투자하는 기회를 찾고 있는데, 자산유동화 상품은 일반적으로 신용도가 높으면서 수익률이 좋은 편에 속해 많은 투자가 이루어진다. 따라서 자산유동화를 통해 재원도 조달하고, 업계의 지명도도 높일 수 있어 투자자층을 확대할 수 있다.

## 4. 자산유동화증권의 정의

ABS는 영문 Asset-Backed Securities의 약자로 자산을 근거로 발행되는 증권이다. 자산유동화법은 특수목적회사(SPC)가 자산보유자로부터 유동화자산을 양도받아 이를 기초로 유동화증권을 발행하고 유동화자산의 관리·운용·처분에 의한 수익금으로 유동화증권의 원리금을 상환하는 일련의 행위로 정의한다.

ABS는 금융기관 및 일반기업이 보유한 주택저당채권, 매출채권과 같은 비유동자산을 특수목적회사(SPC)에 법률적인 소유권을 양도하면 SPC는 유동화자산으로 집합화(pooling)하여 이를 바탕으로 유동화증권을 발행하고 발행증권의 원리금은 유동화자산에서 발생하는 현금흐름으로 상환하는 증권을 말한다.

ABS의 법적 성격이 사채는 ABS사채, CP는 ABCP(Asset-Backed Commercial Paper), 출

자증권은 ABS출자증권, 수익증권은 ABS수익증권이라고 한다. 기초자산이 주택저당채권은 MBS, 회사채는 CBO, 금융기관의 대출채권은 CLO, 신용카드매출채권은 CARD, 자동차할부대출은 auto－loan ABS로 불린다.

### 5. 자산유동화증권의 제도변천

1997년 IMF 외환위기 당시 금융기관에서 다량의 부실채권을 인수한 성업공사가 부실채권의 처리방안으로 자산유동화를 추진하였고, 정부는 1998년 9월 자산유동화법(ABS법)을 제정하고 동년 11월 자산유동화업무 감독규정, 2000년 4월 자산유동화법 시행령이 제정되어 자산유동화를 위한 기반이 마련되었다.

ABS법에서 자산보유자는 금융기관, 한국자산관리공사, 한국토지주택공사, 금융위원회가 인정한 법인이, 특수목적법인은 유동화전문회사, 자산유동화 업무를 전업으로 하는 신탁회사가 될 수 있다. ABS 발행을 촉진하기 위해 SPC에 기초자산을 양도했음을 금융위원회에 등록하도록 하여 양도절차를 간소화하였다.

자산보유자의 범위는 계속 확대되어 1999년 5월 중소기업 자금조달을 지원하기 위해 중소기업진흥공단이 자산보유자로 추가되었으며 2001년 3월 상호저축은행과 2004년 3월 한국주택저당채권유동화주식회사(KoMoCo) 업무를 양도받은 한국주택금융공사가 자산유동화증권을 발행할 수 있는 자산보유자로 추가되었다.

한국주택금융공사는 정부지원 학자금 대출제도 시행으로 2005년 7월부터 학자금대출증권(SLBS)도 발행할 수 있다. 일반법인은 2000년 4월과 6월에 자산보유자의 요건이 완화되고 동년 10월 기업구조조정을 지원하기 위한 기업구조조정투자회사와 2002년 12월 투자적격 신용등급을 보유한 SOC사업자로 확대되었다.

2009년 2월 자본시장법 시행으로 유가증권 발행인 등록제도가 폐지되며 자산유동화증권을 발행할 수 있는 자산보유자는 투자적격등급 법인 및 상장법인으로 변경되었다. 2012년 3월 농협은행, 2016년 3월 새마을금고 중앙회 및 신용협동조합 중앙회의 신용사업 부문, 2016년 12월 수협은행이 자산보유자로 추가되었다.

SPC의 설립은 2000년 1월 사원 1인으로 가능하게 되었고, 자산보유자가 근저당권에 의해 담보된 채권을 SPC에 양도한다는 사실을 채무자에게 통지하는 것으로도 자산의 양도가 이루어진 것으로 인정하였다. 자산양도는 매매는 물론 교환도 양도로 볼 수 있도록 요건을 완화하여 다양한 자산유동화가 가능하게 되었다.

　　자산유동화와 관련된 비용을 절감하기 위해 2000년 1월 기초자산 양도를 위해 등기·등록하거나 기초자산에 대해 저당권을 설정할 경우에 국민주택채권 매입의무를 면제하였다. 그리고 2011년 4월 상법 개정으로 ABS법에 근거하여 발행되었던 자산유동화증권이 ABCP와 같이 상법에 근거하여 발행할 수 있게 되었다.

　　정부는 2011년 6월 은행의 우선변제권부채권발행 모범규준을 발표하고 구조화 커버드본드(Covered Bond) 발행을 유도하였다. 그러나 구조화 커버드본드는 법정 커버드본드보다 초기 발행비용이 크다는 단점이 있어 유럽과 같이 법적으로 우선변제권 및 상환청구권을 보장하는 근거법을 제정할 필요성이 대두되었다.

　　2020년 5월 유동화시장에 포괄적으로 위험관리를 강화하고, 자산유동화제도의 접근성 및 효율성을 높이기 위해 자산유동화제도 개선방안이 발표되었다. 동 방안의 주요 내용에는 위험보유규제 도입, 통합정보시스템 구축, 자산유동화시장 참여자 및 대상자산 확대, 지식재산권 유동화 시범사업 추진 등이 포함되었다.

## 6. 자산유동화증권의 발행구조

　　우선 자산보유자가 기초자산을 모아 이를 유동화전문회사(SPC)에 양도한다. 이후 유동화전문회사는 양도받은 자산을 담보로 ABS를 발행하여 투자자에게 매각하고, 매각대금을 자산보유자에게 자산양도의 대가로 지급한다. ABS의 발행에는 자산보유자, 유동화전문회사, 자산관리자, 신용보강기관 등이 참가한다.

**▮그림 9-1▮ ABS의 발행구조**

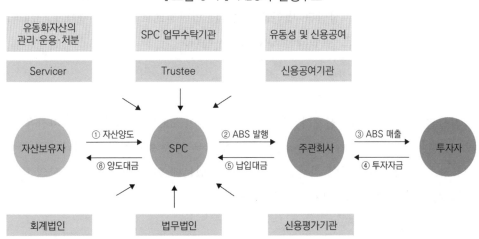

## 7. 자산유동화증권의 참가자

자산유동화증권(ABS)를 통한 자산의 증권화는 자산보유자, 증권투자자 이외에도 투자자보호, 증권발행, 기초자산의 관리 등과 관련하여 유동화전문회사, 자산관리자, 수탁기관, 신용평가기관, 신용보강기관, 주간사 등 여러 관계자들이 기능적 역할분담을 하여 거래에서 발생할 수 있는 위험을 회피하게 된다.

### (1) 자산보유자

자산보유자(originator)는 현재 또는 미래 현금흐름이 발생하는 대출채권을 가진 금융기관이나 매출채권을 가진 기업을 말한다. 자산보유자는 유동화를 위해 자신의 자산을 유동화전문회사에 양도하는 절차를 거친다. 자산을 양도하는 이유는 자산보유자와 단절된 자가 새로운 신용을 창출할 필요가 있기 때문이다.

SPC는 자산보유자와 자산의 법률관계를 분리하기 위해 유한회사의 형태로 설립되며 ABS의 발행 및 상환, 부속업무만 수행한다. SPC는 ABS를 한 번만 발행할 수 있어 자산보유자는 자산유동화를 실시할 때마다 별도의 SPC를 설립해야 한다. 신탁회사는 수익증권 형태의 ABS를 발행하는 경우 SPC로 활용된다.

### (2) 유동화전문회사

유동화전문회사는 자산보유자로부터 자산을 구입하고 이를 바탕으로 ABS를 발행하는 명목회사(paper company)이다. 즉 ABS 대상자산의 양수, 증권발행에 관련된 한정된 업무만을 수행할 목적으로 설립된 법인을 말한다. 일반적으로 회사의 형태로 설립되면 SPC, 특수목적기구 형태로 설립되면 SPV라고 부른다.

### (3) 자산관리자

자산관리자(servicer)는 실체가 없는 서류상 회사인 SPC를 대신하여 기초자산을 실질적으로 관리하고 채권의 추심 또는 채무자 관리 업무 등을 담당한다. 우리나라에서는 자산보유자, 신용정보업자 등이 자산관리자가 될 수 있는데 일반적으로 기초자산의 내용을 잘 파악하고 있는 자산보유자가 자산관리자가 된다.

### (4) 수탁기관

수탁기관(trustee)은 출자금, 유동화증권 납입금, 유동화자산을 관리·운용·처분함에 따라 취득한 금전, 채권, 유가증권 등의 기초자산을 안전하게 보관한다. 또한 SPC를 대신하여 ABS의 원리금 상환 및 채무불이행시 담보권 행사 등 세부적인 실무업무를 총괄하는데 주로 신인도가 높은 은행이 수탁기관이 된다.

### (5) 신용평가기관

신용평가기관(credit rating agency)은 기초자산의 기대손실 및 신용보강기관의 신용도를 객관적으로 평가하여 투자자가 이해할 수 있는 신용등급체계로 표시함으로써 ABS가 시장에서 원활히 거래될 수 있도록 하는 역할을 담당한다. 투자적격의 신용평가를 받기 위해 필요하면 신용보강이 이루어져야 한다.

### (6) 신용보강기관

신용보강기관(credit enhancer)은 기초자산에서 발생되는 현금흐름이 일시적으로 중단되거나 투자자에게 지급할 원리금의 부족분에 대해 제3자가 지급보증을 함으로써 발행증권에 대한 신용을 공급한다. 우리나라의 경우 주로 수탁기관인 은행들이 한도대출 형태로 유동성공여기관의 역할을 수행하고 있다.

### (7) 주간사

주간사(advisory)는 발행절차상 관련있는 각 기관들의 의견을 조율하고 영업망을 이용하여 투자자를 탐색하며 ABS의 만기 및 발행물량 등을 수요에 맞게 조절하는 역할도 담당한다. 또한 ABS를 발행할 때 법률적 이슈와 기초자산 및 ABS에 대한 평가수요가 발생하기 때문에 법률회사, 회계법인 등도 참여한다.

## 8. 자산유동화증권의 신용보강

신용보강은 ABS의 만기시까지 기초자산의 가치에 부정적인 영향을 미칠 수 있는 여러 가지 상황을 분석하고 기대손실 규모를 파악하여 원리금의 가치가 보전될 수 있도록 안전망을 갖추는 것을 말한다. 일반적으로 자산유동화증권은 이러한 신용보강에 힘입어

상대적으로 높은 신용등급으로 발행된다.[1]

신용보강은 외부신용보강과 내부신용보강으로 구분한다. 외부신용보강은 신용보증기관의 지급보증이나 은행의 신용공여(credit line) 등과 같이 제3자의 지급능력에 의존하여 ABS의 신용등급을 높이는 것이다. 따라서 지급보증기관 및 신용공여기관의 신용도가 신용보강의 신뢰성에 직접적인 영향을 미친다.

내부신용보강은 ABS를 설계할 때 위험요소가 경감될 수 있도록 원리금 지급조건을 선·후순위로 구조화한다. 선·후순위 구조화는 유동화증권 발행시 원리금 지급의 우선순위가 다른 두 종류 이상의 증권을 발행하되 선순위채는 기초자산에서 나오는 현금흐름이 부족하면 후순위채보다 원리금을 우선 수령한다.

일반적으로 후순위채는 정크본드시장에서 발행되거나 자산보유자가 직접 인수한다. 선·후순위 구조화 이외에 현금흐름 차액적립, 초과담보 등이 내부신용보강으로 이용된다. 실제로 ABS를 발행할 경우 한 가지 방법만 사용하는 것이 아니라 여러 신용보강장치를 활용하여 원리금 보장을 확실하게 하고 있다.

┃표 9-1┃ ABS 발행을 위한 내부신용보강

| 신용보강수단 | 내용 |
|---|---|
| 선·후순위 구조화<br>(subordination) | 원리금 보장에 대한 순위를 정하여 각기 다른 신용등급으로 발행 |
| 현금흐름 차액적립<br>(excess spread) | ABS에 대한 이자지급액이 기초자산으로부터 발생하는 수입보다 다소 작도록 설계하여 이 차액을 SPC의 적립금계정(reserve account)에 누적시킴으로서 유사시 현금상환능력을 보강하는 데 이용 |
| 초과담보<br>(over-collateralisation) | SPC가 양도받은 자산의 가치가 자산유동화를 통한 예상 조달금액을 상회하도록 함으로써 일부 기초자산이 부실화되더라도 원래의 현금흐름을 유지할 수 있도록 함 |
| 환매요구권<br>(put-back option) | 기초자산의 신용등급 저하 등 원리금 상환이 의문시되는 상황이 발생하면 자산보유자가 ABS를 재매입하도록 의무화 |
| 자체보증<br>(orginator's guarantee) | 자산보유자가 ABS의 원리금 지급을 자체 신용으로 보증 |

---

1) 한국은행, 한국의 금융시장, 2021, 236-237쪽.

## 제2절  자산유동화증권의 종류

### 1. 유동화증권의 법적 성격에 따른 분류

자산유동화증권(ABS)은 증권의 법적 성격에 따라 유동화전문회사(SPC)가 발행하는 ABS와 신탁회사가 발행하는 ABS가 있다. 유동화전문회사가 발행하는 ABS는 자산보유자로부터 양도받은 각종 채권, 부동산 등 유동화의 대상인 유동화자산을 기초로 증권, 즉 사채, 출자증권, 기업어음(CP)을 발행한다.

사채의 형태에는 SPC가 발행하는 유동화사채가 있고, 출자증권의 형태에는 유동화증권이 있으며, 어음의 형태에는 부분 차환구조 ABS 발행시 발행기법으로 사용되는 ABCP가 있다. 신탁회사가 발행하는 ABS는 자산보유자로부터 유동화자산을 신탁받고 그 수익권을 표창하는 증권인 수익증권을 발행한다.

### 2. 유동화증권의 상환방법에 따른 분류

유동화증권은 기초자산의 위험이 투자자에게 어떻게 이전되는가에 따라 패스스루(Pass through)형 증권과 페이스루(Pay through)형 증권으로 구분한다.

### (1) 패스스루(Pass through)형 증권

패스스루(Pass through)형 증권은 양도된 자산에 대한 권리의 일부를 표창하는 증권을 말한다. 즉 일정규모의 저당대출 담보집합에 대한 일정지분을 나타내는 증권으로 은행(originator)이 보유하는 대출채권을 신탁회사에 신탁하고, 수탁자로부터 수익증권을 교부받아 투자자에게 판매하는 방식에 해당한다.

증권은 신탁자산에 대한 권리를 표창하므로 대출채권의 신용위험이나 기한 전 상환위험을 증권보유자가 부담하여 은행은 유동화자산을 재무상태표에서 제거할 수 있다. 투자자는 유동화자산에 대한 위험을 부담하고, 은행에 대한 소구권이 없는 것이 원칙이므로 신용보완을 하여 발행하는 것이 일반적이다.

## (2) 페이스루(Pay through)형 증권

페이스루(Pay through)형 증권은 유동화자산을 담보로 발행하며 유동화자산에 대한 권리를 표창하지 않고, 증권발행인에 대한 채권보유자의 지위를 표창한다. SPC가 사채권 또는 지분을 발행하는 경우에 해당하고, 투자자는 유동화자산의 직접적인 소유자가 아닌 발생 현금흐름에 대한 투자자가 된다.

증권은 SPC의 채무를 표창하며, 유동화자산은 SPC가 보유하고 증권의 담보가 된다. SPC가 유동화자산의 위험을 부담하여 임의상환에 옵션을 확보하기도 한다. 국내에서 발행되는 ABS는 페이스루형이 많고 기초자산의 현금흐름에 만기, 수익률, 조기상환 우선순위 등 상이한 몇 개의 트랜치로 발행한다.

## 3. 유동화자산의 종류에 따른 분류

ABS는 발행의 기초가 되는 유동화자산의 종류에 따라 별도의 명칭을 붙인다. 기초자산이 회사채인 경우 CBO, 회사채의 발행시점에 유동화가 이루어진 경우 P−CBO, 은행의 대출채권은 CLO, 신용카드채권은 CARD, 주택저당채권은 MBS, 자동차할부채권은 Auto Loan ABS 등 다양하게 불린다.

### (1) 부채담보부증권(CDO)

부채담보부증권(CDO : Collateralized Debt Obligations)는 주택저당채권 이외에 회사채, 대출채권, 신용카드채권, 자동차할부채권 등 여러 채권을 기초자산으로 하여 발행되는 증권을 말한다. CDO는 기초자산을 가공해 여러 층(tranche : Tier)의 상이한 현금흐름을 만들고 트랜치별로 다른 신용도를 가진 증권을 발행한다.

이렇게 해서 발행된 CDO는 기초자산인 매출채권이나 회사채와는 질적으로 차이가 있다. 여기서 통상적으로 신용등급 AAA에 해당하는 트랜치를 senior tranche, 신용등급 AA에서 BB에 이르는 트랜치는 mezzanine tranche 그리고 가장 낮은 신용등급의 junk 또는 신용등급 불가 수준의 트랜치를 equity tranche라 한다.

senior tranche는 가장 위험이 낮은 트랜치로 가장 먼저 변제되고 채무불이행시 손실을 가장 나중에 흡수하여 안정적인 현금흐름을 제공한다. 반면 가장 낮은 등급의 equity tranche는 다른 트랜치의 변제가 이루어진 후 가장 나중에 변제를 받아야 하며, 채무불이행시 손실을 가장 먼저 흡수하여 toxic waste라고도 한다.

**┃그림 9-2┃ CDO의 기본구조**

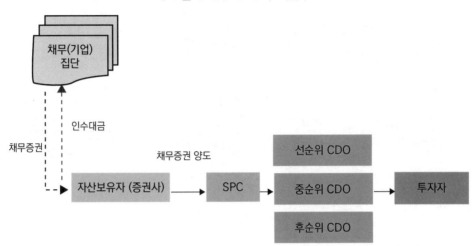

## (2) 채권담보부증권(CBO)

채권담보부증권(CBO : Collateralized Bond Obligations)는 주식회사가 발행한 회사채(채권)를 기초로 발행되는 ABS를 말한다. 채권담보부증권은 신규 발행채권을 기초로 하는 발행시장 CBO(primary CBO)와 이미 발행된 채권을 기초로 하는 유통시장 CBO(secondary CBO)로 구분된다.

발행시장 CBO는 신용도가 낮아 채권시장에서 회사채를 직접 발행하기 어려운 기업의 회사채 차환발행 또는 신규발행을 지원하기 위해 도입되었다. 발행시장 CBO의 신용보강은 수탁은행의 신용공여에 의해 이루어지며 신용보증기금이 선순위채 전체 또는 일부에 대해 지급보증을 한다.

유통시장 CBO는 금융기관이 보유하고 있는 기발행 채권을 유동화전문회사(SPC)에 매각하고 SPC는 신용을 보강한 다음 CBO를 발행하여 투자자에게 매각함으로써 자금을 조달하는 구조로 되어 있다. 유통시장 CBO의 신용보강은 수탁은행의 신용공여와 선·후순위구조로 이루어진다.

**┃그림 9-3┃ CBO의 기본구조**

주 : 실선은 CBO발행시 자금흐름을, 점선은 유동화증권 발행 이후 원리금이 회수되는 흐름을
　　 나타냄
자료 : 한국은행, 한국의 금융시장, 2021, 238쪽.

### (3) 대출채권담보부증권(CLO)

대출채권담보부증권(CLO : Collateralized Loan Obligations)는 금융기관의 기업에 대한
대출채권을 기초자산으로 발행되는 ABS를 말한다. 부실채권(NPL : Non-Performing Loan)
등 기존 대출채권을 유동화하는 CLO(secondary CLO)와 신규 대출채권을 기초로 하는 발
행시장 CLO(primary CLO)로 구분된다. 우리나라는 CLO가 대부분 부실채권을 기초자산으
로 발행되는데 이를 NPL ABS라고 한다.[2]

NPL ABS는 부실채권을 처분하여 금융기관의 재무건전성을 높이기 위해 발행되는데
기초자산의 현금흐름이 없어 담보처분, 채권추심을 통해 얻을 수 있는 현금흐름과 수탁
은행의 신용보강 및 선·후순위 구조화로 이루어진다. 한국자산관리공사가 발행하는
NPL ABS는 채권은행에 대한 환매요구권이 신용보강에 이용된다.

발행시장 CLO는 신용도가 취약한 기업의 은행대출을 지원하기 위해 활용되는데, 은
행이 다수의 기업에 대한 신규 대출채권을 SPC에 매각하고, SPC가 이를 기초로 CLO를
발행하여 자금을 조달하는 구조이다. 신용보강은 주로 수탁은행의 신용공여에 의해 이루
어지며 신용보증기금 등이 신용공여에 대해 지급을 보증한다.

---

2) 한국은행, 한국의 금융시장, 2021, 238-239쪽.

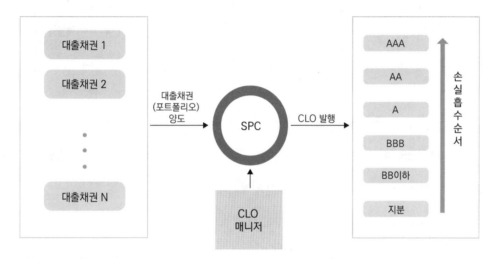

┃그림 9-4┃ CLO의 기본구조

자료 : 나이스신용평가

### (4) 신용카드매출채권부증권(CARD)

신용카드매출채권부증권(CARD : Certificates of Amortizing Revolving Debts)는 현재 발생한 신용카드매출채권과 미래 특정시점까지 발생할 신용카드매출채권을 기초로 발행되는 ABS을 말한다. 즉 만기가 짧은 신용카드매출채권을 기초로 장기의 ABS를 만들기 위해 CARD는 재투자구조가 이용된다.[3]

ABS를 발행할 때 기초자산으로 사용된 신용카드매출채권에서 발생하는 현금흐름으로 동 ABS의 이자만을 지급하고, 남은 금액으로는 특정계좌의 새로운 신용카드매출채권을 매입하여 기초자산 집합에 추가시키는 방식이다. CARD는 특정계좌의 현금흐름을 자산보유자의 몫과 투자자의 몫으로 구분한다.

CARD는 투자자 몫을 기초로 ABS가 발행되며 자산보유자 몫이 일정수준 이하가 지속되면 조기상환된다. CARD의 원금은 재투자기간이 끝난 후 일정기간 누적하여 만기일

---

3) 한국은행, 한국의 금융시장, 2021, 239-240쪽.

에 상환되거나 일정기간 분할하여 상환된다. 신용보강은 선·후순위구조, 초과담보, 하자담보책임, 조기상환구조 등으로 이루어진다.

**┃그림 9-5┃ CARD의 기간구조**

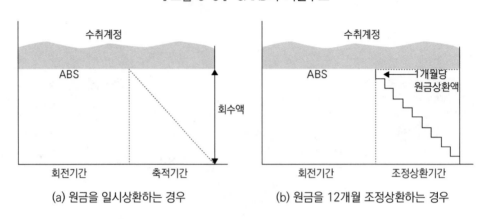

(a) 원금을 일시상환하는 경우  (b) 원금을 12개월 조정상환하는 경우

주 : ▇▇▇ 부분은 자산보유자 몫을, ☐ 부분은 투자자 몫을 나타냄

### (5) 자산담보부기업어음(ABCP)

자산담보부기업어음(ABCP : Asset-Backed Commercial Paper)는 자산유동화법상 SPC를 이용하여 채권의 형태로 발행한 자산유동화증권(ABS)의 구조와 기업어음(CP)의 구조를 결합시킨 방식으로 유동화자산을 양도받은 특별목적 유동화회사가 유동화자산의 현금흐름에 기초하여 CP를 발행하는 상품이다.

ABCP는 SPC가 기업매출채권, 신용카드매출채권, 리스채권, 대출채권, 회사채, 무보증CP 등 양도성이 있는 자산을 매입하는데 필요한 자금을 조달할 목적으로 매입대상 자산의 만기까지 CP를 반복적으로 발행한다. CP는 상환재원이 기초자산에서 발생되어 일반기업이 발행하는 CP와 다르게 ABCP라고 한다.

요컨대 ABCP는 유동화전문회사(SPC)가 유동화자산을 바탕으로 발행하는 기업어음(CP)을 말한다. 일반적으로 유동화전문회사는 유동화자산을 기초로 회사채 형태의 자산유동화증권(ABS)을 발행하는 반면에 ABCP는 회사채가 아닌 기업어음의 형태로 자산유동화증권(ABS)을 발행한다는 점에서 차이가 있다.

▌그림 9-6▐ ABCP의 발행구조

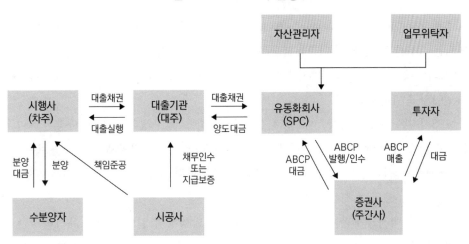

일반적인 ABS의 경우 유동화자산에서 회수하는 수익으로 ABS의 원리금을 상환하는 반면에 부분차환구조 ABS는 ABS의 만기를 유동화자산의 만기보다 짧게 발행하면서 ABS의 원리금 상환자금 중 일부는 유동화자산에서 회수한 수익으로 조달하고 부족분은 기발행채권의 차환목적 ABCP를 발행하여 상환한다.

차환목적으로 발행된 ABCP도 같은 방법으로 Pool의 만기까지 부족분을 계속 ABCP 부분차환 발행으로 조달하는데, 이러한 과정을 ABCP Program이라 한다. ABCP는 장단기 금리차에 따른 자금조달비용 절감, 유동화자산에서 발생하는 여유자금 운용손실 회피가 가능하여 ABS발행의 경제성을 높일 수 있다.

▌그림 9-7▐ ABCP의 기간구조

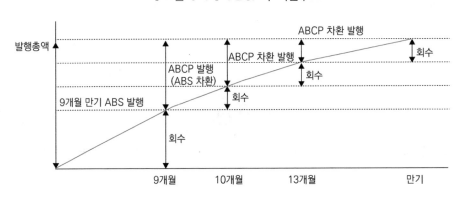

### (6) 주택저당증권(MBS)

주택저당증권(MBS : Mortgage-Backed Securities)은 주택저당채권(mortgage)을 기초로 발행되는 ABS를 말한다. 주택금융시장은 주택담보대출시장과 주택저당채권 유동화시장으로 구성되어 있다. 일반적으로 전자를 1차 시장(primary market), 후자를 2차 시장(secondary market)이라고 부른다.

MBS시장은 제1차 시장, 제2차 시장, 자본시장으로 구성된다. 1차 시장은 차입자와 금융기관간에 주택담보대출이 이루어진다. 2차 시장은 주택저당채권을 근거로유동화증권을 발행하는 시장이다. 그리고 자본시장은 유동화된 주택저당증권이 기관투자가들에게 매각되고 유통되는 시장을 말한다.

MBS는 주택저당채권을 기초자산으로 ABS를 발행하여 일반 ABS와 유사하지만 조기상환위험을 갖는다는 점에서 차이가 있다. 미국은 모기지론 조기상환시 주택자금 차입자에게 어떤 페널티도 부과되지 않는다. 반면에 한국주택금융공사가 양도받는 주택저당채권은 조기상환시 수수료가 부과된다.

조기상환은 차입자가 전직하거나 다른 주택구입으로 주택을 매각, 차입자가 모기지 계약을 이행하지 못하여 담보주택이 매각하는 경우 등에 발생한다. 우리나라에서 MBS는 주로 한국주택금융공사가 발행하며 주택저당채권을 가지고 있는 일부 금융기관도 SPC를 설립하여 발행한 사례가 있다.

┃ 그림 9-8 ┃ MBS의 발행구조

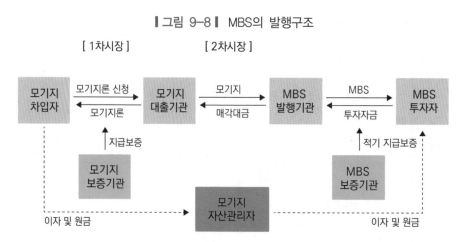

주 : 실선은 MBS 발행시 자금흐름을, 점선은 MBS 발행 후 원리금이 회수되는 흐름을 나타냄

주택저당증권은 증권의 형태에 따라 주택저당채권담보부채권(MBB), 주택저당권지분이전증권(MPS), 주택저당원리금이전채권(MPTB), 다단계채권(CMO)으로 분류된다.

### ① 주택저당권지분이전증권(MPTS)

주택저당권지분이전증권(Mortgage Pass-Through Security)은 1970년 GNMA가 최초로 발행한 증권으로 저당대출이자율, 잔여만기 등 특성이 비슷한 저당대출을 집합하여 발행한 지분형 증권을 말하며 저당대출집합에서 발생하는 현금흐름이 그대로 투자자에게 이전되는 자동이체식 이전저당증권이라고도 한다.

MBS 발행자인 금융기관은 부외자산으로 회계처리한다. 일반적으로 단일 클래스구조로 발행되며 기초자산의 현금흐름과 MBS의 현금흐름이 일치하여 MBS투자자는 매월 지급가능금액에 대해 투자비율에 따라 원리금을 수취한다. 발행시에 신용보강이 필요하며 유동화중개기관이 신용보증에 중요한 역할을 한다.

### ② 주택저당채권담보부채권(MBB)

주택저당채권담보부채권(Mortgage Backed Bond)은 금융기관이 보유한 주택저당채권을 담보로 발행한 회사채이다. MBB는 발행자가 저당대출집합에서 발생하는 현금흐름을 소유하고 투자자에 대해 채무를 부담한다. MBB를 발행하면 주택저당채권이 담보로만 제공되어 금융기관의 재무상태표에 그대로 남아 있다.

일반적으로 MBB 발행시 채권의 액면가를 초과하는 주택저당채권이 담보로 설정되며 발행자가 원리금지급에 실패하면 업무수탁자는 담보된 주택저당채권을 매각하여 원리금상환에 충당한다. MBB는 발행자가 추가담보요구 위험, 유동성 위험, 금리위험, 중도상환위험 등 다수의 위험에 노출되어 있다는 단점이 있다.

### ③ 주택저당원리금이전채권(MPTB)

주택저당원리금이전채권(Mortgage Pay-Through Bond)은 채권·지분 혼합형 MBS로 발행기관이 자동이체식 MPTS를 담보로 채권을 발행하며 주택저당권은 발행기관이 보유하고 투자자에게 원리금 수취에 따른 지분을 이전하는 원리금 이체식 주택저당증권이다. MBB보다 작은 규모의 초과담보물이 필요하다.

### ④ 다단계채권(CMO)

다단계채권(CMO : Collateralized Mortgage Obligations)는 패스스루형 MBS를 원리금지급시 우선순위로 구분하여 각각의 트랜치를 발행하는 형태이다. 즉 투자자의 수요에 맞추어 등급·이자율·만기가 서로 다른 여러 종류의 증권을 발행하고, 유동화자산에서 현금화된 자금을 등급이 높은 채권부터 상환해간다.

기한전 상환의 위험부담은 상환기간이 짧은 선순위증권이 부담하며, 후순위증권은 만기가 보장된다. 실질적으로 미국과 같은 패스스루형(Pass-through) MBS는 국내에서 거의 발행되지 않고 있다. 국내 유동화증권 신고규정 및 기관투자자들의 성향은 CMO형태를 인용한 구조를 활용하여 MBS를 이용하고 있다.

**┃그림 9-9┃ CMO의 발행형태**

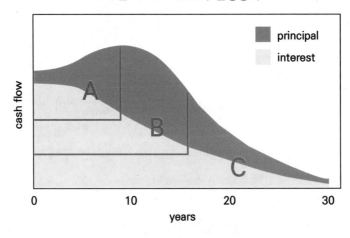

**┃표 9-2┃ MBS의 비교**

| 구 분 | MPTS | MBB | MPTB | CMO |
|---|---|---|---|---|
| 증 권 형 태 | 지분형 | 채권형 | 혼합형 | 채권형 |
| 자금조달방식 | 자산매각 | 자산보유 | 자산보유 | 자산보유 |
| 발 행 형 태 | 증권 | 채권 | 채권 | 채권 |
| 원리금수취권 | 투자자 | 발행기관 | 투자자 | 투자자 |
| 위 험 부 담 | 투자자 | 발행기관 | 투자자 | 투자자 |
| 저당권소유자 | 투자자 | 발행기관 | 발행기관 | 발행기관 |
| 콜 방 어 | × | ○ | ○ | ○ |
| 초 과 담 보 | × | ○ | ○ | ○ |

⑤ 상업용부동산저당증권(CMBS)

상업용부동산저당증권(Commercial Mortage Backed Securities)는 자산유동화증권(ABS)의 일종으로 금융기관이 업무용빌딩이나 상가 등 상업용부동산을 담보로 빌려준 대출채권을 기초자산으로 발행하는 유동화증권을 말한다. 상업용부동산을 담보로 하여 MBS에 비해 담보가치가 높고 투자위험은 적다.

**제3절** **자산유동화증권의 현황**

1998년 9월 ABS법이 제정된 이후 1999~2000년에는 금융기관 및 공공법인이 BIS 자기자본비율 및 유동성 제고, 재무구조 개선, 부실채권(NPL) 처분을 목적으로 ABS를 적극 발행하였다. 2001년 신용카드 이용실적의 급증으로 여신전문금융회사의 ABS 발행이 늘었으며, 2004년 이후 주택저당증권(MBS), 부동산개발 프로젝트파이낸싱(부동산 PF) ABS의 발행은 증가하였고 금융·기업구조조정이 일단락되면서 금융회사의 부실채권(NPL) 정리를 위한 ABS 발행은 감소하였다.[4]

2008년 글로벌 금융위기 직후 중소·중견기업 지원을 위한 정부주도의 P-CBO가 급증하면서 ABS 발행규모가 확대되었다. 2012년 이후 한국주택금융공사가 유동화조건부 적격대출을 출시하면서 MBS 발행규모가 크게 증가했다. 특히 2015년 한국주택금융공사가 보금자리론 및 적격대출 취급 증가, 대규모 안심전환대출(31.7조원) 시행으로 수익증권 발행을 확대하면서 ABS 발행금액이 급증하였다.

2020년 이전까지 ABS 발행규모는 한국주택금융공사의 MBS 발행량에 영향받아 좁은 범위에서 등락하는 등 큰 변동이 없었다. 그러나 2020년 이후 한국주택금융공사의 서민형 안심전환대출 신규 공급, 기존 보금자리론 이용 증대 등으로 수익증권 규모가 급증하고 코로나19 위기 극복을 위한 대기업 및 중견기업을 대상으로 코로나극복 P-CBO가 신규발행되면서 ABS 발행규모가 큰 폭 늘어났다. 한편 2021년 서민형 안심전환대출 종료 등으로 ABS 발행실적이 소폭 감소하였다.

---

4) 한국은행, 한국의 금융시장, 2021, 244-251쪽.

**┃표 9-3┃ ABS의 발행현황**[1]

(단위 : 십억원)

| 구분 | 2008 | 2010 | 2012 | 2014 | 2016 | 2018 | 2020 | 상 | 2021. 상 |
|---|---|---|---|---|---|---|---|---|---|
| 공모 ABS[2] | 8,356 | 11,123 | 18,696 | 18,236 | 17,972 | 16,778 | 22,505 | 10,733 | 8,773 |
| 공모 수익증권[3] | 4,152 | 7,785 | 19,985 | 14,498 | 34,728 | 24,176 | 46,552 | 27,393 | 21,471 |
| 전체 | 20,605 | 28,003 | 47,549 | 41,523 | 60,716 | 49,396 | 79,128 | 43,653 | 35,424 |

주 : 1) 기간중 발행금액 기준
    2) 한국주택금융공사가 발행한 공모 MBB(주택저당채권담보부채권) 포함
    3) 한국주택금융공사가 발행한 수익증권형 공모 MBS
자료 : 금융감독원

ABS의 발행형태를 살펴보면 2012년 이전에는 채권 형태가 큰 비중을 차지하고, 출자증권 등의 형태는 미미한 수준이었으나 한국주택금융공사의 MBS 발행 증가로 수익증권의 비중이 증가하였다. 2017년 이후 정부의 가계대출 억제정책에 따른 보금자리론 및 적격대출 감소로 MBS 발행이 감소하여 수익증권 비중은 낮아졌다. 그러나 2019년 4/4분기 이후 서민형 안심전환대출 신규 공급, 기존 보금자리론 이용 증대, 신규 예대율규제 시행에 따른 은행의 한국주택금융공사앞 주택담보 대출 양도 증가로 수익증권 비중은 확대되어 2021년 상반기에 60%를 상회하였다.

**┃표 9-4┃ ABS의 발행형태별 현황**[1]

(단위 : 십억원, %)

| 구분 | 2016 | 2017 | 2018 | 2019 | 2020 | 상 | 2021.상 |
|---|---|---|---|---|---|---|---|
| 채 권 | 25,897 (42.7) | 26,202 (45.5) | 25,188 (51.0) | 24,298 (47.0) | 32,524 (41.1) | 16,237 (37.2) | 13,914 (39.3) |
| 수익증권[2] | 34,774 (57.3) | 31,370 (54.5) | 24,200 (49.0) | 27,423 (53.0) | 46,600 (58.9) | 27,413 (62.8) | 21,480 (60.6) |
| 출자증권 | 44 (0.1) | 19 (0.0) | 8 (0.0) | 3 (0.0) | 4 (0.0) | 3 (0.0) | 1 (0.0) |
| 합 계 | 60,716 (100.0) | 57,600 (100.0) | 49,396 (100.0) | 51,724 (100.0) | 79,128 (100.0) | 43,653 (100.0) | 35,424 (100.0) |

주 : 1) 기간중 발행금액 기준, ( )내는 구성비
    2) 한국주택금융공사가 발행하는 수익증권
자료 : 금융감독원

**┃그림 9-10┃ ABS의 발행추이 및 형태별 비중[1]**

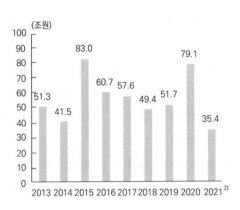

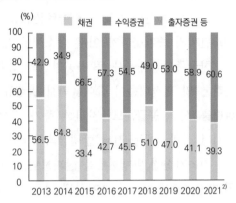

주 : 1) 기간중 발행금액 기준
　　 2) 2021년 상반기중
자료 : 금융감독원

자산보유자별 특징을 살펴보면, 금융회사의 발행규모는 2016년 이후 여신전문금융
회사의 회사채 발행을 통한 자금조달 증가 등으로 감소세를 보이다가 2019년 이후 여신

**┃표 9-5┃ 자산보유자별 발행현황[1]**

(단위 : 십억원, %)

| 구분 | | 2016 | 2017 | 2018 | 2019 | 2020 | 상 | 2021.상 |
|---|---|---|---|---|---|---|---|---|
| 금융회사 | | 15,300 (25.2) | 13,957 (24.2) | 10,860 (22.0) | 13,333 (25.8) | 18,662 (23.6) | 9,076 (20.8) | 7,800 (22.0) |
| | 은　행 | 3,358 (5.5) | 3,510 (6.1) | 3,594 (7.3) | 3,003 (5.8) | 2,859 (3.6) | 1,223 (2.8) | 1,280 (3.6) |
| | 증　권 | 2,347 (3.9) | 2,553 (4.4) | 2,193 (4.4) | 2,619 (5.1) | 6,908 (8.7) | 2,880 (6.6) | 3,167 (8.9) |
| | 여전 및 저축은행 | 9,574 (15.8) | 7,894 (13.7) | 5,048 (10.2) | 7,689 (14.9) | 8,895 (11.2) | 4,974 (11.4) | 3,353 (9.5) |
| 일반기업[2] | | 10,089 (16.6) | 11,916 (20.7) | 13,688 (27.7) | 10,300 (19.9) | 11,893 (15.0) | 5,865 (13.4) | 4,787 (13.5) |
| 공공법인[3] | | 35,326 (58.2) | 31,727 (55.1) | 24,848 (50.3) | 28,091 (54.3) | 48,574 (61.4) | 28,712 (65.8) | 22,837 (64.5) |
| 합　계 | | 60,716 (100.0) | 57,600 (100.0) | 49,396 (100.0) | 51,724 (100.0) | 79,128 (100.0) | 43,653 (100.0) | 35,424 (100.0) |

주 : 1) 기간중 발행금액 기준, ( )내는 구성비
　　 2) 부동산 PF 및 사회간접자본투자(SOC) ABS 포함
　　 3) 한국주택금융공사
자료 : 금융감독원

전문금융회사 및 증권사의 ABS 발행이 증가하면서 꾸준히 증가하고 있다. 일반기업의 발행규모는 통신사의 고가 스마트폰단말기 판매 등에 따른 단말기할부채권의 유동화로 2018년까지 증가하다가 이후 감소세를 이어가고 있다.

한국주택금융공사 등 공공법인의 경우 2017년 정부의 가계대출 억제정책으로 보금 자리론 및 적격대출이 줄어들면서 발행규모가 감소하다 2019년 4/4분기 서민형 안심전 환대출 신규 공급, 보금자리론 증가 등으로 확대되었고 이후에도 증가세를 지속하여 2021년 상반기에는 전체 발행금액의 64.5%를 차지하였다.

기초자산별 발행현황을 살펴보면, 2016년 이후 주택저당채권을 중심으로 한 대출채 권 발행규모에 따라 기초자산별 비중이 등락하였으나 대출채권, 신용카드매출·자동차할 부·단말기할부 채권 등의 매출채권, 유가증권 순의 구성비중을 지속하였다. 그러나 2020년 이후에는 코로나19 위기 극복을 위한 P-CBO 발행이 증가하면서 유가증권의 비 중이 9%에 근접하는 수준까지 높아졌다.

**▌표 9-6 ▌ 기초자산별 발행현황[1]**

(단위 : 십억원, %)

| 구분 | 2016 | 2017 | 2018 | 2019 | 2020 | 상 | 2021.상 |
|---|---|---|---|---|---|---|---|
| 대출채권 | 38,842 (64.0) | 37,038 (64.3) | 29,899 (60.5) | 31,517 (60.9) | 51,996 (65.7) | 30,092 (68.9) | 24,746 (69.9) |
| (주택저당채권) | 35,326 | 31,727 | 24,848 | 28,091 | 48,574 | 28,712 | 22,837 |
| (기업 및 개인여신) | 3,516 | 5,310 | 5,050 | 3,426 | 3,422 | 1,380 | 1,909 |
| 매출채권 | 19,527 (32.2) | 18,009 (31.3) | 17,304 (35.0) | 17,588 (34.0) | 20,225 (25.6) | 10,681 (24.5) | 7,511 (21.2) |
| (신용카드매출채권) | 2,287 | 4,601 | 2,552 | 3,894 | 4,213 | 2,513 | 2,294 |
| (자동차할부채권) | 6,703 | 2,980 | 2,368 | 3,559 | 4,449 | 2,409 | 1,016 |
| (리스료채권) | 395 | 126 | 36 | 187 | 191 | 26 | 30 |
| (주택분양대금채권) | 1,352 | 1,818 | 1,691 | 1,354 | 1,943 | 563 | 736 |
| (기업 매출채권 등) | 8,791[2] | 8,484 | 10,657 | 8,594 | 9,429 | 5,170 | 3,435 |
| 유가증권(채권) | 2,347 (3.9) | 2,553 (4.4) | 2,193 (4.4) | 2,619 (5.1) | 6,908 (8.7) | 2,880 (6.6) | 3,167 (8.9) |
| 합계 | 60,716 (100.0) | 57,600 (100.0) | 49,396 (100.0) | 51,724 (100.0) | 79,128 (100.0) | 43,653 (100.0) | 35,424 (100.0) |

주 : 1) 기간중 발행금액 기준, ( )내는 구성비
　　 2) 팩토링채권 포함
자료 : 금융감독원

**┃그림 9-11┃ 자산보유자별 및 기초자산별 발행비중[1)]**

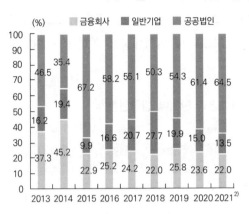
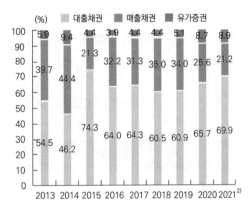

주 : 1) 기간중 발행금액 기준
　　2) 2021년 상반기중
자료 : 금융감독원

한편 공모발행 ABS 선순위채권의 신용등급별 발행현황에서 특징을 살펴보면 선·후순위발행구조, 자산보유자 및 신용보증기관의 신용보증 등 내·외부 신용보강장치로 AAA등급의 비중이 80% 이상을 상회하고 있으며, 특히 코로나19 위기 대응을 위한 P-CBO 발행이 증가하면서 동 비중은 더욱 확대되었다.

**┃표 9-7┃ 공모발행 ABS 선순위채권의 신용등급별 발행현황[1)]**

(단위 : 십억원, %)

| 구분 | 2016 | 2017 | 2018 | 2019 | 2020 | 상 | 2021.상 |
|---|---|---|---|---|---|---|---|
| AAA | 15,311 (85.2) | 13,053 (83.8) | 14,045 (83.7) | 14,495 (92.7) | 21,084 (93.7) | 9,814 (91.4) | 8,490 (96.8) |
| AA | 1,201 (6.7) | 1,088 (7.0) | 1,553 (9.3) | 492 (3.1) | 1,190 (5.3) | 237 (2.2) | 48 (0.5) |
| A | 1,348 (7.5) | 1,295 (8.3) | 438 (2.6) | 546 (3.5) | 14 (0.1) | 600 (5.6) | 38 (0.4) |
| BBB | 23 (0.1) | 58 (0.4) | 674 (4.0) | 39 (0.2) | 27 (0.1) | 0 (0.0) | 49 (0.6) |
| BB 이하 | 89 (0.5) | 81 (0.5) | 69 (0.4) | 71 (0.5) | 190 (0.8) | 82 (0.8) | 148 (1.7) |
| 합계 | 17,972 (100.0) | 15,575 (100.0) | 16,778 (100.0) | 15,642 (100.0) | 22,505 (100.0) | 10,733 (100.0) | 8,773 (100.0) |

주 : 1) 기간중 발행금액 기준, ( )내는 구성비
자료 : 금융감독원

ABS(공모발행 선순위채권 기준)의 만기를 자세히 살펴보면, 2019년부터 상대적으로 만기가 긴 주택저당증권 발행이 증가하면서 만기 2년 초과 비중이 높아졌다. 2020년 들어서도 동 비중은 큰 폭으로 확대되었는데, 이는 코로나19 위기대응을 위한 P−CBO 발행 증가 등에 주로 기인하고 있다.

┃표 9-8┃ 공모발행 ABS 선순위채권의 만기별 발행현황[1]

(단위 : 십억원, %)

| 구분 | 2016 | 2017 | 2018 | 2019 | 2020 | 상 | 2021.상 |
|---|---|---|---|---|---|---|---|
| 1년 이하 | 6,469 (36.0) | 5,005 (32.1) | 5,522 (32.9) | 4,675 (29.9) | 4,851 (21.6) | 2,435 (22.7) | 1,801 (20.5) |
| 1년 초과 ~ 2년 이하 | 6,643 (37.0) | 5,817 (37.3) | 6,469 (38.6) | 5,383 (34.4) | 6,237 (27.7) | 3,017 (28.1) | 2,149 (24.5) |
| 2년 초과 ~ 3년 이하 | 2,677 (14.9) | 2,309 (14.8) | 2,215 (13.2) | 2,246 (14.4) | 6,319 (28.1) | 2,669 (24.9) | 3,000 (34.2) |
| 3년 초과 ~ 4년 이하 | 1,226 (6.8) | 826 (5.3) | 896 (5.3) | 705 (4.5) | 1,200 (5.3) | 564 (5.3) | 402 (4.6) |
| 4년 초과 ~ 5년 이하 | 947 (5.3) | 1,521 (8.0) | 1,375 (8.2) | 1,825 (11.7) | 2,477 (11.0) | 1,514 (14.1) | 1,377 (15.7) |
| 5년 초과 | 10 (0.1) | 368 (2.4) | 300 (1.8) | 808 (5.2) | 1,422 (6.3) | 535 (5.0) | 44 (0.5) |
| 합계 | 17,972 (100.0) | 15,575 (100.0) | 16,778 (100.0) | 15,642 (100.0) | 22,505 (100.0) | 10,733 (100.0) | 8,773 (100.0) |

주 : 1) 기간중 발행금액 기준, ( )내는 구성비
자료 : 금융감독원

┃그림 9-12┃ 공모발행 ABS 선순위채권의 신용등급별 및 만기별 발행비중[1]

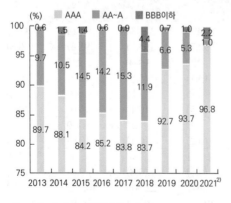
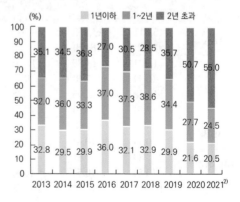

주 : 1) 기간중 발행금액 기준
    2) 2021년 상반기중
자료 : 금융감독원

| 보론 9-1 | 부동산 PF ABS의 발행 및 상환구조 |

부동산 PF ABS는 부동산개발사업을 추진하는 과정에서 금융기관이 시행사에 실행한 대출채권을 기초로 특수목적회사(SPC)가 발행한 자산유동화증권이다. PF ABS는 일반적인 ABS처럼 자산보유자가 소유한 대출채권은 SPC에 양도되며, 개발사업에 참여한 시공사가 기초자산인 대출채권에 신용보강을 한다.[5]

부동산 PF ABS는 근본적으로 부동산개발사업의 PF와 연관되어 있다. 이는 PF ABS의 원리금 상환이 개발사업에서 발생하는 수익에 기초하여 부동산개발사업의 분양성과가 부진하면 PF ABS의 현금흐름이 악화되어 동 ABS를 매입한 투자자들의 손실로 이어질 수 있으므로 신용보강 없이는 ABS 발행이 어렵다.

최근에는 실무적 편의성 및 낮은 조달비용으로 상법상 SPC를 통한 부동산 PF ABCP의 발행이 늘고 있다. PF ABCP의 발행구조는 PF ABS와 비슷하나, 금융투자회사가 단기 CP형태의 발행에 따른 차환발행 리스크를 완화하기 위해 채무보증 제공 등을 통해 PF ABCP의 신용을 보강한다는 점에서 차이가 있다.

▌그림 9-13▐ 부동산 PF ABS의 발행 및 상환구조

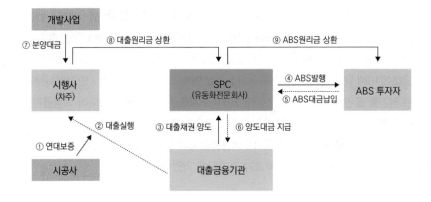

---

5) 한국은행, 한국의 금융시장, 2021, 243쪽.

| 보론 9-2 | MBS와 고정금리 주택담보대출 |

주택담보대출을 취급하는 금융기관은 재원조달방안의 하나로 MBS를 발행한다. 장기 고정금리 주담대를 취급시 만기가 짧은 예금을 통해 자금을 조달하면 예금과 대출간 만기 차이로 금리위험이 발생한다. 이때 MBS를 발행하여 주담대를 유동화하면 미래 대출이자 수입을 포기하나 일정 수익을 확정하면서 금리위험에서 벗어날 수 있고, MBS 발행으로 조달한 자금을 이용하여 대출을 취급할 수 있다.[6]

국내에서 MBS 발행은 2004년 3월 한국주택금융공사의 보금자리론을 기초자산으로 본격화되었다. MBS 발행은 2012년 3월 장기 고정금리 주담대 상품으로 출시된 적격대출이 인기를 끌며 발행규모가 매년 큰 폭으로 증가하였다. 적격대출은 고정금리·비거치식 분할상환 주담대 비중 확대 등 정부의 가계부채 구조개선 추진에 상응하여 MBS 발행에 적합하도록 설계된 장기고정금리 분할상환 주담대이다.

발행시점에 고정형 상품만 공급되었으나, 2014년 6월 금리를 5년마다 재조정하는 조정형 적격대출이 출시되어 소비자의 선택 폭이 넓어졌다. 적격대출은 보금자리론과 같이 한국주택금융공사가 금융기관에서 양도받은 대출채권을 기초로 MBS를 발행하여 재원을 조달한다. 적격대출은 금융기관이 한국주택금융공사가 제시한 표준요건에 부합하도록 대출상품을 설계하되 대출금리는 자체적으로 결정한다.

정부의 가계부채 구조개선 추진에도 가계대출규모가 빠르게 증가하여 일시상환·변동금리 대출비중이 약 75%로 높은 수준이 지속되자, 정부는 대출의 구조개선을 위해 변동금리부 대출을 고정금리·분할상환대출로 전환해 주는 안심전환대출을 한시적으로 운용하였다. 안심전환대출은 일반 주담대에 비해 낮은 금리수준, 중도상환수수료 면제로 기존 변동금리·만기일시상환 대출자들에게 큰 인기를 끌면서 2015년 31.7조원, 2019~2020년 17.6조원 취급되어 고정금리·분할상환대출 비중 확대라는 정부의 가계부채 구조개선 목표를 조기에 달성하는 데 크게 기여하였다. 또한 금융기관이 안심전환대출 채권을 한국주택금융공사에 양도하고 동 공사가 이를 기초자산으로 MBS를 발행하면서 MBS 발행 역시 빠르게 증가하게 되었다.

---

6) 한국은행, 한국의 금융시장, 2021, 249쪽.

## 제1절 자산유동화증권의 개요

1. 자산유동화의 정의
   통상 보유자산을 기초로 한 유가증권, 즉 유동화증권을 발행하는 방식

2. 자산유동화의 연혁
   외환위기 당시 성업공사가 금융기관에서 인수한 부실채권의 처리방안

3. 자산유동화의 효용
   자본비용의 절감, 재무구조의 개선, 상환청구권 배제, 투자자층의 확대

4. 자산유동화증권의 정의
   자산에서 발생하는 집합화된 현금을 기초로 원리금을 상환하는 증권

5. 자산유동화증권의 제도변천
   외환위기 당시 금융기관에서 인수한 부실채권 처리방안으로 자산유동화를 추진

6. 자산유동화증권의 발행구조
   자산보유자가 유동화전문회사를 설립하여 유동화자산을 양도하면 이를 담보로
   유동화증권을 발행하고 자산관리자가 채권을 추심하여 증권의 원리금을 상환

7. 자산유동화증권의 참가자 : 자산보유자, 유동화전문회사, 자산관리자, 수탁기관,
   신용평가기관, 신용보강기관, 주간사

8. 자산유동화증권의 신용보강
① 내부보강 : 후순위증권, 초과스프레드, 환매요구권, 초과담보, 자체보증
② 외부보강 : 지급보증(guarantee), 신용공여(credit line), 신용장(L/C)

## 제2절 자산유동화증권의 종류

1. 유동화증권의 법적성격에 따른 분류
   유동화전문회사가 발행하는 ABS, 신탁회사가 발행하는 ABS

2. 유동화증권의 상환방법에 따른 분류
① 패스스루(Pass-through)형 증권
   양도된 일정 규모의 저당대출 담보집합에 대한 권리의 일부를 표창하는 증권
② 페이스루(Pay-through)형 증권
   유동화자산에 대한 권리가 아닌 증권발행인에 대한 채권보유자의 지위를 표창

3. 유동화자산의 종류에 따른 분류
(1) 부채담보부증권(CDO)
   회사채, 대출채권, 신용카드채권을 기초자산으로 하여 발행되는 증권
(2) 채권담보부증권(CBO)
   주식회사가 발행한 회사채(채권)를 기초자산으로 하여 발행되는 증권
(3) 대출채권담보부증권(CLO)

금융기관의 기업에 대한 대출채권을 기초자산으로 하여 발행되는 증권

(4) 신용카드매출채권부증권(CARD)

현재나 미래에 발생할 신용카드매출채권을 기초자산으로 발행되는 증권

(5) 자산담보부어음(ABCP)

회사채가 아닌 기업어음의 형태로 발행하는 자산유동화증권

(6) 주택저당증권(MBS)

부동산 담보대출 금융기관이 대출기간 장기화에 따른 유동성의 제약을 완화하기
위하여 이를 담보로 발행한 유가증권

## 제3절 자산유동화증권의 현황

① 1998년 9월 ABS법 제정된 이후 금융기관 및 공공법인이 BIS 자기자본비율 및
유동성의 제고, 재무구조 개선, 부실채권 처분의 목적으로 ABS 발행

② ABS 발행형태에서 2012년 이전에는 채권 형태가 가장 큰 비중을 차지하였고 2017년
이후에는 MBS 발행이 감소하고 수익증권 비중은 소폭 감소

③ 자산보유자별 특징에서 금융회사의 발행규모는 2016년 이후 감소세를 보이다가
2019년 이후 여신전문금융회사 ABS 발행이 증가하면서 꾸준히 증가

④ 기초자산별 특징에서 2016년 이후 MBS를 중심으로 비중이 등락했으나 2020년 이후
P-CBO 발행이 증가하면서 유가증권의 비중이 9% 수준에 근접

**1.** 다음 중 자산유동화가 이루어지는 자산의 특성으로 적절하지 않은 것은?

① 자산의 집합이 가능하다.

② 자산의 신용도분석이 가능하다.

③ 자산의 특성상 이질성을 지니고 있어야 한다.

④ 자산의 현금흐름에 대한 예측이 가능해야 한다.

| 해설 | 자산유동화가 이루어지는 자산은 특성상 동질성을 지니고 있어야 한다.


**2.** 다음 중 자산유동화증권에 대한 설명으로 가장 옳지 않은 것은?

① 기초자산의 현금흐름을 이용하여 증권을 상환하는 것으로 별도의 상환청구권을 제공하지 않는다.

② 자산보유자의 신용도에 영향을 더 많이 받는다.

③ 현금수취방식에 따라 pass through security와 pay through bond로 구분한다.

④ 다양한 구조와 신용보강을 통해 자산보유자보다 높은 신용도를 지닌 증권으로 발행된다.

| 해설 | 자산유동화증권은 자산자체의 신용도에 더 많이 영향을 받는다.


**3.** 다음 중 자산유동화증권이 자산보유자에게 주는 이득으로 거리가 먼 것은?

① 조달비용의 절감　　　　　　② 상환청구권의 제공

③ 재무구조의 개선　　　　　　④ 위험관리기법 개선

| 해설 | 자산유동화증권은 기초자산의 현금흐름을 바탕으로 하기 때문에 상환청구권을 주지 않는다.


**4.** 다음 중 자산유동화증권의 외부 신용보강방법으로 적절하지 않은 것은?

① 신용장방식　　　　　　　　② 신용공여

③ 지급 보증　　　　　　　　　④ 후순위에 의한 신용보강

| 해설 | 내부신용보강 : 후순위증권, 초과스프레드, 환매요구권, 초과담보 등

**5.** 다음 중 주택저당채권의 특성에 대한 설명으로 적절하지 않은 것은?

① 조기상환에 의해 수익비 변동된다.

② 채권상환과정에서 각종 수수료가 발생한다.

③ 회사채보다 높은 신용등급의 채권발행이 가능하다.

④ 주택저당대출의 만기와 대응되므로 단기로 발행된다.

| 해설 | 주택저당대출이 장기이므로 주택저당채권도 통상 장기로 발행된다.


**6.** 다음 중 주택저당대출의 현금흐름을 여러 종류의 유동화증권에 재분배함으로써 동일한 만기를 가지는데서 발생하는 조기상환위험을 해결해나가는 증권은?

① CBO(채권담보부증권)  ② CMO

③ MBS(주택저당담보부채권)  ④ CLO(대출채권담보부증권)

| 해설 | MBS의 조기상환위험을 해결하기 위해 발행하는 것은 CMO이다.


**7.** 다음 중 투기등급의 고수익 고위험채권을 담보로 발행하는 유동화증권은?

① CBO(채권담보부증권)  ② CLO(대출채권담보부증권)

③ MBS(주택저당담보부채권)  ④ CDO(부채담보부증권)

| 해설 | CBO는 기업이 발행한 회사채를 기초로 발행되는 자산유동화증권이다.


**8.** 다음 중 주택저당증권을 통한 자산유동화의 파급효과로 옳지 않은 것은?

① 금융기관은 대출채권을 담보로 자본시장에서 자금을 조달할 수 있어 자금의 고정화현상을 완화시킬 수 있다.

② 금융기관은 자신들이 설정한 대출채권을 매각하면 보유자산이 감소하여 재무건정성이 약화된다.

③ 대출채권 매각대금으로 신규 주택담보대출에 대한 자금회전율을 향상시켜 주택금융의 확대에 기여할 수 있다.

④ 정부는 대출채권의 매매나 유통규모의 조절을 통해 주택경기를 조절할 수 있다.

| 해설 | 금융기관은 자신들이 설정한 대출채권을 매각하면 위험가중자산이 감소되어 재무건정성이 강화된다.

**9.** 다음 중 자산유동화증권에 대한 적절한 설명으로 모두 묶인 것은?

> 가. 증권발행시 특수목적회사(SPC)에 자산이 이전된다.
> 나. 신용등급을 높이기 위해 대상자산의 현금흐름을 선순위채권과 후순위구조로 발행되기도 한다.
> 다. 대상자산이 회사채인 경우를 CBO라고 한다.

① 가, 나
② 나, 다
③ 가, 나, 다
④ 나, 다, 라

| 해설 | 자산유동화증권은 현금흐름에 따라 두 가지로 구분된다. Pay through bond형태는 상환 우선순위가 다른 채권을 발행하는 방식을 말한다. 선·후순위채 발행은 대표적인 내부 신용보강방식이다.

**10.** 다음 중 자산유동화증권에 대한 설명으로 가장 적절하지 않은 것은?

① 회사의 현금흐름은 개선되고 위험관리 차원에서는 유용한 수단이 될 수 있다.
② 발행회사는 ABS를 통해 재무구조를 개선할 수 있으나 일반사채의 자금비용이 절감되는 것은 아니다.
③ 대상자산이 회사채인 경우 CBO, 대출채권인 경우 CLO라고 한다.
④ 투자자는 높은 신용도를 지닌 증권에 상대적으로 높은 수익률로 투자할 수 있는 장점이 있다.

| 해설 | 재무구조가 개선되어 신용등급이 상승하면 일반사채의 금융비용도 하락한다.

**11.** 다음 중 주택저당증권(MBS)에 대한 설명으로 옳지 않은 것은?

① MPTS(mortgage pass through security)는 지분형 증권으로 수익은 기초자산인 주택저당채권 집합물(mortgage pool)의 현금흐름(저당지불액)에 의존한다.
② MBB(mortgage backed bond)의 투자자는 최초의 주택저당채권 집합물에 대한 소유권을 갖는다.
③ CMO(Collateralized mortgage Obligation)의 발행자는 주택저당채권 집합물을 가지고 일정한 가공을 통해 위험과 수익구조가 다양한 트랜치 증권을 발행한다.
④ CMBS(commercial mortgage backed securities)는 금유기관이 보유한 상업용 부동산 모기지를 기초자산으로 하여 발행하는 증권이다.

| 해설 | MBB(mortgage backed bond)의 투자자는 최초의 저당권에 대한 소유권을 갖는다.

**12.** **다음 중 부동산증권에 대한 설명으로 옳지 않은 것은?**

① 우리나라 자산유동화증권(asset backed securities)제도는 자산유동화에 관한 법률에 의해 도입되었다.

② 저당대출자동이체채권(mortgage pay through bond)은 하나의 저당집합에서 만기의 이자율을 다양화하여 발행한 여러 종류의 채권을 말한다.

③ 저당대출자동이체채권(MPTB)은 저당채권이체(MPTS)과 주택저당담보채권(MBB)를 혼합한 성격의 주택저당증권이다.

④ 주택저당담보채권(mortgage backed bond)은 저당채권의 집합에 대한 채권적 성격의 주택저당증권이다.

⑤ 다계층저당증권(collateralized mortgage obligation)의 발행자는 저당채권의 풀(pool)에 대한 소유권을 가지면서 동 풀(pool)에 대해 채권을 발행한다.

| 해설 | 다계층저당증권(CMO)는 하나의 저당집합에서 만기의 이자율을 다양화하여 발행한 여러 종류의 채권을 말한다.


**13.** **다음 중 주택금융에 대한 설명으로 옳지 않은 것은?**

① 다계층저당증권(collateralized mortgage obligation)에서 선순위 증권의 신용등급은 후순위 증권의 신용등급보다 높다.

② 다른 조건이 동일할 때 변동금리 주택담보대출의 조정주기가 짧을수록 금융기관은 금리변동위험을 차입자에게 더 전가하게 된다.

③ 금리상한(interest cap) 변동금리 주택담보대출을 받은 차입자는 금리상한 이상으로 금리가 상승할 때 발생하는 금리변동위험을 줄일 수 있다.

④ 한국주택금융공사는 장기모기지론에 소요되는 자금을 주로 주택저당담보채권(mortgage backed bond)과 주택저당증권(mortgage backed securities)의 발행을 통해 조달하고 있다.

⑤ 주택저당담보채권(mortgage backed bond)의 투자자는 대출금의 조기상환에 따른 위험을 부담한다.

| 해설 | 주택저당담보채권의 발행기관은 대출금의 조기상환에 따른 위험을 부담한다.

**14.** 다음 중 부동산금융에 대한 설명으로 옳지 않은 것은?

① MPTS(mortgage pass through security)는 지분형 주택저당증권으로 조기 상환위험이 투자자에게 이전된다.

② 금융기관은 보유한 주택담보대출채권을 유동화하여 자금을 조달할 수 있다.

③ 주택저당담보채권(mortgage backed bond)는 저당차입자가 조기상환할 경우 증권발행자가 그 위험을 부담한다.

④ 다계층저당증권(CMO)은 주택저당담보채권(mortgage backed bond)보다 약하지만 일정한 정도의 콜 방어를 실현시킬 수 있다.

⑤ 부동산지분을 증권화한 부동산상품 중 대표적인 것이 주택저당증권(MBS)이다.

| 해설 | 부동산에 대한 저당권을 증권화한 부동산상품 중 대표적인 것이 주택저당증권이다.


**15.** 부동산개발사업 자산유동화증권(이하, 부동산개발 PF ABS)에 관한 설명으로 옳지 않은 것은?

① 부동산개발 PF ABS는 부동산개발업체의 개발사업에서 발생하는 수익 등을 기초자산으로 발생되는 자산유동화증권이다.

② 금융기관이 부동산개발업체에게 대출을 실행하고 이 대출채권을 유동화전문회사에 매각하여 자산유동화증권을 발행한다.

③ 부동산개발 PF ABCP(자산담보부기업어음)의 도관체(conduit)는 상법의 적용을 받지 않고, 자산유동화에 관한 법률의 적용을 받는 회사로 특례를 받을 수 있다.

④ 부동산개발 PF ABS는 부동산개발 PF ABCP에 비해 장기 자금조달이 가능하다.

⑤ 부동산개발업체는 부동산개발 PF ABS를 활용하여 개발사업에 필요한 자금을 조달할 수 있다.

| 해설 | PF ABS는 자산유동화에 관한 법률에 근거한 유동화 전문회사를 통해 발행되는 반면에 PF ABCP는 상법에 근거하여 유동화전문회사를 설립한다.

**16.** 다음 중 다계층저당증권(CMO : collateralized mortage obligation)의 특성에 대한 설명으로 가장 옳지 않은 것은?

① 일반적으로 다계층저당채권의 조기상환위험은 증권발행자가 부담한다.

② 다계층저당채권은 이체증권증권(path through security)과 저당담보부채권의 두 가지 성질을 모두 가지고 있다.

③ 일반적으로 다계층저당채권에서 트랜치별로 적용되는 이자율은 서로 다르다.

④ 다계층저당채권의 경우에 고정이자율이 적용되는 트랜치도 있고, 변동이자율이 적용되는 트랜치도 있다.

⑤ 다계층저당채권을 통해 장기투자자들이 원하는 콜방어를 실현시킬 수 있다.

| 해설 | 조기상환권은 증권의 발행자가 행사하고 증권의 조기상환위험은 증권의 소유자가 부담한다. 이는 CMO의 경우에도 예외는 아니고 CMO의 조기상환위험은 증권소유자가 부담한다.

# 선물거래

선물은 미래시점에서 거래될 가격을 현재시점에서 확정시키는 계약으로 기초자산의 가격변동위험을 회피하는 수단으로 많이 이용된다. 차익거래의 기회가 없는 시장균형 상태에서 선물가격은 기초자산의 현물가격과 일정한 관계를 갖는다. 선물가격과 현물가격간의 균형관계를 설명하기 위해 보유비용모형이 이용된다.

## 제1절 파생상품의 개요

### 1. 파생상품의 정의

파생상품은 영어로 Derivatives라고 한다. Derivatives는 '유래하다, 파생하다'의 의미를 가진 영어 동사 Derive에서 출발한 것으로 원래는 어떤 것으로부터 유도된 파생물이라는 의미를 가지고 있다. 어원에서 유추할 수 있듯이 금융시장에서 파생상품은 기초자산으로부터 그 가치가 파생되어 나온 상품을 말한다.

예컨대 기초자산이 삼성전자인 주식선물과 주식옵션은 삼성전자 주식가치의 변동(주가상승 또는 주가하락)에 따라 가치가 결정된다. 여기서 기초자산(underlying asset)은 선물이나 옵션 등 파생상품에서 거래대상이 되는 자산으로 파생상품의 가치를 산정하는데 기초가 되는 금융상품이나 일반상품을 의미한다.

자본시장법은 파생상품을 기초자산의 가격을 기초로 손익(수익구조)이 결정되는 금융투자상품으로 선물, 옵션, 스왑의 어느 하나에 해당하는 계약상의 권리로 정의한다. 또한 파생상품시장에서 거래되는 파생상품을 장내파생상품으로 규정하면서 장내파생상품 외의 파생상품을 장외파생상품으로 규정하고 있다.

일반적으로 파생상품은 원본 초과손실이 발생할 수 있는 금융투자상품으로 자본시장법에서는 기초자산이나 기초자산의 가격, 이자율, 지표, 단위 또는 이를 기초로 하는 지수 등에 의해 산출된 금전 등을 미래의 특정시점에 인도하거나 권리를 부여하거나 금전 등을 교환할 것을 약정하는 계약으로 정의하고 있다.

그러나 투자매매업자가 발행하는 워런트증권, 주주가 신주를 배정받을 권리를 표시한 신주인수권증서 및 분리형 신주인수권부사채에서 사채와 분리되어 양도되는 신주인수권증서는 파생상품에서 제외된다. 여기서 워런트증권은 파생결합증권에 해당하고, 신주인수권증서와 신주인수권증권은 지분증권에 해당한다.

파생상품의 발달초기에는 농축산물이나 원자재 같은 실물자산들이 주된 기초자산으로 활용되었으나, 최근에는 사실상 수치화될 수 있는 모든 대상이 파생상품의 기초자산이 되고 있다. 따라서 세계적으로 증권, 외국환은 물론 주가지수처럼 통계적으로 산출된 수치를 기초자산으로 하는 파생상품이 발달하였다.

## 2. 파생상품의 기능

### (1) 순기능

첫째, 헤지를 목적으로 한 투자자에게는 기초자산의 가격변동위험을 회피하기 위한 헷지의 수단으로 활용될 수 있고, 고위험·고수익을 추구하는 투기자에게 위험을 전가하는 수단이 될 수 있다. 고수익을 목표로 하는 투기자에게는 적은 증거금만으로 큰 레버리지효과를 획득할 수 있는 투자기회를 제공한다.

둘째, 다양한 투자수단으로 활용되어 금융시장에 유동성을 확대하는 결과를 가져올 수 있고 신속한 가격정보의 반영으로 미래의 현물가격에 대한 가격발견기능을 제공한다. 그리고 현물시장과 선물시장간의 차익거래가 가능하여 현물시장의 가격왜곡현상을 방지함으로써 금융시장의 효율성을 제고시킬 수 있다.

### (2) 역기능

첫째, 파생상품의 거래구조가 복잡하고 파생화의 단계가 심화될수록 상품에 대한 정확한 정보를 획득하거나 수익성을 판단하기가 어려워진다. 또한 파생상품의 거래가 확대되고 금융시장간 연계성이 심화되어 개별 금융기관이 위험관리에 실패할 경우 그 영향이 전체 금융시스템으로 파급될 가능성이 커진다.

둘째, 장외파생상품은 거래상대방의 채무불이행위험이 크다. 신용파생상품은 기초자산인 대출채권에 대한 금융기관의 관리 및 사후 감시유인을 저하시키며 금융기관의 재무상태에 대한 투자자의 평가가 어렵고 시장의 자율규제기능 및 금융기관에 대한 감독기능을 약화시켜 금융시장의 안정성을 저해할 수 있다.

## 3. 파생상품 관련 위험

파생상품의 역기능은 그 자체에 내포된 위험에 기인한다. 따라서 파생상품 관련 규제방안의 주된 초점은 파생상품거래상의 위험을 어떻게 정의하고 이를 제거할 것인가에 맞추어져 있다. 파생상품거래와 관련된 위험으로는 신용위험, 시장위험, 유동성위험, 법적위험, 결제위험, 운영위험, 시스템위험 등이 있다.

## (1) 신용위험

신용위험(credit risk)은 거래상대방이 계약상의 의무이행을 거부하거나 현금흐름이 계약대로 지급되지 않을 가능성을 의미한다. 일반적으로 신용위험은 채무불이행위험뿐만 아니라 채무자(보유자산)의 신용도가 하락할 경우 자산이나 계약의 신용가치가 하락하여 발생할 수 있는 손실위험으로 정의할 수 있다.

## (2) 시장위험

시장위험은 시장상황의 변동에 따른 파생상품의 가치하락을 말하며 금융자산과 부채의 미결제포지션의 가치변동으로 측정된다. 시장위험은 예상치 못한 금리변동에 의해 자산과 부채가치가 변하게 될 금리변동위험, 환율변동으로 손실을 입게 될 환율변동위험, 주가변동위험, 상품가격의 변동위험 등을 말한다.

## (3) 유동성위험

유동성위험은 파생상품의 거래참여자가 파생상품시장의 거래부진이나 장애로 인해 종전의 가격이나 이에 근접한 가격으로 특정 포지션을 헤지하거나 반대매매를 통해 청산할 수 없는 위험을 말한다. 파생상품이 경제적 가격 또는 이와 근접된 가격에 신속히 매매될 수 없어 현금화가 어려운 경우에 발생한다.

## (4) 법적 위험

법적 위험(legal risk)은 소송에서 파생상품계약이나 종전에 이루어진 파생상품거래의 효력이 부인됨으로써 발생하는 손실가능성을 말한다. 법적 위험은 다른 전통적인 금융거래나 상품거래에서도 존재하지만 고도의 위험성과 복합적인 계약내용이 수반되는 파생상품계약에서 보다 현실적인 문제가 되고 있다.

## (5) 결제위험

결제위험은 지급이 관련 계약에 규정된 방식에 의해 이루어지지 않는 위험을 말한다. 결제위험의 핵심은 지급이 당초 계획된 특정기간에 유효하게 되는 경우에는 비록 계약에서 기술적 이유로 인한 미지급은 부도처리를 하지 않는다고 규정하고 있더라도 관련 계약에 따라 부도처리가 될 수도 있는 위험이다.

### (6) 운영위험

운영위험은 절차, 인력, 시스템의 미비나 외부사건으로 인한 직·간접적인 손실위험으로 정의되며 정보시스템의 보안문제로 발생할 수 있는 기술위험도 여기에 포함된다. 따라서 운영위험을 줄이려면 백업시스템 및 위험관리시스템을 구축하는 한편, 적절한 내부통제(internal control)의 장치를 마련해야 한다.

### (7) 시스템위험

시스템위험은 개별참가자의 위험이나 특정시장의 위험이 연쇄적으로 파급되어 금융시장 전체가 마비되는 위험을 말하며 파생상품거래로 시장간의 연계가 강화됨으로써 더욱 증대되고 있다. 시스템위험과 관련하여 위험요인으로는 거래규모, 파생상품거래의 불투명성, 장외시장거래의 유동성 부족을 들 수 있다.

## 4. 파생상품의 분류

자본시장법은 파생상품을 선도, 선물, 옵션, 스왑 중의 어느 하나에 해당하는 계약상의 권리로 정의하여 파생상품거래가 계약임을 표현하고 있다.

### (1) 선도

선도(forward)는 가장 기본이 되는 파생상품으로 기초자산을 계약시점에 정한 가격으로 미래의 특정시점에 매매하기로 약정한 계약을 말한다. 예컨대 봄철에 농가와 유통업자가 가격을 결정하여 가을에 수확 예정인 농산물을 매매하기로 약속하는 밭떼기, 입도선매가 선도거래의 대표적인 사례에 해당한다.

선도거래는 장외파생상품으로 거래상대방의 결제불이행위험(default risk)이 발생할 수 있고 일일이 거래상대방을 찾아서 거래조건을 협상해야 하는 불편함이 있다. 이러한 불편함을 없애기 위해 기초자산의 수량을 균일화하여 거래조건을 표준화하고 거래절차를 체계화하여 거래소에서 거래하는 것이 선물이다.

## (2) 선물

선물(futures)은 기초자산을 계약시점에 정한 가격으로 미래의 특정시점에 매매하기로 약정한 계약을 말한다. 따라서 선도와 선물은 장외파생상품과 장내파생상품이라는 차이 외에는 유사하다. 매수 또는 매도포지션을 취한 선물거래자는 만기일에 현물을 인수도하거나 가격변화에 따른 현금결제를 하게 된다.

선물은 거래조건이 표준화되어 있고, 청산소라는 결제기관이 있다. 또한 거래소가 상대방의 결제불이행위험에 대비하기 위해 증거금을 수령하고 매일 전일 종가와 당일 종가의 차이로 정산하여 고객의 증거금에 가감하며 체계적으로 위험을 관리하는 시스템을 갖추고 있어 계약이행이 보장된다는 장점이 있다.

## (3) 옵션

옵션(option)은 기초자산을 현재시점에서 약정한 가격(행사가격)으로 미래의 특정시점(최종거래일)에 매매할 수 있는 권리를 부여한 계약상의 권리를 말한다. 기초자산을 행사가격에 매입할 수 있는 권리가 부여된 계약을 콜옵션, 행사가격에 매도할 수 있는 권리가 부여된 계약을 풋옵션이라고 한다.

선도거래에서 매수자와 매도자는 모두 권리와 의무를 동시에 갖는 반면에 옵션거래에서 매수자는 권리를 행사하고 매도자는 의무를 부담한다. 따라서 옵션매수자(소유자)는 옵션이라는 행사권리를 매도자(발행자)로부터 부여받는 대신 옵션매도자에게 일정한 대가(option premium)을 지급하게 된다.

## (4) 스왑

스왑(swap)은 미래의 특정기간에 발생하는 일정한 현금흐름을 통화나 금리에서 차이가 있는 다른 현금흐름과 합의된 공식에 따라 서로 교환하는 거래를 말한다. 앞에서 살펴본 선물과 옵션은 미래 발생할 거래가격을 고정시키지만, 스왑은 미래 일정기간 동안 발생할 일련의 현금흐름을 고정시킨다.

## 5. 파생상품의 목적

### (1) 헤지거래

파생상품의 핵심적인 기능은 보유한 현물의 가격변동위험을 상쇄시키는 수단을 제공한다. 따라서 헤지거래자(hedger)는 주가, 금리, 환율, 상품가격이 변동함에 따라 발생하는 위험을 파생상품을 활용하여 투기거래자(speculator)에게 이전시킴으로써 가격변동위험을 회피하거나 축소시킬 수 있게 된다.

### (2) 투기거래

투기거래는 현물포지션은 없이 시세차익을 얻기 위해 향후 자산의 미래가격에 대한 예측에 근거하여 파생상품을 거래한다. 따라서 기초자산의 가격이 상승할 것으로 예상되면 선물을 매수하거나 콜옵션을 매수하고, 기초자산의 가격이 하락할 것으로 예상되면 선물을 매도하거나 풋옵션을 매수한다.

### (3) 차익거래

차익거래는 동일한 상품이 상이한 가격에 거래될 경우 고평가된 시장에서 매도하는 동시에 저평가된 시장에서 매수하여 그 차익을 얻는 거래를 말한다. 파생상품 시장에서 차익거래는 현물가격과 선물가격의 차이를 이용하여 가격이 비싼 시장에서 매도하는 동시에 가격이 싼 시장에서 매수하여 그 차익을 얻는 거래를 말한다. 차익거래에 의해 시장간 가격차이는 순간적으로 해소된다.

## 6. 파생상품의 특징

### (1) 표준화된 계약

거래소에서 이루어지는 장내파생상품은 제반 거래조건이 표준화되어 있어 당사자간의 합의에 따라 개개인의 다양한 수요를 충족시킬 수 있는 장외파생상품과는 차이가 있다. 즉 기초자산, 거래단위, 인도장소, 결제월, 가격표시방법, 호가단위, 결제방법, 최종거래일 등의 계약조건이 표준화되어 있다.

선도거래는 계약조건이 당사자의 합의에 의해 결정되는 반면, 선물거래는 표준화된 선물계약을 기준으로 거래가 이루어진다. 선물계약의 표준화는 선물시장의 참여자로 하여금 계약조건에 대한 충분한 이해가 가능하게 하고, 시장유동성을 제고하여 거래시마다 상대방을 찾는 번거로움을 줄일 수 있다.

### (2) 청산소의 결제

청산기관은 매수자와 매도자의 중간에서 거래상대방의 역할을 맡아 계약이행을 보증하는 역할을 수행하고, 이 역할은 재무적 건전도가 충실한 청산회원들에 의해 수행된다. 회원자격은 신용위험에 대한 노출을 감소시키기 위해 신용도와 경영능력에 관한 적절한 기준을 충족하는 회원들에게만 부여된다.

청산기관은 투자자들이 채무를 변제하지 못하는 경우를 대비하여 청산회원들로부터 보증기금을 확보한다. 청산회원이 아닌 거래소회원들은 청산회원을 통해 파생상품계약을 청산해야 하며, 그 대가로 일정한 수수료를 지급한다. 따라서 투자자들은 파생상품거래시 상대방의 신용을 파악할 필요가 없다.

### (3) 결제의 안정화

파생상품거래는 현물거래에 비해서 계약시점과 결제시점의 시간적 간격이 길다. 계약일로부터 장시간이 경과한 후에 결제되는 파생상품거래의 특성상 매수자 또는 매도자 일방이 결제를 이행하지 않을 위험이 있다. 따라서 거래소는 결제불이행위험을 방지하기 위해 일일정산 및 증거금제도를 운영한다.

## 7. 국내파생상품시장

우리나라는 1996년 5월 3일 최초로 KOSPI 200을 기초자산으로 하는 주가지수선물거래가 시작되었고, 1997년 7월 7일 주가지수선물과 동일한 KOSPI 200을 거래대상으로 하는 주가지수옵션이 한국거래소에 상장되었다. 1999년 4월 금융선물 및 상품선물을 통합관리할 수 있는 선물거래소가 개설되었다.

선물거래소가 개설될 당시 상장상품은 미국달러선물, 미국달러옵션, CD금리선물 등 금융선물 3종류와 상품선물 1종류였다. 그러나 한국거래소는 1999년 9월 29일 정부에 의해 발행된 국고채를 기초자산으로 하는 3년 국채선물, 2003년 8월 22일 5년 국채선물,

2008년 2월 25일 10년 국채선물이 상장되었다.

선물거래소가 개설된 이후 거래량이 꾸준히 증가하였다. 상장상품도 3년 국채선물옵션, CD금리선물, 통안증권금리선물, 미국달러선물, 미국달러옵션, 금선물로 다양화되었다. 선물시장은 2005년 1월 27일 선물거래소, 증권거래소, 코스닥시장을 통합하여 설립된 한국거래소의 파생상품시장본부에서 운영한다.

통합 이후 한국거래소는 스타지수, 엔화, 유로화, 10년 국채, 개별주식, 돈육, 미니금을 기초자산으로 하는 선물이 상장되었고, 최근에 KOSPI 200 변동성지수선물, 다수의 KOSPI 200 산업부문지수선물, 미니 KOSPI 200지수선물과 옵션, 위안화, KOSPI 고배당 50선물, KOSDAQ 150선물, ETF선물이 상장되었다.

한편 그동안 거래가 부진한 CD선물, 3년 국채선물옵션, 금선물은 상장폐지되었으며, 스타지수선물은 상장폐지된 후 KOSDAQ 150선물로 대체되었다. 미니금선물은 상품 명세를 일부 수정하여 새롭게 상장된 금선물은 거래단위를 1/10로 낮추고 최종결제방식이 실물인수도방식에서 현금결제방식으로 변경되었다.

┃표 10-1┃ 국내 파생상품 상장연혁

| 일자 | 파생상품 | 비고 |
|---|---|---|
| 1996. 5. 3 | KOSPI200선물 상장(KSE) | 한국 최초 선물 |
| 1997. 7. 7 | KOSPI200옵션 상장(KSE) | 한국 최초 옵션 |
| 1999. 4.23 | CD금리선물, 미국달러선물, 미국달러옵션, 금선물 상장 (KOFEX) | KOFEX 개장 |
| 1999. 9.29 | 3년 국채선물 상장(KOFEX) | 한국 최초 채권선물 |
| 2001. 1.30 | KOSDAQ50선물 상장(KOFEX) | |
| 2001.12.14 | KOSDAQ50옵션 상장(KOFEX) | |
| 2002. 1.28 | 개별주식옵션 상장(KSE) (삼성전자, SKT, 국민은행, POSCO, 한국전력, KT, 현대자동차 7종목) | 한국 최초 개별 주식 옵션 |
| 2002. 5.10 | 국채선물옵션 상장(KOFEX) | 한국 최초 선물옵션 |
| 2002.12. 5 | 통안증권 금리선물 상장(KOFEX) | |
| 2003. 8.22 | 5년 국채선물 상장(KOFEX) | |
| 2005. 1.27 | 한국증권선물거래소(KRX) 설립* | |
| 2005. 9.26 | 개별주식옵션 추가상장(23개 종목 추가) | |
| 2005.11. 7 | 스타지수선물 상장(KRX) KOSDAQ50옵션 상장 폐지 | |

| | | |
|---|---|---|
| 2005.12. 8 | KOSDAQ50 선물 상장 폐지 | |
| 2006. 5.26 | 엔선물, 유로선물 상장(KRX) | |
| 2007.12.26 | CD 금리선물, 3년 국채선물옵션 상장 폐지 | |
| 2008. 2.25 | 10년 국채선물 상장(KRX) | |
| 2008. 5. 6 | 개별주식선물(15개 종목) 상장(KRX) | |
| 2008. 7.21 | 돈육선물 상장(KRX) | |
| 2009. 2. 4 | 한국거래소(KRX)로 명칭 변경 | |
| 2010. 9.13 | 미니금선물 상장(KRX) | |
| 2014.11.17 | KOSPI200변동성지수선물, KOSPI200에너지/화학, KOSPI200정보기술, KOSPI200금융, KOSPI200경기소비재 선물 상장 | |
| 2015. 7.20 | 미니 KOSPI200선물 및 옵션 상장 | |
| 2015.10. 5 | 위안화선물, KOSPI고배당50선물, KOSPI배당성장50선물 상장 | |
| 2015.11.23 | KOSDAQ150선물 상장, 금선물 재상장 스타지수선물, 기존 금선물과 미니금선물 상장 폐지 | |
| 2016. 3.28 | KOSPI200 섹터짓 3개(건설, 중공업, 헬스케어) 추가 상장 | |
| 2016. 6.27 | 유로스톡스50선물 상장 | |
| 2017. 6.26 | ETF선물 상장 | |

* 현재 선물시장은 2005년 1월 27일 기존의 선물거래소(KOFEX), 증권거래소(KSE), 코스닥증권시장을 통합하여 설립된 한국거래소(KRX)의 파생상품시장본부에서 운영하고 있다.

**제2절** 선물거래의 개요

### 1. 선물거래의 정의

#### (1) 선물계약과 선물거래

선물계약(futures contract)은 거래당사자인 선물매도자와 선물매입자가 미래의 일정시점에 선물거래의 대상이 되는 기초자산을 현재시점에서 약정한 선물가격으로 매입하거나 매도하기로 체결한 계약을 말한다. 따라서 선물거래는 이러한 선물계약을 현재시점에서 매입하거나 매도하는 거래를 말한다.

**┃그림 10-1┃ 선물거래의 구조**

① 기초자산

기초자산(underlying asset)은 선물계약의 만기일에 매입하거나 매도할 선물거래의 대상이 되는 특정자산을 말한다. 선물거래는 농산물, 축산물, 귀금속, 에너지와 같은 실물상품을 기초자산으로 하는 상품선물과 주식, 주가지수, 금리, 통화와 같은 금융상품을 기초자산으로 하는 금융선물로 구분된다.

**┃표 10-2┃ 한국거래소 상품안내**

| 구분 | 상장선물 |
|---|---|
| 주식상품 | 주식선물, 코스피 200선물, 코스닥 150선물, 배당지수 선물 |
| 금리상품 | 3년 국채선물, 5년 국채선물, 10년 국채선물 |
| 통화상품 | 미국달러선물, 유로선물, 엔선물, 위안선물 |
| 일반상품 | 금선물, 돈육선물 |

② 최종거래일

최종거래일(maturity)은 기초자산을 매입하거나 매도하는 미래의 특정시점을 의미하며 만기일 또는 인도일이라고도 한다. 선물거래는 기초자산뿐만 아니라 최종거래일이 표준화되어 있다. 예컨대 코스피 200선물, 코스닥 150선물, 배당지수선물의 최종거래일은 각 결제월의 두 번째 목요일로 지정되어 있다.

┃표 10-3┃ 선물거래의 최종거래일

| 구분 | 최종거래일 |
|------|-----------|
| 주식상품 | 최종결제월의 두번째 목요일 |
| 금리상품 | 최종결제월의 세번째 화요일 |
| 통화상품 | 최종결제월의 세번째 월요일 |
| 일반상품 | 최종결제월의 세번째 수요일 |

③ 선물가격

선물가격(futures price)은 만기일에 기초자산을 매입하거나 매도할 때 적용되는 가격을 말한다. 선물가격은 만기일에 기초자산을 인수도할 때 그 대가로 지불하거나 수령하는 가격으로 선물계약 자체의 가치를 의미하는 것은 아니다. 따라서 선물가격은 옵션의 행사가격과 유사한 개념이라고 할 수 있다.

(2) 현물거래와 선물거래

① 현물거래 : 계약시점 = 결제시점

현물거래(spot transaction)는 현재시점에서 기초자산의 가격을 지불하고 기초자산을 인수하거나 기초자산의 가격을 수령하고 기초자산을 인도하는 거래를 말한다. 따라서 매매계약의 체결과 거래대금의 결제 및 기초자산의 인수도가 현재시점에서 이루어지는 주식거래와 채권거래는 현물거래에 해당한다.

② 선물거래 : 계약시점 ≠ 결제시점

선물거래(futures transaction)는 미래의 일정시점에 기초자산을 현재시점에 약정한 가격으로 결제하기로 거래당사자가 약정한 계약을 말한다. 따라서 선물거래는 현물거래와

┃그림 10-2┃ 현물거래와 선물거래

(a) 현물거래                    (b) 선물거래

달리 매매계약의 체결은 현재시점에서 이루어지고 거래대금의 결제와 기초자산의 인수도는 미래시점에 이루어지는 거래를 말한다.

▎표 10-4▎현물거래와 선물거래

| 구분 | 계약시점 | 실물인도 | 대금결제 |
|------|---------|---------|---------|
| 현물거래 | 현재 | 현재 | 현재 |
| 외상거래 | 현재 | 현재 | 미래 |
| 선물거래 | 현재 | 미래 | 미래 |

(3) 선도거래와 선물거래

선도거래(forward transaction)는 미래의 일정시점에 특정상품을 현재시점에서 약정한 가격으로 인수도하기로 거래당사자가 일대일로 체결한 계약을 말한다. 그러나 선도거래는 기초자산의 가격이 자신에게 불리하게 변동하면 거래당사자가 계약을 이행하지 않을 계약불이행위험이 존재한다.

선물거래는 미래의 일정시점에 특정상품을 현재시점에서 약정한 가격으로 인수 또는 인도하기로 계약한다는 점에서 선도거래와 본질적으로 동일하다. 그러나 선물거래의 조건은 표준화되어 있으며 선물거래소, 청산소, 증거금, 일일정산제도 등이 있다는 점에서 선도거래와 차이점이 있다.

▎그림 10-3▎선도거래와 계약불이행위험

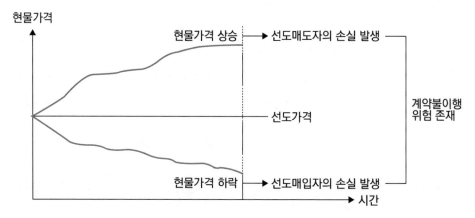

첫째, 선물거래는 거래대상, 거래단위, 만기일 등의 거래조건이 표준화되어 있고 선물거래소라는 조직화된 공식적인 시장에서 이루어진다. 반면에 선도거래는 거래당사자의 필요에 따라 계약이 직접 체결되기 때문에 거래조건이 표준화되어 있지 않고 특정한 장소가 없이 장외시장에서 주로 딜러를 통해 이루어진다.

둘째, 선물거래는 거래당사자가 선물계약의 청산에 대해 책임을 지며 계약이행을 보증하는 청산소를 통해 일일정산되어 신용위험이 없으나 증거금을 청산소에 예치해야 한다. 반면에 선도거래는 신용위험을 거래당사자가 직접 부담해야 하고 만기일에만 결제가 이루어지므로 청산소에 증거금을 예치할 필요가 없다.

셋째, 선물거래는 대부분 만기일 이전에 반대매매를 통해 청산되고 청산소가 거래상대로서 계약이행을 보증하므로 거래상대방의 신용상태를 조사할 필요가 없다. 반면에 선도거래는 만기일에 실물인수도와 대금결제가 이루어지고 보증기관이 없어 딜러와 신용라인을 설정하여 상대방의 신용상태를 조사할 필요가 있다.

┃표 10-5┃ 선물거래와 선도거래의 비교

| 구분 | 선물거래 | 선도거래 |
|------|---------|---------|
| 거래장소 | 선물거래소 | 장외시장 |
| 거래조건 | 표준화되어 있음 | 거래당사자간의 합의 |
| 거래방법 | 공개호가방식, 전산매매방식 | 거래당사자간의 계약 |
| 가격형성 | 거래일 매일 형성 | 계약시 1회 형성 |
| 시장성격 | 완전경쟁시장 | 불완전경쟁시장 |
| 거래참가 | 불특정 다수 | 한정된 실수요자 |
| 거래보증 | 청산소가 보증 | 상대방의 신용 |
| 증 거 금 | 증거금 예치 및 유지 | 딜러와 신용라인 설치 |
| 거래청산 | 대부분 만기전에 반대매매 | 대부분 만기일일에 실물인수도 |
| 거래상대 | 거래소를 통한 간접거래 | 거래상대방과의 직접거래 |
| 거래시간 | 거래소 개장시간 | 제한이 없음 |
| 거래규제 | 공식적인 규제 | 자율적인 규제 |
| 가격제한 | 가격제한 있음 | 가격제한 없음 |

## (4) 선물거래와 옵션거래

선물거래와 옵션거래는 미래의 일정시점에 대금수수와 특정상품을 인수도할 것을 계약하는 거래라는 측면에서 유사하지만 다음과 같은 차이점이 있다. 선물거래는 매입자와 매도자에게 권리와 의무가 동시에 주어진다. 그러나 옵션거래는 매입자와 매도자에게 권리와 의무가 분리되어 있다.

┃표 10-6┃ 선물거래와 옵션거래의 비교

| 구분 | 선물거래 | 선도거래 |
|------|----------|----------|
| 권리와 의무 | 양자 모두 권리와 의무가 있음 | 매입자 : 권리, 매도자 : 의무 |
| 증거금 납부 | 양자 모두 납부함 | 매도자만 납부함 |
| 매 매 형 태 | 방향성 매매 | 방향성＋변동성 매매 |
| 손 익 구 조 | 대칭적 | 비대칭 |
| 손익분기점 | 매매가격 | 행사가격±프리미엄 |
| 위험의 범위 | 손익에 한계가 없음 | 매입자는 손익을 한정 |

## 2. 선물거래의 종류

선물거래는 거래대상이 되는 기초자산의 종류에 따라 크게 상품선물(commodity futures)과 금융선물(financial futures)로 구분된다.

## (1) 상품선물

상품선물은 선물거래의 대상이 되는 기초자산이 농산물, 축산물, 귀금속, 비철금속, 에너지 등의 실물상품을 말한다. 미국에서는 1848년 4월에 시카고상품거래소(CBOT)가 개설된 이후에 1865년 10월부터 밀, 귀리, 대두, 옥수수, 대두박 등을 대상으로 하는 농산물에 대한 선물거래가 거래되었다.

1877년에 런던금속거래소(LME)가 개설된 이후 은, 동, 납, 아연 등을 대상으로 하는 금속선물이 거래되었다. 상품선물은 1970년대 이전까지는 세계 선물거래의 주류를 이루었으나 1970년대 이후에 금융선물이 도입되어 금융선물의 비중은 계속해서 확대되면서 상품선물의 비중은 점차 축소되었다.

우리나라는 국내 최초의 농축산물 관련 상품선물로 돼지가격의 변동위험을 회피하기 위한 돈육선물이 2008년 7월 21일 상장되었다. 또한 금을 기초자산으로 금가격의 변동위험을 회피하기 위한 선물거래가 가능하도록 만든 상품으로 기존의 미니금선물이 2015년 11월 23일에 새롭게 상장되었다.

### (2) 금융선물

금융선물은 선물거래의 대상이 되는 기초자산이 통화, 금리, 채권, 주식, 주가지수 등의 금융상품을 말한다. 시카고상업거래소(CME)의 부속거래소로 1972년 설립된 국제통화시장(IMM)에 의해 통화선물이 도입되었고, 1975년 이후에 금리선물이 도입되었으며, 1982년 이후에 주가지수선물이 도입되었다.

한국거래소는 1996년 5월 4일 KOSPI 200을 기초자산으로 하는 KOSPI 200선물, 2015년 11월 23일 KOSDAQ 150을 기초자산으로 하는 KOSDAQ 150선물을 상장하였다. 2014년 11월 KOSPI 200 섹터지수선물, 2015년 10월 배당지수선물을 상장하였고, 2016년 6월 유로스톡스 50선물이 상장되었다.

▌그림 10-4▐ 선물거래의 종류

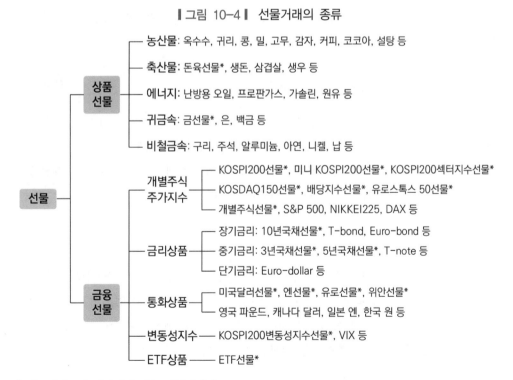

\* 한국거래소에 상장되어 있는 선물거래임

그리고 2001년 4월에 개별주식을 기초자산으로 하는 개별주식선물과 개별주식옵션이 상장되었다. 또한 금리변동을 관리하기 위해 정부가 발행한 국고채를 기초자산으로 하는 3년 국채선물이 1999년 9월 29일, 5년 국채선물이 2003년 8월 22일 그리고 10년 국채선물이 2008년 2월 25일에 상장되었다.

통화선물은 수출입 및 국제자본거래로 수취 또는 지급하는 외국통화를 대상으로 하는 선물거래를 말한다. 환율변동위험을 관리하는 파생금융상품으로 미국달러선물이 1999년 4월 23일 국내 통화선물로서는 최초로 상장되었다. 2006년 5월26일 엔선물과 유로선물, 2015년 10월 5일 위안선물이 상장되었다.

## 3. 선물거래의 손익

### (1) 선물거래의 구분

선물거래는 크게 선물매입(long position)과 선물매도(short position)로 구분된다. 선물매입은 최종거래일에 현재시점에서 약정한 선물가격으로 기초자산을 매입하기로 약정한 것을 말한다. 그리고 선물매도는 최종거래일에 현재시점에서 약정한 선물가격으로 기초자산을 매도하기로 약정한 것을 말한다.

#### ① 선물매입(long position)

선물매입은 최종거래일에 선물가격을 지불하고 기초자산을 매입하기로 약속한 것으로 기초자산을 인수할 의무를 갖는다. 선물을 매입하여 보유하고 있으면 매입포지션을 취하고 있다고 하고, 만기일 이전에 동일한 조건의 선물을 매도하여(轉賣) 기초자산을 인수할 의무가 없어지면 매입포지션을 청산했다고 한다.

#### ② 선물매도(short position)

선물매도는 최종거래일에 선물가격을 지불받고 기초자산을 매도하기로 약속한 것으로 기초자산을 인도할 의무를 갖는다. 선물을 매도하여 보유하고 있으면 매도포지션을 취하고 있다고 하고, 만기일 이전에 동일한 조건의 선물을 매입하여(還買) 기초자산을 인도할 의무가 없어지면 매도포지션을 청산했다고 한다.

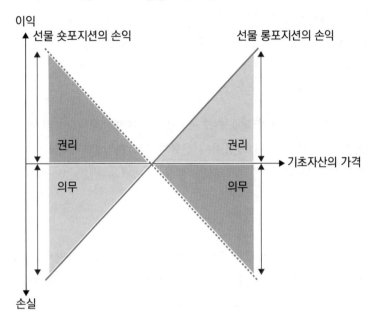

┃그림 10-5┃ 선물거래의 손익

(2) 선물거래의 청산

선물거래의 청산은 현금결제와 실물결제가 있고 대부분 반대매매를 통해 포지션이 청산된다. 현금결제는 선물매입자(매도자)는 동일한 조건의 선물을 매도(매입)하여 선물가격의 차액만큼을 현금결제로 포지션을 청산하는 방식을 말하고, 실물결제는 최종거래일에 실물의 인수도로 포지션을 청산하는 방식을 말한다.

┃표 10-7┃ 선물거래의 결제방법

| 구분 | 대상품목 |
|---|---|
| 현금결제 | 주식상품(주식선물, 코스피 200선물, 배당지수선물)<br>금리상품(3년 국채선물, 5년 국채선물, 10년 국채선물)<br>일반상품(금선물, 돈육선물) |
| 실물결제 | 통화상품(미국달러선물, 유로선물, 엔선물, 위안선물) |

(3) 선물거래의 손익

선물거래자는 최종거래일의 현물가격에 관계없이 선물가격으로 기초자산을 인수도

해야 하는 의무가 있다. 따라서 선물거래의 손익은 청산일의 현물가격($S_T$)이 체결일의 선물가격($F_{0,T}$)보다 상승하느냐 아니면 하락하느냐에 따라 달라지며, 이익과 손실의 크기는 동일하기 때문에 선물거래의 손익은 항상 0이 된다.

① 선물매입자의 손익(=$S_T$-$F_{0,T}$)

선물매입자는 선물가격에 기초자산을 매입해야 한다. 따라서 선물매입자는 매입포지션 청산일의 현물가격이 체결일의 선물가격보다 상승하면 이익을 얻게 되고, 현물가격이 체결일의 선물가격보다 하락하면 손실을 보게 된다.

② 선물매도자의 손익(=$F_{0,T}$-$S_T$)

선물매도자는 선물가격에 기초자산을 매도해야 한다. 따라서 선물매도자는 매도포지션 청산일의 현물가격이 체결일의 선물가격보다 하락하면 이익을 얻게 되고, 현물가격이 체결일의 선물가격보다 상승하면 손실을 보게 된다.

▌그림 10-6▐ 선물거래의 손익

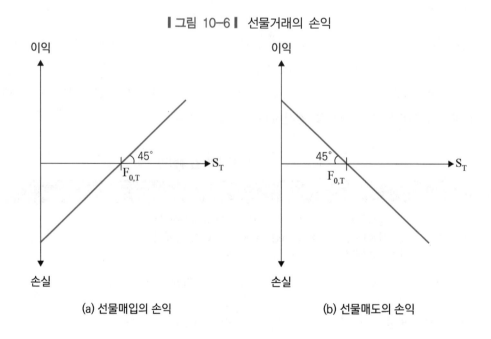

(a) 선물매입의 손익　　　　　(b) 선물매도의 손익

**● 예제 10-1** 선물거래의 손익

일반투자자 홍길동은 약세장(bear market)을 예상하여 2022년 8월 13일 한국거래소에서 KOSPI 200선물 5계약을 334포인트에 매도하였다. 9월 11일 최종거래일에 KOSPI 200선물의 가격이 다음과 같을 경우에 손익을 계산하시오.

1. 최종거래일에 KOSPI 200선물의 가격이 330포인트인 경우

2. 최종거래일에 KOSPI 200선물의 가격이 340포인트인 경우

**풀이**

1. 최종거래일에 주가지수선물가격이 하락하면 투자자 홍길동은 이익을 보게 된다.
   (334−330)×250,000원×5계약 = +5,000,000원

2. 최종거래일에 주가지수선물가격이 상승하면 투자자 홍길동은 손실을 보게 된다.
   (334−340)×250,000원×5계약 = −7,500,000원

## 4. 선물거래의 목적

선물거래는 투자자들이 선물계약을 이용하는 목적에 따라서 헤지거래, 투기거래, 차익거래 그리고 스프레드거래로 구분된다. 여기서 헤지거래와 차익거래는 투자자들이 현물시장과 선물시장을 동시에 이용한다. 그러나 투기거래와 스프레드거래는 선물시장만을 이용한다는 점에서 차이가 있다.

### (1) 헤지거래

헤지거래(hedging)는 현물시장에서 현재 기초자산을 보유하여 미래에 매도할 예정이거나 현재 기초자산을 공매하여 미래에 매입할 예정인 기초자산의 불확실한 가격변화에 대해 선물시장에서 현물시장과 반대되는 포지션을 취함으로써 기초자산의 가격변동위험을 회피하거나 축소시키기 위한 거래를 말한다.

헤지거래자가 선물시장에서 현물시장과 반대되는 포지션을 취하면 현물포지션의 손실(이익)은 선물포지션의 이익(손실)으로 상쇄되어 기초자산의 가격변동위험을 회피하거나 축소시킬 수 있다. 이와 같이 기초자산의 가격변동위험을 회피하기 위해 선물거래를 이용하는 투자자를 헤지거래자(hedger)라고 한다.

■ 표 10-8 ■ 헤지거래

| 현물시장 | | 선물시장 |
|---|---|---|
| 매입포지션 | 현재 자산보유, 미래 자산매도 예정 → 자산가격 하락시 손실발생 | 매도포지션 |
| 매도포지션 | 현재 자산공매, 미래 자산매입 예정 → 자산가격 상승시 손실발생 | 매입포지션 |

① 매입헤지

매입헤지(long hedge)는 현물시장에서 매도포지션을 취하고 있는 투자자가 기초자산의 가격상승위험을 헤지하기 위해 선물시장에서 해당현물에 대한 매입포지션을 취함으로써 현물자산의 가격상승위험을 회피하는 거래를 말한다.

■ 표 10-9 ■ 매입헤지

| 구 분 | 계약시점 | 청산시점 |
|---|---|---|
| 현물시장 | 매도 | 매입 |
| 선물시장 | 매입 | 매도 |

② 매도헤지

매도헤지(short hedge)는 현물시장에서 매입포지션을 취하고 있는 투자자가 기초자산의 가격하락위험을 헤지하기 위해 선물시장에서 해당현물에 대한 매도포지션을 취함으로써 현물자산의 가격하락위험을 회피하는 거래를 말한다.

■ 표 10-10 ■ 매도헤지

| 구 분 | 계약시점 | 청산시점 |
|---|---|---|
| 현물시장 | 매입 | 매도 |
| 선물시장 | 매도 | 매입 |

## (2) 투기거래

투기거래(speculation)는 현물시장의 포지션에 관계없이 선물시장에서 특정상품에 대한 선물가격을 예측하고 이를 바탕으로 선물계약을 매입 또는 매도하여 시세변동에 따른 이익을 목적으로 하는 거래를 말한다. 따라서 가격상승이 예상되면 선물계약을 매입하고 가격하락이 예상되면 선물계약을 매도한다.

투기거래는 선물시장에서 가격변동위험을 감수하고 투기적인 이익을 도모하기 위해 실행하는 거래를 말한다. 그런데 선물거래는 현물거래에 비해서 손익이 확대되는 레버리지효과를 갖기 때문에 투기거래자의 예측이 정확하면 많은 이익을 얻을 수 있는 반면에 예측이 빗나가면 많은 손실을 볼 수 있다.

### (3) 차익거래

모든 자산이 시장에서 균형가격에 거래되고 있는 시장균형상태에서는 일물일가의 법칙(law of one price)이 성립하여 차익거래가 발생하지 않는다. 그러나 특정 자산이 시장에서 균형가격과 다른 가격으로 거래되는 시장불균형상태에서는 일물일가의 법칙이 성립하지 않아 차익거래가 발생한다.

차익거래(arbitrage)는 동일한 상품이 현물시장과 선물시장에서 상이한 가격으로 거래될 때 과소평가된 시장에서는 매입하고 과대평가된 시장에서는 매도함으로써 추가적인 자금이나 위험부담 없이 이익(free lunch)을 얻는 거래를 말하며, 시장이 일시적인 불균형상태에 있을 경우에 발생한다.

차익거래의 과정에서 과소평가된 시장에서는 수요가 증가하여 가격이 상승하고, 과대평가된 시장에서는 공급이 증가하여 가격이 하락한다. 따라서 일물일가의 법칙이 성립할 때까지 차익거래가 지속되며 차익거래를 통해서 시장이 균형상태에 도달하게 되면 차익거래의 기회는 소멸하게 된다.

### (4) 스프레드거래

스프레드거래(spread)는 조건이 서로 다른 선물계약간의 가격차이를 이용하여 과소평가된 선물은 매입하고 과대평가된 선물은 매도함으로써 이익을 추구하는 거래를 말한다. 스프레드거래는 서로 다른 선물의 종류에 따라 만기간 스프레드, 상품간 스프레드, 시장간 스프레드로 구분된다.

#### ① 만기간 스프레드

만기간 스프레드(inter-delivery spread)는 동일한 기초자산을 대상으로 만기일이 서로 다른 선물을 동시에 매입하고 매도하는 거래를 말하며, 캘린더 스프레드(calendar spread) 또는 시간스프레드(time spread)라고도 한다. 만기간 스프레드는 강세스프레드와 약세스프레드로 구분된다.

#### ㉠ 강세스프레드

강세스프레드(bull spread)는 시장이 강세장(bull market)인 경우 근월물의 가격상승폭이 원월물의 가격상승폭보다 클 것으로 예상하고, 약세장(bear market)인 경우 근월물의 가격하락폭이 원월물의 가격하락폭보다 적을 것으로 예상할 때 근월물을 매입하고 원월물을 매도하는 전략을 말한다.

#### ㉡ 약세스프레드

약세스프레드(bear spread)는 시장이 강세장(bull market)인 경우 원월물의 가격상승폭이 근월물의 가격상승폭보다 클 것으로 예상하고, 약세장(bear market)인 경우 원월물의 가격하락폭이 근월물의 가격하락폭보다 적을 것으로 예상할 때 원월물을 매입하고 근월물을 매도하는 전략을 말한다.

### ② 상품간 스프레드

상품간 스프레드(inter-commodity spread)는 동일한 시장에서 선물의 만기일은 같지만 기초자산이 서로 다른 선물을 동시에 매입하고 매도하는 거래를 말한다. 예컨대 동일한 거래소에서 거래되고 있는 6월물 금선물은 매입하고, 6월물 은선물은 매도한 경우가 상품간 스프레드에 해당한다.

### ③ 시장간 스프레드

시장간 스프레드(inter-market spread)는 동일한 기초자산이 서로 다른 시장(거래소)에서 거래되는 경우에 한쪽 시장에서는 선물을 매입하고 다른 시장에서는 선물을 매도하는 거래를 말한다. 예컨대 달러선물을 미국에서는 매입하고 한국에서는 매도하는 경우가 시장간 스프레드에 해당한다.

## 5. 선물거래의 기능

선물시장은 선물거래를 이용하여 기초자산의 가격변동위험을 회피할 수 있는 위험

전가기능을 수행한다. 또한 미래의 현물가격에 대한 가격예시기능을 수행하고 한정된 자원의 효율적 배분을 가능하게 하며 투기거래자의 부동자금을 헤지거래자의 산업자금으로 자본형성기능을 촉진하여 경제활성화에 기여한다.

### (1) 가격예시의 기능

선물시장에서 결정되는 선물가격은 선물시장에 참여한 수많은 거래자들의 해당 기초자산에 대한 수요와 공급 등 각종 정보를 바탕으로 결정되기 때문에 미래의 현물가격에 대한 예시기능을 수행한다. 따라서 만기가 서로 다른 선물가격들은 미래의 특정시점에서 형성될 기대현물가격을 예측하는 기능이 있다.

### (2) 위험이전의 기능

헤지거래자는 기초자산의 가격변동위험을 투기거래자에게 이전할 수 있고, 투기거래자는 헤지거래자로부터 이전되는 가격변동위험을 부담하지만 투기적인 이익을 도모한다. 따라서 선물시장은 헤지거래자가 회피하는 위험이 투기거래자에게 전가되는 위험이전기능을 수행하여 현물시장의 유동성을 증대시킨다.

### (3) 자원배분의 기능

선물가격은 현물시장의 수급에 관한 정보들을 집약하여 상품의 생산, 저장, 소비의 시간적 배분을 통해 자원배분의 효율성을 증대시킨다. 미래에 재고부족이 예상되는 상품은 선물가격이 높게 형성되어 생산을 촉진시키고, 현재 재고가 부족한 상품은 가격하락이 예상되는 미래시점으로 소비를 연기하도록 한다.

### (4) 자본형성의 기능

선물시장은 투기거래자의 부동자금을 헤지거래자의 산업자금으로 이전시키는 자본형성의 기능을 간접적으로 수행한다. 특히 금융기관은 금융선물을 이용하여 주가, 환율, 금리변동위험을 효과적으로 관리할 수 있으며, 기업은 자본비용을 절감할 수 있기 때문에 투자가 촉진되어 국가전체의 부를 증진시킬 수 있다.

### (5) 시장유동성의 증가

선물거래는 거래당사자들이 상대방의 계약불이행위험에 노출되어 있고 장외시장에서 거래가 이루어져 유동성이 부족한 선도거래의 문제점을 발전시킨 것이다. 선물거래는 기초자산, 거래단위, 최종거래일 등의 거래조건이 표준화되어 있고 조직화된 거래소에서 거래가 이루어지므로 유동성이 증가한다.

### (6) 신금융상품의 개발

1980년대 중반 이후에 금융공학이 발전하면서 파생상품을 이용한 새로운 금융상품과 금융기법들이 계속 개발되고 있다. 선물시장은 다양한 금융상품의 개발을 통해서 투자기회를 계속 확대시켜 왔으며 향후에는 금융공학의 발전으로 기초자산의 가격변동위험을 효과적으로 관리할 것으로 예상된다.

## 제3절 선물시장의 구성

### 1. 선물시장의 조직

선물거래가 안정적으로 이루어지고 선물시장에 정보가 효율적으로 전달되기 위해서는 여러 가지의 조직과 규제가 필요하다. 일반적으로 선물시장은 국가마다 약간의 차이는 있으나 선물거래소, 청산소, 선물중개회사, 선물거래자로 구성되어 있다. [그림 10-7]에는 선물시장의 구조가 제시되어 있다.

**┃그림 10-7┃ 선물시장의 구조**

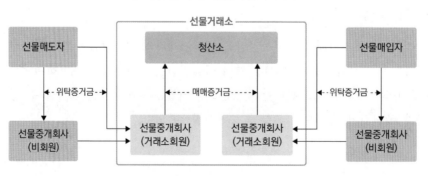

## (1) 선물거래소

선물거래소(futures exchange)는 회원들에게 거래장소를 제공하고 표준화된 선물상품을 상장시키며 선물거래에 관련된 규칙을 제정하여 규제한다. 선물중개회사는 선물거래소에 회원으로 등록한 후 선물거래와 관련된 중개업무를 수행하며 선물거래자나 비회원인 선물중개회사는 회원을 통해 선물거래에 참가할 수 있다.

우리나라는 한국거래소(KRX)가 1996년 5월 3일 KOSPI 200선물을 도입하여 선물시대가 도래하였다. 1999년 4월 23일에 미국달러선물, 1999년 9월 29일에 국채선물, 2006년 5월 26일에 엔선물과 유로선물, 2008년에 돈육선물, 2015년 10월에 위안선물, 2015년 11월 23일에 금선물이 새롭게 상장되어 거래되고 있다.

## (2) 청산소

청산소(clearing house)는 선물거래소에 이루어지는 선물계약의 청산에 대해 책임을 지고 일일정산과 증거금제도를 통해 계약이행을 보증하는 역할을 수행한다. 청산소가 없는 선도거래는 매입자와 매도자가 거래의 직접적인 당사자이기 때문에 계약의 이행여부가 거래당사자들의 신용에 의해 좌우된다.

그러나 선물거래의 경우에는 거래당사자간에 선물계약이 체결되면 청산소가 개입하여 거래상대방이 된다. 따라서 선물매입자에게는 대금을 수령하고 기초자산을 인도해야 하는 선물매도자의 의무를 부담하고, 선물매도자에게는 대금을 지불하고 기초자산을 매입해야 하는 선물매입자의 의무를 부담한다.

예컨대 갑은 매입포지션을, 을은 매도포지션을 취했다고 가정하자. 갑과 을간에 선물거래가 성립하면 청산소가 개입하여 갑에게는 매도포지션을 취하고, 을에게는 매입포

**┃그림 10-8┃ 청산소의 역할**

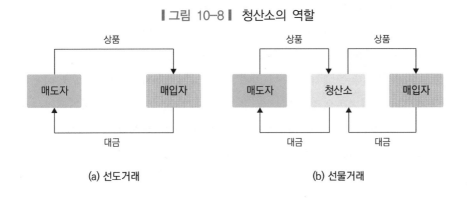

(a) 선도거래             (b) 선물거래

지션을 취하여 두 거래자간에 계약관계를 분리시킨다. 그러나 청산소는 매입포지션과 매도포지션을 동시에 취하여 순포지션은 0이 된다.

### (3) 선물중개회사

선물중개회사(futures commission merchant)는 고객으로부터 주문을 위탁받아 선물거래를 대행하는 업무를 담당하고 고객의 미청산계약에 대한 기록을 유지하여 고객의 예탁금과 증거금을 관리하며 계좌개설부터 매매종결까지 선물중개 및 관리업무를 수행하면서 그 대가로 일정한 수수료를 받는 회사를 말한다.

선물중개회사는 거래소 회원과 거래소 회원이 아닌 경우로 구분되는데, 거래소 회원인 선물중개회사만 고객의 주문을 직접 처리할 수 있다. 따라서 비회원인 선물중개회사는 거래소 회원인 선물중개회사를 통해서 주문을 처리해야 한다. 이러한 회원제도의 운영은 결제제도에도 동일하게 작용되어 운용되고 있다.

### (4) 선물거래자

선물시장의 참가자는 선물거래의 동기에 따라 헤지거래자, 투기거래자, 차익거래자, 스프레드거래자의 네 가지 유형으로 구분할 수 있다. 여기서 헤지거래자와 차익거래자는 현물시장과 선물시장을 동시에 이용하다. 그러나 투기거래자와 스프레드거래자는 선물시장만을 이용한다는 점에서 차이가 있다.

#### 1) 헤지거래자

헤지거래자(hedger)는 현재 기초자산을 매입하여 보유하고 있거나 미래에 매도할 예정인 현물자산 또는 현재 기초자산을 공매하거나 미래에 매입할 예정인 현물자산의 불확실한 가격변화에 대해 선물시장에서 반대포지션을 취함으로써 현물시장에서의 가격변동위험을 회피하기 위해 선물거래를 이용하는 투자자를 말한다.

선물시장의 참가자 중에서 비중이 가장 높은 헤지거래자가 선물거래를 이용하는 목적은 현물자산의 가격변동으로 인한 손실을 극소화시키는데 있다. 헤지거래자는 헤지거래를 수행하는 과정에서 기회손실을 입을 수 있으나, 이는 현물포지션에서 발생할 수 있는 손실을 회피하기 위해 지불하는 대가로 보아야 할 것이다.

2) 투기거래자

투기거래자(speculator)는 현물시장의 포지션에 관계없이 선물시장의 포지션만을 이용하여 선물가격의 변동에 따른 위험을 감수하면서 미래의 선물가격변동에 대한 예상에 의해 시세차익을 얻을 목적으로 선물거래을 이용하는 투자자를 하며 헤지거래자가 전가한 위험을 부담하는 대가로 일정한 수익을 얻을 수 있다.

투기거래자가 선물거래를 이용하는 목적은 선물가격의 상승이 예상되면 선물거래를 매입하고, 선물가격의 하락이 예상되면 매도한 후 반대매매로 포지션을 청산함으로써 투기적인 이익을 도모하는데 있다. 따라서 투기거래자의 예상이 적중하면 많은 이익을 얻을 수 있고 예상이 빗나가면 많은 손실을 보게 된다.

투기거래자들은 보호되지 않은 포지션(uncovered position)을 보유하여 선물가격의 변동에 따른 위험을 감수하더라도 높은 투기적 이익을 얻고자 한다. 투기거래자는 선물시장에서 헤지거래자가 전가한 위험을 떠안을 뿐만 아니라 극단적인 가격변동을 예방하고 선물시장의 안정을 도모하는 중요한 기능을 수행한다.

3) 차익거래자

차익거래자(arbitrageur)는 동일한 상품이 현물시장과 선물시장에서 상이한 가격으로 거래될 경우에 선물가격과 현물가격 또는 서로 다른 선물계약간의 일시적인 불균형을 이용하여 추가적인 자금이나 위험을 부담하지 않으면서 이익을 얻을 목적으로 선물거래를 이용하는 투자자를 말한다.

선물거래는 파생상품으로 선물계약의 가격은 기초자산의 현재가격인 현물가격과 밀접한 관계가 있다. 이론적으로 선물가격은 현물가격과 보유비용의 합으로 결정된다. 따라서 선물가격과 현물가격간의 차이가 보유비용보다 크거나 작다면 균형관계가 이탈되어 차익거래의 기회가 발생한다.

요컨대 선물가격이 현물가격보다 과대평가되어 있는 경우에 과대평가된 선물을 매도하고 자금을 차입하여 과소평가된 현물을 매입하는 현물매입차익거래를 통해서 차익을 얻게 된다. 이러한 차익거래의 과정에서 선물가격은 하락하고 현물가격은 상승하여 균형상태에 도달하게 된다.

그리고 선물가격이 현물가격보다 과소평가되어 있는 경우에 과대평가된 현물을 공매하여 자금을 대출하고 과소평가된 선물을 매입하는 현물매도차익거래를 통해서 차익을 얻게 된다. 이러한 차익거래의 과정에서 현물가격은 하락하고 선물가격은 상승하여 균형상태에 도달하게 된다.

선물거래의 만기일에 인도일수렴현상(convergence)에 의해 선물가격과 현물가격이 일치하는 것은 차익거래의 결과물이라고 할 수 있다. 만약 선물거래의 만기일에 선물가격과 현물가격이 일치하지 않는다면 즉시 차익거래의 기회가 발생하고 선물가격과 현물가격은 일치하게 된다.

### 4) 스프레드거래자

스프레드거래자(spreader)는 만기일 또는 기초자산이 서로 다른 선물계약의 가격 차이에 해당하는 스프레드의 변동을 이용하여 과소평가된 선물은 매입하고 과대평가된 선물은 매도하여 이익을 얻는 투자자를 말한다. 스프레드거래에 따른 손익은 두 선물가격의 절대적 변화가 아니라 상대적 변화에 의해 결정된다.

┃표 10-11┃ 선물시장의 구성요소

| 구분 | | | 주요 기능 |
|---|---|---|---|
| 선물거래소 | | | 거래장소 제공, 선물상품 표준화, 거래관련 규칙 제정 |
| 청 산 소 | | | 증거금 징수, 청산업무, 일일정산, 결제업무 |
| 중개인 | 거래소 회원 | 결 제 회 원 | 선물거래자의 주문처리, 청산업무, 결제업무 |
| | | 비결제회원 | 선물거래자의 주문처리 |
| | 거래소 비회원 | | 선물거래자의 주문을 거래소회원에게 위탁 |
| 선물거래자 | | | 헤지거래, 투기거래, 차익거래, 스프레드거래 |

## 2. 선물시장의 운용

### (1) 계약의 표준화

선물거래는 거래대상인 기초자산의 수량과 품질, 거래단위, 결제월, 상장결제월, 호가가격단위, 최소가격변동금액, 가격표시방법, 거래시간, 최종거래일, 최종결제일, 결제방법, 가격제한폭 등이 표준화되어 있어서 선물가격을 쉽게 비교할 수 있으며 표준화된 선물계약에 거래가 집중되기 때문에 유동성이 증가한다.

**┃ 표 10-12 ┃ 국내에서 거래되는 선물계약의 명세**

| 구분 | 주가지수선물 | 3년 국채선물 | 미국달러선물 | 돈육선물 |
|---|---|---|---|---|
| 기 초 자 산 | KOSPI 200지수 | 표면금리 연 5% 만기 3년 국채 | 미국달러 | 돈육대표가격 |
| 계 약 금 액 | KOSPI 200지수 × 25만원(거래승수) | 액면가액 1억원 | US $10,000 | 1,000kg |
| 상 장 결 제 월 | 3년 이내 7개 결제월 | 2개 결제월 | 총 20개 결제월 | 6개 결제월 |
| 가 격 표 시 | KOSPI 200선물 수치 | 액면 100원당 원화 | US $1당 원화 | 원/kg |
| 최소가격변동폭 | 12,500원 (25만원×0.05) | 10,000원 (1억원×0.01) | 1,000원 (1만불×0.1원) | 5,000원 (1,000kg×5원) |
| 최 종 거 래 일 | 각 결제월의 두 번째 목요일 | 최종결제월의 세 번째 화요일 | 최종결제월의 세 번째 월요일 | 최종결제월의 세 번째 수요일 |
| 최 종 결 제 일 | 최종거래일의 다음 거래일 | 최종거래일의 다음 거래일 | 최종거래일의 3일째 거래일 | 최종거래일의 3일째 거래일 |
| 최 종 결 제 방 법 | 현금결제 | 현금결제 | 실물결제 | 현금결제 |

### (2) 일일정산제도

선도거래와 달리 선물거래는 선물시장에서 매일 거래가 이루어지고 선물가격이 변하게 된다. 이와 같이 선물가격이 변화하면 청산소는 선물거래자의 미청산계약(open interest)을 매일 전일 종가와 당일 종가의 차이로 정산하여 손익을 선물거래자의 증거금에 가감하는 제도를 일일정산제도라고 한다.

일일정산이 없다면 선물가격의 불리한 변동이 지속되어 손실이 누적되면 거래당사자의 일방이 계약을 이행하지 않을 위험에 직면한다. 따라서 청산소는 선물계약의 이행을 보증하기 위해 선물거래자의 증거금이 손실을 보전할 수 있는 수준으로 유지되고 있는가를 확인하고자 일일정산제도를 운영한다.

### (3) 증거금제도

### 1) 증거금의 의의

증거금(margin)은 일일정산을 원활하게 하고 선물가격이 불리하게 변동하더라도 선물거래의 결제를 성실히 이행하겠다는 선물계약의 이행을 보증하기 위한 보증금의 성격으로 선물거래자가 선물중개회사에 예치해야 하는 현금 또는 현금등가물을 말하며 미결제약정에 대한 손익을 정산하는 수단으로 사용된다.

증거금제도는 실제로 선물가격이 하락하는 경우에는 선물매입자의 계약위반가능성으로부터 선물매도자를 보호하고, 반대로 선물가격이 상승하는 경우에는 선물매도자의 계약위반가능성으로부터 선물매입자를 보호함으로써 거래상대방의 계약불이행위험을 제거하고 선물거래의 유동성을 확보할 수 있게 된다.

## 2) 증거금의 종류

증거금은 2단계로 구분된다. 선물거래자는 선물중개회사를 통해 결제회사에 증거금을 예치하고, 결제회사는 청산소에 증거금을 예치한다. 우리나라는 선물거래자가 선물중개회사에 예치하는 증거금을 위탁증거금이라고 하고, 선물중개회사가 청산소에 예치하는 증거금을 매매증거금이라고 한다.

### ① 위탁증거금

위탁증거금(customer margin)은 선물거래자가 선물중개회사(FCM)에 계좌를 개설한 후에 예치하는 증거금을 말한다. 위탁증거금은 고객이 파생상품 매매주문을 할 때 증권회사가 고객의 결제이행을 담보하기 위해 징수하며 개시증거금, 유지증거금, 추가증거금 그리고 초과증거금으로 구분된다.

### ㉠ 개시증거금

개시증거금(initial margin)은 선물거래자가 선물계약을 매입하거나 매도할 경우 자신의 위탁계좌에 예치해야 하는 증거금을 말한다. 선물거래소는 기초자산의 가격수준, 가격변동성, 선물거래의 이용목적 등을 감안하여 개시증거금을 결정하는데, 대체로 계약금액의 5~15% 수준에서 결정된다.

### ㉡ 유지증거금

선물가격의 변동에 따라 일일정산과정에서 발생하는 모든 입출금은 선물거래자의 위탁계좌를 통해 이루어진다. 선물거래에서는 선물가격의 변동에 따라 발생하는 손익이 매일 일일정산되어 고객의 증거금에 반영되는데, 선물가격이 크게 변동하여 손실액이 증거금잔액을 초과하면 증거금은 그 기능을 상실한다.

유지증거금(maintenance margin)은 선물계약의 이행을 보증하기 위해 미청산계약(open interset)의 위탁계좌에서 반드시 유지해야 하는 최소한의 증거금을 말한다. 일반적으로 유지증거금은 개시증거금의 75~90% 수준에서 결정된다. 예컨대 KOSPI 200선물의 유지증거금은 개시증거금의 2/3인 10%이다.

ⓒ 추가증거금

추가증거금(additional margin)은 선물가격의 불리한 변동으로 손실이 발생하여 증거금이 유지증거금 이하로 떨어지면, 선물중개회사가 익일 오전까지 증거금을 개시증거금 수준까지 예치하도록 요구할 경우에 선물거래자가 추가로 예치해야 하는 증거금을 말하며, 변동증거금(variation margin)이라고도 한다.

ⓔ 초과증거금

초과증거금(excess margin)은 선물가격의 유리한 변동으로 이익이 발생하여 증거금잔고가 개시증거금 수준을 초과하면 선물거래자는 초과분을 언제든지 인출할 수 있는데, 이 인출가능한 금액을 말한다.

ⓜ 매매증거금

매매증거금(member's margin)은 선물거래소의 회원인 선물중개회사가 고객이나 비회원인 선물중개회사로부터 받은 위탁증거금의 일부를 선물거래의 결제이행을 위해 청산소에 납부해야 하는 증거금을 말한다.

**→ 예제 10-2** 일일정산과 증거금제도

투자자 홍길동은 3월 11일 현재 상품선물시장에서 6월물 옥수수선물 10계약을 부셀당 5,000원에 매입하였다. 옥수수선물 1계약은 5,000부셀이며 개시증거금은 계약금의 10%이고, 유지증거금은 개시증거금의 80%라고 가정하자. 3월 11일 옥수수선물의 가격은 매입시점의 가격보다 상승하여 5,200원으로 마감되었다.
3월 12일에는 옥수수선물의 가격이 큰 폭으로 하락하여 4,950원이 되었고, 3월 13일에도 하락하여 4,800원이 되었다. 홍길동은 옥수수선물의 가격이 더 떨어질 것으로 예상하고 3

월 14일 손해를 감수하고 부셸당 4,700원에 10계약을 매도하여 포지션을 청산했다고 가정하여 일일정산과 증거금계정의 변화를 설명하시오.

**풀이**

먼저 옥수수선물의 계약금액을 계산한 후에 개시증거금과 유지증거금을 산출한다.

계약 금액 : 5,000원×5,000부셸×10계약 = 250,000,000원

개시증거금 : 250,000,000원×0.10 = 25,000,000원

유지증거금 : 25,000,000원×0.80 = 20,000,000원

3월 11일에 선물가격이 매입가격보다 200원 상승하여 선물매입자인 홍길동은 10,000,00원의 이익을 얻게 되어 증거금잔고는 35,000,000원이 된다. 홍길동은 증거금계정에 있는 35,000,000원 중 개시증거금 25,000,000원을 제외한 10,000,000원을 인출할 수도 있다.

(5,200원−5,000원)×5000부셸×10계약 = 10,000,000원

3월 12일에 선물가격은 전일보다 250원 하락하여 선물매입자인 홍길동은 12,500,00원의 손실을 보게 되어 증거금잔고는 전일의 35,000,000원에서 당일 손실 12,500,000원을 차감한 22,500,000원이 된다. 이때 증거금잔고가 유지증거금을 초과하고 있어 추가로 증거금을 적립할 필요는 없다.

(4,950원−5,200원)×5000부셸×10계약 = −12,500,000원

3월 13일에 선물가격은 전일보다 150원 하락하여 홍길동은 7,500,000원의 손실을 보게 되어 증거금잔고는 전일의 22,500,000원에서 당일 손실 7,500,000원을 차감한 15,000,000원이 된다. 이때 증거금잔고가 유지증거금 아래로 하락하여 개시증거금과 증거금잔고의 차액인 10,000,000원을 추가로 입금해야 한다.

(4,800원−4,950원)×5000부셸×10계약 = −7,500,000원

3월 14일에 홍길동은 옥수수선물계약을 부셸당 4,700원에 매도하여 자신이 매입한 포지션을 청산하였다. 이 거래로 홍길동은 전일에 비해 5,000,000원의 손실을 보았다. 따라서 홍길동은 전일의 증거금수준 25,000,000원에서 당일 손실 5,000,000원을 차감한 잔액 20,000,000원을 인출하면 거래는 종결된다.

(4,700원−4,800원)×5000부셸×10계약 = −5,000,000원

개시증거금은 옥수수선물 계약시 납부할 금액이며, 증거금잔고가 유지증거금 이하로 내려가면 홍길동은 증거금잔고와 개시증거금의 차액만큼을 익일 정오까지 추가로 납부해야 매입포지션을 유지할 수 있다. 일별 선물가격의 변동에 따른 일일정산의 과정은 [표 10-13]과 같이 나타낼 수 있고, 증거금계정의 변화는 [그림 10-9]와 같이 제시할 수 있다.

∥표 10-13∥ 일일정산의 과정

| 날짜 | 선물가격 | 선물손익 | 납부금액 | 증거금잔고 |
|---|---|---|---|---|
| 3월 11일 | 5,200원 | 10,000,000원 | – | 35,000,000원 |
| 3월 12일 | 4,950원 | −12,500,000원 | – | 22,500,000원 |
| 3월 13일 | 4,800원 | −7,500,000원 | 10,000,000원 | 25,000,000원 |
| 3월 14일 | 4,700원 | −5,000,000원 | – | 20,000,000원 |

∥그림 10-9∥ 증거금계정의 변화

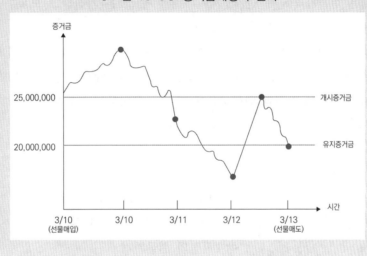

## 제4절 선물가격의 결정

선물계약은 파생상품이므로 선물계약의 가격은 기초자산의 현물가격과 밀접한 관계를 갖는다. 선물가격과 현물가격간의 관계를 살펴봄으로써 선물가격을 결정할 수 있는데, 이러한 선물가격의 결정모형을 보유비용모형(cost of carry model) 또는 현물-선물 등가이론(spot futures parity theorm)이라고도 한다.

## 1. 선물가격과 현물가격의 관계

선물거래는 거래대상이 되는 기초자산이 현물시장에서 거래되고 있으므로 선물가격은 현물가격과 연관되어 움직인다. 일반적으로 현물가격이 상승하면 선물가격도 상승하고, 현물가격이 하락하면 선물가격도 하락한다. 이러한 현물가격과 선물가격간의 균형관계는 차익거래에 의해 형성되고 유지된다.

보유비용모형은 선물계약을 매입하는 것과 현물자산을 매입하여 만기일까지 보유하는 것은 동일한 효과를 갖기 때문에 차익거래의 기회가 없는 시장균형상태에서 이론선물가격($F_{0,T}$)은 현물가격($S_0$)에 만기일까지 보유비용(CC)은 가산하고 보유수익(CR)은 차감한 값과 동일해야 한다는 모형을 말한다.

현재시점에서 선물계약을 매입하면 만기일에 $F_{0,T}$의 가격을 지불하고 기초자산을 매입하여 만기일에 $F_{0,T}$의 비용을 부담하는 반면에, 현재시점에서 현물자산을 매입하여 만기일까지 보유하면 현물가격과 현물보유에 따른 보유비용을 부담하여 선물가격과 현물가격간에 다음과 같은 등가관계가 성립해야 한다.

$$F_{0,T} = S_0 + CC - CR$$
$$= S[1+(r-d)\times T/360] \qquad (10.1)$$

$F_{0,T}$ : 만기일이 T인 선물계약의 현재가격

S0 : 현재시점의 현물가격

CC : 현물보유에 따른 보유비용

CR : 현물보유에 다른 보유수익

만일 식(10.1)의 관계가 성립하지 않으면 투자자는 선물시장과 현물시장간의 차익거래로 추가적인 투자금액과 위험부담 없이 이익을 얻을 수 있는 차익거래가 발생한다. 차익거래는 실제선물가격이 균형선물가격보다 과대평가 또는 과소평가되었는가에 따라 현물매입차익거래와 현물매도차익거래로 구분된다.

① F 〉S+CC−CR : 현물매입차익거래(cash & carry arbitrage)

현물매입차익거래는 실제선물가격이 이론선물가격보다 높은 경우 선물의 시장가격이 과대평가되어 과대평가된 선물을 매도하고 과소평가된 현물을 자금을 차입하여 매입

하는 차익거래를 말한다. 차익거래의 과정에서 선물가격은 하락하고 현물가격은 상승하여 균형관계가 다시 회복된다.

② F 〈 S+CC−CR : 현물매도차익거래(reverse cash & carry arbitrage)

현물매도차익거래는 실제선물가격이 이론선물가격보다 낮은 경우 선물의 시장가격이 과소평가되어 과대평가된 현물을 공매하여 자금을 대출하고 과소평가된 선물을 매입하는 차익거래를 말한다. 차익거래의 과정에서 현물가격은 하락하고 선물가격은 상승하여 균형관계가 다시 회복된다.

### 2. 베이시스의 개념

#### (1) 베이시스의 정의

베이시스(basis)는 특정 장소에서 거래되는 특정 상품의 현물가격과 선물가격간의 차이 또는 선물가격과 현물가격간의 차이를 말하며 현물가격이 선물가격과 어떤 관계를 가지고 움직이는가를 나타내는 척도로 사용된다. 여기서는 실무와 일관성을 유지하기 위해 후자의 방법을 사용한다.

$$\text{베이시스(B)} \ = \ \text{선물가격(F)} \ - \ \text{현물가격(S)} \tag{10.2}$$

상품선물은 선물가격이 현물가격보다 높게 형성되어 베이시스가 정(+)의 값을 갖는데, 이러한 현상을 콘탱고(contango)라고 한다. 금융선물은 보유비용보다 보유수익이 더 크면 선물가격이 현물가격보다 낮게 형성되어 베이시스가 부(−)의 값을 갖는데, 이러한 현상을 백워데이션(backwardation)이라고 한다.

▌표 10−14▐ 정상시장과 역조시장

| 구 분 | 정상시장 | 역조시장 |
|---|---|---|
| 명 칭 | 콘탱고(contango) | 백워데이션(backwardation) |
| 가 격 | 선물가격＞현물가격 | 선물가격＜현물가격 |
| 보유비용 | 정(+) | 부(−) |
| 베이시스 | 정(+) | 부(−) |

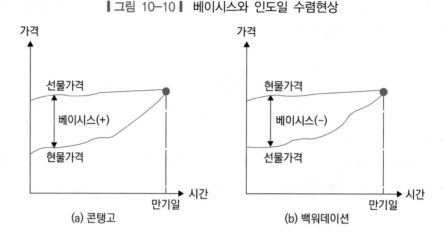

**▌그림 10-10▌** 베이시스와 인도일 수렴현상

동일한 상품이 선물시장과 현물시장에서 거래되면 선물가격과 현물가격간에는 밀접한 관계가 있을 것이다. 베이시스는 만기까지 기간이 길수록 확대되고 만기일에 근접하면 축소되어 만기일에는 0이 되는데, 선물가격이 만기일에 가까워짐에 따라 현물가격에 수렴하는 현상을 인도일 수렴현상(convergence)이라고 한다.

## (2) 베이시스의 위험

선물의 만기일 이전에는 선물가격과 현물가격이 계속해서 변동하게 되고 선물가격과 현물가격의 변동이 정확히 일치하지 않기 때문에 베이시스는 0이 되지 않으며 계속해서 변화하게 된다. 그러나 선물의 만기일이 다가올수록 선물가격은 현물가격에 수렴하게 되어 만기일에는 현물가격과 일치하게 된다.

따라서 베이시스는 만기일에 접근할수록 감소하여 만기일에는 0이 된다. 베이시스 위험은 베이시스의 변동에 따라 선물거래자의 손익이 달라지는 위험을 말한다. 베이시스의 변동폭은 선물가격과 현물가격의 변동폭에 비해 적게 변화하여 헤지거래는 가격변동위험을 베이시스위험으로 대체하는 것이다.

개시베이시스는 선물을 거래할 경우 선물가격과 현물가격의 차이를 말하고, 커버베이시스는 선물을 청산할 때 선물가격과 현물가격의 차이를 말한다. 선물거래의 계약시점부터 청산시점까지 선물가격의 변동과 현물가격의 변동이 동일하면 개시베이시스와 커버베이시스가 일치하여 완전헤지가 달성된다.

### (3) 베이시스를 이용한 투기거래

베이시스가 확대되면 콘탱고에서 현물은 매도하고 선물은 매입하며, 백워데이션에서 현물은 매입하고 선물을 매도하면 베이시스 변동만큼의 이익을 얻을 수 있다. 베이시스가 축소되면 콘탱고에서 현물은 매입하고 선물은 매도하며, 백워데이션에서 현물은 매도하고 선물을 매입하면 베이시스 변동만큼의 이익을 얻을 수 있다.

**┃표 10-15┃ 베이시스의 변화에 따른 손익**

| 구분 | 베이시스 | 매입헤지 | 매도헤지 |
|---|---|---|---|
| 콘탱고<br>(선물가격＞현물가격) | 축소 | 순손실 | 순이익 |
| | 확대 | 순이익 | 순손실 |
| 백워데이션<br>(선물가격＜현물가격) | 축소 | 순이익 | 순손실 |
| | 확대 | 순손실 | 순이익 |

## 3. 스프레드의 개념

### (1) 스프레드의 정의

스프레드(spread)는 조건이 서로 다른 선물계약간의 가격차이를 말한다. 그리고 스프레드거래는 스프레드의 변동을 예상하여 과대평가된 선물은 매도하고 과소평가된 선물은 매입하는 전략을 말한다. 스프레드거래에 따른 손익은 매도포지션과 매입포지션의 상대적인 크기에 따라 결정된다.

$$스프레드(S) \ = \ 원월물가격(F_2) \ - \ 근월물가격(F_1) \qquad (10.3)$$

### (2) 스프레드의 종류

#### ① 만기간 스프레드

만기간 스프레드는 동일한 거래소에서 거래되는 기초자산은 동일하지만 만기가 서로 다른 선물계약간의 가격차이를 말하며 캘린더 스프레드(calendar spread)라고도 한다. 예컨대 한국거래소(KRX)에서 거래되는 KOSPI 200선물 6월물은 매입하고, 9월물은 매도한 경우가 만기간 스프레드 포지션에 해당한다.

만기간 스프레드에서 만기가 가까운 선물은 근월물(nearby futures)이라 하고, 만기가 먼 선물은 원월물(distant futures)이라고 한다. 보유비용모형을 이용할 경우에 원월물가격은 근월물가격에 보유비용은 가산하고 보유수익은 차감하여 결정된다. 만기간 스프레드는 강세스프레드와 약세스프레드로 구분된다.

### ㉠ 강세스프레드

강세스프레드(bull spread)는 근월물가격이 원월물가격에 비해 더 상승할 것으로 예상하여 근월물을 매입하고 원월물을 매도하는 전략을 말한다. 강세장에서는 초과수요가 존재하여 근월물가격이 원월물가격보다 더 크게 상승하므로 강세장이 예상되면 강세스프레드를 구성한다.

### ㉡ 약세스프레드

약세스프레드(bear spread)는 근월물가격이 원월물가격에 비해 더 하락할 것으로 예상하여 근월물을 매도하고 원월물을 매입하는 전략을 말한다. 약세장에서는 초과공급이 존재하여 근월물가격이 원월물가격보다 더 크게 하락하므로 약세장이 예상되면 약세스프레드를 구성한다.

### ② 상품간 스프레드

상품간 스프레드는 동일한 거래소에서 거래되는 만기는 동일하지만 기초자산이 서로 다른 선물계약간의 가격차이를 말한다. 예컨대 뉴욕상업거래소(NYMEX)에서 거래되는 6월물 금선물은 매입하고, 6월물 은선물은 매도하여 스프레드 포지션을 취한 경우가 상품간 스프레드 포지션에 해당한다.

### ③ 시장간 스프레드

시장간 스프레드는 상품간 스프레드의 변형으로 만기와 기초자산은 동일하지만 서로 다른 선물시장에서 거래되는 선물계약간의 가격차이를 말한다. 예컨대 6월물 미국달러선물을 미국 시장에서는 매입하고 한국거래소(KRX) 시장에서는 매도하여 스프레드 포지션을 취한 경우가 시장간 스프레드 포지션에 해당한다.

### (3) 스프레드를 이용한 투기거래

스프레드를 이용한 투기거래도 베이시스를 이용한 투기거래처럼 선물가격 자체가 아니라 두 선물가격의 상대적 가격차이를 이용하여 투기거래를 하는 것을 말한다. 스프레드의 축소(확대)가 예상되는 경우에 근월물을 매입(매도)하고 원월물을 매도(매입)하면 스프레드 변동만큼의 이익을 얻을 수 있다.

▌표 10-16▌ 스프레드의 변화에 따른 손익

| 구분 | 매입스프레드거래 | 매도스프레드거래 |
|---|---|---|
| 스프레드 확대 | 이익 | 손실 |
| 스프레드 축소 | 손실 | 이익 |

## 4. 선물가격과 기대현물가격의 관계

보유비용모형은 현재의 선물가격과 현재의 현물가격간의 관계를 나타낸다. 여기서는 현재의 선물가격이 미래의 기대현물가격과 어떠한 관계를 갖는지에 대해 살펴보고자 한다. 현재의 선물가격과 미래의 기대현물가격의 관계를 설명하는 이론은 크게 순수기대가설과 위험프리미엄가설로 구분된다.

### (1) $F_{0,T} = E(S_T)$ : 순수기대가설

선물계약은 만기일에 현물을 인수도할 것을 계약한 것이므로 현재의 선물가격은 현재시점에서 형성되는 만기일의 기대현물가격과 일치해야 한다고 주장한다. 미래의 불확실성으로 만기일의 실제현물가격이 기대현물가격과 달라질 가능성이 있는데 위험중립형 투자자들은 현물가격변동에 대한 보상을 요구하지 않는다.

### (2) 위험프리미엄가설

현재의 선물가격과 만기일의 기대현물가격간의 차이가 존재하는 이유는 헤지거래자가 가격변동위험을 헤지하는 대가로 투기거래자에게 지급하는 위험프리미엄 때문이라고 주장한다.

① $F_{0,T} <  E(S_T)$ : 백워데이션가설

현재의 선물가격은 만기일의 기대현물가격보다 낮게 형성되었다가 만기일에 근접할수록 선물가격이 상승하여 만기일에는 인도일 수렴현상에 의해서 선물가격이 기대현물가격과 일치한다는 가설을 말한다. 현물시장에서 매입포지션에 있는 헤지거래자가 가격하락위험을 헤지하려면 선물시장에서 매도포지션을 취해야 한다.

이때 투기거래자들이 매입포지션을 취하도록 유인하기 위해 선물가격은 만기일의 기대현물가격보다 낮아야 한다는 것이다. 따라서 기대현물가격과 선물가격간의 차이는 현물시장에서 매입포지션에 있는 헤지거래자가 가격하락위험을 헤지하는 대가로 투기거래자에게 지급하는 위험프리미엄이라고 할 수 있다.

② $F_{0,T} >  E(S_T)$ : 콘탱고가설

현재의 선물가격이 만기일의 기대현물가격보다 높게 형성되었다가 만기일에 근접할수록 선물가격이 하락하여 만기일에는 인도일 수렴현상에 의해서 선물가격이 기대현물가격과 일치한다는 가설을 말한다. 현물시장에서 매도포지션에 있는 헤지거래자가 가격상승위험을 헤지하려면 선물시장에서 매입포지션을 취해야 한다.

이때 투기거래자들이 매도포지션을 취하도록 유인하기 위해 선물가격은 만기일의 기대현물가격보다 높아야 한다는 것이다. 따라서 선물가격과 기대현물가격간의 차이는 현물시장에서 매도포지션에 있는 헤지거래자가 가격상승위험을 헤지하는 대가로 투기거래자에게 지급하는 위험프리미엄이라고 할 수 있다.

▌그림 10-11 ▌ 선물가격과 기대현물가격의 관계

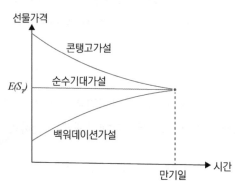

## (3) 선물가격과 위험프리미엄

자산의 가격이 자본자산가격결정모형(CAPM)에 의해 결정되고, 선물가격이 보유비용모형에 따른 현물-선물 등가이론에 의해 결정되며, 기초자산의 보유에 따른 보유비용과 보유수익이 발생하지 않는다면 선물가격과 기대현물가격간의 관계는 자본자산가격결정모형(CAPM)을 이용하여 설명할 수도 있다.

자산의 위험을 적절히 반영한 기대수익률이 자본자산가격결정모형(CAPM)에 의해 결정된다고 가정하면, T시점의 기대현물가격이 E(S_T)인 개별자산 i의 현재 현물가격(S₀)은 다음과 같이 구할 수 있다.

$$S_0 = \frac{E(S_T)}{[1 + E(R_i)]^T} \tag{10.4}$$

식(10.4)에서 E(R_i)는 CAPM을 이용하여 다음과 같이 구할 수 있다.

$$E(R_i) = R_f + [E(R_m) - R_f]\beta_i \tag{10.5}$$

선물의 만기일까지 보유비용과 보유수익이 없다고 가정하면 현재의 현물가격은 다음과 같이 나타낼 수 있다.

$$S_0 = \frac{F_{0,T}}{(1 + R_f)^T} \tag{10.6}$$

식(10.4)를 식(10.6)에 대입하며 정리하면 선물가격은 만기일의 기대현물가격과 다음의 관계를 갖는다.

$$F_{0,T} = E(S_T)[\frac{1 + R_f}{1 + E(R_i)}]^T \tag{10.7}$$

식(10.7)에서 선물가격과 기대현물가격간의 관계는 기초자산의 체계적 위험($\beta_i$)의 부호에 따라 다음과 같이 달라진다는 것을 알 수 있다. 현실적으로 체계적 위험이 0 또는 음(−)인 자산은 거의 존재하지 않는다. 따라서 CAPM에 의하면 대부분의 자산에 대한 선물에서 정상적 백워데이션가설이 성립한다.

첫째, $\beta_i = 0$이면 $R_f = E(R_i)$이므로 $F_{0,T} = E(S_T)$가 되어 순수기대가설이 성립한다. 따라서 선물매입자는 위험프리미엄을 요구하지 않고, 선물매도자도 위험프리미엄을 요구하지 않는다.

둘째, $\beta_i > 0$이면 $R_f < E(R_i)$이므로 $F_{0,T} < E(S_T)$가 되어 백워데이션가설이 성립한다. 따라서 매도헤지거래자는 가격하락위험을 헤지하는 대신에 $E(S_T) - F_{0,T}$의 위험프리미엄을 부담하고, 매입투기거래자는 가격하락위험을 감수하는 대가로 만기일까지 선물가격이 상승할 경우에 $E(S_T) - F_{0,T}$의 위험프리미엄을 받는다.

셋째, $\beta_i < 0$이면 $R_f > E(R_i)$이므로 $F_{0,T} > E(S_T)$가 되어 콘탱고가설이 성립한다. 따라서 매도헤지거래자는 가격하락위험을 헤지하는 대신에 $F_{0,T} - E(S_T)$의 위험프리미엄을 부담하고, 매입투기거래자는 가격하락위험을 감수하는 대가로 만기일까지 선물가격이 상승할 경우에 $F_{0,T} - E(S_T)$의 위험프리미엄을 받는다.

## 제1절 파생상품의 개요

1. 파생상품의 정의 : 기초자산의 가치에서 그 가치가 파생되어 나온 상품
2. 파생상품의 기능 : 역기능, 순기능
3. 파생상품 관련 위험 : 신용위험, 시장위험, 유동성위험, 법적위험, 결제위험, 운영위험, 시스템위험
4. 파생상품의 분류 : 선도, 선물, 옵션, 스왑
5. 파생상품의 목적 : 헤지거래, 투기거래, 차익거래, 스프레드거래
6. 파생상품의 특징 : 표준화된 계약, 청산소의 결제, 결제의 안정화
7. 국내파생상품시장
(1) 주가지수상품 : 코스피 200선물, 코스피 200옵션, 코스닥 150선물 등
(2) 개별주식상품 : 주식선물, 주식옵션
(3) 변동성지수상품 : 코스피 200변동성지수선물
(4) ETF상품 : ARIRANG 고배당주, KODEX 삼성그룹주, TIGER 헬스케어
(5) 금리상품 : 3년 국채선물, 5년 국채선물, 10년 국채선물
(6) 통화상품 : 미국달러선물, 미국달러옵션, 엔선물, 유로선물, 위안선물
(7) 일반상품 : 금선물, 돈육선물

## 제2절 선물거래의 개요

1. 선물거래의 정의 : 기초자산을 약정한 선물가격으로 매매하기로 체결한 계약
2. 선물거래의 종류 : 기초자산의 종류에 따라 상품선물과 금융선물로 구분
① 상품선물 : 기초자산이 실물상품(농산물, 축산물, 귀금속, 비철금속, 에너지 등)
② 금융선물 : 기초자산이 금융상품(개별주식, 주가지수, 금리, 통화 등)
3. 선물거래의 손익
① 선물매입자 : 청산일의 현물가격이 체결일 선물가격보다 상승하면 이익이 발생
② 선물매도자 : 청산일의 현물가격이 체결일 선물가격보다 하락하면 이익이 발생
4. 선물거래의 목적 : 헤지거래, 투기거래, 차익거래, 스프레드거래
5. 선물거래의 기능 : 가격예시, 위험이전, 자원배분, 자본형성, 유동성 증가

## 제3절 선물시장의 구성

1. 선물시장의 조직 : 선물거래소, 청산소, 선물중개회사, 선물거래자
2. 선물시장의 운용 : 계약의 표준화, 일일정산제도, 증거금제도, 가격안정화제도

1. 선물가격과 현물가격의 관계 : $F_{0,T}$ = S0+CC−CR

2. 선물가격과 선물가격의 관계 : $F_{0,T2} = F_{0,T1}(1+r_{T1,T2}) + C_{T1,T2} - D_{T1,T2}$

3. 베이시스의 정의 : 베이시스(B) = 선물가격(F) − 현물가격(S)

4. 스프레드의 정의 : 스프레드(S) = 원월물가격($F_2$) − 근월물가격($F_1$)

5. 선물가격과 기대현물가격의 관계

① $F_{0,T}$ = $E(S_T)$ : 순수기대가설

② $F_{0,T}$ 〈 $E(S_T)$ : 백워데이션가설

③ $F_{0,T}$ 〉$E(S_T)$ : 콘탱고가설

**1.** 다음 중 선물거래와 선도거래에 대한 설명으로 옳지 않은 것은?

① 선물거래에서는 거래상대방의 신용을 고려할 필요가 없지만, 선도거래에서는 상대방의 신용을 고려해야 한다.

② 선물거래에서는 가격제한폭이 적용되지만, 선도거래에서는 가격제한폭이 없다.

③ 선물거래의 참여자는 헤지거래자, 투기거래자, 차익거래자 등으로 다양한 반면 선도거래의 참여자는 실수요자 중심으로 이루어진다.

④ 선물거래는 선도거래에 비해 시장의 유동성이 높고 가격조작의 가능성이 적다.

⑤ 선도거래는 선물거래와 달리 거래당사자가 계약을 반드시 이행해야 할 의무가 없다.

| 해설 | 선도거래와 선물거래 모두 거래당사자가 계약을 반드시 이행해야 할 의무가 있다. 다만 선도거래는 직접거래이기 때문에 계약불이행의 위험이 많이 존재한다.

**2.** 다음 중 선물거래에 대한 설명으로 적절하지 않은 것은?

① 선물거래는 계약이행을 보증하기 위해 일일정산제도와 증거금제도가 있다.

② 선물가격은 인도일에 다수의 매입자와 매도자가 시장경쟁을 통해 결정된다.

③ 선물거래는 옵션과 달리 만기일에 불리한 경우라도 반드시 계약을 이행해야 할 의무를 부담한다.

④ 선물거래는 옵션과 마찬가지로 반대매매를 통해 포지션을 청산할 수 있다.

⑤ 옵션매입자는 옵션가격을 지불하지만, 선물매입자는 증거금만 납부할 뿐 별도의 대가 수수는 없다.

| 해설 | 선물가격은 계약이 체결될 때 다수의 매입자와 매도자가 시장경쟁을 통한 공개호가방식으로 결정된다.

**3.** 다음 중 선물거래에 대한 설명으로 옳은 것은?

① 선물거래의 대부분은 만기일에 실제 실물의 인수도로 포지션이 청산된다.

② 선물거래는 현물거래에 비해 매매방법이 간단하다.

③ 선물매도자는 기초자산가격이 선물가격보다 높으면 이익을 얻고, 선물매입자는 반대의 경우가 되면 이익을 얻는다.

④ 선물거래는 제로섬(zero-sum)게임에 해당한다.

⑤ 선물거래는 거래상대방에 대한 신용이 거래의 이행에 중요한 역할을 한다.

| 해설 | ① 선물거래는 대부분의 경우 반대매매를 통해 포지션이 청산된다.
　　　② 선물거래는 공식적인 시장에서 이루어지므로 현물거래에 비해 매매방법이 복잡하다.
　　　③ 선물매도자는 기초자산가격이 선물가격보다 하락하면 이익을 얻고, 선물매입자는 반대가 된다.
　　　⑤ 직접거래의 형태인 선도거래에서 거래상대방의 신용은 중요하다.

**4.** 다음 중 선물거래에 대한 설명으로 적절하지 않은 것은?

① 정상시장에서 선물가격은 현물가격보다 높게 형성된다.

② 특정자산의 선물계약에서 원월물의 선물가격이 근월물의 선물가격보다 높다.

③ 상품선물은 콘탱고(contango)가 일반적이다.

④ 상품선물에서 일시적으로 공급이 수요를 초과하면 백워데이션이 발생한다.

⑤ 선물만기일에는 항상 베이시스가 0이 되며, 선물가격과 현물가격은 일치한다.

| 해설 | 수요가 공급을 초과할 경우에 백워데이션이 발생할 수 있다.


**5.** 다음 중 한국거래소에서 거래되는 선물계약의 설명으로 옳지 않은 것은?

① 선물거래는 만기일에 결제위험이 없다.

② 선물거래는 일일정산을 통해 증거금이 관리된다.

③ 경쟁매매방식을 통해 선물거래가 이루어진다.

④ 상품이 표준화되어 있어 선도거래에 비해 헤지거래에 적합하다.

| 해설 | 장내 선물거래는 상품이 표준화되어 있는 반면에 장외 선도거래는 고객의 수요에 따라 상품의 조건을 맞출 수 있어 기초자산의 가격변동위험을 회피하려는 헤지거래를 위해서는 장외 선도거래가 더 적합하다.


**6.** 다음 중 장외파생상품에 해당하지 않은 것은?

① 차액결제 선물환(NDF)  ② 선도금리계약(FRA)

③ 선물환  ④ 통화선물

| 해설 | ① NDF는 선물환계약의 일종으로, 만기에 계약원금의 교환없이 계약 선물환율과 현물환율(지정환율)간의 차이만을 계약시점에 약속한 지정통화로 결제하는 파생금융상품을 말한다.

② FRA는 미래의 일정시점으로부터 일정기일까지의 기산에 적용될 이자율을 계약 시점에서 고정시키는 계약을 말한다.

③ 선물환은 장래의 일정기일 또는 기간내에 일정금액, 일정종류의 외환을 일정 환율로써 수도할 것이 약정된 외환을 말하고, 이러한 약정을 선물환계약이라 한다.

**7.** 다음 중 장외파생상품에 대한 설명으로 옳지 않은 것은?

① 장내파생상품에 비해 유동성이 적다.

② 계약불이행위험이 존재한다.

③ 장내파생상품에 비해 규제가 심하지 않다.

④ 만기일 이전에 반대매매를 통해 포지션을 청산하는 것이 자유롭다.

| 해설 | 장외파생상품의 하나인 선도거래는 거래당사자간의 직접거래로 계약의 불이행과 관련된 신용위험을 거래당사자가 부담해야 하고 대부분 만기일에 결제가 이루어진다.


**8.** 다음 중 선물거래의 최종결제방법이 다른 상품은?

① 주식선물                    ② 돈육선물

③ 통화선물                    ④ 국채선물

| 해설 | 선물거래의 결제방법에는 청산시점과 계약시점의 선물가격의 차이만큼을 현금으로 정산하는 현금결제방식과 선물의 만기일에 현물을 인수도하는 실물인수도방식이 있다.

| 결제방법 | 대상품목 |
|---|---|
| 현금결제 | · KOSPI 200선물, KOSDAQ 150선물, 주식선물, KOSPI200옵션, 주식옵션<br>· 금리선물, 돈육선물, 금선물, 미국달러옵션 |
| 실물인수도 | · 통화선물(미국달러선물, 엔선물, 유로선물, 위안선물) |

**9.** 다음 중 실물인수도방식으로 최종결제되는 상품이 아닌 것은?

① 미달러옵션                  ② 돈육선물

③ 유로화선물                  ④ 위안선물

| 해설 | 한국거래소에 상장되어 있는 상품 가운데 실물인수도방식으로 결제되는 상품은 통화선물뿐이고 나머지 상품은 현금결제방식으로 포지션이 청산된다.


**10.** 한국거래소가 선물계약의 이행을 보증하고 결제가 이루어지도록 마련하고 있는 제도적 장치와 관련이 없는 것은?

① 일일정산제도                ② 증거금제도

③ 청산소                      ④ 가격제한폭제도

| 해설 | 가격제한폭제도, 상품의 표준화는 결제불이행을 방지하기 위한 제도적 장치와 관련이 없다.

**11.** 다음 중 한국거래소에 상장되어 있는 상품끼리 묶여 있지 않은 것은?

① 3년 국채선물, 돈육선물, 금선물　　② 코스피 200선물, 금선물, 엔옵션

③ 10년 국채선물, 유로선물, 엔선물　　④ 미달러옵션, 위안선물, 금선물

| **해설** | 한국거래소에 상장되어 있는 상품은 다음과 같다.

| 구분 | 선물 | 옵션 |
|------|------|------|
| 주식상품 | 주식, 코스피 200지수, 코스닥 150지수 | 주식, 코스피200지수 |
| 금리상품 | 3년국채, 5년국채, 10년국채 | |
| 환율상품 | 미달러, 유로, 엔, 위안 | 미달러 |
| 일반상품 | 돈육, 금 | |

**12.** 2022년 3월 18일 현재 KOSPI 200선물의 시가는 280.25포인트이다. 투자자 홍길동이 종가인 280포인트에 KOSPI 200선물 2계약을 매입할 경우 선물거래대금과 개시증거금은 얼마인가?

|  | 선물거래대금 | 개시증거금 |
|---|---|---|
| ① | 140,000,000원 | 21,000,000원 |
| ② | 140,000,000원 | 14,000,000원 |
| ③ | 280,000,000원 | 28,000,000원 |
| ④ | 280,000,000원 | 42,000,000원 |

| **해설** | 거래대금을 계산할 때 KOSPI 200선물과 KOSPI 200옵션은 1포인트에 25만원을 곱한다. 따라서 선물거래대금은 $280 \times 250,000 \times 2 = 140,000,000$원이다. KOSPI 200선물에서 개시증거금은 선물거래대금의 15%, 유지증거금은 선물거래대금의 10%이다.

**13.** 다음 중 선물거래의 경제적 기능에 대한 설명으로 옳지 않은 것은?

① 헤지거래자는 기초자산의 가격변동위험을 투기거래자에게 전가할 수 있다.

② 표준화된 선물거래는 현물시장의 안정성과 유동성을 제고한다.

③ 투기거래자의 거래과열로 자원배분의 왜곡이 발생한다.

④ 선물가격은 다양한 시장참가자들의 예측을 반영하여 결정되기 때문에 미래의 현물가격에 대한 예시기능을 수행한다.

| **해설** | 선물가격은 현물시장의 수급에 관한 각종 정보를 집약하고 있어 특정 상품의 시간적 배분기능을 통해 자원배분의 효율성을 증대시킬 수 있다.

**14.** 다음 중 헤지거래에 대한 설명으로 옳지 않은 것은?

① 헤지거래는 현물가격과 선물가격이 동일하게 움직일 때 효과가 크게 나타난다.

② 고정금리 채권자는 금리상승위험에 노출되어 있어 금리선물을 매도한다.

③ 수입업자는 환율이 상승하는 경우에 손실이 발생하여 통화선물을 매입한다.

④ 금 보유자가 가격하락에 대비하여 금선물을 매도하는 것은 매입헤지이다.

| **해설** | 매도헤지는 현물시장에서 매입포지션에 있는 투자자가 현물자산의 가격이 하락할 것으로 예상될 경우 선물시장에서 매도포지션을 취하여 가격하락위험을 회피하는 전략이다.

**15.** 다음 중 선물가격과 현물가격간의 완전헤지가 되기 위한 조건은?

① 선물가격과 현물가격간에 완전한 정(+)의 상관관계가 존재해야 한다.

② 미래에 채권을 구입하고자 할 때 이자율의 하락이 예상되어야 한다.

③ 미래 현물시장에서 금리가 하락할 것을 예상하여 현물시장에서 채권의 매입포 지션을 취했을 경우 선물을 매도하는 포지션을 취해야 한다.

④ 선물가격과 현물가격간에 완전한 부(-)의 상관관계가 존재해야 한다.

⑤ 채권가격의 상승시 현물시장에서 채권의 매도포지션을 취했을 경우 선물을 매 입하는 포지션을 취해야 한다.

| **해설** | 완전헤지가 달성되려면 헤지대상이 되는 현물자산과 헤지수단으로 이용하는 선물계약의 기 초자산이 동일하고, 계약일부터 청산일까지 베이시스가 일정하며, 현물가격과 선물가격간의 상관계수가 1인 경우에만 가능하다.

**16.** 다음 중 차익거래에 대한 설명으로 옳지 않은 것은?

① 매도차익거래는 선물만기일에 주가지수를 상승시키는 요인으로 작용한다.

② 공매도에 대한 제약은 차익거래 불가능영역의 하한선에 영향을 미친다.

③ 실제선물가격이 이론선물가격보다 낮으면 매수차익거래의 기회가 발생한다.

④ 현물시장의 거래비용이 증가할수록 차익거래 불가능영역이 확대된다.

| **해설** | 실제선물가격이 이론선물가격보다 낮으면 과대평가된 현물을 공매하여 대금을 대출하고 과 소평가된 선물을 매입하는 현물매도차익거래가 발생한다.

**17.** 보유비용모형에 의한 KOSPI 200선물의 이론가격이 282포인트이고 실제선물가격이 280포인트라면 어떤 차익거래가 가능한가?

① 매입차익거래, 자금차입+현물매입+선물매도

② 매입차익거래, 현물매도+자금대출+선물매입

③ 매도차익거래, 자금차입+현물매도+선물매입

④ 매도차익거래, 현물매도+자금대출+선물매입

| 해설 | 선물의 시장가격이 이론가격보다 낮아 과소평가된 선물은 매입하고 과대평가된 현물은 공매하여 대금을 대출하는 매도차익거래가 가능하다.


**18.** 보유비용모형에 의한 KOSPI 200선물의 이론가격이 278포인트이고 실제선물가격이 280포인트라면 어떤 차익거래가 가능한가?

① 매입차익거래, 자금차입+현물매입+선물매도

② 매입차익거래, 현물매도+자금대출+선물매입

③ 매도차익거래, 자금차입+현물매도+선물매입

④ 매도차익거래, 현물매도+자금대출+선물매입

| 해설 | 선물의 시장가격이 이론가격보다 높아 과소평가된 현물은 자금을 차입하여 매입하고 과대평가된 선물은 매도하는 매입차익거래가 가능하다.


**19.** 일반투자자 홍길동이 향후 기초자산의 가격하락을 우려하여 매도헤지를 실행하는 경우에 이익을 보는 경우가 아닌 것은?

① 선물가격의 상승이 현물가격의 상승보다 큰 경우

② 선물가격은 불변이고 현물가격의 상승이 큰 경우

③ 선물가격의 하락이 현물가격의 하락보다 큰 경우

④ 베이시스가 축소되는 경우

| 해설 | 매도헤지는 현물을 매입하고 선물을 매도하는 거래를 말한다. 따라서 현물가격이 선물가격보다 많이 상승하여 베이시스가 축소되어야 이익이 발생한다.

**20.** 다음 중 선물가격의 결정과 관련된 설명으로 옳지 않은 것은?

① 정상시장에서는 선물가격이 현물가격보다 높다.

② 역조시장에서는 현물가격이 선물가격보다 높다.

③ 정상시장을 백워데이션이라고 한다.

④ 선물가격은 현물가격에 보유비용은 가산하고 보유수익은 차감하여 계산한다.

| 해설 | 선물가격이 현물가격보다 높은 정상시장을 콘탱고(contango), 선물가격이 현물가격보다 낮은 역조시장을 백워데이션(backwardation)이라고 한다.

# 옵션거래

옵션은 현물이나 선물과 달리 다양한 결합이 가능하여 독특한 투자전략을 구사할 수 있고 선도나 선물과 차이가 있다. 옵션은 소유자에게 어떤 행동을 할 수 있는 권리를 부여하나, 소유자가 그 권리를 반드시 행사할 필요는 없다. 반면에 선도나 선물에서 거래당사자들은 어떤 행동을 수행해야 할 의무를 갖는다.

## 제1절 옵션거래의 개요

### 1. 옵션거래의 정의

옵션(option)은 미래의 특정시점 또는 그 이전에 미리 정해진 가격으로 옵션거래의 대상인 특정자산을 매입하거나 매도할 수 있는 권리가 부여된 증권을 말한다. 여기서 미래의 특정시점은 옵션의 최종거래일을 말하고 미리 정해진 가격을 행사가격이라고 하며, 특정자산은 기초자산을 의미한다.

#### (1) 기초자산

기초자산(underlying asset)은 옵션거래의 대상이 되는 특정자산을 말한다. 옵션의 기초자산이 농산물, 축산물, 에너지, 귀금속, 비철금속과 같은 일반상품을 대상으로 하면 상품옵션이라고 하고, 기초자산이 개별주식, 주가지수, 통화, 금리와 같은 금융상품을 대상으로 하면 금융옵션이라고 한다.

#### (2) 최종거래일

옵션은 권리를 행사할 수 있는 최종거래일이 정해져 있다. 옵션매입자가 옵션에 부여되어 있는 권리를 행사할 수 있는 마지막 날을 최종거래일 또는 만기일(maturity)이라고 한다. 따라서 옵션매입자가 옵션의 최종거래일까지 권리를 행사하지 않으면 옵션매도자의 의무는 자동으로 소멸된다.

#### (3) 행사가격

옵션은 권리를 행사하여 기초자산을 매입하거나 매도할 수 있는 가격이 현재시점에 정해져 있다. 행사가격(exercise price)은 만기일 또는 그 이전에 권리를 행사할 때 적용되는 가격을 말한다. 그리고 행사가격은 기초자산의 시장가격을 기준으로 내가격옵션, 등가격옵션, 외가격옵션으로 설정된다.

#### (4) 옵션가격

옵션은 매입자에게 권리가 부여되고 매도자에게 의무가 수반된다. 즉 옵션은 매도자가 매입자에게 기초자산을 매입하거나 매도할 수 있는 권리를 부여한다. 따라서 옵션 매입자가 선택권을 갖는 대가로 옵션매도자에게 지불하는 금액을 옵션가격 또는 옵션프리미엄(option premium)이라고 한다.

**┃그림 11-1┃ 옵션거래의 구조**

## 2. 옵션거래의 특징

### (1) 옵션거래자

#### ① 옵션매도자

옵션매도자(option seller)는 옵션매입자로부터 옵션프리미엄을 지급받는 대신 매입자가 권리를 행사하면 의무를 이행해야 하며 옵션발행자(option writer)라고도 한다. 즉 콜옵션매입자가 권리를 행사하면 기초자산을 행사가격에 매도하고, 풋옵션매입자가 권리를 행사하면 기초자산을 행사가격에 매입해야 한다.

#### ② 옵션매입자

옵션매입자(option buyer)는 옵션매도자에게 옵션가격을 지불하는 대신 기초자산을 행사가격에 매입하거나 매도할 수 있는 권리를 소유하여 옵션소유자(option holder)라고도 한다. 즉 기초자산의 가격과 행사가격을 비교하여 유리한 경우에는 권리를 행사하고 불리한 경우에는 권리의 행사를 포기할 수 있다.

### (2) 옵션거래의 청산

옵션거래는 옵션매입자가 유리한 상황에서 권리를 행사하고 옵션매도자가 의무를 이행하는 경우, 옵션매입자가 불리한 상황에서 권리의 행사를 포기하여 옵션매도자의 의무가 소멸하는 경우 그리고 최종거래일 이전에 반대매매에 의해 옵션거래를 청산하는 경우에 권리와 의무관계가 소멸된다.[1]

### (3) 조건부청구권

옵션의 행사가격과 최종거래일은 사전에 정해져 있다. 옵션은 기초자산의 가격에 따라 옵션의 가치가 결정되고 옵션매입자의 권리행사여부가 결정되는 조건부청구권(contingent claim)의 성격을 갖는다.

### (4) 비대칭 손익구조

현물과 선물은 기초자산의 가격이 상승하거나 하락할 경우에 동일한 크기로 손익이 발생하여 대칭적인 손익구조를 갖는다. 그러나 옵션은 서로 다른 크기로 손익이 발생하여 비대칭적인 손익구조를 갖는다.

### (5) 제로섬게임

옵션은 선물과 마찬가지로 거래당사자 중 어느 한쪽이 이익을 얻게 되면 다른 한쪽은 그만큼의 손실을 보게 된다. 따라서 옵션거래 당사자의 손익을 합산하면 항상 0이 되는 영합게임(zero sum game)이다.

### (6) 가치소모성자산

옵션가격은 내재가치와 시간가치로 구성된다. 시간가치는 만기일까지 잔존기간이 길수록 크지만 만기일에 근접할수록 감소하다가 만기일에는 시간가치가 소멸하는 소모성자산(decaying asset)이라고 할 수 있다.

---

1) 선도, 선물, 스왑은 거래당사자 모두에게 권리와 의무를 부여하지만 옵션은 매입자에게 권리만 부여하고 의무는 부여하지 않는다는 점에서 차이가 있다.

### (7) 기초자산 발행기업과 무관

옵션거래는 기초자산을 발행하는 기업과 관계없이 투자자들 상호간에 이루어지는 거래에 해당한다. 따라서 옵션거래는 기초자산을 발행한 기업의 기업가치나 기초자산의 가격에 직접적으로 영향을 미치지 않는다.

## 3. 옵션거래의 종류

### (1) 권리의 내용

콜옵션(call option)은 옵션의 거래대상인 기초자산을 행사가격에 매입할 수 있는 권리가 부여된 옵션을 말한다. 풋옵션(put option)은 옵션의 거래대상인 기초자산을 행사가격에 매도할 수 있는 권리가 부여된 옵션을 말한다.

### (2) 권리의 행사시기

유럽형옵션(European option)은 옵션의 만기일에만 권리를 행사할 수 있는 옵션을 말한다. 반면에 미국형옵션(American option)은 만기일은 물론이고 만기일 이전에 언제든지 권리를 행사할 수 있는 옵션을 말하며 권리의 행사기회가 유럽형옵션보다 많아 다른 조건이 동일하면 유럽형옵션의 가격보다 높게 형성된다.

### (3) 기초자산의 종류

옵션은 거래대상이 되는 기초자산이 농산물, 축산물, 귀금속, 에너지와 같은 일반상품이면 상품옵션(commodity option)이라고 하고, 기초자산이 주식, 주가지수, 통화, 금리와 같은 금융상품이면 금융옵션(financial option)이라고 한다.

#### ① 주식옵션

주식옵션(stock option)은 한국거래소에 상장된 기업의 주식을 기초자산으로 하는 옵션을 말한다. 2002년 1월 7종목이 상장되었고, 2022년 8월말 48종목이 거래되고 있다. 한국거래소는 2005년 9월 26일 실물인수도방식을 현금결제방식으로 전환하여 투자자들이 주가변동위험을 효과적으로 관리할 수 있도록 하였다.

**┃ 표 11-1 ┃ 주식옵션의 상품내용**

| 구분 | 상품명세 | | | |
|---|---|---|---|---|
| 기 초 자 산 | 유가증권시장 40종목, 코스닥시장 2종목(2022년 8월말 기준) | | | |
| 거 래 단 위 | 주식옵션가격×10(거래승수) | | | |
| 결 제 월 | 비분기월 중 2개, 분기월 중 4개 | | | |
| 상 장 결 제 월 | 1년 이내의 6개 결제월 | | | |
| 가 격 표 시 | 프리미엄(원화) | | | |
| 호 가 가 격 단 위 | 옵션가격 | 호가단위 | 옵션가격 | 호가단위 |
| | 1,000원 미만 | 10원 | 1,000원~2,000원 | 20원 |
| | 2,000원~5,000원 | 50원 | 5,000원~10,000원 | 100원 |
| | 10,000원 이상 | 200원 | | |
| 거 래 시 간 | 09:00~15:45(최종거래일 09:00~15:20) | | | |
| 최 종 거 래 일 | 각 결제월의 두 번째 목요일(공휴일인 경우 순차적으로 앞당김) | | | |
| 최 종 결 제 일 | 최종거래일의 다음 거래일 | | | |
| 권 리 행 사 | 최종거래일에만 가능(유럽형 옵션) | | | |
| 결 제 방 법 | 현금결제 | | | |
| 가 격 제 한 폭 | 기초자산 기준가격 대비 각 단계에 해당하는 옵션이론가격으로 확대<br>① ±10% ② ±20% ③ ±30% | | | |
| 단일가격경쟁거래 | 개장시(08:00~09:00) 및 최종거래일 이외의 거래종료시(15:35~15:45) | | | |
| 필요적 거래중단 | 현물가격 급변시 주식거래옵션거래 일시중단 | | | |

② 주가지수옵션

주가지수옵션(stock index option)은 현물시장의 주가지수를 대상으로 만기일에 사전에 약정한 행사가격으로 매입 또는 매도할 수 있는 권리를 나타내는 증서이다. 주가지수옵션은 권리가 행사되면 행사일의 최종지수와 행사가격의 차이를 현금으로 결제하며 1997년 7월부터 KOSPI 200지수옵션이 거래되고 있다.[2]

---

2) 한국은행, 한국의 금융시장, 2021, 329-331쪽.

**┃ 표 11-2 ┃ 주가지수옵션의 상품내용**

| 구분 | 코스피200옵션 | 코스닥150옵션 |
|---|---|---|
| 기 초 자 산 | 코스피200지수 | 코스닥150지수 |
| 거 래 단 위 | 코스피200옵션가격×25만원(거래승수) | 코스닥150옵션가격×1만원(거래승수) |
| 결 제 월 | 비분기월 4개 및 분기월 7개 | 비분기월 2개 및 분기월 4개 |
| 행사가격 범위 | 6개월내 : 등가격±40포인트<br>6개월 이후 : 등가격±60포인트 | 등가격±200포인트 |
| 행사가격 간격 | 6개월내 : 2.5포인트<br>1년내 : 5.0포인트<br>1년후 : 10.0포인트 | 25포인트 |
| 호가가격 단위 | 프리미엄 10포인트 미만 : 0.01포인트<br>프리미엄 10포인트 이상 : 0.05포인트 | 프리미엄 50포인트 미만 : 0.1포인트<br>프리미엄 50포인트 이상 : 0.5포인트 |
| 최소변동금액 | 프리미엄 10포인트 미만 : 2,500원<br>프리미엄 10포인트 이상 : 12,500원 | 프리미엄 50포인트 미만 : 1,000원<br>프리미엄 50포인트 이상 : 5,000원 |
| 거 래 시 간 | 09:00~15:45(최종거래일 09:00~15:20) | |
| 최 종 거 래 일 | 각 결제월의 두 번째 목요일(공휴일인 경우 순차적으로 앞당김) | |
| 최 종 결 제 일 | 최종거래일의 다음 거래일 | |
| 결 제 방 법 | 현금결제 | |
| 가 격 제 한 폭 | 각 단계별로 기준가격대비 ±8%(1단계), ±15%(2단계), ±20%(3단계) | |
| 거 래 증 거 금<br>기 준 가 격 | 최종 약정가격 | |
| 기 준 가 격 | 전일의 거래증거금 기준가격 | |
| 단 일 가 격<br>경 쟁 거 래 | 개장시(08:30~09:00) 및 거래종료시(15:35~15:45) | |
| 필요적 거래중단 | 현물가격 급변으로 매매거래 중단시 선물거래 일시중단 및 단일가 재개 | |

코스피200옵션의 일평균거래량은 2011년 1,476만계약으로 전 세계 거래소별 주가지수옵션 상품 중 최대 규모였으나 2012년 3월 옵션거래승수가 10만원에서 50만원으로 인상된 이후에 크게 감소하여 2016년 137만계약을 기록하였다. 이후 점진적으로 증가하여 2021년 상반기에 217만계약을 나타내었다. 일평균거래대금도 거래량과 유사한 흐름을 보이면서 2021년 상반기에 7,402억원을 기록하였다.

▮그림 11-2▮ KOSPI200옵션시장 거래규모

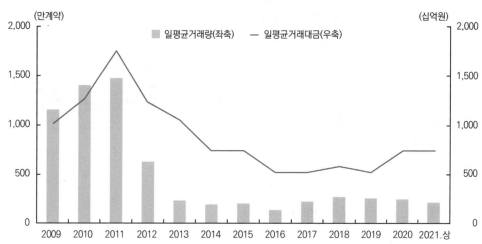

자료 : 한국거래소

옵션시장 참가자별 거래대금 기준 거래비중을 살펴보면 외국인투자자가 2016년 61.7%에서 2021년 상반기에 70.7%로 증가하였다. 그러나 개인투자자와 금융투자회사는 각각 28.3%와 8.3%에서 24.7%와 3.1%로 감소하였다.

▮그림 11-3▮ KOSPI200옵션시장 참가자별 거래비중[1]

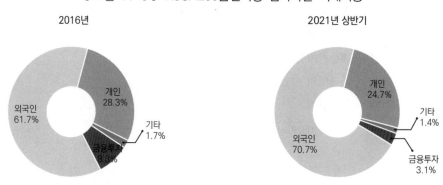

주 : 1) 거래대금 기준
자료 : 한국거래소

③ 통화옵션

통화옵션(currency option)은 외국통화를 기초자산으로 하는 옵션을 말하며 환위험을 관리하는 유용한 수단이다. 우리나라 한국거래소에 상장되어 거래되는 미국달러옵션은

기초자산이 미국달러화(USD)이고 권리행사의 유형은 최종거래일에만 가능한 유럽형옵션
이며 결제방식은 현금결제로 이루어진다.

┃표 11-3┃ 미국달러옵션의 상품내용

| 구분 | 상품명세 |
|---|---|
| 거 래 대 상 | 미국달러화(USD) |
| 권 리 행 사 | 최종거래일에만 행사가능(유럽형옵션) |
| 거 래 단 위 | US $10,000 |
| 결 제 월 주 기 | 3, 6, 9, 12월 중 2개와 그 밖의 월 중 2개 |
| 상 장 결 제 월 | 6개월 이내의 4개 결제월 |
| 행사가격의 설정 | 등가격(ATM) 기준으로 10원 간격으로 상하 각 3개(총 7개) |
| 가 격 표 시 | 프리미엄(원화로 소수점 둘째자리까지 표시) |
| 호 가 가 격 단 위 | 0.10원 |
| 최소가격변동금액 | 1,000원(US $10,000×0.10) |
| 가 격 제 한 폭 | 기초자산기준가격 대비 상하 ±4.5% |
| 가 격 제 한 범 위 | 블랙−숄즈옵션모형으로 산출한 가격을 상한과 하한으로 설정 |
| 포 지 션 한 도 | 한국거래소가 필요하다고 판단되는 경우 설정가능 |
| 거 래 시 간 | 월~금요일(09:00~15:45), 최종거래일(9:00~15:30) |
| 최 종 거 래 일 | 결제월의 세 번째 월요일(공휴일인 경우 순차적으로 앞당김) |
| 최 종 결 제 일 | 최종거래일의 다음 거래일 |
| 옵 션 대 금 수 수 | 거래일의 다음 영업일 |
| 최 종 결 제 방 법 | 현금결제 |
| 단일가격경쟁거래 | 개장시(08:30~09:00) 및 거래종료시(15:35~15:45) |

## 4. 옵션거래의 기능

옵션을 이용하면 손실의 위험이 제한되는 반면에 이익을 실현할 수 있는 레버리지
효과는 크게 나타난다. 따라서 주식이나 채권과는 다른 투자수단을 제공하기 때문에 위
험헷지와 투기수단으로 이용될 수 있다. 그리고 가격변동위험을 한정시킬 수 있어 선물
과 더불어 주식투자의 수단으로 활용되고 있다.

### (1) 위험헷지의 기능

옵션은 기초자산의 가격변동위험을 회피하거나 축소시킬 수 있는 위험헤지의 수단으로 활용될 수 있다. 따라서 미래에 기초자산가격이 유리한 방향으로 변화하면 권리를 행사하여 이익을 실현하고, 기초자산의 기격이 불리한 방향으로 변화하면 권리의 행사를 포기하여 손실을 옵션가격으로 제한할 수 있다.

### (2) 레버리지의 기능

옵션은 기초자산에 비해 상대적으로 적은 투자비용으로 높은 투자수익률을 올릴 수 있는 레버리지의 수단으로 활용될 수 있다. 따라서 옵션을 이용하면 상대적으로 저렴한 옵션가격을 지불하고 주식투자의 효과를 달성할 수 있기 때문에 현물투자에 비해 손익변동률이 확대되는 레버리지효과가 발생한다.

### (3) 합성증권의 창출

옵션을 현물, 선물, 다른 옵션과 결합하여 투자하면 다양한 손익구조를 복제하거나 새로운 손익구조를 창출할 수 있다. 파생상품을 이용하여 기존의 금융상품을 요소별로 분해한 다음 분해된 요소들을 재결합하여 혁신적인 금융상품을 개발하고 연구하는 분야를 금융공학(financial engineering)이라고 한다.

### (4) 위험한정의 기능

옵션매입자는 기초자산의 가격이 불리하게 변동할 경우에는 권리의 행사를 포기할 수 있기 때문에 손실액을 옵션가격으로 한정시킬 수 있다.

---

### 제2절 옵션의 만기가치

옵션에서 가장 기초가 되는 것은 만기일의 옵션가치를 이해하는 것이다. 옵션에는 기초자산을 사거나 팔 때 적용할 행사가격이 이미 정해져있기 때문에 만기일의 옵션가치는 만기일의 기초자산가격에 따라 달라진다. 기초자산이 주식인 유럽형 옵션을 대상으로 만기일의 옵션가치가 어떻게 결정되는지를 살펴보자.

## 1. 콜옵션의 만기가치

### (1) 콜옵션매입자

콜옵션은 만기일에 행사가격을 지불하고 기초주식을 살 수 있는 권리이기 때문에 콜옵션매입자는 만기일의 주가가 행사가격보다 높은 경우에는 콜옵션을 행사하여 $S_T - E$ 만큼의 이익을 실현할 수 있다. 그러나 만기일의 주가가 행사가격보다 낮은 경우에는 콜옵션을 행사하지 않을 것이므로 콜옵션의 가치는 0이 된다.

$$C_T = Max[S_T - E, \ 0] \tag{11.1}$$

### (2) 콜옵션매도자

콜옵션매도자는 만기일의 주가가 행사가격보다 높은 경우 콜옵션매입자가 권리를 행사하면 기초주식을 시장가격보다 낮은 행사가격에 매도해야 하므로 $E - S_T$ 만큼의 손실을 보게 된다. 그러나 만기일의 주가가 행사가격보다 낮은 경우에는 콜옵션매입자가 권리를 행사하지 않을 것이므로 콜옵션의 가치는 0이 된다.

$$C_T = Min[E - S_T, \ 0] \tag{11.2}$$

┃그림 11-4┃ 콜옵션의 만기가치

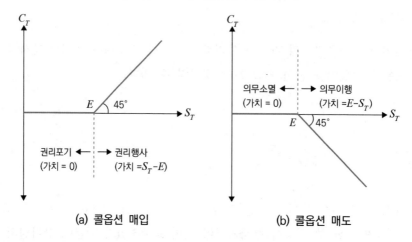

(a) 콜옵션 매입　　　　　(b) 콜옵션 매도

## 2. 풋옵션의 만기가치

### (1) 풋옵션매입자

풋옵션은 만기일에 행사가격을 수령하고 기초주식을 팔 수 있는 권리이기 때문에 풋옵션매입자는 만기일의 주가가 행사가격보다 낮은 경우에는 풋옵션을 행사하여 $E-S_T$ 만큼의 이익을 실현할 수 있다. 그러나 만기일의 주가가 행사가격보다 높은 경우에는 풋옵션을 행사하지 않을 것이므로 풋옵션의 가치는 0이 된다.

$$P_T = Max[E-S_T, 0] \tag{11.3}$$

### (2) 풋옵션매도자

풋옵션매도자는 만기일의 주가가 행사가격보다 낮은 경우 풋옵션매입자가 권리를 행사하면 기초주식을 시장가격보다 높은 행사가격에 매입해야 하므로 $S_T-E$만큼의 손실을 보게 된다. 그러나 만기일의 주가가 행사가격보다 높은 경우에는 풋옵션매입자가 권리를 행사하지 않을 것이므로 풋옵션의 가치는 0이 된다.

$$P_T = Min[S_T-E, 0] \tag{11.4}$$

▮그림 11-5▮ 풋옵션의 만기가치

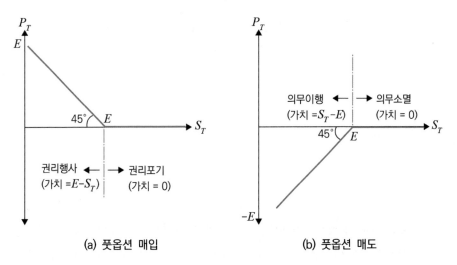

(a) 풋옵션 매입    (b) 풋옵션 매도

411

●─ 예제 11-1  옵션의 만기가치

우리기업 주식을 기초자산으로 하고 행사가격이 1,000원인 유럽형 콜옵션과 유럽형 풋옵션이 있다. 옵션만기일의 서울기업 주가가 각각 900원, 950원, 1,000원, 1,050원, 1,100원일 경우에 콜옵션매입자와 풋옵션매입자가 얻게 될 가치를 계산하고, 이를 이용하여 옵션만기일의 주가와 옵션가치의 관계를 도시하라.

풀이

| 만기일 주가($S_T$) | 900원 | 950원 | 1,000원 | 1,050원 | 1,100원 |
|---|---|---|---|---|---|
| 콜옵션 매입[*1] | 0 | 0 | 0 | 50원 | 100원 |
| 풋옵션 매입[*2] | 100원 | 50원 | 0 | 0 | 0 |

*1 $S_T \rangle 1,000$원이면 $S_T - 1,000$원, $S_T \leq 1,000$원이면 0

*2 $S_T \langle 1,000$원이면 $1,000$원$- S_T$, $S_T \geq 1,000$원이면 0

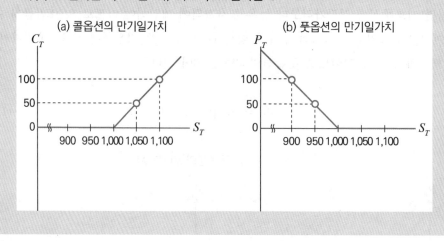

## 제3절  옵션의 투자전략

### 1. 순수포지션

순수포지션(naked position)은 하나의 주식이나 하나의 옵션만을 매입하거나 매도하는 전략을 말하며 기본포지션(uncovered position)이라고도 한다. 주식이나 옵션의 만기가치는 주식거래나 옵션의 권리행사에 따른 수익의 개념이며, 여기에 현재시점에서 주고받는 대가를 고려하면 만기손익이 된다.

### (1) 주식의 매입과 공매

주식매입은 매도시점의 주가($S_T$)가 매입시점의 주가($S$)보다 상승하면 주가가 상승한 것만큼 자본이득을 얻고, 주식공매는 매입시점의 주가($S_T$)가 매도시점의 주가($S$)보다 하락하면 주가가 하락한 만큼 자본이득을 얻는다. 따라서 주식매입자(공매자)의 손익선은 주가와 정비례(반비례)하는 45°선으로 나타난다.

┃그림 11-6┃ 주식거래의 손익

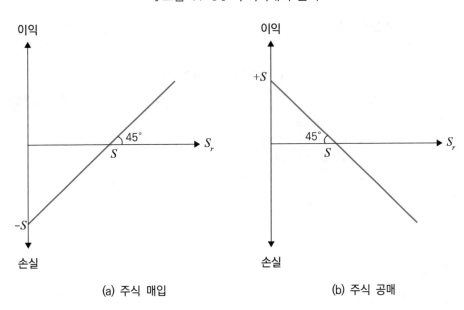

(a) 주식 매입          (b) 주식 공매

### (2) 콜옵션의 매입과 매도

콜옵션매입은 옵션의 기초자산인 주식가격이 상승할 것으로 예상될 경우에 사용할 수 있고, 콜옵션매도는 주식가격이 하락할 것으로 예상될 경우에 사용할 수 있는 투자전략이다. 따라서 콜옵션매입자는 만기일의 주식가격이 행사가격에 콜옵션가격을 가산한 가격 이상으로 상승해야 이익을 얻는다.

**┃그림 11-7┃ 콜옵션의 손익**

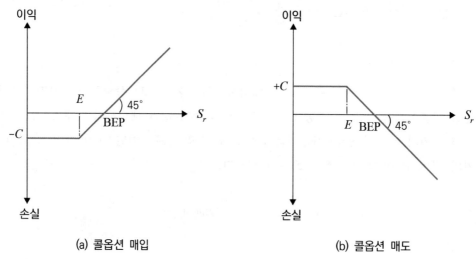

(a) 콜옵션 매입          (b) 콜옵션 매도

**┃표 11-4┃ 주가지수 콜옵션의 손익구조**

| 구분 | 주가지수 〉 행사가격 | 주가지수 ≤ 행사가격 |
|------|---------------------|---------------------|
| 매수자 | <권리행사><br>손익 : [주가지수−행사가격]<br>　　− 지급한 프리미엄 | <권리포기><br>손실 : 지급한 프리미엄 |
| 매도자 | <의무이행><br>손익 : 수취한 프리미엄<br>　　− [주가지수−행사가격] | <의무소멸><br>이익 : 수취한 프리미엄 |

## (3) 풋옵션의 매입과 매도

풋옵션매입은 옵션의 기초자산인 주식가격이 하락할 것으로 예상될 경우에 사용할 수 있고, 풋옵션매도는 주식가격이 상승할 것으로 예상될 경우에 사용할 수 있는 투자전략이다. 따라서 풋옵션매입자는 만기일의 주식가격이 행사가격에서 풋옵션가격을 차감한 가격 이상으로 하락해야 이익을 얻는다.

414

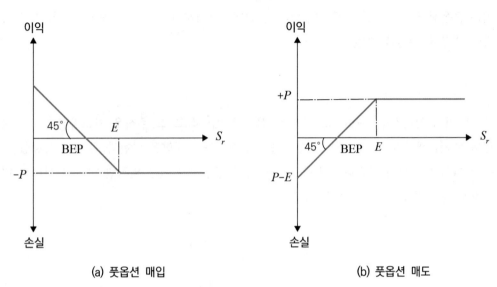

┃그림 11-8┃ 풋옵션의 손익

(a) 풋옵션 매입　　　　　　　　　　(b) 풋옵션 매도

┃표 11-5┃ 주가지수 풋옵션의 손익구조

| 구분 | 주가지수 〈 행사가격 | 주가지수 ≥ 행사가격 |
|---|---|---|
| 매수자 | <권리행사><br>손익 : [행사가격−주가지수]<br> － 지급한 프리미엄 | <권리포기><br>손실 : 지급한 프리미엄 |
| 매도자 | <의무이행><br>손익 : 수취한 프리미엄<br> － [행사가격−주가지수] | <의무소멸><br>이익 : 수취한 프리미엄 |

## 2. 헷지포지션

헷지포지션(hedge position)은 주식과 옵션을 결합하여 주식(옵션)의 손실을 옵션(주식)으로 보전하는 전략으로 대표적인 형태에는 커버된 콜과 방어적 풋이 있다. 즉 주식을 매입하는 경우 콜옵션을 매도하거나 풋옵션을 매입하고, 주식을 공매하는 경우 콜옵션을 매입하거나 풋옵션을 매도한다.

### (1) 커버된 콜

커버된 콜옵션(covered call)은 주식을 1주 매입하고 그 주식을 기초자산으로 하며 현재주가를 행사가격으로 하는 콜옵션을 1개 매도하는 전략을 말한다. 주가가 상승할 경우에는 콜옵션매도의 손실을 주식매입의 이익으로 상쇄시켜 이익은 일정하지만 주가가 하락할 경우에 손실을 줄일 수 있다.

### (2) 방어적 풋

방어적 풋옵션(protective put)은 주식을 1주 매입하고 그 주식을 기초자산으로 하며 현재주가를 행사가격으로 하는 풋옵션을 1개 매입하는 전략을 말한다. 주가가 상승할 경우에 이익은 시세에 편승하면서 주가가 하락할 경우에 손실은 일정한 하한선 이하로 내려가지 않게 하도록 제한할 수 있다.

┃그림 11-9┃ 헤지포지션

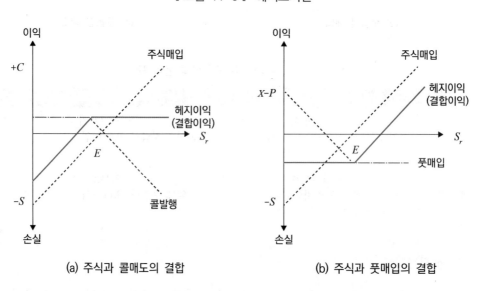

(a) 주식과 콜매도의 결합    (b) 주식과 풋매입의 결합

### 3. 스프레드

스프레드(spread)는 기초자산이 동일한 종류의 옵션 중에서 행사가격과 만기일이 상이한 옵션을 하나는 매입하고 다른 하나는 매도하는 전략을 말한다. 즉 스프레드는 두 개 이상의 콜옵션 또는 풋옵션을 결합시키는 전략으로 시장가격이 예상대로 변화할 경우에 이익을 얻고 예상이 빗나가도 손실은 한정된다.

### (1) 수직스프레드

수직스프레드(vertical spread)는 다른 조건은 같고 행사가격만 서로 다른 옵션을 하나는 매입하고 다른 하나는 매도하는 전략으로 가격스프레드(price spread)라고도 한다. 수직스프레드는 행사가격이 낮은 옵션과 높은 옵션 중 어떤 것을 매입 또는 매도하느냐에 따라 강세스프레드와 약세스프레드로 구분된다.

#### 1) 강세스프레드

강세스프레드(bull spread)는 기초주식의 가격이 강세(bull market)를 보일 것으로 예상될 경우에 행사가격이 낮은 옵션은 매입하고 행사가격이 높은 옵션은 매도하는 전략을 말하며 주가가 상승할 경우에 얻을 수 있는 이익과 주가가 하락할 경우에 발생하는 손실을 일정한 수준으로 한정시킨다.

##### ① 강세콜스프레드

강세콜스프레드는 기초주식과 만기일이 동일한 두 가지 콜옵션 중에서 행사가격이 낮은 콜옵션은 매입하고, 행사가격이 높은 콜옵션은 매도하는 전략을 말한다. 따라서 만기일에 기초주식의 가격이 두 행사가격보다 하락하면 최대손실이 발생하고 두 행사가격보다 상승하면 최대이익이 발생한다.[3]

##### ② 강세풋스프레드

강세풋스프레드는 기초주식과 만기일이 동일한 두 가지 풋옵션 중에서 행사가격이 낮은 풋옵션은 매입하고, 행사가격이 높은 풋옵션은 매도하는 전략을 말한다. 따라서 만기일에 기초주식의 가격이 두 행사가격보다 상승하면 최대손실이 발생하고 두 행사가격보다 하락하면 최대이익이 발생한다.

#### 2) 약세스프레드

약세스프레드(bear spread)는 기초주식의 가격이 약세(bear market)를 보일 것으로 예

---

[3] 강세콜스프레드는 행사가격이 낮은 콜옵션은 매입하고 행사가격이 높은 콜옵션은 매도하므로 행사가격이 높은 콜옵션의 프리미엄은 매입비용이 되고 행사가격이 낮은 콜옵션의 프리미엄은 매도수입이 된다.

금융상품론

상될 경우 행사가격이 낮은 옵션은 매도하고 행사가격이 높은 옵션은 매입하는 전략을 말하며 주가가 하락할 경우에 얻을 수 있는 이익과 주가가 상승할 경우에 발생하는 손실을 일정한 수준으로 한정시킨다.

① 약세콜스프레드

기초주식과 만기일이 동일한 두 가지 콜옵션 중에서 행사가격이 낮은 콜옵션은 매도하고 행사가격이 높은 콜옵션은 매입하는 전략을 말한다.

② 약세풋스프레드

기초주식과 만기일이 동일한 두 가지 풋옵션 중에서 행사가격이 낮은 풋옵션은 매도하고 행사가격이 높은 풋옵션은 매입하는 전략을 말한다.

┃그림 11-10┃ 수직스프레드

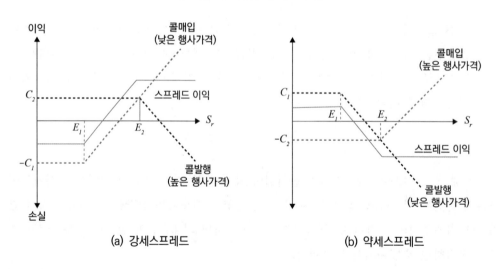

(a) 강세스프레드      (b) 약세스프레드

(2) 수평스프레드

수평스프레드(horizontal spread)는 다른 조건은 동일하고 만기일만 서로 다른 옵션을 하나는 매입하고 다른 하나는 매도하는 전략으로 시간스프레드라고도 한다. 수평스프레드는 옵션의 시간가치의 차이에 착안하여 기초자산인 주식가격이 행사가격 부근에서 크게 변동하지 않을 경우에 효과적인 투자전략이다.

### 1) 콜옵션의 경우

만기일까지 기간이 짧은 콜옵션은 매도하고 만기일까지 기간이 긴 콜옵션은 매입하여 수평스프레드를 만들면 기초주가가 단기콜옵션의 행사가격에 가까울수록 이익을 실현하고 기초주가가 매우 낮거나 높은 경우에 손실이 발생한다.

### 2) 풋옵션의 경우

만기일까지 기간이 짧은 풋옵션은 매도하고 만기일까지 기간이 긴 풋옵션은 매입하여 수평스프레드를 만들면 기초주가가 단기풋옵션의 행사가격에 가까울수록 이익을 실현하고 기초주가가 매우 낮거나 높은 경우에 손실이 발생한다.

### (3) 나비형 스프레드

나비형 스프레드(butterfly spread)는 미래 기초주식의 가격이 세 개의 행사가격 중에서 중간의 행사가격과 일치할 것으로 예상될 경우 취하는 스프레드를 말하며 나비형 콜스프레드와 나비형 풋스프레드로 구분된다.

### ① 나비형 콜스프레드

나비형 콜스프레드는 기초주식과 만기일은 동일하지만 행사가격이 가장 낮은 콜옵션과 가장 높은 콜옵션은 한 개씩 매입하고 행사가격이 중간인 콜옵션은 두 개 매도하는 전략을 말한다. 기초자산인 주식가격이 비교적 좁은 범위내에서 변동할 경우에 이익을 얻을 수 있다.

### ② 나비형 풋스프레드

나비형 풋스프레드는 기초주식과 만기일은 동일하지만 행사가격이 가장 낮은 풋옵션과 가장 높은 풋옵션은 한 개씩 매입하고 행사가격이 중간인 풋옵션은 두 개 매도하는 전략을 말한다. 기초자산인 주식가격이 비교적 좁은 범위내에서 변동할 경우에 이익을 얻을 수 있다.

## ▌그림 11-11 ▌ 나비형스프레드

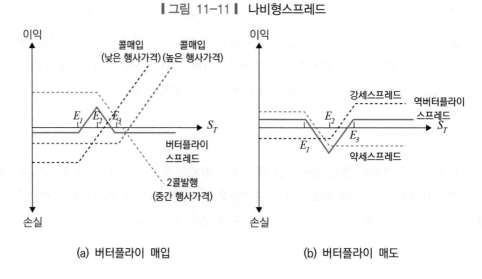

(a) 버터플라이 매입                    (b) 버터플라이 매도

### (4) 샌드위치형스프레드(sandwitch spread)

나비형스프레드와 반대로 행사가격이 가장 낮은 옵션과 가장 높은 옵션은 한 개씩 매도하고 행사가격이 중간인 옵션은 두 개 매입하는 전략으로 주가가 가장 낮은 행사가격과 가장 높은 행사가격의 범위를 벗어나서 크게 변동할 경우에 유리하며 역나비형스프레드(reverse butterfly spread)라고도 한다.

## 4. 콤비네이션

콤비네이션(combination)은 기초자산이 동일한 콜옵션과 풋옵션을 동시에 매입하거나 매도하는 전략을 말한다. 반면에 스프레드는 동일한 종류의 옵션을 결합한다. 그러나 콤비네이션은 서로 다른 종류의 옵션을 결합하는데 결합하는 방법에 따라 스트래들, 스트립, 스트랩, 스트랭글로 구분된다.

### (1) 스트래들

스트래들(straddle)은 기초자산, 행사가격, 만기일이 동일한 콜옵션과 풋옵션을 동일한 비율로 동시에 매입하거나 매도하는 전략이다. 이는 주가변동이 매우 클 것으로 예상되지만 방향을 알 수 없을 때 유용하며 두 옵션을 동시에 매입하면 스트래들 매입, 동시에 매도하면 스트래들 매도라고 한다.

기초자산의 가격이 행사가격과 옵션프리미엄을 합한 가격보다 크게 변동할 것으로 예상이 되면 스트래들을 매입하고, 적게 변동할 것으로 예상이 되면 스트래들을 매도한다. 스트래들매입자(매도자)는 기초자산의 가격변동성이 높은(낮은) 경우에 이익을 얻기 때문에 변동성매입자(매도자)라고 한다.

**┃그림 11-12 ┃ 스트래들**

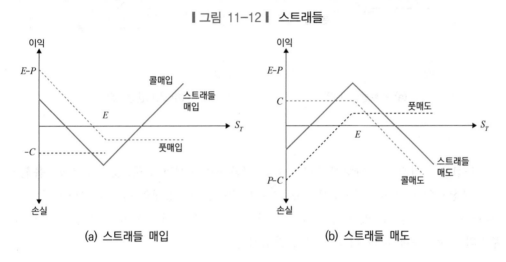

(a) 스트래들 매입                    (b) 스트래들 매도

### (2) 스트립과 스트랩

스트립과 스트랩은 기초자산, 행사가격, 만기일이 동일한 콜옵션과 풋옵션을 동시에 결합하면서 결합비율만 서로 다르게 하는 전략을 말하며 주가의 변동성이 높은 경우에 유용하다. 스트립(strip)은 콜옵션 한 개와 풋옵션 두 개를 결합하고 스트랩(strap)은 콜옵션 두 개와 풋옵션 한 개를 결합한다.

### (3) 스트랭글

스트랭글(strangle)은 기초자산과 만기일은 동일하지만 행사가격만 서로 다른 콜옵션과 풋옵션을 한 개씩 또는 동일한 비율로 매입하거나 매도하는 전략을 말한다. 여기서 콜옵션매입과 풋옵션매입의 결합은 스트랭글 매입이라고 하고, 콜옵션매도와 풋옵션매도의 결합은 스트랭글 매도라고 한다.

기초자산의 가격이 두 옵션의 행사가격과 프리미엄을 합한 가격보다 크게(적게) 변동할 것으로 예상되면 스트랭글을 매입(매도)한다. 따라서 스트랭글을 매입(매도)하면 주가의 변동방향에 관계없이 주가의 변동이 클(작을) 때 이익을 얻고, 주가의 변동이 작을(클) 경우에는 손실이 발생한다.

**┃그림 11-13┃ 스트랭글**

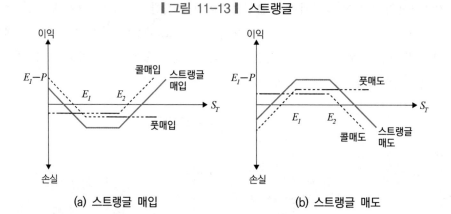

(a) 스트랭글 매입                    (b) 스트랭글 매도

### 5. 옵션투자전략의 활용

옵션은 투자자에게 다양한 투자기회를 제공하고 옵션과 현물, 옵션과 선물, 옵션과 다른 옵션과의 결합 등을 통해 투자자들이 원하는 다양한 형태의 이익을 실현할 수 있는 투자전략을 구사할 수 있다. 옵션을 이용한 투자전략은 기초자산인 주가의 변동방향과 주가의 변동정도에 따라 다음과 같이 달라진다.

#### (1) 기초주식가격의 변동방향

① 주식가격에 대한 강세전략

기초주식의 가격이 상승할 경우에 이익을 얻을 수 있는 전략에는 콜옵션매입, 풋옵션매도, 강세스프레드 등이 있다.

② 주식가격에 대한 약세전략

기초주식의 가격이 하락할 경우에 이익을 얻을 수 있는 전략에는 콜옵션매도, 풋옵션매입, 약세스프레드 등이 있다.

#### (2) 기초주식가격의 변동정도

① 주가변동성에 대한 강세전략

기초주식의 가격변동성이 현재 수준에서 크게 변동할 경우에 이익을 얻을 수 있는 전략에는 샌드위치형스프레드, 스트래들매입, 스트랭글매입 등이 있다.

② 주가변동성에 대한 약세전략

기초주식의 가격변동성이 현재 수준에서 작게 변동할 경우에 이익을 얻을 수 있는 전략에는 버터플라이스프레드, 스트래들매도, 스트랭글매도 등이 있다.

**┃그림 11-14┃ 옵션투자전략**

| 예상요인 | 예상 | 전략 | 손익형태 | 손실 | 이익 |
|---|---|---|---|---|---|
| 기초자산 가격의 변동방향 | 상승 → 강세전략 | 콜옵션매입 | | 한정 | 무한 |
| | | 풋옵션매도 | | 무한 | 한정 |
| | | 강세스프레드 | | 한정 | 한정 |
| | 하락 → 약세전략 | 콜옵션매도 | | 무한 | 한정 |
| | | 풋옵션매입 | | 한정 | 무한 |
| | | 약세스프레드 | | 한정 | 한정 |
| 기초자산 가격의 변동정도 | 크다 → 강세전략 | 샌드위치형 스프레드 | | 한정 | 한정 |
| | | 스트래들 매입 | | 한정 | 무한 |
| | | 스트랭글 매입 | | 한정 | 무한 |
| | 작다 → 약세전략 | 나비형 스프레드 | | 한정 | 한정 |
| | | 스트래들 매도 | | 무한 | 한정 |
| | | 스트랭글 매도 | | 무한 | 한정 |

## 제4절 옵션가격의 결정

### 1. 옵션가격의 결정요인

옵션은 정해진 조건에 따라 기초자산을 매입하거나 매도할 수 있는 권리이기 때문에 옵션의 가격은 기초자산의 특성과 옵션의 조건에 따라 달라진다. 구체적으로는 기초자산의 현재가격(S), 행사가격(E), 옵션의 만기(T), 기초자산의 분산($\sigma^2$), 무위험이자율($R_f$), 기초자산의 배당(D) 등이 옵션가격에 영향을 미친다.

$$C \text{ 또는 } P = f(S, E, T, \sigma^2, R_f, D) \tag{11.5}$$

#### (1) 콜옵션가격

옵션가격에 영향을 미치는 다른 요인이 일정하다는 가정하에서 옵션가격의 결정요인이 S−E의 값을 커지게 하는 방향으로 영향을 미치면 콜옵션가격은 상승한다. 즉 기초자산의 현재가격, 만기까지 잔존기간, 기초자산의 가격분산, 무위험이자율과는 정(+)의 관계에 있고 행사가격, 기초자산의 배당과는 부(−)의 관계에 있다.

#### (2) 풋옵션가격

옵션가격에 영향을 미치는 다른 요인이 일정하다는 가정하에서 옵션가격의 결정요인이 E−S의 값을 커지게 하는 방향으로 영향을 미치면 풋옵션가격은 상승한다. 즉 행사가격, 만기까지 잔존기간, 기초자산의 가격분산, 기초자산의 배당과는 정(+)의 관계에 있고 기초자산의 현재가격, 무위험이자율과는 부(−)의 관계에 있다.

▌표 11-6▐ 옵션가격의 결정요인

| 결정요인 | 콜옵션가격 | 풋옵션가격 |
| --- | --- | --- |
| 기초자산의 현재가격↑ | 상승 | 하락 |
| 행사가격↑ | 하락 | 상승 |
| 만기까지 잔존기간↑ | 상승 | 상승 |
| 기초자산의 가격분산↑ | 상승 | 상승 |
| 무위험이자율↑ | 상승 | 하락 |
| 기초자산의 현금배당↑ | 하락 | 상승 |

## 2. 옵션가격의 결정범위

옵션매입자는 권리를 보유하는 대신 옵션매도자에게 지불하는 권리에 대한 대가인 콜옵션가격과 풋옵션가격은 시장균형상태에서 상한과 하한의 일정한 범위내에서 결정된다. 이러한 옵션가격의 범위는 차익거래에 의해 유도되며 콜옵션가격과 풋옵션가격간에도 차익거래의 원리에 따라 일정한 관계식이 성립한다.

### (1) 콜옵션가격

옵션의 최종거래일까지 기초자산에 대해 배당이 지급되지 않는다고 가정하면, 콜옵션가격은 다음과 같은 특성을 갖는다.

첫째, 콜옵션가격은 기초자산의 가격보다 클 수 없다. → $C \leq S$

콜옵션은 기초자산을 행사가격에 매입할 수 있는 권리이므로 콜옵션가격은 기초자산의 가격보다 클 수는 없다. 콜옵션가격이 기초자산의 가격보다 크면 콜옵션을 매도하고 기초자산을 매입하는 차익거래로 이익을 얻을 수 있기 때문이다.

둘째, 콜옵션가격은 0보다 크거나 같다. → $C \geq 0$

옵션은 유리할 경우에는 권리를 행사하고 불리할 경우에는 행사하지 않아도 되는 권리만 있을 뿐 의무는 없다. 따라서 행사가격을 지불하고 주식을 매입할 수 있는 권리 행사에 대한 콜옵션가격은 어떠한 경우에도 0 이상의 가치를 갖는다.

셋째, 콜옵션가격은 기초자산의 가격에서 행사가격의 현재가치를 차감한 값보다 크거나 같다. → $C \geq S - PV(E)$

이상의 세 가지 조건에서 첫째는 콜옵션가격의 상한이고 둘째와 셋째는 콜옵션가격의 하한에 해당하기 때문에 콜옵션가격의 결정범위는 다음과 같다. 콜옵션가격은 기초자산인 주가의 증가함수이므로 우상향하는 곡선으로 나타난다.

$$Max[S - PV(E), \ 0] \leq C \leq S \qquad (11.6)$$

425

**┃그림 11-15┃ 콜옵션가격의 결정범위**

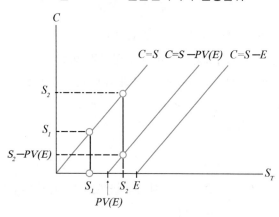

---• **예제 11-2** 콜옵션가격의 결정범위

연세기업의 현재 주가는 45,000원이고 이산복리 무위험이자율은 연 5%이다. 옵션시장에서 연세기업 주식을 기초자산으로 하고 행사가격이 42,000원이며 만기가 1년인 유럽형 콜옵션이 거래되고 있다고 가정하여 다음 물음에 답하시오.

1. 유럽형 콜옵션의 가격결정범위를 구하시오.

2. 유럽형 콜옵션가격이 3,000원일 경우 차익거래과정을 설명하시오.

3. 유럽형 콜옵션가격이 47,000원일 경우 차익거래과정을 설명하시오.

**풀이**

1. 유럽형 콜옵션의 가격결정범위는 다음과 같이 제시할 수 있다.

   ① $C \leq S = 45,000$원

   ② $C \geq Max[S-PV(E)] = Max\left[45,000 - \dfrac{42,000}{1.05}, 0\right] = 5,000$원

   ∴ 5,000원 $\leq C \leq$ 45,000원

2. 유럽형 콜옵션가격 3,000원은 하한가격 5,000원보다 작으므로 콜옵션은 과소평가되고 S-PV(E)은 과대평가되어 있다. 따라서 과대평가된 S-PV(E)를 매도하고 과소평가된 콜옵션을 매입하면 현재시점에서 2,000원의 이익을 얻을 수 있다.

| 거래 | 현재의 현금흐름 | 만기의 현금흐름 | |
|---|---|---|---|
| | | $S_T > 42,000$ | $S_T < 42,000$ |
| 주식공매<br>무위험할인채매입<br>콜옵션매입 | 45,000<br>−40,000<br>−3,000 | $-S_T$<br>42,000<br>$S_T - 42,000$ | $-S_T$<br>42,000<br>0 |
| 합계 | 2,000 | 0 | $42,000 - S_T > 0$ |

3. 유럽형 콜옵션가격 47,000원은 기초주식의 현재가격 45,000원보다 클 수 없으므로 콜옵션은 과대평가되고 S−PV(E)은 과소평가되어 있다. 따라서 과대평가된 콜옵션을 매도하고 과소평가된 S−PV(E)를 매입하면 현재시점에서 2,000원의 이익을 얻을 수 있다.

| 거래 | 현재의 현금흐름 | 만기의 현금흐름 | |
|---|---|---|---|
| | | $S_T > 42,000$ | $S_T < 42,000$ |
| 콜옵션매도<br>주식매입 | 47,000<br>−45,000 | $-(S_T - 42,000)$<br>$S_T$ | 0<br>$S_T$ |
| 합계 | 2,000 | 42,000 | $S_T > 0$ |

## (2) 풋옵션가격

옵션의 최종거래일까지 기초자산에 대해 배당이 지급되지 않는다고 가정하면, 풋옵션가격은 다음과 같은 특성을 갖는다.

첫째, 풋옵션가격은 행사가격의 현재가치보다 클 수 없다. → $P \leq PV(E)$

풋옵션의 매입시 최대이익은 행사가격이므로 풋옵션가격은 행사가격을 무위험이자율로 할인한 현재가치보다 클 수 없다. 풋옵션가격이 행사가격의 현재가치보다 크면 풋옵션을 매도하고 무위험채권을 매입하는 차익거래로 이익이 발생한다.

둘째, 풋옵션가격은 부(−)가 될 수 없다. → $P \geq 0$

옵션은 유리한 경우에만 권리를 행사하고 불리한 경우에는 행사하지 않아도 되는 권리만 있을 뿐 의무는 없다. 따라서 행사가격을 지불하고 주식을 매도할 수 있는 권리 행사에 대한 풋옵션가격은 어떠한 경우에도 0 이상의 가치를 갖는다.

셋째, 풋옵션가격은 행사가격의 현재가치에서 기초주식의 현재가격을 차감한 값보다 크다. → P ≥PV(E)−S

이상의 세 가지 조건에서 첫째는 풋옵션가격의 상한이고 둘째와 셋째는 풋옵션가격의 하한에 해당하기 때문에 풋옵션가격의 결정범위는 다음과 같다. 풋옵션가격은 기초자산인 주가의 감소함수이므로 우상향하는 곡선으로 나타난다.

$$Max[PV(E)−S, 0] \leq P \leq PV(E) \tag{11.7}$$

‖ 그림 11-16 ‖ 풋옵션가격의 결정범위

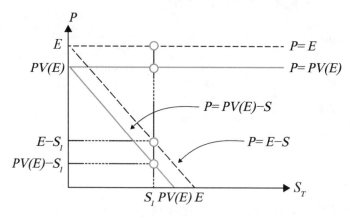

**•  예제 11-3**   풋옵션가격의 결정범위

서강기업의 현재 주가는 37,000원이고 이산복리 무위험이자율은 연 5%이다. 옵션시장에서 서강기업 주식을 기초자산으로 하고 행사가격이 42,000원이며 만기가 1년인 유럽형 풋옵션이 거래되고 있다고 가정하여 다음 물음에 답하시오.

1. 유럽형 풋옵션의 가격결정범위를 구하시오.

2. 유럽형 풋옵션가격이 2,000원일 경우 차익거래과정을 설명하시오.

3. 유럽형 콜옵션가격이 42,000원일 경우 차익거래과정을 설명하시오.

**풀이**

1. 유럽형 풋옵션의 가격결정범위는 다음과 같이 제시할 수 있다.

① $P \leq PV(E) = \dfrac{42,000}{1.05} = 40,000$원

② $P \geq Max[PV(E)-S, 0] = Max\left[\dfrac{42,000}{1.05}, 0\right] = 3,000$원

∴ $3,000$원 $\leq C \leq 40,000$원

2. 유럽형 풋옵션가격 2,000원은 하한가격 3,000원보다 작으므로 풋옵션은 과소평가되고 PV(E)−S는 과대평가되어 있다. 따라서 과대평가된 PV(E)−S를 매도하고 과소평가된 풋옵션을 매입하면 현재시점에서 1,000원의 이익을 얻을 수 있다.

| 거래 | 현재의 현금흐름 | 만기의 현금흐름 | |
|---|---|---|---|
| | | $S_T > 42,000$ | $S_T < 42,000$ |
| 무위험할인채공매 | 40,000 | −42,000 | −42,000 |
| 주식매입 | −37,000 | $S_T$ | $S_T$ |
| 풋옵션매입 | −2,000 | 0 | $42,000-S_T$ |
| 합계 | 1,000 | $S_T-42,000$ | 0 |

3. 유럽형 풋옵션가격 42,000원은 행사가격의 현재가치 40,000원보다 클 수 없으므로 풋옵션은 과대평가되고 PV(E)−S는 과소평가되어 있다. 따라서 과대평가된 풋옵션을 매도하고 과소평가된 무위험할인채를 매입하면 현재시점에서 2,000원의 이익을 얻을 수 있다.

| 거래 | 현재의 현금흐름 | 만기의 현금흐름 | |
|---|---|---|---|
| | | $S_T > 42,000$ | $S_T < 42,000$ |
| 풋옵션매도 | 42,000 | 0 | $-(42,000-S_T)$ |
| 무위험할인채매입 | −40,000 | 42,000 | 42,000 |
| 합계 | 2,000 | 42,000 | $S_T > 0$ |

### 3. 옵션가격의 구성요소

옵션은 약정에 따라 기초자산을 행사가격에 매입하거나 매도할 수 있는 권리를 말한다. 옵션가격은 옵션매입자가 계약이행의 선택권을 갖는 대가로 옵션매도자에게 지불하는 가격을 말하며 옵션프리미엄(option premium)이라고도 한다. 옵션의 최종거래일 이전에 옵션가격은 내재가치와 외재가치로 구성된다.

### (1) 내재가치

옵션의 내재가치는 옵션매입자가 지금 당장 옵션의 권리를 행사했을 경우에 발생하는 가치를 말한다. 내재가치는 기초자산의 가격과 행사가격을 비교해서 결정되고 행사가치(exercise value) 또는 경제적 가치(economic value)라고도 한다. 따라서 옵션의 내재가치는 옵션이 가지고 있는 현재의 행사가치를 나타낸다.

콜옵션은 현재주가가 행사가격보다 높은 내가격상태에 있으면 옵션을 행사하여 S－E만큼의 내재가치를 얻을 수 있다. 그러나 등가격상태나 외가격상태에 있으면 옵션을 행사하지 않을 것이므로 내재가치는 0이 된다. 따라서 콜옵션의 내재가치는 기초자산의 가격과 행사가격의 차이와 0 중에서 큰 값으로 측정한다.

$$\text{콜옵션의 내재가치} = Max[S-E,\ 0] \tag{11.8}$$

풋옵션은 현재주가가 행사가격보다 낮은 내가격상태에 있으면 옵션을 행사하여 E－S만큼의 내재가치를 얻을 수 있다. 그러나 등가격상태나 외가격상태에 있으면 옵션을 행사하지 않을 것이므로 내재가치는 0이 된다. 따라서 풋옵션의 내재가치는 행사가격과 기초자산의 가격의 차이와 0 중에서 큰 값으로 측정한다.

$$\text{풋옵션의 내재가치} = Max[E-S,\ 0] \tag{11.9}$$

옵션은 기초자산의 현재가격과 행사가격을 비교하여 어느 위치에 있느냐에 따라 내가격옵션(ITM), 등가격옵션(ATM), 외가격옵션(OTM)으로 구분된다.

┃표 11-7┃ 옵션의 상태

| 구분 | 콜옵션 | 풋옵션 |
|---|---|---|
| 내가격(ITM) | 기초자산가격(S) > 행사가격(E) | 기초자산가격(S) < 행사가격(E) |
| 등가격(ATM) | 기초자산가격(S) = 행사가격(E) | 기초자산가격(S) = 행사가격(E) |
| 외가격(OTM) | 기초자산가격(S) < 행사가격(E) | 기초자산가격(S) > 행사가격(E) |

### (2) 외재가치(extrinsic value)

옵션의 외재가치는 옵션의 최종거래일까지 잔존기간 동안 옵션이 유리한 방향으로 변동하여 옵션가치가 상승할 것이라고 예상하는 옵션매입자의 기대가 반영되어 있는 가치를 말하며 시간가치(time value)라고도 한다. 옵션의 시간가치는 옵션가격에서 내재가치를 차감하여 다음과 같이 구할 수 있다.

$$\text{시간가치} \ = \ \text{옵션가격} - \text{내재가치} \tag{11.10}$$

콜옵션(풋옵션)의 내재가치는 주가가 상승(하락)할수록 증가하고 옵션의 시간가치는 콜옵션과 풋옵션에 관계없이 잔존만기가 길수록 증가한다. 옵션의 시간가치는 콜옵션과 풋옵션에 관계없이 등가격옵션(ATM)에서 가장 크고 내가격옵션(ITM)에서는 감소하며 외가격옵션(OTM)에서는 내재가치는 없고 시간가치만 있다.

┃그림 11-17┃ 옵션가격의 구성

(a) 콜옵션       (b) 풋옵션

●━ 예제 11-4   옵션가격의 구성

현재 한국거래소 옵션시장에는 강남기업 주식을 기초자산으로 하고 행사가격이 42,000원이며 만기가 1년인 유럽형 콜옵션과 풋옵션이 거래되고 있다. 이산복리 무위험이자율이 5%라고 가정하여 다음 물음에 답하시오.

1. 강남기업 주식의 현재가격이 45,000원이고 콜옵션가격이 5,000원일 경우 콜옵션의 내재가치와 시간가치를 구하시오.

2. 강남기업 주식의 현재가격이 37,000원이고 풋옵션가격이 6,000원일 경우 풋옵션의 내재가치와 시간가치를 구하시오.

**풀이**

1. 콜옵션가격을 내재가치와 시간가치로 구분하면 다음과 같다.
   ① 내재가치 = Max[S−E, 0] = Max[45,000−42,000, 0] = 3,000원
   ② 시간가치 = 콜옵션가격−내재가치 = 5,000−3,000 = 2,000원
2. 풋옵션가격을 내재가치와 시간가치로 구분하면 다음과 같다.
   ① 내재가치 = Max[E−S, 0] = Max[42,000−37,000, 0] = 5,000원
   ② 시간가치 = 풋옵션가격−내재가치 = 6,000−5,000 = 1,000원

### 4. 풋−콜 등가

#### (1) 풋−콜 등가의 정의

시장균형상태에서 기초자산, 행사가격, 만기일이 모두 동일한 콜옵션가격과 풋옵션 가격은 일정한 등가관계를 갖는데, 이를 풋−콜 등가(put−call parity)라고 한다. 즉 주식, 풋옵션 그리고 콜옵션을 이용하여 무위험헤지포트폴리오를 구성할 경우에 콜옵션가격과 풋옵션가격간의 등가관계를 말한다.

#### (2) 풋−콜 등가의 도출

주식 1주를 매입하고 이 주식을 기초자산으로 하는 풋옵션 1개를 매입하며 풋옵션 과 행사가격 및 만기일이 동일한 콜옵션 1개를 매도하는 포트폴리오를 구성하면 옵션만 기일에 포트폴리오가치는 만기일의 주가변동에 관계없이 행사가격 E로 항상 동일하게 유지되어 무위험헤지상태에 있게 된다.

┃ 표 11-8 ┃ 무위험헤지포트폴리오의 구성

| 거래 | 현재가치 | 만기가치 | |
|---|---|---|---|
| | | $S_T > E$ | $S_T < E$ |
| 주 식 매 입 | S | $S_T$ | $S_T$ |
| 풋 옵 션 매 입 | P | 0 | $E - S_T$ |
| 콜 옵 션 매 도 | −C | $-(S_T - E)$ | 0 |
| 합계 | S+P−C | E | E |

무위험헤지포트폴리오를 구성한 투자자는 만기일의 주가변동에 관계없이 아무런 위험을 부담하지 않아 이러한 포트폴리오의 수익률은 시장균형상태에서 무위험이자율과 같아야 한다. 즉 무위험헤지포트폴리오의 현재가치(PV)는 포트폴리오의 만기가치(FV)를 무위험이자율로 할인한 현재가치와 동일해야 한다.

$$S + P - C = \frac{E}{(1 + R_f)^T} = PV(E) \leftarrow PV = \frac{FV_T}{(1 + r)^T} \qquad (11.11)$$

그리고 무위험헤지포트폴리오 최종거래일의 현금흐름(FV)은 현재의 투자금액(PV)을 무위험이자율로 투자한 결과와 동일해야 한다.

$$(S + P - C)(1 + R)^T = E \leftarrow PV(1 + r)^T = FV_T \qquad (11.12)$$

▌그림 11-18 ▌ 무위험헤지포트폴리오

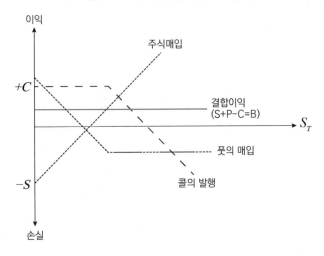

(3) 풋-콜 등가의 의미

시장균형상태에서 콜옵션가격과 풋옵션가격간의 균형관계를 나타내는 풋-콜 등가는 옵션가격을 결정하거나 옵션투자전략을 수립하는데 사용되는 중요한 식이다. 풋-콜 등가에 의한 균형관계가 성립하지 않으면 차익거래가 발생하고 차익거래로 인해 풋-콜 등가가 성립하는 균형상태로 돌아간다.

첫째, 콜옵션가격과 풋옵션가격 중에서 어느 하나의 옵션가격을 알게 되면 모든 조건이 동일한 다른 옵션의 가격은 풋−콜 등가를 이용하여 쉽게 산출할 수 있다. 예컨대 콜옵션가격을 알고 있다면 콜옵션과 모든 조건이 동일한 풋옵션가격은 풋−콜 등가를 이용하여 다음과 같이 구할 수 있다.

$$S + P - C = PV(E) \rightarrow P = C - S + PV(E) \tag{11.13}$$

둘째, 무위험헤지포트폴리오의 수익은 액면가액이 E인 순수할인채를 매입한 것과 동일한 효과를 갖는다. 이러한 순수할인채의 현재가격을 B로 표시하면 다음과 같이 나타낼 수 있다.

$$PV(E) = S + P - C \rightarrow B = S + P - C \tag{11.14}$$

셋째, 주식, 콜옵션, 풋옵션, 순수할인채를 적절히 결합하면 다양한 형태의 합성포지션(synthetic position)을 창출할 수 있다. 그리고 풋−콜 등가를 통해서 등가격옵션(ATM)의 경우 콜옵션가격은 풋옵션가격보다 행사가격에 대한 화폐의 시간가치만큼 높다는 것을 알 수 있다.

┃표 11-9┃ 합성포지션

| 합성포지션 | 풋−콜 등가(+는 매입, −는 매도) |
|---|---|
| 합 성 주 식 | $S = C - P + PV(E)$ |
| 합 성 풋 | $P = C - S + PV(E)$ |
| 합 성 콜 | $C = S + P - PV(E)$ |
| 합 성 할 인 채 | $PV(E) = S + P - C$ |
| 합성커버된 콜 | $S - C = P + PV(E)$ |
| 합성커버된 풋 | $S + P = C + PV(E)$ |

●─ 예제 11-5 │ 풋−콜 등가와 차익거래

건국기업의 현재 주가는 21,000원이고 이 주식을 기초자산으로 하고 행사가격이 22,000원이며 만기까지 1년 남아있는 콜옵션가격은 2,000원이다. 이산복리무위험이자율이 10%라고 가정하여 다음 물음에 답하시오.

434

1. 시장균형상태에서 위의 콜옵션과 조건이 동일한 풋옵션의 가격을 구하시오.

2. 위의 풋옵션이 시장에서 1,300원에 거래될 경우 차익거래과정을 설명하시오.

3. 위의 풋옵션이 시장에서 700원에 거래될 경우에 차익거래과정을 설명하시오.

 풀이

1. 시장균형상태에서 풋옵션가격은 풋-콜 등가를 이용하여 구할 수 있다.

$$P = C - S + \frac{E}{(1+R_f)^T} = 2,000 - 21,000 + \frac{22,000}{1.1} = 1,000원$$

2. P>C−S+PV(E) : 풋옵션의 실제가격 1,300원은 균형가격 1,000원보다 비싸게 거래되고 있다. 따라서 과대평가된 풋옵션은 매도하고 과소평가된 C−S+PV(E)를 매입, 즉 콜옵션매입, 주식공매, 무위험채권매입하면 300원의 이익을 얻을 수 있다.

| 거래 | 현재의 현금흐름 | 미래의 현금흐름 | |
|---|---|---|---|
| | | $S_T > E$ | $S_T < E$ |
| 풋옵션매도 | 1,300 | 0 | −(22,000−$S_T$) |
| 콜옵션매입 | −2,000 | $S_T$−22,000 | 0 |
| 주식공매 | 21,000 | −$S_T$ | −$S_T$ |
| 무위험할인채매입 | −20,000 | 22,000 | 22,000 |
| 합계 | 300 | 0 | 0 |

3. P<C−S+PV(E) : 풋옵션의 실제가격 700원은 균형가격 1,000원보다 싸게 거래되고 있다. 따라서 과소가된 풋옵션은 매입하고 과대평가된 C−S+PV(E)를 매도, 즉 콜옵션매도, 주식매입, 무위험채권매도하면 300원의 이익을 얻을 수 있다.

| 거래 | 현재의 현금흐름 | 미래의 현금흐름 | |
|---|---|---|---|
| | | $S_T > E$ | $S_T < E$ |
| 콜옵션매도 | 2,000 | −($S_T$−22,000) | 0 |
| 주식매도 | −21,000 | $S_T$ | $S_T$ |
| 무위험할인채매도 | 20,000 | −22,000 | −22,000 |
| 풋옵션매입 | −700 | 0 | 22,000−$S_T$ |
| 합계 | 300 | 0 | 0 |

> **제5절** 주요국의 옵션시장

주요국의 주가지수옵션시장은 미국, 영국, 프랑스, 일본, 독일의 순으로 개설되었으며, 거래량 기준으로는 인도의 BANK NIFTY옵션이 전 세계에서 가장 활발하게 거래가 이루어지고 있다.[4]

**┃표 11-10┃ 주요국 주가지수옵션시장 개요**

| 국가 | 기초자산지수 | 개설시기 | 거래소 |
|------|------|------|------|
| 미 국 | S&P100<br>S&P500 | 1983년 3월<br>1983년 7월 | 시카고옵션거래소(CBOE) |
| 영 국 | FTSE100 | 1984년 5월 | Euronext−LIFFE |
| 프랑스 | CAC40 | 1988년 11월 | Euronext−Paris |
| 일 본 | Nikkei225 | 1989년 6월 | 오사카거래소(OSE) |
| 독 일 | DAX30 | 1991년 8월 | Eurex |

**┃표 11-11┃ 세계 주가지수옵션 거래량 추이[1]**

(단위 : 백만계약)

| 기초자산 | | 2016 | 2017 | 2018 | 2019 | 2020 |
|------|------|------|------|------|------|------|
| 거래소 | 지수명 | | | | | |
| NSE | BANK NIFTY | 320 | 800 | 1,587 | 2,994 | 4,295 |
| NSE | CNX NIFTY | 715 | 562 | 622 | 1,161 | 2,373 |
| KRX | KOSPI200 | 337 | 540 | 658 | 638 | 611 |
| CBOE | S&P500 | 258 | 292 | 371 | 319 | 313 |
| EUREX | Euro STOXX50 | 286 | 263 | 274 | 270 | 295 |
| TAIFEX | TAIEX | 167 | 186 | 194 | 170 | 202 |
| 전체 | | 2,765 | 3,368 | 4,355 | 6,158 | 9,019 |

주 : 1) 연간 거래량 기준
자료 : FIA, WFE

---

4) 한국은행, 한국의 금융시장, 2021, 332-336쪽.

## 1. 미국

미국의 주가지수옵션은 1983년 3월 시카고옵션거래소(CBOE)에 S&P100옵션이 도입되고 그해 7월 S&P500옵션이 상장되면서 활성화되었다. 미국의 대표적인 주가지수옵션시장인 시카고옵션거래소의 거래시간은 08:30~15:15이며 공개호가 또는 전자거래방식으로 옵션이 거래된다. 특히 S&P500옵션의 경우에는 전자거래시스템에 기반한 정규외시장이 개설되어 있으며 거래가능시간은 02:00~08:15이다.

결제월물 및 최종거래일은 주가지수옵션별로 다르다. S&P500옵션은 최근 12개 월물이 상장되며 만기 12개월에서 60개월 사이 10개 결제월물이 추가적으로 상장될 수 있다. 각 결제월물의 만기일은 만기월의 세번째 금요일, 만기일의 전 영업일에 최종거래가 이루어진다. S&P100옵션은 최근 4개 결제월물과 이를 제외한 3월, 6월, 9월, 12월중 현 시점에 가까운 1개 결제월물 등 총 5개 결제월물이 상장된다. 각 결제월물의 만기일은 만기월의 세 번째 금요일, 최종거래일은 만기일과 같다.

S&P500옵션과 S&P100옵션의 거래단위는 1계약이고 프리미엄은 포인트로 표시되며 1포인트를 100달러로 하여 금액으로 환산된다. 프리미엄의 최소변동폭인 호가단위는 프리미엄의 수준에 따라 3.00포인트를 초과하면 0.10포인트 그리고 3.00포인트 이하이면 0.05포인트로 이원화되어 있다. 투자자보호장치에 있어서는 일중 가격변동에 대한 제한은 없으나 뉴욕증권거래소(NYSE)에서 서킷브레이커가 발동되면 동시에 거래가 중단된다.

‖ 표 11-12 ‖ 미국의 주요 주가지수옵션 개요[1]

| 구분 | S&P500옵션 | S&P100옵션 |
|---|---|---|
| 결 제 월 | 최근 12개 월물*<br>* 만기 12개월에서 60개월 사이의 10개 월물 추가 상장 가능 | 최근 5개 월물*<br>* 최근 4개 월물과 이를 제외한 3월, 6월, 9월, 12월 중 근접한 1개 월물 |
| 최 종 거 래 일 | 만기일(세 번째 금요일) 전 영업일 | 만기일(세 번째 금요일) |
| 거 래 시 간 | 정규시장 : 08:30~15:15<br>정규외시장 : 02:00~08:15 | 08:30~15:15 |
| 거 래 단 위<br>(거 래 금 액) | 계약(옵션가격 × $100) | |
| 최종결제가격 | 만기일(세 번째 금요일)의 시초가로 산출한 특별결제지수 | 만기일(세 번째 금요일)의 종가로 산출한 특별결제지수 |

金融상품론

| 호 가 단 위 | 옵션가격 3포인트 초과 : 0.10포인트, 옵션가격 3포인트 이하 : 0.05포인트 | |
|---|---|---|
| 거 래 체 결 수 단 | 정규 : Hybrid Trading System(공개 호가와 전자거래방식 병행)<br>시간외 : 전자거래방식 | |
| 투자자보호장치 | 일중 가격제한폭 없음, 뉴욕증권거래소에서의 서킷브레이커 발동시 거래 중단 | |
| 권 리 행 사 유 형 | 유럽형 | 유럽형, 미국형 |

주 : 1) 2021년 6월말 현재

## 2. 일본

일본의 주가지수옵션은 1989년 6월 오사카증권거래소에 Nikkei225옵션이 도입되었다. 일본의 대표적인 주가지수옵션인 Nikkei225옵션의 거래시간은 거래체결기준으로 주간장(08:45~15:15), 야간장(16:30~06:00)으로 구분된다. 상장 결제월물은 3월, 6월, 9월, 12월 결제월물 19개와 이를 제외한 근월물 6개 등 총 25개 결제월물로 구성되고, 최종거래는 만기월의 두번째 금요일인 만기일의 직전 영업일에 이루어진다. 최종결제가격은 주가지수선물과 같이 특별결제지수가 적용된다.

거래 및 호가단위는 옵션가격 수준에 따라 최소변동폭이 1포인트, 5포인트로 차등화되며 거래금액은 옵션가격에 1,000엔을 곱하여 구한다. 투자자보호장치에서는 단계별 가격변동폭 제한방식을 운영한다. 최초 가격변동폭 제한수준은 옵션가격에 따라 4~11%로 차등화되고 제한수준에 도달할 때 3%를 더한 수치를 다음 단계 수준으로 설정하는 과정이 두 차례 허용되며 가격제한폭 확대시 10분간 거래가 중단된다. 주가지수선물시장에서 서킷브레이커가 발동되면 옵션거래도 중단된다.

┃표 11-13 ┃ 일본 오사카거래소의 주가지수옵션 개요[1]

| 구분 | Nikkei225옵션 |
|---|---|
| 결 제 월 물 수 | 25개 월물*<br>* 3월·9월물 3개, 6월·12월물 16개, 기타월 6개 |
| 최 종 거 래 일 | 각 결제월의 두 번째 금요일(만기일)의 전 영업일 |
| 거 래 시 간 | 08:45~15:15, 16:30~06:00 |
| 거 래 단 위<br>(거 래 금 액) | 계약(옵션가격×1,000엔) |
| 최 종 결 제 가 격 | 만기일 해당 주식의 시초가를 기준으로 산출되는 특별결제지수 |

438

| 호 가 단 위 | 옵션가격 100포인트 이하 : 1포인트, 100포인트 초과 : 5포인트 |
|---|---|
| 투자자보호장치 | 일중 가격변동폭 제한 : 최초 가격제한폭 수준*에서 3%씩 더해가며 단계적으로 제한 수준을 확대(최대 2차례)<br>* 옵션가격에 따라 4%, 6%, 8%, 11%로 차등 설정<br>서킷브레이커 : 주가지수선물시장에서 서킷브레이커 발동시 거래 중단 |
| 권 리 행 사 방 식 | 만기일에만 가능 |

주 : 1) 2021년 6월말 현재

## 3. 유로지역

유로지역에서 주가지수옵션은 독일의 EUREX에서 활발하다. EUREX의 EURO STOXX50옵션은 만기일에 권리행사가 가능한 유로형옵션으로 최장 9년 11개월 이후 만기가 도래하는 상품까지 거래 가능하다. 거래시간은 PreTrading 7:30∼8:50, Trading 8:50∼17:30, Post-Trading 17:30∼20:30으로 구분되며 최종결제가격은 만기일(만기월의 세번째 금요일) 11:50~12:00 기초자산 인덱스의 평균가격으로 산정된다. 거래단위 및 가격은 계약 및 프리미엄으로 표시되고 1포인트를 10유로로 하여 금액으로 환산된다. 프리미엄의 최소변동폭인 호가단위는 0.1포인트이다.

┃표 11-14┃ 독일 EUREX 선물거래소의 주가지수옵션 개요[1]

| 구분 | EURO STOXX50옵션 |
|---|---|
| 결 제 월 | 최근 연속 6개월물<br>이후 3월, 6월, 9월, 12월 기준 2개 월물<br>이후 6월, 12월 기준 4개 월물<br>이후 12월 기준 7개월물(최장 9년 11개월) |
| 최 종 거 래 일 | 각 만기월의 세 번째 금요일(휴장일인 경우 직전 영업일) |
| 거 래 시 간 | pre-trading 시간 : 7:30~8:50<br>trading 시간 : 8:50~17:30<br>post-trading 시간 : 17:30~20:30 |
| 거 래 단 위<br>(거 래 금 액) | 계약(옵션가격×10유로) |
| 호 가 단 위 | 0.1포인트 |
| 최소가격변동금액 | 1유로(10유로×0.1) |
| 투 자 자 보 호 장 치 | 일중 가격변동 제한폭 없음 |

주 : 1) 2021년 6월말 현재

보론 11-1                                                     변동성지수

변동성지수(Volatility Index)는 옵션가격을 이용하여 기초자산인 주가지수의 미래 변동성을 측정한 지수를 말하며 일반적으로 시황 및 투자판단지표로 활용되고 특히 주가하락시 크게 상승하여 공포지수로 불린다. 또한 변동성지수는 선물·옵션 등의 기초자산으로 활용될 수 있어 투자자들은 변동성 금융상품을 통해 변동성위험 헤지는 물론 여타 금융상품과의 다양한 연계거래도 할 수 있다.[5]

변동성지수에는 미국의 VIX(Volatility Index), 유럽의 VSTOXX가 있다. 우리나라는 한국거래소가 2009년 4월부터 코스피200 옵션가격을 이용하여 코스피200의 변동성을 측정한 V-KOSPI200를 산출·발표하고 있다. 변동성지수를 기초자산으로 하는 금융상품에는 미국의 VIX 선물 및 옵션, 유럽의 VSTOXX 선물 및 옵션 등이 있으며 우리나라의 코스피200 변동성지수(V-KOSPI200) 선물이 있다.

코스피200 변동성지수는 글로벌 금융위기로 2008년 10월 최고치 89.3p까지 급등한 후 급락했으며, 2011년 미 국가신용등급 강등시 큰 폭 등락한 이후 안정세를 보였으나 위안화 평가절하(2015년), 홍콩H지수 급락 및 브렉시트 결정(2016년), 미·중 무역분쟁 심화(2018년) 등 금융시장에 부정적 영향을 주는 사건이 발생할 때마다 급등락하였다. 2020년 3월 코로나19 확산에 따른 실물경제 위축으로 글로벌 금융위기 이후 가장 높은 69.2p를 기록한 이후 주가지수가 급반등하여 최고치를 기록하는 등 금융시장이 안정세를 보이면서 코로나19 이전 수준으로 낮아졌다.

▌그림 11-19 ▌ VKOSPI 및 코스피200 추이

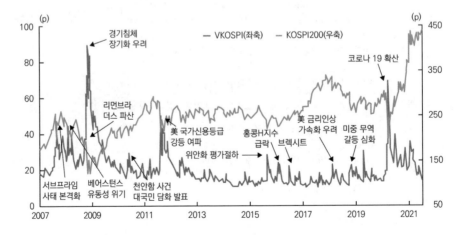

자료 : 한국거래소

---

5) 한국은행, 한국의 금융시장, 2021, 327–328쪽.

## 제1절 옵션의 개요

1. 옵션의 정의 : 기초자산을 행사가격으로 매입하거나 매도할 수 있는 권리
2. 옵션의 특징 : 옵션매입자는 권리만 보유하고 옵션매도자는 의무만 부담함
3. 옵션의 종류 : 콜옵션과 풋옵션, 유럽형옵션과 미국형옵션, 상품옵션과 금융옵션
4. 옵션의 기능 : 위험헤지의 기능, 레버리지의 기능, 합성증권의 창출

## 제2절 옵션의 만기가치

1. 콜옵션의 만기가치 : 매입자 $C_T = Max[S_T-E,\ 0]$, 매도자 $C_T = Min[E-S_T,\ 0]$
2. 풋옵션의 만기가치 : 매입자 $P_T = Max[E-S_T,\ 0]$, 매도자 $P_T = Min[S_T-E,\ 0]$

## 제3절 옵션의 투자전략

1. 순수포지션 : 하나의 주식이나 옵션만을 매입하거나 매도하는 전략
2. 헤지포지션 : 주식과 옵션을 결합하여 주식(옵션)의 손실을 옵션(주식)으로 보전
3. 스프레드 : 행사가격과 만기일만 상이한 옵션을 하나는 매입하고 다른 하나는 매도하는 전략
4. 콤비네이션 : 기초자산이 동일한 콜옵션과 풋옵션을 매입하거나 매도하는 전략

## 제4절 옵션가격의 결정

1. 옵션가격의 결정요인 : C 또는 $P = f(S,\ E,\ T,\ \sigma^2,\ R_f,\ D)$

| 결정요인 | 콜옵션가격 | 풋옵션가격 |
|---|---|---|
| 기초자산의 현재가격↑<br>행사가격↑ | 상승<br>하락 | 하락<br>상승 |
| 만기까지 잔존기간↑<br>기초자산의 가격분산↑ | 상승<br>상승 | 상승<br>상승 |
| 무위험이자율↑<br>기초자산의 현금배당↑ | 상승<br>하락 | 하락<br>상승 |

2. 옵션가격의 결정범위
① 콜옵션가격의 범위 : $Max[S-PV(E),\ 0] \leq C \leq S]$
② 풋옵션가격의 범위 : $Max[PV(E)-S,\ 0] \leq P \leq PV(E)$

3. 옵션가격의 구성 : 옵션가격 = 내재가치+시간가치
4. 풋–콜 등가 : 모든 조건이 동일한 콜옵션가격과 풋옵션가격간의 균형관계식

$$S+P-C = PV(E)$$

**1.** 다음 중 옵션에 대한 설명으로 옳지 않은 것은?

① 옵션은 조건부청구권으로 매입자의 의사에 따라 행사되지 않을 수도 있다.

② 옵션매도자는 옵션매입자가 권리를 행사하면 반드시 의무를 이행해야 한다.

③ 옵션은 불리한 가격변동으로 인한 위험에 대한 헤지수단이 된다.

④ 옵션은 기업가치에 중요한 영향을 미친다.

| 해설 | 옵션은 매도자와 매입자간의 거래이므로 기업가치와는 무관하다.


**2.** 다음 중 옵션에 대한 설명으로 옳지 않은 것은?

① 옵션에는 만기일에만 행사할 수 있는 옵션도 있을 수 있으나 대부분의 경우에 옵션은 만기일 이전에 아무 때나 행사할 수도 있다.

② 기초자산이 주식인 콜옵션의 현재가격은 그 주식의 현재가격이 아닌 거래가격에 의해 변동된다.

③ 옵션은 조건부청구권을 나타내는 증권의 일종으로 투자자들에게 위험을 회피할 수 있는 수단을 제공한다.

④ 기초자산을 매입할 수 있는 권리가 콜옵션이고, 매도할 수 있는 권리가 풋옵션이다.

⑤ 콜옵션의 현재가격은 기초자산 수익률의 변동성이 클수록 증가한다.

| 해설 |

| 결정요인 | 콜옵션가격 | 풋옵션가격 |
|---|---|---|
| 기초자산의 현재가격↑ | 상승 | 하락 |
| 행사가격↑ | 하락 | 상승 |
| 만기까지 잔존기간↑ | 상승 | 상승 |
| 기초자산의 가격분산↑ | 상승 | 상승 |
| 무위험이자율↑ | 상승 | 하락 |
| 기초자산의 현금배당↑ | 하락 | 상승 |

3. 완전자본시장에서 차익거래기회가 없다고 가정할 경우에 주식을 기초자산으로 하는 유럽형옵션에 관한 설명 중 가장 적절하지 않은 것은? 단, 문항에서 제시한 조건 이외에 다른 모든 조건은 일정하다.

① 주식가격이 상승하면 풋옵션의 가격은 하락한다.
② 행사가격이 클수록 콜옵션의 가격은 낮게 형성된다.
③ 잔존만기가 길수록 풋옵션의 가격은 높게 형성된다.
④ 무위험이자율이 상승하면 콜옵션의 가격은 상승한다.
⑤ 예상배당이 클수록 풋옵션의 가격은 높게 형성된다.

| 해설 | 만기가 유럽형 풋옵션의 가격에 미치는 영향은 명확하지 않다. 만기가 길수록 행사가격의 현재가치가 작아져서 풋옵션가격이 낮아지는 효과와 기초주식의 가격분산이 커져서 풋옵션가격이 높아지는 효과도 있기 때문이다.


4. 다음 중 유럽형옵션의 가격변동에 대한 설명으로 옳지 않은 것은?

① 기초증권의 가격이 상승하면 콜옵션의 가격은 상승한다.
② 기초증권의 가격이 상승하면 풋옵션의 가격은 하락한다.
③ 기초증권의 수익률의 분산이 증가하면 콜옵션의 가격은 상승한다.
④ 기초증권의 수익률의 분산이 증가하면 풋옵션의 가격은 하락한다.
⑤ 무위험이자율이 상승하면 콜옵션의 가격은 상승한다.

| 해설 | 기초자산의 수익률의 분산이 증가하면 콜옵션이나 풋옵션 모두 가격이 상승한다.


5. 다음 중 옵션의 시간가치에 대한 설명으로 옳은 것은?

① 시간가치는 기초자산의 가격이 옵션매입자에게 유리한 방향으로 변동할 가능성 때문이다.
② 내재가치가 없는 외가격옵션은 시간가치도 없다.
③ 시간가치와 내재가치는 정비례한다.
④ 시간가치는 옵션의 만기와 무관하게 결정된다.

| 해설 | ② 내재가치가 없는 외가격옵션도 시간가치는 없다.
③ 시간가치는 등가격옵션에서 가장 크다.
④ 시간가치는 옵션의 만기에 근접하면 감소한다.

**6.** 현재 기초자산의 가격은 205포인트이고 행사가격이 210포인트인 콜옵션을 프리미엄 6에 매도한 경우에 어떤 상태에 있는 옵션인가?

① 외가격옵션(out of the money)

② 심외가격옵션(deep out of the money)

③ 내가격옵션(in of the money)

④ 등가격옵션(at the money)

| 해설 | 콜옵션매도자는 기초자산의 가격이 손익분기점(행사가격+콜옵션가격)보다 작을 경우에 이익이 발생한다.

| 구분 | 콜옵션 | 풋옵션 |
|---|---|---|
| 내가격(ITM) | 기초자산가격(S) 〉행사가격(E) | 기초자산가격(S) 〈 행사가격(E) |
| 등가격(ATM) | 기초자산가격(S) = 행사가격(E) | 기초자산가격(S) = 행사가격(E) |
| 외가격(OTM) | 기초자산가격(S) 〈 행사가격(E) | 기초자산가격(S) 〉행사가격(E) |

**7.** 우리기업 주식의 현재가격은 20,000원이고 행사가격은 15,000원이다. 옵션의 만기일이 1개월 남은 우리기업의 콜옵션가격을 7,000원이라고 가정할 경우에 콜옵션의 시간가치는 얼마인가?

① 2,000원          ② 3,000원

③ 4,000원          ④ 5,000원

| 해설 | 옵션가격 = 내재가치+시간가치 → 시간가치 = 옵션가격-내재가치
내재가치는 5,000원(=20,000-15,000)이므로 시간가치는 2,000원이다.

**8.** 다음 중 옵션가격이 시간가치로만 구성되어 있는 경우로 옳은 것은?

| | |
|---|---|
| 가. 내가격옵션(ITM) | 나. 등가격옵션(ATM) |
| 다. 외가격옵션(OTM) | |

① 가, 나          ② 나, 다

③ 가, 다          ④ 가, 나, 다

| 해설 | 옵션가격은 내재가치와 시간가치로 구성된다. 내가격상태의 옵션은 내재가치와 시간가치로 구성되고, 등가격상태나 외가격상태의 옵션가격은 시간가치로만 구성된다.

**9.** 다음 중 옵션의 시간가치와 내재가치에 대한 설명으로 옳은 것은?

① 시간가치는 기초자산의 가격이 옵션매입자에게 유리한 방향으로 변동할 가능성 때문에 발생한다.

② 내재가치는 옵션이 등가격(ATM)옵션이 될수록 커진다.

③ 시간가치는 옵션이 내가격(ITM)옵션이 될수록 커진다.

④ 시간가치는 옵션의 만기와는 무관하다.

⑤ 만기가 많이 남은 옵션일수록 옵션의 내재가치가 크다.

| 해설 | ②와 ⑤는 시간가치에 대한 설명이며, ③은 시간가치에 대한 설명이다. 시간가치는 옵션의 만기가 길수록 커진다.


**10.** 현재 한국거래소에서 10,000원에 거래되는 동국기업의 주식을 기초자산으로 하는 유럽형 콜옵션과 풋옵션을 거래하려고 한다. 옵션의 만기가 1개월 남았을 경우 다음 중 내재가치가 가장 큰 옵션은?

① 행사가격 8,000원인 풋옵션          ② 행사가격 8,500원인 콜옵션

③ 행사가격 10,000원인 콜옵션         ④ 행사가격 10,000원인 풋옵션

| 해설 | 콜옵션의 내재가치 = 기초자산의 가격 − 행사가격
풋옵션의 내재가치 = 행사가격 − 기초자산의 가격


**11.** 투자자 홍길동은 행사가격이 25,000원인 콜옵션을 4,000원에 2개 매입하였고, 행사가격이 40,000원인 콜옵션을 2,500원에 1개 발행하였다. 옵션의 만기일에 기초주식 가격이 50,000원, 옵션의 기초주식과 만기일은 동일하며 거래비용은 없다고 가정하여 이러한 투자전략의 만기가치와 투자자의 만기손익을 각각 구하면?

| | 투자전략의 만기가치 | 투자자의 만기손익 |
|---|---|---|
| ① | 15,000원 | 13,500원 |
| ② | 25,000원 | 23,500원 |
| ③ | 30,000원 | 27,000원 |
| ④ | 35,000원 | 30,000원 |
| ⑤ | 40,000원 | 34,500원 |

| 해설 | 행사가격 25,000원 콜옵션의 가치 : $C = Max[50,000 - 25,000, 0] = 25,000$원
행사가격 40,000원 콜옵션의 가치 : $C = Max[50,000 - 40,000, 0] = 10,000$원
투자자의 만기가치 = 25,000원×2개−10,000원×1개 = 40,000원
현재시점 투자금액 = 4,000원×2개−2,500원×1개 = 5,500원
투자자의 만기손익 = 40,000원−5,500원 = 34,500원

**12.** 동국기업의 주식은 다음과 같은 확률분포를 가지고 있다. 동국기업의 주식에 대해 유럽형 콜옵션이 발행되었고, 옵션만기일은 3개월 후이며 행사가격은 5,000원이다. 옵션의 만기일에 콜옵션 기대값은 얼마인가?

| 주가 | 2,000원 | 4,000원 | 6,000원 | 8,000원 | 10,000원 |
|------|---------|---------|---------|---------|----------|
| 확률 | 0.1 | 0.2 | 0.4 | 0.2 | 0.1 |

① 500원                 ② 1,000원

③ 1,500원               ④ 2,000원

⑤ 3,000원

| 해설 | $E(C)$ = 1,000×0.4+3,000×0.2+5,000×0.1 = 1,500원

**13.** 다음 중 콜옵션매입자는 기초자산의 가격이 어떤 범위에 있을 경우 이익을 얻을 수 있는가?

① 기초자산의 가격〉행사가격

② 기초자산의 가격〈행사가격

③ 기초자산의 가격〉행사가격+콜옵션가격

④ 기초자산의 가격〈행사가격+콜옵션가격

| 해설 | 콜옵션매입자는 기초자산의 가격이 손익분기점(행사가격+콜옵션가격)보다 클 경우에 이익이 발생한다.

**14.** 다음 중 풋옵션매입자는 기초자산의 가격이 어떤 범위에 있을 경우 이익을 얻을 수 있는가?

① 기초자산의 가격〉행사가격

② 기초자산의 가격〈행사가격

③ 기초자산의 가격〉행사가격−풋옵션가격

④ 기초자산의 가격〈행사가격−풋옵션가격

| 해설 | 풋옵션매입자는 기초자산의 가격이 손익분기점(행사가격−풋옵션가격)보다 작을 경우에 이익이 발생한다.

**15.** 다음 중 주가가 하락할 것으로 예상하여 주식을 공매한 투자자가 불리한 가격변동위험을 회피할 수 있는 방법은?

① 콜옵션을 매입한다.　　　　　② 콜옵션을 매도한다.

③ 풋옵션을 매입한다.　　　　　④ 풋옵션을 매도한다.

| 해설 | 주가가 하락할 것으로 예상하여 주식을 공매한 투자자는 예상과 달리 주가가 상승하면 손실을 입게 된다. 이때 주식공매와 함께 콜옵션을 매입하면 손실을 크게 줄일 수 있다.

**16.** 콜옵션을 보유한 투자자 홍길동은 기초자산인 주식가격이 앞으로 상승할 것으로 예상하여 주식을 매입하고자 한다. 주식을 매입하지 않고 콜옵션과 결합하여 주식을 매입한 경우와 동일한 투자성과를 실현시킬 수 있는 방법은?

① 풋옵션매입　　　　　　　　② 풋옵션매도

③ 콜옵션매도　　　　　　　　④ 주식공매

| 해설 | 콜옵션을 매입하고 동일한 조건의 풋옵션을 매도할 경우에 주식을 매입한 경우와 동일한 손익을 얻을 수 있다. $S+P-C = PV(E) \rightarrow C-P = S-PV(E)$

**17.** 풋옵션을 보유한 투자자 홍길동은 기초자산인 주식가격이 앞으로 하락할 것으로 예상하여 주식을 공매하고자 한다. 주식을 공매하지 않고 풋옵션과 결합하여 주식을 공매한 경우와 동일한 투자성과를 실현시킬 수 있는 방법은?

① 콜옵션매입　　　　　　　　② 콜옵션매도

③ 풋옵션매도　　　　　　　　④ 주식매입

| 해설 | 풋옵션을 매입하고 동일한 조건의 콜옵션을 매도할 경우에 주식을 공매한 경우와 동일한 손익을 얻을 수 있다. $S+P-C = PV(E) \rightarrow P-C = PV(E)-S$

**18.** 다음 중 풋-콜 등가(put-call parity)로 옳은 것은?

① 주식매입+풋옵션매입 = 콜옵션매입+채권매입

② 주식매입+풋옵션매도 = 콜옵션매도+채권매입

③ 주식매입+풋옵션매입 = 콜옵션매도+채권매입

④ 주식매입+풋옵션매도 = 콜옵션매입+채권매입

| 해설 | $S+P-C = PV(E) \rightarrow S+P = C+PV(E)$

**19.** (주)가나다는 만기가 1년이고 행사가격이 10,000원인 유럽형 콜옵션과 풋옵션을 발행하였다. 가나다의 현재주가는 10,000원이고, 액면가액이 10,000원인 1년 만기 무위험채권의 가격은 9,000원이다. 현재 콜옵션의 가격이 2,000원이라고 가정할 경우에 풋옵션의 가격은 얼마인가?

① 1,000원
② 1,500원
③ 2,000원
④ 2,500원

| 해설 | 액면가액이 10,000원인 1년 만기 무위험채권의 가격은 9,000원이다. 풋-콜 등가를 이용하면 행사가격의 현재가치는 9,000원이 되고, 풋옵션가격은 1,000원이 된다.

$$P = -S + C + \frac{E}{(1+R_f)^T} = -10,000 + 2,000 + 9,000 = 1.000$$

**20.** 다음 중 행사가격이 동일한 풋-콜 등가에 대한 설명으로 옳은 것은?

① 동일한 기초주식에 대해 발행된 동일한 만기의 등가격 풋옵션과 콜옵션의 가격은 항상 같다.
② 동일한 기초주식에 대해 발행된 동일한 만기의 풋옵션과 콜옵션간에는 일정한 관계가 유지되어야 한다.
③ 동일한 기초주식에 대해 발행된 동일한 만기의 등가격 풋옵션과 콜옵션의 가격은 평행으로 움직인다.
④ 만기가 서로 다른 풋옵션과 콜옵션의 경우에도 풋-콜 등가는 성립한다.

| 해설 | 시장균형상태에서 기초자산, 행사가격, 만기일이 모두 동일한 풋옵션가격과 콜옵션가격은 일정한 관계를 갖는데, 이를 풋-콜 등가(put-call parity)라고 한다.

정답
1. ④  2. ②  3. ③  4. ④  5. ①  6. ③  7. ①  8. ②  9. ①  10. ③
11. ⑤  12. ③  13. ③  14. ④  15. ①  16. ②  17. ②  18. ①  19. ①  20. ②

C·h·a·p·t·e·r

# 12

## 스왑거래

스왑금융은 거래당사자의 한쪽이 상대방에게 고정(변동)금리를 지급하는 대신 변동(고정)금리를 수취하기로 약정한 계약으로 계약내용이 거래당사자의 합의에 의해 결정되고 장외시장에서 거래된다는 점에서 선도거래와 유사하다. 스왑거래를 이용하면 금리변동이나 환율변동에 따른 위험을 효과적으로 관리할 수 있다.

## 제1절 스왑거래의 개요

### 1. 스왑거래의 등장

스왑거래의 기원은 1970년대 초 미국과 영국간에 성행했던 평행대출과 국제상호직접대출에서 찾을 수 있다. 당시 대부분의 국가들은 국내자금의 해외유출을 막기 위해 외환통제가 엄격했는데, 금융기관과 다국적기업들은 외환통제를 회피하기 위한 수단으로 평행대출과 국제상호직접대출을 많이 이용하였다.

1980년대 들어 통화스왑을 포함한 스왑금융은 금리변동과 환율변동에 따른 위험을 효과적으로 관리하는 동시에 차입비용도 절감하는 금융기법으로 발전되어 왔다. 최근에는 다국적기업을 비롯한 개별기업이 스왑거래를 적극 활용하고 있으며, 세계은행 등 국제금융기구와 정부도 스왑금융시장에 참여하고 있다.

스왑거래는 외환시장에서 이종통화간 현물환거래와 선물환거래가 반대방향으로 동시에 이루어지는 거래로서 환위험을 회피하거나 통화간 일시적인 불균형을 해소하기 위한 수단으로 널리 이용되었다. 그러나 최근에는 금리스왑, 통화스왑 그리고 외환스왑 등 거래목적에 따라 다양한 형태로 발전해 가고 있다.

스왑거래는 국제무역에서 비교우위의 원리를 금융거래에 응용한 것이다. 개별기업이나 금융기관들은 서로 다른 금융시장에서 자금을 조달하기 때문에 비교우위가 발생한다. 따라서 비교우위가 있는 시장에서 자금을 차입한 후 차입금리, 지급조건을 서로 교환하면 이익을 얻기 때문에 스왑거래가 이루어진다.

스왑거래는 이용이 편리하고 다양한 상품이 개발될 수 있다는 장점으로 외환금융거래상품 가운데 빠른 속도로 증가하고 있다. 또한 국제스왑딜러협회(ISDA)가 금리스왑과 통화스왑의 표준계약을 발행하면서 스왑시장의 유동성은 크게 증가하였다. 오늘날 스왑거래는 일반증권과 같은 형태로 발전해 가고 있다.

**┃그림 12-1 ┃ 직접대출, 평행대출, 국제상호직접대출의 현금흐름**

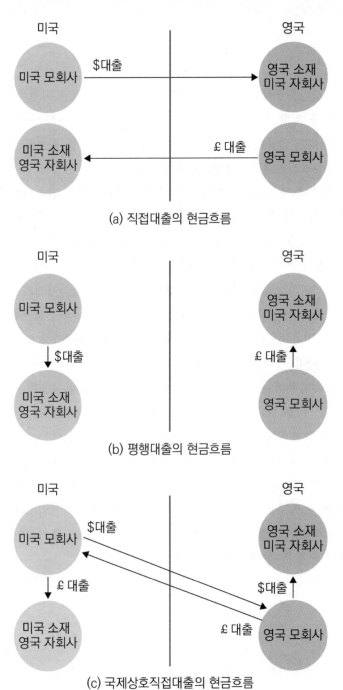

(a) 직접대출의 현금흐름

(b) 평행대출의 현금흐름

(c) 국제상호직접대출의 현금흐름

(a)는 미국 모회사가 영국소재 미국 자회사에 달러자금을 직접대출하거나 영국 모회사가 미국소재 영국 자회사에 파운드자금을 직접대출하는 경우의 현금흐름을 나타낸다. 미국과 영국의 모회사가 직접대출에서 외환통제를 받을 경우에 양국의 모회사는 평행대출을 통해 자국소재 상대국 자회사에 자국통화를 대출할 수 있다.

(b)는 미국 모회사가 미국소재 영국 자회사에 달러자금을 대출해 주는 대신에 영국 모회사는 영국소재 미국 자회사에 파운드자금을 대출해 주는 평행대출의 현금흐름을 나타내며 국제간에 자금이동이 발생하지 않아 정부의 외환통제를 회피할 수 있는 반면에 대출과정에 금융기관이 개입하지 않아 신용위험이 발생할 수 있다.

(c)는 미국과 영국의 모회사가 달러자금과 파운드자금을 상호 직접대출한 후 이를 다시 양국의 자회사에 평행대출을 실시할 경우 현금흐름을 나타낸다. 국제상호직접대출은 양국의 모회사가 채무를 상계할 수 있어 평행대출보다 신용위험을 감소시킬 수 있으나 국가간에 자금이동이 발생하여 정부의 외환통제를 피할 수 없다.

1971년 미국의 닉슨대통령이 금태환 중지를 선언한 이후에 브레튼우즈협정이 붕괴되고 고정환율제도가 변동환율제도로 전환되면서 외환통제는 점차 철폐되었다. 이에 따라 다국적기업들은 세계 각국의 자회사에 자금을 무제한으로 대출할 수 있었던 반면에 변동환율제도의 시행으로 환율변동위험이 크게 증가하였다.

한편 1970년대 두 차례의 오일쇼크에 의한 인플레이션과 세계경제의 불황으로 각국 금리변동이 확대되는 상황에서 직접대출시 발생하는 환위험과 평행대출시 발생하는 신용위험을 제거할 수 있는 통화스왑이 1976년에 영국에서 등장하였다. 또한 1981년에는 금리변동위험을 제거하기 위한 금리스왑이 개발되었다.


## 2. 스왑거래의 정의

스왑(swap)은 교환한다는 의미이다. 교환의 대상이 원유나 곡물과 같은 일반상품이면 상품스왑이라 하고, 통화나 채권과 같은 금융상품이면 금융스왑이라고 한다. 금융스왑은 미래의 정해진 기간 또는 기간 동안에 각자가 소유한 서로 다른 현금을 교환하기로 스왑거래의 당사자간에 약정을 체결한 계약을 의미한다.

스왑거래는 거래당사자가 미래현금흐름을 일정기간 교환하기로 약정한 계약으로 계약내용이 당사자의 합의에 의해 결정되고 장외시장에서 사적인 형태로 계약이 체결된다는 점에서 선도거래와 유사하다. 다만, 선도거래가 미래의 한 시점에서 현금흐름을 교환하지만 스왑거래는 여러 시점에서 현금흐름을 교환한다.

전통적 스왑거래는 외환시장에서 이종통화간의 현물환거래와 선물환거래가 서로 반대방향으로 동시에 이루어지는 이중거래를 말한다. 대부분 환포지션을 커버하여 환율변동에 따른 환위험을 회피하거나 외환시장에서 이종통화간에 일시적인 자금수지의 불균형을 해소하기 위한 수단으로 이용되어 왔다.

최근에 스왑금융은 시장간 스프레드의 차익거래를 통해 위험부담 없이 추가적인 이익실현을 가능하게 하고 차입비용의 절감과 이종통화간 자금수지의 불균형에 의한 유동성제약을 해소한다. 또한 새로운 시장에의 접근을 용이하게 하는 등 과거의 스왑거래에 비해서 다양한 이용가치를 제공하고 있다.

스왑거래가 성립되기 위해서는 스왑거래당사자들의 거래조건에 대한 합의가 이루어져야 한다. 그런데 스왑계약을 체결하면 스왑거래를 하지 않았을 경우에 얻을 수 있는 기회이익을 포기해야 하고 스왑거래 자체의 거래불이행에 따른 신용위험과 시장위험이 내포되어 있다는 점에 유의할 필요가 있다.

### 3. 스왑거래의 종류

국제금융시장의 통합화, 정보기술의 혁신 그리고 장부외거래의 신장을 배경으로 급속히 발전한 스왑거래는 거래대상과 교환되는 현금흐름에 따라서 이자지급조건을 교환하는 금리스왑, 서로 다른 통화의 원리금상환의무를 교환하는 통화스왑, 금리스왑과 통화스왑을 결합한 혼합스왑 그리고 외환스왑으로 구분된다.

### (1) 금리스왑

금리스왑(interest rate swap)은 스왑거래의 당사자가 동일한 통화로 표시된 각자의 차입금에 대한 이자지급의무를 서로 교환하여 지급하기로 약정한 거래를 말한다. 스왑에서 가장 큰 비중을 차지하는 금리스왑은 차입금에 대한 금리변동위험의 헤지나 차입비용을 절감하기 위해서 이루어진다.

금리스왑은 동일한 통화로 표시된 차입금을 부담할 경우 변동금리와 고정금리를 교환하는 형태로 거래가 발생하기 때문에 환위험이 발생하지 않는다. 특히 순수한 금리스왑은 통화스왑과 달리 스왑거래의 당사자가 실제로 원금상환의무를 교환하지 않고 성격이 다른 이자지급의무만 서로 교환한다.

### (2) 통화스왑

통화스왑(currency swaps)은 스왑거래의 당사자가 상이한 통화로 차입한 자금의 원리금상환의무를 서로 교환하여 지급하기로 약정한 거래를 말한다. 즉 상이한 통화로 표시된 명목원금을 교환하고, 만기까지 명목원금에 기초하여 상이한 통화로 표시된 이자를 지급하며, 만기일에 약정한 환율로 명목원금을 다시 교환한다.

금리스왑은 동일한 통화간 변동금리와 고정금리를 교환하는 반면 통화스왑은 상이한 통화의 금리와 원금을 교환한다. 통화스왑이 금리조건을 교환한다는 점에서는 금리스왑과 같지만 거래시점과 종료시점에 원금의 실질적인 교환이 수반되고 서로 다른 통화간의 교환으로서 외환스왑의 성격을 가지고 있다는 점에서 다르다.

### (3) 혼합스왑

혼합스왑(cocktail swap)은 금리스왑과 통화스왑을 혼합한 형태의 거래를 말하며 통상 은행이 스왑중개기관으로서의 기능을 수행하고 복합스왑 또는 통화금리스왑이라고도 한다. 이는 거래대상이 되는 자산의 표시통화가 서로 다르며, 금리기준도 서로 다른 경우를 말하며 원금은 물론 이자지급의무도 교환된다.

### (4) 외환스왑

외환스왑(FX swap)은 스왑거래의 당사자가 현재환율로 서로 다른 통화를 교환하고 일정기간이 경과한 후 계약시점에 약정한 선물환율로 원금을 재교환하기로 하는 거래를 말한다. 즉 동일한 거래상대방과 현물환과 선물환, 만기가 상이한 선물환과 선물환, 현물환과 현물환을 서로 반대방향으로 동시에 매매한다.

### (5) 자산스왑

자산스왑(asset swap)은 스왑금융을 이용하여 채권의 현금흐름을 변환시키는 거래를 말하며 금융기관들이 장기고정금리자산을 변동금리자산으로 전환하기 위한 수단으로 활용하고 있다. 예컨대 고정금리채권을 매입하고 고정금리지급 금리스왑계약을 체결하면 변동금리채권의 매입포지션을 합성하는 효과를 갖는다.

### (6) 상품스왑

상품스왑(commodity swap)은 스왑거래의 상대방에게 일정수량의 상품에 대해서 고정된 단위당 가격을 적용하여 정기적으로 지급하고 상대방으로부터 고정가격 대신에 현재의 시장가격을 수령하는 거래를 말한다. 여기서 가격결정의 대상이 되는 기초자산은 동일한 상품이 될 수도 있고 상이한 상품이 될 수도 있다.

### 4. 스왑거래의 기능

스왑거래는 장외파생상품으로 장내파생상품인 선물거래와 옵션거래에 비해 거래비용은 높고 유동성은 낮으나 융통성은 높고 신용위험에 대한 노출도 크다. 스왑거래는 차입비용의 절감, 이자수익의 증대, 가격위험의 헷지, 시장규제의 회피, 금융시장의 보완, 합성상품의 창출 등 다양한 목적으로 활용되고 있다.

### (1) 차입비용의 절감

국제금융시장에서 차입자의 신용도, 개별시장의 특성, 지역간 금융환경의 차이로 인해 기업들은 서로 다른 차입조건을 갖는다. 이때 두 차입자가 상대적으로 비교우위가 있는 금융시장에서 자금을 조달한 후 현금흐름을 교환하면 차입비용을 절감할 수 있고, 금리위험과 환위험을 효과적으로 관리할 수 있다.

예컨대 한쪽은 고정금리 자금조달에 비교우위가 있으나 변동금리 자금조달을 원하고 다른 쪽은 변동금리 자금조달에 비교우위가 있으나 고정금리 자금조달을 원하는 경우 비교우위가 있는 자금조달방법으로 자금을 조달한 후 이자지급의무를 서로 교환하는 금리스왑을 체결하면 차입비용을 절감할 수 있다.

### (2) 이자수익의 증대

금융시장에서 변동금리자산에 투자한 투자자는 미래에 금리가 하락할 것으로 예상되는 경우 변동금리자산을 고정금리자산으로 변경시키고, 고정금리자산에 투자한 투자자는 미래에 금리가 상승할 것으로 예상되는 경우 고정금리자산을 변동금리자산으로 변경시키면 이자수익을 증대시킬 수 있다.

차입자가 스왑거래를 이용하여 변동금리부채를 고정금리부채로 변경시키고, 고정금리부채를 변동금리부채로 변경시켜 차입조건을 개선하면 이자부담과 금리위험을 크게 줄일 수 있다. 그리고 개별기업과 금융기관들이 스왑거래를 이용하면 장래의 자금수지나 환위험을 쉽게 관리할 수 있게 된다.

### (3) 가격위험의 헤지

스왑거래를 이용하면 금리와 환율의 변동에 따라 발생하는 가격변동위험을 헤지할 수 있다. 선물거래과 옵션거래는 단기헤지에 이용되는 반면 스왑거래는 장기간 헤지에도 사용할 수 있다. 또한 신용도가 높은 중개은행에 의해 스왑거래가 이루어지는 경우 거래 상대방의 위험노출도 크게 줄어든다.

### (4) 시장규제의 회피

장래에 발생할 자금의 유출입이 기간별·통화별로 불일치하거나 중장기 외화자금의 거래증가로 헤지가 어려운 경우 스왑은 정상적인 거래를 어렵게 하거나 불가능하게 하는 각국의 조세, 금융, 외환규제를 회피하는 수단으로 이용되어 각종 규제가 있는 시장에서 기대할 수 없었던 이익을 얻을 수 있다.

### (5) 금융시장의 보완

스왑거래는 장기계약과 유동성이 낮은 통화에 대한 계약도 가능하기 때문에 선물시장과 옵션시장이 충족시키지 못하는 위험헤지에 대한 보완적 기능을 수행한다. 특히 금융시장에서 신인도가 낮아 자본시장에 접근이 어려운 경우 신인도가 높은 차입자와 스왑거래를 체결하면 차입비용을 절감할 수 있다.

## 제2절 금리스왑의 개요

### 1. 금리스왑의 정의

금리스왑(interest rate swap)은 동일한 통화로 표시된 채무를 부담하고 있는 스왑거래의 당사자가 계약기간동안 일정한 간격으로 이자지급의무를 교환하여 부담하기로 약정한 계약을 말한다. 금리스왑은 이자지급의무만 교환하고 원금상환의무는 교환하지 않는다는 점에서 통화스왑과 차이가 있다.

금리스왑은 고정금리로 자금차입을 원하지만 변동금리로 보다 유리하게 차입할 수 있는 차입자와 변동금리로 자금차입을 원하지만 고정금리로 보다 유리하게 차입할 수 있는 차입자가 일정금액에 대해 서로 다른 조건의 이자지급의무를 상호 교환하는 거래를 말하며 부외거래의 성격을 갖고 있다.

대부분의 금리스왑은 LIBOR, 프라임레이트 등에 연계된 변동금리채무와 고정금리채 발행에 따른 고정금리채무를 교환하는 거래가 주축을 이루고 있다. 금리스왑은 동일한 통화에 대해 이자만 교환되는 단일통화 금리스왑과 상이한 통화에 대해 원리금이 교환되는 이종통화 금리스왑으로 구분된다.

## 2. 금리스왑의 종류

금리스왑은 표준형 스왑과 비표준형 스왑으로 구분한다. 표준형 스왑은 스왑거래 당사자가 동일한 명목원금에 대해 고정금리와 변동금리를 일정기간 동일한 통화로 교환하기로 약정한 계약으로서 변동금리는 매기간 초일에 확정하여 매기간 말일에 고정금리와 교환하되 실제로는 상호지급분의 차액을 교환한다.

비표준형 스왑에는 원금변동형스왑, 베이시스스왑, 선도스왑 등이 있다. 원금변동형스왑은 명목원금이 고정되어 있지 않고 스왑기간이 경과함에 따라 미리 약정한 방식에 의해 명목원금이 변하는 형태의 스왑을 말한다. 여기에는 원금증가형스왑, 원금감소형스왑 그리고 원금증감형스왑의 세 가지로 구분된다.

### (1) 고정-변동금리스왑

일반적으로 금리스왑은 이자지급조건을 고정금리에서 변동금리 또는 변동금리에서 고정금리로 교환한다. 따라서 한쪽은 고정금리를 지급하고 다른 쪽은 변동금리를 지불하며 고정금리는 이표채의 표면이자를 반영하므로 쿠폰스왑(coupon swap) 또는 표준형 금리스왑(plain vanilla interest rate swap)이라고도 한다.

예컨대 A기업은 채권시장에서 고정금리로 채권을 발행하여 자금을 조달한 후에 변동금리로 이자지급을 교환하는 스왑거래를 B은행과 체결하였다고 가정하자. 이때 A기업은 이자율이 하락하면 손실이 발생할 위험에 노출되어 있기 때문에 변동금리지급자로 금리스왑을 체결하면 금리하락위험을 회피할 수 있게 된다.

**┃그림 12-2┃ 쿠폰스왑**

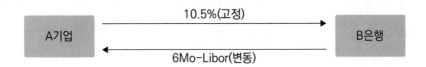

## (2) 베이시스스왑

베이시스스왑(basis swap)은 서로 다른 변동금리부 이자지급조건을 교환하는데 거래 당사자 모두 산정방식이 서로 다른 변동금리를 기준으로 이자를 계산하여 변동금리를 지급한다. 예컨대 A기업은 3개월 LIBOR 변동금리로 자금을 차입한 후 이를 B은행과 미국 회사채수익률과 이자지급을 교환하는 경우가 여기에 해당한다.

**┃그림 12-3┃ 베이시스스왑**

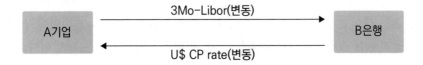

## (3) 크로스커런시스왑

크로스커런시스왑은 상이한 통화간 이자지급조건을 교환하는 스왑거래를 말한다. 예컨대 A기업은 스위스 프랑으로 자금을 차입한 후 스위스 프랑의 차입금리인 고정금리를 B은행과 변동금리인 미국달러표시 6개월 Libor로 교환하는 스왑거래이다. 그러나 통화스왑과 달리 이종통화간 원금교환은 발생하지 않는다.

**┃그림 12-4┃ 크로스커런시스왑**

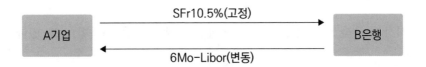

### 3. 금리스왑의 활용[1]

### (1) 헤지거래

스왑은 금리변동위험을 헤지할 수 있는 수단을 제공한다. 고정금리부 자산과 부채의 듀레이션 불일치로 발생하는 금리변동위험을 헤지하기 위해 금리스왑이 이용된다. 예컨대 고정금리부 자산이 부채보다 많은(적은) 경우 채권매도(매수)와 같은 효과를 갖는 고정금리 지급부(수취부)거래를 하면 금리변동위험이 감소된다.

**┃표 12-1┃ 보유 자산 및 부채의 금리변동위험 헤지거래**

| 고정금리부 자산 및 부채의 듀레이션 | 금리스왑거래 | | 효과 |
|---|---|---|---|
| | 변동금리 | 고정금리 | |
| 자산 > 부채 | 수취 | 지급 | 금리변동 위험 감소 |
| 자산 < 부채 | 지급 | 수취 | 금리변동 위험 감소 |

### (2) 투기거래

향후 금리전망을 바탕으로 금리스왑을 할 경우에 투기적인 이익을 실현할 수 있다. 즉 금리상승이 예상될 경우에 고정금리지급 스왑포지션을, 반대로 금리하락이 예상될 경우에 고정금리수취 스왑포지션을 취하는 것이 이익을 얻을 수 있는 방법이다. 다만 금리전망이 틀릴 경우에는 손실을 감수해야 한다.

**┃표 12-2┃ 금리전망에 따른 투기거래**

| 금리 전망 | 금리스왑거래 | | 효과 |
|---|---|---|---|
| | 변동금리 | 고정금리 | |
| 상승 예상 | 수취 | 지급 | 변동금리와 고정금리간 차익 획득 가능 |
| 하락 예상 | 지급 | 수취 | |

### (3) 차익거래

채권시장과 금리스왑시장을 연계한 거래를 통해 이익을 획득할 수도 있다. 즉 저평

---

[1] 한국은행, 한국의 금융시장, 2021, 367-368쪽.

가된 채권의 현물 또는 선물을 매입함과 동시에 고정금리지급부 금리스왑을 거래하거나 고평가된 채권의 현물 또는 선물을 매도함과 동시에 고정금리수취부 금리스왑을 거래함으로써 거래차익을 획득할 수 있게 된다.

┃표 12-3┃ 현선물 및 금리스왑간 차익거래

| 채권 현·선물 | | 금리스왑거래 | | 효과 |
|---|---|---|---|---|
| 평가 | 거래 | 변동금리 | 고정금리 | |
| 저평가 | 매입 | 수취 | 지급 | 채권 현·선물과 금리스왑간 차익 획득 가능 |
| 고평가 | 매도 | 지급 | 수취 | |

### 4. 금리스왑의 설계

현재 국제금융시장에서 신용도가 높은 A기업과 신용도가 낮은 B기업의 차입조건이 다음과 같다고 가정하자.

┃표 12-4┃ 차입조건

| 기업 | 고정금리 | 변동금리 |
|---|---|---|
| A | 10.0% | LIBOR+0.4% |
| B | 11.2% | LIBOR+1.0% |
| 금리차이 | 1.2% | 0.6% |

고정금리시장과 변동금리시장에서 모두 절대우위에 있는 A기업은 고정금리 자금조달에 비교우위가 있으나 변동금리로 자금조달을 원하고, B기업은 변동금리 자금조달에 비교우위가 있으나 고정금리로 차입을 원한다고 가정하자.

A기업은 비교우위가 있는 고정금리로 차입하고 B기업은 변동금리로 차입한 다음 이자지급의무를 서로 교환하는 금리스왑을 체결하면 고정금리의 차이 1.2%와 변동금리의 차이 0.6%의 차이인 0.6%의 차입비용을 절감할 수 있다.

### (1) 은행의 중개가 없는 경우

은행의 중개없이 스왑계약을 체결하여 차입비용의 절감으로 인한 이득을 50%씩 분배할 경우 변동금리로 차입을 원하는 A기업은 원래의 변동금리 LIBOR+0.4%보다 0.3%

가 낮은 LIBOR+0.1%에, 고정금리로 차입을 원하는 B기업은 원래의 고정금리 11.2%보다 0.3%가 낮은 10.9%에 자금조달효과가 있도록 스왑계약을 체결한다.

A기업은 외부대출자에게 연 10%의 이자를 지급하고, B기업으로부터 연 9.9%의 이자를 수령한다. 또한 B기업에게 LIBOR의 이자를 지급하는 세 가지 현금흐름을 모두 고려할 경우 A기업은 연 LIBOR+0.1%의 이자를 지급하는 것이 되어 변동금리시장에서 직접 지급할 때보다 연 0.3%의 이자를 절감할 수 있다.

B기업은 외부대출자에게 LIBOR+1%의 이자를 지급하고, A기업으로부터 LIBOR의 이자를 수령한다. 또한 A기업에게 연 9.9%의 이자를 지급하는 세 가지 현금흐름을 모두 고려할 경우 B기업은 연 10.9%의 이자를 지급하는 것이 되어 고정금리시장에서 직접 지급할 때보다 연 0.3%의 이자를 절감할 수 있다.

스왑거래가 없었다면 A기업이 부담해야 하는 변동금리는 LIBOR+0.4%이고, B기업이 부담해야 하는 고정금리는 11.2%이다. 그러나 스왑거래를 이용하면 A기업은 LIBOR+0.1%의 변동금리로, B기업은 10.9%의 고정금리로 차입할 수 있어 두 기업 모두 0.3%의 차입비용을 절감할 수 있게 된다. 금리스왑거래를 통해서 A기업과 B기업이 얻게 되는 차입비용의 절감효과를 분석하면 다음과 같다.

| 구분 | A기업 | B기업 |
|---|---|---|
| 자사의 차입금에 대한 이자<br>상대방에게 지급하는 이자<br>상대방으로부터 받는 이자 | 10%<br>LIBOR<br>(9.9%) | LIBOR+1.0%<br>9.9%<br>(LIBOR) |
| 실제로 부담하는 이자<br>스왑거래 이전의 이자 | LIBOR+0.1%<br>LIBOR+0.4% | 10.9%<br>11.2% |
| 차입비용의 절감효과 | 0.3% | 0.3% |

**┃그림 12-5┃ 은행의 중개가 없는 금리스왑**

## (2) 은행의 중개가 있는 경우

스왑중개인으로서 은행은 스왑거래 당사자의 요구조건을 충족시킬 수 있는 스왑계약을 설계해 주고 호가스프레드(bid−ask spread)의 형태로 스왑거래에 따른 차입비용 절감액의 일부를 수수료로 가져간다. 스왑딜러인 은행이 중개하는 스왑계약의 설계방법은 무수히 많은데 그중 하나는 다음과 같다.

A기업은 10.00%의 고정금리로 자금을 조달한 후 은행과 6개월 LIBOR+0.20%의 변동금리를 지급하고 10.00%의 고정금리를 수취하는 스왑계약을 체결하면 A기업이 부담하는 금리수준은 LIBOR+0.20%가 되는데, 이는 변동금리시장을 이용할 경우에 부담하는 수준 LIBOR+0.40%보다 0.20% 낮은 수준이다.

B기업은 LIBOR+1.00% 변동금리로 자금을 조달한 후 은행과 고정금리 11.00%를 지급하는 대신 6개월 LIBOR+1.00%의 변동금리를 수취하는 스왑계약을 체결하면 B기업이 부담하는 금리수준은 11.00%가 되는데, 이는 고정금리시장을 이용할 경우에 부담하는 수준 11.20%보다 0.20% 낮은 수준이다.

은행은 변동금리로 LIBOR+0.20%를 받아 LIBOR+1.00%를 지급하고, 고정금리로 11.00%를 받아 10.00%를 지급하여 그 차이에 해당하는 0.2%의 스프레드를 수익으로 얻는다. 따라서 고정금리차이 1.20%에서 변동금리차이 0.60%를 차감한 0.60%를 세 당사자가 모두 동일한 크기로 나누어 갖는다. 금리스왑거래를 통해서 A기업과 B기업이 얻게 되는 차입비용의 절감효과를 분석하면 다음과 같다.

| 구분 | A기업 | B기업 |
|---|---|---|
| 자사의 차입금에 대한 이자 | 10% | LIBOR+1.0% |
| 중개은행에 지급하는 이자 | LIBOR+0.2% | 11% |
| 중개은행으로부터 받는 이자 | (10%) | (LIBOR+1.0%) |
| 실제로 부담하는 이자 | LIBOR+0.2% | 11.0% |
| 스왑거래 이전의 이자 | LIBOR+0.4% | 11.2% |
| 차입비용의 절감효과 | 0.2% | 0.2% |

▎그림 12−6 ▎ 은행의 중개가 있는 금리스왑

465

## 5. 국내 금리스왑시장

### (1) 거래조건

금리스왑의 만기는 3개월에서 20년물까지 다양하나 주로 1~5년물이 거래된다. 일반적으로 최소거래단위금액은 100억원이며 100억원 단위로 추가된다. 고정금리와 변동금리는 3개월마다 교환되는데 동 변동금리는 한국금융투자협회가 발표하는 최종호가수익률 기준 CD(91일물)금리를 주로 이용하고 있다.[2]

스왑금리(swap rate)는 변동금리와 교환되는 고정금리를 말하며 우리나라는 자금중개회사가 발표하는 offer금리와 bid금리를 평균하여 사용한다. 즉 offer금리는 스왑은행이 고객에게 변동금리를 주는 대신 받고자 하는 고정금리를, bid금리는 스왑은행이 변동금리를 받는 대신 지급하고자 하는 고정금리를 말한다.

┃표 12-5┃ 만기별 금리스왑 호가 금리[1]

(단위 : %)

| 구분 | 1년 | 2년 | 3년 | 4년 | 5년 | 7년 | 10년 |
|---|---|---|---|---|---|---|---|
| offer | 1.0300 | 1.3250 | 1.4800 | 1.5800 | 1.6500 | 1.7150 | 1.8100 |
| bid | 1.0200 | 1.2950 | 1.4700 | 1.5700 | 1.6400 | 1.6850 | 1.7700 |
| 평균 | 1.0250 | 1.3100 | 1.4750 | 1.5750 | 1.6450 | 1.7000 | 1.7900 |

주 : 1) 2021년 6월말 기준
자료 : Bloomberg

금리스왑에서 스프레드는 스왑금리와 무위험채권수익률간의 차이를 말한다. 금리스왑 스프레드는 현재 3년 만기 스왑금리와 3년 만기 국고채 수익률간의 차이가 주로 이용되고 있다. 그런데 1·2·5·10년 만기 스왑금리와 1·2년 만기 통화안정증권 및 5·10년 만기 국고채 수익률과의 차이가 종종 이용되기도 한다.

금리스왑에서 스프레드는 금리전망, 거래상대방 신용위험, 국채 및 스왑시장 수급의 요인에 의해 변한다. 스왑은행이 금리하락을 예상하여 변동금리를 지급하고 고정금리를 받고자 할 경우 고정금리수취 스왑수요 증가로 스왑은행이 받고자 하는 고정금리가 떨어지면서 국고채 수익률과의 스프레드가 축소된다.

---

2) 한국은행, 한국의 금융시장, 2021, 370-375쪽.

## (2) 참가기관

금리스왑시장은 대고객시장과 은행간시장으로 구분된다. 대고객시장은 자산운용회사, 보험회사, 연기금, 신용도가 높은 기업 등 고객이 스왑은행, 즉 KDB산업은행 등 신용도가 높은 국내은행이나 외국은행 국내지점과의 사전계약을 통해 스왑거래 한도를 설정한다. 그리고 고객이 금리변동 위험을 헤지하기 위해 스왑은행 앞으로 금리스왑 거래계약을 요청하고 동 은행이 이를 수용하면서 거래가 성사된다.

스왑은행은 대고객거래에서 발생한 금리스왑포지션 변동 또는 자기보유 자산의 헤지 및 투기를 위해 신규 고객이나 은행간시장에서 반대방향 거래를 하게 된다. 은행간거래는 직접거래보다 상호간의 탐색비용을 줄이기 위해 중개거래를 주로 하는데 중개기관에 서울외국환중개, 한국자금중개, Tullet Prebon Korea 등 국내중개회사 및 Tradition, GFI, ICAP 등 외국계 중개회사가 이용된다. 이들 중개회사는 금리변동위험을 부담하지 않기 위해 단순중개방식으로 거래를 주선하고 있다

**┃그림 12-7┃ 금리스왑 거래 메커니즘**

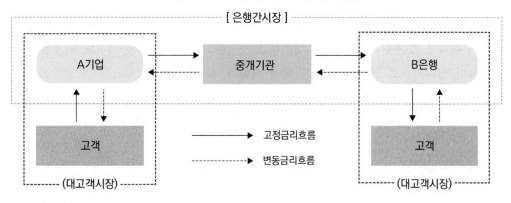

## (3) 거래규모

국내에서 금리스왑은 1999년에 거래되었고 2005년 이후 그 규모가 확대되었다. 금리스왑은 2004년에는 월평균 거래규모가 16.2조원에 불과했다가 2010년에는 253.1조원으로 약 15배 가까이 증가하였다. 이후에는 감소하는 모습을 보이다가 2018년부터 다시 증가하여 2020년에는 291.3조원을 기록하였다.

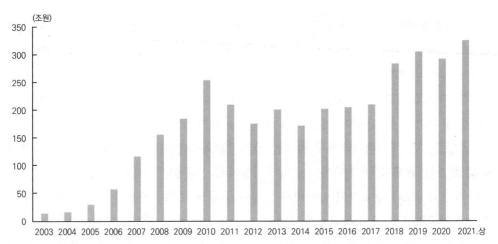

**┃그림 12-8┃ 금리스왑 거래규모 추이**

주 : 1) 장외시장 원화이자율스왑
  2) 기간중 월평균 거래량
  3) 명목거래금액 기준
자료 : 금융감독원

국내 금리스왑시장에서 참가기관을 살펴보면 스왑시장 조성은행(market maker)의 역할을 수행하고 있는 은행의 거래가 대부분을 차지하고 있다. 은행 중에서도 외국은행 국내지점이 상대적으로 거래가 활발한 편에 속한다.

**┃표 12-6┃ 국내 금융기관의 금리스왑 거래현황[1]**

(단위 : 십억원, %)

| 은행 | 증권회사 | 보험회사 | 신탁[2] | 기타 | 합계 |
|---|---|---|---|---|---|
| 1,339,057 | 605,905 | 838 | 3,060 | 0 | 1,948,859 |
| (68.7) | (21.0) | (0.2) | (0.0) | (0.0) | (100.0) |

주 : 1) 2021년 상반기중 명목거래금액 기준, ( )내는 구성비 2) 은행신탁 및 자산운용회사
자료 : 금융감독원

## (4) 거래내용

국내은행은 대고객거래에서 발생한 스왑포지션의 변동을 상쇄 또는 보유자산 및 부채의 듀레이션 불일치에 따른 금리변동위험을 헤지하기 위해 스왑거래를 한다. 예컨대 국내은행이 CD(91일)금리 연동 주택담보대출의 재원을 조달하기 위해 장기의 고정금리

부채권을 발행할 경우 금리변동 위험에 노출된다.

따라서 CD금리가 하락할 경우 수취하는 대출이자는 감소하는 반면에 지급하는 은행채 이자는 고정되어 있어 손실이 발생할 수 있다. 따라서 일부 국내은행들은 장기 은행채를 발행할 경우에 금리변동위험을 회피하거나 축소하기 위해 고정금리를 수취하고 변동금리를 지급하는 금리스왑을 거래한다.

▎그림 12-9 ▎ 국내은행의 주택담보대출 관련 스왑거래 구조

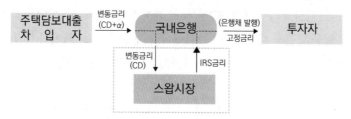

외국은행 국내지점도 대고객거래, 이와 관련한 반대거래 및 헤지거래에 참가하는 등 스왑은행의 역할을 수행하고 있다. 예컨대 국내은행이 구조화채권 발행으로 조달한 자금을 기초로 변동금리대출을 실행할 경우 금리변동위험을 헤지하기 위해 외은지점과 변동금리지급·구조화채권 발행금리 수취의 스왑거래를 하고 스왑은행인 외은지점은 스왑시장에서 이와 반대의 거래를 통해 헤지한다.

▎그림 12-10 ▎ 외은지점의 구조화채권 관련 스왑거래 구조

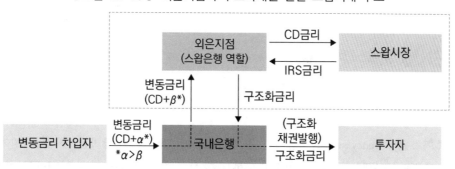

자산운용회사는 금리변동에 따른 펀드수익률 변동을 축소하여 안정적인 펀드수익률을 확보하고자 금리스왑을 활용한다. 즉 보유 신탁재산의 평균만기가 부채의 평균조달기간을 상회할 경우 고정금리지급 스왑을 통해 보유자산의 듀레이션을 축소시켜 자금조달(단기) 및 자산운용(장기)의 만기 불일치 문제를 완화할 수 있다.

■ 그림 12-11 ■ 자산운용회사의 스왑펀드거래 구조

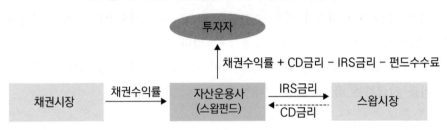

증권회사는 단기금융시장에서 RP매도나 콜차입을 통해 자금을 조달하여 채권시장에서 국고채 등 현물채권을 매입한다. 동시에 금리변동위험을 헤지하기 위해 금리스왑시장에서 CD금리를 수령하고 고정금리를 지급하는 스왑거래를 체결한다.

■ 그림 12-12 ■ 증권회사의 RP매도를 통한 차익거래 구조

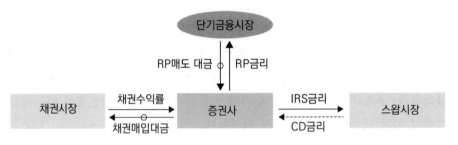

## 제3절 통화스왑의 개요

### 1. 통화스왑의 정의

통화스왑(currency swap)은 상이한 통화로 표시된 채무를 부담하는 거래당사자가 계약기간 동안 원금에 기초하여 상이한 통화로 표시된 이자를 지급하고 만기에는 계약시점에 약정한 환율에 의해 원금을 교환하는 계약을 말한다. 즉 통화스왑은 특정통화로 차입한 자금을 다른 통화차입으로 맞교환하는 거래에 해당한다.

금리스왑은 일반적으로 고정금리와 변동금리의 교환에 국한되는 거래인 반면에 통화스왑은 다양한 형태의 이자지급이 교환된다. 고정금리이자간의 교환과 변동금리이자

간의 교환이 있고 고정금리이자와 변동금리이자간의 교환도 있다. 전자의 방식을 순수통화스왑이라고 하고, 후자의 방식을 금리통화스왑이라고 부른다.

통화스왑은 계약기간 동안 이자지급의무를 교환하고 금리교환이 거래당사자의 상황에 따라 결정된다는 점에서는 금리스왑과 동일하다. 그러나 스왑거래의 개시시점과 종료시점에 원금의 실질적인 교환이 수반되고 서로 다른 통화간의 원금교환으로서 외환스왑의 성격을 갖는다는 점에서 금리스왑과 큰 차이가 존재한다.

## 2. 통화스왑의 종류

스왑금융은 상호융자(또는 평행대출)와 상호직접대출에서 발전된 거래기법이다. 통화스왑거래는 처음에 통화담보부대출, 상호융자, 상호직접대출 등의 형태로 출발했으나 장기선물환계약, 직접통화스왑, 통화－금리스왑, 역통화스왑, 이중통화스왑, 통화옵션스왑 등 다양한 형태로 계속해서 발전하고 있다.

### (1) 직접통화스왑

직접통화스왑(direct currency swap)은 통화스왑의 거래당사자가 스왑계약에 따라 상호간에 필요로 하는 통화표시자금을 현물환율을 적용하여 매입해서 사용하고 스왑만기일에 가서는 스왑계약기간 동안의 환율변동과는 관계없이 최초계약시점의 현물환율로 동일한 금액을 상환하기로 약정하는 금융방식을 말한다.

직접통화스왑과 장기선물환계약은 만기시점에 적용되는 환율에서 차이가 있다. 장기선물환계약에서는 선물환율을 두 통화간 금리차이에 근거하여 조달금리를 복리로 재투자하는 것을 가정하여 산정한다. 그러나 직접통화스왑에서는 만기상환일에 적용되는 환율이 선도환율이 아닌 계약시점의 현물환율과 동일하다.

직접통화스왑은 상호융자와 이용목적이나 현금흐름의 형태가 비슷하다. 그러나 상호융자는 두 개의 독립된 융자계약으로 이루어지나 직접통화스왑은 단일계약으로 이루어진다. 따라서 직접통화스왑은 상호융자와 달리 단일계약이므로 어느 한쪽이 채무를 이행하지 않는 경우에 자동적으로 상계권을 행사할 수 있다.

| 그림 12-13 | 직접통화스왑의 현금흐름

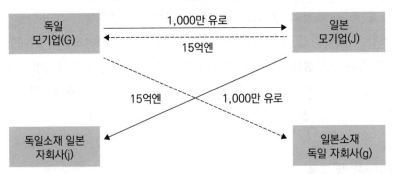

직접통화스왑을 나타내는 [그림 12-13]은 독일 모기업과 일본 모기업간 통화스왑에 따른 최초 현금흐름을 표시하고 있는데 만기에는 이와 정반대의 동일한 현금흐름이 발생한다. 직접통화스왑을 통해 독일소재 일본 자회사는 1,000만유로를, 일본소재 독일 자회사는 15억엔을 각각 모기업을 통해 조달할 수 있다.

### (2) 채무교환스왑

채무교환스왑은 스왑거래당사자가 환위험을 회피하고 차입비용을 절감하기 위해 서로 다른 통화로 표시된 채무에 대해 원리금상환의무를 교환하기로 약정한 계약을 말한다. 일반적으로 채무의 교환거래에는 고정금리간 통화스왑, 변동금리-고정금리간 통화스왑 그리고 변동금리간 통화스왑으로 구분한다.

### ① 고정-고정금리 통화스왑

고정금리 통화스왑(currency coupon swap)은 스왑거래당사자가 이종통화표시 고정금리채무에 대한 원리금의 상환의무를 서로 교환하는 거래를 말하며 비교우위 때문에 발생한다. 따라서 스왑거래의 당사자들은 이러한 고정금리 통화스왑을 통해 환위험을 헤지할 수 있을 뿐만 아니라 차입비용도 절감할 수 있다.

예컨대 프랑스 F은행이 미국에 진출한 G기업에 대출하기 위해서 1억유로에 해당하는 유로화채권을 7년 만기, 연 5.5%의 고정금리로 발행하고 F은행은 1억유로를 환율 $1.2000/€로 바꾸어 G기업에 7년간 연 7.0%의 고정금리로 1.2억달러를 대출해 주었다고 가정하자. 만약 대출기간에 달러화가 약세를 보이면 이자지급과 만기일에 환위험에 노출된다. 만기일에 환율이 \$1.4000/€이면 원금상환시 0.14억유로[=\$0.2억/(\$1.4000/€)]에 상당하는 환차손이 발생하게 된다.

이러한 환위험을 헤지하기 위해 F은행은 스왑중개인 D은행과 7년간 1억유로를 1.2억달러와 교환하는 통화스왑계약을 체결했다고 가정하자. 또한 F은행은 달러화 채무에 대한 이자로 연 6.50%의 고정금리를 D은행에 지급하고, D은행은 유로화 채무에 대한 이자로 연 5.50%의 고정금리를 F은행에 지급하기로 했다고 가정하자. 이러한 고정금리 통화스왑거래를 통해서 F은행은 환위험을 헤지할 수 있을 뿐만 아니라 금리차익을 수익으로 얻을 수 있게 된다.

┃그림 12-14┃ 고정금리 통화스왑의 현금흐름

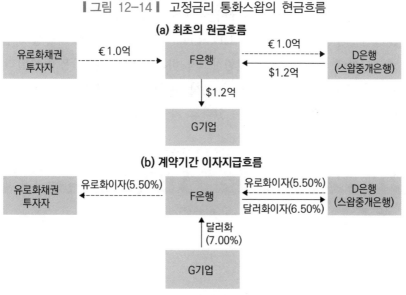

F은행은 7년 후 만기일에 현재시점에 약정한 환율 \$1.2000/€로 채무를 교환하기 때문에 환위험에서 벗어날 수 있다. 또한 F은행은 스왑중개은행과 약정한 달러화의 스왑금리가 연 6.5%이지만, G기업에 대해서는 연 7.00%의 대출금리를 적용하여 연 0.50%의 금리차익을 실현할 수 있다. 그리고 스왑중개은행은 F은행과 통화스왑계약을 체결할 경우 유로화자금에는 매입률을 적용하고, 달러화자금에는 매도율을 적용하므로 이에 상응하는 금리차익을 얻게 된다.

### ② 고정-변동금리 통화스왑

고정-변동금리 통화스왑(cross currency coupon swap)은 통화스왑과 금리스왑이 혼합되어 이종통화표시 고정금리채무와 변동금리채무를 서로 교환하는 거래를 말한다. 이는 고정금리채무를 변동금리채무로 전환한다는 점에서 금리스왑과 유사하지만 만기일에 이종통화표시 원금을 재교환한다는 점에서 차이가 있다.

예컨대 비달러화 위주의 영업은행이 유로달러시장에서 변동금리로 달러화자금을 차입하고자 하나 신용도가 낮아 차입조건이 불리하면 국내시장에서 자국통화표시자금을 고정금리로 차입한 후에 거래상대방과 고정-변동금리간 스왑거래를 체결하면 자국통화표시 고정금리부채를 달러화표시 변동금리부채로 전환시킬 수 있다.

우리나라 K은행은 국내금융시장에서는 연 5.50%의 고정금리로 원화표시채권을 발행할 수 있고, 유로달러시장에서는 연 LIBOR+0.50%의 변동금리로 자금을 차입할 수 있다. 한편 우리나라에 자동차공장을 설립하고자 하는 독일의 H기업은 유로달러시장에서는 연 LIBOR+0.25% 달러화표시채권을 발행할 수 있고, 국내금융시장에서는 연 6.25%의 고정금리로 원화표시채권을 발행할 수 있다고 가정하자.

‖ 표 12-7 ‖ 차입조건

| 기업 | 달러화 | 원화 |
|---|---|---|
| 국내 K은행<br>독일 H기업 | LIBOR+0.50%<br>LIBOR+0.25% | 5.50%<br>6.25% |
| 금리차이(K-H) | 0.25% | -0.75% |

[표 12-7]에 제시된 차입조건을 살펴보면 국내 K은행은 국내금융시장에서 절대우위에 있고, 독일의 H기업은 유로달러시장에서 절대우위에 있다. 이러한 경우에 국내 K은행은 국내금융시장에서 원화를 연 5.50%로 조달하고, 독일 H기업은 유로달러시장에서 달러화를 연 LIBOR+0.25%로 조달하여 원리금을 맞교환하는 통화스왑계약을 체결하면 모두 자금조달비용을 절감할 수 있다.

**┃그림 12-15┃ 고정-변동금리 통화스왑의 현금흐름**

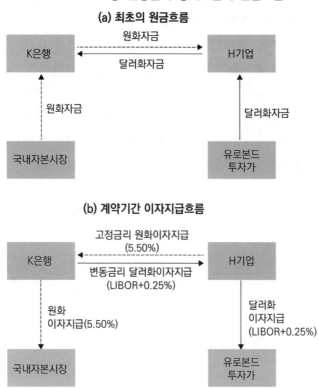

**(a) 최초의 원금흐름**

독일의 H기업은 원화자금의 조달금리를 0.75%(=6.25%-5.50%) 절감할 수 있고 국내 K은행은 달러화자금의 조달금리를 0.25%[=(LIBOR+0.50%)-(LIBOR+0.25%)]를 절감할 수 있다. 한편 국내의 K은행은 낮은 금리로 조달한 달러화자금을 이를 필요로 하는 고객에게 매칭시켜 높은 금리로 대출할 수 있기 때문에 환위험을 헤지할 수 있을 뿐만 아니라 금리차익을 수익으로 얻을 수 있다.

③ 변동-변동금리 통화스왑

변동금리 통화스왑(cross currency basis swap)은 거래당사자가 이종통화표시 변동금리 채무에 대한 원리금의 상환의무를 맞교환하는 거래로 고정금리 통화스왑과 구조는 같지만 적용금리가 변동금리라는 점에서 다르다. 거래당사자들은 변동금리 통화스왑을 통해서도 환위험을 헤지할 수 있고 차입비용도 절감할 수 있다.

예컨대 미국의 A기업이 1,000만유로를 향후 5년간 정기적으로 LIBOR＋0.50%의 수익이 예상되는 프로젝트에 투자한다고 가정하자. 만약 A기업이 B은행으로부터 1,200만달러를 연 LIBOR＋0.25%로 대출받아 현재의 환율로 환전하여 1,000만유로를 프로젝트에 투자할 경우 A기업은 환위험과 금리위험에 직면할 수 있다.

이러한 환위험과 금리위험을 헤지하기 위해 A기업은 스왑딜러인 C은행과 5년간 1,000만유로를 1,200만달러와 교환하는 통화스왑을 체결했다고 하자. 또한 유로화 채무에 대한 이자로 연 LIBOR＋0.10%를 C은행에 지급하고, C은행은 달러화 채무에 대한 이자로 연 LIBOR＋0.25%를 A기업에게 지급하기로 했다고 가정하자.

**▌그림 12-16▐ 변동금리 통화스왑의 현금흐름**

**(a) 최초의 원금흐름**

**(b) 계약기간 이자지급흐름**

A기업은 5년후 만기시 현재 약정한 환율 $1.2000/€로 채무를 교환하므로 환위험을 헤지할 수 있고 유로화 차입금리가 연 LIBOR＋0.10%이지만 프로젝트에서 연 LIBOR＋0.50%의 수익이 예상되어 0.40%의 투자수익을 얻을 수 있다. 스왑은행은 다른 은행과 포지션의 조정거래를 통해 환위험과 금리위험을 헤지하게 된다.

## 3. 통화스왑의 설계

현재 국제금융시장에서 신용도가 높은 A기업과 신용도가 낮은 B기업의 달러화와 원화에 대한 차입조건이 다음과 같다고 가정하자.

**┃표 12-8┃ 차입조건**

| 기업 | 달러화 | 원화 |
|:---:|:---:|:---:|
| A | 7.00% | 10.60% |
| B | 8.00% | 11.00% |
| 금리차이 | 1.00% | 0.40% |

A기업은 달러화시장에서 비교우위가 있으나 원화로 자금조달을 원하고 B기업은 원화시장에서 비교우위에 있으나 달러화로 자금조달을 원한다고 가정하자. A기업은 달러화로 차입하고 B기업은 원화로 자금을 차입한 후 A기업은 B기업에 9.80%의 원화 원리금을, B기업은 8.00%의 달러화 원리금을 지급하는 스왑계약을 체결하면 두 통화시장의 금리차이인 0.60%만큼의 이자비용을 절감할 수 있다.

### (1) 은행의 중개가 없는 경우

은행의 중개없이 직접 스왑계약을 체결하여 차입비용의 절감으로 인한 이득을 50%씩 분배할 경우 원화로 차입을 원하는 A기업은 원래의 원화로 차입할 경우의 금리인 10.60%보다 낮은 0.30%가 낮은 10.30%, 달러화로 차입을 원하는 B기업은 원래의 달러화로 차입할 경우의 금리인 8.00%보다 0.30%가 낮은 7.70%에 자금을 조달하는 효과가 있도록 통화스왑계약을 체결하면 된다.

A기업은 비교우위에 있는 달러화로 자금을 차입한 후 원화로 자금을 차입할 경우에 부담하는 이자율 10.60%보다 차입비용의 절감액 0.30%보다 낮은 10.30%를 B기업에 지급하고, B기업은 비교우위에 있는 원화로 자금을 차입한 후 A기업의 달러화 이자를 지급하면 원하는 스왑계약을 체결할 수 있다.

스왑거래가 없었다면 A기업이 부담하는 원화금리는 10.60%이고, B기업이 부담하는 달러화금리는 8.00%이다. 그러나 스왑거래를 이용하면 A기업은 10.3%의 원화금리, B기업은 7.7%의 달러화금리로 차입할 수 있게 되어 두 기업 모두 0.30%의 차입비용을 절감할 수 있다. 따라서 통화스왑을 통해 A기업과 B기업이 얻게 되는 차입비용의 절감효과는 다음과 같이 제시할 수 있다.

| 구분 | A기업 | B기업 |
|---|---|---|
| 자사의 차입금에 대한 이자 | 달러 7.0% | 원 11.0% |
| 상대방에게 지급하는 이자 | 원 10.3% | 달러 7.0% |
| 상대방으로부터 받는 이자 | (달러 7.0%) | (원 10.3%) |
| 실제로 부담하는 이자 | 원 10.3% | 달러 7.0% |
|  | - | 원 0.7% |
| 스왑거래 이전의 이자 | 10.3% | 7.7% |
|  | 원 10.6% | 달러 8.0% |
| 차입비용의 절감효과 | 0.3% | 0.3% |

┃그림 12-17┃ 은행의 중개가 없는 통화스왑

## (2) 은행의 중개가 있는 경우

A기업과 B기업이 직접 거래하지 않고 은행을 통해 스왑계약을 체결하고 차입비용의 절감에 따른 이득을 공평하게 분배할 경우에 원하는 자금조달효과를 달성할 수 있도록 스왑계약을 설계하는 방법은 많다. 은행이 중개하는 스왑설계는 두 기업이 직접 거래하는 것보다 쉽게 해결할 수 있는데 그 중 하나는 다음과 같다.

A기업은 7.00%의 달러화이자를 지급해야 하므로 은행으로부터 7.00%의 달러화이자를 수취하는 계약을 체결한 다음 원래의 원화에서 부담해야 할 이자율 10.60%보다 0.20%가 낮은 10.40%를 은행에 지급하는 계약을 체결하면 10.40%의 원화금리로 차입할 수 있게 되어 0.20%만큼의 차입비용을 절감할 수 있다.

B기업은 11.00%의 원화이자를 지급해야 하므로 은행으로부터 11.00%의 원화이자를 수취하는 계약을 체결한 다음 원래의 달러화시장에서 부담해야 할 이자율 8.00%보다 0.20%가 낮은 7.80%를 은행에 지급하는 계약을 체결하면 7.80%의 원화금리로 차입할 수 있어 0.20%만큼의 차입비용을 절감할 수 있다.

은행은 원화시장에서 0.60%(=11.00−10.40)의 손실을 보지만 달러화시장에서 0.80%(=7.8−7.0)의 이익을 얻는다. 따라서 달러화의 금리차이 1.00%에서 원화의 금리차이 0.40%를 차감한 0.60%를 세 당사자가 똑같이 나누어 갖는다. 통화스왑을 통해 두 기업이 얻는 차입비용의 절감효과를 분석하면 다음과 같다.

| 구분 | A기업 | B기업 |
|---|---|---|
| 자사의 차입금에 대한 이자<br>중개은행에 지급하는 이자<br>중개은행으로부터 받는 이자 | 달러 7.0%<br>원 10.4%<br>(달러 7.0%) | 원 11.0%<br>달러 7.8%<br>(원 11.0%) |
| 실제로 부담하는 이자<br>스왑거래 이전의 이자 | 원 10.4%<br>원 10.6% | 달러 7.8%<br>달러 8.0% |
| 차입비용의 절감효과 | 0.2% | 0.2% |

통화스왑에서 외국통화로 지급하는 이자와 수령하는 이자가 같지 않으면 환위험에 노출된다. 스왑중개인이 미국(한국)의 은행이면 원화(달러화)차입금에 대한 이자지급액(수령액)이 환위험에 노출되는데, 환위험에 노출된 기업이나 은행은 환위험에 노출된 통화에 대한 선물계약을 이용하면 환위험을 회피할 수 있다.

[그림 12−18]에서 스왑중개은행은 원화에 대해 0.6%의 이자를 지급하고, 달러화에 대해 0.8%의 이자를 수령한다. 그리고 스왑중개은행이 미국의 은행이면 원화차입금에 대한 이자지급액이 환위험에 노출되는 반면에 스왑중개은행이 한국의 은행이면 달러화 차입금에 대한 0.8%의 이자수령액이 환위험에 노출된다.

▎그림 12-18▎ 은행의 중개가 있는 통화스왑

## 4. 국내 통화스왑시장[3]

### (1) 거래조건

통화스왑의 만기는 3개월~20년물까지 다양하지만 1~5년물이 주로 거래된다. 최소 거래단위는 1천만달러이며 1천만달러 단위로 증액할 수 있다. 시장에서는 주로 고정금리부 원화와 변동금리부 외화를 교환하는데 변동금리는 만기 6개월 LIBOR가 이용된다. 통화스왑시장에서 offer금리는 스왑은행이 고객으로부터 달러화를 받고 원화를 줄 때 받고자 하는 원화고정금리를, bid금리는 스왑은행이 원화를 받고 달러화를 줄 때에 지급하고자 하는 원화고정금리를 의미한다.

**┃표 12-9 ┃ 만기별 금리스왑 호가금리[1]**

(단위 : %)

| 구분 | 1년 | 2년 | 3년 | 5년 | 10년 |
|---|---|---|---|---|---|
| offer | 0.7300 | 0.8700 | 0.9900 | 0.9650 | 1.5300 |
| bid | 0.1300 | 0.2700 | 0.3900 | 0.9250 | 0.9300 |
| 평균 | 0.4300 | 0.5700 | 0.6900 | 0.9450 | 1.2300 |

주 : 1) 2021년 6월말 기준
자료 : Bloomberg

### (2) 참가기관

통화스왑시장도 대고객시장과 은행간시장으로 구분된다. 신용카드회사 및 보험회사 등 고객들과 스왑은행은 사전계약을 통해 스왑거래한도를 설정하고 고객의 스왑 요구를 스왑은행이 받아들이면서 거래가 성사된다. 스왑은행은 중개기관을 통해 대고객거래에서 발생한 통화스왑 포지션 변동을 반대방향 거래를 통해 조정하거나 투기목적으로 포지션을 설정하기 위해 통화스왑을 거래한다.

### (3) 거래조건

1999년 9월 국내중개회사에서 통화스왑을 처음으로 중개한 후 통화스왑시장은 꾸준히 성장하여 2008년에 월평균 거래규모가 44.8조원까지 증가하였다. 글로벌 금융위기 이

---

3) 한국은행, 한국의 금융시장, 2021, 379-382쪽.

후에는 국제금융시장 위축의 영향으로 월평균 거래규모가 2010년 24.1조원까지 감소했다가 2012년부터 다시 증가세를 보이며 2021년 상반기에 월평균 거래규모가 68.1조원을 기록하였다. 기관별로 보면 금리스왑시장과 비슷하게 은행이 전체 거래의 대부분을 차지한다. 특히 외국은행 국내지점이 해외 본지점으로부터 외화자금을 장기적으로 조달할 수 있어 상대적으로 큰 비중을 차지한다.

┃그림 12-19┃ 통화스왑 거래규모 추이[1]

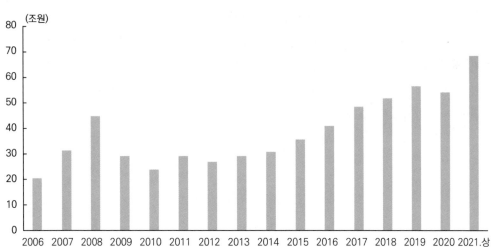

주 : 1) 월평균 거래량
자료 : 금융감독원

┃표 12-10┃ 국내 금융기관의 금리스왑 거래현황[1]

(단위 : 십억원, %)

| 은행 | 증권회사 | 보험회사 | 신탁[2] | 기타 | 합계 |
|---|---|---|---|---|---|
| 275,266 | 104,063 | 22,450 | 5,635 | 905 | 408,319 |
| (67.4) | (25.5) | (5.5) | (1.4) | (0.2) | (100.0) |

주 : 1) 2021년 상반기중, ( )내는 구성비
　　2) 은행신탁 및 자산운용회사
자료 : 금융감독원

(4) 거래내용

은행은 생명보험회사, 신용카드회사, 공기업 등 대고객거래에서 발생한 스왑포지션을 조정하기 위해 통화스왑을 거래한다. 장기보험계약을 많이 보유한 생명보험회사들은 자금운용상 장기채권에 대한 투자수요가 크지만 국내 채권시장에서는 투자대상 채권을 확보하기 어려워 만기 10년 내외 장기 외화채권에 투자한다.

생명보험회사들은 외화채권 투자에 따른 환위험 및 금리위험 등을 헤지하기 위해 통화스왑을 거래한다. 통화스왑 활용시 외화기준 변동금리부 자산이 원화기준 고정금리부 자산으로 전환되는 효과가 발생한다. 예컨대 국내 생명보험회사들은 다른 국내기관이 해외에서 발행한 변동금리부 달러화표시 채권 등을 많이 매입하고 있는데 외화변동금리 수취분을 통화스왑을 통해 원화고정금리로 변경하고 있다.

외국인투자자는 국내외 금융시장 불안 등으로 국내 채권금리와 통화스왑 금리간 격차가 커질 경우에 국내채권 투자목적의 통화스왑을 이용한다. 즉 외국인은 해외에서 조달한 외화자금을 통화스왑을 통해 원화자금으로 전환하여 국고채, 통화안정증권 등 국내 채권에 투자함으로써 추가적인 위험 없이 금리차익을 획득한다.

보론 12-1　　　　　　　　　통화스왑거래의 메커니즘[4]

　국내 생명보험회사의 외화채권 투자관련 통화스왑거래 메커니즘은 다음과 같다. 채권투자시점에 원화 투자금액을 스왑은행에 지급하고 원화에 상당하는 달러화 투자금액을 수령하여 외화채권에 투자한다. 아래 예시는 1USD = 1,000KRW, 통화스왑금리(원화 고정금리)는 6%, 해외채권수익률(외화 고정금리)은 5%로 가정했다.

　이자수취시점에 생명보험회사는 외화채권으로부터 달러화 이자를 스왑은행에게 지급하고 대신 통화스왑금리(원화 고정금리)를 스왑은행으로부터 수령한다.

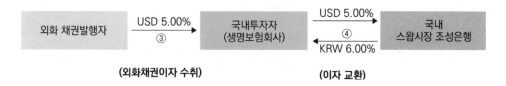

　투자만기시점에 생명보험회사는 상환받은 채권원금(달러)을 스왑은행에게 지급하고 대신 교환하였던 원화자금을 회수하면 통화스왑거래가 종료된다.

---

4) 한국은행, 한국의 금융시장, 2021, 383쪽.

보론 12-2                      통화스왑을 활용한 차익거래

통화스왑을 활용한 외국은행 국내지점의 금리재정거래 사례를 설명하면 다음과 같다. 통화스왑금리가 일시적인 수급요인으로 국내 채권금리를 크게 하회하는 상황이 발생했다고 가정하자. 이때 외국은행 국내지점은 해외자금시장에서 LIBOR(1년)로 외화자금을 차입하여 이를 통화스왑계약(1년)을 통해 원화자금과 교환한 후 조달한 원화자금으로 통화안정증권(1년)을 매입하는 거래를 한다.[5]

이자흐름을 살펴보면 외국은행 국내지점은 국내채권시장에서 통화안정증권 이자를 수취하고 통화스왑시장에서 LIBOR를 수취하며 통화스왑금리를 지급하고 해외자금시장에 LIBOR를 지급한다. 통화스왑시장에서 수취한 LIBOR를 해외차입이자 지급에 충당하게 되므로 외국은행 국내지점은 통화안정증권 이자와 통화스왑금리간의 격차만큼 차익을 얻게 된다. 아래의 예시에서는 통화안정증권 금리가 1.34%이고 통화스왑금리가 1.17%이므로 외국인은 17bp의 차익을 얻게 된다.

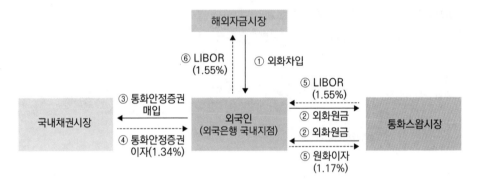

▮그림 12-20▮ 통화안정증권–CRS 스프레드 및 외국인 채권보유 증감 추이

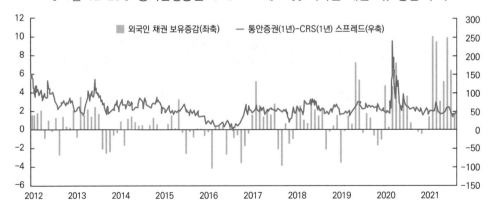

자료 : 금융투자협회, Bloomberg, 금융감독원

---

5) 한국은행, 한국의 금융시장, 2021, 384쪽.

## 제1절 스왑거래의 개요

1. 스왑거래의 등장
   1970년대 미국과 영국간에 성행했던 평행대출과 국제상호직접대출에서 유래
2. 스왑거래의 정의 : 미래의 현금흐름을 일정기간 동안 교환하기로 약정한 계약
3. 스왑거래의 종류
(1) 금리스왑 : 동일한 통화로 표시된 채무에 대해 이자지급의무 교환
(2) 통화스왑 : 상이한 통화로 표시된 채무에 대해 원금과 이자를 교환
(3) 혼합스왑 : 금리스왑과 통화스왑이 결합
(4) 외환스왑 : 거래방향이 반대되는 현물환거래와 선물환거래 또는 선물환거래와
   선물환거래가 동시에 발생
(5) 자산스왑 : 고정금리자산과 변동금리자산 등 서로 다른 종류의 자산을 교환
(6) 상품스왑 : 교환의 대상이 원유, 벙커C유, 곡물과 같은 일반상품
4. 스왑거래의 기능
   차입비용의 절감, 가격위험의 헷지, 시장규제의 회피, 금융시장의 보완

## 제2절 금리스왑의 개요

1. 금리스왑의 정의 : 동일한 통화로 표시된 채무에 이자지급 교환하기로 약정
2. 금리스왑의 종류 : 고정−변동금리스왑, 베이시스스왑, 크로스커런시스왑
3. 금리스왑의 활용 : 헤지거래, 투기거래, 차익거래
4. 금리스왑의 설계
(1) 은행의 중개가 없는 경우
   자신의 차입금에 대한 이자를 상대방으로부터 수령하고, 원래 차입하길 원했던
   시장에서 부담해야 하는 금리보다 낮은 이자를 상대방에게 지급
(2) 은행의 중개가 있는 경우
   자신의 차입금에 대한 이자를 스왑은행으로부터 수령하고, 원래 차입을 원했던
   시장에서 부담해야 하는 금리보다 낮은 이자를 스왑은행에 지급
5. 국내 금리스왑시장
(1) 거래조건 : 만기는 3개월부터 20년물까지 다양하나 1~5년물이 주로 거래
(2) 참가기관 : 금리스왑시장은 대고객시장 및 은행간시장으로 구분
(3) 거래규모 : 1999년~2000년부터 거래가 시작되어 2020년 291.3조원을 기록
① 국내은행은 대고객거래에서 발생한 스왑포지션 조정 목적으로 금리스왑 이용
② 외은 국내지점은 스왑시장 조성은행으로서 대고객거래 및 헤지거래에 참가
③ 자산운용회사는 펀드수익률 변동위험을 축소하여 안정적인 수익률 확보

④ 증권회사는 금리변동위험의 헤지 목적으로 금리스왑 이용

## 제3절 통화스왑의 개요

1. 통화스왑의 정의 : 상이한 통화로 표시된 채무에 원리금을 교환하기로 약정

2. 통화스왑의 종류 : 직접통화스왑, 채무교환스왑

3. 통화스왑의 설계

(1) 은행의 중개가 없는 경우
　　자신의 차입금에 대한 이자를 상대방으로부터 수령하고, 원래 차입하길 원했던 시장에서 부담해야 하는 금리보다 낮은 이자를 상대방에게 지급

(2) 은행의 중개가 있는 경우
　　자신의 차입금에 대한 이자를 스왑은행으로부터 수령하고, 원래 차입을 원했던 시장에서 부담해야 하는 금리보다 낮은 이자를 스왑은행에 지급

4. 국내 통화스왑시장

(1) 거래조건 : 만기는 3개월부터 20년물까지 다양하나 1~5년물이 주로 거래

(2) 참가기관 : 통화스왑시장은 대고객시장 및 은행간시장으로 구분

(3) 거래규모 : 1999년 거래가 시작되어 2021년 상반기 월평균 68.1조원 기록

(4) 거래내용

① 국내은행은 대고객거래에서 발생한 스왑포지션 조정 목적으로 통화스왑 이용

② 생명보험회사는 외화채권 투자에 따른 환위험 및 금리위험의 헤지 목적

③ 외국인은 국내채권 투자의 목적으로 통화스왑 이용

**1.** **다음 중 스왑에 대한 설명으로 가장 옳지 않은 것은?**

① 스왑은 거래당사자간 미래현금흐름을 교환하는 계약으로 일련의 선도거래 또는 선물계약을 한번에 체결하는 것과 유사한 효과를 갖는다.

② 스왑은 표준화된 상품인 선물, 옵션과 같이 거래소에서 거래되지 않고 스왑딜러 및 브로커의 도움을 얻어 주로 장외에서 거래가 이루어진다.

③ 금리스왑은 미래 일정기간동안 거래당사자간 명목원금에 대한 변동금리 이자와 고정금리 이자를 교환하며 원금교환은 이루어지지 않는다.

④ 통화스왑은 미래 일정기간동안 거래당사자간 서로 다른 통화표시 채무 원금에 대한 이자금액을 교환하며 원금교환은 이루어지지 않는다.

⑤ 스왑은 거래당사자간 필요에 따라 다양하게 설계될 수 있는 장점이 있어 금리 또는 환위험관리를 위해 적절하게 사용될 수 있다.

| 해설 | 금리스왑은 이자만을 교환하는 반면에 통화스왑은 이자와 원금을 교환한다. 그리고 통화스왑은 고정금리와 고정금리, 변동금리와 변동금리, 고정금리와 변동금리 모두 가능한 형태로 스왑이 이루어진다.

**2.** **다음 중 스왑에 대한 설명으로 적절하지 않은 것은?**

① 스왑은 기업들이 부담하는 환율과 금리변동위험에 대처하기 위해 도입된 금융기법의 하나이다.

② 스왑은 선물이나 옵션과 마찬가지로 헤지의 대상기간이 비교적 짧다.

③ 스왑은 외환통제, 세금차별 등 각종 규제가 있는 자본시장에서 기대할 수 없는 이익을 얻을 수 있는 기회를 제공한다.

④ 스왑은 유동성이 낮은 통화에 대한 계약도 가능하므로 선물과 옵션으로 충족시키지 못하는 부분에 대한 보완적 상품이라고 할 수 있다.

⑤ 중복금리스왑에서는 스왑거래당사자 사이에 스왑중개은행이 개입하여 차입비용의 절감액 중 일부를 가져간다.

| 해설 | 선물거래와 옵션거래는 비교적 헤지기간이 짧은 단기헤지에 적합한 반면에 스왑거래는 보통 1년 이상의 장기헤지에 적합하다.

**3.** 기업 A와 B는 국제금융시장에서 다음과 같은 조건으로 자금을 차입할 수 있다. 은행이 기업 A와 B사이에서 스왑을 중개하고자 한다. 은행이 기업 A에게 변동금리를 지급하고 고정금리를 수취하는 스왑계약을 체결하며, 기업 B와는 그 반대의 스왑계약을 체결한다. 본 스왑으로 인한 은행의 총마진은 0.2%이며, 스왑이득은 두 기업에게 동일하다. 만약 은행이 기업 A에게 LIBOR+1%를 지급한다면 기업 A는 은행에게 얼마의 고정금리를 지급해야 하는가?

| 기업 | 유로본드 시장 | 유로달러 시장 |
|------|------------|-------------|
| A | 8% | LIBOR+1% |
| B | 9% | LIBOR+3% |

① 8.0%          ② 7.8%

③ 7.6%          ④ 7.4%

| 해설 | 고정금리 스프레드는 1%이고 변동금리 스프레드는 2%이므로 두 기업은 스왑거래를 통해 1%의 이자비용을 절감할 수 있다. 그러나 스왑을 중개하는 은행에서 0.2%의 마진이 발생하면 A기업과 B기업은 각각 0.4%의 이익이 있어야 한다.

**4.** 기업 A와 B는 달러화시장에서 3년간 100만달러를 차입하려고 하는데 차입조건은 아래와 같다. 기업 A와 B는 스왑계약을 체결하면서 차입비용의 절감으로 인한 이익을 50%씩 분배하기로 하였다. 스왑계약에 따른 고정금리를 11%로 할 경우에 변동금리는 얼마나 되겠는가?

| 기업 | 고정금리 | 변동금리 |
|------|---------|---------|
| A | 10% | LIBOR+2% |
| B | 12% | LIBOR+3% |

① LIBOR+1%          ② LIBOR+1.5%

③ LIBOR+2%          ④ LIBOR+2.5%

| 해설 | 고정금리가 11%이므로 B기업이 A기업으로부터 지급받는 변동금리를 x라고 하면 B기업이 부담하는 금리는 (LIBOR+3%)+11%−x이며 B기업이 스왑계약 후 부담하는 고정금리는 11.5%가 되어야 한다. (LIBOR+3%)+11%−x=11.5% ∴ x = LIBOR+2.5%

**5.** 문제 4에서 변동금리를 LIBOR+2%로 한다면 고정금리는 얼마나 되겠는가?

① 9%  ② 9.5%

③ 10%  ④ 10.5%

> **| 해설 |** A기업이 B기업으로부터 지급받는 고정금리를 x라고 하면 A기업이 부담하는 금리는
> 10%+LIBOR+2%-x이며 A기업이 스왑계약 후 부담하는 변동금리는 LIBOR+1.5%가 되어야
> 한다. 10%+LIBOR+2%-x=LIBOR+1.5% ∴ x = 10.5%

**6.** A기업과 B기업은 향후 3년간 자본시장에서 일정금액을 차입하려고 하는데 차입조건은 다음과 같다. 스왑은행이 개입하여 연 20%의 이익을 가져가고 두 기업은 이익을 공평하게 분배하기로 스왑계약을 체결했을 경우에 옳지 않은 설명은?

| 기업 | 원화 | 달러화 |
|---|---|---|
| A | 7.0% | 10% |
| B | 9.0% | 11% |

① A기업은 원화시장에서 비교우위가 있고, B기업은 달러화시장에서 비교우위가 있다.

② A기업은 달러화로 차입하기를 원하고, B기업은 원화로 차입하기를 원한다.

③ 스왑계약을 체결하면 연 1%의 차입비용을 절감할 수 있다.

④ A기업은 달러화 이자율 9.6%, B기업은 원화 이자율 8.6%로 자금을 조달하는 효과가 있도록 스왑계약을 체결하면 된다.

⑤ 은행이 A기업으로부터 달러화금리 9.6%를 지급받고 B기업에게 달러화금리 11%를 지급하기로 한다면 A기업은 은행으로부터 원화금리 8%를 지급받고 B기업은 은행에게 원화금리 8.6%를 지급해야 한다.

**7.** A기업과 B기업의 고정금리시장과 변동금리시장에서의 차입조건은 각각 다음과 같다. 두 기업이 비교우위에 있는 금리로 자금을 차입한 후 이자를 교환하는 스왑계약을 체결할 경우에 기대할 수 있는 차입비용의 절감효과는 얼마인가?

| 기업 | 고정금리 | 변동금리 |
|---|---|---|
| A | 10.0% | LIBOR+0.8% |
| B | 11.4% | LIBOR+1.4% |

① 0.6%  ② 0.8%

③ 1.0%  ④ 1.2%

**8.** 우리기업과 나라생명이 국제금융시장에서 자금을 차입할 수 있는 금리조건은 다음과 같다. 금리스왑을 이용할 수 있는 상황에서 두 기업의 조달금리부담을 확정적으로 최소화하는 차입방법은?

| 기업 | 고정금리 | 변동금리 |
|---|---|---|
| 우리기업 | 9.00% | LIBOR+0.50% |
| 나라생명 | 8.25% | LIBOR+0.25% |

① 우리기업 고정금리 차입, 나라생명 고정금리 차입
② 우리기업 변동금리 차입, 나라생명 변동금리 차입
③ 우리기업 고정금리 차입, 나라생명 변동금리 차입
④ 우리기업 변동금리 차입, 나라생명 고정금리 차입

| 해설 | 변동금리에서 비교우위에 있는 우리기업은 변동금리로 자금을 차입하고, 고정금리에서 비교 우위에 있는 나라생명은 고정금리로 자금을 차입한 후에 이자지급을 교환하는 금리스왑계 약을 체결하면 된다.

**9.** 다음 중 통화스왑에 대한 설명으로 적절하지 않은 것은?

① 서로 다른 통화로 표시된 현금흐름을 갖는 양측이 미래의 정해진 만기까지 일정한 기간마다 서로의 현금흐름을 교환하기로 약정한 계약이다.
② 교환되는 금리의 형태는 합의에 의해 고정금리와 변동금리가 모두 가능하다.
③ 계약원금에 대한 이자를 합의에 의한 금리를 적용하여 해당 통화로 거래당사자 간에 서로 지급한다.
④ 명목원금만 있을 뿐 실제로 원금의 교환은 발생하지 않는다.

| 해설 | 금리스왑은 동일한 통화로 표시되어 명목원금만 있을 뿐 실제로 원금의 교환이 발생하지 않 는다. 그러나 통화스왑은 상이한 통화로 표시되어 원금의 교환이 필요하다.

**10.** 변동금리 LIBOR+1%로 100만달러를 차입한 투자자가 LIBOR 금리스왑을 체결하면 서 LIBOR를 수취하고 고정금리 6%를 지급하기로 하였다면, 이 투자자의 궁극적 금 리구조는?

① LIBOR+2% 차입                         ② LIBOR 차입
③ 5% 변동금리 차입                        ④ 7% 고정금리 차입

| 해설 | LIBOR+1% 지급하면서 LIBOR 수취+고정 6% 지급
= −(LIBOR+1%)+LIBOR−6% = −7%

**11.** 다음 중 스왑과 채권을 결합하여 결과적으로 얻어지는 자금조달의 형태를 연결한 것으로 적절하지 않는 것은?

① 달러고정금리채+(달러고정금리수취*달러변동금리지급)금리스왑=달러변동금리채

② 달러고정금리채+(달러고정금리수취*엔화변동금리지급)통화스왑=엔화변동금리채

③ 엔화고정금리채+(달러고정금리수취*엔화고정금리지급)통화스왑=달러고정금리채

④ 엔화변동금리채+(엔화변동금리수취*달러변동금리지급)통화스왑=달러변동금리채

| 해설 | 한 종류의 채권발행은 금리스왑이나 통화스왑과 결합하면 다른 통화의 채권으로 전환된다. 원래 발행된 채권의 통화 및 금리의 지급형태와 동일한 형태의 포지션 수취와 다른 통화 및 금리의 포지션 지급의 스왑은 채권포지션과 스왑 중 수취포지션은 상쇄되고 스왑의 지급포지션만 남게 된다.

**12.** 기업 A와 기업 B가 각각 $1,000만불을 5년동안 차입하고자 한다. 차입비용이 아래와 같을 경우에 해당되는 금리스왑에 대한 설명으로 가장 적절한 것은?

| 기업 | 고정금리 | 변동금리 |
|---|---|---|
| A | 6% | LIBOR+0.25% |
| B | 7% | LIBOR+0.75% |

① 스왑이 가능하며 스왑을 체결하는 경우 두 회사가 절감할 수 있는 자본조달비용은 0.5%이다.

② 스왑이 가능하며 기업 A는 변동금리로 차입한 후 고정금리로 스왑한다.

③ 스왑이 가능하며 기업 B는 고정금리로 차입한 후 변동금리로 스왑한다.

④ 기업 A가 기업 B에 비해 고정금리시장과 변동금리시장에서 모두 저렴한 비용으로 조달할 수 있으므로 스왑은 가능하지 않다.

| 해설 | 기업 A가 기업 B에 비해 신용등급이 높다. 기업 A는 고정금리시장, 기업 B는 변동금리시장에서 비교우위를 보인다. 따라서 기업 A는 고정금리로 차입하여 변동금리로 스왑하고 기업 B는 변동금리로 차입하여 고정금리로 스왑하면 두 회사 모두 자본조달비용을 두 시장에서의 금리차이(7%−6%)−[(LIBOR+0.75%)−(LIBOR+0.25%)]=0.5%가 된다.

**13.** 현재 엔화의 낮은 금리에 이끌려서 사무라이 본드를 발행한 기업이 앞으로 엔화에 대한 달러가치의 하락과 엔을 포함하는 주요 통화의 전반적 금리상승을 기대하는 경우에 선택할 수 있는 통화스왑으로 적절한 것은?

① 엔화고정금리수취 + 달러고정금리지급
② 엔화고정금리수취 + 달러변동금리지급
③ 달러고정금리수취 + 엔화고정금리지급
④ 달러고정금리수취 + 엔화고정금리지급

| 해설 | 사무라이본드는 외국인이 일본에서 발행하는 엔화표시채권을 말한다. 채권발행을 통한 차입과 통화스왑을 결합하면 다른 통화표시의 차입으로 전환할 수 있다. 이러한 결정은 환율변동과 금리변동에 대한 전망에 따라 이루어진다. 달러가치의 하락과 주요통화의 전반적 금리상승이 기대되는 경우에 달러화 고정금리 차입으로 전환하는 것이 바람직하다. 엔화의 사무라이 본드를 발행한 경우에는 엔화고정금리를 수취하고 달러화고정금리를 지급하는 통화스왑과 결합하면 달러화고정금리 차입으로 전환할 수 있다.

* 문제 14번부터 17번까지 다음의 상황을 읽고 답하시오.

호주회사 B는 달러화 자금시장에서 변동금리로 달러화 자금을 차입할 수 있으나 달러화 자금시장에서 신용도가 낮아 높은 금리를 부담해야 한다. 그러나 호주 달러화 자금시장에서 유리한 조건으로 고정금리부 호주 달러화 자금을 차입할 수 있다. 반면에 미국회사 A는 유리한 조건으로 변동금리부 달러화 자금을 차입할 수 있으나 호주 달러화 자금을 차입할 경우에는 높은 금리를 부담해야 한다.

| 기업 | 호주 달러화 | 미국달러화 |
|------|------------|-----------|
| 미국회사 A | 4.75% | LIBOR+0.50% |
| 호주회사 B | 4.50% | LIBOR+0.70% |

**14.** 이러한 상황에서 필요한 스왑계약의 종류는 무엇인가?

① 금리스왑(IRS)  ② 통화스왑(CRS)
③ 베이시스스왑  ④ 부채자본스왑

| 해설 | 통화스왑은 상이한 통화로 표시된 자금을 필요로 하는 거래당사자가 계약기간 동안 원금에 기초하여 상이한 통화로 표시된 이자를 지급하고 만기일에 계약시점에 약정한 환율에 의해 원금을 교환하는 거래를 말한다. 통화스왑의 종류에는 금리교환의 유형을 기준으로 이종통화간 고정금리와 변동금리를 교환하는 크로스 커런시 쿠폰스왑, 이종통화간 변동금리와 변동금리의 이자지급을 교환하는 크로스 커런시 베이시스스왑, 이종통화간 고정금리와 고정금리의 이자지급을 교환하는 커런시스왑 등이 있다.

**15.** 이러한 상황에서 호주회사 B는 스왑계약을 체결하기 위해서 우선 무엇을 해야 하는가?

① 변동금리부 미국달러화 자금차입      ② 고정금리부 호주 달러화 자금차입

③ 고정금리부 미국달러화 자금차입      ④ 변동금리부 호주 달러화 자금차입

**16.** 이러한 상황에서 미국회사 A는 스왑계약을 체결하기 위해서 우선 무엇을 해야 하는가?

① 변동금리부 미국달러화 자금차입      ② 고정금리부 호주 달러화 자금차입

③ 고정금리부 미국달러화 자금차입      ④ 변동금리부 호주 달러화 자금차입

**17.** 미국회사 A와 호주회사 B가 스왑계약을 체결하여 차입한 원금을 서로 교환하고 스왑계약기간에 이자지급 및 만기시의 원금상환도 계속 교환하기로 약속한다면 호주회사 B는 달러화 자금시장에서 직접 자금차입을 하는 경우보다 달러화 자금의 차입비용을 얼마나 절감할 수 있는가?

① 0.75%                      ② 0.50%

③ 0.25%                      ④ LIBOR

| 해설 | 직접 변동금리부 달러를 차입할 경우 LIBOR+0.75%이고 스왑을 통한 변동금리부 달러를 지급할 경우 LIBOR+0.50%이다. 따라서 (LIBOR+0.75%)−(LIBOR+0.50%)=0.25%

**18.** 투자자 홍길동은 LIBOR와 7%를 교환하는 고정금리지급포지션의 금리스왑을 체결하였다. 홍길동의 포지션을 채권을 통해 나타낼 경우에 알맞은 것은?

① 고정채 발행, 변동채 매입      ② 고정채 매입, 변동채 발행

③ 고정채 발행, 변동채 발행      ④ 고정채 매입, 변동채 매입

| 해설 | 고정금리를 지급하고 변동금리를 수취하기 때문에 고정채를 발행하고 변동채를 매입한 경우와 동일하다.

**19.** 기업 A와 기업B가 고정금리와 변동금리로 자금을 차입할 경우에 금리는 다음과 같다. 다음 중 가장 적절한 것은 어느 것인가?

| 기업 | 고정금리 | 변동금리 |
|------|----------|----------|
| A | 10% | LIBOR+0.3% |
| B | 11% | LIBOR+1.0% |

① A는 변동금리에서 비교우위를 갖는다.

② B는 고정금리에서 비교우위를 갖는다.

③ A는 고정금리로 차입하고, B는 변동금리로 차입하여 스왑계약을 체결하는 것이 바람직하다.

④ A와 B는 스왑계약을 체결함으로써 이득을 볼 여지가 없다.

│ 해설 │ A는 고정금리에서, B는 변동금리에서 비교우위를 갖는다. 따라서 A는 고정금리, B는 변동금리로 자금을 차입한 후 스왑계약을 체결하면 고정금리의 차이 1%와 변동금리의 차이 0.7%에 해당하는 0.3%를 두 회사가 공유하면 0.15%를 절약할 수 있다.

**20.** 대규모의 달러를 고정금리로 차입한 기업의 경우에 금리가 하락할 것으로 예상되면 어떤 포지션을 통해 헤지를 할 수 있는가?

① 고정금리 지급스왑      ② 고정금리 수취스왑

③ 금리 플로어 매수      ④ 금리 캡 매수

│ 해설 │ 고정금리 지급스왑을 체결하면 고정금리를 변동금리로 전환할 수 있다.

정답  1. ④  2. ②  3. ③  4. ④  5. ④  6. ⑤  7. ②  8. ④  9. ④  10. ④
11. ③  12. ①  13. ①  14. ②  15. ②  16. ①  17. ③  18. ①  19. ③  20. ①

# 보험상품

위험에 대한 대비는 최우선의 재무설계목표에 해당한다. 보험은 누구에게나 공통적으로 발생할 수 있는 위험에 대비할 수 있는 대표적인 위험관리의 방법으로 위험에 직면했을 경우 보험금으로 보상하여 주는 경제제도이다. 위험관리의 대안으로 보험은 무엇이며 보험을 어떻게 활용해야 하는가에 대해 살펴보고자 한다.

위험의 관리

## 1. 위험의 정의

위험은 소망스럽지 않은 어떤 상황이나 사건의 결과에 대한 불확실성을 말한다. 따라서 위험은 기대하거나 바라는 바람직한 결과와 반대되는 결과가 발생할 가능성이 있을 경우에 발생한다. 그러나 보험설계에서 위험관리의 대상이 되는 위험은 손해발생의 가능성이다. 이때 손해는 자산가치의 하락을 의미한다.

위험은 사회전체적으로 재화와 용역의 손실을 발생시킬 뿐만 아니라 위험과 관련된 불확실성은 사람들에게 심리적 불안과 좌절을 초래할 수 있게 된다. 따라서 대부분의 사람들은 불행 없이 현재의 행복한 삶을 유지하고 싶어 하기 때문에 이러한 위험을 회피하거나 위험의 영향을 축소시키기 위해 노력한다.

## 2. 위험의 종류

위험을 기대하거나 원하는 바람직한 결과와 반대되는 결과가 발생할 수 있는 가능성이라고 정의할 때 반대되는 결과가 재무적 손상일 수 있으며, 그렇지 않을 수도 있다. 재무적 위험은 재무적 손실을 초래하는 위험을 말하고, 비제무적 위험은 재무적 손실이 발생하지 않는 위험을 말한다.

예컨대 교통사고가 발생하여 장기간 병원에 입원하면 병원비와 소득감소라는 재무적 손실이 발생하여 교통사고는 재무적 위험을 가지고 있다. 반면에 교통사고로 인해 환자 및 가족의 고통과 상심 등은 비재무적 손실이 되어 교통사고는 재무적 위험과 비재무적 위험을 동시에 가지고 있다.

그리고 투기적 위험은 주식투자 및 부동산투자처럼 이익과 손실의 기회가 모두 존재한다. 반면에 순수위험은 화재나 자동차사고처럼 이익은 존재하지 않으면서 손실만이 가능하고 그 손실은 사고의 결과를 의미한다. 전통적으로 순수위험을 관리하는 대표적인 위험관리방법이 보험상품이다.

## 3. 위험의 관리

재무설계에서 위험관리는 개인이나 가족이 직면하고 있는 순수위험을 인식하고 평가하여 이러한 위험에 대처할 적절한 방법을 찾는 과정을 말한다. 이러한 의미에서 위험 관리는 보험설계보다 더 광범위한 개념으로 이해될 수 있으며 보험 이외의 다른 위험관리의 방법까지도 고려하게 된다.

## (1) 일반적인 위험관리방법

위험관리방법에는 위험통제와 위험재무가 있다. 위험통제(risk control)는 위험이나 손실발생 빈도를 줄이거나 강도를 줄이고 위험재무(risk financing)는 위험에 따라 발생할 손실에 대비하기 위한 자금을 마련하는 것이다. 위험통제에는 위험회피와 손실통제가 있고, 위험재무에는 위험이전과 위험보유가 있다.

### 1) 위험통제

#### ① 위험회피

위험회피는 위험을 초래할 수 있는 어떤 활동이나 상황 자체를 제거함으로써 위험의 소지를 원천적으로 봉쇄하는 것을 말한다. 예컨대 자동차사고로 인한 위험을 제거하기 위해 자동차를 매각하거나 운전하지 않는 방법이다. 이는 잠재적으로 강력한 위험관리의 방법으로 소극적이고 보수적이라는 비판이 있다.

#### ② 손실통제

손실통제는 손실방지와 손실축소로 구분한다. 손실방지는 손실이 발생하지 않도록 하거나 손실발생 빈도를 줄이는 것으로 산불예방을 위해 입산금지를 하는 경우가 여기에 해당한다. 그러나 손실축소는 손실의 심각성을 줄이는 것으로 화재위험에 대비하기 위해 소화기를 비치하는 경우가 여기에 해당한다.

### 2) 위험재무

#### ① 위험이전

위험이전은 위험을 일방이 타방으로 이전시키는 것을 말한다. 위험이전의 대표적인 형태가 보험인데 개인의 어떤 경제적 손실에 대한 위험을 보험계약을 통해 보험회사로 이전할 수 있다. 보험을 통해 위험을 이전할 경우에 보험계약자는 보험자로부터 그 경제적 손실에 해당하는 보험금을 보상받게 된다.

② 위험보유

위험보유는 개인이 직면한 특정위험에 대한 손실에 대비하기 위해 자금을 축적하여 손실이 발생할 경우 축적된 자금으로 손실을 복구하는 것을 말한다. 자금축적의 방법에는 운영경비를 통한 충당, 기금 또는 적립금의 축적, 위험을 보험회사에 이전하지 않고 보유하는 자가보험의 방법이 있다.

‖그림 13-1‖ 손실의 유형

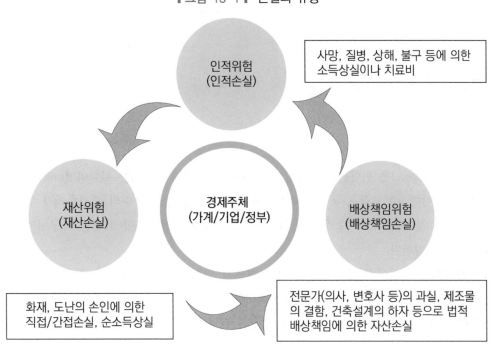

(2) 손실유형별 위험관리방법

위험을 관리할 경우에 어떤 위험을 보유하고 어떤 위험을 이전시키는 것이 최선의 방법인가에 대한 적절한 판단이 필요하다. 이에 대한 판단은 손실의 규모와 발생빈도라는 두 가지 변수가 사용된다. 손실규모와 발생빈도라는 두 가지 변수에 의한 위험관리방법을 살펴보면 [그림 13-2]와 같다.

‖ 그림 13-2 ‖ 손실유형별 위험관리방법

## 제2절 보험의 개요

### 1. 보험의 정의

보험(insurance)은 위험관리의 방법 중 위험을 타인에게 이전하는 위험이전(risk transfer)의 한 방법이다. 즉 보험은 동질적 위험으로부터 위협을 받는 다수의 경제주체가 일정한 대가(보험료)를 지불하고, 그 위험을 제3자(보험회사)에게 전가하여 피해를 복구시켜주는 경제제도를 말한다.

경제적인 관점에서 살펴보면 보험은 개별적 위험을 이전과 결합을 통해 재무적 손실에 대한 위험을 감소시키기 위한 경제적 제도로 정의할 수 있다. 예컨대 자동차보험에 가입하는 행위는 자동차사고가 발생할 경우 나타날 수 있는 커다란 경제적 손실을 보험회사에 이전함으로써 위험을 전가한다.

사회적인 관점에서 살펴보면 보험은 사회구성원 중 일부에게 발생한 손실을 단체전체에게 분담하도록 분산시키는 것을 의미하는데, 이를 위해 다수로부터 자금을 모아 기금을 형성하게 된다. 예컨대 만인은 1인을 위해, 1인은 만인을 위해라는 문구는 보험의 이러한 특성을 가장 잘 표현하고 있다.

법률적인 관점에서 살펴보면 보험은 보험회사와 보험계약자간에 체결된 재무적 손실을 보전하는 것을 목적으로 하는 법적 계약을 말한다. 즉 보험계약자는 미래의 불확실한 손실을 보험료 형태의 비용으로 보험회사에게 지불하여 위험을 이전시키며, 이 거래를 구체화시킨 것이 보험계약이다.

수리적인 측면에서 살펴보면 보험은 특정 손인과 관련된 미래의 불확실성과 손실에 대한 예측을 통해 모든 보험계약자가 부담해야 할 몫을 공평하게 분배하는 제도이다. 이러한 기능을 올바르게 수행하기 위해서 보험수리적 이론과 기술을 필요로 하는데, 여기에는 확률과 통계가 적용된다.

## 2. 보험의 특성

### (1) 위험의 이전

위험의 이전은 보험의 기본적인 특성이다. 보험계약자는 보험료를 대가로 자신의 위험을 재무적으로 우위에 있어 손실에 대한 지급이 가능한 보험자에게 이전함으로써 경제적 불안감을 해소한다. 일반적으로 보험자에게 이전되는 위험은 이익의 발생가능성은 없고 손실만 있는 순수위험을 의미한다.

### (2) 우연한 사고

보험은 불의의 손실을 전제로 하며 우연한 사고에 대해 지급한다. 여기서 우연하다는 것은 사고의 원인 또는 결과의 발생을 피보험자로서 예측하거나 인식하지 못하는 의외의 상황을 말한다. 따라서 생명보험계약에서는 원칙적으로 고의에 의한 비우연적인 손해, 즉 자살의 경우에는 보상하지 않는다.

### (3) 손실의 결합

보험은 동일한 위험에 직면한 다수의 사람이 결합하여 사고를 당한 사람의 피해를 부담하는 것으로 같은 위험에 있는 사람이 많을수록 개개인의 부담은 줄어들고 각 개인에게 발생하는 부담은 평균손실로 대체된다. 보험자는 손실의 결합으로 대수의 법칙을 적용하여 전체 손실을 정확히 예측할 수 있다.

### (4) 손실의 보상

보험은 피보험자의 재무적 손실에 대한 손실보상의 특징이 있다. 여기서 손실의 보상은 피보험자를 사고발생 이전의 재무적 상태로 되돌려놓은 것을 말한다. 예컨대 자동차보험은 자동차 사고 때문에 발생한 재무적 손실을 보상해준다. 그러나 보험은 재무적 손실 이외의 비재무적 손실은 보상하지 않는다.

## 3. 보험의 원리

보험은 대수의 법칙을 근간으로 하며 보험가입자로부터 받은 보험료 총액과 보험사고가 발생하여 보험회사가 지급하는 보험금 및 경비의 총액이 같다고 하는 수지상등의 원칙에 의해 보험료가 계산된다. 보험료를 납입하는 가입자의 입장에서 수지상등의 원칙은 급부반대급부의 원칙으로 이해될 수 있다.

### (1) 대수의 법칙

대수의 법칙은 우연한 사고가 발생할 확률은 표본의 크기가 크면 클수록 표본으로부터 얻어진 측정치가 모집단의 기대되는 결과에 수렴하는 것을 말하며 보험료 산정의 수리적 기초가 된다. 예컨대 동전을 던져서 앞면이 나올 확률은 동전을 던지는 횟수가 많을수록 1/2에 가까워진다는 것을 의미한다.

### (2) 수지상등의 원칙

수지상등의 원칙은 보험가입자가 납입하는 보험료 총액과 보험회사가 지급하는 보험금 및 경비의 총액이 동일하도록 보험료를 결정하는 원칙을 말한다. 왜냐하면 보험회사의 보험료가 너무 비쌀 경우에는 보험시장이 형성되지 않을 것이고, 보험료가 너무 쌀 경우에는 보험제도가 존립할 수 없기 때문이다.

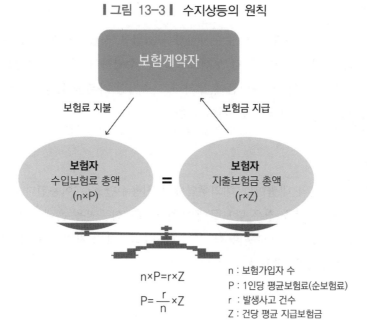

**▌그림 13-3▐ 수지상등의 원칙**

$$n×P=r×Z$$

$$P=\dfrac{r}{n}×Z$$

n : 보험가입자 수
P : 1인당 평균보험료(순보험료)
r : 발생사고 건수
Z : 건당 평균 지급보험금

### (3) 급부반대급부의 원칙

전체적인 입장에서 수지상등의 원칙이 개개인의 입장에서 각자가 내는 보험료는 보험사고 발생시 보험회사가 개인에게 지급하는 보험금의 기대치와 같아야 한다는 것이 급부반대급부 균등의 원칙이다. 예컨대 생명보험은 연령에 따라 보험료가 달라지고, 손해보험은 위험의 등급에 따라 보험료가 달라진다.

### 4. 보험의 기능

### (1) 보험의 순기능

① 경제적 안정

보험제도는 불확정한 위험을 보험자에게 전가함으로써 개인과 기업의 보험사고로 인한 경제적 어려움을 극복하는데 커다란 기여를 하고 있어 사회보장적 기능도 수행한다. 그리고 보험계약자의 경제적 안정추구 이외에 책임보호제도를 통해 피해자측의 경제적 안정을 도모하는 기능을 수행하기도 한다.

### ② 자본의 형성

생명보험의 경우에 보험료의 수수시점과 보험금을 지급하기까지 상당한 시차가 존재하여 보험자는 보험계약자로부터 보험료를 계속 수령하여 자금을 형성하고 투자기금으로 활용할 수 있다. 이를 금융상품에 투자하고 축적된 자본을 금융시장에 공급하여 산업경제와 국민경제 발전에 커다란 기여를 한다.

### ③ 신용의 수단

보험제도는 개인의 대출이나 해외무역에서 신용수단으로 이용된다. 예컨대 개인이 금융기관에서 대출을 받을 경우 담보물에 대한 화재보험증권을 은행에 제시하거나 보증보험을 이용하여 신용수단으로 활용할 수 있다. 그리고 보험자가 약관대출을 통해 보험계약자에게 직접 신용을 제공하는 경우도 있다.

### ④ 손해의 방지

보험자는 보험금을 지급하기 위해 보험사고의 원인을 조사하고 분석한다. 이를 통해 사고예방에 대한 정보를 고객들과 사회에 홍보하고 대책을 수립하며 사고방지를 위한 연구활동을 하거나 이를 지원함으로써 궁극적으로 손해를 방지할 수 있는 기능을 담당한다. 예컨대 음주운전방지 캠페인을 들 수 있다.

## (2) 보험의 역기능

보험계약이 갖는 사행성으로 보험금 취득을 목적으로 보험계약을 체결하거나 생명보험계약 체결 후 고의로 피보험자를 살해하는 것과 같은 보험범죄, 보험계약자가 사고위험이 높은 것을 숨기고 보험에 가입하여 위험을 역선택한 후 고의로 보험사고를 발생시키는 도덕적 위험이 대표적인 보험의 역기능이다.

도덕적 위험에 따른 사고는 우연성이 결여되어 보험의 본질에 반한다. 보험제도를 악용하면 급여·반대급여 균등의 원칙과 수지상등의 원칙이 깨지면서 보험단체의 존립을 어렵게 하고, 도덕적 위험을 가진 자의 위험까지 부과하여 불필요한 보험료 인상을 가져오며 선량한 보험계약자의 권익을 침해한다.

### 5. 보험의 종류

### (1) 보험대상과 목적에 따른 분류

① 생명보험

생명보험은 사람의 생존과 사망에 관해 일정하게 정해진 금액을 지급하거나 기타의 급여를 할 것을 목적으로 하는 보험을 말한다. 상법 보험편은 생명보험의 종류로 생존보험, 사망보험, 양로보험, 연금보험, 단체보험을 규정했다가 개정 보험법에서는 양로보험과 연금보험의 조문을 삭제하였다.

② 손해보험

상법 보험편은 보험을 손해보험과 인보험으로 구분하고 있다. 손해보험은 보험목적이 재산이며 보험계약에서 정한 보험사고가 발생하면 보험가입자에게 발생한 실제 재산상의 손해를 보상하는 보험을 말한다. 따라서 손해보험의 보험목적은 재산이고 보험금은 부정액방식에 의해 지급된다.

③ 인보험

인보험은 보험사고 발생의 객체가 사람인 보험으로 사람의 생명과 신체에 관해 보험사고가 발생하는 경우에 보험계약에서 정한 바에 따라 보험금액 또는 기타의 급여를 지급하는 보험으로 생명보험, 상해보험, 질병보험 등이 있다. 상법 보험편은 인보험을 생명보험과 상해보험으로 분류한다.

④ 재산보험

재산보험은 보험사고의 발생으로 보험계약자의 재산상 손해를 보험자가 보상하는 보험이다. 물건보험은 보험사고의 객체가 특정한 물건으로 운송보험, 해상보험, 도난보험 등이 있고, 재산보험은 특정물이 아닌 모든 재산을 대상으로 하며 보험사고의 발생으로 피보험자의 간접손해를 보상하는 책임보험이 있다.

### (2) 보험금의 지급방법에 따른 분류

① 정액보험

정액보험은 보험사고로 피보험자에게 실제 손해가 발생했는지, 발생했다면 그 손해가 얼마인지를 묻지 않고 약정된 보험금을 지급하며 보험계약에서 약정하는 보험금액과 실제로 지급하는 보험금이 동일한 것이 원칙이다. 생명보험은 정액보험이지만, 변액보험의 등장으로 부정액보험적 성격을 가질 수도 있다.

### ② 부정액보험

부정액보험은 보험자가 지급하는 금액이 약정보험금의 한도 내에서 실제로 발생한 손해액을 산정하여 이를 지급하는 보험을 말한다. 원칙적으로 재산보험이나 손해보험은 부정액보험에 속한다. 그러나 손해보험의 하나인 보증보험은 손해의 크기가 아닌 정액을 보상하는 것으로 계약을 체결할 수도 있다.

### (3) 보험자의 영리목적에 따른 분류

#### ① 공보험

공보험은 사보험의 영역이 미치지 못하는 부분에 국가나 공공단체가 국민경제적 입장에서 사회보장과 정책수행을 위해 운영한다. 여기에는 산업재해보상보험, 국민건강보험, 국민연금보험, 고용보험, 선원보험과 같이 사회정책 목적으로 실시하는 사회보험과 수출어음, 예금보험과 같은 경제정책보험이 있다.

#### ② 사보험

사보험은 영리를 목적으로 사기업의 형태로 경영하는 보험을 말한다. 사보험은 보험업법에 따른 국내외 보험회사가 운영하는 각종의 생명보험, 손해보험, 상해보험이 전형적인 경우이다. 일반적으로 사보험은 임의보험이며, 보험관계는 사법에 의해 규율되고 있고, 사적자치의 원칙이 강하게 적용된다.

### (4) 보험사업의 주체에 따른 분류

#### ① 공영보험

공영보험은 그 본질이 사보험이지만 영리성이 충분히 보장되지 못하기 때문에 정책적으로 국가, 지방자치단체, 기타의 공공단체가 사업주체로서 보험업을 영위한다. 한국무역공사가 운영하는 수출보험, 우체국에서 운영하는 우체국보험이 있다. 공보험은 강제보험인 반면에 공영보험은 강제보험이 아니다.

② 사영보험

사영보험은 개인이 사업주체가 되어 경영하는 보험으로 그 성질은 공보험과 유사하다. 즉 공영보험과 사영보험은 보험사업의 주체에 따른 분류로서 공보험·사보험의 분류와 구별된다. 그러나 공보험은 동시에 공영보험인 경우가 많고, 사보험은 사영보험인 경우가 대부분이지만 반드시 일치한 것은 아니다.

### (5) 구성원리와 영리에 따른 분류

① 영리보험

영리보험은 보험인수를 영업으로 하는 보험자가 영리를 목적으로 인수하고 위험단체의 주체가 되는 보험을 말한다. 보험인수가 영업인 보험자는 상법상의 당연상인이다. 영리는 보험계약자로부터 받은 보험료의 총액 및 이를 운용하여 얻은 수익과 지급되는 보험금 총액 및 사업비의 차액을 의미한다.

② 상호보험

상호보험은 동종의 위험에 직면한 다수인이 스스로 위험단체(상호회사)를 구성하고 이 위험단체가 보험사업의 주체가 된다. 요컨대 상호보험은 보험가입자가 피보험자인 동시에 보험자인 단체의 구성원(사원)이 되어 보험관계와 사원관계가 병존한다. 보험계약자는 사원이므로 간접책임을 부담한다.

### (6) 보험계약자 기준에 따른 분류

① 가계보험

가계보험은 가정의 경제생활을 위협하는 가족의 건강, 재산의 상실 등 위험에 대비하거나 가계의 유지와 생활의 안정을 위해 개인이 가입하는 보험을 말한다. 예컨대 가족의 생명이나 신체에 관한 생명보험·상해보험, 개인의 주거나 가재에 대한 화재보험, 자가용 자동차에 대한 자동차보험이 있다.

② 기업보험

기업보험은 기업의 경영자가 경영활동에서 야기되는 위험에 대처하기 위한 보험을 말한다. 예컨대 기업의 건물과 동산을 보험의 목적으로 하는 화재보험, 수출입화물을 보험의 목적으로 하는 해상보험, 종업원의 후생복지를 위해 기업이 보험계약자가 되어 종업원을 피보험자로 하는 생명보험이 있다.

### (7) 보험인수의 순서에 따른 분류

① 원보험

보험인수의 순서에 따른 분류이다. 보험자가 자신이 1차적으로 인수한 위험의 전부나 일부를 다른 보험자에게 2차적으로 전가할 수가 있다. 여기에서 원래의 보험을 원보험이라 하고, 다른 보험자가 인수한 제2의 보험을 재보험이라 한다. 재보험은 다시 제2의 재보험계약(재재보험)을 체결할 수 있다.

② 재보험

재보험은 재보험자가 대가(재보험료)를 받고 원보험증권을 발급한 보험회사가 지급하는 손해의 전부나 일부에 대해 보상할 것을 약속한다. 재보험은 선박보험이나 대형 화재보험 등 원보험자가 인수한 위험의 크기가 너무 거대한 경우에 그 위험을 분산하고 인수능력의 극대화를 위해 필요한 제도이다.

### (8) 보험목적의 개수에 따른 분류

① 개별보험

개별보험은 보험계약자가 청약을 하면 보험자가 개개의 물건이나 개개의 사람을 보험의 목적으로 매 건마다 그 청약에 관한 내용을 심사하여 인수여부를 결정한다. 개별선박건조보험은 건조선박에 대한 보험요율산정방식으로 선박을 선종별로 구분하여 기본요율에 1개월 당 연장요율을 가산하여 산정한다.

② 집단보험

집단보험은 여러 개의 물건이나 사람을 집단으로 하여 하나의 보험계약을 체결하는 것으로 보험의 목적이 물건의 집합이면 이를 집합보험이라 하고, 사람의 집합이면 단체보험이라 한다. 단체보험은 단체가 규약에 따라 구성원의 전부나 일부를 피보험자로 하는 하나의 생명보험 또는 상해보험을 말한다.

집단보험은 보험목적이 다수이지만, 복합보험은 보험목적에 다수의 보험사고가 복합되어 있다. 예컨대 하나의 피보험자동차에 대해 대인배상책임보험, 대물배상책임보험, 자기차량손해보험, 자기신체사고보험 등 여러 개의 보험사고가 복합 또는 하나의 건물에 화재, 도난 등이 겹쳐 있는 경우를 말한다.

### (9) 보험가입의 강제에 따른 분류

#### ① 임의보험

임의보험은 보험의 가입이 강제되지 않아 가입자의 자유의사에 따르며 대부분의 영리 사보험이 해당한다. 운전자보험은 교통사고에 따른 벌금이나 형사합의금(교통사고처리지원금), 변호사 선임비 등을 보장하는 임의보험 상품이며, 민사상 상대방의 대인·대물 피해를 보상해주는 자동차보험과 구별된다.

#### ② 강제보험

강제보험은 보험가입이 법률에 의해 강제되는 보험으로 대부분의 공보험이 여기에 속한다. 다만, 사보험에서도 공공정책적인 성격을 갖거나 사고로 인한 손해의 범위가 매우 크고 피해자가 광범위한 자동차손해배상책임보험, 신체손해배상특약부화재보험, 가스사고배상책임보험 등은 가입을 강제하고 있다.

## 제3절 보험계약의 개요

### 1. 보험계약의 정의

보험약관은 보험회사가 다수의 보험계약자와 계약을 체결하고자 일정한 형식에 의해 마련한 계약의 내용이다. 보험약관은 보험계약의 성립, 보험계약의 효력, 보험계약의 해약·해지·무효, 보험료 납입, 보험금의 지급사유, 보험금 청구와 지급, 보험계약자의 의무사항에 관한 조항들로 구성되어 있다.

### (1) 보험계약의 성립

상법에 따르면 "보험계약은 당사자 일방이 약정한 보험료를 지급하고 상대방이 재산 또는 생명이나 신체에 관해 불확정한 사고가 발생할 경우에 일정한 보험금액 기타의 급여를 지급할 것을 약정한 것"이라고 정의하고 있다. 보험계약은 보험계약자의 청약과 보험회사의 승낙으로 이루어진다.

청약은 보험계약자가 보험자에게 보험계약을 요구하는 일방적 의사표시를 말하고, 승낙은 보험계약자의 청약내용을 검토한 후 보험자가 청약을 받아들이는 의사표시를 말한다. 보험계약자는 청약을 한 날 또는 제1회 보험료를 납입한 날로부터 15일 이내에 보험계약의 청약을 철회할 수 있다.

보험자는 건강진단을 받지 않은 무진단계약은 청약일, 건강진단을 받은 진단계약은 진단일로부터 30일 이내 승낙 또는 거절 의사를 표시해야 한다. 보험자가 인수를 거절하거나 보험계약자가 청약을 철회하면 보험자는 계약자가 납부한 보험료를 반환하고, 보험자가 청약을 승낙하면 보험증권을 교부한다.

**┃그림 13-4┃ 보험계약의 성립**

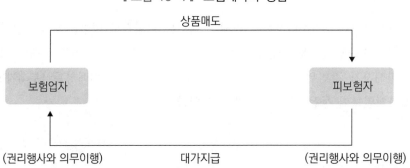

### (2) 보험계약의 효력

보험회사가 보험계약의 청약을 승낙하면 약관이 정한 바에 따라 계약사항에 대한 보장을 한다. 보험계약자로부터 제1회 보험료를 받은 날이 보장개시일이며 보장개시일을 보험계약일로 본다. 계약자가 보험료를 납입기일 안에 내지 못할 경우 어느 정도의 유예기간을 주며 그 기간에는 보험의 효력이 지속된다.

### (3) 보험계약의 실효

실효는 보험계약자가 보험료를 납입하지 않아 보험의 효력이 상실되는 것이고, 해약은 보험계약자가 계약의 효력을 소멸시키는 것이며, 해지는 보험계약자가 청약서에 알린 내용이 허위일 경우에 보험자가 계약의 효력을 소멸시키는 것이다. 생명보험에서 피보험자의 서면동의를 받지 않은 보험계약은 무효이다.

### (4) 보험청약의 철회

보험청약의 청구철회는 주변사람의 가입이나 지인의 권유에 의해 충동적으로 보험에 가입했거나 보험설계사 등의 불완전판매로 보험가입자의 의사와는 다르게 계약이 체결되는 여러 가지 사유로 인하여 보험계약자가 보험계약을 철회하고자 하는 경우에 보험계약자가 보험청약을 철회할 수 있는 제도를 말한다.

보험계약자는 청약을 한 날부터 15일 이내(전화·우편·컴퓨터 등의 통신매체로 가입한 보험계약은 30일 이내)에 청약의 철회가 가능하며 해당 보험사의 지점에 직접 방문하거나 우편 등의 방법으로 신청할 수 있다. 보험회사가 청약철회의 신청을 접수한 경우에는 지체 없이 이미 납입한 보험료를 반환해야 한다.

## 2. 보험계약의 요소

보험계약의 직접적인 당사자는 보험계약자와 보험회사이다. 그러나 보험계약자와 보험금청구권 행사자가 다를 수 있으며, 보험회사가 직접 보험계약자의 접근에서부터 계약체결까지를 모두 실행하는 경우는 거의 없고 보험설계사, 보험대리점, 보험중개사 등을 활용하여 보험계약을 체결하고 있다.

### (1) 보험계약자

보험계약자는 보험계약의 한쪽 당사자로서 자기의 이름으로 보험계약을 청약하고 체결하는 사람을 말한다. 따라서 보험계약이 성립하면 보험계약자는 보험료를 납입할 의무를 부담하는 동시에 고지의무, 보험계약의 임의해지권, 보험계약의 취소권, 보험증권의 교부청구권 등의 권리를 갖게 된다.

### (2) 피보험자

피보험자는 보험의 대상으로 보험위험을 보유하고 있는 사람이나 물건을 말한다. 따라서 피보험자는 피보험이익의 주체를 말하며 인보험과 손해보험에 따라 의미가 다르다. 생명보험에서는 생명이나 신체에 관해 보험에 붙여진 대상을 말하고, 손해보험에서는 손해보상청구권자, 즉 수익자를 말한다.

### (3) 보험수익자

보험수익자는 인보험에만 있는 보험계약의 요소로 보험사고가 발생하여 보험금 지급사유가 발생했을 때 보험회사에 보험금을 청구할 수 있는 사람을 말한다. 인보험에서 보험계약자와 보험수익자가 동일하면 자기를 위한 인보험계약이 되고, 양자가 다른 경우에는 타인을 위한 인보험계약이 된다.

### (4) 보험자

보험자는 보험계약자로부터 보험료를 수령하고 보험계약을 인수하는 보험회사를 말한다. 보험회사는 보험사업의 공공성, 사회성 등의 특성에 따라 자격이 엄격히 제한된다. 보험회사는 300억원 이상의 자본금을 가진 주식회사, 상호회사 또는 외국보험회사로 금융위원회의 허가를 받아야 한다.

┃그림 13-5┃ 생명보험의 계약당사자

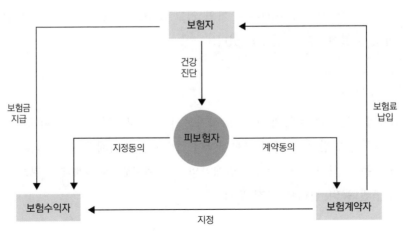

## 3. 보험계약의 권리와 의무

### (1) 보험계약자의 권리와 의무

#### ① 보험계약자 권리

보험계약자는 보험사고가 발생하기 전에 언제든지 계약의 전부 또는 일부를 해지할 수 있고, 계약을 해지할 경우 다른 약정이 없으면 미경과보험료에 대한 반환을 청구할 수 있다. 그리고 보험수익자 지정변경권을 가져 보험사고가 발생하기 전에는 언제든지 지정한 보험수익자를 변경할 수 있다.

보험계약자는 보험사고가 발생할 경우에 재무적 손상을 보상받을 수 있는 보험금을 보험회사에 청구할 수 있는 보험금청구권을 갖는데, 이는 의무라는 측면도 강하다. 따라서 보험수익자 또는 피보험자가 보험사고의 사실을 보험회사에 통지함으로써 보험회사의 보험금 지급의무가 발생하게 된다.

#### ② 보험계약자 의무

첫째, 보험계약자는 보험자에게 보험료를 납부할 의무가 있다. 보험자의 책임은 당사자간에 다른 약정이 없으면 최초의 보험료를 수령한 때부터 시작된다. 보험계약 체결 후 지체없이 보험료를 납입해야 한다. 계약체결 후 2개월 이상 지급하지 않으면 다른 약정이 없는 한 그 계약은 해제된 것으로 본다.

둘째, 보험계약자는 보험계약을 체결할 때 피보험자의 현재 건강상태, 과거병력, 직업 등 계약의 내용에 관한 중요한 사실을 보험회사에 알리고 중요한 사항에 관해 부실하게 알려서는 안 될 의무를 진다. 보험계약자가 고지의무를 위반했을 경우에 보험자는 일정한 요건하에 보험계약을 해지할 수 있다.

셋째, 보험계약 체결 후 체결 전과 달라진 내용을 보험자에게 통지해야 한다. 통지의무는 약관에서 계약 후 알릴 의무라고 하는데 보험계약을 체결할 때 위험의 정도가 보험기간에 현저하게 변경되거나 증가했을 경우에 보험자에게 계약내용을 수정하는 기회를 제공하기 위해 상법에서 인정하고 있다.

넷째, 보험계약자는 보험자의 동의 없이 보험기간에 자신의 고의 또는 중대한 과실로 보험사고발생의 위험을 현저하게 변경하거나 증가시키지 않아야 하는 위험유지의무가 있다. 손해보험의 경우에는 보험사고가 발생한 경우에 손해의 방지와 경감을 위해 노력해야 한다는 손해방지경감의무가 있다.

## (2) 보험회사의 권리와 의무

### ① 보험회사의 권리

첫째, 보험회사는 보험계약을 해지할 수 있는 권리인 해지권이 있다. 이는 보험계약자의 보험료 미지급, 보험계약자나 피보험자의 고지의무와 통지의무의 위반, 보험계약자나 피보험자 또는 보험수익자의 고의 또는 중대한 과실로 인한 위험의 증가와 같은 사유가 발생할 경우에 행사할 수 있다.

둘째, 보험회사는 계약 전 알릴 의무사항에 대한 고지수령권이 있다. 이는 보험계약 체결시 보험회사는 보험계약자에게 과거의 병력 등 중요한 사항을 고지받을 권한을 말한다. 피보험자가 보험설계사에게 과거 병력 등을 구두로 고지한 경우에 계약 전 알릴 의무를 이행한 것으로 보기는 어렵다.

그러나 약관에서 보험금 지급사유가 발생하지 않고 2년(진단계약의 질병은 1년)이 경과하면 보험회사는 보험계약을 해지할 수 없도록 규정하고 있어 보험회사는 계약 전 알릴 의무 위반으로 계약을 해지할 수 없어 보험수익자에게 사망보험금을 지급해야 하지만 입원급여금은 지급할 책임이 없다.

### ② 보험회사의 의무

첫째, 약관교부 및 설명의무가 있다. 보험회사는 보험계약을 체결할 때 보험계약자에게 보험약관을 교부하고 약관의 중요한 사항을 설명할 의무를 말한다. 이는 보험계약자가 보험계약조항인 보험약관의 내용을 정확히 알고 보험계약을 체결할 수 있도록 하기 위해 약관교부 및 설명의무가 있다.

둘째, 보험금의 지급의무가 있다. 보험회사는 보험사고가 발생하면 보험계약의 효과로서 피보험자 또는 보험수익자에게 최초의 보험료를 지급받은 때부터 보험기간이 종료될 때까지 보험금을 지급할 의무가 있다. 그러나 보험계약자의 고의 또는 중과실에 의한 보험사고는 보험금 지급의무가 없다.

셋째, 보험자는 보험계약이 성립하면 지체없이 보험증권을 작성하여 보험계약자에게 교부해야 하고, 타인을 위한 보험계약도 보험계약자에게 보험증권을 교부해야 한다. 보험계약이 무효 또는 취소된 경우에 보험자는 부당이득법리에 따라 수령한 보험료를 보험계약자에게 반환할 보험료 반환의무가 있다.

## 제4절  생명보험의 개요

### 1. 생명보험의 정의

생명보험은 사람의 생존 또는 사망에 대해 약정한 급여의 제공을 약속하는 것으로서 조기사망, 상해 또는 질병, 노령화 등의 우연한 사고로 인한 경제적 손실을 보장한다. 생명보험은 우연한 사고에 대비하는 보장기능뿐만 아니라 생애주기 전체에 걸친 저축기능도 동시에 갖추고 있다.

생명보험은 상부상조의 정신과 공평한 위험부담의 원칙하에 사람의 생사를 보험사고로 하고 보험사고가 발생할 경우에 보험계약시 약정한 금액을 지급하는 정액보상이라는 점에서 보험사고가 발생할 경우에 실제로 발생한 손해를 보상하는 것을 목적으로 하는 손해보험과 차이가 있다.

**┃표 13-1┃ 보험의 비교**

| 구분 | 생명보험 | 손해보험 | 제3보험 |
|---|---|---|---|
| 보험대상 | 사람의 사망·생존 | 재산상의 손해 | 신체의 질병·상해·간병 |
| 보상방법 | 정액보상 | 실손보상 | 정액보상, 실손보상 |
| 보험기간 | 장기 | 단기 | 장기 |
| 보험종목 | 생명보험, 연금보험 | 화재보험, 해상보험, 자동차보험, 재보험, 보증보험, 기술보험, 권리보험, 도난보험 | 질병보험, 상해보험, 간병보험 |

### 2. 생명보험의 원리

생명보험의 원리는 상부상조의 정신과 공평한 위험부담의 원칙이다. 상부상조의 정신은 많은 사람들이 언제 발생할지 모르는 각종 사고에 대비하여 서로 적은 금액을 예치하여 공동준비재산을 마련하고 구성원 가운데 예상치 못한 불행을 당한 사람에게 미리 정해진 금액을 지급하는 제도를 말한다.

생명보험은 보험사고 발생에 대비한 공평한 위험부담을 위해 대수의 법칙을 기초로 작성한 생명표와 사망률에 따라 합리적인 보험료를 산출한다. 생명표는 대수의 법칙을

기초로 사람의 연령별 생사잔존상태(생존자수, 사망자수, 생존율, 사망률, 평균여명)를 나타
내며 경험생명보험표라고도 한다.

### 3. 생명보험의 보험료

#### (1) 보험료의 계산

생명보험회사는 예정위험률, 예정이율, 예정사업비율을 기초로 보험료를 계산한다.
예정위험률은 개인이 사망하거나 질병에 걸리는 등의 일정한 보험사고가 발생할 확률을
대수의 법칙에 의해 예측한 것이고, 예정사망률은 개인이 일정시점에 사망할 확률을 예
측하여 보험료 계산에 적용하는 사망률을 말한다.

생명보험회사는 계약자가 납입한 보험료를 적립하여 운용할 수 있으며 운용에 따라
기대되는 수익을 미리 예상하여 일정 비율로 보험료를 할인해주는데, 이러한 할인율을
예정이율이라고 한다. 예정사업비율은 보험계약을 유지하고 관리하는데 여러 가지 비용
이 발생하는데 이러한 경비의 구성비율을 말한다.

┃표 13-2┃ 예정기초율과 보험료의 관계

| 구분 | 보험료 |
|---|---|
| 예 정 위 험 률 | 예정사망률이 낮아지면 사망보험의 보험료는 낮아지고, 생존보험의 보험료는 높아진다. |
| 예 정 이 율 | 예정이율이 낮아지면 보험료는 높아진다. |
| 예정사업비율 | 예정사업비율이 낮아지면 보험료는 낮아진다. |

#### (2) 보험료의 구성

보험료는 순보험료와 부가보험료로 구성된다. 순보험료는 미래 보험금 지급의 재원
이 되는 보험료를 말하며 사망보험금과 장해급여금의 재원이 되는 위험보험료와 만기보
험금과 중도급부금의 재원이 되는 저축보험료로 구성되고, 예정위험률과 예정이율의 두
가지 요소에 의해 계산된다.

부가보험료는 생명보험회사가 보험계약을 체결하고 유지하며 관리하는데 발생하는
운영경비(새로운 계약의 체결에 필요한 예정신계약비, 회사 및 계약유지에 필요한 예정유지비,
보험료 수금에 필요한 예정수금비)로 사용하는 보험료를 의미하며 이는 예정사업비율에 근
거하여 계산된다.

**┃그림 13-6┃ 생명보험료의 구성**

## 4. 생명보험의 종류

### (1) 사망보험

사망보험은 피보험자가 보험기간 중 사망할 경우에 보험금이 지급되는 전형적인 보장성보험을 말한다. 이는 보험기간에 따라 일정기간의 사망만을 보험사고로 보험금이 지급되는 정기보험과 피보험자의 사망시기에 관계없이 종신에 걸쳐 사망을 보험사고로 보험금이 지불되는 종신보험으로 구분된다.

정기보험은 약정한 보험계약 기간 중에 피보험자가 사망할 경우에 한하여 보험금이 지급되는 보험으로 특정기간에만 보험의 보호가 필요한 경우에 이용된다. 종신보험은 보험기간이 피보험자의 일생 동안에 걸쳐 있는 보험상품으로 보험수익자가 보험금을 수령한다는 점에서 정기보험과는 구별된다.

### (2) 생존보험

생존보험은 피보험자가 만기까지 살아있을 경우에만 보험금이 지급되는 계약을 말한다. 즉 생존보험은 사망보험과 달리 일정시점에서 피보험자의 생존을 조건으로 보험금을 지급하며 피보험자가 보험기간 중 사망하면 보험금이 지급되지 않고 납입한 보험료도 환급되지 않는 것이 원칙이다.

우리나라에서 판매되는 생존보험은 보험기간 중 사망시에도 사망급여금을 지급받기 위한 각종 사망보장을 부가하여 판매한다. 생존보험은 보장성 기능보다 저축성 기능이 강하고 주요상품에는 자녀의 학자금 및 양육자금 마련을 위한 교육보험과 노후생활자금 마련을 위한 연금보험이 있다.

### (3) 생사혼합보험

생사혼합보험은 만기보험금이 없는 사망보험의 단점과 피보험자가 사망했을 때 보험금이 지급되지 않는 생존보험의 단점을 보완한 보험이다. 생사혼합보험의 대표적인 양로보험은 피보험자가 보험기간 중에 사망하면 사망보험금이 지급되고, 피보험자가 생존하면 만기환급금을 지급하는 생명보험이다.

생사혼합보험은 사망보험의 보장성 기능과 생존보험의 저축성 기능을 모두 갖추어 다른 보험에 비해 보험료가 높다. 일반적으로 주계약 이외에 각종 질병이나 상해에 대한 치료비를 지급하도록 하는 특약을 부가한다. 생사혼합보험은 가족의 생활보장과 교육자금이나 노후자금의 준비 등에 이용된다.

**▌그림 13-7 ▌ 생명보험상품의 분류**

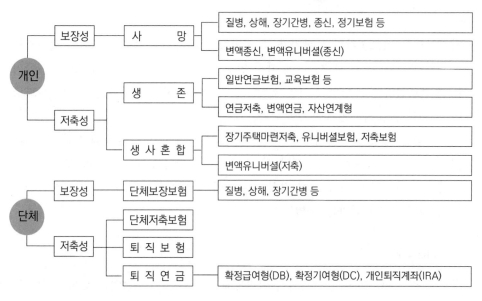

## 제5절 손해보험의 개요

### 1. 손해보험의 정의

손해보험은 보험회사가 우연한 보험사고로 발생하는 보험가입자의 재산상의 손해를 보상할 것을 목적으로 하는 보험을 말한다. 손해보험은 크게 우발적 사건에 따른 재산상의 손실을 보상하는 재산보험과 피보험자가 제3자에게 법적으로 부담하는 재산상의 배상책임을 보상하는 책임으로 구분된다.

### 2. 손해보험의 특징

#### ① 실손보상의 원칙

손해보험은 손해의 보상을 목적으로 하고, 손해의 보상은 약정한 보험금액의 한도에서 손해액에 따라 산정한 보험금을 지급한다. 손해보험은 보험사고가 발생하면 일정한 보상금액이 정해져 있는 인보험과 다르다. 실손보상의 원칙은 실제손해액을 보상하는 손해보험계약의 원칙을 말하며 손해보험에만 적용된다.

#### ② 피보험이익 발생

보험사고가 발생하면 피보험자에게 재산상의 손실이 발생하여 보험사고가 발생하지 않는 동안에 피보험자는 경제적 이익을 지닌다고 할 수 있다. 피보험이익은 피보험자가 보험의 목적에 대해 가지고 있는 경제적 이해관계를 말하며, 손해보험계약의 중요한 요소이고 상법에는 보험계약의 목적이라고 되어 있다.

#### ③ 보험가액과 보험금액

보험가액은 손해보험에서 피보험이익의 가치로 보험사고가 발생할 때 피보험자가 입게 되는 손해의 최고견적액을 의미하며 보험자가 보상하게 되는 보험금의 최고한도가 된다. 그러나 보험가액과 보험금액은 반드시 일치하지 않는다. 보험가액이 변화하고 보험사고의 발생시기가 불확실하기 때문에 달라질 수 있다.

보험금액이 보험가액을 초과하는 경우를 초과보험, 보험금액이 보험가액에 미달하는 경우를 일부보험, 보험금액이 보험가액과 동일한 경우를 전부보험이라고 한다. 따라서 초과보험은 손해보험의 경우에만 발생하고 보험가액이 존재하지 않는 정액보험이나 책임보험의 경우에는 원칙적으로 성립될 여지가 없다.

#### ④ 보험대위

보험사고로 손해가 발생하면 보험계약자나 피보험자에게 가치있는 잔존물이 있거나 이들이 제3자에게 손해배상청구권이 있음에도 보험금을 지급하면 피보험자 등이 이득을 볼 수가 있다. 보험대위는 보험자가 피보험자에게 보험금을 지급했을 경우 피보험자가 소유하는 어떤 권리가 보험자에게 이전되는 것을 말한다.

#### ⑤ 손해방지의무

손해방지의무는 손해보험에서 보험의 목적에 보험사고가 발생했을 경우에 보험계약자 또는 피보험자는 재산상 손해의 방지와 경감을 위해 노력하지 않으면 안 되는 것을 말한다. 따라서 손해방지의무는 보험계약의 근본이 되는 최대선의의 원칙과 나아가 사회적인 공익보호의 요청에 의거하여 인정된다.

### 3. 생명보험과 손해보험의 차이

보험은 보상하는 목적물과 방식에 따라 생명보험과 손해보험으로 구분된다. 생명보험은 사람의 생존과 사망을 보험의 목적으로 하며 정액방식으로 보상하고, 손해보험은 재산상의 손해를 보험의 목적으로 하며 실손방식으로 보상한다. 제3보험은 상해, 질병, 간병과 관련된 상품으로 생·손보사에서 모두 판매 가능하다.

그러나 제3보험의 등장과 다양한 특약으로 생·손보상품이 비슷해지고 있다. 의료기술의 발달과 평균수명의 증가로 보험의 니즈가 변하면서 보장상태에 대한 점검이 필요하다. 보험회사는 인슈어테크 기반의 보장분석시스템을 통해 보험컨설팅을 제공하여 스타트업에서 제공중인 보장서비스를 통해 자가진단이 가능하다.

생명보험은 생명보험사에서 취급하고 손해보험은 손해보험사에서 취급하며 제3보험은 양사 모두 판매할 수 있다. 생명보험사에서 취급하는 상품은 보장성보험과 저축성보험으로 분류한다. 보장성보험은 사망, 질병, 각종 재해 등 위험보장에 중점을 둔 상품으로 적은 보험료 납입으로 큰 보장을 받을 수 있다. 저축성보험은 위험보장보다는 목돈마련을 위한 저축기능을 강화한 연금보험이 대표적이다.

**┃표 13-3┃ 생명보험과 손해보험의 차이**

| 구분 | 생명보험 | 손해보험 |
|---|---|---|
| 보험대상 | 사람의 생존과 사망 | 재산상의 손해 |
| 보험방식 | 정액보상 | 실손보상 |
| 설계방식 | 자금설계 중심 | 보장설계 중심 |
| 기본계약 | 일반사망 | 상해사망 |
| 상속증여 | 가능 | 불능 |

손해보험사에서 취급하는 상품은 일반보험, 자동차보험, 장기보험으로 구분한다. 보험기간이 1년 이하의 일반보험은 소멸성으로 일상생활과 관련이 높은 화재보험, 여행자보험, 해상보험, 운송보험 등 기업성 보험을 포괄한다. 자동차보험은 차주가 반드시 가입해야 하는 의무보험이며, 보험기간이 3년 이상인 장기보험은 상해·질병 관련 의료비 보장이나 배상책임으로 인한 손해 등을 보상한다.

**┃표 13-4┃ 생명보험과 손해보험의 상품**

| 구분 | 생명보험 | 제3보험(공통판매) | 손해보험 |
|---|---|---|---|
| 보장성 | • 일반종신보험<br>• 변액종신보험<br>• 정기보험 | (손해보험의 장기보험 영역)<br>• 건강 : 실손의료보험, 암보험, 자녀보험 등<br>• 간병 : 치매보험 등<br>• 기타 : 치아보험 등 | • 일반보험 : 화재, 해상, 특종<br>• 자동차보험<br>• 장기보험 : 운전자보험, 재물보험, 상조보험, 단체보험 등 |
| 저축성 | • (세제적격/비적격) 연금보험<br>• 변액연금보험 | • 저축성보험<br>• 퇴직연금보험 | • (세제적격)연금보험 |

## 4. 손해보험의 종류

상법은 사고발생의 대상이 사람의 생명, 신체이면 생명보험, 사고발생의 대상이 재산이면 손해보험이라 한다. 보험업법은 보험제도를 생명보험, 손해보험, 제3보험으로 구분한다. 따라서 손해보험은 재산보험을 의미하지만 실질적으로 생명보험 중 생명 침해를 제외한 신체에 관한 보험도 포함하고 있다.

### (1) 화재보험

화재보험은 해상보험과 함께 가장 오래된 역사를 지니고 있는 보험으로서 화재의 발생으로 인한 보험의 목적에 발생한 손해를 보상하는 재산보험을 말한다. 따라서 화재보험은 보험회사가 화재로 인한 손해를 보상할 것을 약정하고 보험계약자가 보험료를 지급할 것을 약정함으로써 성립하는 손해보험이다.

화재보험은 보험계약의 체결당시 거래당사자간에 보험가액을 협정하지 않은 미평가보험이고 일정기간을 기준으로 보험기간을 결정하는 기간보험으로 보험기간은 통상 1년이다. 화재보험은 일반물건, 공장물건, 창고물건을 담보대상으로 하는 화재보험과 주택물건만을 대상으로 하는 주택화재보험이 있다.

### (2) 운송보험

운송보험은 국내에서 철도나 차량을 이용하여 제조공장에서 물류공장까지 모든 화물을 육상으로 운송하는 도중에 발생할 수 있는 사고에 대비하여 화물의 소유주인 화주가 보험의 목적인 화물에 대해 가입하는 보험이다. 즉 운송보험은 화물운송 중 발생하는 위험을 담보하는 구간보험이며 기평가보험이다.

### (3) 해상보험

해상보험은 선박의 운항 및 선박에 의한 화물운송에 동반하는 위험에 대비하여 선박 및 화물의 손해를 보상하는 것을 목적으로 하는 손해보험을 말한다. 항해에 관한 위험을 담보하고 육상 또는 내수로 운송중의 위험도 보상하는 해상보험은 보험의 목적에 따라 적하보험, 선박보험, 운임보험으로 구분된다.

#### ① 적하보험

해상보험은 보험의 목적물에 따라 선박의 해상보험과 적하의 해상보험으로 구분하는데, 후자를 적하보험, 화물의 해상보험, 화물보험이라고도 한다. 따라서 적하보험은 화물을 운송하던 중 화물이 멸실·훼손되었거나 화물을 보존하기 위하여 경비를 지출하여 화주가 손해를 입었을 때 보상하는 보험이다.

② 선박보험

선박보험은 보험의 목적물인 선박을 관리하거나 운항하던 중 선박이 멸실 또는 훼손되었거나 선박을 보존하기 위하여 지출된 경비가 있는 경우에 이러한 손해를 보험조건에 따라 보상하는 보험을 말한다. 선박보험의 대표적 위험에는 침몰·좌초·교사·화재·충돌·전쟁·스트라이크 등이 있다.

③ 운임보험

운임보험은 선하증권과 운송계약서에 명시된 대로 화물을 화주에게 인도하지 못하면 운송인 등이 운임을 청구할 수 없게 되어 운송인 등이 입은 손해를 보상하는 보험이다. 따라서 선박이 해양사고로 항해를 중단·포기하는 경우에 그 사고가 발생하지 않았더라면 취득하였을 운임의 손실을 보상한다.

## (4) 책임보험

책임보험은 피보험자가 보험기간 중의 사고로 제3자에게 손해배상책임을 지면 보험자가 이로 인한 손해를 보상할 것을 목적으로 하는 손해보험이다. 즉 피보험자가 보험사고로 입은 재산상의 직접손해를 보상하지 않고, 제3자에 대한 손해배상책임을 짐으로써 입은 간접손해를 보상할 것을 목적으로 한다.

배상책임보험은 근본적으로 사고에 따른 손실을 자동으로 보상하는 보험이 아니고, 피보험자의 법정대리인으로서 배상책임을 방어하고 배상책임이 확정되었을 때 배상금액을 지불한다. 따라서 피보험자의 과실책임 또는 계약책임 등이 입증되지 않으면 보험자는 피해자의 손실을 보상할 책임이 없게 된다.

## (5) 자동차보험

자동차보험은 자동차를 소유, 사용, 관리하는 과정에서 발생한 손해를 보상하는 보험으로 자동차 사고로 사람이 죽거나 다친 경우 보상하는 대인배상Ⅰ, 대인배상Ⅱ, 재물을 파손하는 경우 보상하는 대물배상, 자기신체사고, 무보험자동차에 의한 상해, 자기차량손해의 6가지 담보종목과 특별약관으로 구성되어 있다.

담보대상은 보험계약자가 가입한 담보내용에 따라 보상하며, 보상대상에 따라 자동차 사고로 인한 타인의 피해를 보상하는 담보(배상책임담보 – 대인배상Ⅰ, 대인배상Ⅱ 및 대

물배상)와 자동차 사고로 인한 피보험자의 피해를 보상하는 담보(자기신체사고, 무보험차에
의한 상해 및 자기차량손해)로 구분할 수 있다.

### (6) 보증보험

보증보험은 피보험자와 특정 법률관계를 가진 보험계약자가 계약상 채무불이행 또
는 법령상 의무불이행으로 주계약상의 채권자인 피보험자가 입게 될 손해의 전보를 보
험자가 인수하는 손해보험계약을 말한다. 보증보험에서는 주계약상의 채권자가 피보험
자가 되고 채무자가 보험계약자가 되어 타인을 위한 보험이다.

형식적으로 채무자의 채무불이행을 보험사고로 하는 보험계약이나 실질적으로 보
증의 성격을 가져 보증계약과 같은 효과가 있다. 이것이 보증보험의 법적 성질에 대한
판례의 입장이다. 보증보험자는 대가를 받고 보험계약자의 보증인적 지위에서 피보험자
에 대한 보험계약자의 채무의 이행을 담보하는 보험이다.

#### ① 계약상의 채무이행을 보증하는 보험

이행보증보험은 보험계약자의 피보험자에 대한 계약상의 채무이행을 담보하기 때
문에 이행보증보험자가 피보험자에게 담보하는 채무이행의 내용은 채권자와 채무자의
사이에서 체결된 주계약에 의해 정해진다. 구체적으로 채무의 내용에 따라서 하자보증보
험, 지급계약보증보험, 입찰보증보험으로 구분된다.

지급계약보증보험이나 할부판매보증보험은 임대차계약에서 임대료 지급이나 할부
판매계약에서 상품매수인이 갖는 할부금 지급채무의 이행보증을 내용으로 한다. 할부판
매보증보험은 누가 보험계약자이냐에 따라 보증보험 또는 신용보험이 될 수 있다. 기타
사채보증보험, 리스보증보험, 어음보증보험도 있다.

#### ② 법령상의 의무이행을 보증하는 보험

납세보증보험은 세법상의 납세의무를 부담하는 자가 정해진 기간에 세금납부를 하
지 않아 조세권자인 국가나 지방자치단체가 입는 손해를 보험자가 보상하는 보험이다.
인허가보증보험은 출원자가 인가·허가·특허·면허·등록에 따른 조건을 불이행하여 인
허가자나 제3자가 입는 손해를 보험자가 보상한다.

③ 기타 보증보험

신원보증보험은 피용자가 사용자를 위해 그의 사무를 집행함에 있어 또는 그의 지위상 지위를 이용하여 보험기간 중에 민사 또는 형사상의 위법행위를 함으로써 사용자가 입게 될 손해를 보험자가 보상하는 타인을 위한 보험을 말한다. 신원보증보험에서 피용자가 보험계약자이며 사용자는 피보험자이다.

신용보험은 보험계약자가 동시에 피보험자로서 피보증인인 채무자의 채무불이행 또는 기타 행위로 인해 입게 될 손해를 보상하기 위해 체결하는 자신를 위한 보험을 말한다. 반면에 신원신용보증보험은 사용자가 보험계약자가 되어 자신이 고용한 피용자의 행위에 의한 손해를 보상받는 것을 내용으로 한다.

## 제6절 제3보험의 개요

### 1. 제3보험의 정의

제3보험은 사람의 상해, 질병 또는 이로 인한 간병에 관해 계약을 하고 손해를 입으면 보상을 해주는 보험을 말한다. 즉 제3보험은 상해보험, 질병보험, 간병보험을 가입(계약)시에 위험보장을 목적으로 사람의 질병상해 또는 이에 따른 간병에 관해 금전 및 그 밖의 급여를 지급하는 보험을 의미한다.

제3보험은 생명보험의 정액보상적 특성과 손해보험의 실손보상적 특성을 동시에 충족하는 보험을 말하며, 생명보험이나 손해보험 중 어느 분야에 속했다고 보기 어려운 보

**┃그림 13-8┃ 보험의 분류**

험을 말한다. 이는 생명보험과 손해보험 중 어느 분야에 속하는지 명확하게 구분할 수 없다는 의미에서 그레이 존(Gray Zone)이라고도 한다.

### 2. 제3보험의 특징

첫째, 제3보험은 손해보험 및 생명보험의 두 가지 성격을 모두 갖추고 있으며 그레이 존(Gray Zone)이라고도 한다. 또한 제3보험은 생명보험회사와 손해보험회사에서 모두 판매가 가능하기 때문에 가입한 상품에 따라 정액보상(정해진 금액 그대로 다 받는 것), 실손보상(내가 낸 만큼 받는 것) 모두 가능하다.

둘째, 제3보험은 생명보험회사와 손해보험회사 모두 겸영이 가능하다. 보험업법은 원칙적으로 생명보험업과 손해보험업의 겸영을 금지한다. 그러나 생명보험업이나 손해보험업에 관해 허가를 받은 자는 제3보험업에 해당하는 보험종목에 대한 허가를 받은 것으로 보아, 제3보험업에 대해서는 겸영을 허용한다.

셋째, 제3보험은 보험금 지급방식에 따라서 실손의료보험과 정액의료보험으로 구분된다. 실손의료보험은 상해, 질병, 간병으로 실제 발생한 의료비용을 보상하는 상품을 말한다. 반면 정액의료보험은 특정 질병이 발생하면 진단비, 수술비, 입원비 명목으로 계약당시에 약정한 금액을 지급하는 상품을 말한다.

넷째, 제3보험에서 질병으로 인한 사망보장은 특약으로만 부가할 수 있다. 생명보험회사나 손해보험회사는 질병 보험 주계약(기본계약)에 각종 특약을 부가하여 보장을 확대한 상품을 판매한다. 단, 보험기간은 80세 만기이고, 보험금액의 한도는 개인당 2억원 이내, 보장성보험 등의 요건을 충족해야 한다.

┃표 13-5┃ 제3보험의 질병사망 특약 부가요건

| 구분 | 생명보험 | 손해보험 |
|---|---|---|
| 보 험 기 간 | 제한 없음 | 80세 |
| 보 험 금 액 | 제한 없음 | 개인당 2억원 |
| 만기환급금 | 제한 없음 | 납입보험료 합계액 |

다섯째, 제3보험은 상해, 질병, 간병을 보험계약의 대상으로 한다. 생명보험은 사람의 생존과 사망을 보험대상으로 하고, 손해보험은 재산상의 손해를 보험대상으로 한다. 생명보험은 사전에 정한 금액을 정액보상하나, 손해보험은 실제 손해액을 실손보상한다.

제3보험은 정액보상과 실손보상이 모두 가능하다.


## 3. 제3보험의 구분

제3보험은 우연하고 급격한 외래의 사고로 신체에 입은 상해의 치료에 소요되는 비용을 보장하는 상해보험, 신체의 내재적 원인에 의한 질병으로 발생되는 입원, 수술, 통원 등을 보장하는 질병보험 그리고 상해, 질병으로 인한 활동불능 등 타인의 간병을 필요로 하는 상태를 보장하는 간병보험으로 구분된다.

제3보험은 보험업법상 생명보험이나 손해보험의 일부가 아니라 독립된 보험업으로서의 지위를 갖는다. 따라서 제3보험사업의 영위는 별도로 독립된 제3보험회사를 설립하여 운영하거나 생명보험회사 및 손해보험회사로서 해당 보험업의 모든 보험종목에 허가를 받은 경우에는 제3보험 사업을 영위할 수 있다.

▮ 표 13-6 ▮ 생명보험, 제3보험, 손해보험의 비교

| 구분 | 생명보험 | 제3보험 | 손해보험 |
|---|---|---|---|
| 보 험 사 고 | 사람의 생존 또는 사망 | 신체의 상해, 질병, 간병 | 재산상의 손해 |
| 보 상 방 법 | 정액보상 | 정액보상, 실손보상 | 실손보상 |
| 피보험이익 | 원칙적으로 없음 | 원칙적으로 없음 | 인정 |
| 중 복 보 험 | 없음 | 실손보상급부에 존재 | 존재 |
| 피 보 험 자 | 보험사고의 대상 | 보험사고의 대상 | 보험금청구권자 |
| 보 험 기 간 | 장기 | 단기, 장기 | 단기 |
| 취 급 기 관 | 생명보험회사 | 생명보험사, 손해보험사 | 손해보험회사 |
| 대 표 상 품 | 종신보험, 연금보험 | 암보험, 간병보험 | 화재보험, 자동차보험 |


## 4. 제3보험의 분류

제3보험에는 상해보험, 질병보험, 간병보험이 있다. 상해보험은 우연하고 급격한 외래의 사고로 상해의 치료에 소요되는 비용을 보장하고, 질병보험은 질병을 진단받거나 질병으로 발생되는 입원·수술·통원 등을 보장하며, 간병보험은 치매 또는 일상생활 장해상태 등 타인의 간병을 보장하는 상품을 말한다.

**┃그림 13-9┃ 제3보험상품의 분류**

```
                            ┌─ 상해보험 : 일반상해보험, 재해보험, 교통재해보험 등
                            │
      제3보험(보장성보험) ───┼─ 질병보험 : 암보험, 건강보험, 치아보험 등
                            │
                            └─ 간병보험 : 장기간병보험(LTC), 치매보험 등
```
♣종합형 상품 : 어린이 보험, 실손의료보험(상해와 질병이 함께 보장되는 종합형 상품)

### (1) 상해보험

상해보험은 우연한 외래의 사고로 피보험자의 신체 손상에 관한 보험사고가 발생한 경우 보험자가 보험금 기타의 급여를 지급할 책임이 있는 인보험을 말한다. 기타의 급여는 치료나 의약품의 급여와 같이 현금 이외의 급여를 말한다. 상해보험금을 결정하는 방법에는 정액보험방식과 부정액보험방식이 있다.

상해의 부위나 정도에 따라 등급을 정하고 등급별로 약관에서 정한 약정된 금액을 지급할 수 있고, 등급별 최고한도를 미리 정하고 실제 소요된 치료비 등의 손해를 보상할 수도 있다. 사람을 보험의 객체로 하여 생명보험과 같이 인보험에 속하지만, 지급방식을 부정액으로 할 수 있는 손해보험 성질도 있다.

### (2) 질병보험

질병보험은 피보험자의 질병에 관한 보험사고가 발생한 경우 보험자가 보험금을 지급할 책임을 부담하고, 그 대가로 보험계약자는 보험료를 지급할 것을 약정한 보험을 말한다. 질병보험은 보험목적이 신체이고 보험사고가 질병인 인보험의 일종이며, 보상방식은 정액 보상방식과 비정액 보상방식이 모두 허용된다.

질병으로 인한 사망은 제외된다. 질병보험에는 건강보험, 암보험, 치아보험 등이 있다. 건강보험은 치명적인 중대한 질병이 발생했을 경우에 보험금을 지급하는 보험을 말한다. 건강보험은 약관에서 정한 중대한 질병이 발병할 경우에 실제 치료비와 상관없이 약정된 일정 금액을 보험금으로 지급한다.

#### ① 암보험

암보험은 암으로 인한 치료자금을 중점적으로 보장받기 위한 보험으로 암진단시 수

술시, 치료시 치료자금 및 암으로 인한 요양자금을 보장한다. 암보험은 만기환급금의 유무에 따라서 순수보장형과 만기환급형으로 구분되고, 특정 암(위암, 폐암, 간암 등)을 집중적으로 보장하는 형태의 상품도 존재한다.

② CI보험

CI(critical illness)보험은 건강보험과 종신보험의 장점이 결합된 상품으로 2002년 장기간병(LTC)보험과 함께 도입되었다. 암·심근경색·뇌졸중·말기신부전증 등 치명적인 질병 발생시 충분한 치료를 위해 보험금의 50% 또는 80%를 선지급받을 수 있고, 나머지는 사망시 지급되도록 설계되어 있다.

③ 실손보험

실손의료보험은 국가에서 운영하는 의무보험인 국민건강보험과 연계된 구조의 보충형 건강보험상품이다. 제2의 건강보험 또는 가입자가 실제로 지급한 돈을 보장한다는 의미에서 실손보험이라고도 한다. 보장범위는 국민건강보험과 연계되어 있지만 이와 별개로 모든 민영보험회사에서 판매가능한 민영보험이다.

보험회사는 보험가입자가 질병, 상해로 입원·통원·처방시 환자가 실제로 지급한 B+C를 보상한다. 의료비 중 국민건강보험공단 부담금(A)을 차감한 법정본인부담금(B)과 법정비급여항목의료비 100% 본인부담금(C)을 보상한다. 도덕적 해이를 방지하기 위해 B+C를 전액 지급하지 않고 일정한 자기부담금이 있다.

┃그림 13-10┃ 실손의료보험의 보장범위

| 병원비(의료비)의 구성 | | |
|---|---|---|
| 요양급여(급여부분) | | 법정비급여(비급여부분) |
| 건강보험공단 부담금(A) | 법정 본인부담금(B) | 100%본인부담금(C) |
| 국민건강보험보장(A) | 실손의료보험보장(B+C) | |

주 : 법정본인부담금(B)은 일반 환자인 경우 요양급여비용총액의 20%, 고위험임시부는 10%, 15세 이하, 제왕절개분만, 등록암환자, 등록중증화상환자, 뇌혈관질환 및 심장질환자는 5%이고, 신생아 및 자연분만은 면제이다.

### (3) 간병보험

간병보험은 피보험자가 상해, 질병 등의 사고로 인해 더 이상 일상생활을 할 수 없는 상태, 즉 활동불능 또는 인식불명(식물인간상태, 치매 등)에 도달하여 항상 타인의 간병을 필요로 하는 일상생활장해상태(활동불능상태)에 이르렀을 때 보험자가 간병비를 보장해주는 상품으로 보험대상은 장기간병 상태이다.

간병보험은 역선택을 방지하기 위해 면책기간(대기기간)과 판단기간을 두고 있다. 예컨대 생명보험의 간병보험에서는 보험금 지급사유인 일상생활장해상태는 암보험과 같이 계약일로부터 90일, 중증치매상태는 계약일로부터 2년간의 면책기간이 설정되어 있다. 그러나 손해보험의 간병보험은 면책기간이 없다.

#### ① 공적 장기간병보험

공적 장기요양보험은 사회보험제도로서 65세 이상의 노인 및 65세 미만으로 치매, 뇌혈관성질환, 파킨슨병 등 노인성 질병으로 6개월 이상의 기간 동안 일상생활을 수행하기 어려운 국민을 대상으로 시설급여(본인부담 20%) 또는 재가급여(본인부담 15%), 특별현금급여 중 한 가지를 제공하고 있다.

#### ② 민영 장기간병보험

평균수명의 연장과 초고령화로 치매, 뇌졸중 환자가 늘어나 노인 간병비가 급증하여 공보험만으로 보장에 한계가 있어 민영보험을 통해 보충할 필요가 있다. 민영 장기간병보험은 보험금 지급방식에 따라 정액보상형과 실손보상형으로 구분되며, 우리나라에서 판매되는 장기간병보험은 정액보상형태이다.

### 제7절 보험회사의 여신상품

#### 1. 신용공여

신용공여는 대출 또는 자금지원적 성격의 유가증권의 매입이나 금융거래상의 신용위험이 수반되는 보험회사의 직접적·간접적 거래를 말한다. 신용공여의 범위는 대출,

어음 및 채권매입, 거래상대방의 지급불능시 보험회사에 손실을 초래할 수 있는 거래 등으로 구체적인 내용은 금융위원회가 정하여 고시한다.

### 2. 약관대출

보험회사는 자산운용을 위한 목적으로 일반대출 및 약관대출을 실시할 수 있다. 보험회사는 그 자산을 상품이나 유가증권에 대한 투자를 목적으로 하는 자금대출, 해당 보험회사의 주식을 사도록 하기 위한 대출, 정치자금의 대출, 해당 보험회사의 임직원에 대한 대출의 방법으로 운용하여서는 아니 된다.

약관대출은 보험계약자가 약관에 따라 보험의 보장은 유지하면서 보험회사가 보험계약을 체결한 금융소비자에게 원리금의 합계가 해약환급금을 초과하지 않는 범위에서 일정금액을 대출받을 수 있는 상품을 말한다. 과거 실거래에서는 약관대출이라고 불렸으나, 이후에 보험계약대출로 용어가 변경되었다.

보험회사별로 차이는 있으나 해약환급금 50~90% 범위에서 대출을 받을 수 있어 순수보장성보험 등 해약환급금이 없거나 환급금액이 적은 상품은 대출이 제한될 수 있다. 보험계약대출과 유사한 상품에는 은행의 예·적금담보대출, 우체국보험의 환급금대출, 새마을금고·신용협동조합의 공제계약대출이 있다.

보험계약대출 금리는 보험상품의 적용이율에 업무원가, 목표이익률 등을 감안한 가산금리를 더하여 결정된다. 보험상품은 적용이율의 특성에 따라 금리확정형 상품과 금리연동형 상품으로 구분한다. 금리연동형 상품은 시장실세금리인 국고채, 회사채, 정기예금 이율 등의 변경에 따라 적용이율이 변경된다.

금리확정형 상품은 보험 가입기간 동안 보험계약자에게 받은 보험료에 확정된 이율을 적용하므로 시장실세금리가 변경되더라도 적용이율이 변경되지 않는 상품을 말한다. 보험상품의 적용이율은 향후 환급금 등으로 보험계약자에게 귀속되므로 보험계약대출을 이용할 경우 이자부담은 가산금리 수준이다.

보험계약대출은 보험 가입기간 동안 해약환급금의 일정범위 내에서 수시 인출 및 상환이 가능하고, 중도상환수수료가 없어 대출원금을 상환해도 별도의 비용은 발생하지 않는다. 대출이자는 일할 계산하여 납부하되, 이자 미납시에는 연체이자율이 적용되지 않지만 미납된 이자가 대출원금에 가산된다.

대법원의 판례 변경 이전에는 보험회사와 금융소비자간 체결되는 소비대차계약으로 해약환급금은 담보대출에 해당했으나, 판례의 변경으로 담보가 아닌 새로운 대출상품 계약으로 보아야 한다. 보험계약대출은 금융소비자가 장래에 받을 해약환급금을 미리 수령한 것으로 일반적인 대출과 성격이 다르다.

이자는 보험회사가 책임준비금을 운용하여 얻을 수 있는 이익의 보상이나 해약환급금의 선급에 대한 반대급부이다. 따라서 이자율은 해약환급금 계산시 적용되는 이율에 보험회사가 정하는 이율이 가산된다. 이자의 미납시에 미납된 이자가 대출원금에 합산되어 대출원금이 증가하면 가산이자가 발생한다.

## 제1절 위험의 관리

1. 위험의 정의
   소망스럽지 않은 어떤 상황이나 사건의 결과에 대한 불확실성

2. 위험의 종류
   재무적 위험, 비재무적 위험, 투기적 위험, 순수위험

3. 위험의 관리

(1) 일반적인 위험관리방법

① 위험통제 : 손실통제, 위험회피

② 위험재무 : 위험보유, 위험이전

(2) 손실유형별 위험관리방법

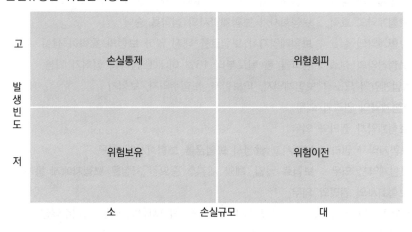

## 제2절 보험의 개요

1. 보험의 정의
   동질적 위험에서 위협을 받는 경제주체가 위험을 타인에게 전가하는 위험이전

2. 보험의 특성 : 위험의 이전, 우연한 사고, 손실의 결합, 손실의 보상

3. 보험의 원리 : 대수의 법칙, 수지상등의 원칙, 급부반대급부의 원칙

4. 보험의 기능

(1) 보험의 순기능 : 경제적 안정, 자본의 형성, 신용의 수단, 손해의 방지

(2) 보험의 역기능 : 보험사기, 보험범죄, 도덕적 위험

5. 보험의 종류

(1) 보험대상과 목적에 따른 분류 : 생명보험, 손해보험, 인보험, 재산보험

(2) 보험금의 지급방법에 따른 분류 : 정액보험, 부정액보험

(3) 보험자의 영리목적에 따른 분류 : 공보험, 사보험

(4) 보험사업의 주체에 따른 분류 : 공영보험, 사영보험

(5) 구성원리와 기준에 따른 분류 : 영리보험, 상호보험

(6) 보험계약자 기준에 따른 분류 : 가계보험, 기업보험

(7) 보험인수의 순서에 따른 분류 : 원보험, 재보험

(8) 보험목적의 개수에 따른 분류 : 개별보험, 집단보험

(9) 보험가입의 강제에 따른 분류 : 임의보험, 강제보험

## 제3절 보험계약의 개요

1. 보험계약의 정의

(1) 보험계약의 성립 : 보험계약자의 청약과 보험회사의 승낙

(2) 보험계약의 효력 : 보험회사가 보험계약자의 청약을 승낙

(3) 보험계약의 실효 : 보험계약자가 보험료를 내지 않아 보험의 효력이 상실

(4) 보험청약의 철회 : 청약을 한 날로부터 15일 이내에 청약의 철회가 가능

2. 보험계약의 요소 : 보험계약자, 피보험자, 보험수익자, 보험자

3. 보험계약의 권리와 의무

(1) 보험계약자 권리와 의무

① 보험계약자 권리 : 보험사고 발생시 보험금을 보험회사에 청구

② 보험계약자 의무 : 보험료 납입, 계약 체결후 중요한 사실을 보험자에게 통지

(2) 보험회사의 권리와 의무

① 보험회사의 권리 : 보험계약 해지권, 계약 전 의무사항에 대한 고지수령권

② 보험회사의 의무 : 약관교부, 설명의무, 보험증권 교부, 보험금 지급의무

## 제4절 생명보험의 개요

1. 생명보험의 정의
   사람의 생존 또는 사망에 약정한 급여의 제공을 약속하여 경제적 손실을 보장

2. 생명보험의 원리 : 상부상조의 정신, 공평한 위험부담의 원칙

3. 생명보험의 보험료

(1) 보험료의 계산 : 예정위험률, 예정이율, 예정사업비율을 기초로 계산

(2) 보험료의 구성

① 순보험료 : 위험보험료, 저축보험료

② 부가보험료 : 예정신계약비, 예정유지비, 예정수금비

4. 생명보험의 종류 : 사망보험, 생존보험, 생사혼합보험

## 제5절 손해보험의 개요

1. 손해보험의 정의
   우연한 보험사고로 발생하는 보험가입자의 재산상 손해를 보험회사가 보상
2. 손해보험의 특징 : 실손보상의 원칙, 피보험이익 발생, 보험가액과 보험금액, 보험대위, 손해방지의무
3. 생명보험과 손해보험의 차이

| 구분 | 생명보험 | 손해보험 |
|------|----------|----------|
| 보험대상 | 사람의 생존과 사망 | 재산상의 손해 |
| 보험방식 | 정액보상 | 실손보상 |
| 설계방식 | 자금설계 중심 | 보장설계 중심 |
| 기본계약 | 일반사망 | 상해사망 |
| 상속증여 | 가능 | 불능 |

4. 손해보험의 종류
   화재보험, 운송보험, 해상보험, 책임보험, 자동차보험, 보증보험 등


## 제6절 제3보험의 개요

1. 제3보험의 정의
   사람의 상해·질병·간병에 관해 계약을 하고 손해를 입으면 보상
2. 제3보험의 특징
① 제3보험은 손해보험과 인보험의 두 가지 성격을 모두 갖추어 Gray Zone
② 제3보험은 생명보험회사와 손해보험회사 모두 겸영이 가능
③ 제3보험은 보험금 지급방식에 따라 실손의료보험과 정액의료보험으로 구분
3. 제3보험의 구분 : 상해보험, 질병보험, 간병보험


## 제7절 보험회사의 여신상품

1. 신용공여
   대출, 어음 및 채권의 매입, 금융거래상 신용위험이 따르는 보험회사의 거래
2. 약관대출
   보험회사는 자산운용을 목적으로 일반대출, 약관대출, 주택담보대출을 실시

**1.** 다음 중 위험의 정의에 대한 설명으로 적절하지 않은 것은?

① 손실의 가능성이 있을 때 위험하다고 한다.

② 위험은 기대손실의 의미를 갖는다.

③ 손실이 예상되는 환경이 불확실할 때 위험하다고 표현한다.

④ 위험은 기대손실에 따른 불확실성을 의미한다.

| 해설 | 위험은 불확실성 또는 기대손실에 따른 변동성을 의미한다.


**2.** 다음 중 위험의 유사개념에 대한 설명으로 적절하지 않은 것은?

① 손인은 손해의 직접적인 원인이 되는 사고 그 자체를 지칭한다.

② 손인은 가치상실의 개념과 직접 관계가 없고 우연한 사건만을 가리킨다.

③ 위태는 손인에서 손실을 발생시키거나 손실 정도를 증가시키는 행위를 말한다.

④ 위태는 위험과 직접연관이 있고 손실을 발생시키는 확률과 밀접한 관계가 있다.

| 해설 | 위태는 위험과 직접 직접적인 연관이 없다.


**3.** 다음 중 부보가능한 위험으로 맞는 것으로만 모두 묶인 것은?

① 경영위험 중 순수위험, 특정위험, 동태적 위험, 순수위험

② 개인위험, 경영위험 중 가격위험, 특정위험, 동태적 위험

③ 재무적 위험, 기본위험, 순수위험, 객관적 위험, 특정위험

④ 개인위험, 경영위험 중 순수위험, 재무적 위험, 정태적 위험, 특정위험

| 해설 | 부보가능한 위험에는 개인위험, 경영위험 중 순수위험, 재무적 위험, 정태적 위험, 특정위험, 객관적 위험, 순수위험이 있다.


**4.** 다음 중 위험의 측정 및 평가에 대한 설명으로 적절하지 않은 것은?

① 위험의 측정은 잠재적 손실에 대한 객관적 특성을 파악하는 것이다.

② 주관적 위험은 손실발생확률에 대한 개인의 주관적인 추정치, 객관적 위험은 실제손실과 기대손실 차이의 크기로 측정한다.

③ 위험측정에서 보다 의미있는 것은 상대적 개념의 객관적 위험이다.

④ 보험회사는 보유기준의 하나로 최대가능손실이 위험관리 측면에서 중요하다.

| 해설 | ④ 최대가능손실이 아니라 최대추정손실이다.

**5.** 다음 중 위험관리방법에 대한 설명으로 적절한 것은?

① 위험관리방법은 위험통제, 위험재무, 위험축소로 분류하며 이들은 상호배타적이라 동시에 사용할 수 없다.

② 가장 소극적인 통제수단으로 위험회피가 있고 빈도를 통제하는 손실경감과 심도를 통제하는 사고예방이 있다.

③ 건물의 내화구조를 선택하거나 안전교육, 정기점검, 위험한 상품의 생산을 감소시키는 것은 심도통제에 속한다.

④ 위험을 줄일 수 있는 내부적 축소방법에는 잠재수요 연구, 미래의 상품가격 및 이자율 예측 등이 있다.

| 해설 | ① 상호배타적이지 않고 동시에 사용가능하다. ② 빈도를 통제하는 사고예방과 심도를 통제하는 손실경감이 있다. ③ 빈도통제의 사고예방에 속한다.

**6.** 다음 중 손실유형별 위험관리방법에 대한 내용으로 적절한 것은?

| 구분 | | 발생빈도 | |
|---|---|---|---|
| | | 높다 | 낮다 |
| 손실규모 | 심각하다 | (가) | (나) |
| | 미미하다 | (다) | (라) |

|  | (가) | (나) | (다) | (라) |
|---|---|---|---|---|
| ① | 위험회피 | 위험이전 | 위험축소 | 위험보유 |
| ② | 위험이전 | 위험회피 | 위험축소 | 위험보유 |
| ③ | 위험축소 | 위험회피 | 위험보유 | 위험이전 |
| ④ | 위험보유 | 위험회피 | 위험이전 | 위험축소 |

| 해설 | 위험의 관리방법에는 위험통제와 위험재무가 있다. 위험통제는 위험의 발생빈도를 줄이거나 위험의 심각성 정도를 줄이는 방법이고 위험재무는 손실에 대비하는 자금을 준비하는 방법이며 위험이전의 대표적인 것이 보험이다.

**7.** 다음 중 위험관리방법에 대한 설명으로 적절하게 연결된 것은?

> 가. 위험관리비용이 발생하는 장점이 있으나 대형손실에 대처할 수 없다.
> 나. 항상 가능하지 않으며 꼭 최선의 방법이라고 할 수 없다.
> 다. 손실예방효과의 장점이 있으나 관리비용이 발생한다.
> 라. 비용이 부담되는 단점이 있으나 안정성 제고가 큰 장점이 있다.

① 가 : 위험보유                    ② 나 : 위험이전
③ 다 : 위험통제                    ④ 라 : 위험축소

| 해설 | 나 : 위험통제(위험회피), 다 : 위험축소, 라 : 위험이전


**8.** 다음 중 보험의 특성인 우연한 사고에 대한 설명으로 적절한 것은?

① 보험은 우연한 사고에 대해 지급을 하는데 우연한 사고는 원인과 결과가 모두 우연한 경우를 말한다.
② 위험이전은 손실의 결합을 통해 개개인에게 개별화된 위험을 단체화하여 이루어진다.
③ 손실의 결합은 단체 전체에서 발생된 손실을 일부의 사람에게 분산시키는 것을 말한다.
④ 위험에 노출된 많은 사람을 단체화시켜 수지상등의 법칙을 통해 장래의 손실에 대한 예측이 가능하게 된다.

| 해설 | ① 원인과 결과 중 어느 하나에 해당되더라도 우연성이 있는 것으로 본다. ③ 일부의 사람에게 발생된 손실을 단체 전체로 분산시키는 것을 말한다. ④ 대수의 법칙


**9.** 홍길동(35세)은 동생 홍길서(30세)와 함께 보험에 가입하기 위해 보험설계사를 만나 상담을 하게 되었다. 보험설계사는 형이 동생보다 더 많은 보험료를 내야 한다고 설명했다. 이와 관련된 보험의 기본원칙은?

① 급부 반대급부 균등의 원칙                    ② 이득금지의 원칙
③ 수지상등의 법칙                    ④ 대수의 원칙

| 해설 | 연령별로 보험료가 다르다는 것은 급부 반대급부 균등의 원칙을 말한다.

**10.** 다음 중 보험회사에서 취급하는 부보가능한 위험의 요건에 대한 설명으로 적절한 것은?

① 충분히 많은 동일한 위험이 있어야 한다.

② 손실은 확실하고 필연적이어야 한다.

③ 손실은 불확실하고 측정할 필요는 없다.

④ 다수의 손실이 동시에 발생하지 않아야 한다.

| 해설 | ① 동질적 위험 ② 우연하고 우발적이어야 한다. ③ 확실하고 측정가능해야 한다.


**11.** 다음 중 도박과 보험에 대한 설명으로 적절하지 않은 것은?

① 보험과 도박은 모두 손실을 분담한다는 특징이 있다.

② 도박은 사행계약의 특징이 있고 보험은 사행계약의 특징이 없다.

③ 보험과 도박은 모두 확률원리와 대수의 법칙을 근간으로 운영된다.

④ 보험은 순수위험을 취급하고, 도박은 새로운 투기위험을 조장한다.

| 해설 | 보험과 도박은 모두 사행계약의 특징이 있다.


**12.** 다음 중 보험과 헤징에 대한 설명으로 적절하지 않은 것은?

① 계약에 의해 위험이 이전되고 새로운 위험이 만들어지지 않는다는 특징이 있다.

② 보험은 부보가능한 위험을 이전하고, 헤징은 보험가입이 가능하지 않은 위험을 다룬다.

③ 보험은 대수의 법칙을 따르지만 헤징은 대수의 법칙에 근거하지 않는다.

④ 보험과 헤징은 위험을 이전하고 위험감소의 역할을 수행한다는 점에서 같다.

| 해설 | 헤징은 위험이전만 하고 위험감소의 역할은 수행하지 않는다.


**13.** 다음 중 사기에 의한 보험계약에 해당하지 않은 경우는?

① 대리진단

② 약물사용을 수단으로 진단절차를 통과한 경우

③ 대리인에 의한 보험계약의 체결

④ 암 진단 확정을 숨기고 보험에 가입한 경우

| 해설 | 적법한 대리계약은 가능하다.

**14.** 다음 중 보험회사 운영의 주요업무에 해당하지 않은 것은?

① 보험상품에 대한 가격책정　　　　② 보험계약 청약에 대한 계약심사

③ 보험금 발생시 보험금지급과 손해사정　④ 보험상품에 대한 공시제도

| 해설 | 보험상품에 대한 공시제도는 보험회사 운영의 주요업무에 해당하지 않는다.


**15.** 다음 중 보험료 가격요인에 대한 설명으로 적절한 것은?

① 보험료에 영향을 미치는 요인으로 위험률, 투자수익률, 유지율 등을 고려한다.

② 위험률은 현재시점의 사망률수준으로 합리적으로 설정되어야 한다.

③ 예정이율은 생명보험의 특성으로 시중금리 수준보다 높게 설정한다.

④ 위험률은 할인율과 함께 보험금원가를 결정하는 중요한 요소 중 하나이다.

| 해설 | ① 위험률, 이자율, 사업비율, 해지율, 기타 회사정책적 고려사항 등이다.
　　　② 현재의 사망률수준은 물론 미래의 변화수준인 추세율, 언더라이팅 등을 고려해야 한다.
　　　③ 예정이율은 생명보험의 특성으로 시중금리 수준보다 낮게 설정한다.


**16.** 다음 중 방카슈랑스에 대한 설명으로 적절하지 않은 것은?

① 보험상품을 판매할 수 있는 금융기관에는 은행, 증권회사, 상호저축은행 등이 있다.

② 보험은 인터넷 홈페이지를 이용하여 불특정다수를 대상으로 보험상품을 안내 또는 설명하여 모집할 수 있다.

③ 점포내에서 전화를 이용하여 격지에 있는 사람에게 보험상품을 판매할 수 있다.

④ 보험모집담당자는 대출 등 불공정모집의 우려가 있는 업무를 취급할 수 없다.

| 해설 | 전화판매는 금지하고 있다.


**17.** 보험계약에서 보험회사의 급여임무는 보험회사가 보험료를 수령했음에도 불구하고 보험사고가 발생하는 경우에만 발생한다. 이와 관련된 보험계약의 특성으로 적절한 것은?

① 유상계약　　　　　　　　　　　② 쌍무계약

③ 부합계약　　　　　　　　　　　④ 사행계약

| 해설 | 당사자의 구체적인 급부가 우연한 사실에 좌우되기 때문에 보험계약은 사행계약의 성격을 갖고 있다.

**18.** 보험계약은 다수를 상대로 대량으로 체결되고 보험의 기술적 특성으로 정형성이 요구되어 보험계약자는 보험회사가 작성한 약관을 승인하든지 거절할 수 있을 뿐이다. 이와 관련된 보험계약의 특성으로 적절한 것은?

① 유상계약                                        ② 쌍무계약

③ 부합계약                                        ④ 사행계약

| 해설 | 부합계약은 계약의 형식은 취하고 있으나, 내용은 미리 당사자의 일방이 결정하고 상대방은 이에 따를 수밖에 없는 계약으로 부종계약(附從契約)이라고도 한다


**19.** 다음 중 보험계약의 법률적 특성에 대한 설명으로 적절한 것은?

① 보험계약은 보험계약자가 보험자에게 보험금청구권을 가지고 보험자는 보험계약자에게 보험료 지급청구권을 갖는 편무계약이다.

② 보험계약은 보험계약자가 청약서에 자필서명을 하고 보험회사가 이를 승낙하면 계약이 성립된다.

③ 보험계약은 상행위성이 인정되고 보험자는 상인이 된다.

④ 보험계약자는 보험회사가 작성한 약관을 개별적으로 승인하든가 거절할 수 있을 뿐이다.

| 해설 | ① 쌍무계약이다. ② 보험계약은 보험계약자가 청약을 하고 보험자가 승낙하면 성립된다. ④ 약관을 전체적으로 승인하든가 거절할 수 있을 뿐이다.


**20.** 다음 중 예금자보호제도에 대한 설명으로 적절한 것은?

① 예금자보호제도를 통해 보상하는 금액은 1인당 원금 최고 5천만원(세후)으로 한정된다.

② 적용대상에는 개인보험계약, 변액보험, 개인형퇴직연금, 원금이 보전되는 금전신탁 등이 있다.

③ 확정기여형이나 개인형퇴직연금의 적립금은 기존 예금자보호상품과 합해 1인당 최고 5천만원까지 보호된다.

④ 법인이 계약자, 보증보험 및 재보험, 변액보험 주계약은 적용대상이 아니다.

| 해설 | ① 원금과 소정의 이자 합하여 1인당 최고 5천만원(세전) ② 변액보험 최저보장 보험금, 변액보험 특약 ③ 별도로 보호된다.

**21.** 다음 중 피보험이익의 요건에 대한 설명으로 적절하지 않은 것은?

① 피보험이익은 금전으로 산정할 수 있는 경제적인 이익이어야 한다.

② 형벌, 행정벌에 의해 상실된 이익, 도박, 탈세, 절도 등을 통해 얻은 이익을 피보험이익으로 한 경우 당사자가 악의이면 계약은 무효가 된다.

③ 피보험이익은 선량한 풍속 기타 사회질서에 반하지 않는 적법한 것이어야 한다.

④ 피보험이익은 이미 확정되거나 보험사고 발생시까지 확정될 수 있어야 한다.

| 해설 | 당사자의 선의나 악의를 불문하고 계약이 무효가 된다.


**22.** 다음 중 단체보험의 가입대상 단체로 적절하지 않은 것은?

① 조기축구회(회원 30명)

② 20명을 고용하고 있는 동일한 회사

③ 대한변호사회(회원 500명)

④ 대표자가 보험료를 일괄 납입할 수 있는 단체

| 해설 | 조기축구회는 동업자 단체가 아니라 동호인 단체로서 위험의 동질성이 확보되지 않아 단체보험 가입이 불가능하다.


**23.** 다음 중 종신보험에 대한 설명으로 가장 적절하지 않은 것은?

① 종신보험은 정기보험과 달리 보험기간이 피보험자가 생존하는 기간에 사망보장을 제공하는 상품이다.

② 사망시 사망보험금을 지급하고 책임준비금제도를 통해 저축기능도 수행한다.

③ 적립금은 계약기간 만기가 가까워질수록 감소하다 만기시점이 되면 보험회사의 보험금 지급책임이 종료되기 때문에 소멸된다.

④ 평준보험료 방식으로 적립된 계약자적립금은 계약자 몫이므로 중도해지시 해지환급금으로, 보험계약대출시 대출금으로 활용할 수 있다.

| 해설 | 평준보험료 방식 정기보험에 대한 설명이다.

**24.** 다음 중 종신보험의 장단점에 대한 설명으로 적절하지 않은 것은?

① 매년 또는 매월 확정된 보험료를 납입한다는 장점이 있다.

② 보험계약준비금의 과세이연효과가 있으며, 10년 경과시 보험차익이 비과세 된다.

③ 보험가입 초기에는 정기보험에 비해 보험료 대비 보장금액이 낮은 편에 속한다.

④ 보험계약준비금에 대한 최저보증이율을 설정하여 다른 투자대상과 비교했을 때 보험계약준비금에 대한 이율이 경쟁적인 편이다.

⑤ 매매협정을 통해 동업자가 사망해도 사업체의 지분인수자금을 마련할 수 있어 업체를 지속적으로 운영할 수 있다.

| 해설 | 다른 투자대상과 비교했을 때 보험계약준비금에 대한 이율이 경쟁적이지 못하다.


**25.** 다음 중 투자형 생명보험에 대한 설명으로 적절한 것은?

① 변액 유니버설보험은 유니버설의 투자측면과 변액보험의 유연성을 결합하여 개발된 상품이다.

② 유니버설보험은 전통형 생명보험의 보장기능과 저축기능에 뮤츄얼펀드 투자형 태의 잠재적 성장을 결합하여 설계되었다.

③ 투자형 생명보험은 전통형 생명보험에 비해 보험료와 보험금의 변경이 자유롭 거나 보험금이 실제 투자수익률을 반영하여 가감되는 구조이다.

④ 유니버설보험은 인플레이션의 진전에 따른 생명보험급부의 실질 가치저하에 대 처하기 위해 개발된 상품이다.

| 해설 | ① 유니버설보험의 유연성과 변액보험의 투자측면을 결합하여 개발된 상품이다.② 변액보 험 ④ 변액보험

**26.** 다음 중 배상책임보험에 대한 설명으로 적절하지 않은 것은?

① 배상책임이 발생하는 손익이 고의 또는 과실로 인한 불법행위와 관련되어 있다는 점은 배상책임보험에 대한 관리를 어렵게 한다.

② 민사책임은 가해자의 고의나 과실 여부를 가리지 않고 어느 쪽이든 그로 인해 생긴 손해는 모두 배상하도록 한다.

③ 일반적으로 무과실책임이 부과되는 분야에서는 배상책임에 대해 보험가입을 의무화하는 책임보험제도가 결합하는 경향을 보이고 있다.

④ 불법행위는 계약관계에 있지 않은 사람 사이에서 일어난 사고의 사후적 처리가 문제되어 예측가능성은 문제되지 않고 피해자의 사후적인 타당한 구제가 중요하다.

⑤ 자동차손해배상보장법은 자동차운전자에게, 환경정책기본법은 사업자에게 무과실책임을 부과하고 있다.

| 해설 | 운전자 → 운행자

**27.** 다음 중 자동차보험에 대한 설명으로 적절한 것은?

① 개인용자동차보험은 개인이 소유한 자가용 승용차와 승합차가 대상이 된다.

② 음주운전이나 무면허운전으로 사고시 자기부담금은 1사고당 대인 Ⅰ, Ⅱ 300만원, 대물 100만원이다.

③ 무보험자동차상해는 피보험자가 무보험차에 의해 상해를 입은 경우 2억원 한도로 보상받으나 뺑소니는 보상하지 않는다.

④ 특별요율은 에어백 장착차량 보험료 할인처럼 자동차구조나 운행실태가 동종 차종과 다른 경우에 적용하는 요율이다.

| 해설 | ① 법정정원 10인승 이하의 개인이 소유한 자가용 승용차 ② 무면허운전시 의무한도 초과금(대인배상 2, 대물 2천만원 초과분)은 보상하지 않는다. ③ 뺑소니를 포함한다.

**28.** 다음 중 재해분류에 따라 보장대상이 되는 재해에 해당하는 것은?

① 감염병의 예방 및 관리에 관한 법률에 규정한 감염병

② 질병 또는 체질적 요인이 있는 자가 경미한 외부요인으로 발병한 경우

③ 사고원인이 장시간 체류, 식량부족으로 인한 사고

④ 자연의 힘에 노출 중 급격한 액체손실로 인한 탈수

| 해설 | ②, ③, ④는 보장대상이 되지 않는 재해에 해당한다.

**29.** 다음 중 상해와 질병위험에 대한 설명으로 적절하지 않은 것은?

① 상해와 질병의 예상되는 손해는 의료비손해, 후유장애손해, 휴업손해, 사망손해 등의 직접손해와 장기치료에 따른 결근으로 인한 실직 등의 간접손해가 있다.

② 수입감소액은 치료기간 중 실제의 수입감소액을 말하며, 연금생활자, 무직자, 학생 등은 수입의 감소가 없는 것으로 본다.

③ 상해위험에 대한 대처도 중요하지만 질병위험에 대한 사전준비가 더 시급할 수 있다.

④ 질병위험은 순수한 자기책임이기 때문에 스스로 준비하지 않는 한 외부로부터 경제적인 지원을 받을 수 없다.

⑤ 제3자의 고의나 과실로 사망했을 경우 사망에 따른 손해에 법적으로 손해배상 청구를 할 수 있지만 이 금액은 가족의 재무적 니즈와 같지 않을 수 있다.

| 해설 | 휴업손해는 간접손해에 해당한다.

**30.** 상속세 및 증여세와 보험금의 관계에 대한 설명으로 옳지 않은 것은?

① 계약자(父)와 피보험자(父)가 같은 경우에 피보험자가 사망하면 보험금은 상속 재산으로 본다.

② 계약자(母)와 피보험자(父)가 다르고 계약자(母)와 수익자(子)가 다를 경우 피보험자가 사망하면 보험금을 수익자에게 증여한 것으로 보아 증여세가 부과된다.

③ 계약자(母)와 피보험자(父)가 다르고 계약자와 수익자(母)가 같을 경우 피보험자가 사망하면 보험금은 상속세나 증여세의 과세대상이 되지 않는다.

④ 계약자(父)와 피보험자(父)가 같고 계약자와 수익자가 다를 경우 피보험자가 사망하면 보험금을 수익자에게 증여한 것으로 보아 증여세가 과세된다.

| 해설 | 사망보험금에 대해서는 상속세가 과세된다.

# 연금상품

우리나라는 급속한 고령화에도 불구하고 개인의 노후준비는 미흡하며 가계저축률이 낮고 개인자산이 부동산 등 비금융자산으로 구성되어 노후에 필요한 생계자금을 축적하는데 한계가 있다. 또한 저금리 기조가 지속되는 상황에서 예금·적금·채권 등의 보수적인 자산운용으로는 충분한 노후소득의 확보가 곤란하다.

제1절 공적연금

　　노후준비의 기본은 연금에서 시작한다. 개인 노후생활의 안정을 위해 적립하고 은퇴한 후에 자산으로 활용할 수 있는 연금은 공적연금과 사적연금으로 구분한다. 공적 연금에는 국민연금, 직역연금(공무원연금, 군인연금, 사학연금), 기초연금이 있으며, 사적연금에는 퇴직연금, 개인연금, 주택연금, 농지연금이 있다.

　　우리나라의 노후보장은 3층 체계로 구성되어 있다. 1층은 기본적인 생활보장을 위해 소득이 있으면 누구나 의무적으로 가입해야 하는 공적연금이고, 2층은 안정적인 노후생활을 위해 노사합의에 의해 자율적으로 가입하는 퇴직연금이며, 3층은 은퇴 후 여유로운 생활을 위해 개인이 자발적으로 준비하는 개인연금이다.

┃그림 14-1┃ 3층 연금체계

개인연금

3층(자기보장) - 여유로운 생활보장
은퇴 후 여유로운 생활을 위해서 개인이
자발적으로 준비하는 연금제도

퇴직연금

2층(기업보장) - 안정적인 생활보장
국민연금과는 별도로 안정적인 노후생활을
위해 노사합의에 의해 가입하는 제도

국민연금

1층(국가보장) - 기본적인 생활보장
국민연금은 국민의 생활안정과 복지증진을
도모하기 위해 국가가 만든 사회보험제도

## 1. 국민연금

### (1) 국민연금의 정의

1988년에 도입된 국민연금은 장기소득보장을 위한 사회보험으로 가입대상자에 해당하면 누구나 가입해야 하는 강제적 성격을 갖는다. 따라서 공무원, 군인, 사립학교 교직원 등과 같은 특수직역에 종사하는 자를 제외한 모든 국민을 단일의 연금체계에 편입시켜 운영하는 강제적인 방법을 채택하고 있다.

국민연금은 초기부터 기금을 적립하는 형태로 운영하고 있지만 미래에 필요한 총지출을 기금적립금과 운용수익으로 완전히 충당할 수 없는 부분적립방식이다. 국민연금은 급여의 계산에서 본인의 소득뿐만 아니라 전체가입자의 소득 평균값을 반영하여 연금제도를 통해 계층간 소득재분배가 이루어진다.

### (2) 국민연금의 도입

1973년 국민복지연금법을 제정·공포했으나 석유파동 등의 경제위기로 국민연금제도의 실행이 연기되었다. 1986년 국민복지연금제도를 보완하여 1988년 1월부터 시행되었다. 1987년 국민연금공단이 설립되어 10인 이상 사업장에 근무하는 18세 이상 60세 미만의 근로자와 고용자를 대상으로 실시하였다.

1992년 국민연금의 적용대상을 5인 이상 사업장으로, 1995년에 농어촌지역으로 확대하였다. 또한 1999년에 도시지역으로, 2003년부터 사업장의 범위를 근로자 1인 사업장으로 확대하였다. 국민연금을 효율적으로 운영하기 위해 1987년 국민연금관리공단을 설립했다가 2007년 국민연금공단으로 변경되었다.

### (3) 국민연금의 특징

첫째, 국민연금은 나 혼자서 대비하기 어려운 생활의 위험을 모든 국민이 연대하여 공동으로 대처하는 우리를 위한 제도로 모든 국민이 가입대상이다. 강제가입을 적용하지 않으면 성실하게 본인의 노후를 준비한 사람은 가입하지 않은 사람의 노후의 일정부분을 책임지는 이중부담이 발생하기 때문이다.

둘째, 국민연금은 납입한 보험료 대비 수급하는 연금급여액을 의미하는 수익비가 고소득층에 비해 저소득층이 상대적으로 높아 고소득계층으로부터 저소득계층으로 소득이 재분배되는 세대내 소득재분배 기능과 미래의 세대가 현재의 노인세대를 지원하는 세대간 소득재분배 기능을 동시에 포함하고 있다.

셋째, 국민연금은 국가가 최종적으로 지급을 보장하여 국가가 존속하는 한 지급된다. 설령 적립된 기금이 모두 소진되어도 그 해 연금지급에 필요한 재원을 그 해에 걷어

지급하는 부과방식으로 지급한다. 현재 세계적으로 공적연금을 실시하는 나라는 170여 국가에 달하지만 연금지급을 중단한 예는 없다.

넷째, 국민연금은 물가가 상승해도 실질가치가 보장된다. 처음 연금을 지급할 때는 과거 보험료 납부소득에 연도별 재평가율을 적용하여 계산한다. 예컨대 1988년에 100만 원의 소득으로 국민연금에 가입했을 경우 이를 2022년 현재가치로 재평가하면 약 716만 원 소득액으로 인정하여 국민연금을 계산한다.

### (4) 국민연금 가입자

국민연금의 가입대상은 원칙적으로 국내에 거주하는 18세 이상 60세 미만 국민 및 국내 거주 외국인이다. 그러나 공무원, 군인, 사립학교 교직원, 별정우체국 직원과 같은 특수직역종사자는 제외된다. 국민연금의 가입자는 사업장가입자, 지역가입자, 임의가입 자, 임의계속가입자, 외국인가입자로 구분된다.

#### ① 사업장가입자

사업장가입자는 1인 이상의 사업장에 근무하는 18세 이상 60세 미만의 근로자와 사 용자 또는 주한 외국기관으로서 1인 이상의 대한민국 근로자를 고용하는 사업장에 근무 하는 근로자와 사용자가 된다. 따라서 지역가입자가 사업장에 취업하면 자동적으로 사업 장가입자가 되고, 지역가입자 자격은 상실된다.

#### ㉠ 당연적용사업장

국민연금법에 의해 국민연금에 의무적으로 가입해야 하는 사업장을 말한다. 당연적 용사업장의 범위는 여러 차례에 변화했는데, 1988년에는 10인 이상의 근로자를 고용하 는 사업장으로 하였으나 이후 가입대상을 점차 확대하여 현재는 1인 이상의 근로자를 고용하는 사업장은 모두 당연적용사업자에 해당한다.

#### ㉡ 신고대상사업장

당연적용사업장은 근로자를 1인 이상 고용하는 사업장이다. 사업장은 근로자를 고 용하는 사업소나 사무소로서 민법, 상법상 개인이나 법인, 특별법상 법인체 및 영리 여 부를 불문하며, 국가, 지방자치단체, 학교, 국내 영업중인 외국인회사, 주한외국기관으로

1인 이상 근로자를 사용하는 경우를 포함한다.

### ② 지역가입자

국내에 거주하는 18세 이상 60세 미만의 사업장가입자가 아닌 사람으로 공적연금에서 퇴직연금, 장애연금을 받는 수급권자, 국민기초생활보장법에 의한 수급자, 소득활동에 종사하지 않은 사업장가입자의 배우자, 보험료 납부 사실이 없고 소득활동에 종사하지 않은 27세 미만은 지역가입자가 될 수 없다.

### ③ 임의가입자

국내에 거주하는 18세 이상 60세 미만의 국민으로 국민연금 사업장가입자나 지역가입자의 적용대상에서 제외되는 사람도 60세 이전에 본인의 신청에 의해 가입신청을 하게 되면 임의가입자가 될 수 있다. 그러나 이들은 사업장가입자나 지역가입자처럼 의무가입이 아니기 때문에 언제든지 탈퇴가 가능하다.

### ④ 임의계속가입자

국민연금 가입자 또는 가입자였던 자가 만 60세에 도달하여 국민연금 가입자의 자격을 상실했으나 가입기간이 부족하여 연금을 받지 못하거나 가입기간을 연장하여 많은 연금을 받고자 하는 경우 만 65세에 도달할 때까지 신청에 의해 임의계속가입자로 가입하고 국민연금보험료를 계속 납부할 수 있다.

### ⑤ 외국인가입자

국내에 거주하고 있는 외국인은 내국인과 동등하게 국민연금에 가입해야 한다. 18세 이상 60세 미만의 외국인이 국민연금에 가입된 사업장에 근무하면 사업장가입자가 되고, 사업장가입자가 아닌 외국인은 지역가입자가 된다. 그러나 연수생, 유학생, 외교관 등 법령에 의해 국민연금 의무가입을 제외한다.

### (5) 국민연금 보험료

연금보험료는 연금급여를 지급하기 위한 재정 마련을 목적으로 법률에 근거하여 납부하며 국민연금의 재원이 된다. 연금보험료를 납부기간 내에 납부하지 않으면 연체금 (연금보험료의 2~5%)이 가산되며, 일정기간 납부하지 않으면 납부의무자의 재산에 압류처분 등 강제징수를 통해 연금보험료로 충당한다.

$$연금보험료 = 가입자의\ 기준소득월액 \times 연금보험료율 \qquad (14.1)$$

① 기준소득월액

기준소득월액은 국민연금의 보험료 및 급여산정을 위해 가입자가 신고한 소득월액에서 천원 미만을 절사한 금액으로 최저 35만원에서 최고 553만원까지의 범위로 결정된다. 따라서 신고한 소득월액이 35만원보다 적으면 35만원을 기준소득월액으로 하고, 553만원보다 많으면 553만원을 기준소득월액으로 한다.

기준소득월액 상한액과 하한액은 국민연금 사업장가입자와 지역가입자 전원(납부예외자 제외)의 평균소득월액의 3년간 평균액이 변동하는 비율을 반영하여 매년 3월말까지 보건복지부장관이 고시하며 해당연도 7월부터 1년간 적용된다.

* 2021.7.1~2022.6.30 적용할 최저·최고 기준소득월액은 33만원과 524만원
* 2022.7.1~2023.6.30 적용할 최저·최고 기준소득월액은 35만원과 553만원

② 연금보험료율

㉠ 사업장가입자 보험료율

사업장가입자는 소득의 9%를 사용자와 본인이 각각 4.5%씩 나누어서 부담한다.

㉡ 지역가입자의 보험료율

지역가입자, 임의가입자, 임의계속가입자는 소득의 9%를 본인이 전액 부담한다.

③ 연금보험료의 추납

국민연금에 소득신고하거나 임의(계속)가입 중인 경우 추납을 신청하는 현재시점의 연금보험료로 추납 신청대상기간에 대해 납부할 수 있는 기회를 부여하는 제도로 추납대상기간(최대 10년 미만 한도)의 범위에서 신청할 수 있다. 추납 납부 개월수 만큼 가입기

간으로 추가로 인정하며 강제사항은 아니다.

### (6) 국민연금의 급여

국민연금은 가입자가 노령, 장애, 사망으로 소득능력이 상실 또는 감퇴되었을 때 일정한 연금급여를 지급하여 국민의 생활안정과 복지증진에 기여하는 것을 목적으로 하는 사회보장제도를 말한다. 국민연금급여의 종류에는 노령연금(분할연금 포함), 장애연금, 유족연금, 반환일시금, 사망일시금이 있다.

‖표 14-1‖ **연금급여의 종류**

| 연금 지급 | | 일시금 지급 | |
|---|---|---|---|
| 노령연금 | 국민연금의 기초가 되는 노후소득 보장을 위한 급여 | 반환일시금 | 연금을 받지 못하거나 가입할 수 없는 경우 청산적 성격으로 지급하는 급여 |
| 장애연금 | 장애로 소득감소에 대비한 급여 | 사망일시금 | 유족연금 및 반환일시금을 받지 못할 경우 장제비 성격으로 지급하는 급여 |
| 유족연금 | 가입자 사망으로 유족 생계보호 | | |

#### ① 노령연금

노령연금은 국민연금의 기초가 되는 급여로 국민연금 가입자가 나이가 들어 소득활동에 종사하지 못할 경우 생활안정과 복지증진을 위해 지급된다. 가입기간(연금보험료 납입기간)이 10년 이상이고, 지급개시연령이 되면 기본연금액과 부양가족연금액을 합산하여 평생 동안 매월 25일 노령연금을 수령한다.

#### ㉠ 노령연금

노령연금은 가입기간, 연령, 소득활동에 따라 노령연금, 조기노령연금이 있고, 이혼한 배우자에게 지급하는 분할연금이 있다. 노령연금은 국민연금에서 가입기간이 10년 이상이고 노령연금 수급개시연령(60세~65세)에 도달하면 기본연금액과 부양가족연금액을 합산하여 평생 동안 수령하는 연금을 말한다.

#### ㉡ 조기노령연금

가입기간이 10년 이상이고 출생연도별 조기노령연금 지급개시연령 이상인 자가 소득 있는 업무에 종사하지 않는 경우 본인이 신청하면 노령연금 지급개시연령 전이라도 수령할 수 있다. 즉 가입기간 및 처음 연금을 받는 연령에 따라 일정률의 기본연금액에 부양가족연금액을 합산하여 평생 동안 수령한다.

출생연도별 조기노령연금 지급개시연령 이후 연금을 신청하여 수령하다가 노령연금 지급개시 연령 전에 소득이 있는 업무에 종사하면 그 소득이 있는 기간에 연금지급이 정지된다. 왜냐하면 조기노령연금은 소득이 없는 것을 전제로 일반적인 노령연금보다 일찍 지급하는 급여이기 때문에 지급을 정지한다.

ⓒ 분할연금

분할연금은 국민연금 가입자가 이혼했을 때 가입자의 배우자가 노령연금 수령액의 50%를 수령할 수 있는 제도이다. 분할연금의 수급자격은 국민연금 가입자와 5년 이상의 혼인관계를 지속했다가 이혼한 배우자로 노령연금 수급권자가 수령하는 연금액 중 혼인기간에 해당하는 연금액의 50%를 수령할 수 있다.

‖ 표 14-2 ‖ 노령연금의 지급개시연령

| 출생연도 | 지급개시연령 | | |
|---|---|---|---|
| | 노령연금 | 조기노령연금 | 분할연금 |
| 1953-56년생 | 61세 | 56세 | 61세 |
| 1957-60년생 | 62세 | 57세 | 62세 |
| 1961-64년생 | 63세 | 58세 | 63세 |
| 1965-68년생 | 64세 | 59세 | 64세 |
| 1969년생 이후 | 65세 | 60세 | 65세 |

② 장애연금

장애연금은 국민연금 가입자가 치료 후에도 장애가 남았을 때 장애상태(1급~4급)에 지급하는 연금을 말한다. 장애연금은 장애를 입게 된 즉시 지급하는 것이 아니라 장애정도가 어느 정도 고정된 때(1년 6개월 경과 후)의 상태를 결정된 등급에 따라 1~3등급은 매월 연금으로, 4급은 일시금으로 지급된다.

**▌표 14-3 ▌ 장애연금의 급여수준**

| 장애등급 | 급여수준 |
|---|---|
| 1급 | 기본연금액의 100%+부양가족연금액 |
| 2급 | 기본연금액의 80%+부양가족연금액 |
| 3급 | 기본연금액의 60%+부양가족연금액 |
| 4급 | 기본연금액의 225%(일시보상금) |

※ 장애연금을 받고 있는 사람도 18세 이상 60세 미만인 기간은 국민연금 가입대상이 되며 근로소득이나 사업소득 등이 있는 경우에는 연금보험료를 납부해야 한다.

③ 유족연금

국민연금 가입자 또는 가입자였던 분이 사망하거나 노령연금 수급권자 또는 장애등급 2급 이상의 장애연금 수급권자가 사망하여 수급요건을 충족하는 경우에 그에 의해 생계를 유지하던 유족에게 가입기간에 따라 기본연금액에 일정률(40~60%)를 곱한 금액과 부양가족연금액을 합한 금액을 연금으로 지급된다.

④ 반환일시금

반환일시금은 가입기간 10년 미만인 자가 60세가 된 경우, 가입자가 사망했으나 유족연금에 해당되지 않는 경우, 국적을 상실하거나 국외로 이주한 경우 국민연금 가입자 자격을 더 이상 유지할 수 없고 연금수급요건을 채우지 못한 경우 그동안 납부한 보험료에 이자를 더해 일시금으로 지급하는 급여를 말한다.

반환일시금 반납은 반환일시금을 수령한 후 가입자 자격을 재취득한 자가 종전에 수령한 반환일시금에 소정의 이자를 가산하여 반납하면 가입기간을 복원해주는 제도를 말하며, 이로 인해 연금혜택을 확대시키고자 하는 것으로 강제사항은 아니다. 반납금은 전액을 일시에 납부하거나 분할하여 납부할 수 있다.

⑤ 사망일시금

국민연금 가입자, 노령연금수급권자, 장애 3급 이상 장애연금수급권자가 사망했으나 국민연금법 제73조에 의한 유족연금 또는 반환일시금을 수령할 수 있는 유족에 해당하는 자가 없으면 그 배우자·자녀·부모·손자녀·조부모·형제자매·4촌 이내 방계혈족 순위 중 최우선순위자에게 사망일시금을 지급한다.

## 2. 특수직역연금

우리나라의 공적연금은 1960년 공무원과 군인을 적용대상으로 하는 공무원연금이 시초이다. 1963년 공무원연금에서 군인연금이 분리되었고, 1975년 사립학교교직원연금이 도입되었고, 1982년에 별정우체국직원연금이 도입되었다. 특수직역연금은 적용대상만 서로 달리할 뿐 급여제도의 내용은 거의 비슷하다.

### (1) 공무원연금

공무원연금은 공무원의 퇴직 또는 사망과 공무로 인한 부상, 질병, 장애 등에 대한 적절한 급여를 실시하여 공무원 및 그 유족의 생활안정과 복리향상에 기여함을 그 목적으로 하고 있다. 또한 공무원연금은 공무원에 대한 종합사회복지기능을 수행하여 재해보상, 부조, 퇴직수당, 후생사업 등을 제공한다.

공무원연금의 적용대상은 국가공무원법 및 지방공무원법에 의한 정규공무원과 기타 국가 또는 지방자치단체에 근무하는 정규공무원 외의 공무원(공중보건의사, 공익법무관, 사법연수원생 등)이다. 그러나 군인과 선거에 의해 취임하는 공무원(대통령, 국회의원 등)은 공무원연금의 적용대상에서 제외된다.

### (2) 군인연금

군인연금은 1960년 공무원연금법에 군인에 대한 규정을 마련하여 운영되었다. 그러나 신체적 장애나 전사 등 발생비율이 높은 군인이라는 특수성을 반영하기 위해 1963년 군인연금법이 제정·공포됨으로써 중사 이상의 직업군인으로서 부상 또는 장기복무를 마친 제대자나 사망자 등에 한정하여 지급되고 있다.

군인연금은 공무원연금처럼 사회보험의 성격과 부양제도의 성격이 혼재되어 있고 재원조달과 연금급여구조가 공무원연금과 같은 체계를 지니고 있지만, 국가보상제도의 특성을 갖고 있다는 점에서 공무원연금과 다르다. 군인연금에는 퇴역연금, 퇴역일시금, 상이연금, 유족연금, 유족일시금의 다섯 가지가 있다.

### (3) 사학연금

공무원연금법의 적용을 받던 국공립교원과 사립교원의 처우를 평준화하기 위해 1973

년에 사립학교교원임금법이 제정되었다. 국공립학교의 교사를 제외한 사립의 초·중·고등
학교 교사, 전문대학과 대학의 교수를 대상으로 1975년에 발족되었다. 1978년 학교기관
의 사무직, 2016년 국립대병원 직원도 포함되었다.

사학연금은 사립학교 교직원의 퇴직, 사망, 직무상 질병, 부상, 폐질에 대해 적절한
급여를 실시하여 교직원 및 유족의 생활안정과 복리향상에 기여함을 목적으로 하고 있
다. 사학연금은 재원조달방식이나 연금구조 등이 공무원연금과 동일하며, 사립학교교직
원연금공단이 기금의 조성과 제도의 운영을 담당한다.

### (4) 별정우체국연금

별정우체국은 자기의 부담으로 청사 등 기타 시설을 갖추고 국가로부터 위임받은
우편업무, 우체국예금·보험, 공과금 수납, 특산품 우편주문판매 등의 업무를 수행하며
과학기술정보통신부장관이 지정한다. 국가의 예산으로 통신수요를 충족하기가 어려운
실정을 감안하여 1961년부터 도서산간 벽지에서 시작되었다.

별정우체국연금은 별정우체국 직원의 퇴직 및 사망에 대해 적절한 급여제도를 확립
하여 직원 및 그 가족의 경제적 생활안정과 복지증진에 기여하기 위해 도입된 공적 연금
제도이다. 별정우체국연금관리단은 별정우체국에 근무하는 직원 및 가족의 복지증진을
위해 마련된 연금제도를 효율적으로 관리 운영하고 있다.

‖표 14-4‖ 공적연금 적립금

(단위 : 조원, %)

| 구분 | 2015년말 | 2016년말 | 2017년말 | 2018년말 | 2019년말 | 2020년말 | 비중 |
|---|---|---|---|---|---|---|---|
| 국 민 연 금 | 512.0 | 558.0 | 622.0 | 639.0 | 736.7 | 833.7 | 88.0 |
| 공 무 원 연 금 | 8.8 | 10.3 | 11.0 | 11.0 | 12.0 | 13.3 | 1.4 |
| 군 인 연 금 | 1.0 | 1.1 | 1.2 | 1.2 | 1.2 | 1.3 | 0.1 |
| 사 학 연 금 | 15.3 | 16.4 | 18.2 | 18.3 | 20.5 | 23.0 | 2.5 |
| 주 택 연 금 | 32.5 | 41.6 | 50.4 | 57.7 | 66.6 | 73.5 | 8.0 |
| 합      계 | 569.6 | 627.4 | 702.8 | 727.2 | 837.0 | 944.8 | 100.0 |

자료 : 금융감독원 통합연금포털

### (5) 공적연금 연계제도

공적연금 연계제도는 국민연금과 직역연금의 연금을 수령하기 위한 최소 가입기간 (국민연금 10년, 직역연금 10년 단, 군인연금 20년)을 채우지 못하고 이동하는 경우 종전에는 각각 일시금으로만 수령하던 것을 연계를 통해 연금을 받을 수 있도록 하여 국민의 노후 생활을 보장하고자 하는 제도를 말한다.

**┃표 14-5┃ 공적연금 연계신청 대상**

| 구분 | 국민연금 → 직역연금 이동자 | 공무원연금 → 국민연금 이동자 |
|---|---|---|
| 적 용 대 상 | 2007.7.23이후 국민연금 가입종료자 07.7.23.국민연금법 개정에 따라 국민연금 가입종료시 반환일시금을 받지 못한 자 | 2009.2.7.이후 공무원 퇴직자 연계법 공포일(2009.2.6)이후 직역연금 퇴직자부터 적용 |
| 비적용 대상 | 2007.7.22 이전 국민연금 가입종료자는 원칙적으로 비대상 | 2009.2.6 이전 공무원 퇴직자는 원칙적으로 비대상 |

※퇴직연금, 퇴직연금공제일시금, 퇴직연금일시금 수령자는 연계신청 비대상

**┃표 14-6┃ 공적연금 연계신청 시기**

| 구분 | 국민연금 → 직역연금 이동자 | 공무원 연금 → 국민연금 이동자 |
|---|---|---|
| 신청시기 | 직역연금 가입자가 된 때 | 퇴직일시금을 미수령한 경우에는 퇴직일로부터 5년 이내 |
| 비 고 | 각 연금법 급여수급권이 없어지기 전까지 연계신청 | 각 연금법 급여수급권이 없어지기 전까지 연계신청하여야 하며, 퇴직일시금을 수령한 경우에는 이자를 가산하여 납부 |

※ 연금수급자는 연계신청 불가(퇴직연금 일시금 포함)

제2절 사적연금

### 1. 퇴직연금

#### (1) 퇴직연금의 정의

우리나라 퇴직급여제도는 근로자의 노후소득보장을 위해 1953년에 제정된 근로기준법에 의해 도입된 퇴직금제도가 시초이며 강제성이 없는 임의제도로 출발했다. 퇴직금제도는 근속연수 1년당 30일분 평균임금을 근로자가 퇴직할 때 일시에 지급했으나 회사의 사정으로 근로자가 퇴직금을 받을 수 없는 문제점이 있었다.

2004년 근로자퇴직급여보장법이 제정되면서 2005년 12월부터 퇴직연금제도가 본격적으로 시행되었다. 퇴직연금제도의 실시로 근로기준법에서 규정되던 퇴직금제도는 퇴직연금제도와 함께 근로자퇴직급여보장법에서 일괄적으로 규정하여 사용자는 근로자에게 퇴직급여를 지급하기 위해 하나 이상의 제도를 설정해야 한다.

퇴직연금은 근로자의 노후생활 보장을 위해 회사가 근로자에게 지급해야 할 퇴직금을 회사 외부의 금융기관(퇴직연금사업자)에 맡기고 기업 또는 근로자의 지시에 따라 운용하다 근로자가 퇴직시 일시금 또는 연금으로 지급하는 제도이다. 따라서 회사가 파산하더라도 근로자는 금융회사로부터 퇴직급여를 받을 수 있다.

#### (2) 퇴직연금의 도입

① 저출산 · 고령사회에 준비

한국의 저출산과 고령화는 빠른 속도로 진행되어 2026년 총인구 중 65세 이상 고령인구가 20% 이상인 초고령사회에 진입하며, 65세 이상 노년부양비율이 꾸준히 증가하고 있다. 즉 생산가능인구의 비율이 낮아 노인부양이 어려워지므로 안정적인 노후보장을 위해 노후생활 재원을 직접 마련해야 할 필요성이 강조된다.

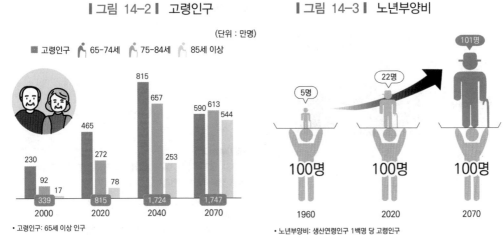

| 그림 14-2 | 고령인구

(단위 : 만명)

■ 고령인구 　🧓 65-74세 　👴 75-84세 　🧑 85세 이상

• 고령인구: 65세 이상 인구

| 그림 14-3 | 노년부양비

• 노년부양비: 생산연령인구 1백명 당 고령인구

자료 : 통계청, 장래인구추계 : 2020-2070년, 2021

② 급변하는 근로환경에 대비

근로자의 평균 근속기간이 줄고, 조기 퇴직과 잦은 이직이 일반화되어 평생직장의 개념이 사라지고 있다. 우리나라 전체 근로자의 평균 근속기간은 5.9년(2008년 기준)으로 과거에 40년간 정년까지 일하고 이후 20년을 퇴직금으로 생활했다면, 현재는 20년간 일하고 40년의 노후를 맞이해야 하는 시대가 도래하였다.

### (3) 퇴직연금의 종류

퇴직연금은 근로자의 퇴직급여지급 재원을 사용자가 정해진 주기에 따라 사외의 퇴직연금사업자에게 일정금액 이상을 적립하고, 근로자는 퇴직 후 적립금을 연금 또는 일시금의 형태로 받을 수 있다. 퇴직연금은 자산운용의 권한과 책임을 누가 지느냐에 따라 확정급여형(DB), 확정기여형(DC)으로 구분한다.

2012년 7월 26일 개정 근로자퇴직급여보장법에서는 혼합형과 표준형DC가 추가되었고, 종전의 개인퇴직계좌(IRA)는 개인형 퇴직연금(IRP)로 명칭이 바뀌었다. 상시 근로자 수 10인 미만 기업이 근로자의 동의나 요구에 따라 IRP를 설정하면 근로자에 퇴직급여제도를 설정한 것으로 간주하는 기업형 IPR가 있다.

| 그림 14-4 | 퇴직연금제도

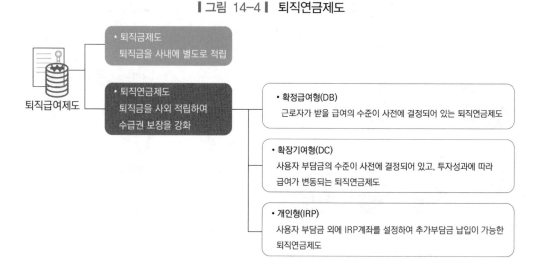

① 확정급여형(DB : Defined Benefit) : 사용자책임 운용형

확정급여형(DB)은 근로자가 퇴직할 때 수령할 퇴직급여(benefit)가 사전에 확정되어 1년 근속에 30일분 평균임금을 지급하는 퇴직금제도와 비슷하지만 사용자가 사외에 적립하여 근로자의 수급권이 강화된다. DB형은 사용자가 적립금을 운용하며 근로자는 운용결과에 관계없이 사전에 정해진 수준의 퇴직급여를 수령한다.

확정급여형은 근로자가 퇴직시 수령할 급여가 기존의 퇴직금제도 산정방식과 거의 동일하다. 예컨대 법정퇴직금 수준의 퇴직급여를 지급하는 기업은 근로자가 퇴직시 퇴직 직전 3개월간 월평균임금×근속년수로 계산된 금액을 지급한다. 또한 기업이 결정하기에 따라 법정퇴직금 수준 이상의 퇴직급여를 제공할 수 있다.

확정급여형의 적립금 운용권한과 책임은 사용자(기업)에 있으며 사용자의 부담은 적립금 운용결과에 따라 달라진다. 운용수익이 좋은 경우에는 사용자 부담이 적어지고, 운용수익이 나쁜 경우에는 사용자의 부담이 늘어날 수 있다. 사용자는 적립금의 운용방법 및 금융상품의 정보를 퇴직연금사업자로부터 받아야 한다.

확정급여형에서 근로자의 퇴직급여는 근로자 본인의 임금수준, 근속기간 등에 따라 달라지며, 근무 마지막 연도의 임금을 기준으로 퇴직급여가 지급된다. 따라서 기업수명이 길거나 경영이 안정된 기업, 퇴직연금제도를 자체 설계하기가 쉬운 대기업, 임금상승률이 높고 장기근속이 가능한 기업의 근로자에게 유리하다.

**┃그림 14-5┃ 확정급여형(DB) 퇴직연금**

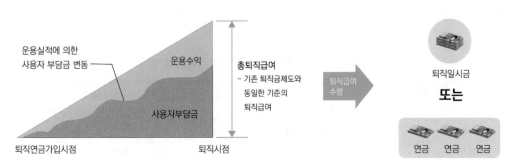

자료 : 근로복지공단 홈페이지

② 확정기여형(DC : Defined Contribution) : 근로자책임 운용형

확정기여형(DC)은 사용자가 부담할 기여금(contribution)이 사전에 확정되어 근로자의 개별계좌에 정기적으로 납입하면 근로자가 적립금을 운용하며 근로자 본인의 추가부담금 납입도 가능하다. 근로자는 사용자가 납입한 부담금과 운용손익을 퇴직급여로 수령하기 때문에 운용결과에 따라 퇴직급여의 수준이 달라진다.

퇴직연금사업자(금융기관)는 근로자의 지시에 따라 적립금을 운용하며 근로자가 퇴직할 때 연금 또는 일시금을 지급한다. 확정기여형의 적립금은 사용자로부터 독립되어 근로자 개인 명의로 적립되므로 기업이 도산해도 수급권이 100% 보장되며, 사업장을 옮겨도 이동이 쉽지만 투자결과에 따라 연금액이 달라질 수 있다.

투자수익을 보장하고 투자위험을 최소화하기 위해 근로자퇴직급여보장법에서는 원리금보장상품 제시, 위험자산 투자비중의 제한, 운용방법별 이익 및 손실가능성 제시 등

**┃그림 14-6┃ 확정기여형(DC) 퇴직연금**

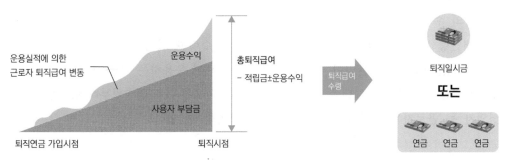

자료 : 근로복지공단 홈페이지

의 안전장치를 법제화하고 있다. 확정기여형은 신생기업, 퇴직금 중간정산을 하는 기업, 사업장 이동이 잦은 근로자에게 적합한 것으로 알려져 있다.

┃표 14-7┃ 확정급여형과 확정기여형의 비교

| 구분 | 확정급여형(DB) | 확정기여형(DC) |
|---|---|---|
| 개　　념 | 근로자가 수령할 퇴직급여 확정 | 기업이 부담할 부담금이 확정 |
| 퇴 직 급 여 | 퇴직전 3개월 평균월급×근속연수 | 사용자부담금＋운용수익 |
| 기업부담금 | 적립금 운용결과에 따라 변동 | 연간 총급여의 1/12 이상 |
| 운 용 주 체 | 사용자 | 근로자 |
| 중 간 정 산 | 불가 | |
| 중 도 인 출 | 불가 | 가능 |

③ 혼합형 퇴직연금

혼합형 퇴직연금제도는 확정급여형(DB)과 확정기여형(DC)을 혼합하여 일정비율은 확정급여형(DB)으로 나머지는 확정기여형(DC)으로 운용한다. 회사가 혼합형제도를 채택하는 경우 확정급여형(DB)과 확정기여형(DC) 각각의 설정비율의 합이 1이 되도록 각각의 퇴직연금규약에 정하여 퇴직연금제도를 설정해야 한다.

④ 개인형 퇴직연금(IRP : Individual Retirement Pension)

㉠ 개인형 제도의 정의

개인형 퇴직연금(IRP)은 근로자퇴직급여보장법이 2012년 7월 26일 개정되면서 개인퇴직계좌(IRA)를 대체하는 퇴직연금으로 도입되었다. 가입자가 선택에 따라 퇴직금을 자신 명의의 퇴직계좌에 적립해 연금 등 노후자금으로 활용할 수 있으나 급여의 수준이나 부담금의 수준이 확정되지 않은 퇴직연금제도를 말한다.

개인형 퇴직연금(IRP)은 근로자가 퇴직하면서 수령한 퇴직급여를 운용하거나 퇴직연금 DB형, DC형 외에 본인이 추가로 비용을 부담하여 운용하는 연금을 말한다. 누구나 추가적립금에 대한 절세혜택을 공평하게 누릴 수 있도록 2017년 7월부터 공무원 및 자영업자 등 근로자는 퇴직하지 않아도 누구나 가입할 수 있다.

ⓒ 개인형 제도의 특징

ⓐ IRP 해지시까지 소득세 납부가 연기되는 과세이연 혜택을 받을 수 있다.

ⓑ 퇴직연금(DB/DC)도입 기업체 근로자는 개인형 퇴직연금계좌를 개설하여 추가
납입도 가능하다.

ⓒ 특례로 상시 10명 미만의 근로자를 사용하는 사업장의 경우 근로자의 동의나 요
구에 따라 개인형 퇴직연금을 설정할 수 있다.

▌그림 14-7▌ 개인형퇴직연금(IRP)

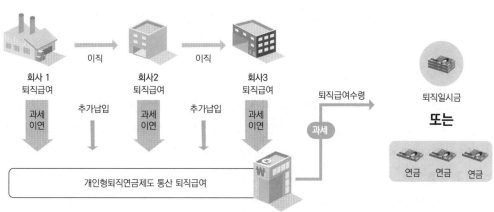

자료 : 근로복지공단 홈페이지

▌표 14-8▌ 퇴직연금 적립금

(단위 : 조원, %)

| 구분 | 2015년말 | 2016년말 | 2017년말 | 2018년말 | 2019년말 | 2020년말 | 2021년말 | 비중 |
|---|---|---|---|---|---|---|---|---|
| 확정급여형 | 86.3 | 99.6 | 110.9 | 121.2 | 138.0 | 153.9 | 171.5 | 58.0 |
| 확정기여형 | 28.4 | 34.2 | 41.4 | 48.7 | 56.8 | 66.1 | 76.4 | 25.9 |
| 개인형IRP | 10.9 | 12.4 | 15.3 | 19.2 | 25.4 | 34.4 | 46.5 | 15.7 |
| 기업형IRP | 0.7 | 0.8 | 0.9 | 0.9 | 1.0 | 1.1 | 1.2 | 0.4 |
| 합      계 | 126.3 | 147.0 | 168.5 | 190.0 | 221.2 | 255.5 | 295.6 | 100.0 |

**┃표 14-9┃ 퇴직연금 계약건수**

(단위 : 만건, %)

| 구분 | 2015년말 | 2016년말 | 2017년말 | 2018년말 | 2019년말 | 2020년말 | 2021년말 | 비중 |
|---|---|---|---|---|---|---|---|---|
| 확정급여형 | 11.8 | 12.4 | 12.9 | 13.2 | 13.8 | 13.8 | 13.9 | 2.7 |
| 확정기여형 | 20.5 | 23.6 | 26.7 | 30.1 | 33.4 | 36.0 | 38.8 | 7.3 |
| 개인형IRP | 238.4 | 221.4 | 289.4 | 334.7 | 377.2 | 419.0 | 475.8 | 89.2 |
| 기업형IRP | 3.7 | 3.6 | 3.7 | 3.8 | 3.9 | 3.9 | 4.0 | 0.8 |
| 합      계 | 274.4 | 261.0 | 332.7 | 381.8 | 428.3 | 472.7 | 532.5 | 100.0 |

## 2. 개인연금

개인연금은 국민연금, 공무원연금, 퇴직연금 등 공적연금의 미비점을 보완하여 실질적인 노후생활을 보장할 수 있도록 마련된 것으로 취급기관에는 은행과 생명보험회사, 손해보험회사, 투자신탁회사 등이 있다. 개인연금은 개인이 스스로 가입 여부를 결정하는 금융상품으로 신탁형, 펀드형, 보험형으로 구분한다.

신탁형은 은행에서 판매하는 원금보장형, 펀드형은 은행 및 증권회사에서 판매하는 실적배당상품, 보험형은 보험회사에서 판매되며 5000만원까지 예금자보호가 가능하다. 연금신탁과 연금보험은 원금보장 성격이 높지만 수익률이 다소 낮고, 연금펀드는 원금손실의 위험성이 있지만 높은 수익률을 기대할 수 있다.

개인연금은 소득공제 혜택여부에 따라 세제적격연금과 세제비적격연금으로 구분한다. 세제적격과 세제비적격은 연금을 수령할 때 사용하는 용어로 연금 납입시 세액공제 여부에 따라 구분된다. 세제적격 상품은 보험료를 납입하는 동안 세액공제 혜택을 받게되나 연금을 수령할 때에는 연금소득세(5.5%)를 내야 한다.

세제비적격 상품은 과세대상에서 제외되는 관계로 보험료 납입시 세액공제 혜택이 없다. 그러나 연금을 수령할 경우에 일정한 조건을 충족하면 연금소득세가 면제된다는 장점이 있다. 따라서 보험료 납부액에 소득공제혜택이 있는 연금저축은 세제적격연금이고, 소득공제혜택이 없는 연금보험은 세제비적격연금이다.

### (1) 연금저축

연금저축은 운용하는 금융회사에 따라 은행에서는 연금저축신탁, 증권회사에서는 연금저축펀드, 보험회사에서는 연금저축보험이라고 부른다. 연금저축은 누구나 가입할 수 있고 매년 1,800만원까지 납입할 수 있다. 다만, 가입기간은 5년 이상이며 만 55세 이상에 10년 이상의 기간으로 나누어 연금을 수령해야 한다.

연금저축은 매년 가입자가 납입한 금액 중 연간 최대 400만원의 세액공제를 받을 수 있다. 세액공제율은 근로자의 연소득에 따라 총급여 5,500만원 이하의 근로자는 16.5%, 총급여 5,500만원 이상의 근로자는 13.2%의 공제혜택이 있다. 따라서 총급여 5,000만원 근로자가 한해 800만원을 납입하면 132만원을 수령한다.

연금으로 수령하면 연금소득세를 납부하고, 일시금으로 수령하면 16.5%를 기타소득으로 원천징수하며 익년 종합소득에 합산되어 과세된다. 따라서 일시금으로 수령하면 매년 연금저축에 납입할 때 받았던 소득공제를 통한 환급세액보다 더 많은 세금을 내야 한다. 연금저축을 5년 이내에 중도해지하면 가산세를 부담한다.

**┃ 표 14-10 ┃ 연금저축계좌의 종류와 특징**

| 구분 | 연금저축펀드 | 연금저축신탁 | 연금저축보험 | |
|---|---|---|---|---|
| 취 급 기 관 | 펀드판매사 | 은행 | 생명보험사 | 손해보험사 |
| 상 품 특 성 | 펀드 | 신탁 | 보험 | |
| 복수상품선택 | 가능 | 불가 | 불가 | |
| 납 입 방 식 | 자유납(1만원 이상) | | 정기납 | |
| 연 금 형 태 | 확정형 | | 종신, 확정형 | 확정형 |
| 예 금 자 보 호 | 비대상 | 대상 | | |
| 상 품 성 격 | 실적배당 | 실적배당 | 공시이율(변동) | |
| 중 도 인 출 | 가능 | 불가 | 불가 | |
| 이 율 지 급 | 최저보증이율 없음 | | 최저보증이율 있음 | |
| 상 품 종 류 | 주식형, 채권형 | 안정형, 채권형 | 공시이율형, 확정이율형 | |
| 기 대 수 익 률 | 저~고 | 저 | | |

### (2) 연금보험

연금보험은 생활수준의 향상과 의료기술의 발달로 노령인구가 급격히 증가하여 빠르게 노령화사회로 변화함에 따라 노후소득보장을 위한 제도로 도입되었다. 다른 공적 연금제도의 미비점을 보완하여 실질적인 노후생활을 보장하는 것을 목적으로 한다. 가입자격은 만 20세 이상의 국내거주자, 저축기간은 10년 이상이다.

연금보험은 가입자가 경제활동기에 납입한 보험료를 적립하여 경제활동이 어려운 노년기에 일정한 연금액을 지급하는 보험상품으로 생명보험회사에서만 판매한다. 보험료를 납입하는 동안에 소득공제혜택이 없지만 5년 이상 보험료를 납부하고 10년 이상을 유지하면 이자소득세가 비과세되어 절세 측면에서 유리하다.

그러나 10년을 유지하지 못하고 중도해약하면 해약시점까지 발생한 보험차익에 이자소득세만 납부하면 세제상 불이익은 없다. 연금지급은 만 55세 이후부터 5년 이상의 기간에 걸쳐 확정연금 또는 종신연금의 형태로 지급된다. 연금보험은 보험료 적립방식에 따라서 일반연금, 변액연금, 자산연계형연금으로 구분한다.

### ① 일반연금보험

일반연금보험은 계약자가 납입한 보험료 중 일부를 확정금리로 적립하는 금리확정형과 변동금리로 적립하는 금리연동형으로 구분되며 대부분의 상품은 금리연동형으로 운용된다. 금리연동형은 금리상승시에 예상보다 많은 연금액을 수령할 수 있으나 금리하락시에는 예상보다 작은 연금액을 수령하는 단점이 있다.

### ② 변액연금보험

변액연금보험은 장기적인 물가상승에 따른 보험금의 실질가치 감소를 보전하기 위해 계약자가 납입한 보험료 중 일부를 주식, 채권 등에 투자하여 발생한 이익을 연금으로 지급한다. 투자성과가 좋으면 일반연금보다 높은 연금액을 기대할 수 있지만, 투자성과가 나쁘면 낮은 수준의 연금액을 수령해야 한다.

### ③ 자산연계형연금보험

자산연계형연금보험은 보험료의 일부를 주가지수 등 특정지표 또는 자산에 연계한 후 그 수익을 연금액에 반영하여 지급하는 상품으로 채권금리연계형, 주가지수연동형, 금리스와프연계형이 있다. 연계자산에서 발생한 추가수익을 기대할 수 있고, 변액연금보험보다 연금액을 안정적으로 지급받을 수 있다.

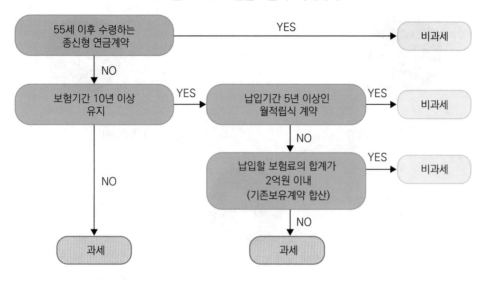

▌그림 14-8▌ 연금보험의 세제혜택

## 제3절  주택연금

### 1. 주택연금의 정의

주택연금은 만 55세 이상의 주택소유자나 그 배우자가 주택을 한국주택금융공사에 담보로 맡기고 평생 동안 매월 연금형태로 노후생활자금을 지급받는 국가보증의 역모기지론 금융상품이다. 이를 위해 공사는 연금가입자를 위해 은행에 보증서를 발급하고 은행은 공사의 보증서에 의해 가입자에게 주택연금을 지급한다.

주택연금은 부부 모두에게 평생 동안 거주를 보장하며 부부 중 한명이 사망하더라도 연금의 감액없이 동일한 금액을 지급한다. 가입자나 배우자가 모두 사망하여 주택을 처분한 결과 연금수령액이 집값을 초과해도 상속인에게 청구하지 않으며, 주택을 처분한 값이 연금수령액보다 크면 나머지는 상속자에게 지급한다.

주택연금은 국가에서 100% 지급을 보장하는 구조로 되어 있기 때문에 연금지급이 중단될 위험이 전혀 없다. 그리고 주택가격의 상승으로 부모님이 주택연금의 담보로 설정한 주택을 상속인이 다시 상속받고 싶은 경우에는 부모님이 지금까지 지급받은 연금총액을 모두 상환하고 주택의 상속권을 돌려받을 수도 있다.

**┃그림 14-9┃.주택연금의 상품구조**

① 보증신청 : 신청인이 공사를 방문하여 보증상담을 받고 보증신청을 한다.
② 보증심사 : 공사는 신청인의 자격요건과 담보주택의 가격평가 등에 대하여 심도 있는 심사를 진행한다.
③ 보증서발급 : 공사는 보증약정체결과 저당권 설정의 과정을 거쳐서 금융기관에 보증서를 발급한다.
④ 대출실행 : 신청인이 금융기관을 방문해 대출거래약정 체결 이후 금융기관에서 주택연금 대출을
   실행한다.

## 2. 주택연금의 가입요건

### (1) 가입연령

① 주택소유자 또는 배우자가 만55세 이상(근저당권 설정일 기준)
※ 확정기간방식은 연소자가 만 55세~만 74세
※ 우대방식은 주택소유자 또는 배우자가 만65세 이상(기초연금 수급자)
② 주택소유자나 배우자가 대한민국 국민(외국인 단독 및 부부 모두 외국인인 경우에는
   가입 불가)

### (2) 주택보유수

① 부부기준 공시가격 등이 9억원 이하 주택소유자
※ 다주택자라도 공시가격 등의 합산가격이 9억원 이하면 가능
※ 공시가격 등이 9억원 초과 2주택자는 3년 이내 1주택 팔면 가능
단, 주거목적 오피스텔의 경우 주택연금에 가입하려는 주거목적 오피스텔만 주택보

유수에 포함

② 우대방식의 경우 1.5억원 미만 1주택자만 가입 가능

### (3) 대상주택

① 공시가격 등이 9억원 이하 주택, 지방자치단체에 신고된 노인복지주택, 주거 목적 오피스텔(상가 등 복합용도주택은 전체 면적 중 주택이 차지하는 면적이 1/2 이상인 경우 가입가능(단, 신탁방식으로 가입시에는 불가))

※ 확정기간방식은 노인복지주택 제외

※ 농지법상 농업인 주택 및 어업인 주택 등 주택소유자의 자격이 제한되는 주택은 신탁방식 주택연금으로 가입불가

② 우대방식의 경우 1.5억원 미만 주택만 가입 가능

| 주택유형 및 지급방식 | 종신방식/대출상환방식/우대방식 | 확정기간방식 |
|---|---|---|
| 일반주택 및 주거목적 오피스텔 | 가입가능 | |
| 노인복지주택 (지자체에 신고된 주택에 한함) | 가입가능 | 가입가능 |
| 복합용도주택 (상가와 주택이 같이 있는 건물) | 가입가능(단, 등기사항증명서상 주택이 차지하는 면적이 1/2 이상) | |

### (4) 거주요건

① 주택연금 가입주택을 가입자 또는 배우자가 실제 거주지로 이용

※ 해당주택을 전세 또는 월세로 주고 있는 경우 가입 불가

### (5) 채무관계자 자격

※ 채무관계자(주택소유자 및 배우자)는 의사능력과 행위능력이 있어야 주택연금에 가입할 수 있음

※ 채무관계자가 치매 등 이유로 의사능력 또는 행위능력이 없거나 부족한 경우 보호자는 성년후견제도를 이용할 수 있음

### 3. 주택연금의 장점

① 평생거주, 평생지급

※ 평생동안 가입자 및 배우자 모두에게 거주를 보장

※ 부부 중 한 분이 사망한 경우에 연금감액 없이 100% 동일금액의 지급을 보장

② 국가가 지급보증

※ 국가가 연금지급을 보증하므로 연금지급 중단 위험이 없다.

③ 합리적인 상속

※ 부부 모두 사망한 후 주택을 처분하여 정산하고 연금수령액이 집값을 초과해도 상속인에게 청구하지 않으며, 반대로 집값이 남으면 상속인에게 돌아간다.

| 금액비교 | 정산방법 |
|---|---|
| 주택처분금액>연금지급총액 | 남는 부분은 채무자(상속인)에게 돌아감 |
| 주택처분금액<연금지급총액 | 부족분에 대해 채무자(상속인)에게 별도 청구 없음 |

연금지급총액 = ① 월지급금 누계 + ② 수시인출금 +③ 보증료(초기보증료 및 연보증료) + ④ (①, ②, ③)에 대한 대출이자

④ 세제 감면혜택

| 시기 | 세제 감면 혜택 |
|---|---|
| 저당권 설정 시 | 등록면허세(설정금액의 0.2%)를 주택가격 및 보유수에 따라 감면 차등<br>① 주택공시가격 등이 5억원 이하인 1가구 1주택자 : 75% 감면<br>② ①에 해당하지 않는 자 : 등록면허세액이 300만원 이하인 경우 75% 감면, 300만원 초과하는 경우 225만원 공제 |
| | 농어촌 특별세 면제(등록세액의 20%) |
| | 국민주택채권 매입의무 면제(설정금액의 1%) |
| 이 용 시 | 대출이자비용 소득공제(연간 200만원 한도) |
| | 재산세(본세) 25% 감면 |

### 4. 주택연금의 세부내용

(1) 보증기한(종신)

※ 소유자 및 배우자 사망 시까지

※ 이용 도중에 이혼을 한 경우 이혼한 배우자는 주택연금을 받을 수 없다.

※ 이용 도중에 재혼을 한 경우 재혼한 배우자는 주택연금을 받을 수 없다.

## (2) 가입비(초기보증료) 및 연보증료

① 가입비(초기보증료)

주택가격의 1.5%(대출상환방식은 1.0%)를 최초 연금지급일에 납부

② 연 보증료 : 보증잔액의 연 0.75%(대출상환방식은 1.0%)를 매월 납부

※ 보증료는 금융기관이 가입자의 부담으로 공사에 납부하여 연금지급총액(대출잔액)에 가산된다. 따라서 가입자가 직접 현금으로 납부할 필요가 없다.

## (3) 담보제공 : 1순위 근저당권 제공

※ 제3자(자녀, 형제 등) 소유 주택을 담보로 하는 주택연금은 이용할 수 없다.

※ 1순위로 근저당권을 설정한다.

## (4) 적용금리 = 기준금리+가산금리

① 기준금리는 고객과 금융기관이 협의하여 다음 중 한 가지를 선택할 수 있다.

※ 3개월 CD금리(3개월 주기로 변동)

※ 신규취급액 COFIX금리(6개월 주기로 변동)

② 가산금리는 기준금리가 3개월 CD금리는 1.1%, 신규취급액 COFIX금리는 0.85%

※ 이자는 매월 연금지급총액(대출잔액)에 가산되어 증가하나, 가입자가 직접 현금으로 납부할 필요가 없다.

※ 가입한 이후에는 대출 기준금리 변경이 불가능

## (5) 주택연금 지급정지 사유

① 부부 모두 사망 : 가입자만 사망하면 배우자가 채무인수 후 계속 이용 가능

② 부부 모두 주민등록을 이전 : 가입자와 배우자 모두 주민등록상 주소지가 담보주택 주소지와 다른 것으로 확인된 경우

③ 장기 미거주 : 부부 모두 1년 이상 계속해 담보주택에서 거주하지 않는 경우

④ 주택 소유권을 상실 : 매각, 양도로 소유권 이전, 화재 등으로 주택 소실

⑤ 처분조건약정 미이행 및 주택의 용도 외 사용 : 일시적 2주택자로 가입 후 최초 주택연금 지급일로부터 3년 내 주택 미처분

⑥ 주거목적 오피스텔을 주거목적으로 사용하지 않는 경우

## (6) 주택연금 지급조정 사유

※ 우대지급(혼합)방식을 선택할 경우 고객과 배우자의 보유주택수는 1주택으로 제한되며, 가입 후에 보유주택수를 조사하여 우대자격여부를 검증한다(최초 월지급금 실행일로부터 1년이 경과한 때부터 연 1회에 한하여 검증).

※ 공사의 검증절차에 따라 주택연금 가입 후 담보주택 외의 주택을 보유하신 것을 공사가 확인하면 6개월 이내 해당 주택을 처분할 것을 요청하고, 처분하지 않으면 연금대출(월지급금, 인출한도 등)을 90%수준으로 조정하여 지급한다.

## (7) 대상주택의 재개발/재건축

※ 가입시 재개발/재건축이 예정된 경우 관리처분계획인가 전 단계까지는 주택연금 가입이 가능하다.

※ 이용시 재개발/재건축이 되더라도 주택연금 계약을 유지할 수 있다(재건축 등 사업종료시 주택연금 가입자는 신축주택의 소유권을 취득, 공사는 종전의 제1순위 근저당권을 확보).

※ 주택연금계약을 유지할 경우 재개발/재건축조합이 제공하는 이주비대출을 받지 못할 수 있다.

## 5. 주택연금의 지급방식

### (1) 종신방식

① 종신지급방식 : 인출한도 설정없이 월지급금을 종신토록 지급받는 방식
② 종신혼합방식 : 인출한도(대출한도 50% 이내) 설정 후 나머지 부분을 월지급금으로 종신토록 지급받는 방식
※ 신탁방식 주택연금으로 가입시 임대차보증금 반환의 목적으로 90%까지 설정

### (2) 확정기간방식

확정기간혼합방식 : 수시인출한도 설정한 후 나머지 부분을 월지급금으로 일정기간 동안만 지급받는 방식
※ 확정기간방식 선택시 필히 대출한도 5%에 해당하는 금액은 인출한도로 설정

### (3) 대출상환방식

주택담보대출 상환용으로 인출한도(대출한도의 50% 초과 90% 이내) 범위 안에서 일시에 찾아쓰고 나머지 부분을 월지급금으로 종신토록 지급받는 방식

### (4) 우대방식

주택소유자 또는 배우자가 기초연금 수급자이고 부부기준 1.5억원 미만 1주택 보유시 종신방식(정액형)보다 월지급금을 최대 약 21% 우대하여 지급받는 방식

① 우대지급방식 : 인출한도 설정없이 우대받은 월지급금을 종신 지급받는 방식
② 우대혼합방식 : 인출한도(대출한도 45% 이내) 설정 후 나머지 부분을 우대받은 월지급금으로 종신토록 지급받는 방식

### (5) 지급방식변경

① 종신지급과 종신혼합간 변경
② 우대지급과 우대혼합간 변경
③ 우대형 전환요건을 모두 충족하면 종신지급(혼합)에서 우대지급(혼합)으로
※ 우대형 전환요건
㉠ 가입시 부부 중 1인 이상이 만 65세 이하로 부부기준 1.5억원 미만 1주택만 소유하고 있으나 기초연금 수급자가 아니어 우대형 가입을 못한 경우
㉡ 가입시 만 65세 이하인 본인 또는 배우자가 만 66세가 되기 전까지 기초연금수급권을 취득하고 우대형 전환을 위한 조건변경 신청을 완료
㉢ 우대형 전환을 위한 조건변경 신청시 부부기준 1.5억원 미만 1주택만 소유하고 있으며 지급유형이 정액형이고 인출한도가 45% 이내

### (6) 인출한도용도

① 대출한도 : 가입자가 100세까지 지급받을 연금대출액을 현재시점의 가치로 환산한 금액
② 인출한도 : 대출한도 50%이내(종신혼합방식, 확정기간혼합방식), 50%~90%(대출상환방식), 45%이내(우대혼합방식)를 인출한도로 설정해 목돈으로 사용

③ 인출한도 용도

담보주택의 선순위 주택담보대출 상환용도, 담보주택에 대한 임대차보증금반환
용도, 의료비, 교육비, 주택유지수선비 등

▌그림 14-10 ▌ 주택연금 수령방식

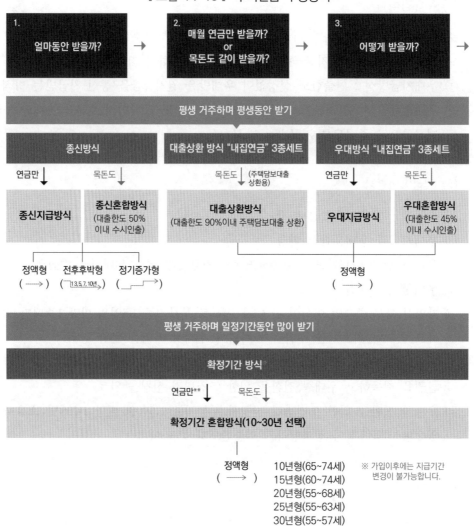

▌표 14-11▌ 일반주택 종신지급방식의 월지급금 예시

(단위 : 천원)

| 연령 | 주택가격 | | | | | | | | | | | |
|---|---|---|---|---|---|---|---|---|---|---|---|---|
| | 1억원 | 2억원 | 3억원 | 4억원 | 5억원 | 6억원 | 7억원 | 8억원 | 9억원 | 10억원 | 11억원 | 12억원 |
| 50세 | 123 | 246 | 370 | 493 | 616 | 740 | 863 | 986 | 1,110 | 1,233 | 1,356 | 1,480 |
| 55세 | 161 | 322 | 483 | 644 | 805 | 967 | 1,128 | 1,289 | 1,450 | 1,611 | 1,773 | 1,934 |
| 60세 | 213 | 427 | 641 | 855 | 1,069 | 1,283 | 1,496 | 1,710 | 1,924 | 2,138 | 2,352 | 2,504 |
| 65세 | 255 | 510 | 765 | 1,020 | 1,276 | 1,531 | 1,786 | 2,041 | 2,296 | 2,552 | 2,609 | 2,609 |
| 70세 | 308 | 617 | 926 | 1,234 | 1,543 | 1,852 | 2,160 | 2,469 | 2,756 | 2,756 | 2,756 | 2,756 |
| 75세 | 380 | 760 | 1,140 | 1,520 | 1,901 | 2,281 | 2,661 | 2,970 | 2,970 | 2,970 | 2,970 | 2,970 |
| 80세 | 480 | 960 | 1,440 | 1,920 | 2,400 | 2,881 | 3,302 | 3,302 | 3,302 | 3,302 | 3,302 | 3,302 |

▌그림 14-11▌ 지급방식별 선택비율

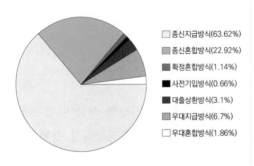

□ 종신지급방식(63.62%)
▨ 종신혼합방식(22.92%)
■ 확정혼합방식(1.14%)
■ 사전기입방식(0.66%)
■ 대출상환방식(3.1%)
▨ 우대지급방식(6.7%)
□ 우대혼합방식(1.86%)

▌그림 14-12▌ 지급유형별 선택비율

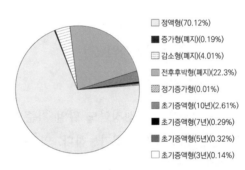

□ 정액형(70.12%)
■ 증가형(폐지)(0.19%)
▨ 감소형(폐지)(4.01%)
▥ 전후후박형(폐지)(22.3%)
▨ 정기증가형(0.01%)
▨ 초기증액형(10년)(2.61%)
■ 초기증액형(7년)(0.29%)
■ 초기증액형(5년)(0.32%)
□ 초기증액형(3년)(0.14%)

▌그림 14-13▌ 주택연금의 연간 누적 가입자수

(단위 : 명)

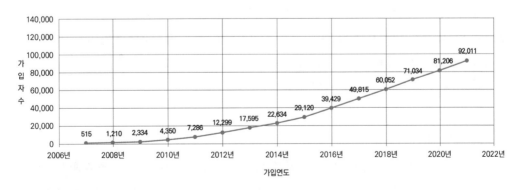

자료 : 한국주택금융공사 홈페이지

## 1. 농지연금의 정의

농지연금은 만 60세 이상 고령농업인이 소유한 농지를 담보로 노후생활 안정자금을 매월 연금형식으로 지급받는 제도를 말한다. 즉 농지연금은 한미 FTA 등 농산물시장 개방확대에 따라 경쟁력이 낮은 고령농업인에 대한 복지대책으로 2011년 도입된 농지형 역모기지론으로 은퇴농업인의 생활안정장치로 자리매김 해왔다.

농지연금은 농지는 있으나 별도의 소득원이 없는 고령농업인이 소유농지를 담보로 사망할 때까지 매월 생활비를 연금으로 지급받고, 사망하면 농지를 처분하여 그동안 수령했던 연금과 이자를 상환하는 역모기지론 형태의 고령농업인 노후생활 안정지원제도를 말하며 한국농어촌공사가 농지관리기금을 재원으로 지원한다.

## 2. 농지연금의 가입요건

### (1) 가입연령

농지소유자가 신청연도 말일 기준으로 만 60세 이상이며 기간형 상품의 경우에 일정 연령 이상이면 신청가능하다. 연령은 민법상 연령을 말하고 주민등록상 생년월일을 기준으로 계산하여 적용한다.

### (2) 영농경력

농지연금의 신청일 기준으로부터 신청인의 영농경력은 신청일 직전 계속 연속적일 필요는 없고, 전체 영농기간 중 합산 5년 이상이어야 한다. 영농경력 5년 이상 여부는 농지대장, 농업경영체등록확인서, 농협조합원가입증명서(준조합원 제외), 국민연금보험료 경감대상 농업인 서류 등으로 확인한다.

### (3) 대상농지

① 담보농지는 농지연금 신청일 현재 다음 각 호의 요건을 모두 충족해야 한다.

㉠ 농지법상의 농지 중 공부상 지목이 전, 답, 과수원으로서 사업대상자가 소유하고

실제 영농에 이용되고 있는 농지

ⓛ 사업대상자가 2년 이상 보유한 농지, 상속받은 농지는 피상속인의 보유기간 포함

ⓒ 사업대상자의 주민등록상 주소지를 담보농지가 소재하는 시, 군, 구 및 그와 인접한 시, 군, 구에 두거나 주소지와 담보농지까지의 거리가 30km 이내의 지역에 위치하고 있는 농지

※ ⓛ와 ⓒ의 요건은 2020년 1월 1일 이후 신규 취득한 농지부터 적용

② 저당권 등 제한물권이 설정되지 아니한 농지(단, 선순위 채권최고액이 담보농지 가격의 100분의 15미만인 농지는 가입가능)

③ 압류, 가압류, 가처분 등의 목적물이 아닌 농지

④ 제외농지

㉠ 불법건축물이 설치되어 있는 토지

ⓛ 본인 및 배우자 이외의 자가 공동소유하고 있는 농지

ⓒ 개발지역과 개발계획이 지정·시행 고시되어 개발계획이 확정된 지역의 농지

㉣ 2018년 1월 1일 이후 경매 및 공매를 원인으로 취득한 농지

## (4) 담보농지 가격평가

부동산가격 공시에 관한 법률에 따른 개별공시지가의 100% 또는 감정평가 및 감정평가사에 관한 법률에 따른 감정평가가격의 90% 중 신청자가 선택할 수 있다.

## (5) 근저당권 순위설정

① 제3자(자녀, 형제) 소유 농지를 담보로 농지연금에 가입할 수 없다.

② 원칙은 1순위로 근저당권을 설정하나 해당 담보농지에 설정된 채권최고액이 담보농지가격의 15% 미만일 경우에는 가입할 수 있다.

## 3. 농지연금의 장점

### (1) 부부종신 지급

농지연금을 수령하던 농업인이 사망할 경우에 배우자가 승계하면 배우자가 사망할 때까지 계속해서 농지연금을 받을 수 있다. 단, 신청당시 배우자가 60세 이상이고 연금

승계를 선택한 경우에 가능하다.

### (2) 영농 또는 임대소득 가능

연금을 받으면서 담보농지를 직접 경작하거나 임대할 수 있어 연금 이외의 추가소득을 얻을 수 있다.

### (3) 재정지원으로 안정성 확보

정부예산을 재원으로 하여 정부에서 직접 시행하기 때문에 안정적으로 농지연금을 수령할 수 있다.

### (4) 연금채무 부족액 미청구

연금채무 상환시 담보농지 처분으로 상환하고 초과분은 채무자(상속인)에게 돌려주고 부족분은 채무자(상속인)에게 별도 청구하지 않는다.

### (5) 재산세 감면

6억원 이하 농지는 전액 감면되고, 6억원 초과 농지는 6억원까지 감면된다.

### (6) 압류위험에서 연금 보호

신청인이 농지연금지키미통장에 가입하면 월 185만원까지 압류위험에서 연금을 보호받을 수 있다.

## 4. 농지연금의 적용금리

대출금리는 농지연금 가입신청시 신청자가 다음 중 한 가지를 선택할 수 있다.
① 고정금리 : 2%
② 변동금리
㉠ 농업정책자금 변동금리대출의 적용금리
㉡ 최초 월지급금 지급일로부터 매 6개월 단위로 재산정

## 5. 농지연금의 지급정지 사유

① 농지연금 수급자가 사망한 경우로서 배우자가 없거나 비승계로 가입한 경우
② 농지연금 수급자가 사망한 경우로서 승계조건가입 배우자가 있는 경우에 그 배우자가 6개월 이내에 담보농지의 소유권 이전등기 및 농지연금채무의 인수를 거절하거나 마치지 아니한 경우
③ 농지연금수급자가 담보농지의 소유권을 상실한 경우
④ 농지연금채권이 저당권의 채권최고액을 초과할 것으로 예상되어 공사의 채권최고액 변경요구에 응하지 아니한 경우
⑤ 한국농어촌공사의 동의없이 담보농지에 제한물권 등을 설정한 경우
⑥ 담보농지가 전용되어 더 이상 농지로 이용할 수 없는 경우
⑦ 농지 훼손 또는 농지를 영농에 이용하지 않고 방치한 경우


## 6. 농지연금의 지급방식

종신정액형은 가입자(배우자) 사망시까지 매월 동일한 금액을 지급하는 방식이고, 전후후박형은 가입초기 10년 동안은 정액형보다 더 많이 11년째부터는 더 적게 받는 방식이다. 수시인출형은 총지급가능액의 30% 이내에서 수실로 인출할 수 있고, 기간정액형은 가입자가 선택한 일정기간 일정금액을 지급하는 방식이다.

┃표 14-12┃ 주택연금과 농지연금의 비교

| 구분 | 주택연금 | 농지연금 |
|---|---|---|
| 가 입 연 령 | 만 55세 이상 주택소유자 | 만 60세 이상 농지소유자 |
| 가 입 조 건 | 부부기준 공시가격 등 9억원 이하 | 신청일 기준 영농경력 5년 이상 |
| 담 보 물 건 | 일반주택, 노인복지주택, 오피스텔 | 농지(전, 답, 과수원) |
| 담 보 물 평 가 | KB시세, 감정평가액 | 개별공시지가, 감정평가액 |
| 연 금 재 원 | 금융기관자금 | 농지관리기금 |
| 연금지급방식 | 종신형, 기간형, 우대형 | 종신형, 기간형, 경영이양형 등 |
| 연금지급기관 | 금융기관 | 한국농어촌공사 |
| 세 제 혜 택 | 재산세 감면, 소득공제 | 재산세 감면 |

보론 14-1 ▶ 2021년 국민연금 통계연보

## 1. 사업장 및 가입자 현황

### (1) 2021년도 가입자 현황

단위 : 명(persons)

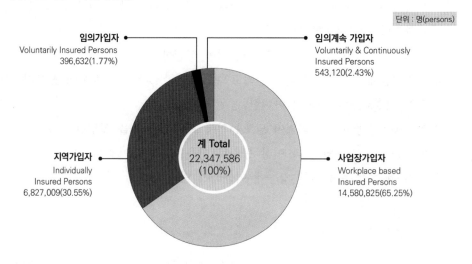

임의가입자
Voluntarily Insured Persons
396,632(1.77%)

임의계속 가입자
Voluntarily & Continuously
Insured Persons
543,120(2.43%)

지역가입자
Individually
Insured Persons
6,827,009(30.55%)

계 Total
22,347,586
(100%)

사업장가입자
Workplace based
Insured Persons
14,580,825(65.25%)

### (2) 연도별 가입자 현황

단위 : 천명, 천개소

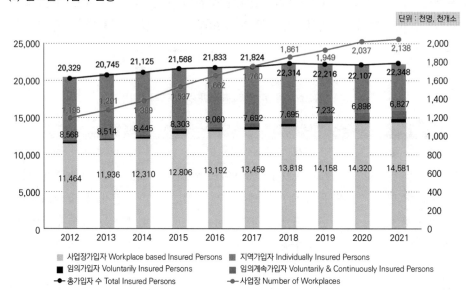

■ 사업장가입자 Workplace based Insured Persons ■ 지역가입자 Individually Insured Persons
■ 임의가입자 Voluntarily Insured Persons ■ 임의계속가입자 Voluntarily & Continuously Insured Persons
● 총가입자 수 Total Insured Persons ● 사업장 Number of Workplaces

582

2. 소득월액 구간별 가입자 현황

(1) 2021년도 기준소득월액 구간별(100만원) 가입자 구성비

단위: 천원, 명

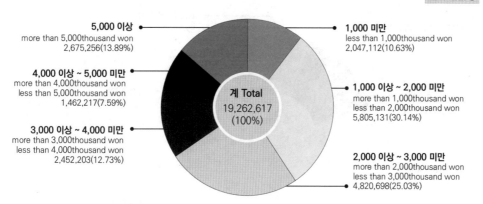

5,000 이상
more than 5,000thousand won
2,675,256(13.89%)

1,000 미만
less than 1,000thousand won
2,047,112(10.63%)

4,000 이상 ~ 5,000 미만
more than 4,000thousand won
less than 5,000thousand won
1,462,217(7.59%)

1,000 이상 ~ 2,000 미만
more than 1,000thousand won
less than 2,000thousand won
5,805,131(30.14%)

3,000 이상 ~ 4,000 미만
more than 3,000thousand won
less than 4,000thousand won
2,452,203(12.73%)

2,000 이상 ~ 3,000 미만
more than 2,000thousand won
less than 3,000thousand won
4,820,698(25.03%)

계 Total
19,262,617
(100%)

(2) 2021년도 기준소득월액 구간별(50만원) 가입자 구성비

단위: 천원, 명

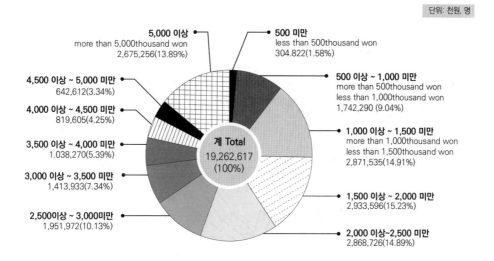

5,000 이상
more than 5,000thousand won
2,675,256(13.89%)

500 미만
less than 500thousand won
304.822(1.58%)

4,500 이상 ~ 5,000 미만
642,612(3.34%)

500 이상 ~ 1,000 미만
more than 500thousand won
less than 1,000thousand won
1,742,290 (9.04%)

4,000 이상 ~ 4,500 미만
819,605(4.25%)

1,000 이상 ~ 1,500 미만
more than 1,000thousand won
less than 1,500thousand won
2,871,535(14.91%)

3,500 이상 ~ 4,000 미만
1.038,270(5.39%)

3,000 이상 ~ 3,500 미만
1,413,933(7.34%)

1,500 이상 ~ 2,000 미만
2,933,596(15.23%)

2,500이상 ~ 3,000미만
1,951,972(10.13%)

2,000 이상~2,500 미만
2,868,726(14.89%)

계 Total
19,262,617
(100%)

## 3. 사업장 규모별, 업종별 가입자 현황

### (1) 규모별 사업장가입자 현황

단위 : 천명

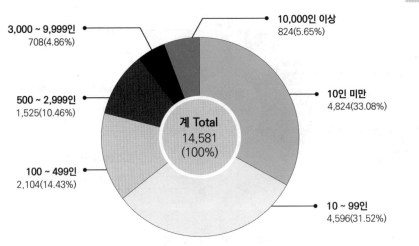

3,000 ~ 9,999인
708(4.86%)

10,000인 이상
824(5.65%)

500 ~ 2,999인
1,525(10.46%)

계 Total
14,581
(100%)

10인 미만
4,824(33.08%)

100 ~ 499인
2,104(14.43%)

10 ~ 99인
4,596(31.52%)

### (2) 업종별 사업장가입자 현황

단위 : 천명

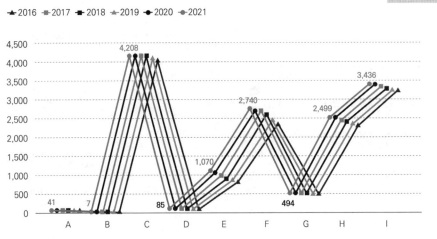

━▲━2016 ━■━2017 ━■━2018 ━▲━2019 ━●━2020 ━●━2021

A 농·임·수렵 및 어업 Agriculture, Forestry, Hunting & Fishing
B 광업 Mining
C 제조업 Manufacturing
D 전기·가스 및 수도사업 Electricity, Gas & Water
E 건설업 Construction

F 도·소매 및 음식·숙박업 Wholesale & Retail, Restaurants & Hotels
G 운수창고, 통신업 Transport, Storage & Communication
H 금융보험, 부동산 및 사업서비스 Financing, Insurance, Real Estate
　& Business Services
I 사회 및 개인서비스 Social & Personal Services

## 4. 연령별, 성별 가입자 현황

### (1) 2021 연령별 가입자 현황

단위 : 천명

■ 남(Men)  ■ 여(Women)

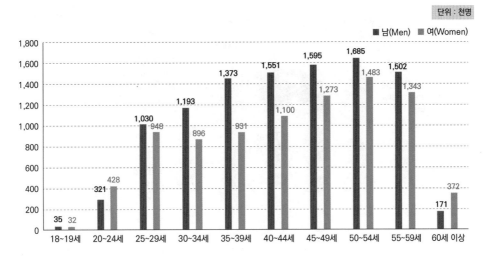

### (2) 연도별, 연령별 가입자 현황

단위 : 천명

─▲─ 2017  ─■─ 2018  ─■─ 2019  ─●─ 2020  ─●─ 2021

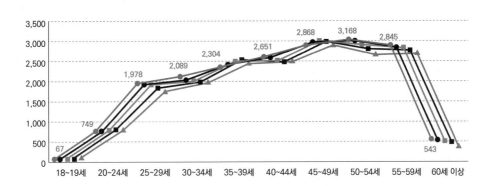

## 5. 급여종류별 급여지급 현황

### (1) 2021년도 급여지급액 현황

단위 : 백만원

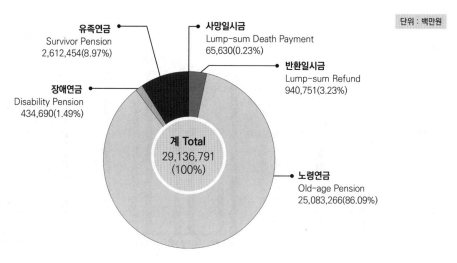

**유족연금**
Survivor Pension
2,612,454(8.97%)

**사망일시금**
Lump-sum Death Payment
65,630(0.23%)

**반환일시금**
Lump-sum Refund
940,751(3.23%)

**장애연금**
Disability Pension
434,690(1.49%)

**계 Total**
29,136,791
(100%)

**노령연금**
Old-age Pension
25,083,266(86.09%)

### (2) 연도별 급여지급액, 수급자 현황

단위 : 천명, 백만원

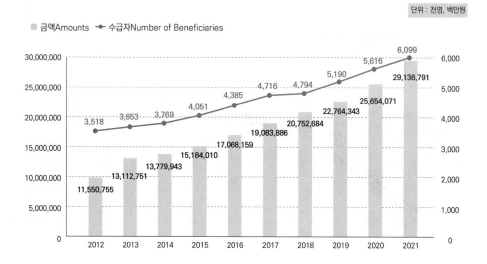

■ 금액Amounts　◆ 수급자Number of Beneficiaries

| 연도 | 금액 | 수급자 |
|---|---|---|
| 2012 | 11,550,755 | 3,518 |
| 2013 | 13,112,751 | 3,653 |
| 2014 | 13,779,943 | 3,769 |
| 2015 | 15,184,010 | 4,051 |
| 2016 | 17,068,159 | 4,385 |
| 2017 | 19,083,886 | 4,716 |
| 2018 | 20,752,684 | 4,794 |
| 2019 | 22,764,343 | 5,190 |
| 2020 | 25,654,071 | 5,616 |
| 2021 | 29,136,791 | 6,099 |

## 6. 연령별, 성별, 연도별 수급자 현황

### (1) 2021년도 연령별, 성별 수급자 현황

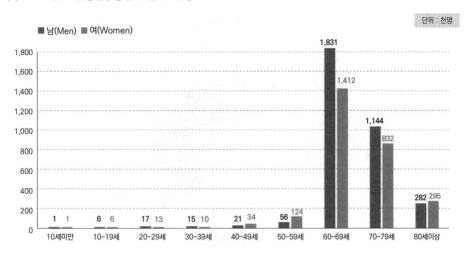

### (2) 연도별 연령별 수급자 현황

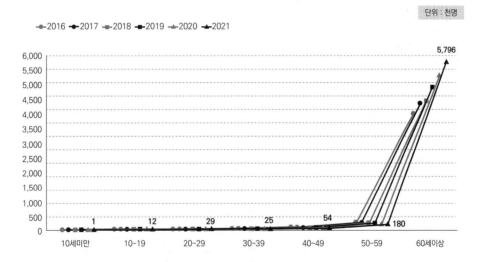

## 7. 노령연금 연령별 수급자 현황

### (1) 노령연금 연령별 수급자 현황

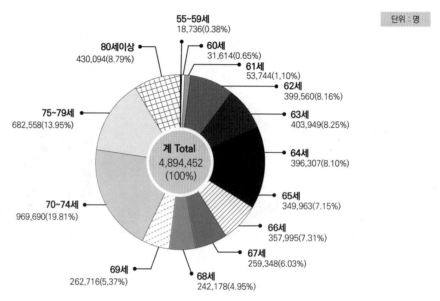

단위 : 명

- **55~59세** 18,736(0.38%)
- **60세** 31,614(0.65%)
- **61세** 53,744(1.10%)
- **62세** 399,560(8.16%)
- **63세** 403,949(8.25%)
- **64세** 396,307(8.10%)
- **65세** 349,963(7.15%)
- **66세** 357,995(7.31%)
- **67세** 259,348(6.03%)
- **68세** 242,178(4.95%)
- **69세** 262,716(5.37%)
- **70~74세** 969,690(19.81%)
- **75~79세** 682,558(13.95%)
- **80세이상** 430,094(8.79%)

계 Total 4,894,452 (100%)

### (2) 노령연금 성별 지급액 현황

단위 : 천명, 백만원

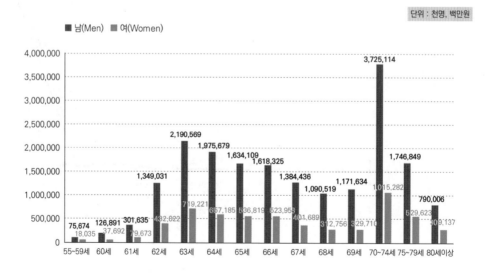

■ 남(Men)  ■ 여(Women)

## 8. 조기노령연금 지급 현황
### (1) 조기노령연금 연령별 수급자 현황

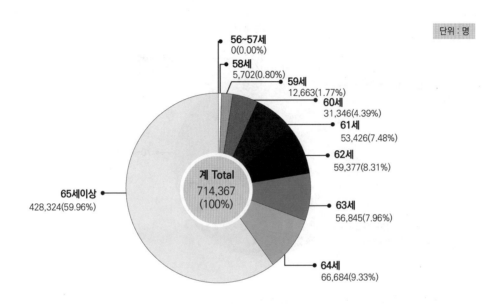

단위 : 명

**56~57세**
0(0.00%)

**58세**
5,702(0.80%)

**59세** 12,663(1.77%)

**60세**
31,346(4.39%)

**61세**
53,426(7.48%)

**62세**
59,377(8.31%)

**63세**
56,845(7.96%)

**64세**
66,684(9.33%)

**65세이상**
428,324(59.96%)

계 Total
714,367
(100%)

### (2) 조기노령연금 연령별, 성별 지급액 현황

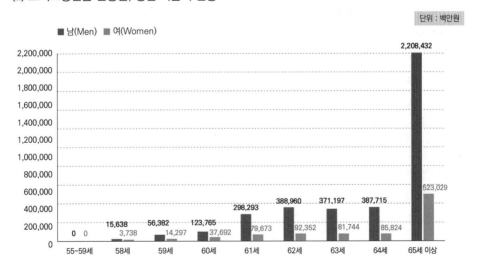

단위 : 백만원

■ 남(Men)  ■ 여(Women)

## 9. 특례노령연금 지급 현황

### (1) 특례노령연금 연령별 수급자 현황

단위 : 명

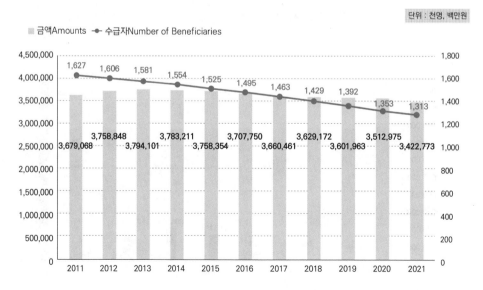

59~64세
185(0.01%)

65~69세
613(0.05%)

80세이상
421,851(32.13%)

계 Total
1,312,850
(100%)

70~74세
354,976(27.04%)

75~79세
535,225(40.77%)

### (2) 연도별 수급자, 특례노령연금 수급가 및 지급액

단위 : 천명, 백만원

▨ 금액Amounts  ─●─ 수급자Number of Beneficiaries

| 연도 | 2011 | 2012 | 2013 | 2014 | 2015 | 2016 | 2017 | 2018 | 2019 | 2020 | 2021 |
|---|---|---|---|---|---|---|---|---|---|---|---|
| 수급자 | 1,627 | 1,606 | 1,581 | 1,554 | 1,525 | 1,495 | 1,463 | 1,429 | 1,392 | 1,353 | 1,313 |
| 금액 | 3,679,068 | 3,758,848 | 3,794,101 | 3,783,211 | 3,758,354 | 3,707,750 | 3,660,461 | 3,629,172 | 3,601,963 | 3,512,975 | 3,422,773 |

## 10. 장애연금 지급 현황
### (1) 장애연금 수급자 현황

단위 : 명

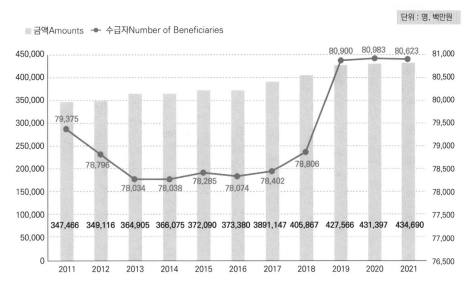

**4급**
2,897(3.59%)

**1급**
12,147(15.07%)

**계 Total**
80,623
(100%)

**3급**
34,989(43.40%)

**2급**
30,580(37.94%)

### (2) 연도별 장애연금 수급자 및 지급 현황

단위 : 명. 백만원

■ 금액Amounts　─●─ 수급자Number of Beneficiaries

| | 2011 | 2012 | 2013 | 2014 | 2015 | 2016 | 2017 | 2018 | 2019 | 2020 | 2021 |
|---|---|---|---|---|---|---|---|---|---|---|---|
| 수급자 | 79,375 | 78,796 | 78,034 | 78,038 | 78,285 | 78,074 | 78,402 | 78,806 | 80,900 | 80,983 | 80,623 |
| 금액 | 347,466 | 349,116 | 364,905 | 366,075 | 372,090 | 373,380 | 3891,147 | 405,867 | 427,566 | 431,397 | 434,690 |

## 11. 유족연금 지급 현황
### (1) 유족연금 수급자 현황

단위 : 명

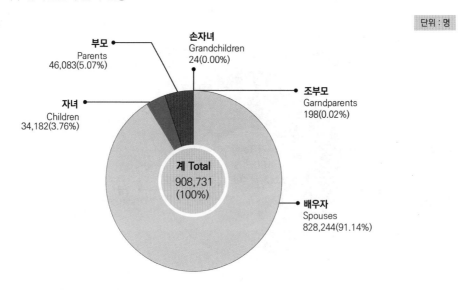

### (2) 연도별 장애연금 수급자 및 지급현황

단위 : 천명, 백만원

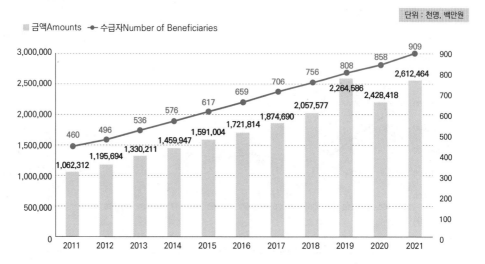

## 12. 반환일시금 급여지급 현황

### (1) 반환일시금 수급자 현황

단위 : 명

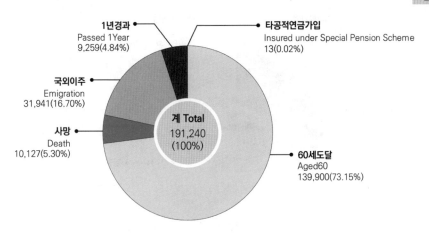

- **1년경과** Passed 1Year 9,259(4.84%)
- **국외이주** Emigration 31,941(16.70%)
- **사망** Death 10,127(5.30%)
- **타공적연금가입** Insured under Special Pension Scheme 13(0.02%)
- **60세도달** Aged60 139,900(73.15%)
- 계 Total 191,240 (100%)

### (2) 연도별 장애연금 수급자 및 지급 현황

단위 : 천명, 백만원

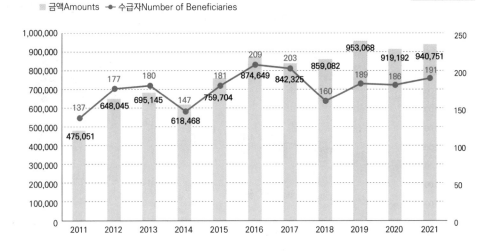

■ 금액Amounts　—●— 수급자Number of Beneficiaries

| 연도 | 금액 | 수급자 |
|---|---|---|
| 2011 | 475,051 | 137 |
| 2012 | 648,045 | 177 |
| 2013 | 695,145 | 180 |
| 2014 | 618,468 | 147 |
| 2015 | 759,704 | 181 |
| 2016 | 874,649 | 209 |
| 2017 | 842,325 | 203 |
| 2018 | 859,082 | 160 |
| 2019 | 953,068 | 189 |
| 2020 | 919,192 | 186 |
| 2021 | 940,751 | 191 |

## 13. 기금의 운용현황

### (1) 기금의 운용현황

단위 : 백만원, 매입가

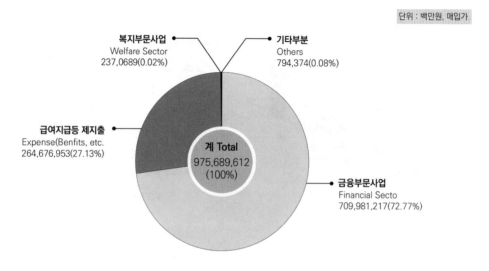

### (2) 연도별 금융부문 운용현황 추이

단위 : 십억원, 매입가

자료 : 2021년 국민연금 통계연보

보론 14-2        공무원연금 통계자료

### 1.재직자

#### (1) 연금법 적용대상 공무원 증감 추이

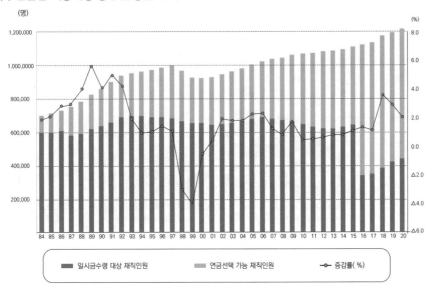

#### (2) 직종별 공무원 현황

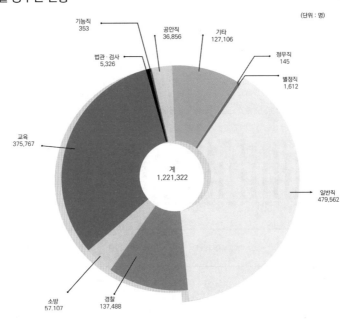

## 2. 퇴직자

### (1) 공무원 퇴직 추이

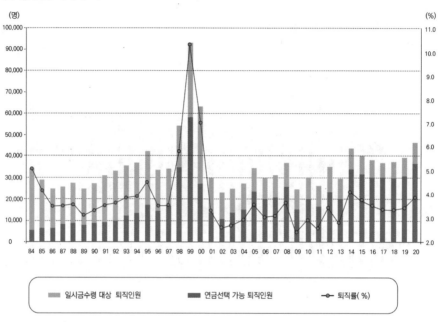

### (2) 재직년수별 퇴직자 추이

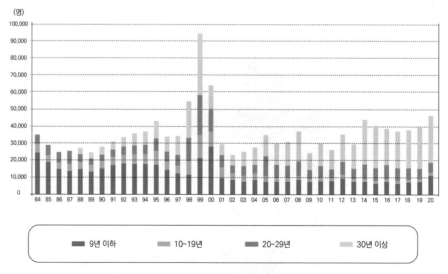

## 3. 재해보상
### (1) 공무상 사망자 추이

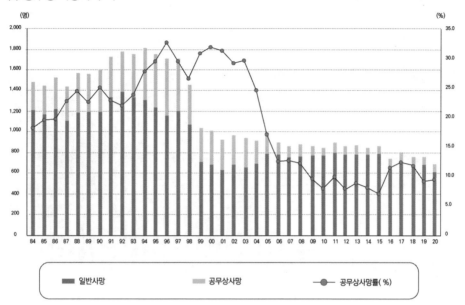

### (2) 재해보상급여 지급현황

(단위 : 백만원)

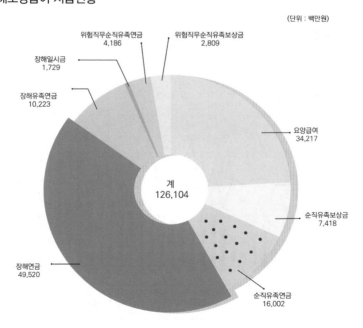

## 4. 급여지급
### (1) 급여종류별 지급 추이

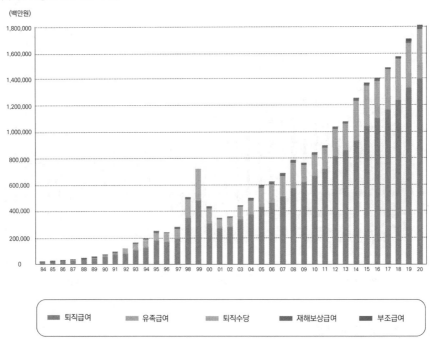

### (2) 연금수입 · 지출 변동 추이

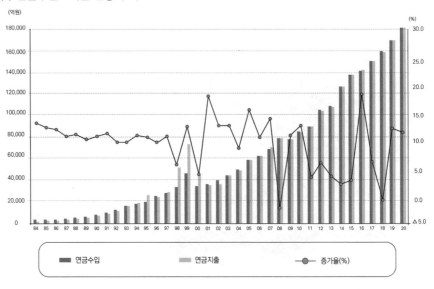

## 5. 기금현황
### (1) 공무원연금기금의 변동 추이

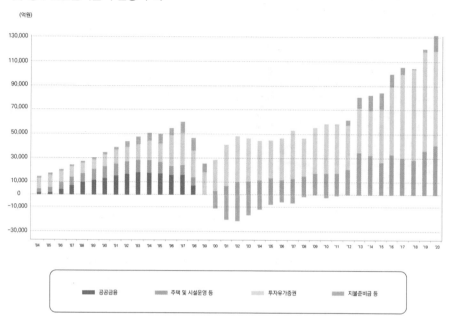

### (2) 공무원연금기금의 자산

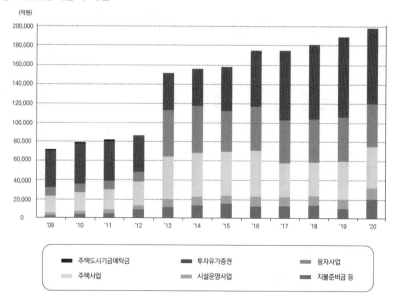

## 6. 기금사업

### (1) 주택사업 지원실적 현황

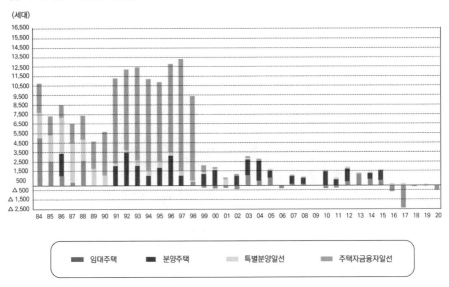

### (2) 공무원연금 대출 추이

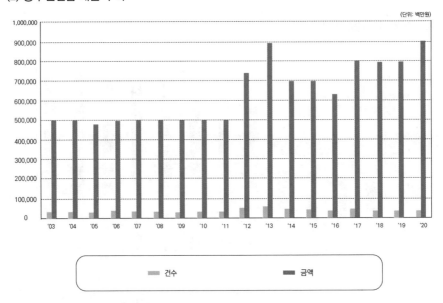

자료 : 공무원연금공단 홈페이지

보론 14-3 　　　　　주택연금 월지급금 예시

## 1. 종신지급방식(정액형, 2022.2.1 기준)

### 일반주택

(종신지급방식, 정액형)　　　　　　　　　　　　　　　　　　　　(단위 : 천원)

| 연령 | 주택가격 | | | | | | | | | | | |
|---|---|---|---|---|---|---|---|---|---|---|---|---|
| | 1억원 | 2억원 | 3억원 | 4억원 | 5억원 | 6억원 | 7억원 | 8억원 | 9억원 | 10억원 | 11억원 | 12억원 |
| 50세 | 123 | 246 | 370 | 493 | 616 | 740 | 863 | 986 | 1,110 | 1,233 | 1,356 | 1,480 |
| 55세 | 161 | 322 | 483 | 644 | 805 | 967 | 1,128 | 1,289 | 1,450 | 1,611 | 1,773 | 1,934 |
| 60세 | 213 | 427 | 641 | 855 | 1,069 | 1,283 | 1,496 | 1,710 | 1,924 | 2,138 | 2,352 | 2,504 |
| 65세 | 255 | 510 | 765 | 1,020 | 1,276 | 1,531 | 1,786 | 2,041 | 2,296 | 2,552 | 2,609 | 2,609 |
| 70세 | 308 | 617 | 926 | 1,234 | 1,543 | 1,852 | 2,160 | 2,496 | 2,756 | 2,756 | 2,756 | 2,756 |
| 75세 | 380 | 760 | 1,140 | 1,520 | 1,901 | 2,281 | 2,661 | 2,970 | 2,970 | 2,970 | 2,970 | 2,970 |
| 80세 | 480 | 960 | 1,440 | 1,920 | 2,400 | 2,881 | 3,302 | 3,302 | 3,302 | 3,302 | 3,302 | 3,302 |

### 노인복지주택

(종신지급방식, 정액형)　　　　　　　　　　　　　　　　　　　　(단위 : 천원)

| 연령 | 주택가격 | | | | | | | | | | | |
|---|---|---|---|---|---|---|---|---|---|---|---|---|
| | 1억원 | 2억원 | 3억원 | 4억원 | 5억원 | 6억원 | 7억원 | 8억원 | 9억원 | 10억원 | 11억원 | 12억원 |
| 50세 | 93 | 186 | 279 | 372 | 465 | 558 | 651 | 745 | 838 | 931 | 1,024 | 1,117 |
| 55세 | 125 | 250 | 375 | 501 | 626 | 751 | 877 | 1,002 | 1,127 | 1,253 | 1,378 | 1,503 |
| 60세 | 171 | 342 | 513 | 685 | 856 | 1,027 | 1,199 | 1,370 | 1,541 | 1,172 | 1,884 | 2,055 |
| 65세 | 210 | 421 | 631 | 842 | 1,052 | 1,263 | 1,473 | 1,684 | 1,894 | 2,105 | 2,315 | 2,526 |
| 70세 | 261 | 523 | 785 | 1,046 | 1,308 | 1,570 | 1,831 | 2,093 | 2,355 | 2,616 | 2,743 | 2,743 |
| 75세 | 331 | 663 | 994 | 1,326 | 1,657 | 1,989 | 2,320 | 2,652 | 2,960 | 2,960 | 2,960 | 2,960 |
| 80세 | 429 | 859 | 1,288 | 1,718 | 2,148 | 2,577 | 2,007 | 3,294 | 3,294 | 3,294 | 3,294 | 3,294 |

## 2. 확정기간혼합방식(2022.2.1 기준)

### 일반주택

(단위 : 천원)

| 주택가격 | | 1억원 | 2억원 | 3억원 | 4억원 | 5억원 | 6억원 | 7억원 | 8억원 | 9억원 | 10억원 | 11억원 | 12억원 |
|---|---|---|---|---|---|---|---|---|---|---|---|---|---|
| 연령 | 지급기간 | | | | | | | | | | | | |
| 55세 | 25년 | 181 | 362 | 543 | 724 | 905 | 1,086 | 1,268 | 1,449 | 1,630 | 1,811 | 1,992 | 2,173 |
| | 20년 | 205 | 410 | 615 | 820 | 1,025 | 1,230 | 1,436 | 1,641 | 1,846 | 2,051 | 2,256 | 2,461 |
| 60세 | 20년 | 259 | 518 | 777 | 1,036 | 1,295 | 1,554 | 1,813 | 2,072 | 2,331 | 2,590 | 2,849 | 3,108 |
| | 15년 | 311 | 623 | 935 | 1,246 | 1,558 | 1,870 | 2,182 | 2,493 | 2,805 | 3,117 | 3,428 | 3,740 |
| 70세 | 15년 | 390 | 780 | 1,171 | 1,561 | 1,952 | 2,342 | 2,732 | 3,123 | 3,513 | 3,783 | 3,783 | 3,783 |
| | 10년 | 527 | 1,055 | 1,582 | 2,110 | 2,637 | 3,165 | 2,692 | 4,220 | 4,748 | 5,014 | 5,014 | 5,014 |

### 주거목적 오피스텔

(단위 : 천원)

| 주택가격 | | 1억원 | 2억원 | 3억원 | 4억원 | 5억원 | 6억원 | 7억원 | 8억원 | 9억원 | 10억원 | 11억원 | 12억원 |
|---|---|---|---|---|---|---|---|---|---|---|---|---|---|
| 연령 | 지급기간 | | | | | | | | | | | | |
| 55세 | 25년 | 127 | 254 | 381 | 508 | 635 | 762 | 889 | 1,016 | 1,143 | 1,270 | 1,397 | 1,524 |
| | 20년 | 144 | 288 | 432 | 576 | 720 | 864 | 1,008 | 1,152 | 1,296 | 1,440 | 1,584 | 1,728 |
| 60세 | 20년 | 190 | 380 | 570 | 760 | 950 | 1,140 | 1,330 | 1,520 | 1,710 | 1,900 | 2,090 | 2,280 |
| | 15년 | 229 | 458 | 687 | 916 | 1,145 | 1,374 | 1,603 | 1,832 | 2,062 | 2,291 | 2,520 | 2,749 |
| 70세 | 15년 | 312 | 624 | 937 | 1,249 | 1,562 | 1,874 | 2,187 | 2,499 | 2,812 | 3,124 | 3,437 | 3,749 |
| | 10년 | 423 | 846 | 1,269 | 1,693 | 2,116 | 2,539 | 2,963 | 3,386 | 3,809 | 4,232 | 4,656 | 4,979 |

## 3. 대출상환방식(정액형, 2022.2.1 기준)

### 일반주택

인출한도 금액 (단위 : 백만원)

| 주택가격 | 1억원 | 3억원 | 5억원 | 7억원 | 9억원 | 12억원 |
|---|---|---|---|---|---|---|
| 55세 | 27 | 83 | 139 | 195 | 251 | 334 |
| 60세 | 36 | 108 | 180 | 253 | 325 | 434 |
| 65세 | 41 | 125 | 208 | 292 | 375 | 440 |
| 70세 | 48 | 144 | 240 | 337 | 433 | 441 |
| 75세 | 55 | 166 | 276 | 387 | 442 | 442 |
| 80세 | 63 | 189 | 315 | 441 | 443 | 443 |

월지급금 예시(인출한도금액 전액 사용시) (단위 : 만원)

| 주택가격 | 1억원 | 3억원 | 5억원 | 7억원 | 9억원 | 12억원 |
|---|---|---|---|---|---|---|
| 55세 | 1 | 4 | 8 | 11 | 14 | 19 |
| 60세 | 2 | 6 | 10 | 15 | 19 | 25 |
| 65세 | 2 | 7 | 12 | 18 | 23 | 27 |
| 70세 | 3 | 9 | 15 | 21 | 28 | 28 |
| 75세 | 3 | 11 | 19 | 26 | 30 | 30 |
| 80세 | 4 | 14 | 24 | 33 | 33 | 33 |

## 4. 우대지급방식(정액형, 2022.2.1 기준)

일반주택

(단위 : 만원)

| 주택가격 | 0.7억원 | | 1억원 | | 1.3억원 | |
|---|---|---|---|---|---|---|
| | 종신지급방식 | 우대방식 | 종신지급방식 | 우대방식 | 종신지급방식 | 우대방식 |
| 55세 | 11 | 12 | 16 | 17 | 20 | 23 |
| 60세 | 14 | 16 | 21 | 24 | 27 | 31 |
| 65세 | 17 | 20 | 25 | 28 | 33 | 37 |
| 70세 | 21 | 24 | 30 | 34 | 40 | 45 |
| 75세 | 26 | 30 | 38 | 43 | 49 | 56 |
| 80세 | 33 | 38 | 48 | 55 | 62 | 72 |
| 85세 | 44 | 51 | 63 | 74 | 82 | 94 |
| 90세 | 61 | 69 | 87 | 99 | 113 | 129 |

주거목적 오피스텔

(단위 : 만원)

| 주택가격 | 0.7억원 | | 1억원 | | 1.3억원 | |
|---|---|---|---|---|---|---|
| | 종신지급방식 | 우대방식 | 종신지급방식 | 우대방식 | 종신지급방식 | 우대방식 |
| 55세 | 7 | 9 | 11 | 13 | 14 | 16 |
| 60세 | 10 | 12 | 15 | 18 | 20 | 23 |
| 65세 | 13 | 15 | 19 | 22 | 25 | 29 |
| 70세 | 17 | 20 | 24 | 28 | 31 | 36 |
| 75세 | 21 | 25 | 31 | 36 | 40 | 46 |
| 80세 | 28 | 34 | 41 | 48 | 53 | 61 |
| 85세 | 39 | 46 | 55 | 67 | 72 | 83 |
| 90세 | 56 | 69 | 80 | 99 | 104 | 120 |

자료 : 한국주택금융공사 홈페이지

## 제1절 공적연금

1. 국민연금

(1) 국민연금의 정의 : 보험원리에 따라 운영되는 대표적인 사회보장제도

(2) 국민연금의 도입

1973년 국민복지연금법 제정·공포, 1986년 국민연금법 개정, 1988년 1월 10인 이상 사업장의 18세 이상 ~ 60세 미만 근로자 및 사업주 대상으로 시행

(3) 국민연금의 특징

모든 국민이 가입대상, 세대내 및 세대간 소득재분배, 국가가 최종적 지급보장

(4) 국민연금 가입자

사업장가입자, 지역가입자, 임의가입자, 임의계속가입자, 외국인가입자

(5) 국민연금 보험료

연금보험료 = 가입자의 기준소득월액×연급보험료율

(6) 국민연금의 급여

노령연금, 장애연금, 유족연금, 반환일시금, 사망일시금

2. 특수직역연금

(1) 공무원연금

공무원의 퇴직, 사망, 공무로 인한 부상·질병·장애에 대하여 적절한 급여를 지급하여 공무원 및 그 유족의 생활안정과 복리향상에 기여

(2) 군인연금

군인의 퇴직, 사망한 경우 본인이나 그 유족에게 적절한 급여를 지급함으로써 본인 및 그 유족의 생활안정과 복리향상에 이바지

(3) 사학연금

사립학교 교직원의 퇴직, 사망, 직무상 질병·부상·장해에 대해 적절한 급여를 지급하여 교직원 및 그 유족의 생활안정과 복리향상에 기여

(4) 별정우체국연금

별정우체국직원이 퇴직, 사망시 적절한 급여제도를 시행함으로써 직원 및 그 유족의 경제적 생활안정과 복리향상에 기여

(5) 공적연금 연계제도

국민연금과 직역연금의 가입기간을 합하여 최소연계기간을 충족하면 연금수령

## 제2절 사적연금

1. 퇴직연금

(1) 퇴직연금의 정의

근로자의 노후생활을 보장하기 위해 회사가 근로자에게 지급할 퇴직급여를 금융회사에

맡기고 근로자 퇴직시 일시금 또는 연금으로 지급

(2) 퇴직연금의 도입 : 저출산 · 고령사회에 준비, 급변하는 근로환경에 대비

(3) 퇴직연금의 종류

① 확정급여형(DB) : 근로자가 퇴직시 수령할 퇴직급여의 수준이 사전에 결정되며 기업의 부담금은 적립금의 운용실적에 따라 상이

② 확정기여형(DC) : 회사의 부담이 사전에 확정되며 근로자가 적립금 운용상품을 선택하고 운용의 책임과 결과도 근로자에게 귀속

③ 혼합형 : DB형과 DC형을 혼합하여 일정비율은 DB형으로 나머지는 DC형으로 운용

④ 개인형 퇴직연금(IRP) : 근로자의 퇴직금을 자신 명의의 퇴직 계좌에 적립하여 연금 등 노후자금으로 활용할 수 있게 하는 제도

2. 개인연금

(1) 연금저축

노후생활을 안정적으로 준비하기 위해 자발적으로 가입하는 노후대비 금융상품

(2) 연금보험

피보험자의 종신 또는 일정 기간 동안 정해진 금액을 수령할 수 있는 생명보험


## 제3절 주택연금

1. 주택연금의 정의

주택을 담보로 맡기고 자신의 집에 살면서 매월 국가가 보증한 연금을 수령

2. 주택연금의 가입요건

부부 중 1명이 만 55세 이상, 부부기준 공시가격이 9억원 이하 주택소유자

3. 주택연금의 장점

평생거주 · 평생지급, 국가가 지급보증, 합리적인 상속, 세제혜택

4. 주택연금의 지급방식

종신방식, 확정기간방식, 대출상환방식, 우대방식


## 제4절 농지연금

1. 농지연금의 정의

만 60세 이상 농업인이 농지를 담보로 노후생활자금을 매월 연금으로 수령

2. 농지연금의 가입요건

소유자 본인 60세 이상, 영농경력 5년 이상, 제한물권 설정되지 않은 농지

3. 농지연금의 장점

부부 종신지급, 영농 또는 임대소득 가능, 재정지원으로 안정성 확보, 연금채무부족액 미청구, 재산세 감면, 압류위험에서 연금보호

4. 농지연금의 적용금리
   신청자가 고정금리 2%와 변동금리(농업정책자금 대출의 적용금리) 중 선택
5. 농지연금의 지급정지 사유
① 농지연금수급자가 사망한 경우로서 배우자가 없거나 비승계 가입인 경우
② 농지연금수급자가 담보농지의 소유권을 상실한 경우
③ 공사의 동의없이 담보농지에 제한물권 등을 설정한 경우
④ 담보농지가 전용 등으로 더이상 농지로 이용될 수 없게 된 경우
⑤ 농지 훼손 또는 영농에 이용하지 않고 방치(기한내 시정되지 않을 경우)
6. 농지연금의 지급방식
   종신정액형, 전후후박형, 수시인출형, 기간정액형, 경영이양형

**1.** 다음 중 국민연금에 대한 설명으로 적절하지 않은 것은?

① 국민연금은 젊은 세대의 돈을 걷어 나이든 세대를 부양하는 세대간 소득재분배 기능이 있다.

② 국민연금은 처음 지급할 때 과거 보험료 납부소득에 물가상승률을 적용해서 현재가치로 재평가하여 계산한다.

③ 국민연금은 사적보험제도가 아닌 공적보험제도이므로 가입의 강제성을 채택하고 있다.

④ 국민연금에 가입하여 60세가 된 자가 65세가 될 때까지 공단에 가입신청을 하면 임의계속가입자가 될 수 있다.

| 해설 | 국민연금은 처음 연금을 지급할 경우에 과거 보험료 납부소득에 연도별 재평가율을 적용하여 현재가치로 재평가하여 계산한다.

**2.** 다음 중 국민연금에 대한 설명으로 적절하지 않은 것은?

① 1988년 10인 이상 사업자의 근로자 및 사업주를 대상으로 실시하였다.

② 국민연금은 사회보험의 원리를 도입하여 만든 사회보험의 일종이다.

③ 1995년 도시지역, 1999년 농어촌지역으로 확대 실시되어 전 국민이 가입대상자에 포함되었다.

④ 국민연금은 공적연금으로 소득재분배 역할을 담당하고 있다.

| 해설 | 국민연금은 1995년 농어촌지역, 1999년 도시지역으로 확대 실시되어 전 국민이 가입대상자에 포함되었다.

**3.** 다음 중 국민연금 가입자에 대한 설명으로 적절한 것은?

① 사업장 가입자는 상시 근로자 5인 이상 사업장의 근로자와 사용자를 대상으로 한다.

② 국내외에 거주하는 국민으로 18세 이상 60세 미만인 자가 가입대상이다.

③ 18세 미만 근로자는 본인의 선택에 의해 사업장 가입자로 가입할 수 있다.

④ 사업장 가입자가 아닌 18세 이상 60세 미만인 자는 당연지역가입자가 된다.

| 해설 | ① 사업장 가입자는 상시 근로자 1인 이상 사업장의 근로자와 사용자를 대상으로 한다.
② 원칙적으로 국외에 거주하는 국민은 가입대상이 아니다.
③ 18세 미만 근로자는 본인의 선택에 의해 사업장 가입자로 가입하지 아니할 수 있다.

**4.** 다음 중 국민연금의 유족연금에 대한 설명으로 적절한 것은?

① 가입기간이 10년 이상이면 유족연금액은 기본연금액 60% + 부양가족연금액이다.

② 가입기간 1년 미만인 자가 질병부상으로 사망한 경우에 유족수급권이 발생하지 않는다.

③ 유족의 순위는 사망한 자에 의해 생계를 유지하는 가족으로 배우자, 자녀, 부모, 손자녀, 조부모, 형제자매 순이다.

④ 유족연금액은 사망한 사람이 지급받던 노령연금액을 초과할 수 없다.

| 해설 | ① 가입기간이 20년 이상이면 유족연금액은 기본연금액 60% + 부양가족연금액이다.
② 가입기간 1년 미만인 자가 질병부상으로 사망한 경우에 유족연금을 받을 수 있다.
③ 유족의 순위는 사망한 자에 의해 생계를 유지하는 가족으로 배우자, 자녀, 부모, 손자녀, 조부모 순이다.


**5.** 다음 중 국민연금의 연금수급에 대한 설명으로 적절한 것은?

① 연금은 지급사유가 발생한 날이 속하는 달부터 수급권이 소멸하는 날이 속하는 달까지 매월 25일에 지급된다.

② 연금수급권은 압류나 담보제공이 불가하며, 지급된 연금은 150만원까지는 압류되지 않는다.

③ 중복급여의 조정으로 선택하지 아니한 급여가 유족연금인 경우 반환일시금에 상당하는 금액을 추가하여 지급한다.

④ 노령연금의 가입기간이 10년 이상인 경우 기본연금액의 100%를 지급한다.

| 해설 | ① 연금은 지급사유가 발생한 날이 속하는 달의 다음 달부터 수급권이 소멸하는 날이 속하는 달까지 매월 25일에 지급된다.
③ 중복급여의 조정으로 선택하지 아니한 급여가 유족연금인 경우 유족연금의 20%에 해당하는 금액을 추가하여 지급한다.
④ 노령연금의 가입기간이 20년 이상인 경우 기본연금액의 100%를 지급한다.

**6.** 다음 중 국민연금에서 지급하는 연금에 대한 설명으로 적절하지 않은 것은?

① 노령연금 수급권자가 소득이 있는 업무에 종사하는 경우 일부 금액을 감액하여 지급할 수 있으나 감액금액은 노령연금의 2분의 1을 초과할 수 없다.

② 노령연금 수급권자로서 연금지급의 연기를 희망하는 경우 연금 수급개시연령부터 5년 이내의 기간의 1회에 한하여 전부 또는 일부를 연기할 수 없다.

③ 조기노령연금은 국민연금 가입기간이 10년 미만 가입자가 긴박한 사유로 생활안정을 위해 필요하면 가입자 본인의 신청에 의해 지급받을 수 있다.

④ 장애연금은 보험료 납부연체로 납부한 기간이 납부해야 할 기간의 2/3에 미달하는 경우 연금을 지급하지 아니한다.

| 해설 | 조기연령연금은 가입기간이 10년 이상이고 연금수급개시연령 5년 기간 중에 가입자 본인의 신청에 의해 연금수급개시연령 도달 이전이라도 연금을 받을 수 있는 제도이다.

**7.** 다음 중 직역연금에 대한 설명으로 적절한 것은?

① 직역연금은 공무원연금, 사학연금, 군인연금의 3가지로 구분된다.

② 직역연금의 재정방식은 세대간 부양체계를 기초로 설계되어 있다.

③ 사회보험의 일종인 공무원연금은 공무원을 대상으로 하는 포괄적 사회보장제도이다.

④ 공무원연금의 보험료 납입기간의 상한은 33년이다.

| 해설 | ① 직역연금은 공무원연금, 사학연금, 군인연금, 별정우체국직원연금의 4가지로 구분된다.
② 직역연금의 재정방식은 적립방식을 기초로 설계되어 있다.
④ 공무원연금의 보험료 납입기간의 상한은 36년이다.

**8.** 다음 중 공적연금 연계제도에 대한 설명으로 적절한 것은?

① 연계방식 : 최종 재직기관에서 작성

② 반납금 납부 : 수령한 일시금을 현재 재직 중인 기관에 반납, 분할 납부 가능

③ 연금액 산정 : 출산, 군복무 크레딧 기간은 연계 노령연금 산정시 포함

④ 동일기간 중복 : 연금간 이동으로 동일기간이 중복되는 경우 종전 가입기간은 연계대상에서 제외

| 해설 | ① 연계방식 : 각 연금법에서 산정
② 반납금 납부 : 수령한 일시금을 종전 재직한 기관에 반납, 분할 납부 가능
③ 연금액 산정 : 출산, 군복무 크레딧 기간은 연계 노령연금 산정시 제외

**9.** 다음 중 공적연금 연계제도에 대한 설명으로 적절한 것은?

① 수령한 퇴직일시금은 현재 재직하고 있는 기관에 반납해야 한다.

② 직역연금에서 국민연금으로 이동하였고 급여를 미수령한 경우 퇴직일로부터 3년 이내에 연계신청해야 한다.

③ 연계신청인은 반납금과 이자를 한꺼번에 납부해야 한다.

④ 연계대상기간은 각 연금법에 따른 가입기간 및 재직기간을 말한다.

| 해설 | ① 수령한 퇴직일시금은 종전의 재직한 기관에 반납해야 한다.
② 직역연금에서 국민연금으로 이동하였고 급여를 미수령한 경우 퇴직일로부터 5년 이내에 연계신청해야 한다.
③ 연계신청인은 반납금과 이자를 월단위로 분할하여 납부할 수 있다.


**10.** 다음 중 공적연금 연계제도에 대한 설명으로 적절하지 않은 것은?

① 각 공적연금의 기본 틀은 변경하지 않는다.

② 국민연금과 직역연금의 가입기간을 합산한다.

③ 급여는 연결통산방식을 채택하고 있다.

④ 연금간의 재정이전을 통해 연금을 지급한다.

| 해설 | 각 연금간의 재정이전 없이 각각의 연금제도에서 가입기간과 재직기간에 비례하여 연금을 지급한다.


**11.** 다음 중 공무원연금 중 분할연금의 수령요건으로 적절하지 않은 것은?

① 재직기간 중 혼인기간이 3년 이상일 것

② 공무원연금 수급자와 이혼했을 것

③ 이혼한 배우자의 퇴직연금수급권이 발생할 것

④ 분할연금청구권자가 연금수급개시연령에 도달했을 것

| 해설 | 재직기간 중 혼인기간이 5년 이상일 것

**12.** 다음 중 공무원연금에 대한 설명으로 적절하지 않은 것은?

① 10년 미만 재직하고 퇴직한 경우에 퇴직연금일시금을 지급한다.

② 1년 이상 재직하고 퇴직하거나 사망한 경우에 퇴직수당을 지급한다.

③ 유족연금은 임용연도와 관계없이 퇴직연금이나 장해연금의 60%에 상당하는 금액을 지급한다.

④ 퇴직연금 수급권자가 선출직 공무원에 취임하는 경우 연금의 지급을 중지한다.

| 해설 | 10년 미만 재직하고 퇴직한 경우에 퇴직일시금을 지급한다.


**13.** 다음 중 군인연금에 대한 설명으로 적절하지 않은 것은?

① 2006년부터 연금보험료 중 가입자가 부담하는 기여금은 기준소득월액에 대해 8%를 납부한다.

② 퇴직연금을 받기 위해서는 19년 6개월 이상 복무하고 퇴직해야 한다.

③ 연금보험료 납입은 최장 33년까지 가능하다.

④ 상이연금을 받을 권리가 있는 사람에게는 퇴직일시금을 지급하지 아니한다.

| 해설 | 연금보험료 중 가입자가 부담하는 기여금은 기군소득월액에 7%를 납부한다.


**14.** 다음 중 사학연금의 가입대상으로 적절하지 않는 자는?

① 국립대학병원 임상교수요원

② 사립학교 교원

③ 국립치과대학병원의 직원

④ 조건부로 임명된 직원

| 해설 | 임시로 고용된 사람, 조건부로 임명된 사람, 보수를 받지 않은 사람은 제외된다.


**15.** 다음 중 사학연금에 대한 설명으로 적절하지 않은 것은?

① 매년 7월 1일에 교직원의 기준소득월액을 결정한다.

② 급여에 소요되는 비용은 개인부담금, 법인부담금, 국가부담금으로 구성된다.

③ 조건부로 임용된 사람은 임의적용대상으로 구분된다.

④ 장기급여는 5년간 행사하지 아니하면 시효로 인해 소멸된다.

| 해설 | 조건부로 임용된 사람은 임의적용대상으로 분류한다.

**16.** 다음 중 퇴직연금에 대한 설명으로 적절한 것은?

① 사용자 입장에서는 퇴직급여를 근무기간에 지급되지 않은 임금을 후불하는 성격으로 본다.

② 퇴직급여의 종류는 확정급여형, 확정기여형, 하이브리드형이 있다.

③ 퇴직금제도는 대부분 선진국에서 시행되고 있다.

④ 퇴직급여는 근로자들이 사업장에서 퇴직하면서 지급받는 급여를 말한다.

| 해설 | ① 근로자 입장에서 퇴직급여를 근무기간에 지급되지 않은 임금을 후불하는 성격으로 본다.
② 퇴직급여의 종류는 퇴직일시금과 퇴직연금이 있다.
③ 퇴직금제도는 우리나라, 대만, 오스트리아 등 일부 국가에서 시행되고 있다.

**17.** 다음 중 퇴직금제도와 비교하여 퇴직연금의 장점으로 옳지 않은 것은?

① 퇴직급여 수급권 보장이 강화되어 있다.

② 안정적인 연금소득을 확보할 수 있다.

③ 효율적인 자산운용을 할 수 있다.

④ 퇴직소득세 70%를 절세할 수 있다.

| 해설 | 퇴직소득세 30%를 절세할 수 있다.

**18.** 다음 중 확정급여형 퇴직연금에 대한 설명으로 적절한 것은?

① 사용자 부담금이 사전에 결정된 연금이다.

② 1980년대 미국에서 탄생한 제도로 DC형 특성을 가미한 연금급여제도이다.

③ 근로자도 사용자 부담금과 별도로 추가 기여를 할 수 있다.

④ 사용자부담금은 적립금 운용결과에 따라 변동될 수 있다.

| 해설 | ① 사용자 부담금이 사전에 결정된 연금은 확정기여형이다.
② 1980년대 미국에서 탄생하여 DC형 특성을 가미한 연금급여제도는 하이브리드형이다.
③ 확정기여형은 근로자도 사용자 부담금과 별도로 추가 기여할 수 있다.

**19.** 다음 중 확정급여형 퇴직연금에 대한 설명으로 적절하지 않은 것은?

① 사용자는 매년 1회 이상 퇴직급여 지급을 위한 부담금을 납부해야 한다.

② 퇴직연금의 적립금이 기준책임준비금의 150%를 초과하면 초과적립금은 근로자의 신청에 의해 근로자에게 분배할 수 있다.

③ 퇴직연금 사업자는 매 사업연도 종료 6개월 이내에 퇴직연금 적립금이 최소적립금을 상회하고 있는지 여부를 확인하여 그 결과를 사용자에게 알려야 한다.

④ 사용자는 적립금 부족액을 3년 이내에 환수해야 한다.

| 해설 | 퇴직연금의 적립금이 기준책임준비금의 150%를 초과하면 초과적립금은 사용자의 신청에 의해 근로자에게 반환할 수 있다.

**20.** 다음 중 확정급여형 퇴직연금에 대한 설명으로 적절한 것은?

① 근로자가 선택한 퇴직연금 계좌에 납입하게 된다.

② 국가에서 보조금을 납부하는 방식을 채택하고 있다.

③ 일정한 한도 내에서 세액공제를 받을 수 있다.

④ 일반적으로 확정기여형 퇴직연금보다 상대적으로 안정적이다.

| 해설 | ① 확정기여형은 근로자가 선택한 퇴직연금 계좌에 납입하게 된다.
② 독일 등 일부 국가의 확정기여형에서 보조금을 납부하는 방식을 채택하고 있다.
③ 확정기여형은 일정한 한도 내에서 세액공제를 받을 수 있다.

**21.** 다음 중 확정기여형 퇴직연금에 대한 설명으로 적절한 것은?

① 기업은 근로자의 퇴직급여를 일정수준 보충해야 하는 부담이 따른다.

② 1980년대 미국에서 탄생한 제도로 Cash Balance형이라고도 한다.

③ 과세방식은 EET 방식을 채택하고 잇다.

④ 우수한 인력을 확보하고 유지하는 강력한 동기부여를 하는 장점이 있다.

| 해설 | 본문의 지문은 모두 하이브리드형 퇴직연금에 대한 내용이다.

**22.** 다음 중 개인연금 활용방안에 대한 설명으로 적절하지 않은 것은?

① 가능한 일찍 가입하고 장기저축을 한다.

② 은퇴기간 중 재테크 수단으로 활용하는 것이 바람직하다.

③ 장수위험에 대비하도록 한다.

④ 연금개시시점은 재무적 여건을 고려하여 선택한다.

| 해설 | 연금소득 확보를 위해 개인연금을 재테크 수단으로 인식하는 것은 바람직하지 않다.

**23.** 다음 중 개인형 퇴직연금에 대한 설명으로 적절하지 않은 것은?

① 개인형 퇴직연금은 퇴직일시금을 수령한 자가 은퇴 후 연금소득을 확보하기 위해 퇴직연금사업자에게 설정한 계정이다.

② IRP의 계약내용이나 운용방법은 DB형 퇴직연금과 동일하다.

③ 퇴직급여의 수준은 적립금 운용결과에 따라 달라질 수 있다.

④ 가입자 자신이 운용방법을 선택하고 투자상품을 선정하여 운용한다.

| 해설 | IRP의 계약내용이나 운용방법은 DC형 퇴직연금과 동일하다.


**24.** 다음 중 세제적격 연금저축계좌에 대한 설명으로 적절하지 않은 것은?

① 나이 제한 없이 거주자는 모두 가입할 수 있다.

② 부부인 경우 개인별로 계좌를 개설할 수 있다.

③ 둘 이상의 금융기관에 가입할 수 있다.

④ 납입단계에서 소득공제 혜택이 부여되고 운용단계의 소득세가 이연된다.

| 해설 | 납입단계에서 세액공제 혜택이 부여되고 운용단계의 소득세가 이연된다.


**25.** 다음 중 세제비적격 연금보험의 특성으로 적절하지 않은 것은?

① 연간 납입한도가 없으므로 연금저축의 납입하도를 초과하는 추가적인 저축수단으로 활용할 수 있다.

② 기본보험료에 추가하여 납입이 가능하고 납입일시중지제도, 보험료 납입종료제도, 보험계약대출납입제도 등이 부가되어 유연하게 보험료를 납입할 수 있다.

③ 대부분의 연금보험은 적립금 중 일정비율까지 중도인출을 허용하고 긴급한 생활자금 등이 필요할 때 계약을 해지하지 아니하고 인출할 수 있다.

④ 공시이율형 연금보험은 공시이율을 적용하여 운용하는 상품으로 가입자가 정한 기간 단위로 안전자산과 위험자산의 투자비중을 자동으로 조정하는 자동배분옵션을 선택할 수 있다.

| 해설 | 변액연금보험은 가입자가 정한 기간 단위로 안전자산과 위험자산의 투자비중을 자동으로 조정하는 자동배분옵션을 선택할 수 있다.

**26.** 다음 중 연금저축계좌에 대한 설명으로 적절하지 않은 것은?

① 가입대상 : 거주자(나이 제한없음)

② 연간 납입한도 : 연간 700만원

③ 연금 수령요건 : 5년 이상 가입 55세 이후 연금수령한도 내 연금 수령

④ 연간 400만원 한도 내 12% 또는 15% 세액공제

| 해설 |  납입한도 연간 1800만원


**27.** 다음 중 주택연금에 대한 설명으로 적절하지 않은 것은?

① 2007년부터 한국주택금융공사에서 주택연금을 판매하고 있다.

② 가입신청자는 가입가능 연령, 주택보유수, 대상주택, 거주요건에 대한 조건 중 하나 이상을 충족해야 한다.

③ 은행의 손실로 연금을 지급받지 못할 경우 정부가 이를 보전해준다.

④ 연금지급의 유형은 정액형, 전후후박형이 있다.

| 해설 |  가입신청자는 가입가능 연령, 주택보유수, 대상주택, 거주요건에 대한 조건 을 모두 충족해야 한다.


**28.** 다음 중 주택연금 이용시 주의사항에 대한 설명으로 적절하지 않은 것은?

① 부부가 모두 사망하는 경우 연금지급이 정지된다.

② 기존 보증계약을 유지하면서 일반주택과 노인복지주택간의 담보주택 변경이 있는 경우 담보변경 절차가 종료될 때까지 연금지급이 정지된다.

③ 부부 모두 1년 이상 미거주하는 경우 연금지급이 정지된다.

④ 주택연금 이용자가 사망한 후 배우자가 6개월 이내에 적법한 절차를 마치지 않은 경우 연금지급은 정지된다.

| 해설 |  기존 보증계약을 유지하면서 일반주택과 노인복지주택간의 담보주택 변경은 불가능하다.

**29.** 다음 중 주택연금의 장점에 대한 설명으로 적절하지 않은 것은?

① 보유주택에 평생 거주하면서 평생 연금지급이 보장된다.

② 부부 모두 사망할 때까지 주택연금이 지급되며, 사망 후 주택처분금액이 연금 지급총액보다 작을 경우에도 부족분을 청구하지 않는다.

③ 시중금리보다 낮은 금리가 적용된다.

④ 주택연금을 가입한 대상주택은 재산세가 50% 감면된다.

| 해설 | 주택연금을 가입한 대상주택은 재산세가 25% 감면된다.

**30.** 다음 중 농지연금의 개념 및 특징에 대한 설명으로 적절하지 않은 것은?

① 농지연금은 농업소득 외에 별도의 소득이 없는 만 65세 이상 고령농업인이 소유한 농지를 담보로 연금을 수령하는 노후생활안정자금을 지원하는 연금제도이다.

② 농지연금을 수령하면서 담보농지를 자경할 수 있지만, 임대 등의 수익사업을 하는 경우에는 농지연금 지급이 중지된다.

③ 법률상 혼인관계에 있는 배우자가 있는 경우에는 배우자만 생존시에도 배우자 모두 종신까지 보장받을 수 있다.

④ 담보농지 처분시 연금채무액은 농지처분가액 이내로 한정되어 처분잔여액은 상속인에게 돌려주고 부족액은 상속인에게 청구하지 않는다.

| 해설 | 농지연금을 수령하면서 자경 또는 임대할 수 있다.

# 부동산상품

최근에 부동산 및 부동산과 관련된 자산은 주식, 채권과 더불어 주요 투자대상으로 간주되며, 부동산 투자방식에는 직접투자와 간접투자가 있다. 직접투자는 투자자가 모든 과정을 수행하나 전문지식이나 경험부족으로 위험이 클 수 있다. 반면에 간접투자는 자산운용 전문기관이 개발한 부동산상품에 투자하는 형태를 말한다.

## 제1절   부동산투자회사

### 1. 리츠의 정의

부동산투자회사가 도입된 계기는 1997년 IMF 외환위기로 이때는 기업이나 금융기관의 유동성 확보가 절실한 과제였다. 침체된 부동산경기를 활성화하고 기업들이 구조조정을 위해 내놓은 부동산을 효율적으로 처분할 수 있는 지원제도의 필요성에 따라 부동산의 증권화를 추진하면서 부동산투자회사 제도를 도입하였다.

리츠(REITs : Real Estate Investment Trusts)는 1980년대 미국의 신탁제도에서 출발했으며, 그 기원은 매사추세츠 영업신탁법에 따라 조직된 매사추세츠 신탁이 리츠의 전신이라 할 수 있다. 리츠는 증권화된 부동산에 투자하는 뮤추얼펀드로서 1960년 미국 의회가 부동산투자신탁법을 제정하면서 제도로 정착되었다.

우리나라 부동산투자회사법에서 리츠는 다수의 투자자로부터 투자자금을 모아 부동산 및 부동산 관련 저당대출 등을 운용하여 얻은 수익을 투자자에게 배당하는 것을 목적으로 하는 상법상 주식회사이며, 리츠는 수익을 목적으로 부동산을 임대, 개발, 처분하는 회사와 금융기관의 성격이 결합된 부동산금융회사이다.

영업과 운용에서는 임대, 관리, 개발 등을 수행하는 부동산회사이며, 자금을 공모하고 수익을 제공하는 부동산에 투자하여 투자자에게 이익을 배분한다는 점에서 금융기관의 특성을 갖는다. 리츠는 동일한 방식으로 자금을 모아 증권에 투자하는 뮤추얼펀드와 유사하나, 자산운용이 부동산이라는 점에서 차이가 있다.

### 2. 리츠의 구조

리츠는 주식, 채권과 비교할 때 수익은 높지만 위험은 낮고 총수익에서 주가수익보다는 배당수익이 차지하는 비중이 크고 배당수익률은 채권수익률보다 높다. 리츠는 주식과 확연히 구분되는 수익·위험 패턴을 보이는데, 리츠의 위험은 주식시장의 위험보다는 배당금 지급과 같은 리츠의 위험요인에 의해 결정된다.

리츠의 속성은 환금성 확보에 있다. 부동산투자회사는 이를 뒷받침하기 위해 부동산의 지분을 소액으로 나누어 증권화하고 자본시장에서 공모를 통해 다수의 투자자를 모집한다. 또한 환금성이 부족한 대형부동산을 소규모로 증권화하여 이를 상장하면 소액의 투자자도 손쉽게 투자할 수 있는 투자수단으로 변화한다.

**┃그림 15-1┃ 리츠의 기본구조**

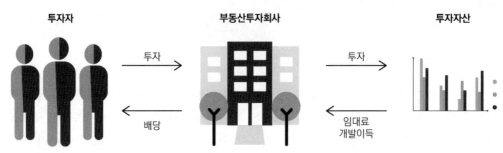

### 3. 리츠의 특징

첫째, 리츠는 부동산 지분을 소액단위로 분할하여 증권화한 것으로 주식처럼 증권시장에서 매매하여 투자원금을 회수할 수 있는 유동성이 뛰어난 투자상품이다. 따라서 투자자들이 부동산경기의 흐름에 맞추어 부동산을 손쉽게 매각하는 효과가 있으며, 소액화만으로 이루어진 투자신탁의 수익증권보다 유동성이 높다.

둘째, 리츠는 다양한 종류의 부동산 또는 지역적인 분산투자를 통해 단일 부동산에 내재하는 비체계적 위험을 효과적으로 제거할 수 있기 때문에 위험분산효과와 기대수익률을 높일 수 있다. 또한 부동산 지분을 소액 단위로 분할하여 다수의 투자자로부터 자금을 모집하고 증자를 할 수 있어 자본조달이 쉬운 편이다.

셋째, 자산운용을 전문회사가 운용하기 때문에 효율성과 투명성이 확보된다. 리츠가 운용하여 얻은 수익에 대해 기업회계기준에 의해 결산 공시되기 때문에 투명성을 담보할 수 있다. 또한 공개시장에서 거래되는 리츠는 매일 분석가들에 의해 주가, 거래량, 수익률, 안정성 정보들이 분석되어 투자자들에게 제공된다.

넷째, 리츠는 배당가능이익의 90% 이상을 주주에게 현금배당하도록 의무화되어 있어 성장보다는 배당의 안정성이 중요시된다. 한편 리츠의 자금운용은 현금흐름이 좋은 부동산 및 부동산 관련 유가증권에 투자하여 임대수익 및 이자수익을 추구하여 배당하게 되므로 내부유보를 통한 성장은 어느 정도 제약을 받게 된다.

■ 표 15-1 ■ 직접투자와 리츠투자의 비교

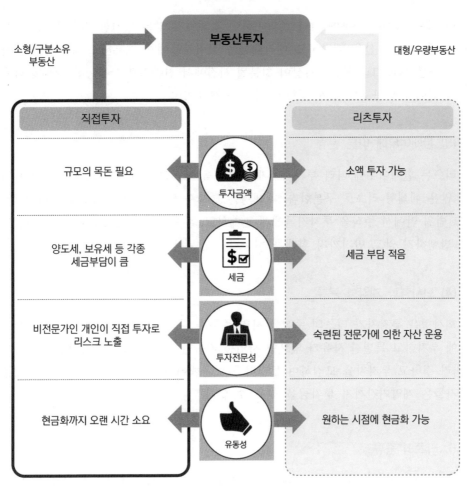

## 4. 리츠의 유형

### (1) 투자대상에 따른 분류

리츠는 투자대상에 따라 총 투자자산 75% 이상을 부동산 소유지분에 투자하는 지분형 리츠, 전체투자자산의 70% 이상을 부동산과 관련된 대출이나 저당담보부증권 등에 투자하는 모기지형 리츠, 전체투자자산을 부동산 소유지분이나 부동산 관련 대출 및 저당담보부증권에 분산투자하는 혼합형 리츠로 구분된다.

### (2) 기한한정에 따른 분류

리츠는 기한한정여부에 따라 존속기한이 정해지지 않은 무기한 리츠와 일정기한이 지난 후에 남은 자산을 매각하고 매각대금을 투자자들에게 배분하고 해산하는 기한부 리츠로 구분한다. 그러나 보유자산이 처분될 시점에서 전반적으로 부동산시장 및 금융시장의 여건이 수익구조에 크게 영향을 받는 한계가 있다.

### (3) 환매여부에 따른 분류

리츠는 환매여부에 따라 투자자에게 환매권을 부여하는 개방형 리츠와 환매가 허용되지 않은 폐쇄형 리츠로 구분한다. 폐쇄형은 투자자금의 최대투자액수를 미리 정한 다음 그 범위 안에서 주식을 투자자들에게 판매하고, 존속기간이 만료될 때까지 주식을 추가로 발행하지 않고 만기까지 환매가 허용되지 않는다.

### (4) 회사형과 계약형 분류

회사형은 투자자가 리츠의 주식을 사면 주주가 된다. 리츠 회사는 모인 자금으로 부동산에 투자하고 특별한 사유가 없으면 사업을 지속한다. 계약형은 투자대상과 투자기간을 미리 정하고 투자자를 모집하며 투자자들은 은행에서 수익증권을 받는다. 이 때문에 투자자들은 계약기간까지 투자금을 찾을 수 없다.

### 5. 리츠의 종류

부동산투자회사법상 리츠는 자산운용 전문인력을 포함한 임직원을 상근으로 두고 자산의 투자 · 운용을 직접 수행하는 자기관리리츠, 자산의 투자 · 운용을 자산관리회사에 위탁하는 위탁관리리츠, 기업구조조정부동산을 투자대상으로 자산의 투자 · 운용을 자산관리회사에 위탁하는 기업구조조정리츠로 구분한다.

### ① 자기관리리츠

자기관리리츠는 부동산투자를 전문으로 하는 상법상 주식회사로 자산운용 전문인력을 포함한 임직원을 상근으로 두고 투자자를 대상으로 공모자금을 모아 부동산 실물 · 대출 등에 투자한 후 수익을 배분한다. 실체가 있고 자산의 투자 · 운용을 임직원이 직접 관리한다는 점에서 명목회사인 위탁관리리츠와 구분된다.

**┃그림 15-2┃ 자기관리리츠의 구조**

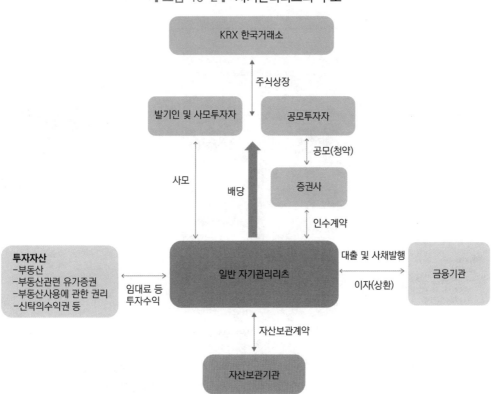

② 위탁관리리츠

위탁관리리츠는 자산의 투자와 운용을 자산관리회사에 위탁하며 상근하는 임직원이 필요없는 법인세가 감면되는 뮤추얼펀드 형태의 명목형 회사이다. 자기관리리츠와 위탁관리리츠는 회사의 형태로서 전자가 실체형 회사인 반면, 후자는 명목회사라는 점에서 자산관리의 형태와 회사의 존속기간 등에 차이가 있다.

③ 기업구조조정리츠

기업구조조정리츠는 총자산의 70% 이상을 채권금융기관에 대한 부채를 상환하기 위해 매각하는 부동산, 채권금융기관과 재무구조 개선을 위한 약정을 체결하고 이행을 위해 매각하는 부동산, 채무자회생법의 회생절차에 따라 매각하는 부동산으로 구성하고 자산의 관리와 운용을 자산관리회사에 위탁하는 회사이다.

**┃그림 15-3┃ 위탁관리리츠 및 CR리츠의 구조**

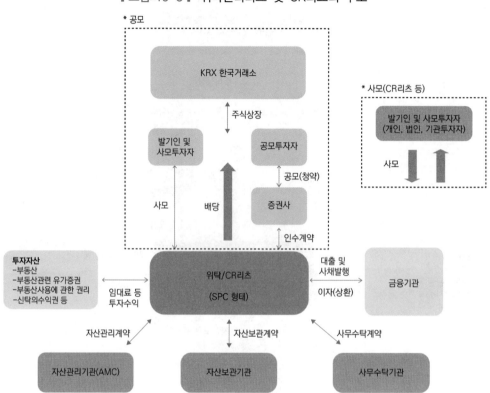

---

### 제2절  부동산펀드

#### 1. 부동산펀드의 정의

부동산펀드는 다수의 투자자로부터 자금을 모아 부동산, 부동산과 관련한 대출, 유가증권 등에 투자하고 펀드를 운용한 성과에 따라 수익을 배분하는 투자신탁, 투자회사, 간접투자상품을 말한다. 광의로 해석할 경우 리츠도 부동산펀드에 속한다. 그러나 우리나라는 리츠와 부동산펀드를 관련 법률에 따라 구분한다.

일반투자자가 부동산시장에서 실물자산에 투자하기 위해서는 많은 자금이 필요하다. 그러나 부동산펀드를 활용할 경우 소규모 자금으로 간접적으로 부동산, 부동산과 관련한 대출, 유가증권 등에 투자가 가능하다. 이를 통해 일반투자자들의 부동산시장에 대한 접근성을 확대할 수 있는 계기를 마련할 수 있었다.

자본시장법은 운용대상의 종류에 따라 집합투자기구를 증권, 부동산, 특별자산, 혼합자산, 단기금융의 5종류로 구분하고, 집합투자업자가 집합투자기구의 재산으로 운용할 수 있는 자산은 재산가치가 있는 모든 재산을 대상으로 하고 그 편입비율에 대한 제한만 두고 있다. 단, 단기금융펀드는 증권에만 투자할 수 있다.

부동산펀드는 집합투자재산의 50%를 초과하여 부동산에 투자하는 집합투자기구이다. 부동산의 범위에는 전통적인 부동산은 물론 부동산을 기초자산으로 한 파생상품, 부동산개발과 관련된 법인에 대출, 대통령령으로 정하는 방법으로 부동산, 대통령령으로 정하는 부동산과 관련된 증권에 투자한 경우를 포함한다.

대통령령으로 정하는 방법은 부동산의 개발(제1호), 부동산의 관리 및 개량(제2호), 부동산의 임대 및 운영(제3호), 부동산 관련 권리의 취득(제4호), 기업구조조정 촉진법에 따른 채권금융기관이 채권자인 금전채권의 취득(제5호), 제1호부터 제5호까지의 어느 하나에 관련된 금전의 지급에 해당하는 방법을 말한다.

┃표 15-2┃ 리츠와 부동산펀드의 비교

| 구분 | 리츠 | 부동산펀드(PEF) |
|---|---|---|
| 근거법령/설립 | 부동산투자회사법(국토교통부인가) | 자본시장법(금융위원회 신고) |
| 형　　　태 | 주식회사 | 신탁형/회사형 |
| 최 소 자 본 금 | 위탁 : 50억원 / 자기관리 : 70억원 | 규제 없음 |
| 주 식 분 산 | 1인 지분 40% 초과금지<br>공모예외기관(국민연금,공제회 등)은<br>1인 100% 투자가능 | 신탁형 : 없음<br>회사형 : 금융업법 등에 의한 제한 |
| 개 발 산 업 | 총 자산의 30% 이내 가능<br>개발리츠는 70% 이상 가능 | 제한 없음 |
| 자 금 차 입 | 순자산의 10배 이내 가능(주총특별결의) | 제한 없음 |
| 자 금 대 여 | 불가 | 가능 |
| 세 제 혜 택 | 90% 이상 배당시 법인세 비과세<br>(자기관리리츠 제외) | 90% 이상 배당시 법인세 비과세 |

## 2. 부동산펀드의 구조

부동산펀드의 구조는 자산운용회사가 부동산펀드를 설정하고, 판매회사를 통해 투자자들에게 수익증권을 판매한다. 모집된 자금은 수탁회사에 보관되며, 수탁회사는 설정목적에 따른 자산운용사의 운용지시에 따라 부동산 프로젝트, PF개발사업, 부동산 매입 및 매각, 경매 및 공매, 해외부동산에 투자를 하게 된다.

수탁회사는 펀드재산의 관리 및 보관, 자산운용사 운용지시에 대한 감시와 법령, 정관, 신탁계약에 위반되는 운용지시의 철회, 변경 또는 시정을 요구할 수 있다. 이는 펀드의 건전성 확보를 위해 자산운용사의 자산운용행위를 감시하는 기능이 있어 특별한 사유가 없는 이상 자산운용사의 지시를 이행해야 한다.

**┃그림 15-4┃ 실물투자형 부동산펀드의 구조**

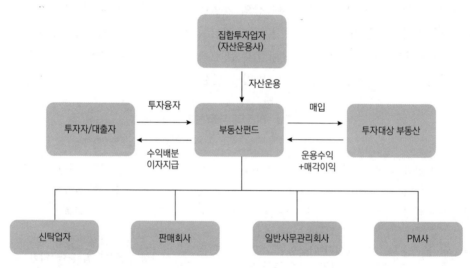

## 3. 부동산펀드의 특징

부동산펀드는 부동산전문가에 의한 철저한 분석과정을 통해 투자 및 자산운용이 수행되어 직접 부동산에 투자하는 것보다 안정적이며, 세제감면효과 등의 혜택도 있고 소액투자도 가능하다. 여기에 부동산 유형별 분산투자효과 및 담보력이 보장되어 원금손실 가능성이 다른 투자상품에 비해 낮다는 장점이 있다.

그러나 부동산펀드는 중도환매가 불가능함에 따라 투자기간 동안의 환금성에 제약이 있고, 상대적으로 구조적 리스크가 많은 대출형 상품에 대한 투자비율이 높아 투자기간도 2~3년 사이의 상품이 일반적이다. 또한 부동산경기 등의 단기 경제적 쇼크에 취약하며, 원금보장 기능이 없는 등의 문제점이 존재한다.

### 4. 부동산펀드의 위험

현실적으로 임대형 부동산펀드는 비교적 위험에 회피수단이 안정적인 반면에 대출형 부동산펀드는 개발사업 참여자가 다수이고, 리스크 회피수단 자체적으로 리스크를 내포하고 있어 위험회피방안의 효과가 제한적인 경우가 많다.

### 5. 부동산펀드의 유형

자본시장법상 부동산펀드는 펀드재산을 어떤 자산에 투자하고 운용방법은 어떤지 또한 투자행위는 어떠한지에 따라 구분한다. 요컨대 자본시장법상 부동산펀드는 투자자산의 유형 및 운용방법, 투자행위 등에 따라 실물형 부동산펀드, 대출형 부동산펀드, 권리형 부동산펀드, 증권형 부동산펀드 등으로 구분한다.

#### (1) 실물형 부동산펀드

실물형 부동산펀드는 펀드재산의 50%를 초과하여 실물상태의 부동산에 투자하는 부동산펀드를 말한다. 실물형 부동산펀드는 다시 부동산에 대한 운용방법에 따라 다음과 같이 구분한다. 여기에는 매매형 부동산펀드, 임대형 부동산펀드, 개량형 부동산펀드, 경·공매형 부동산펀드, 개발형 부동산펀드가 있다.

#### ① 매매형 부동산펀드

매매형 부동산펀드는 펀드재산의 50%를 초과하여 부동산을 취득한 후 일정기간 보유하다 취득시점 대비 해당 부동산의 가격이 상승한 시점에서 해당 부동산을 매각하여 매각차익의 획득을 목적으로 하는 실물형 부동산펀드를 말한다. 매매형 부동산펀드에서 취득하는 부동산은 대부분 이미 완성된 부동산이다.

② 임대형 부동산펀드

임대형 부동산펀드는 투자자로부터 조달된 자금으로 상업용 또는 임대형 수익부동산 등을 매입하여 운용한 후 일정시점에 매각하는 형태의 부동산펀드로 안정적인 임대소득(운용수입)과 부동산 가격상승에 따른 매각차익(자본이득)을 얻는 것을 목적으로 부동산을 매입하여 임대하는 방식의 부동산펀드를 말한다.

③ 개량형 부동산펀드

개량형 부동산펀드는 펀드재산의 50%를 초과하여 실물상태의 부동산을 취득한 후 해당 부동산을 적극적으로 수선하거나 리모델링 등의 개량을 통해서 부동산의 수익가치와 자산가치를 증대시킨 후 해당 부동산을 단순히 매각하거나 또는 임대한 후에 매각하는 것을 목적으로 하는 실물형 부동산펀드를 말한다.

④ 경공매형 부동산펀드

경공매형 부동산펀드는 경공매에 참가하여 부동산을 취득한 후 매각하거나 임대운용 후 매각하여 수익을 도모하는 부동산펀드를 말한다. 경매는 부동산 매물을 민사집행법에 의해 법원에서 매도하는데 채권·채무관계를 국가가 정산한 반면, 공매는 국세징수법에 의한 처분방법으로 한국자산관리공사에서 대행한다.

⑤ 개발형 부동산펀드

개발형 부동산펀드는 개발사업의 시행주체인 시행사 또는 SPC에 지분투자를 통해 개발사업의 이익을 취하는 구조이며, SPC의 경우 명목회사로서 AMC(자산관리회사)를 통해 사업관리 및 수탁은행(자금관리회사)에 의한 자금관리업무를 수행한다. 개발사업은 장기간 소요되어 펀드설정시점에 사업성 분석이 중요하다.

(2) 대출형 부동산펀드

대출형 부동산펀드는 펀드재산의 50%를 초과하여 부동산개발회사 또는 부동산개발과 관련된 법인에 대한 대출을 실행한 후 대출에 대한 이자로 수익을 확보하는 부동산펀드를 말한다. 즉 부동산개발사업에 필요한 자금을 시행사에 대출하고 대출이자를 받는 것을 목적으로 하는 프로젝트금융(PF) 방식의 펀드이다.

PF형 대출형은 오피스텔, 상가, 아파트 등을 건설하는데 있어 시행사의 토지매입대금, 초기에 필요한 사업자금, 시공자금을 대출하여 주고 미리 약정한 이자를 받아 투자자들에게 배당하는 방식이다. 따라서 자금을 제공하고 확정된 이자를 수령한다는 점에서 회사채에 투자하는 것과 유사한 성격을 가지고 있다.

즉 사업성을 담보로 사업자에게 돈을 빌려주고 이자와 수익을 받아 투자자에게 돌려주어 수익이 클 수 있다. 그러나 사업부지를 확보하지 못할 위험, 인허가를 받지 못할 위험, 준공할 때 미준공 사태가 발생할 위험, 분양률 저조에 따라 이자손실로 인한 이자확보의 위험, 미분양시 원금손실위험 등이 존재한다.

### (3) 권리형 부동산펀드

권리형 부동산펀드는 펀드재산의 50%를 초과하여 부동산과 관련된 권리인 전세권, 지역권, 임차권, 분양권, 지상권, 부동산 관련 신탁수익권, 부동산담보부 금전채권 등 부동산 관련 권리에 투자한 펀드를 말한다. 자본시장법상 금융기관이 보유한 부동산담보부 금전채권도 부동산으로 간주되어 부동산펀드가 된다.

### (4) 증권형 부동산펀드

증권형 부동산펀드는 펀드재산의 50%를 초과하여 부동산과 관련된 증권에 투자하는 부동산펀드를 말한다. 여기에는 부동산 또는 부동산 권리에 투자하는 펀드, 부동산 시행사에 대한 대출채권, 미분양 아파트와 관련한 신탁수익권, 리츠의 발행주식에 투자하는 펀드, 부동산과 관련된 증권에 투자하는 펀드가 있다.

### (5) 파생상품형 부동산펀드

파생상품형 부동산펀드는 펀드재산의 50%를 초과하여 부동산을 기초자산으로 하는 파생상품에 투자하는 부동산펀드를 말한다. 아직까지 부동산을 기초로 하는 파생상품형 부동산펀드가 개발된 사례는 없지만, 부동산의 가격하락을 헤지하기 위한 수단으로 부동산을 기초자산으로 하는 파생상품에 투자는 가능하다.

## (6) 준부동산펀드

준부동산펀드는 부동산펀드가 아니지만, 펀드의 실질적인 투자내용 및 경제적인 효과 측면에서 볼 때 일종의 부동산펀드로 간주될 수 있는 펀드를 말한다. 예컨대 부동산개발사업에 투자하는 회사의 발행채권에 투자하는 증권펀드, 부동산개발사업을 수행하는 회사의 발행주식에 투자하는 증권펀드 등이 해당한다.

<br>

### 제3절 부동산신탁

#### 1. 부동산신탁의 정의

부동산신탁은 부동산을 신탁의 목적물로 하는 신탁이다. 즉 위탁자와 수탁자간의 신탁계약을 통해 수탁자에게 부동산을 이전 또는 담보권의 설정 및 처분을 하고 수탁자가 수익자의 이익을 위해 그 재산의 관리, 운용, 처분, 개발 그밖에 신탁 목적의 달성을 위해 필요한 행위를 하게 하는 법률관계를 말한다.

위탁자는 수탁자에게 재산을 이전하고, 수탁자는 약정한 목적에 따라 재산을 관리, 운용, 처분, 개발의 행위를 하게 된다. 신탁행위로 발생한 이익은 수익자에게 귀속된다. 위탁자와 수익자는 별개의 지위이지만, 당사자간의 약정에 따라 위탁자 스스로 또는 제3자로 하여금 수익자의 지위를 갖게 할 수 있다.

부동산신탁회사는 일정요건을 갖추고 금융위원회에서 인가를 받은 후 신탁업을 영위하는 금융기관이다. 부동산신탁업자의 영업행위는 자본시장법이 특별법으로 우선 적용되며, 자본시장법에 특별한 규정이 없는 경우 신탁업의 적용을 받는다. 부동산신탁회사의 감독은 금융투자업규정 및 시행세칙이 적용된다.

#### 2. 부동산신탁의 구조

신탁은 위탁자와 수탁자간의 계약으로 위탁자의 유언, 신탁의 목적, 신탁재산, 수익자 등을 특정하고 자신을 수탁자로 정한 위탁자의 선언으로 이루어진다. 등기나 등록을 하면 제3자에게 대항할 수 있다. 신탁재산은 위탁자의 채권자들의 강제집행이 제한되고, 상계나 혼동에 의해 소멸되는 데에도 제한이 있다.

이처럼 신탁법상 신탁은 위탁자, 수탁자, 수익자가 중심이 되는데, 신탁재산은 대내외적으로 수탁자에게 귀속되고 있으나 최종적으로 신탁계약이 종료되면 그 신탁재산은 위탁자의 소유로 복귀하게 된다. 신탁은 신탁재산의 관리·운용에 관한 다양한 상품조성 구조와 각종 금융상품을 설계하는데 틀을 제공한다.

┃그림 15-5┃ 부동산신탁의 구조

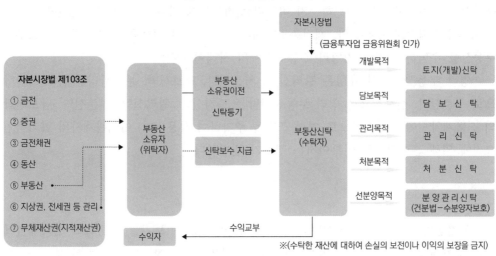

신탁의 상거래 활성화 기능은 도산절연, 도관관세, 신인체계, 구조의 유연성을 기초로 한다. 신탁의 기능을 전환기능과 도산절연기능으로 구분하여 설명한다. 전환기능은 신탁이 형식적인 재산권의 귀속자 내지 관리자와 실질적인 수익자를 분리하고, 수익자를 위한 재산의 안전지대를 확보하는 특성에 착안한다.

따라서 재산권의 실질은 유지되면서 구체적이고 개별적인 목적에 맞게 재산권을 다른 형태로 전환시킨다. 이러한 전환기능에는 권리자 전환기능, 재산권 전환기능, 시간 전환기능이 있다. 도산절연기능은 신탁재산의 독립성에 의해 위탁자와 수탁자의 고유재산이 분리되어 재산보전의 효과를 발생시키는 것을 말한다.

따라서 수탁자 및 신탁자에게 권리가 있는 채권자는 신탁재산에 강제집행이 불가능하고 파산시에도 신탁재산은 파산재산에 포함되지 않는다. 이렇듯 신탁의 도산절연기능은 재산보전이라는 점에서 다양하게 활용된다. 또한 신탁재산에 수익권의 행사를 채무의 담보목적으로 제한하면 신탁재산이 담보기능을 한다.

법률적으로 투자자를 보호하기 위해 투자매매업자 또는 투자중개업자는 투자자로부터 금융투자상품의 매매 등과 관련하여 예탁받은 금전인 투자자예탁금을 고유재산인 원금과 구분하여 증권금융회사에 예치 또는 신탁한다. 또한 기업연금신탁이나 장애인신탁의 경우에도 신탁을 통한 재산의 보전이 기초가 된다.

### 3. 부동산신탁의 유형

신탁재산의 운영이 영리인지 여부에 따라 영리신탁과 비영리신탁으로 분류하며, 부동산신탁은 수탁자가 영리로 하는지 비영리로 하는지에 따라서 영리 부동산신탁과 비영리 부동산신탁으로 구분한다. 재건축조합에서 재건축사업 시행을 위해 조합원들로부터 부동산을 수탁하는 것이 비영리 부동산신탁의 사례이다.

영리 부동산신탁의 유형은 관리신탁, 처분신탁, 담보신탁, 분양관리신탁, 토지신탁으로 구분한다. 실무적으로 영리 부동산신탁은 토지신탁, 관리신탁, 처분신탁, 담보신탁의 신탁계약서에 특약사항으로 여러 조항을 추가하여 사용되며, 이해관계자의 합리적인 요청에 의해 혼합적으로 이루어지는 경우가 빈번하다.

### (1) 토지신탁

토지신탁은 신탁회사가 신탁의 인수시 신탁재산으로 토지를 수탁하고 신탁계약에 따라 토지에 건물, 택지, 공장용지 등의 유효시설을 조성하여 처분·임대 등 부동산사업

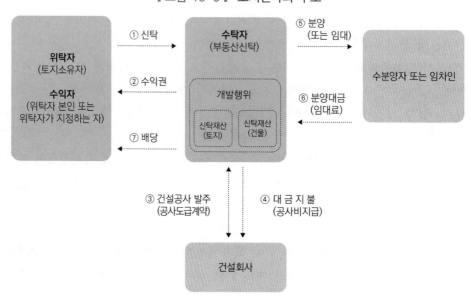

┃그림 15-6┃ 토지신탁의 구조

을 시행하고 그 성과를 수익자에게 교부해 주는 신탁을 말한다. 토지신탁은 전업 부동산 신탁회사만 가능하고 금융기관은 수탁자가 될 수 없다.

토지신탁은 개발사업 후 수익을 올리는 방법에 따라 임대형 토지신탁, 분양형(처분형) 토지신탁, 혼합형 토지신탁으로 구분한다. 그리고 사업비 조달의무를 누가 부담하느냐에 따라 사업비 조달의무를 위탁자가 부담하는 관리형 토지신탁과 사업비 조달의무를 수탁자가 부담하는 차입형 토지신탁으로 구분된다.

### (2) 담보신탁

부동산 담보신탁은 채무자의 우선수익자에 대한 채무이행을 담보하기 위해 위탁자는 신탁부동산의 소유권을 수탁자에게 이전하고 수탁자는 신탁부동산의 소유권을 보전 및 관리하며 신탁계약에서 정해진 사유 발생시 신탁부동산을 처분하여 그 처분대가 등 신탁재산을 정해진 바에 따라 지급하는 것을 목적으로 한다.

즉 수익자를 채권자로 하여 채무자 또는 제3자가 신탁부동산의 소유권을 수탁자에게 이전하고, 수탁자는 신탁재산을 담보목적으로 관리하다 채무가 이행되면 신탁재산의 소유권을 위탁자에게 환원한다. 만약 채무자가 채무를 변제하지 않으면 해당 신탁재산을 처분하고 처분대금으로 채권자인 수익자에게 변제한다.

┃그림 15-7┃ 담보신탁의 구조

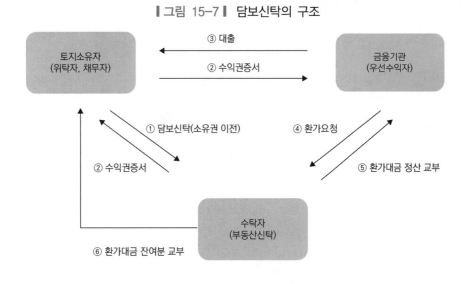

### (3) 관리신탁

부동산 관리신탁은 다양하고 복잡한 권리를 보호하고 재산을 합리적으로 운용하기 위해 부동산전문가가 부동산소유자 대신에 임대차, 시설유지 등의 관리를 종합적으로 하는 방법이다. 관리신탁은 수익자에게 신탁의 수익을 배분하는 갑종관리신탁과 신탁부동산의 소유명의만을 관리하는 을종관리신탁으로 나뉜다.

#### ① 갑종관리신탁

갑종관리신탁은 위탁자가 부동산의 소유권을 수탁자에게 이전하고 수탁자가 신탁부동산의 소유권 보존, 개량, 임대 등 신탁부동산을 종합적으로 관리·운용하고, 그 수익을 수익자에게 교부하는 신탁을 말한다. 즉 부동산의 전반적인 관리를 목적으로 하며, 수탁자는 임대차관리, 시설유지관리 등의 업무를 수행한다.

#### ② 을종관리신탁

을종관리신탁은 위탁자가 신탁부동산의 소유권을 수탁자에게 이전하고, 수탁자가 신탁부동산의 소유권만을 관리·보존하는 것을 목적으로 하는 신탁을 말한다. 따라서 을종관리신탁은 신탁을 통해 등기부상 소유권만을 보전하기 위해 신탁한다. 현재 실무에서 취급하고 있는 관리신탁의 대부분은 을종관리신탁이다.

▌그림 15-8 ▌ 관리신탁의 구조

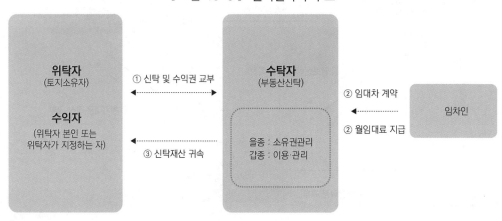

### (4) 처분신탁

부동산 처분신탁은 위탁자가 신탁부동산의 소유권을 수탁자에게 이전하고, 수탁자는 신탁부동산의 등기명의를 보존하고 이를 처분하여 그 처분대금을 신탁계약에 정해진 바에 따라 수익자에게 지급하는 것을 목적으로 하는 신탁이다. 처분신탁에서 신탁의 목적은 처분하는 것이며, 처분 전까지 관리는 소극적이다.

신탁받은 부동산의 규모가 크거나 고가라서 매수인의 수가 제한되어 있거나, 권리관계가 복잡하게 얽혀 있어 처분절차나 방법이 어려운 경우, 잔금청산까지 오랜기간이 소요되어 소유권의 유지와 관리에 주의를 요하는 부동산의 경우, 전문성과 공신력을 갖춘 수탁자로 하여금 그 부동산을 처분하게 하는 것이다.

▌그림 15-9 ▌ 처분신탁의 구조

### (5) 분양관리신탁

분양관리신탁은 건축물분양법에 따라 분양관리사업을 수행하기 위해 위탁자는 신탁부동산의 소유권을 수탁자에게 이전하고, 수탁자는 부동산의 소유권을 보전 및 관리하며, 신탁계약에서 정해진 사유 발생시 부동산을 처분하여 그 처분대가 등 신탁재산을 신탁계약에 정해진 바에 따라 지급하는 것을 목적으로 한다.

**┃그림 15-10┃ 분양관리신탁의 구조**

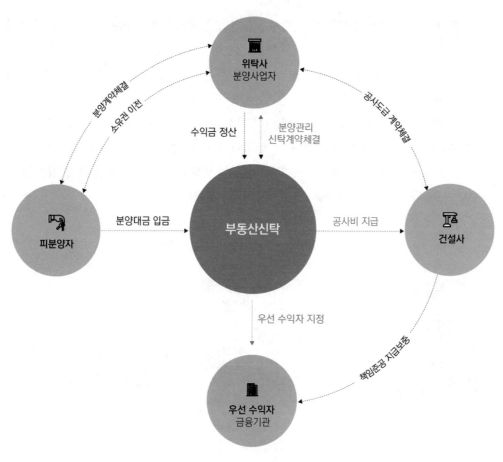

---

**제4절** **부동산프로젝트금융**

### 1. 프로젝트금융의 정의

개발사업을 추진하는 사업자가 개발사업에 소요되는 자금을 자기자본으로 조달할 경우 막대한 자본을 필요로 하고 투자자본에 대한 위험이 분산되지 않아 혼자 위험을 부담한다. 따라서 사업자는 프로젝트에서 얻게 될 수익을 낮추더라도 제3자로부터 자금을 조달하여 자금조달위험과 사업위험을 낮추고자 한다.

사업자가 담보를 제공할 수 있으면 담보대출을 통해 자금조달이 가능하여 다양한 금융기법이 필요하지 않다. 그러나 충분한 담보를 제공할 수 없으면 채권회수의 가능성을 보여주고 위험부담에 대한 보상방안 등을 제시해야 자금조달이 가능하다. 이를 위해 부동산개발에서는 프로젝트금융의 기법이 널리 활용된다.

프로젝트금융(PF : Project Financing)은 특정 프로젝트에 금융을 통해 자금을 조달하는 방식이다. 즉 설비투자, 사회간접자본 시설투자, 자원개발 그리고 상당한 기간과 자금이 소요되는 프로젝트를 수주한 기업을 위해 사업화 단계부터 특수목적기구(SPC)에 대해 신용공여, 출자 등의 자금지원을 하는 것을 말한다.

부동산프로젝트금융(부동산 PF)은 부동산을 기초자산으로 하여 시행되는 부동산 개발사업에 대해 분양 및 임대·담보설정·운영수익 등의 현금흐름을 상환재원으로 하여 이루어지는 프로젝트금융을 의미한다. 그리고 사회간접자본(SOC) 프로젝트금융도 광의의 의미에서 본다면 부동산프로젝트금융과 유사하다.

그러나 SOC 프로젝트금융은 해지시 지급금 등을 지급하는 정부 등 주무관청이 사업참여자에 포함되고, 민간투자법에 기본적인 사업방식이 정형화되어 있으며, 운영 등의 수익을 통해 상환하는 공항·항만·철도·도로 등 비교적 장기의 대규모 개발사업이 주를 이룬다는 점에서 부동산프로젝트금융과 차이가 있다.

프로젝트금융의 출발점은 미래의 현금흐름을 포함하는 사업성평가이다. 이를 통해 자금조달계획, 상환계획, 보증조건, 손익분배 등 조건이 구체화되고, 금융기관은 시공사 등 사업참여자의 신용보강을 요구한다. 또한 현금흐름 및 법률관계 등을 명확히 하기 위해 특수목적법인(SPC)을 설립하여 사업을 진행한다.

## 2. 프로젝트금융의 특징

프로젝트금융은 프로젝트의 수행에 필요한 자금을 프로젝트의 현금흐름에 근거하여 조달하는 금융기법으로 프로젝트에서 발생하는 수익을 이미 투입한 조달자금에 대한 상환재원으로 사용한다는 점에서 사업주의 담보나 신용에 근거하여 대출이 이루어지는 전통적인 기업금융과 대칭되는 기법이라고 할 수 있다.

**┃표 15-3 ┃ 프로젝트금융과 기업금융의 비교**

| 구분 | Project Finance | Corporate Finance |
|---|---|---|
| 차주 | Project Company(SPC) | 사업주 자신 |
| 신용분석 대상 | 미래 Cash Flow/프로젝트 자산가치 | 사업주 과거 및 마래 재무제표 |
| 사업주에 관한 소구권 | 비소구 또는 제한적 소구 | 완전한 소구 |
| 담보 | 프로젝트 자산, 주요 계약, Escrow Account 등 | 차주의 물적담보 또는 보증 |
| 회계처리 | 사업주의 재무제표와 분리 | 사업주의 재무제표에 반영 |
| 현금흐름 재량권 | 약정에 의한 통제 | 원칙적으로 차주가 재량권 보유 |
| 대주의 통제 | 엄격함 | 상대적으로 엄격치 않음 |
| 기간/비용 | 장기/높은 비용 | 단기/낮은 비용 |
| 구조 | 복잡 | 상대적으로 단순 |
| 파산처리 | 단순 | 다소 복잡 |

① 비소구금융

일반적인 대출은 차주나 보증인이 대출원리금에 무한책임을 진다. 프로젝트금융에 의한 대출은 대출원리금 상환부담이 프로젝트의 내재가치와 예상 현금수입의 범위로 한정하고, 출자자 등의 일정범위 추가범위로 제한되어 프로젝트금융방식으로 대출한 금융 기관은 채권자이면서 프로젝트 성패에 영향을 받는다.

② 부외금융

프로젝트금융은 사업주의 기존 업체 및 사업부문과 독립된 특수목적법인에 의해 프 로젝트가 진행되어 프로젝트의 현금 및 부채흐름이 여타 기업 및 사업부문들의 재무상 태표에 나타나지 않아 이들의 대외적인 신용도에 영향을 미치지 않는다. 이러한 특성을 부외금융(Off-balance Sheet Financing)이라고 한다.

③ 책임의 한정

종래의 기업금융은 차입자의 자산에 은행 여신의 공통 담보로서 근저당권이 설정되 어 있다. 프로젝트금융은 대출금 상환을 프로젝트 내에서 해결하기 때문에 담보는 프로 젝트회사의 자산에 한정된다. 프로젝트회사가 상환을 못하면 사업자가 충분한 담보여력이 있어도 프로젝트 원리금에 책임을 물을 수 없다.

④ 현금수지의 여신

프로젝트금융은 1차적으로 프로젝트에서 산출되는 현금수지를 바탕으로 하고, 프로젝트 자산의 처분에 의한 회수는 2차적 또는 최종적 수단이다. 이러한 현금흐름을 관리하기 위해 대주는 대상사업의 독립적인 에스크로우 계좌(Escrow Account)를 설정하여 효율적인 자금확보와 원리금 상환을 확보할 수 있다.

⑤ 위험배분

프로젝트금융은 프로젝트 관련 당사자들의 적절한 위험배분에 대한 합의를 기초로 성립되며, 구체적인 위험배분의 기준 및 위험부담의 크기는 프로젝트의 기술적·경제적 타당성에 달려있다. 사업주는 위험을 대주에게 많이 전가하려 하고, 대주는 사업주의 충분한 보증을 요구하게 되어 양자간의 이해가 상반된다.

⑥ 사업의 단일성

차주인 시행사가 대출대상이 되는 프로젝트 외의 다른 사업을 추진하면 프로젝트의 사업성 및 수익성에 불확실한 요소가 추가되기 때문에 대주에게는 예상 외의 위험이 추가적으로 발생한다. 따라서 대주는 차주가 다른 사업을 추가하는 것을 제한하고 대상 프로젝트에 전념하는 단일사업 회사일 것을 요구한다.

⑦ 높은 금융비용

프로젝트금융을 주관하는 주간사은행은 프로젝트의 사업성 검토, 금융구조 설정, 자금제공에 상당한 비용 및 시간이 소요되고, 프로젝트의 사업성과 자산을 담보로 금융을 제공하므로 대출위험이 높아 다른 자금조달방법보다 상대적으로 높은 금리와 수수료를 요구하고 자문을 하는 경우 추가적인 비용도 발생한다.

⑧ 구조화금융

프로젝트금융의 대상이 되는 사업은 대부분 사업규모가 방대하여 거대한 소요자금이 요구되고 계획사업에 내재하는 위험이 매우 크기 때문에 금융기관이 단독으로 자금을 공급하고 위험을 부담하기 보다는 복수의 금융기관이 차관단을 구성하여 신디케이티드론 방식으로 필요자금을 대출해 주는 것이 일반적이다.

### 3. 프로젝트금융의 구조

프로젝트금융의 구조는 프로젝트의 상황에 따라 다양한 형태를 보인다. 일반적으로 사업주가 지분을 투자하여 프로젝트회사를 설립한 후 프로젝트회사가 필요한 자금을 조달하여 프로젝트의 목적물을 완성, 프로젝트 운영에 따른 수입으로 대출원리금을 상환한다. 이때 상환은 에스크로우 계좌를 통해 이루어진다.

#### ① 사업주

사업주(Project Sponsor)는 사업을 추진하기 위해 특수목적법인(SPC)에 출자한 후 프로젝트에서 중심적인 역할을 수행한다. 사업주는 단일 사업주 또는 복수의 사업주로 구성될 수 있으며, 금융기관이 포함될 수 있다. 복수의 사업주인 경우에는 사업주 상호간에 역할분담을 통해서 사업의 효율성을 추구하기도 한다.

#### ② 시행사

특수목적법인인 프로젝트 SPC는 프로젝트의 권리와 의무의 귀속주체가 되어 경제적 이득과 분배의 주체가 된다. SPC를 설립하는 이유는 다수의 사업주가 단일의 법인을 설립하여 투자하게 되면 법률관계 및 프로젝트의 관리가 용이하고, 위험을 분산시킬 수 있으며, 세금혜택이 존재하는 경우도 발생하기 때문이다.

#### ③ 차주

차주(Borrower)는 프로젝트회사가 되며, 대주단에서 자금을 공여받아 에스크로우 계좌를 통해 운영한다. 그러나 현행 법규나 관습상 프로젝트회사가 직접 차주가 될 수 없는 경우, 차주가 될 수는 있어도 불리한 경우가 있다. 이때 수탁차입사(TBV : Trustee Borrowing Vehicle)를 설립하여 자금을 조달할 수 있다.

④ 대주단

프로젝트금융에서 금융기관은 자금을 공급한다. 일반적으로 소규모 프로젝트금융에서는 단일 금융기관이 참여하나, 개발사업에 수반되는 위험의 분산을 위해 대주단을 구성하여 신디케이티드론 형태로 참여한다. 금융기관에는 은행, 증권사, 보험회사, 저축은행, 자산운용사 등이 있고 국제개발금융기관도 참여한다.

⑤ 시공사

시공회사는 도급 형태로 참여할 수 있고, 특수목적법인에 출자하여 개발사업의 손익을 공유할 수도 있다. 어떤 형태로 참여하든지 시공회사는 시공 및 출자 외의 책임을 부담하지 않지만, 프로젝트 SPC의 자본금이 열악하고 사업자의 능력은 제한되어 시공회사 신용보강이 사업추진 여부를 추진하는 중요한 요소이다.

⑥ 운영회사

시공사에 의해 프로젝트가 완공되면 시행사에 목적물이 인도된다. 이때 시행사는 직접 운영을 하든지 프로젝트를 전문으로 운영하는 회사에 위탁한다. 일반적으로 프로젝트는 사업주, 사업주의 자회사 또는 사업시행사가 운영을 담당한다. 건설회사가 목적물을 완공한 후 일정기간 운영하고 인도하는 BOT방식도 있다.

⑦ 생산품구매자

프로젝트의 성공은 미래 생산제품의 판매나 용역서비스의 이용여부에 좌우된다. 이러한 프로젝트의 시장위험을 회피하기 위해 구매자와 장기판매계약을 체결한다. 구매자는 프로젝트의 생산품을 장기간 안정적으로 확보하기 위해 구매계약을 체결하거나 미래 생산품의 선급금 지급형태로 프로젝트 이해관계자로 참가한다.

⑧ 프로젝트 소재국 정부

프로젝트금융에서 프로젝트 소재 국가의 정부는 사업시행사에 직접 출자하기보다는 국영기업을 통해 사업시행사의 지분을 취득하거나, 생산물의 구매자나 서비스의 이용자가 됨으로써 간접적으로 프로젝트에 참여를 한다. 이러한 프로젝트 소재국 정부의 간접적인 참여는 프로젝트의 신용 향상에 많은 도움을 준다.

⑨ 보증인

프로젝트를 수행하는 법률적인 주체인 사업시행사는 당해 프로젝트를 추진하기 위해 신설된 명목회사로서 과거의 신용상태 및 실적을 입증할 만한 자료가 없다. 따라서 신용이 양호한 사업주, 프로젝트에 이해관계가 있는 당사자들의 보증 또는 보증수수료를 목적으로 하는 사업적 보증기관이 보증인이 될 수 있다.

┃그림 15-11┃ 프로젝트금융의 구조

제5절 부동산그림자금융

1. 그림자금융의 정의

2008년 글로벌 금융위기의 원인으로 지목된 그림자금융에 대한 긍정적인 측면도 있으나 그 규모가 증가하면서 세계 금융시스템에 양날의 칼로 작용할 수 있다는 우려가 있다. 그림자금융은 2007년 미국 자산운용사 Pimco가 개념을 정립했으며 은행시스템 밖에서 은행과 유사한 신용중개기능을 담당하는 기관을 지칭한다.

금융안정위원회(FSB)는 그림자금융을 활용목적에 따라 광의와 협의의 두 가지 개념으로 구분하고 있다. 먼저 광의 개념은 은행시스템 밖에서 은행과 유사한 신용중개기능을 제공하는 기관 및 상품으로 정의한다. 이는 전체 금융기관 중 은행, 보험, 연금, 공적금융기관을 제외한 기타금융기관으로, 그림자금융은 헤지펀드, MMF, 구조화투자회사(SIV), ABS, CDS 등 다양한 금융상품으로 구성되어 있다.

협의 개념은 비은행 신용중개시스템 중에서 만기 및 유동성 변환, 신용리스크의 불완전한 이전, 레버리지 확대 등을 통해 시스템리스크를 유발하거나 규제차익을 추구하는 부문으로 정의한다. FSB는 헤지펀드, MMF, 전문 부티크, 증권중개인뿐만 아니라 개인간(P2P)대출, 소셜미디어 등을 통한 크라우드펀딩, 신생기업 자금지원에 특화된 벤처캐피탈 등도 그림자금융의 범위에 속한다고 밝히고 있다.

금융위기 이전에 파생상품을 만드는 구조화투자회사나 자금중개역할을 하는 도관업체가 그림자금융의 주축을 이루었고, 이러한 상품은 투자자들에게 막대한 손실을 끼쳤으며, 글로벌 금융업체들은 붕괴 위기에 직면하였다. 그림자금융은 자금중개경로가 길고 복잡하며 은행이 아니라는 이유로 규제가 약해 위험전이 가능성이 높아서 특정 부문의 위기가 전체 금융시스템으로 쉽게 확산될 수 있다.

## 2. 그림자금융의 중계

자본주의 시장경제는 반드시 금융중계시스템을 동반한다. 전통적 은행은 예금과 대출의 단순한 구조에서 신용변형, 만기변형, 신용창조의 기능을 수행한다. 반면에 그림자은행(shadow banking)은 RP와 ABCP를 통해 자금을 예치하고, 이를 ABS, MBS, CDO 등에 투자함으로써 신용변형, 만기변형, 신용창조의 기능을 수행한다.

전통적 은행처럼 그림자은행도 단기로 차입하여 장기로 대출한다. 다만 예금과 대출보다 훨씬 더 복잡한 기법을 사용한다. 전통적 시스템은 하나의 은행이 예금과 대출을 제공하는 반면에 그림자은행은 시장메커니즘에 의해 연결되는 다수의 금융기관에 의해 금융중계가 완결되며 두 가지 변형과 신용창조가 이루어진다.

## (1) 그림자은행의 1차 신용변형

현대적 금융중계의 핵심은 예금이다. 은행은 예금이라는 초단기 안전자산을 형성하여 금융시장의 유휴자금을 흡수한다. 반면에 그림자금융은 예금이 아닌 증권을 통해 단기자금을 조달한다. 여기서 중요한 것은 새로이 발행되는 증권을 예금처럼 안전성과 유동성을 모두 갖춘 안전자산으로 만드는 것이다.

첫 번째 방식은 은행이 보유한 장기 안전자산(주로 국채)을 담보로 단기자금을 차입한다. 그런데 통상의 담보(저당권)와 달리, 이는 소유권을 채권자에게 넘기고 나중에 돌려받는다. 마치 전당포에 물건을 맡기고 돈을 빌리는 것과 비슷하다. 이를 RP거래라고한다. 단기로 거래되며 만기가 1영업일 경우가 많다.

미국에서 RP는 1984년부터 자동중지제도가 적용되지 않는다. 채무자가 부채를 상환하지 못하면 채권자는 담보를 바로 소유한다. 담보가치가 안정적인 한 가치의 안정성 면에서 RP는 예금과 차이가 없고, 주로 1영업일의 단기로 거래되어 유동성도 높아 그림자은행이 단기자금을 예치하는 수단으로 많이 활용된다.

두 번째 방식은 은행이 기업어음(CP)을 발행한다. 이는 은행이 단기자금을 조달하기위해 과거에 사용한 방식이다. CP는 기업의 신용을 토대로 발행되기 때문에 그 기업의시장상황에 따라 가치가 변동한다. 은행의 CP도 같다. 은행의 수익은 국채부터 가계대출까지 위험성과 수익성이 다른 금융자산에서 나온다.

그런데 국채와 달리 가계대출 및 기업대출은 시장상황에 따라 수익이 달라지고, 그에 따라 은행의 실적과 CP의 가치가 변동할 수밖에 없다. 별다른 제도적 장치가 없을 경우 기업어음(CP)는 예금을 대체할 수 없다. 따라서 1980년대 말부터 리스크가 큰 CP를안전자산으로 변형시키는 혁신을 단행한다(1차 신용변형).

## (2) 그림자은행의 2차 신용변형과 신용창조

그림자은행은 RP와 ABCP를 통해 조달한 단기자금을 수익률이 더 높은 곳에 투자한다. 과거처럼 기업이나 가계에 대출하면 자금조달−대출이 한 번의 순환으로 끝난다. 그림자은행 그 자체의 금융중계는 여기서 종결된다. 금융중계기관의 이윤은 신용창조, 즉예금−대출−파생예금−대출−(…)의 순환을 통해 증가한다.

그림자은행도 이러한 수익 메커니즘이 필요한데 RP나 ABCP를 통해 조달한 자금은예금이 아니어 파생예금이 발생할 수 없다. 하지만 RP와 ABCP를 통해 조달한 자금으로장기 안전자산을 매입하면, 금융기관은 RP와 ABCP를 통해 자금을 조달할 수 있다.

RP/ABCP － 안전자산 － RP/ABCP － 안전자산 － (…)의 순환이 가능하다.

안전자산의 수익률과 RP/ABCP 금리의 차이가 100bp(1%)일 때 이 과정이 10회 반복되면, 수익률은 10% 상승한다. 이 과정은 원리상 무한히 지속될 수 있다. 이때 RP와 ABCP의 만기는 단기, 이를 통해 매입한 안전자산의 만기는 장기이다. 즉 만기 불일치의 문제가 발생하는데, 이는 지속적인 차환을 통해 해결한다.

여기서 중요한 문제가 있다. 전통적 안전자산인 국채는 무한정 발행될 수 없어 이를 대신하는 새로운 안전자산이 필요하다. 과연 무엇이 국채를 대신할 수 있을까? 여기서 위험이 큰 대출자산을 안전자산으로 변형시키는 제2의 신용변형이 필요하다. 구조화금융으로 알려진 차등적 증권화가 이 기능을 수행한다.

증권화는 대출증서를 토대로 증권을 발행한다. 1968년 정부 후원 모기지회사인 지니매는 수백 건의 모기지증서를 하나의 자산집합(pool)에 넣고, 여기서 발생하는 이자를 균등 지급하는 패스스루(pass－through) 방식으로 MBS를 발행하였다. 증권화는 처음에 모기지증서를 재료로 삼았으나 신용카드매출채권, 학자금대출, 할부채권, 오토론 등으로 재료를 확대한다. 이렇게 발행한 증권이 ABS이다.

1980년대 프레디맥은 모기지증서를 대상으로 MBS를 발행할 경우 자산집합에서 발생하는 이자를 서로 다른 등급(tranche)의 증권에 차등 지급하는 페이스루(pay－through) 방식을 채택하였다. 예컨대 회사채, 모기지, 후순위 ABS/MBS 등으로 구성된 자산집합에서 연 1,000만달러의 이자가 발생한다고 가정하자.

CDO관리자는 이자지불의 순서에 따라 시니어(senior : 선순위)증권 3.5억달러(연리 2%), 메자닌(mezzanine : 중간순위)증권 4,000만달러(3.5%), 가장 후순위인 에쿼티(equity)증권 1,000만달러 총 4억달러의 증권을 발행하는데, 시니어 증권이 전체의 87.5%, 메자닌 증권이 10%, 에쿼티 증권이 2.5%를 차지하고 있다.

이자는 시니어 증권에 700만 달러, 메자인 증권에 14만 달러를 지급하고, 그 후에도 남은 수익이 있으면 모두 에쿼티 증권에 지급한다. 반대로 자산집합에서 디폴트가 발생하면, 그 부담은 에쿼티 증권부터 떠안는다. 이 방식을 사용하면 부실한 기초자산으로부터도 안전자산으로 평가되는 증권을 발행할 수 있다.

이것을 일반화한 것이 부채담보부증권(CDO)이다. 이는 모기지(mortgage)증서 같은 대출증서는 물론 회사채, MBS, ABS 등 기발행된 증권을 재료로 삼아 발행된 2차 증권이다. 그림자은행의 성장을 주도한 것은 CDO이다. CDO는 모든 형태의 금융자산을 재료로 삼아 페이스루(Pay－through) 형태로 발행할 수 있다.

▌그림 15-12 ▌ CDO의 기본구조

그림자은행의 금융중계방식을 정리하면 다음과 같다. 금융기관은 RP와 ABCP를 통해 단기자금을 예치한다. 이는 안전자산을 토대로 형성되기 때문에 예금과 동급의 단기 안전자산으로 평가받는다(1차 신용변형). 이를 통해 조달한 자금으로 장기 안전자산을 매입하여 두 금융자산의 금리차이만큼 수익을 획득한다.

이 과정에서 단기부채가 장기자산으로 만기변형되고 기존의 대출증서, 차등적 증권화, 구조화금융을 통해 장기안전자산을 추출한다(2차 신용변형). 그림자은행은 새로 매입한 안전자산을 토대로 RP와 ABCP를 재발행하고, 이를 통해 예치한 단기자금으로 장기 안전자산을 매입하는 과정은 계속 반복된다(증권창조).

## 제1절 부동산 투자회사

1. 리츠의 정의
   부동산을 임대 · 개발 · 처분하는 회사와 금융기관 성격이 결합된 부동산금융회사

2. 리츠의 구조

3. 리츠의 특징

① 부동산지분을 소액으로 분할하여 주식처럼 증권시장에서 매매하여 유동성 높음

② 다양한 종류의 부동산 또는 분산투자를 통해 위험분산효과와 기대수익률 제고

③ 부동산지분을 분할하여 다수의 투자자로부터 자금을 모집하여 자본조달이 용이

④ 리츠는 배당가능이익의 90% 이상을 현금배당하고 주가상승시 높은 수익을 기대

4. 리츠의 유형

(1) 투자대상에 따른 분류 : 지분형 리츠, 모기지형 리츠, 혼합형 리츠

(2) 기한한정에 따른 분류 : 무기한 리츠, 기한부 리츠

(3) 환매여부에 따른 분류 : 개방형 리츠, 폐쇄형 리츠

5. 리츠의 종류 : 자기관리리츠, 위탁관리리츠, 기업구조조정리츠

## 제2절 부동산펀드

1. 부동산펀드의 정의
   투자자로부터 자금을 모아 부동산 등에 투자하고 운용성과에 따라 수익을 배분

2. 부동산펀드의 구조

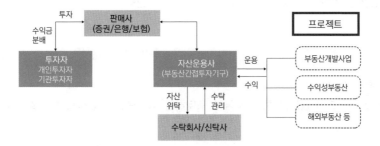

3. 부동산펀드의 특징

① 부동산전문가의 철저한 분석과정을 통해 투자가 수행되어 직접투자보다 안정적

② 세제감면효과 등의 혜택이 있고 소액투자로 규모가 큰 부동산에 투자도 가능함

③ 부동산 유형별 분산투자효과 및 담보력이 보장되어 원금손실가능성이 낮음

④ 중도환매가 불가능해 환금성 제약, 부동산경기 등의 단기 경제적 쇼크에 취약

4. 부동산펀드의 위험

　　대출형의 경우 개발사업 참여자가 다수이고 위험회피방안의 효과가 제한적

5. 부동산펀드의 유형

(1) 실물형 부동산펀드 : 매매형, 임대형, 개량형, 경공매형, 개발형

(2) 대출형 부동산펀드

　　펀드재산의 50%를 초과하여 부동산개발회사나 개발과 관련된 법인에 대출

(3) 권리형 부동산펀드

　　펀드재산의 50%를 초과하여 부동산과 관련된 권리에 투자하는 부동산펀드

(4) 증권형 부동산펀드

　　펀드재산의 50%를 초과하여 부동산과 관련된 증권에 투자하는 부동산펀드

(5) 파생상품형 부동산펀드

　　펀드재산의 50%를 초과하여 부동산을 기초자산으로 하는 파생상품에 투자

(6) 준부동산펀드

　　펀드의 실질적인 내용 및 경제적 효과 면에서 일종의 부동산펀드로 간주


## 제3절 부동산신탁

1. 부동산신탁의 정의 : 부동산을 신탁의 목적물로 하는 신탁

2. 부동산신탁의 기능

① 상거래 활성화기능 : 도산절연, 도관관세, 신인체계, 구조의 유연성

② 전환기능 : 권리자 전환기능, 재산권 전환기능, 시간의 전환기능

③ 도산절연기능 : 채권자는 신탁재산에 강제집행 불가능하고 파산재단에 불포함

3. 부동산신탁의 유형

　　토지신탁, 담보신탁, 관리신탁, 처분신탁, 분양관리신탁


## 제4절 부동산프로젝트금융

1. 프로젝트금융의 정의

　　특정 프로젝트에 금융을 통해 자금을 조달하는 방식으로 사업성평가가 출발점

2. 프로젝트금융의 특징 : 비소구금융, 부외금융, 책임의 한정, 현금수지의 여신, 위험배분, 사업의 단일성, 높은 금융비용, 구조화금융
3. 프로젝트금융의 구조 : 사업주, 시행사, 차주, 대주단, 시공사, 운영회사, 생산품구매자, 정부, 보증인

## 제5절 부동산그림자금융

1. 그림자금융의 정의
   은행시스템 밖에서 은행과 유사한 신용중개기능을 제공하는 기관 및 상품
2. 그림자금융의 중계
(1) 그림자은행의 1차 신용변형
   은행이 보유한 장기안전자산을 담보로 단기자금을 차입, 은행이 기업어음 발행
(2) 그림자은행의 2차 신용변형과 신용창조
   그림자은행은 RP와 ABCP를 통해 조달한 단기자금을 수익률이 높은 곳에 투자

**1.** 다음 중 부동산의 구분으로 주거용부동산, 토지, 수익형부동산으로 구분하는 것은 어떤 분류기준에 따른 것인가?

① 부동산시장의 소재지      ② 부동산의 임차목적

③ 부동산의 유형      ④ 부동산의 투자방법

| 해설 | 부동산의 소재지에 따라 국내부동산과 해외부동산으로 구분하고, 임차목적에 따라 주택, 상가, 오피스텔, 펜션, 호텔 등으로 구분하며, 유형에 따라 주거용부동산, 토지, 수익형부동산으로 구분한다.


**2.** 일반적으로 부동산의 개념은 물리적, 경제적, 법률적 개념으로 구분한다. 다음 중 부동산의 경제적 개념으로 가장 적절하지 않은 것은?

① 생산요소      ② 자산

③ 자본      ④ 공장재단

| 해설 | 부동산을 대상으로 하는 부동산활동은 부동산의 개념을 어떻게 규정하는가에 따라 범위가 확정된다. 생산요소, 소비재, 자산, 자본 등은 경제적 개념에 해당하며, 공장재단은 준(의제)부동산으로 광의의 부동산에 포함되므로 법률적 개념에 해당된다.


**3.** 다음 중 부동산의 법률적 개념에 대한 설명으로 가장 적절한 것은?

① 민법상 부동산은 토지 및 건축물을 말한다.

② 건물, 수목, 담장 등은 토지와 독립물로 취급되는 정착물이다.

③ 부동산은 등기함으로써 공시의 효력을 갖는다.

④ 부동산은 선의취득의 경우 공신력이 인정된다.

| 해설 | ① 민법상 부동산은 토지 및 그 정착물을 말한다.
② 건물은 토지와 독립물로 취급되는 정착물이나, 수목이나 담장 등은 토지의 일부로 취급되는 정착물이다.
④ 부동산은 공신력이 인정되지 않지만, 동산은 선의취득의 경우 공신력이 인정된다.

**4.** 다음 중 부동산의 개념에 대한 설명으로 가장 적절하지 않은 것은?

① 토지의 소유권은 정당한 이익이 있는 범위 내에서 지표뿐만 아니라 토지의 상하를 포함한다.

② 토지의 소유권에 지하수를 이용하는 권리는 포함되나, 지하에 매장된 광물은 포함되지 않는다.

③ 준(準)부동산은 부동산과 유사한 공시방법을 갖춤으로써 넓은 의미의 부동산에 포함된다.

④ 자동차, 20톤 이상의 선박, 공장재단, 광업재단, 어업권, 영업권 등은 의제부동산에 속한다.

│ 해설 │ 준(準)부동산 또는 의제부동산은 개별 법률에 의해 등기나 등록 등 부동산과 유사한 공시방법을 갖춤으로써 부동산에 준하여 취급되는 특정의 동산이나 동산과 일체로 된 부동산의 집단을 말한다. 자동차, 20톤 이상의 선박, 공장재단, 광업재단, 어업권 등은 의제부동산에 속한다. 그러나 영업권은 준(準)부동산 또는 의제부동산에 속하지 않는다.


**5.** 다음 중 토지의 자연적 특성에 대한 설명으로 가장 적절하지 않은 것은?

① 부증성 : 토지는 가격상승에 따른 물리적 공급이 불가능하므로 토지이용을 집약화시킨다.

② 개별성 : 법률이 허용하는 한도 내에서 소유자의 의사에 따라 자유롭게 합병 또는 분할될 수 있다.

③ 부동성 : 부동산활동 및 부동산시장을 국지화시키며, 부동산활동을 임장활동으로 이끈다.

④ 영속성 : 토지는 물리적 측면에서 감가상각이 적용되지 않으므로 관리의 필요성이 대두된다.

│ 해설 │ 개별성(비대체성)은 물리적으로 복수의 동일한 토지는 존재하지 않는다는 특성을 말한다. 토지는 이용주체의 편의에 따라 법률이 허용하는 한도 내에서 소유자의 의사에 따라 자유롭게 합병(합필) 또는 분할(분필)될 수 있다는 특성을 합병·분할의 가능성(분합성)이라 한다. 이러한 분합성은 토지의 인문적 특성에 해당된다.

**6.** 다음 중 부동산의 특성에 대한 설명으로 가장 적절하지 않은 것은?

① 부동산은 부동성으로 인해 어느 지역의 수요가 급증했다고 하더라도 다른 재화처럼 그 지역으로 이동할 수 없다.

② 토지의 가치보존력이 우수하고 부동산활동이 장기적인 배려 하에서 이루어지는 것은 부동산의 영속성에 기인한다.

③ 수면을 매립하여 택지를 조성하는 경우와 같이 토지도 다른 생산물과 마찬가지로 노동이나 생산비를 투입하여 재생산할 수 있다.

④ 개별성으로 인해 대상부동산과 다른 부동산과의 비교를 어렵게 하며, 일물일가의 법칙 적용을 배제시킨다.

| 해설 | 부증성(비생산성)은 다른 생산물과 달리 토지는 노동이나 생산비를 투입하여 물리적인 절대량을 늘릴 수 없다는 특성을 말한다. 공유수면의 매립이나 간척으로 택지를 조성하는 것은 토지의 절대량의 증가보다는 이미 존재하는 토지의 용도 전환에 불과하다.


**7.** 다음 중 부동산의 공부(公簿)에 대한 설명으로 가장 적절하지 않은 것은?

① 등기사항전부증명서(등기부)는 이해관계인이 아니더라도 누구나 열람할 수 있고 발급받을 수 있다.

② 토지이용계획확인서를 통해 해당 토지의 용도지역 및 행위제한에 관한 내용을 확인할 수 있다.

③ 토지대장에는 해당 토지의 지번, 경계선, 지목 등이 기재되어 토지의 형상, 위치, 접면도로 폭 등을 확인할 수 있다.

④ 집합건축물대장에는 건물의 면적이 전유부분과 공용부분으로 나누어 기재된다.

| 해설 | 해당 토지의 소재지, 지번, 경계선, 지목 등이 기재되어 있어 토지의 형상이나 위치, 접면도로 폭 등을 확인할 수 있는 공적장부는 지적도이다. 토지대장은 토지에 대한 기초사항이 기재된 공적장부로 해당 토지의 소재지, 면적, 지목, 토지등급, 개별공시지가, 소유자 등에 대한 사항이 기재된다.

**8.** 다음 중 부동산 경기변동에 대한 설명으로 가장 적절하지 않은 것은?

① 부동산 경기변동은 부동산시장이 일반 경기변동처럼 상승과 하강국면이 반복되는 현상을 말한다.

② 분화된 부동산시장일지라도 동일한 경기양상을 보이므로 부동산경기는 가중평균적인 의미를 갖는다.

③ 부동산경기 국면도 일반경기 국면처럼 회복, 호황, 후퇴, 불황의 4개 국면으로 구분한다.

④ 건축허가면적, 부동산거래량, 지가변동률 등은 부동산 경기변동을 측정할 수 있는 지표로 활용될 수 있다.

| 해설 | 분화된 부동산시장의 부동산경기는 지역별, 유형별로 달리 나타날 수 있다. 따라서 전체적인 부동산경기는 지역별, 유형별 부동산경기의 가중평균적인 의미를 갖는다.


**9.** 다음 중 부동산 경기변동에 대한 설명으로 가장 적절하지 않은 것은?

① 부동산경제를 구성하고 있는 각 부문에서 순환적 변동을 비롯한 계절적, 장기적, 무작위적 변동이 나타난다.

② 무작위적 변동은 정부의 정책, 자연재해와 같은 예상하지 못한 사태로 초래되는 비순환적 경기변동을 말한다.

③ 대학교 근처의 임대주택이 방학을 주기로 공실률이 높아지는 것은 계절적 변동에 속한다.

④ 부동산경기는 일반경기에 비해 점점과 저점간의 순환진폭이 작으며, 순환주기도 짧은 경향이 있다.

| 해설 | 부동산경기는 일반경기에 비해 정점은 더 높고 저점은 더 깊어 순환진폭이 크다. 이는 부동산경기가 일반경기변동요인에 민감하게 작용하지 못하기 때문이다. 또한 부동산 경기는 일반경기에 비해 순환주기가 약 2배 정도 길고, 회복은 느리나 후퇴가 빠르다.

**10.** 다음 중 부동산시장에 대한 설명으로 가장 적절하지 않은 것은?

① 부동산시장은 수요와 공급의 조절이 쉽지 않아 단기적으로 가격의 왜곡이 발생할 가능성이 높다.

② 부동산시장은 부증성의 특성으로 인해 일정지역에 국한되는 지역적 시장 또는 국지적 시장이다.

③ 부동산거래는 개별적으로 이루어지는 경우가 많아 거래와 관련된 정보가 공개되지 않거나 불완전한 경우가 많다.

④ 부동산은 개별성의 특성으로 인해 규격화나 표준화가 어려워 일반재화에 비해 대체가능성이 낮다.

| **해설** | 부동산시장은 부동성(지리적 위치의 고정성)으로 인해 일정지역에 국한되는 지역적(국지적) 시장이다.

**11.** 다음 중 부동산시장의 특성과 기능에 대한 설명으로 적절하지 않은 것은?

① 부동산시장은 수요와 공급의 불균형으로 인해 단기적으로 가격형성이 왜곡될 가능성이 있다.

② 부동산시장은 과다한 법적제한으로 가격이 왜곡되고 시장기구의 역할도 원활하지 못하다.

③ 부동산시장은 거래의 비공개성으로 불합리한 가격이 형성될 수 있는데, 이는 부동선과 관련이 깊다.

④ 부동산시장의 주요한 기능의 하나는 경제주체의 지대 지불능력에 따라 토지이용의 유형을 결정하는 것이다.

| **해설** | 부동산시장에서 부동산상품의 거래는 개별적으로 이루어지는 경우가 많고, 개별성이라는 특성으로 인해 거래와 관련된 정보가 공개되지 않거나 불완전한 경우가 많다. 이를 거래의 비공개성이라 한다. 따라서 거래의 비공개성은 개별성과 관련이 깊다.

**12.** 다음 중 자금조달방법의 하나인 부채금융으로 가장 적절한 것은?

① 주택상환사채                    ② 부동산 신디케이트

③ 조인트벤처                      ④ 부동산투자회사(REIT's)

| **해설** | 부채금융은 저당을 설정하거나 사채발행을 통해 타인자본을 조달하는 방법을 말한다. 저당금융, 신탁증서담보대출, 주택상환사채, 자산담보부증권(ABS) 등은 부동산금융의 자금조달방법 중 부채금융에 해당된다. 지분금융은 지분을 매각하거나 주식발행을 통해 자기자본을 조달하는 방법을 말한다. 부동산투자회사(REIT.s), 부동산펀드, 부동산 신디케이트, 조인트벤처 등은 지분금융에 해당된다.

**13.** 다음 중 부동산상품에 대한 설명으로 가장 적절하지 않은 것은?

① 리츠는 자본시장법에 근거한 부동산상품이다.

② 부동산펀드는 자본시장법에 근거한 일종의 수익증권이다.

③ 리츠는 부동산투자를 전문적으로 하는 회사 또는 뮤츄얼펀드를 말한다.

④ 대출형 부동산펀드는 프로젝트 파이낸싱이라고 하는데, 부동산개발과 관련된 법인에 대출한 후 이자를 받아 수익을 얻는 형태이다.

| 해설 | 리츠는 부동산투자회사법의 규제를 받는 상품이다.


**14.** 다음 중 부동산 경매의 장점에 대한 설명으로 적절하지 않은 것은?

① 시세보다 낮게 구입할 수 있다.　　② 원하는 물건을 구입할 수 있다.

③ 원하는 가격에 매수 신청할 수 있다.　④ 짧은 기간에 명도가 이루어진다.

| 해설 | 부동산 경매는 경쟁이 치열하고, 권리관계가 복잡하며, 철저한 분석을 요하고, 명도(인도)가 지연될 수 있다.


**15.** 다음 중 경매투자에 대한 설명으로 가장 적절하지 않은 것은?

① 입찰시에는 최저매각가액의 10%를 제출해야 한다.

② 경락인이 경락대금을 납부하지 못하면 즉시 경락인으로서 지위를 상실한다.

③ 경락인은 채권인수신청권과 채권상계신청권을 모두 갖는다.

④ 말소기준권리보다 선순위권리는 매수인이 인수하는 것이 원칙이다.

⑤ 대항력 있는 주택의 임차인이나 법정지상권, 유치권 등은 등기부상으로 확인이 어려우므로 유의해야 한다.

| 해설 | 경락대금을 납부하지 못해도 재경매가 실시되기 3일 전까지는 경락인으로서 권리를 침해받지 않는다.

**16.** 다음 중 공매투자에 대한 설명으로 가장 적절하지 않은 것은?

① 양도소득세 중과제외 등을 위해 KAMCO에 매각을 위임한 부동산은 수탁재산이다.

② 경매는 상법상 채권의 실현을 목적으로 하며, 공매는 조세채권의 실현을 목적으로 한다.

③ 공매절차가 진행중인 경우에 법원이 중복해서 경매절차를 진행할 수 없다.

④ 유입자산은 자금사정이 어려우면 중도에 구입자 명의를 변경할 수 있다.

⑤ 압류자산의 경우에 할부구입이 불가능하며 소유권 이전 전에는 사용할 수 없다.

| 해설 | 공매절차가 진행중인 경우에 법원이 중복해서 경매절차를 진행할 수 없다.


**17.** 다음 중 재개발투자에 대한 설명으로 가장 적절하지 않은 것은?

① 일반적으로 재개발사업의 시공사는 조합설립인가 이후 선정된다.

② 비점유토지의 경우 조합이 일괄매수하여 조합원에게 차등배분한다.

③ 교부금은 분양가가 분양기준액보다 많을 시 조합에 납부하는 금액이다.

④ 비례율은 조합원이 재개발사업시행으로 인해 얻은 개발이익금을 조합원에게 배분하는 비율이다.

⑤ 분양기준가액은 조합원별 종전 평가금액비율과 비례율에 따라 결정된다.

| 해설 | 징수금은 분양가 분양기준액보다 많을 시 조합에 납부하는 금액이고, 교부금은 분양기준가액이 분양가보다 많을 시 조합에서 지급받는 금액이다.


**18.** 대음 중 재건축투자의 특징에 대한 설명으로 가장 적절한 것은?

① 세입자에 대한 보상으로 인해 사업추진이 지연되는 경향이 있다.

② 5층 이하의 저층아파트 구입시 1층과 5층은 피하는 것이 투자에 유리하다.

③ 단지의 토지면적과 가구수가 작은 경우 투자 측면에서 유리한 경우가 많다.

④ 아파트의 토지지분의 가격이 높은 지역이 일반분양의 가격이 높아 유리하다.

⑤ 재건축 전 용적률이 높은 고층단지의 개발이익이 많으므로 투자에 유리하다.

| 해설 | 재건축은 세입자에 대한 보상이 없고, 5층 이하 아파트의 경우 1층과 5층을 구입하는 것이 유리하다. 단지면적이 넓고 용적률이 낮은 지역의 개발이익이 많다.

**19.** 다음 중 주거용 부동산에 대한 설명으로 가장 적절하지 않은 것은?

① 아파트의 선택에서 해당 단지에서 가장 일반적인 면적으로 선택하면 이웃과의 관계와 자녀교육 등의 문제발생이 최소화될 수 있다.

② 재건축은 재개발사업에 비해 세입자에 대한 보상이 없어 사업추진이 빠르다.

③ 주택청약종합저축은 가입대상에 제한이 없고 모든 주택에 청약이 가능하다.

④ 재개발주택은 통상 철거직전 시점에 가장 가격이 높다.

⑤ 분양권투자에서 인기지역은 입주가 임박해서 사는 것이 유리하다.

| 해설 | 분양권투자에서 인기지역은 초기에 비인기지역은 입주가 임박해서 사는 것이 좋다.


**20.** 다음 중 부동산펀드와 리츠에 대한 설명으로 가장 적절하지 않은 것은?

① 부동산펀드나 리츠는 모두 일반투자자로부터 자금을 모아 운용한다.

② 부동산펀드는 자본시장법에 근거한 일종의 수익증권인 반면에 리츠는 부동산투자회사법의 규제를 받는다.

③ 리츠는 대부분 수익형부동산에만 투자할 수 있는 반면에 부동산펀드는 자금규제가 없고 현물출자도 가능하다.

④ 리츠는 개발사업에도 투자가 가능한 반면에 부동산펀드는 부동산 개발사업에 제한되어 있다.

| 해설 | 리츠는 개발사업에 투자가 제한되어 있는 반면에 부동산펀드는 투자가 가능하다.


**21.** 다음 중 리츠투자에 대한 설명으로 가장 적절하지 않은 것은?

① 우리나라의 일반리츠는 신탁업법과 상법에 따라서 설립된다.

② 위탁관리부동산투자회사는 명목상의 회사로 지점을 설치하거나 상근임원을 둘 수 없다.

③ 부동산투자회사의 종류에 관계없이 주주총회, 이사회, 이사, 감사 등 상법상의 기관을 설치해야 한다.

④ 우리나라의 부동산투자회사는 폐쇄형이며 회사형에 해당한다.

⑤ CR리츠는 총자산의 70% 이상을 기업의 구조조정용 자산을 매입하거나 취득한 것으로 구성해야 한다.

| 해설 | 우리나라의 일반리츠는 부동산투자회사법과 상법에 따라서 설립된다.

**22.** 다음 중 부동산신탁에 대한 설명으로 가장 적절하지 않은 것은?

① 을종관리신탁은 소유권관리, 임대차관리, 시설관리 등 종합관리업무를 시행한다.

② 담보가치의 유지와 보전을 위해서는 담보신탁이 사용될 수 있다.

③ 부동산신탁회사가 건설자금에 소요되는 사업비를 조달하는 경우 개발형 토지신탁에 해당한다.

④ 처분신탁은 부동산소유자가 처분절차에 어려움이 있는 경우 부동산의 안정적인 처분을 위해 사용한다.

⑤ 관리형 토지신탁에서 신탁회사는 사업비 조달책임을 면하고 시행사 업무의 전부 또는 일부를 수행한다.

| 해설 | 갑종관리신탁은 소유권관리, 임대차관리, 시설관리 등 종합관리업무를 시행하고 을종관리신탁은 소유권만을 관리한다.

**23.** 다음 중 부동산금융상품에 대한 내용으로 가장 적절하지 않은 것은?

① 부동산신탁상품은 예금자보호법에 의한 보호대상이 아니다.

② 자기관리리츠는 자산운용전문인력을 포함한 상근임직원을 두어야 한다.

③ 기초자산이 채권인 자산유동화증권은 CBO(Collateralized Bond Obligation)이다.

④ 우리나라의 일반리츠는 부동산투자회사법과 상법에 따라 설립된다.

⑤ 주택저당증권은 시장이자율이 상승할 때 조기상환위험이 존재한다.

| 해설 | 주택저당증권은 시장이자율이 하락할 때 조기상환위험이 존재한다.

**24.** 다음 중 주택저당증권에 대한 내용으로 가장 적절하지 않은 것은?

① 주택저당채권의 증권화는 주택저당대출로부터 발생하는 현금흐름을 기초자산으로 하여 파생증권을 발행하는 것이다.

② 시장의 이자율 수준이 상승하면 대출채권의 주택저당채권의 가치가 하락한다.

③ 주택저당증권은 다수의 현금흐름을 풀링(pooling)하여 소규모 채무불이행 가능성은 높다고 하겠다.

④ 기초자산인 저당채권의 대상이 투자자들이 선호하지 않는 담보물일수록 유동성이 낮아진다.

⑤ 주택저당채권을 금융기관 내의 한 자산으로 보유하는 것은 주택저당채권을 활용하는 대표적인 방법이다.

| 해설 | 주택저당채권을 금융기관 내의 한 자산으로 보유하는 것은 주택저당채권을 활용하는 것으로 보기 어렵다.

**25.** 다음 중 자산유동화증권에 대한 설명으로 가장 적절하지 않은 것은?

① 기초자산이 은행대출채권인 경우에 CLO(Collateralized Loan Obligation)이다.

② 자산보유자는 증권화 대상인 기초자산을 보유한 기관으로 유동화대상자산을 유동화전문회사에 양도한다.

③ 자산유동화전문회사는 자산보유자와는 완전히 분리된 별도의 회사로 기초자산 및 이로부터 발생하는 현금흐름을 관리한다.

④ 수탁기관은 기초자산의 보관뿐만 아니라 자산담보부증권의 원리금상환실무를 수행한다.

⑤ 자산유동화증권은 다양한 자산의 현금흐름을 기초자산으로 설계된 증권이다.

| 해설 | 자산유동화전문회사는 실체가 없는 회사이며 기초자산 및 현금흐름을 관리하는 기관은 자산관리자이다.


**26.** 다음 중 부동산개발과 관련된 내용으로 가장 적절하지 않은 것은?

① 부동산개발사업은 초기 투자가 크고 장기적인 예측이 요구된다.

② 권리축소형 사업은 일단의 주택지조성사업이나 신도시조성사업 등이 해당한다.

③ 권리소멸형 사업의 권리취득방법으로 임의매수와 수용 등이 사용될 수 있다.

④ 권리불변형 사업은 기존 시가지 내에서 소유자 본인이 시행자가 되어 행하는 경우이다.

⑤ 부동산개발자 또는 시행자로서의 가장 중요한 자질은 창의력이다.

| 해설 | 권리축소형 사업은 토지구획정리사업에서 사용되며, 주택지조성사업이나 신도시조성사업은 권리소멸형 사업에 해당한다.


**27.** 다음 중 부동산개발금융에 대한 설명으로 가장 적절하지 않은 것은?

① 선분양제도는 과거 부족한 자본축적과 미성숙한 금융시스템의 산물로 현재는 사용되고 있지 않다.

② 시공사대여방식은 IMF 이전 부동산개발사업에서 토지비 중 잔금을 조달하기 위해 가장 많이 사용되었다.

③ 기업금융은 의사결정이 빠르고 업무의 유연성이 증가한다는 특징이 있다.

④ 프로젝트 파이낸싱은 부동산 자체에서 발생하는 현금흐름을 담보로 하여 자금을 조달하는 금융기법이다.

⑤ 프로젝트 파이낸싱의 경우 사업주의 재무상태표에는 추가적으로 부채가 계상되지 않는다.

| 해설 | 선분양제도는 현재도 사용하고 있는 제도이다.

**28.** 다음 중 프로젝트 파이낸싱에 대한 설명으로 가장 적절하지 않은 것은?

① 사업을 위한 자금관리는 대주단의 위탁계좌에 의해 관리된다.

② 사업준비단계, 공모단계, 협약체결단계, 사업진행 및 청산단계의 절차 순으로 진행된다.

③ 기업금융과 달리 모기업에 대한 소구권 행사가 제한된다.

④ 프로젝트 파이낸싱의 사업주체는 특수목적형회사(SPC)가 된다.

⑤ 협약체결단계에서 시공사와 투자기관의 선정을 실시한다.

│ 해설 │ 시공사와 투자기관을 선정하는 단계는 공모단계이다.


**29.** 다음 중 프로젝트 파이낸싱에 대한 설명으로 가장 적절하지 않은 것은?

① 프로젝트 파이낸싱은 투자하고자 하는 부동산사업 자체에서 발생하는 현금흐름을 담보로 하여 프로젝트를 수행하기 위한 필요한 자금을 조달하는 금융기법이다.

② 프로젝트 회사가 도산시 프로젝트에서 발생하는 현금흐름이나 자산의 범위에서 청구가 가능하며 채권자는 사업주에 대해서 청구할 수 없다.

③ 프로젝트의 진행을 위해 발생한 부채는 전적으로 프로젝트 회사가 부담하므로 사업주의 재무상태표에는 추가로 부채가 계상되지 않는다.

④ 시공사와 시행사간의 협의에 따라 사업이 진행되므로 의사결정이 빠르고 업무의 유연성이 증가한다는 특징이 있다.

⑤ 사업주는 추가 부채부담 없이 사업을 진행할 수 있어 사업주의 재무구조는 현 상태의 유지가 가능하다.

│ 해설 │ 기업금융에 대한 설명이다. 프로젝트 파이낸싱은 절차의 복잡성에 따른 사업지연문제가 대두된다.

**30.** 다음 중 부동산신탁에 대한 설명으로 가장 적절하지 않은 것은?

① 부동산신탁은 부동산 소유자가 소유권을 부동산신탁회사에 이전하고 부동산신탁회사는 소유자 의견과 신탁회사의 자금, 전문지식을 결합하여 신탁재산을 효과적으로 개발·관리한 후 소유자에게 이익을 돌려주는 제도이다.

② 부동산신탁은 자금조달이 쉽고 도산시 신탁회사에 책임이 전가되어 소유자는 개발사업의 위험을 줄일 수 있고 신탁회사의 다양한 지식과 경험을 활용할 수 있다.

③ 갑종관리신탁은 부동산 소유자로부터 신탁계약을 통해 부동산을 신탁받아 부동산 소유권만을 관리하며, 을종관리신탁은 소유권관리, 임대차관리, 시설관리 등 부동산에 대한 종합관리 업무를 수행한다.

④ 임대형 토지신탁은 토지소유자가 위탁한 토지에 신탁회사가 건축물 등을 개발한 후 이를 임대하여 장기적·안정적인 임대수익을 목적으로 이용되며, 토지소유자는 매년의 임대소득과 장래의 자본소득을 기대할 수 있다.

⑤ 개발형 토지신탁은 부동산신탁회사가 시행자가 되어 수탁받은 토지를 개발함에 있어 개발에 소요되는 건설자금 등 사업비를 조달하고 개발업무를 총괄하는 방식으로 위탁자에게는 가장 편리한 사업개발방식이 될 수 있다.

| 해설 | 갑종관리신탁 ↔ 을종관리신탁

# 참 · 고 · 문 · 헌

감형규, 신용재, 재테크와 금융상품, 율곡출판사, 2022.

강경란, 금융과 사회, 박영사, 2022.

강병호, 김석동, 서정호, 금융시장론, 박영사, 2021.

강병호, 김대식, 박경서, 금융기관론, 박영사, 2020.

고동원, 금융규제법개론, 박영사, 2022.

공명재, 금융기관론 : 금융시장과 위험관리, 명경사, 2014.

금융감독원, 금융회사 파생상품 거래현황, 2005 − 2021.

금융감독원, 증권회사 파생결합증권 발행 및 운용 현황, 2017 − 2021.

김경환, 손재영, 부동산경제학, 건국대학교출판부, 2020.

김민규, 금융상품 및 투자분석, 한국금융연수원, 2021.

김민환, 재무관리, 도서출판 파란, 2017.

김병연, 권재열, 양기진, 자본시장법, 박영사, 2019.

김병일, 김종해, 배영석, 신탁과 세제, 박영사, 2021.

김수진, 디지털금융의 이해와 활용, 한국금융연수원, 2021.

김용민, 박동규, 양중식, 2022 금융상품과 세금, 조세금융신문, 2022.

김인준, 이영섭, 국제금융론, 율곡출판사, 2019.

김재태, 부동산금융론 이론과 실무, 부연사, 2021.

김종선, 김종오, 현대금융시장론, 학현사, 2022.

김주일, 배수현, 금융기관론, 탑북스, 2020.

김창기, 보험학원론, 문우사, 2020.

김헌수, 보험사기 집중탐구, 박영사, 2022.

김흥기, 생활속의 보험 : 보험의 이론과 상품, 박영사, 2022.

김희호, 이현철, 기초 파생상품, 청람, 2017.

노상범, 고동원, 부동산금융법 이론과 실무, 박영사, 2020.

박강우, 금융시장론, 한국방송통신대학교출판문화원, 2021.

박강우, 김종오, 이우백, 금융시장과 금융투자의 이해, 생능, 2016.

박세민, 보험법, 박영사, 2021.

박 준, 한 민, 금융거래와 법, 박영사, 2019.

박진우, 파생상품론, 명경사, 2019.

박합수, 비금융자산(부동산) 투자설계, 한국금융연수원, 2022.

백운수, 이기만, 여신심사 및 관리, 한국금융연수원, 2022.

백일현, 강민석, 한권으로 끝내는 퇴직연금, 머니투데이, 2021.

백재승, 증권시장의 이해, 명경사, 2020.

손영철, 금융상품과 세법, 조세통람, 2022.

송동진, 신탁과 세법, 삼일인포마인, 2021.

송상엽, 세법개론, 웅지경영아카데미, 2022.

송지영, 현대 금융기관론, 청목출판사, 2021.

양철원, 사례와 함께 배우는 파생상품, 정독, 2022.

엄진성, 나철균, 조용준, 연금저축은 어떻게 노후의 무기가 되는가?, 원앤원북스, 2019.

유선종, 부동산학원론, 박영사, 2020.

윤평식, 금융시장론 : 기업과 자본시장 중심, 탐진, 2021.

이상복, 외국환거래법, 박영사, 2021.

이상복, 금융법강의 01 : 금융행정, 박영사, 2020.

이상복, 금융법강의 02 : 금융상품, 박영사, 2020.

이상복, 금융법강의 03 : 금융기관, 박영사, 2020.

이상복, 금융법강의 04 : 금융시장, 박영사, 2020.

이성섭, 시장제도 경제학 : 금융시장, 박영사, 2020.

이영석, 김종필, 부동산개발금융 실무, 법영사, 2022.

이요섭, 금융시장의 이해, 연암사, 2021.

이요섭, 금융시장과 금융상품, 연암사, 2020.

이하일, 금융시장론, 박영사, 2022.

이하일, 국제재무관리, 박영사, 2022.

이하일, 기업재무관리, 박영사, 2021.

이하일, 자본시장론, 박영사, 2020.

이하일, 알기쉬운 실용금융, 박영사, 2020.

이하일, 파생상품의 이해, 박영사, 2019.

이하일, 외환파생상품, 한경사, 2011.

이해성, 금융상품과 세제, 삼일인포마인, 2021.

임동섭, 보험학 강의, 에듀컨텐츠휴피아, 2017.

임윤수, 전준규, 기초 파생상품, 해림, 2018.

임재연, 자본시장법, 박영사, 2019.

장중식, 부동산신탁 실무 해설, 부크크, 2021.

장희순, 김성진, 부동산금융론, 부연사, 2020.

전기석, 최신 금융시장론, 명경사, 2020.

정기웅, 김윤철, 금융시장과 금융상품, 탑북스, 2018.

정대용, 실무자를 위한 파생상품과 금융공학, 한국금융연수원, 2017.

정운찬, 김홍범, 김진일, 화폐와 금융시장, 율곡출판사, 2022.

정찬형, 김택주, 이성남, 금융법강의, 박영사, 2022.

조남희, 소비자를 위한 금융상품 활용가이드, 금융소비자원, 2016.

조윤직, 손연우, 자료를 통해서 본 국민연금제도 발전, 문우사, 2021.

최상언, 손해보험론 : 손해보험 & 제3보험, 박영사, 2021.

최상언, 보험학개론, 박영사, 2020.

최성섭, 금융시장론, 두남출판사, 2014.

최수정, 신탁법, 박영사, 2019.

최  일, 박경화, 금융 배워야 산다 : 금융시장, 한국경제신문사, 2017.

한국거래소, 한국의 채권시장, 2019.

한국거래소, 손에 잡히는 파생상품시장, 2017.

한국거래소. 채권유통시장해설, 2010.

한국예탁결제원, 증권예탁결제제도, 박영사, 2018.

한국은행, 한국의 금융시장, 2021.

한국은행, 한국의 금융제도, 2018.

황성수, 대한민국 신탁설명서, 지식과감성, 2021.

# 찾·아·보·기

## ( ㅊ )

677

# 저자 약력

■ 저자

동국대학교 경상대학 회계학과 졸업(경영학사)
동국대학교 대학원 경영학과 졸업(경영학석사)
동국대학교 대학원 경영학과 졸업(경영학박사)
대신증권주식회사 명동지점 근무
증권투자상담사, 선물거래상담사, 기업가치평가사, M&A전문가, 외환관리사,
자산관리사, 재무설계사, 금융투자분석사, 투자자산운용사, 은퇴설계전문가
강남대학교, 강원대학교, 건양대학교, 공주대학교, 동국대학교, 동신대학교,
덕성여자대학교, 서강대학교, 숭실사이버대학교, 용인대학교, 유한대학교,
중부대학교, 한밭대학교, 한국생산성본부 강사
건양사이버대학교 자산관리학과 교수 역임

■ 저서

금융시장론(박영사, 2022)
국제재무관리(박영사, 2022)
기업재무관리(박영사, 2021)
자본시장론(박영사, 2020)
알기쉬운 실용금융(박영사, 2020)
파생상품의 이해(박영사, 2019)
재무관리(삼영사, 2015)
증권투자론(삼영사, 2014)
파생상품론(유비온, 2013)
금융학개론(유비온, 2012)
외환파생상품(한경사, 2011)
금융경제의 이해(도서출판 청람, 2010)
재무관리연습(도서출판 청람, 2009)
파생금융상품의 이해(한경사, 2007)
파생금융상품(한경사, 2005)

■ 논문

개인채무자 구제제도의 이용현황과 개선방안에 관한 연구
KOSPI 200선물을 이용한 동적헤징전략에 관한 실증적 연구
금융공학을 이용한 포트폴리오보험전략의 유용성에 관한 실증적 연구
금융기관의 효율적 위험관리시스템 구축방안에 관한 연구
듀레이션을 이용한 채권포트폴리오의 면역전략에 관한 실증적 연구
효용에 근거한 포트폴리오보험전략에 관한 실증적 연구
재정가격결정이론에 관한 실증적 연구

금융상품론

초판발행      2023년 1월 3일

지은이       이하일
펴낸이       안종만 · 안상준

편 집        김민조
기획/마케팅    정연환
표지디자인     이영경
제 작        고철민 · 조영환

펴낸곳       ㈜ **박영사**
            서울특별시 금천구 가산디지털2로 53, 210호(가산동, 한라시그마밸리)
            등록  1959. 3. 11. 제300-1959-1호(倫)

전 화        02)733-6771
f a x        02)736-4818
e-mail       pys@pybook.co.kr
homepage     www.pybook.co.kr
ISBN         979-11-303-1650-5   93320

* 파본은 구입하신 곳에서 교환해 드립니다. 본서의 무단복제행위를 금합니다.
* 저자와 협의하여 인지첩부를 생략합니다.

정 가        40,000원